波斯帝国史

[美] A. T. 奥姆斯特德

A.T. OLMSTEAD 著

HISTORY OF THE PERSIAN EMPIRE

李铁匠　顾国梅　译

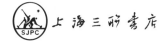

上海三联书店

埃及的象征,吉萨金字塔

马尔都克神庙寺塔,即《圣经》所说巴别塔,它是当时亚洲最宏伟高大的建筑,古波斯后期开始变为废墟,未再修复

罗塞塔石碑，碑铭用三种古代文字记载同一件大事，成为揭开埃及古代历史秘密的钥匙

苏萨贵妇纺线图，公元前 8 世纪

c. 8:21

苏萨 A 出土彩陶杯，以构思神奇闻名于世

巴比伦的骄傲——影响世界的汉穆拉比法典

亚述宫廷人首有翼公牛雕像,对波斯波利斯宫廷雕有明显的影响

亚述宫廷雕刻之中的米底人

伊马目霍梅尼墓

琉璃砖壁画 巴比伦伊什塔尔门瑞兽

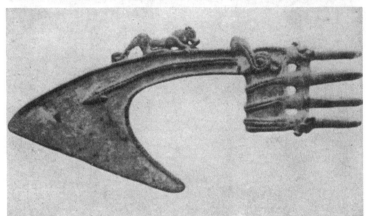

洛雷斯坦青铜器之铜斧,古代伊朗最具代表性的铜器

里海渔民捕捉大马哈鱼

马什哈德古哈尔清真寺夜景

巴比伦伊什塔尔门复原图

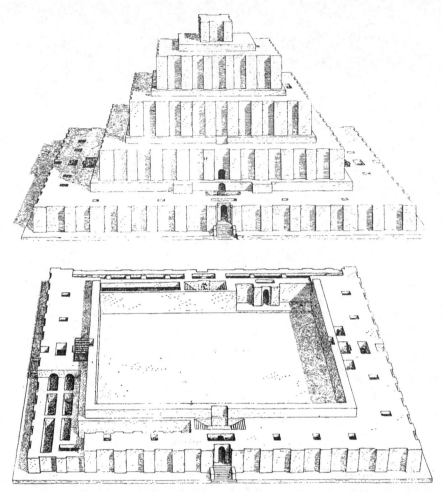

埃兰乔加·赞比尔寺塔建于公元前 13 世纪，具有明显的两河流域寺塔风格，但供奉的是埃兰本土神祇

伊朗传统的巴扎

伊玛目霍梅尼港的石化厂

阿扎尔帕德的石油码头

德黑兰的自由塔,该塔原是伊朗帝国建国 2500 周年纪念塔,伊斯兰革命胜利后改名为自由塔

亚述宫廷雕刻,国王狩猎图

目　录

汉译者序

本书是美国已故著名东方学者艾伯特·坦·艾克·奥姆斯特德（Albert Ten Eyck Olmstead，1880.3.23—1945.4.11）教授的遗作。

根据译者收集到的、不完全的资料，奥姆斯特德教授个人的学术生涯如下：

1903 年，奥姆斯特德毕业于美国著名的康奈尔大学。根据作者自述，在大学期间，他为了今后工作的需要，进修了古代史、希腊和拉丁文献、考古学、碑铭学、古文书学以及东方语言和文学多门课程。应当说，他在 19 世纪末至 20 世纪初学习过的这些古代史课程，在一百多年之后我国许多著名高等学校的历史专业，不要说是在世界史本科学习阶段，就是在硕士研究生学习阶段，甚至是博士研究生学习阶段，很多课程仍然没有开设。因此，可以说我们和西方世界古代史学界在教学方面的差距，不要说是在那个好为大言、不务实事的年代，就是在经过改革开放三十多年努力之后，仍然是相当巨大的。我们要赶上西方世界史研究水平，还需要多年的艰苦努力。

奥姆斯特德大学毕业之后，首先在美国设立在耶路撒冷的东方研究所工作了一段时间（1904—1905）。在这段时间，他走遍了叙利亚各地，直到埃及边境。并且开始在学术刊物上发表论文。后来，他又在美国设立在雅典的研究机构工作了一段时间（1906—1907）。1907 年，他接替恩师施米特教授（Nathaniel Schmidt），担任了康奈尔大学巴勒斯坦考古队负责人的职务（1907—1908）。在这段时间,他又走遍了小亚细亚、叙利亚北部、两河流域、亚述地区和巴比伦地区,亲身经历了各地的风土人情,这为他以后的学术研究打下了良好的基础。

1908—1928年,他先后在美国密苏里大学和伊利诺伊大学任教,普通课程为古代史、高级和研究课程为东西方交汇领域。1923年,奥姆斯特德发表了自己的第一部学术专著《亚述史》(*History of Assyria*,1923,New York,London)。这时,他已经是伊利诺伊大学教授兼东方博物馆馆长。他在著作中自豪地宣称,凡是书中对当地的描写,都是自己亲眼所见,亲身经历的。

1929年之后,他来到美国著名的古代东方研究中心、芝加哥大学东方研究所工作。直到去世之前,他一直在该研究所工作。1931年,他发表了自己的第二部学术专著《马其顿征服之前的巴勒斯坦和叙利亚历史》(*History of Palestine and Syria to the Macedonia Conquest*,New York,1931)。这部著作,也可以说是他多年研究成果的结晶。

奥姆斯特德的第三部著作,是1942年出版的《历史上的耶稣》(*Jesus in the Light of History*,1942)。由于译者对基督教问题很少涉猎,没有拜读过他的这部著作。

奥姆斯特德最后一部,也可以说是最重要的一部学术专著,就是《波斯帝国史》了。这部著作在1943年就已经写好初稿。但是,还没有等到它修改好,作者本人就去世了(1945)。因此,本书是他的同事们和女儿在他身后帮助整理出版的。1948年,本书第一版出版。自此之后,本书又连续再版五次,最后一次是在1970年。这在世界古代史研究领域,可以说并不多见。或者说,这也可以说明它的价值非同一般。正因为如此,作为一名多年从事世界古代史教学的教师和伊朗历史的爱好者,当朋友邀请译者翻译此书时,译者不揣浅陋,欣然同意接受这一重任,希望能够把这一国外伊朗史名著介绍给我国读者共飨。

在国外历史学界,波斯帝国又称为古波斯帝国或阿契美尼德王朝。例如,《剑桥古代史》第四卷就将这段时期称为古波斯帝国,而在《剑桥伊朗史》第二卷,则将这段时期称为阿契美尼德王朝。在我国世界史学界,更多的时候把它称为古波斯帝国。这是因为在被古希腊人称为波斯的这个地方,曾经先后出现过两个由波斯人建立的帝国。一个是阿契美尼德王朝,一个是萨珊王朝。为了便于区别起见,我国世界史学界把前者称为古波斯帝国,后者称为新波斯帝国。1935年3月,根据当时伊朗政府的决定,把国家的名称由波斯正式改名为伊朗。这是因为波斯人只是伊朗民族大家庭中的一部分。用波斯作为伊朗国家的名称,是古希腊人对伊朗的误称。伊朗人自古以来就把自己的国家称为是雅利安人的国家,伊朗即"雅利安人的国家"之意。它更能反映伊朗境内多民族聚居的实际情况。但是,由于国际上沿用"波斯"之名已久,因此,在许多著作之中,波斯与伊朗常常同时出现。它们在某些时候是同义词,在某些时候又有严格的区别。

《波斯帝国史》讲的是阿契美尼德王朝或者古波斯帝国的历史。全书共37章,包括伊朗部落早期的历史、阿契美尼德王朝的社会制度、经济和文化。

与其他古代伊朗学学者不同的是,奥姆斯特德不是站在波斯这个狭小的范围,而是站在整个古代近东历史发展全局的立场上,把古波斯帝国的历史视为整个古代两河流域与埃及文明的继承和发展阶段。因而在本书的开始,他就专门设立一章《古代的历史》,回顾了两河流域、埃及等地的历史、文化,以强调古波斯帝国是这些古代文明的继承者和发扬者。这就使读者可以更加深刻地认识到波斯帝国在古代历史上的重要地位。也使本书的开篇,就与其他古代伊朗学学者的著作有所不同。

从本书第二章开始,我们开始接触到伊朗民族的起源和波斯帝国的历史。也就是从这里开始,我们也开始感受到本书的特点,即既有丰富的资料,又有科学的批判和怀疑精神。

在资料方面,本书共引用近400位作者的著作、论文,引用各种资料1500余条。可以说,直到奥姆斯特德那个时代为止的、所有与古波斯帝国有关的、古今东西方作者的重要著作、论文、铭文资料、考古实物,几乎无一遗漏。充分体现了西方历史学家"让史料说话的原则"。即使在今天,如果我们想要再写一部新的古波斯帝国史,可以增添的新史料恐怕也不会太多。

在史料的使用方面,作者充分体现了科学的批判和怀疑精神。例如,在《创始人居鲁士》一章之中,作者引用了希罗多德为了说明居鲁士的宽厚仁慈精神而编造的居鲁士如何善待被俘的克罗伊斯故事。[1] 接着,他便以巴比伦楔形文字资料,指出克罗伊斯兵败之后就被居鲁士所杀,揭穿了历史之父编造的这个故事。他把所谓《居鲁士二世圆柱铭文》斥责为波斯的政治宣传,这也是很有见地的。[2]这里需要指出的是,国内很多学者在谈到这个问题的时候,都仅仅注意到希罗多德所说的故事,而没有注意到楔形文字资料记载的史实。特别是译者本人还翻译过这条巴比伦楔形文字资料,而在《伊朗古代历史与文化》一书之中,却只提到希罗多德之说,这就更加粗心大意了。

奥姆斯特德的批判和怀疑精神,在本书中随处可见。例如,在《冈比西斯征服埃及》一章之中,他直截了当地指出希罗多德的记载并不完全可靠。"有关冈比西斯在埃及神经失常的传说,肯定是不可全信的。一个经常重复的的诽谤,说他杀死了阿匹斯神牛,就是捏造的。"[3]这种批判和怀疑精神,在《篡位者大流士》之中,表现最为明显。自从 1846 年 H. C. 罗林森发表《贝希斯敦铭文》的拓片、拉丁化读音和英译文以来,古代史学界一直就把铭文之中提到的麻葛高墨达和《历史》之中提到的斯美尔迪斯视为是同一个人,很少有人对此提出疑问。但是,奥姆斯特德不但指出历史之父的"荒谬之谈简直达到了登峰造极的地步",[4]并且用事实证明大流士在《贝希斯敦铭文》之中所说的东西,有很多是难以令人置信的。他的这种批判和怀疑精神,体现了西方史学界崇尚的"求真求实"的原则。

当然,我们举出上面这些例子,并不是要彻底否定历史之父及《历史》的重要意义。正如现代西方学者所说,希罗多德"对历史学的贡献,在古代世界是无人可以比拟的,他综括一切的能力,也是后来的人们难以望其项背的"。[5]我们只是想说明,即使是对希罗多德这样的权威所提供的资料,奥姆斯特德同样采取了科学的批判和怀疑态度,而不是盲从。事实上,在本书所引用的古典作家著作之中,希罗多德的引用率仍然是最高的。

奥姆斯特德关于冈比西斯和巴尔迪亚政变的论述,受到前苏联学者 M. A. 丹达马耶夫的高度重视。他在自己的著作《阿契美尼德早期诸王》和后来的《阿契美尼德帝国政治史》[6]之中,多次引用了奥姆斯特德的观点。笔者自己也曾经撰文介绍过这两位学者的观点,希望能够补充我国高等学校世界古代史教材之中的不足。但是,在公元前 522 年波斯帝国宫廷内部到底发生了什么事情?大流士到底是如何上台的?史学界抛弃大流士同时代人埃斯库罗斯的记载不用,而只相信下一代人希罗多德的故事,到底是受了罗林森《贝希斯敦铭文》译文的误导,还是另有原因?其真相我们现在仍然不得而知。我们只能说,在这个问题上,奥姆斯特德和丹达马耶夫提出了很多有益的设想和问题,需要后代学者多多努力,争取能够还历史一个本来面目。

从大流士一世上台之后,阿契美尼德王朝历代诸王的历史基本上是清楚的。因此,作者把笔锋转向了古波斯帝国的政治制度、社会经济和文化。

在政治制度、社会经济方面,其主要内容包括古波斯帝国的中央机构、行省机构、军队组成、司法制度、赋税制度、货币制度、价格制度、度量衡制度、土地制度、等级制度、工商业、国库制度等等。作者引用资料,大多是同时代第一手铭文和实物资料。如果没有第一手资料,则引用希罗多德等古典作家的记载。他对波斯帝国政治制度和社会经济的记载,可以说在同时代学者之中是最详尽的。

我们觉得作者和其他古代伊朗史学者最大的不同之点在于,他善于透过现象看本质,利用第一手资料揭露统治阶级为自己歌功颂德的丑恶面目。例如,在赋税制度之中,他除了引用希罗多德的资料之外,又引用铭文资料,说明由于这个改革造成的沉重的苛捐杂税,使帝国最富裕的地区民不聊生、经济衰败。在谈到司法改革时,他引用埃及和巴比伦的司法审判文书,说明在波斯统治时期,当地官吏是如何贪赃枉法,胡作非为的。同样,他也善于使用铭文资料来说明普通百姓的日常生活,包括他们的衣食住行、喜怒哀乐。

波斯与希腊的关系,是古代伊朗史中的重要问题。在奥姆斯特德之前的许多历史著作,仅仅是为了讲述希腊的外交关系,才把波斯帝国作为一个陪衬来提到。而且,有些作者往往仿效希腊古典作家,对波斯横加指责。但是,奥姆斯特德与这些人不同,他不是站在希腊人的立场上诅咒波斯,而是对波斯采取了比较友好的态度。他对希波战争的看法和很多现代的史学家不同。在本书之中,读者完全看不到一般历史教材所宣扬的希腊人团结一致共同对抗波斯的场面。相反,他们看到的是希腊人从来就没有团结一致,而是心怀鬼胎、互相倾轧。他认为雅典人大肆鼓吹的萨拉米海战,重要性远不如普拉蒂亚战役。是普拉蒂亚,而不是萨拉米结束了希波战争。但是,波斯虽然在战场上遭到了失败,却在外交上利用"弓箭手"(波斯金钱)打败了希腊各邦,并使他们成了波斯帝国外交棋局之中的棋子。这个结论是也比较客观的。对于亚历山大火烧波斯波利斯的暴行,他进行了严厉的谴责,充分体现了历史学家公正的立场。

按照作者自己的说法,本书的真正目的是阐明文化,确切地说,是阐明文学和科学。在这方面,作者花费大量的笔墨,讲述了古代埃及、巴比伦、犹太、腓尼基、小亚细亚、波斯等地各个民族的历史、地理、文字、语言、文学作品、宗教文献、雕刻、神庙、宫廷建筑、天文、历法,以及各民族文化的传播、交流和相互影响等等。其叙述之详尽,不但显示了作者具有丰富的知识,而且充分体现了他那个时代历史学家的特点,即把善于叙述历史事实,视为历史学家最重要的基本功之一。

奥姆斯特德的叙述,不但详尽,而且有深入的对比。他指出,在公元前6—前4世纪,自诩为"希腊的学校"的雅典,不但非常迷信,而且非常保守和固步自封,在自然科学方面远远落后于东方。他指出,在波斯帝国时期,古代近东地区已经出现了文化上的混合倾向。这种混合倾向,后来被称之为"前希腊化时期"。正是由于有了这种文化上的互相融合,才为后来史学界所谓的"希腊化时期"奠定了基础。尽管这部分内容(特别是天文学)非常专业化,非常艰涩。但译者相信,不但是普通读者、就是专业人员,在看过这部分内容之后,也一定会大有收获。

当然,本书也有一定的缺点。首先,正如我们在前面已经说明的那样,本书是一部遗作。初稿在 1943 年就已经写好,但由于作者本人在 1945 年逝世,本书直到 1948 年才由他的同事们和女儿帮助整理出版。在整理时,大家又抱着对作者的敬意,对初稿没有进行过多的修改。因此,我们在阅读本书的时候,可以明显地看到有些地方存在着重复的现象。

其次,本书是在 1943 年定稿的,距今已经有六十多年之久。在 20 世纪 60—80 年代,国外学者就已经非常感慨地指出,在这些年之中,人文学科学(包括历史学)与科学技术一样,有了非常急剧的进步。世界古代史学科的进步,则尤其明显。表现为资料更加丰富,古代文献的释读比过去更加准确,研究也更加深入。[7] 因此,本书在某些地方与今天相比,可能显得比较落伍。例如,本书使用的一些专业术语(包括人名、地名、器物名、计量单位等等)的读音,和今天就有点不同。本书所引用的一些资料,和今天也有些不同。细心的读者如果看过本人所选译的《古代伊朗史料选辑》,就可以发现这些问题。又例如,本书有一条资料,过去被认为是真实的,现在却被认为是伪造的文书。这就是公元前 5 世纪后波斯官方伪造的大流士之祖父和曾祖金板铭文。[8] 不过,在这些进步、这些研究成果出现之时,奥姆斯特德已经去世,无法看到后人的研究成果。我们也就无从苛求于作者了。

我们认为,随着历史科学的发展,不但人们对一些具体史料的诠释可能发生变化。就是一些带根本性的历史理论,也可能发生变化。停滞不前,没有任何变化是不可能的,也是没有前途的。因此,译者上面所说到的这些问题,不但不足以影响全书的价值,反而见证了古代东方学前进的历程。对于专业历史工作者来说,它的一些过时的术语,可能还提供了一把解读 1940 年代之前古代东方史著作的锁钥。

最后,我们想谈谈本书的学术价值。在奥姆斯特德此书出版之前,学术界曾经出版了英国外交家、将军赛克斯的《波斯史》和奥姆斯特德的高徒、美国著名学者卡梅伦的《伊朗古代史》,还有学术界的巨著《剑桥古代史》的波斯帝国分册。[9] 但是,前两部著作对阿契美尼德王朝的历史记载非常简略(例如,卡梅伦对古波斯的记载尚不足万字)。完全不能满足读者对古波斯帝国的兴趣。后者又是供历史专业人员之用的大型学术专著,不适宜普通读者阅读。因此,本书的出版,可以说为读者提供了一本非常优秀的古波斯历史著作。

本书出版之后,学术界又出版了许多伊朗古代史著作,其中,距离本书出版时间较近的有法国著名学者 R. 格什曼的《伊朗——从古代到伊斯兰征服》、苏联学者 M. M. 贾可诺夫的《古代伊朗史纲要》。[10] 格什曼是法国伊朗考古队负责人,在苏萨从事考古发掘多年,可以说是法国伊朗学的领军人物;贾可诺夫是前苏联中亚考古队负责人,在中亚从事考古发掘多年,也可以称得上是苏联伊朗学的领军人物之一。这些作者都是世界著名的伊朗学学者。但是,这两部著作都属于伊朗古代通史类的著作,真正涉及阿契美尼德王朝历史的内容非常简略。前者不足三万字,后者也不过几万字而已。除此之外,格什曼的著作完全没有引用第一手资料,仅在全书之后附有 19 种参考书籍目录;贾可诺夫的观点比较武断,缺乏客观性。至于它们的学术性、可读性与奥姆斯特德的相比,更有天壤之别。笔者揣摩奥姆斯特德内心的想法,可能除了英国学者 G. 罗林森的《古代近东的五大君主国》一书之外,在古波斯帝国史方面,似乎没有他太心仪的著作。而他对 G. 罗林森的钦佩,很可能还有对其弟、近代亚述学创始人 H. C. 罗林森的情感在内。[11]

因此,我们可以说在奥姆斯特德的《波斯帝国史》出版前后几十年间,在学术界似乎还没有一本可以让读者比较全面、深入了解古波斯帝国历史的专著,也没有一本可以超越《波斯帝国史》的著作问世。奥姆斯特德此书能够多次再版,就说明了这个问题。

最后,我们想介绍美国著名学者、奥姆斯特德的高徒 G. G. 卡梅伦对恩师的评价,作为汉译者序的总结。卡梅伦是美国伊朗考古队成员,长期在伊朗工作,对修复《贝希斯敦铭文》作出过重要贡献。他对恩师是这样评价的:"他似乎拥有永远用之不竭的知识宝库,他经常能够将历史上许多散乱的、蛛丝马迹似的资料,拼接成一个完美的整体。他以无与伦比的才能,把每个孤立的事实都放到相关的整个背景之中来看待,从而为这些研究开拓了广阔的前景。这是过去其他人从未取得的成就。在每一个阶段,不论是从他尚未出版的笔记和手稿之中,还是从他的探讨、批判和建议之中,我获得的教益难以用语言表达。在困惑的时候,我从他那里得到了鼓励。他给了我慷慨的援助,使我的工作变得极为愉快。"[12]这话是 1936 年他在《伊朗古代史》初版前言中所说的。我们相信,读者在阅读过本书之后,对奥姆斯特德和《波斯帝国史》,也可能会有同样的评价。

李铁匠
2008 年 10 月

注释

1 希罗多德:《历史》,I,85—90。

2 原文见《巴比伦编年史》片断和《居鲁士二世圆柱铭文》,译文见李铁匠译:《伊朗古代史料选辑》,商务印书馆,1992,第 28—31 页。

3 A. T. 奥姆斯特德:《波斯帝国史》,第 90 页;希罗多德编造的故事见《历史》,III,27—38。

4 同上书,109 页。国外有关巴尔迪亚政变问题的争论,见李铁匠:《伊朗古代历史与文化》,江西人民出版社,1993,第 76—89 页。

5 《简明不列颠百科全书》,1986,第 8 卷,465 页。

6 M. A. 丹达马耶夫等著:《阿契美尼德早期的诸王》(Дадамаев М. A,иран при первых Ахеменидах),1963,莫斯科;同作者:《阿契美尼德帝国政治

史》(Политическая история Ахеменидской державы),1985,莫斯科。

7 И. М. 贾可诺夫主编:《古代东方史》(Дьяконов И. М,История древнего Востока),第一册,莫斯科, 1983 年,第 26 页。

8 Kent R. G. *The Oldest Persian inscription*, JAOS, Vol. 66. 1946, c. 206 - 212.

9 Sykes P. A. *A History of Persia*, Vol. I. London, 1921; Cameron G. G. *History of early Iran*, N. Y. , 1936. ; *The Cambridge ancient history*, Vol. 4. 1936. 值得指出的是,此后史学界还出版了大量伊朗古代史著作,像前苏联著名学者丹达马耶夫的《古代伊朗的政治和经济》(Культура и зкономика древнего Ирана)和《阿契美尼德帝国政治史》,还有库克的《波斯帝国史》(Cook J. M. *The Persian Empire*, London, 1983),但真正能够超越奥姆斯特德的著作还没有。

10 Gershman R. Iran, Suffolk, 1954(A French version was published in 1951). Дьяконов М. М, Очерк древнего Ирана, Москва, 1961.

11 见本书作者前言。

12 Cameron G. G. *History of Early Iran*, ix.

前　　言

对于作者而言,一本书中的每个句子、手稿印刷商的校样和版面的校样,就是一个有生命力、有节奏感的统一体。它需要不断的修改:词句必须改动,观点不断改变,论点不断加工。结论往往要重新改写。

不幸的是,A. T.奥姆斯特德没有能够活着看到这本书后来所经历的变化。这个任务不得不交给他在芝加哥大学的同事们去完成。

很明显,他们的修订本可以说是很好的,像原作者的书一样内容广泛。或许,他们所想要的书就是这样的。但是,他们并没有承担全部的责任,或者说编辑的责任。因为像奥姆斯特德这样著名的作者,显然有权利以自己的方式表达自己的观点。作为他的同事,他们已经以最友好的姿态完成了自己的任务。

奥姆斯特德教授的女儿、克莱塔·奥姆斯特德·罗宾斯·鲍顿挑选了插图,校对了版面的清样,编制了索引。

乔治·G.卡梅伦

序

自从牛津大学卡姆登(Camden)学会古代史教授乔治·罗林森(George Rawlinson)的著作《古代近东的五大君主国》第一版出版以来,时间已经过去了80年。在这80年之中,古代史已经有了根本的改变。正如一位近代的大历史学家公开指出的那样,最近40年来历史学最重要的特点是,古代近东已经成为历史学最重要的角色。罗林森所说的其他君主国,很早以前就已经毫无希望地过时了。而且,更奇怪的是他所说的第五个君主国,现在仍然是为我们保留了阿契美尼德帝国详尽历史的唯一著作。因此,以后出版的、比较粗糙的介绍也就无法取代这本书的地位。同样奇怪的是,有一个现象似乎令人莫名其妙,可供解释的理由也不够深思熟虑。因为这些理由过于疏漏,难以进行解释。

一个最明显的事实是,乔治·罗林森实际上拥有一切的资料,包括有用的一般叙述性资料和一般的文化资料。他以翻译希罗多德的巨著及丰富的注释,早已显示出自己是一位古典学研究的大师,至今仍然受到我们的尊重。对于我们来说,希罗多德仍然是我们主要的希腊语资料来源。乔治·罗林森熟知许多希腊语、拉丁语资料。在他的书目中,可以再补充的东西实在不多,即使连后代作家从古代作者"残篇"中摘录的资料也包括在内。他的兄弟亨利·罗林森爵士释读出了《贝希斯敦铭文》。直到今天,大流士自传仍然是我们所掌握的、以波斯语写成的一份长篇文献。波斯人的圣经《阿维斯陀》为人所知大约已有一个世纪之久。我们自己的

1

《圣经》也是有用的。

此外，波斯波利斯令人难忘的平台遗址经常有人参观，并且由那些有文化知识和才能的旅游者作了详细的描写。罗林森是一位历史学家，还在"科学的"考古学方法被使用之前很久，他就深知考古学的重要性。在他已经发表的文献资料中，他对建筑物和艺术品的解释与分析，就是后代学者值得仿效的一个楷模。

阿契美尼德王朝历史遭到的忽视，由于缺乏新的、惊人的发现而加剧。当着在其他友好国家考古发现一个接一个，每年都有源源不断新发现的珍宝使整个世界感到震惊的时候，当着近东历史许多时期变得比一度闻名的希腊、罗马历史或中世纪早期历史更加广为人知的时候，东方学家为什么要把自己的时间浪费在无用功之上呢。许多使用至今尚不知道的语言书写的新文献已经被修复了。大量的新文献等待着释读、出版和诠释。可以肯定的是，这个时期的埃及、巴比伦文献经常被发现。但是，这些东西如何才能引起那些经常有机会接触到汉穆拉比和尼布甲尼撒时期的巴比伦、亚述的尼尼微或者埃及的底比斯光辉时期的学者们的兴趣呢？阿契美尼德历史有用的资料大多是希腊语的，这些资料得到受过古典学训练的杰出历史学家妥善的处理。越来越多的甚至是不懂希腊语的东方人也正在出版自己的著作。为什么不把这些不合适的任务，交给那些最合适的人去完成呢？一个自然的结果就是，强大的阿契美尼德帝国历史成了一系列毫无联系的插曲。它所建立的统一和它的意义，仅仅是插在众多的希腊小国的故事之中。

除了这种歧视态度之外，我们对帝国的认识也有了重大的收获。新的、更准确的希腊文权威版本可以使用了。在纸草文书中发现了少量的、非常重要的作品，还有许多二流作品的残片。我们所掌握的希腊文资料的作者和年代，现在可以更加准确地确定了。他们的资料也经过细心地考证。考古学几乎排挤了文献在古典学研究之中的地位。在希腊各地、在阿契美尼德帝国境内外的考古发掘，发现了大量希腊雕像和浮雕，更不用说无数的日常生活用品。希腊钱币研究成了一门科学，另一门科学是碑铭学。《希腊铭文大全》成了每位古典史学者必备之物。在古代史领域，没有一个地方能够像在公元前5—公元前4世纪的希腊世界，利用这些史料产生如此革命性的结果。还有许多文献揭示了希腊与波斯的关系。专业历史学家现在已经写出了希腊史。根据长期以来的传统，古代史总是把文献和艺术品视为最重要的内容。但是，专业历 史学家不仅要突出行政管理、经济的作用，还要突出社会运动的作用，使古典史学至少必须符合更加现代化的水平。可以肯定，如果仅仅是从希腊人的观点来看待问题，阿契美尼德王朝的历史只有一部分值得重视，这就是希腊与波斯的关系。

并不是所有的东方学家都完全漠视阿契美尼德帝国历史。一个人数很少但很有才华的小团体、学习印欧哲学的大学生们，对一些古波斯铭文进行严格的、少有的文学方面的检查。他们有些人从事《阿维斯陀》的研究。通过他们的努力，《阿维斯陀》变得可以理解了。少数研究《旧约全书》的学者也已经认识到，这个时期对于更准确地理解《圣经》的大部分内容，具有重要的意义。

过去的几年证明，其他东方学家也开始认识到这个时期被忽视的时间太长了。埃及第一瀑布附近犹太雇佣兵殖民地档案的发现，真正轰动了学术界。这就使对阿拉米文的《以斯拉记》的语言、风格进行理论上的比较有了可能。在《以斯拉记》之中，引用了波斯诸王的敕令。《旧约全书》的校勘者以前虽然宣称它们是不可信的，但现在有充分的证据证明，这些校勘者自己搞错了。因为与这些从前有争论的敕令相比，现在还有其他的命令。在命令中，一位后代君主强迫这些遥远的犹太异教徒遵守现在颁布的《逾越节法令》。其他的法令出自总督或官方的机构。社区内部生活完全建立在犹太人的商业文书基础之上。最令人惊奇的发现是大流士本人的自传。现在已经知道，并不仅仅是只有三语楔形文字的铭文存在，因为这些犹太人还拥有一本用旧了的阿拉米文抄本！

自近代以来，很多学者已经读过《阿伊卡的智慧》(The Wisdom of Ahigar)的希腊文"原本"和各种各样的东西方文字译本。但是，只有很少的人想到了真正的原本竟然是阿拉米文的。现在，阿拉米文原本已经在档案库中发现了。《旧约全书》学者很快就认识到，一个研究阿拉米文的新时代已经开始了。新的、同时代的纸草文书和铭文不断地被发现。有一种意见认为，犹太人的《次经》和《伪经》，大部分同样都是出自阿拉米文原本。而且，连《福音书》本身也被认为是出自阿拉米文原本。但是，《新约全书》的专业校勘者对这种看法仍然持强硬态度。这种怀疑态度导致了许多更古老的阿拉米文献被发现，包括《希伯来文圣经》的《阿拉米文塔古姆》（又称《圣经注疏》——译注），它的原始版本几乎可以追溯到阿契美尼德末期。只有到了这时，受过专业训练的东方学家才相信，阿拉米语是阿契美尼德王朝通用的官方语言。

长期以来，他们受到误导，以为古波斯铭文只翻译成了阿卡德铭文。亚述学家对此不感兴趣。但是，当着后一个时期的楔形文书成千上万地出现之后，人们就不得不为它们的出版和解释做一点工作了。研究希腊文纸草文书热潮一旦走上正轨之后，埃及学家就不得不着手研究以通俗文字写成的同时期纸草文书和以神圣符号写成的铭文。埃及历史不再完全结束于帝国最后一个王朝，还留下了几个世纪来给赛斯王朝狗尾续貂。现在认为，赛斯时期标志着一个新时代的开始，希腊人与埃及人第一次有了密切的了解。这种相互了解，在整个阿契美尼德时期到亚历山大之前已经趋于成熟，因而有利于希腊化文明的传播。

当芝加哥大学东方研究所所长、已故的 T. H. 布雷斯特德（T. H. Breasted）派遣一组人员进行初步的"清理"，准备公布著名的波斯波利斯平台宏伟遗址的确切消息时，恢复古代东方历史面目的新时代来到了。在 E. 赫茨菲尔德（E. Hertzfeld）教授领导之下，这种"清理"很快就变成了正规的考古发掘，并且由 E. S. 施米特（E. S. Schmidt）胜利地结束了考古发掘工作。其成果之壮观，远远超出了人们所能想象的期望。当着上百码壮丽的浮雕，其中大部分像它们当初被雕刻成的样子，完整无损地从埋藏了 22 个世纪之久的地方被发掘出来的时候，整个世界都惊奇得屏住了自己的呼吸。其他同样精美的浮雕，随后也很快被发掘出来了。未曾意料到的建筑物被发掘出来了,其中包括宫廷警卫的营房、大流士与薛西斯的国库。上述君主的后宫已经没有了房顶,经过修复成了考古队的房子。宾客们可以在这些过去由宦官严密监视的、王后及宫女们曾经居住过的地方住宿。

亚历山大酒后下令烧毁的平台,仍然是一片废墟。被烧毁的梁柱,在它们坍落的地方留下了痕迹。亚历山大的士兵洗劫了国库的贵金属,破坏了那些他们无法带走的艺术品。幸运的是,他们为我们保留了一座最伟大的宝库。有一座雕像,尽管其头部、手部、臂部遭到了这些想象中的希腊文化代表者的野蛮破坏,但仍然保留了一具非常优雅的女性躯干。它是由希腊雕刻艺术全盛时期的希腊工匠雕刻的。

他们还留下了成千上万的泥板文书,这些泥板文书全部释读出来需要花费多年的光阴。铭文一般是用埃兰文写成的,也有一些是阿拉米文的,现在知道还有少量弗里吉亚文和一份希腊文的。上述所有文书都与大流士、薛西斯的建筑活动有关。当时,他们正在兴建这些建筑物。我们可以了解到这些工匠的名字,他们从何而来,他们所从事的工作,以及他们所获得的薪金。我们还知道大流士一个新出现的女儿名字与母亲相同,以及她得到的赏赐。王库中出土的薛西斯档案文书,谈到行政管理的例行程序。大流士、薛西斯及高级官吏的印章图案,开创了一个新的、至今尚未想到的艺术流派。从前依靠浮雕的证据,现在我们又增加了许多新的、有关国王和贵族生活的信息。从一些次要的考古发现物和泥板文书中,我们第一次对普通百姓的生活有了某种概念。

芝加哥东方研究所大楼平静的室内工作和波斯波利斯的考古发掘齐头并进。一旦他们有了新的发现,这些新发现的铭文就将被编入最新的古波斯语词典卡片目录。同样类型的埃兰语词典,使迅速释读成千上万份埃兰泥板文书有了可能。同样,阅读用墨水写在泥板和石头上的阿拉米文书,也因为有了第三种词典——阿拉米语词典——而容易多了。第四种词典是腓尼基语词典。这个时期也有许多以腓尼基文写成的铭文。现在,亚述语大辞典实际上也已经编成。它有一个独立的部分,包括有一千多份迦勒底、阿契美尼德和塞琉西时期的行政管理和商业文书,它们是按照年代顺序逐年编排的。另外一些年轻学者从事后期埃及通俗文字、僧侣文字、象形文字文献的研究。现在,我们的《旧约全书》学者对《圣经》后半部分越来越感兴趣。我们的《摄影考古大全》约有30万张图片,现在也差不多完成了。它包括分散在阿契美尼德帝国各地的所有文化资料,以及正确理解古代文献必需之物。在上述各种研究成果的珍贵历史信息之中,有相当部分已经出版,并且将在后面的文章之中被引用。在未来的几年之中,可望出现更加令人震惊的成果。

在这场古代近东史的复兴过程之中,东方史教授尽到了自己的本分,这也是必然的事情。幸运的是,笔者一直酷爱这个重要时期的历史。这是波斯人与希腊人开始接触,并且互相产生极其深刻影响的时期。还在学生时代,笔者就为日后工作的需要,进修了古代史、希腊语和拉丁语文献、考古学、碑铭学、古文书学以及东方语言和文学多门课程。在密苏里和伊利诺伊大学工作的20年间,笔者教授的普通课程(general)是古代史、高级课程(advanced)和研究课程(seminars)一般固定在东西方交汇的领域。由于笔者到了芝加哥大学,笔者基础课程的讲稿几乎有一半是古代东方后期的历史,研究课程毫无例外几乎也都是用于讨论同时期的课题。

经过这么多年,阿契美尼德帝国的新形象已经初步显露出来了。最新的考古发掘结果,使伊朗高原史前文化也已经为人所知。其中一次最重要的发掘,就在波斯波利斯当地附近,它就是由东方研究所进行的。而所有这些考古发掘最后的综合报告,则是由我现在的候补博士完成的。另外一名候补博士则介绍了阿契美尼德时期的书面文献。因此,对于本书所叙述的这个特殊时期,我们现在已经拥有相当充分的背景资料。

经过这么多年,阿契美尼德时期的东方资料慢慢收集齐全了。它们的贡献特别宝贵,因为它们恢复了至今为止一直严重倾向于希腊作家的平衡。从这些作者的书中,我们已经熟悉了许多著名的东方人。现在,我们又知道了他们的真实姓名。在令人厌烦的危险时刻,我们的读者一定会说,他们是什么人。我们还知道希腊人所不知道的国内其他活动,以及他们在和西部边境往来之中一些有趣的、重要的事情。

这些资料全是很好的波斯资料。波斯人统治时期的埃及资料,几乎与独立时期的一样多。在4世纪大多数时间中,尼罗河地区处于本地君主统治之下,他们之中有几位在本历史书中占据的篇幅,和伟大的波斯国王一样多。由于埃及文献的存在,才使人们对于这些后期王朝的了解,有可能像对从前那些众所周知的王朝一样深入。由于犹太人的文献保存在我们自己的《旧约全书》之中,弱小的犹太民族也有非常重要的影响。阿契美尼德王朝历史对于圣经文献记载影响最大之点,将在另外一卷之中说明。它足以证明,《旧约全书》对波斯历史的重视。腓尼基人自己的铭文增添了不少信息。小亚细亚也有自己本地的记载。我们从吕底亚语、吕西亚语和阿拉米语铭文之中,知道了许多新的人物、新的民族和新的风俗习惯。

但是,提供信息最多的还是巴比伦。我们已经知道了该省许多总督的名字,反对波斯当局的叛乱也可以加入到我们的叙述之中去。不过,我们仍然欠了两河流域一大笔债,这就是介绍其惊人的文化成果。

凡是诚实地探索历史真实面目的人,必然会细心地研究现有的许多个人的名字。他们本人虽然并不重要,但仍然属于整个故事中的人物。对于非专业人士而言,他们可能会受到忽视。叙事体历史常常是单调的,实际上是平铺直叙的。并且不可避免的是,并非所有人对它的看法都是一致的。本书在出版之前,曾经就有争论的问题发表过许多的论文。但是,隐藏在个别难以解决的问题之后的绝对真理,仍然必须依靠符合总体情况的解决方式来说明。因此,在叙事体历史之中,历史学家绝不能打断其故事的连续性,无论是为了以详细的论述来为自己的观点进行辩护,还是为了以最后的结果来证明自己观点的正确与否。

而且，本书的真正目的是阐明文化，确切地说是阐明文学和科学。因为阿契美尼德王朝的历史展示了一幅处于不同发展阶段的、各种不同的文明在相互混合过程中极有魅力的画面。在整个世界历史上，从来还没有发现如此有启迪性、有教育意义的混合情况。我们已经知道希腊化时期这种混合文化的某些情况。我们也隐隐约约地认识到，这种混合文化多年前就已经开始了。这一系列的变化，在亚历山大之前一个多世纪就已经开始以加速度向前发展了，但这个事实直到最近才被发现。我们已经看到，在波斯人与希腊人之间也出现了混合。已经发现的东方资料，证明了这个过程是多么广泛。

通过这些资料，我们已经证明希罗多德所说的波斯行政管理机构属实。而且，我们现在还可以非常详细地、以许多例证来描述这种制度。我们知道征收的税收非常沉重，知道苛捐杂税如何加速了这个帝国的灭亡。我们有许多的故事、喜剧、悲剧可以证明官场的贿赂公行，以及高层当权者禁止贪污受贿不成功的结局。我们还可以发现这些牺牲品、他们的压迫者以及平民百姓有趣的踪迹。我们知道帝国各行省普通百姓的生活状况。我们可以说出他们平常吃的是什么；他们为了食物、饮料、衣服、医疗、地租和房屋，付出的是什么。我们可以看到在这个时期之中，他们的开支在不断地增长，而收入却没有相应地提高。我们也认识到他们日益增长的苦难，只有死亡才可以使他们得到解脱。我们和他们一起，为他们的婚礼而高兴，为他们的离异而悲伤，和他们一起参加葬礼。我们亲眼看见了他们的契约，他们在审判中按照帝国法典提供的证据。有关他们日常生活的方方面面，我们现在都有了文献证据。

普通百姓的生活受到神庙的控制。在节日期间，他们在神庙中可以见到欢乐的游行队伍；他们在神庙中也可以祭祀自己的神祇。但是，对于这个帝国的大多数居民而言，神庙（以祭司为代表）是一个不受欢迎的机构。普通百姓是神庙的农奴或者佃户，他们辛勤劳动所得到的收获，大多数都归神庙所有。在古代近东，宗教确实很难给人们带来欢乐。

而且，我们还知道雅利安人最伟大的先知琐罗亚斯德传播的、令人惊奇的故事。我们可以辨认出它由何种雅利安异端教派发展而来，以及不久之后它又重新回归的局部异端教派。我们可以说出更原始的麻葛故事。幸亏它对后期琐罗亚斯德教造成的可怕后果，已经不在本书论述的范围之内。在本书叙述的范围之内，犹太教已经发展成了近似当代犹太教的某种宗教。但是，各种各样的离经叛道现象，也不是不重要的。其他的宗教运动虽然尚无法看清，但所有的运动都遵循着混合主义路线，并且导致了日后罗马帝国神秘主义宗教的产生。在这个时期，一门重要的科学——天文学得到了发展，它深深地影响到了希腊人的科学，以及我们今天的科学。

现在，我们已经认识到，当我们仅仅通过希腊作家的眼光来观 xv 察问题的时候，即使有最优秀的历史学家帮助，自己对帝国的了解仍然是多么的不完整。在这个时期的绝大部分时间之中，东方都过着自给自足的生活。直到这个时期结束的时候，上流社会可能采用了某些希腊文化表皮的东西。但是，这种模仿是肤浅的。希腊雇佣兵为了报酬受雇于宫廷、叛乱者或相互对立的王国，他们并不是优秀文化的传播者。因为他们对希腊文化的敌视，超过了对希腊文化的忠诚。

我们前所未有地认识到，对于这个帝国而言，希腊从来就不是一个严重的政治威胁。因为希腊并不是一个政治实体，而是许多的希腊国家。在这些国家出现之后不久，帝国就征服了这些希腊国家之中最强大、最富裕和文化上最先进的国家。而且，他们大部分留在了这个帝国之内。现代考古发掘证明，由于他们完全处于波斯人统治之下，生活受到了深刻的影响。我们可以看到，大流士和薛西斯是如何征服少数仍然保持自由的希腊国家的。但是，我们也可以分析波斯人所犯的一些严重的错误。尽管由于不断的内战使他们遭到削弱，但当这些自由的国家实力增长之后，我们可以描绘出波斯在军事实力方面的衰落，同时在外交手腕方面有所改进的过程。不论是内部的腐败，还是总督和各地国王汹涌的革命浪潮,这个过程一直在继续着,直到波斯人用波斯"弓箭手"——钱币——进行贿赂,使他们获得了自由希腊仲裁者这样令人羡慕的地位为止。

由于希腊雇佣兵、商人日益深深地渗透到这个帝国境内,由于雇佣希腊医生、运动员、雕刻家和厨师,由于希腊哲学家、文学家和科学家的访问,希腊化时代的曙光已经出现。当亚历山大以武力侵略消灭了这个帝国之后,东方暂时丧失了自己的世界地位。东方如何迅速地恢复了自己了不起的统治地位,则是必须留待下一卷解决的问题。

A. T. 奥姆斯特德

芝加哥东方研究所

1943 年 10 月 18 日

略语表

AJA	美国考古杂志
AJSL	美国闪语言文献杂志
AMI	伊朗考古通报（E. 赫茨菲尔德）
AS	埃及古代编年史
AZ	埃及语言与古代文化研究
BE	宾夕法尼亚大学巴比伦考察队
BRM	巴比伦文献（A. T. 克莱，摩根图书馆藏）
CH	汉穆拉比法典（R. E. 哈珀）
CIG	希腊铭文全集
CIS	闪语铭文全集
CP	古典语言学
FHG	希腊历史文献残篇
IG	希腊铭文
JAOS	美国东方学会杂志
JEA	埃及考古杂志
JNES	近东研究杂志
JRAS	王家亚洲学会杂志
JS	阿拉伯考古团（A. J. 若森，R. 萨维纳克）
MDOD	德国东方学会通报
OLZ	东方文学报
PW	古典文化研究大百科全书（保利-维索瓦）
RA	亚述学与东方考古杂志

RES   闪族语言文化研究杂志

RI   埃及、亚述语言与考古论文集

SPAW   普鲁士科学院会议报告

TAM   小亚细亚碑铭集

VS   前亚碑铭集

WZKM   维也纳东方学报

ZA   亚述学及相近学科杂志

ZDMG   德国东方学会杂志

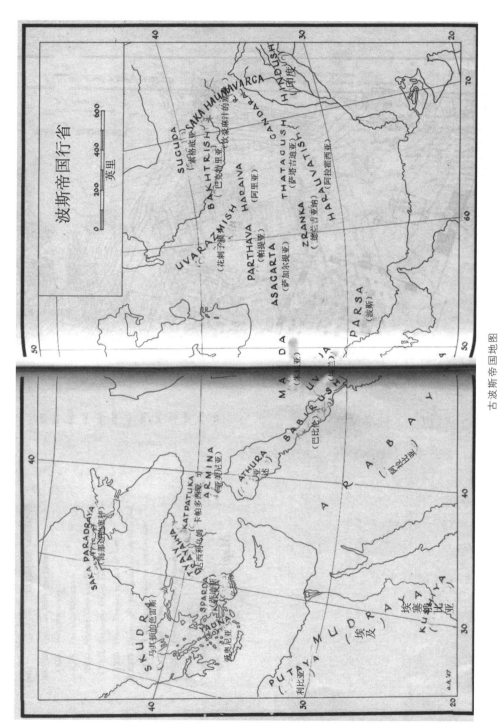

波斯帝国行省

SUGUDA
（粟格底亚）

SAKA HAUMAVARGA

BAKHTRISH
（巴克特里亚）

HINDUSH
（印度）

GANDARA
（收兹麻什的河流）

UVARAZMISH
（花剌子模）

HARAIVA
（阿里亚）

THATAGUSH
（萨塔吉迪亚）

PARTHAVA
（帕提亚）

HARAUVATISH
（阿拉霍西亚）

ASAGARTA
（萨加尔提亚）

ZRANKA
（雄蛮吉亚纳）

PARSA
（波斯）

MADA
（米底亚）

UVJA
（埃兰）

BABIRUSH
（巴比伦）

ATHURA
（亚述）

A R A B A Y A
（阿拉伯）

SKUDRA
马其顿的色雷斯

SAKA PARADRAYA
（海那边的塞种）

TYAIY
DRAYAHYA

KATPATUKA
卡帕多西亚

ARMINA
（亚美尼亚）

SPARDA
（萨尔迪斯）

YAUNA
（爱奥尼亚）

PUTAYA
（利比亚）

MUDRAYA
（埃及）

KUSHIYA
（埃塞俄比亚）

英里
0   200   400   600

古波斯帝国地图

伊朗的圣山达
马万德峰

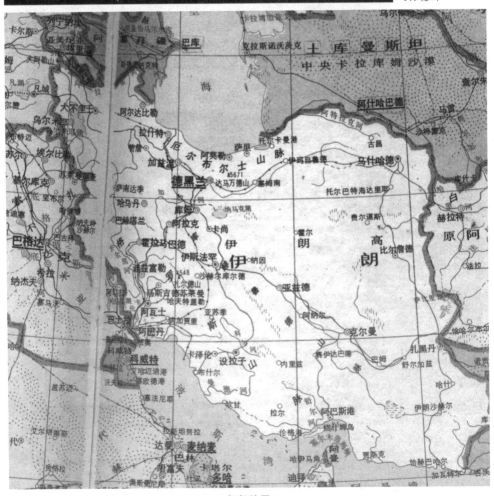

伊朗地图

居鲁士二世陵

波斯波利斯全景

伊朗的圣山贝希斯敦山，这里是伊朗古代人类居住的地方，著名的贝希斯敦铭文所在地，也是古代东西方交通的重要通道

居鲁士帕萨加迪宫廷遗址

乔加赞比尔寺塔遗址,联合国文化遗址

第一章　古代的历史

公元前 539 年，当居鲁士（Cyrus）进入巴比伦城（Babylon）时，这个世界是古老的。更重要的是，它已经知道自己的古老历史。它的学者编纂了许多长长的王表和简单的称号，似乎想证明那些遗迹尚存的国王已经统治了四千多年。另一些君主甚至更古老，即神的儿子、半神半人的国王，他们在位的时间，超过现代昙花一现的人们几代的时间。还有比这些人寿命更长的。埃及人（Egyptians）坚信靠神的帮助，他们已经统治了几千万年的时间。在大洪水之前，巴比伦人已经任命了 10 位国王。他们在位时间最短的有 18600 年，最长的达 43200 年。

其他的民族也知道这次大洪水，并且提到许多国王。例如，伊康（Iconium）的南纳库斯（Nannacus），他在位的时间就在大洪水之前。犹太教徒神圣的历史长达 4000 年之久。相对于巴比伦和埃及这些人物而言，他们的人物统治年代不算太过分。他们记载一位大洪水之前的族长，活了将近 1000 年之久。希腊诗人吟唱传说中的历史，就将许多英雄的家谱追溯到"出自天神"。每个民族和国家、每个古老的城市国家，都以自己的创世故事和自己本地的造物主——神——而感到自豪。

崇拜民族遥远的过去，是古代东方后期独有的特征。当迦勒底人（Chaldaeans）最后一位独立的国王那波尼德（Nabu-naid）发现失落了 3200 年之久的纳拉姆辛（Naram Sin）奠基铭文或他的文士告诉他时，他高兴极了。他的铭文涉及许多已故多年的统治者，从乌尔第三王朝（The Third Dynasty of Ur）创立者乌尔纳姆（Ur

Nammu）及其子舒尔吉（Shulgi）起，中经大立法家汉穆拉比（Hammurabi）、喀西特王朝的伯纳布里亚什（Kashshite Burnaburiash），直到几乎与他同时的亚述征服者，至少长达15个世纪。古代的神庙修复了，古代的祭祀和祭礼恢复了，其女担任了一座古老神庙的官职。

那波尼德不仅仅是"好古成癖"。他不止修复了一座神庙，也不止进行了一次祭祀改革。尼布甲尼撒（Nebuchadnezzar）徒劳无功地寻找过古代建筑铭文，却被其更幸运的继承人所发现。其铭文刻意仿古，在风格和书法上都模仿名君汉穆拉比的铭文。

就在第26王朝（赛斯，The Twenty-sixth Dynasty，Saite）行将恢复第18王朝（The Eighteenth Dynasty）的亚细亚帝国（The Asiatic Empire）时，对古代的崇拜形成了一股热潮。古代的许多文书被临摹，新的文书模仿古代式样制作，甚至连风格和僧侣文字的外形都模仿。赛斯时期的艺术品多多少少模仿了第18王朝的雕刻艺术。高高在上长达一千五百多年的阿蒙神（Amon），让位给了赛斯城古老的女神奈特（Neit）。许多几乎被遗忘的神，再次受到崇拜。官吏们采用古王国和中王国时期的浮华称号，按照古老的葬仪葬入陵墓。这些陵墓再现了大约2,000年前第五、六王朝陵墓的设计、浮雕和金字塔铭文。

像一股巨大的力量影响着这个弱小民族。约西亚（Josiah）改革是民族独立的宣言，但改革的基础仍然是古代立法家摩西（Moses）制定的法典。在民族的神如何拯救其子民脱离埃及奴役的故事中，可以感觉到要求立即获得救赎的期望。复兴过去，也是流放时期预言的主题和《以赛亚二书》（The Second Isaiah）的梦想。文化水平虽然很高，但大多数人不读不写，只是倾听。通过口传的方式，犹太人祖祖辈辈以《出埃及记》（Exodus from Egypt）、征服应许之地、大卫王（David）的辉煌统治必将恢复，来教育自己的子子孙孙；通过口传，萨尔贡（Sargon）、摩西和胡夫（Khufu）的传说也流入普通百姓之中。传说的细节可能不清楚，但西亚所有民族在经历了长期的衰败之后，都已经认识到自己的过去是如何的辉煌，外国统治者日益频繁的征服活动，只能越来越强化这种对过去的崇拜。

人们对往事的思索，正是现代历史学极其重要的因素。往事对描绘事件的背景是必不可少的。重要的是，他们的记叙是真实的。我们可以证明，文士们认定的几个前后相连的王朝，实际上是同时并存的。而且，文字史的开始比他们设想的晚了 1000 年。我们不再相信神和半神比今人寿命长得多，可以统治几千万年。我们需要做的仅仅是用原史时期的无名英雄取代半神，承认在朦胧的传说中保存着许多真相。我们要以史前时代取代神的时代，体会这些 2500 年前的人们体验过的相同敬畏。自从人类最初在地球上活动之日起，我们在回忆这段漫长的历史时，总能感觉到这种敬畏。

真正的人科最初是在近东发现的。在强降雨与冰川时期初期之前，人类已经开始使用燧石。根据这些燧石工具，我们可以追踪人类在气候剧烈变化的第二、三和最后阶段的进步。每一个漫长的时期，现在都有记载。在最后阶段，人类仍然处在旧石器时代（paleolithic），或旧石器文化阶段。在这个漫长的时期，人类已经大大地改进了石器或骨器的制造技术。人类逐步形成了以狩猎为生的家庭。人类以洞穴为家。人类依靠巫术来抚慰或消除危险的"力量"，并且希望有来世的生活。

在旧石器时代结束之前，现代人类已经居住在近东地区。牛、绵羊、山羊和猪已经被驯化，大麦、小麦和亚麻已经被栽培。后来，近东居民发生了分化，一些人成了四处游荡的牧民，另外一些人成了定居的农民。当牧民基本上保持着同样的生活方式时，文明在农村中出现了。城墙修建好了，以保护富人免遭穷人和游牧者的掠夺。"国王"选举出来了，以领导民兵作战。日益增加的分工专业化，像日常生活一样更加复杂。由于土地可以提供大量的产品，因而出现了对丰产神的崇拜。它们被说成是真正的男神、女神。其中最伟大的是各种形象不同的大地母亲神。

还有其他种族可以归入古老的、原始的欧非大陆（Eurafrican）人种。在地中海地区，主要人种是地中海沿岸高加索人种——其特征是长头、细长适度的身材、浅橄榄色的皮肤。亚种族有尼罗河谷的埃及人、阿拉伯北部沙漠的闪族人、埃及南部的尼格罗人、埃及西部的利比亚人(其中可以找到最古老的北欧人)。在北部高原地区有类亚美尼亚人种,其特征是高大肥胖、土黄色皮肤、大圆脑袋。

今日仅限于高加索一隅使用的高加索语,可能曾经是近东的基础语言。在公元前 10 世纪之前,波斯西部使用埃兰语,亚美尼亚使用哈尔基语,美索不达米亚西部和北部使用胡里语或米坦尼语,小亚细亚使用赫梯语、卡里亚语、潘菲利亚语、吕西亚语和吕底亚语。原始的闪族语仅仅使用于阿拉伯半岛北部。大约在 6000 年前,游牧民族第一次大规模外迁,把闪族语言的一种近亲语言带到了埃及,传给了暂时居住在埃及的迦南人和腓尼基人,并且把操阿卡德语的居民带到了巴比伦地区。在巴比伦地区,还居住着苏美尔人。他们使用马和战车,体格的特征、粘着结构的"图兰语",使人联想到他们可能起源于中亚。

人类已经学会锤炼纯铜。后来,人类又发现可以用矿石提炼纯铜。不久,金、银和铅也用同样的方法提炼出来了。金属工具提高了农业的产量、增加了工业的产品,为更先进的技术奠定了基础。从前制造粗陶的粘土,现在被洗干净了。原始陶轮可以制造更加规范的器物,涂釉、绘画使其更有装饰性。巫医又使各种野草的知识蒙上了自己的魔力和咒语。

日益复杂的文明,又将农村扩展为城市,城市扩展为城市国家。城市国家不断的战争,又使它们逐渐紧密结合成更大的团体。由于生活环境日益复杂要求有更加有效的政府,王权加强了。

四千纪末,巴比伦地区和埃及发明了文字。两者都是从简单的图画文字开始,文字符号即表示单词。两者都很快进入了第二阶段,使用符号表示类似拼音的单词。并且将其改造为纯粹的、使用音节的拼音文字。巴比伦人标出了元音。埃及人没有标出元音,作为补救措施,他们制定了辅音字母表以补充表意符号和音节符号。埃及继续使用图画文字书写碑铭。同时,手写体文字——僧侣文字也因笔和纸草而产生了。巴比伦地区迅速由线形文字过渡到楔形文字,它最适合用笔刻在泥板上。

　　文字使叙事历史成为可能,它记载了埃及或巴比伦国王与其他民族进行的战争。通过他们的记载,我们可以一睹上述文化的风采,它们留下的实物至今依然清晰可见。在主要的因素方面,情况是相同的。不论在任何地方,我们都发现有城市国家、都市化的中心及其周边的村庄、土地。其首脑是国王,也是本国神灵在地上的代表,因而具有几分神性。国王有权直接与神交通,还有祭司负责举行自史前遥远的时代就已经制定的礼仪。土地属于神王所有,他将土地用益权授予其地上的代理人、实际的统治者。因此,耕种土地的农夫必须向代理人交纳租金而不是税收。国王最重要的职责是保护神的崇拜者。战争的胜利,是本国的神战胜了与其竞争的神。正如附属国王成为神的代理人的藩属一样,附属的神也成了本国的神的藩属。按照这种方式,城市国家逐渐合并为王国。

　　尽管狭长的尼罗河谷地贯穿整个沙漠,这里唯一的边界必定是尼罗河上游与下游。在文字出现之初,埃及存在两个王国。但美尼斯很快就把两个国家统一成为历史上的埃及。在巴比伦地区,统一的过程完全是出自对复杂的水利系统的需要。这在文献中也可以找到它的痕迹。巴比伦北部被没有受过教育的闪族人所占领。南部是苏美尔人的家园,他们在物质文化方面虽然是先进的,却生活在对于无数邪恶幽灵恐惧的阴影之中,这些幽灵的危害,只能用各种各样的符咒来化解。巴比伦地区东面是伊朗高原,其彩陶反映了当地流行的抽象艺术是如何完美。该时期结束之前,埃兰借用苏美尔符号来表达自己的语言,还有与符号一起而来的其他许多文化因素。美索不达米亚本身在巴比伦文化影响范围之内,还有叙利亚北部。但是,叙利亚北部无论如何,还展现了源自小亚细亚独有的特征。迦南人、腓尼基人与埃及有密切的联系。同样,未来的希腊人的土地,也早就是近东重要的一部分。

　　三千纪初到来之际,情况更加明确了。埃及和苏美尔陵墓同样反映出一种清新的、生命力旺盛的、惊人的艺术正在迸发出来,同样惊人的还有贵金属的使用。但是,所有的这一切都是贡献给死

5

去的国王及其廷臣的,这些廷臣按照宗教礼仪被杀死,伴随其主子一道前往冥世。对于已故国王的崇拜,在埃及的金字塔上达到了顶峰。金字塔耗尽了国家的实力,只是为了保证一个人可以照常生活。为此目的,国家实行了严格控制。但即使有这些障碍,文献证明商业曾经很繁荣。

与行政机构、商业的发展一道,科学的萌芽出现了。商业和行政机构需要计算,这个任务由埃及的十进位制、巴比伦的十进位制和六十进位制混合计算法完成了。四则运算问题得到了解决,土地测量产生了初等几何。

人类与土地的关系是如此的亲近。野外生活迫使他们不得不认真观察天象,不敢忽略天体的影响。白昼与黑夜用日神、月神加以区分。月神的盈亏,构成了历法单位"月"。日神在北方的运转和回归,则构成了更大的历法单位"年"。不久,人们又认识到日神与月神并不符合他们的历法。太阳在经历了 12 个月神的周期之后,并没有回到其原先的出发点。这两个民族把太阴年调整为太阳年的做法完全不同。埃及人很早就知道太阳年约等于 365 天。因此,他们在 12 个 30 天的"月"之外,再加上额外的 5 天作为 1 年。它与真正的太阳年的误差,许多代人都没有发现。巴比伦人则安于保留 12 个月 1 年,当季节出现不正常时,就设置 1 个新的闰月。

同样现实的是,对于东方而言,还有一些需要必须解决。由于每一个行动,都可能是一种预兆。因此,年代也可以从最微小昆虫的活动、星球的运动、女人或家畜的流产、祭羊的肝脏之中收集而来。人们把这些知识组织成精密的、在分类学和诠释方面逻辑严格的"科学"。一旦他们的假设被接受,也就为真正的科学铺平了道路。宇宙哲学的思辨,是为了解答诸如世界上为何有人类、邪恶和死亡,或人类为何不能长生不老等实际问题。其结果在创世故事之中,这些故事深深地影响到后来的思想家。魔鬼和神本身也会生病,因此需要医生。当然,医生使用的是从上古流传下来的、效果半信半疑的咒语。但是,作为一位有经验的心理学家,他知道咒语对病人心理的影响。而且，丰富的观察经验使他了解了某些植物、动物和矿物的药用特性。

三千纪末，阿卡德王萨尔贡统一了巴比伦平原，并将闪族的统治扩张到巴比伦平原的天然边界之外。苏美尔楔形文字被语音不同的闪族语言阿卡德语所采用，闪族语文献开始出现。苏美尔语继续作为宗教语言，只用于领会古老的神灵，驱赶魔鬼。同样，商业用语也保留了古老的方言。因此，阿卡德语充满了借用的苏美尔语词汇。为了满足新的需要，书吏编纂了双语对照译文、符号表、成语集。实用语法也出现了。两种文化碰撞的结果，思想得到促进，新思潮纷纷出现，艺术创新的天赋得以迸发。 7

然而，当敌人威胁边界时，古代文化开始瓦解了。许多新的问题，迫使人们更加严肃地思考。埃及的君主们认识到，单靠金字塔的权威既不能保证个人的永垂不朽，也不能保护其可怜的遗体。在第五、六王朝的金字塔文书中，成文的巫术取代了有形的物体。期盼真正的永垂不朽，使普通人得到了抚慰。贤明的宰相普塔霍特普（Ptahhotep）收集古代圣贤的格言，讲授日常道德规范。随着瓦解的进一步发展，伊普维尔（Ipuwer）对社会经济的变化进行了深刻的反思。这些变化使其守旧的思想毛骨悚然，梦想回到瑞神（Re）统治的正义时期。同样，巴比伦地区也在反思邪恶的问题，神为什么而愤怒，人为什么不能长生不老，公正的改革者乌鲁卡基那（Urukagina）为什么得到不公正的下场？

支离破碎的埃及，分裂成许多争斗不已的地区性王国，遭到亚细亚入侵者的破坏。最初来自北方的游牧部落古蒂人（Guti）征服了巴比伦地区。在悲观厌世的惊涛骇浪中，古代贤哲的疑问也达到了顶峰。这种悲观厌世主义表现在一位埃及人与其灵魂的对话，或巴比伦人约伯（Job）的对话之中。在这些对话中，遭到不公正惩罚的义人虽然赢得了同情，但结论却是对万能的神必须服从，对神的意志绝不能有任何怀疑。

在乌尔第三王朝的统治下，巴比伦地区第一次得到复兴。乌尔纳姆（Ur-Nammu）和舒尔吉重新统一了平原地区，还获得了北方、东方的外国领土。这些国王是闪族人,但王室铭文、行政、商业文书、正统的文学作品,毫无例外,几乎都是以苏美尔语写成。尽管这是苏美尔语文献最后的辉煌时期,但它和古典时期已经不可同日而语。这种语言显示出明显的蜕化现象。商业繁荣起来了,高大的建筑物矗立起来了,有些传统艺术也很流行。乌尔王朝灭亡之后,埃兰(Elam)开始了自己的征服和文化发展事业。而此时的巴比伦则分裂成许多互相混战的小国,处于新来的阿摩利人(Amorites)统治之下。

在一片混乱之中,干练的管理者、立法家汉穆拉比的都城,巴比伦城开始崛起。从此,对外国而言,这座新兴的城市就代表了巴比伦地区,并且以它的名字来称呼这个地区。巴比伦的保护神马尔都克也被尊为众神之王。古老的宗教文献由行将灭亡的苏美尔语译出,重新编写,以歌颂巴比伦神圣的君主、创始人和国王。

阿门内姆哈特(Amenemhet)以所谓古代先知的"预言"、近似弥赛亚的语言振臂高呼,重新统一了埃及,建立了第12王朝。像巴比伦一样,其都城底比斯(Thebes)也是一座新兴的城市。其主神公羊神阿蒙(ram god-Amon)和太阳神瑞(Re)的地位相同,获得了本地的统治权。但大多数人祭祀的是古老的丰产之神俄赛里斯(Osiris)及其配偶伊希斯(Isis)。同时,灵柩铭文显示出信仰的曙光,如果人们希望来世的幸福,今世为人处世就必须公正行事。政治公正被认为是最重要的。一位早于阿门内姆哈特的公正国王,善于运用"统治艺术"中的"劝诫"来教导其子梅里克尔(Merikere)。阿门内姆哈特则为其子塞索斯特里斯准备了一篇马基雅维利(Machiavelli)式的论王权短文,为其宰相准备了另一篇短文。他强调必须以同样果断的、无情的手段孤立那些权势人物,强调官吏必须关注被统治者的福利。迦南(Canaan)变成了附属国,腓尼基人(Phoenicians)成了恭顺驯服的同盟者。工艺精湛、表现手法刻板的埃及艺术品在腓尼基商业巨头中找到了新的出路。

米诺斯(Minoan)时期的克里特(Cret)尚处于初期阶段。它的海军在大海中游弋,商业创造了巨大的财富。这些财富被用于艺术,其基本色调常常出自埃及,但其完美程度却对现代审美观产生了强烈的吸引力。文字得到普遍使用。以图画表达单词的意义,是受到埃及的影响,但其泥板则出自小亚细亚东部的亚述商业殖民地。

这是科学进步的一个重要时期。在数学方面,埃及和巴比伦互相争夺霸权地位。埃及人采用了十进位制,以连续细分表示小数和分数。巴比伦人则在十进位制之外增加了六十进位制,以计算更大的数字,并将繁分数分解为六十进位制的分数,使计算方法更为简便。埃及人懂得平方与平方根,并且在教科书中解决了复杂的比例、算术级数问题。巴比伦人则编撰了乘除法、平方表、立方表、平方根和立方根简易参考表。

在代数、几何学方面,也取得了最辉煌的进步。巴比伦人发现了直角三角形定理(即我们所说的毕达哥拉斯定理)以及两种简易的解法,它们的结果只有微小的误差。他们还懂得相似直角三角形对应边成比例。他们能够把三角形分成相等的部分。他们能够计算长方形、直角三角形和一种梯形的面积。对于不规则的图形,他们则将其分解为自己能够计算的图形。他们发现了半圆的面积,π的近似值是3。不靠代数公式的帮助,他们实际上已经能够用代数方法解答问题,并且每个步骤都能用现代的公式来表示。他们利用二次方程式同解原理,差点就发现了二项式定理。

像巴比伦人一样,埃及人也会分割三角形,计算其面积。他们还会计算平行梯形的面积。埃及的π近似值等于直径的 8/9 或 3.1605,(原文如此。——译注)比巴比伦的更准确。埃及人利用π可以确定圆的面积、圆柱或半球的体积。他们能够计算正方体金字塔的截头体积。他们以错误的假设,解答出了我们所谓的二次联立方程。

巴比伦天文学家在运用新的数学知识时,尚未彻底摆脱占星术。不过,他们进行了天文观察,制定了术语。许多星座的名字也为现代人所熟悉。如双子座、天蛇座、天蝎座、狮子座、天狼座、天鹰座、天鱼座、魔蝎座。猎户座,即"天堂真正的牧人",守护着迷途羊群(行星)的道路。每个星座都有对应的男神或女神。太阳神的运行路线经过12个星座,它们的名字今天叫黄道带。日食象征着不吉利,但月食更多、更常见。月亮的4个部分象征着巴比伦和3个邻国,每个相应部分的亏缺预示灾难将要降临该国。

还有许多预兆汇编对日后的科学起了重要作用。国王和国家的命运不仅用星座,而且用祭羊的肝脏来确定。肝脏的模型和图片能用现代解剖学的拉丁术语来描述。人们为各种动物、植物和矿石编撰了长长的分类目录。植物目录由青草开始,然后是灯芯草及其他与现代种群非常相似的种群。借助于各种详细的目录,我们还可以区分出不同植物的种和变种。海枣树的性别早就能够分清,并且使用了"雄"、"雌"来区别不同的植物。分类系统使用的类目有"人类"、"家畜类"、"野兽类"(包括毒蛇、蠕虫、蛙等等)、"鱼类"和"鸟类"。

植物目录一般用于医疗方面。在专业医疗文献中,仍然保留大量巫术的痕迹,也有经验主义的认识。按照常规,疾病的征兆从头到脚都被细心地记载下来了,这使我们可以鉴别出大多数疾病。药膏、热敷、按摩、栓剂、导管都会使用。药物通常用于内服,汞剂、锑剂、砷剂、硫磺、动物脂肪,经常作为药物使用。一般说来,我们在现代药典中也可以发现同类植物。古埃及的医疗文献非常类似,但其外科教材观点更为科学。即使是无药可救,每个病例也有详细的记载。如果疾病可以治好或有可能治好,还有后继的治疗建议。伤口用手指探查,烙疗用火红的烙铁。在病人的治疗过程中,埃及医生经常使用吸水软亚麻布的拭子、塞子、绷带、夹板,受伤的部位用带子固定或用针缝合。医生通常以同样的方式画出人体的不同部位,这使我们看到他正在确定术语,而且有惊人的发现。他已经认识了大脑和脑回,知道大脑和脊椎髓控制着神经系统,并且对大脑功能区域有所觉察。他知道心脏是台泵,会测量脉搏,差点就发现了血液循环规律。

同时,那些受到农耕民族歧视的、在埃及西奈矿山中工作的、野蛮的、半游牧的闪族人,取得了一项对未来极其重要的发明。他们对埃及复杂的象形文字一无所知,但却懂得使用辅音字母来补充音节和表意符号。他们对为什么没有人认识到纯字母文字的优越性感到惊奇。对少数通用的埃及符号,他们用迦南母语确定名称,用辅音的高音部作为其音值。闪族人在西奈岩石上留下少量迦南方言的短句,其中就使用了辅音字母。

三千纪时,在俄罗斯南部草原边缘居住着一群操原始印欧语的北欧人种(Nordic)。每个部落的首领国王,是由长老会议从起源于神的家族中选举产生和辅佐的。但最重要的决定——战争、和平、选举新的统治者,需要得到战士即武装的民众同意。他们基本上是半游牧者,主要的兴趣是打仗,有时也种点儿地。在发动袭击的时候,他们的马匹可以自由地奔跑,家庭成员则乘坐古老的"有盖篷车"。他们居住之地,不是不设防的村庄,而是四方有土墙环绕的营地。高度发达的技术和重要的工艺都表现在武器方面。

三千纪结束之前,他们开始向西方、南方和东方外迁。当亚该亚人(Achaeans)进入希腊(Greece)时,其他的雅利安人(Aryans)正在前往意大利的途中,金属器文化的光芒出现在匈牙利(Hungary)和波希米亚(Bohemia)。小亚细亚受到侵犯,许多先前独立的小国逐渐联合成强大的赫梯(Hittite)帝国。没有赫梯国王使用印欧语系的名字,这是移民和原住民已经融合的无声证据。原住民的母语保留在宗教仪式之中。由于接受了楔形文字,我们可以读出最早的、被记录下来的印欧语系的语言。米坦尼(Mitanni)是被使用印欧语系名字的贵族征服的,尽管他们采用了当地被征服者使用的语言。他们还崇拜印度伊朗部落的神祇,如密特拉、伐楼拿、因陀罗、纳萨提亚双生神(Mithra, Varuna, Indra, Nasatya twins)。埃及陵墓中的壁画,证明他们是纯北欧人种。他们的后裔是说伊朗语的北欧人种库尔德人(Kurds)。其他印度伊朗语部落则渗透到叙利亚、迦南地区,成为《圣经》中统治各个著名城市的小国王。汉穆拉比的后裔被喀西特人(Kashshites)所取代。尽管其人名、神名有雅利安语成分在内,他们说的大概是高加索语。不久,他们就接受了本地的阿卡德语和巴比伦文化。他们唯一的发明,是赐予

11

古老庄园体系豁免权证书的封建制度。

在喜克索人（Hyksos）之中也发现有雅利安语成分在内，他们在叙利亚建立了一个大帝国，并且统治埃及许多年。为驱逐喜克索人所作的努力，使埃及第18王朝进入亚洲建立了一个帝国。在最初的地中海、闪族因素之外，叙利亚又增添了许多来自尼罗河、幼发拉底河的因素。现在，埃及文化因素影响更大。安纳托利亚（Anatolian）因素，也随着赫梯征服叙利亚北部而进来了。但是，巴比伦的阿卡德语作为外交和商业国际语言，通行于整个近东地区。文明已经具有国际性质。

由于埃赫那吞（Ikhnaton）宣传的福音是慈爱的神仁慈地关怀所有的人，还有不容异说的一神教观念，改革的道路已经铺平。一切的观念都在不断地变化。天才的艺术家欢庆摆脱了古老的、传统手法的束缚，创造出许多具有巨大影响力的、精美的艺术品。第二流的艺术家，则创造出奇特多变的"现代派"漫画。

埃赫那吞沉迷在普世宗教的光荣梦想之中，差点使帝国瓦解了。在自私自利的阿蒙祭司影响之下，图坦卡蒙（Tut-ankh-Amon）恢复了古老的崇拜，宣布废除"异教徒"温和的教义。但是，埃及帝国在叙利亚的领土没有被收复。下一个王朝的塞提（Seti）和拉美西斯（Ramses）二世收复了部分失地，但是，反对赫梯人的战争，以两个对手共同瓜分叙利亚而结束。即使是当时占有的这一小块土地，不久之后也丧失了。埃及不再被视为一个一流强国。越来越多的土地落入祭司之手，他们极力维护王权，使埃及成为真正的神权国家。

舞台上又出现了一群新人。从阿拉伯北部沙漠来的阿拉米人（Aramaeans），居住在从迦南到巴比伦的边界地区。他们通常说阿拉米语，其中部分人——希伯来人（Herbrews）——学会了"迦南语唇音"。希伯来人最初是许多好战的小部落，他们在逐渐征服迦南各城市的过程中，从衰落的、在入侵后残存的迦南文化中吸收了某些东西。物质文化是优秀的。但是，要接纳希伯来人严格的、原始的、比较纯朴的沙漠宗教，对于肥沃新月地区国家堕落的异教徒而言是不愉快的。

由于中欧、东南欧新的人口压力，推动了新来的雅利安人游牧部落迁徙。多利亚人（Dorians）南下，打败了古老的、印欧语系的希腊人，毁灭了庞大的迈锡尼帝国（Mycenaean）。这个帝国曾恢复米诺斯（Minoan）和埃及的关系。米诺斯最后的遗迹被消灭了。亚该亚人被驱逐到小亚细亚西岸，他们在那里遇到了赫梯人、弗里吉亚人（Phrygians）和雅利安人。这些人已经渡过赫勒斯滂海峡（Hellespont），定居在中西部内陆水源、森林资源丰富的高原地区。有些亚该亚人到了塞浦路斯（Cyprus），发现岛上一半的土地已经被腓尼基人开垦殖民。迈锡尼人最后拼死努力，占领了弗里吉亚的特洛伊（Troy）。其史诗鼓舞了后代在亚细亚重新开始征服活动。但是，他们的努力毁灭了这个帝国。爱奥尼亚人接踵而来，并且娶安纳托利亚人为妻。一度强大的赫梯帝国消失在小国混战之中。

到处流浪的人群，不论是米诺斯人还是雅利安人联合起来，像汹涌的波浪从海上、从叙利亚冲向埃及。他们在埃及被梅内普塔（Merneptah）和拉美西斯三世所灭。亚该亚人折回老家，或扬帆前往塞浦路斯。这时，西利西亚人（Silicians）和撒丁人（Sardinians）用他们的名字命名了西方的岛屿。埃特鲁斯坎人（Etruscans）把丰富的东方文化带给了早期的意大利人。这种文化深深地影响了罗马。非利士人（Philistines）定居在巴勒斯坦（Palestine），并且用自己的名字命名了该地。

在由海上与沙漠中来的侵略者沉重压迫下，迦南人丧失了自由。非利士人强大了一段时间，由于外界的压力和先知的激励，希伯来人统一起来了。扫罗的王国失败了，但大卫的统一成功了。所罗门仿照大帝国的机构，把它变成了一个小帝国，其王家神殿与外国相同。所罗门逝世标志着以色列与犹大的分裂。以色列更强大，常常把犹大当成附属国，耶路撒冷和圣殿也成了废墟。

西顿（Sidonian）商人大规模侵入爱琴海地区，与落后的希腊人交换货物和信息。他们还带来了更加珍贵的礼物——字母。希腊

13

人对它进行了改造。由于引进的字母没有表示元音的字母,希腊人使用某些辅音符号,它们代表音值而不代表读音,以此记录印欧语言的重要元音。这些字母后来又传回了小亚细亚。对于印欧语系的弗里吉亚人来说,接受希腊字母没有问题。但是,吕底亚人(Lydians)、吕西亚人(Lycians)和卡里亚人(Carians)就觉得必须创造新的字母用于表达母语的读音。当希腊人夺回海上霸权之后,腓尼基人离开了爱琴海。争夺地中海的竞争开始了,结局是腓尼基人控制了北非和西班牙。

在很长一段时间里,亚述只是个第二流国家,经常臣服于巴比伦或米坦尼。在二千纪末期普遍衰落之际,亚述开始扩张自己的领土。在经历了两个衰落时期之后(第二个衰落时期使犹太人建立了大卫的王国),亚述现在成了一个强大的世界帝国。巴比伦无疑是臣属,叙利亚受到侵略,以色列的耶户(Jehu)被迫屈服。在和更重要的国家的战争中,有几场进攻帕苏阿(Parsua,波斯古称)、米底人(Medes)的惩罚性远征被人们忽视了。

有几年时间,亚述受到哈尔迪亚(Haldia,乌拉尔图古称)的进攻,这个国家作为一个世界大国,经历过短暂的辉煌时期。这个喘息时期为希伯来宗教发展提供了重要的机会。在本质上,它是沙漠因素对文明的反应。以利亚(Elijah)和以利沙(Elisha)的传道,以耶户流血的改革而告终。从此,以色列人承认没有民族的神,只有雅赫维(Yahweh)。这次改革的方法和令人讨厌的结局,并不能使杰出人物感到满意。先知中的贵族集团反对祭祀中的迦南因素。他们以同样的热情反对社会不公正现象。阿摩司(Amos)宣扬彻底的失败,何西亚(Hosea)赞扬雅赫维的慈爱,而以赛亚(Isaiah)再次预告毁灭。对以色列而言,它还真的应验了。辛那克里布(Senacherib)的侵略,打开了以赛亚的眼界。从此,他开始宣扬耶路撒冷和圣殿的不可侵犯性。无论如何,犹太还是成了亚述的附属国。

亚述的崛起,标志着附属国治理的新时代。先前的统治者满足于最多只派遣一名"驻扎官"和少量士兵就能控制的附属国。亚述把被征服地区降为省,其行政官通过公文往来和中央政府保持密切的联系。叛乱者被送往边远地区。在那里,他们的命运取决于他们对新主子的忠诚。各省居民必须崇拜国家的神阿舒尔(Ashur)和神圣的国王。

亚述文化虽然大多以巴比伦文化为基础,但本质上是极端的折衷主义文化。在大城市中,不管是都城还是特许的自由城市,可以看到极其复杂的生活。腓尼基人和阿拉米人充分利用了帝国的商业机会,"伊什塔尔头像"被用作钱币。王家图书馆收藏了丰富的古巴比伦泥板抄本,但王家编年史是亚述历史家最早编辑的。与楔形文字相比,阿拉米字母由于更加简便,因而开始流行。科学的进步可以用一本有关彩釉的教科书和天文学书信为证。这些天文学家大概从那波纳西尔(Nabu-nasir)时期开始,就在望月的时候等待观察月食,在朔月的时候等待观察日食,每19年一个周期设置若干闰月。亚述浮雕极其生动地反映了战争、宫廷生活和狩猎场面。其动物雕像的艺术水平,很少有人能够企及。

在迦勒底人统治时期,巴比伦起而革命,亚述被迦勒底人与米底人的同盟消灭。四个世界大国出现了。埃及在赛斯王朝的领导下获得了新生。他们的统治得力于希腊和卡里亚雇佣兵的帮助,以及允许希腊人按照他们自己的生活方式居住在他们自己的城市诺克拉提斯(Naucratis)。弗里吉亚的继承人吕底亚拥有帕克托勒斯(Pactolus)金矿的财富,征服了沿岸的希腊城市。海外与内陆贸易的结合相得益彰。随着来自埃及与黑海的财富,爱奥尼亚人(Ionians)为希腊文明第一个辉煌繁荣时期奠定了基础。那波帕拉萨(Nabopolassar)重建了巴比伦行政机构和商业活动。其改革对国家的影响,就像楔形文字使用的时间一样长久。尼布甲尼撒重建的巴比伦城,成了世界性的大都会。耶路撒冷被摧毁,叛乱者被流放,就像耶利米(Jeremiah)和以西结(Ezekiel)预言的一样。犹太教(Judaism)形成了。

直到目前为止,这里的王朝和统治民族虽然发生了许多变迁,但各种文化的相互联系始终是明确的。近东各地文化演变的模

15

式,常常是相同的。即使东方曾经遭受外界多次侵略,它总能将自己的特征施加于新来者。对于同时代人而言,伊朗的米底可能是第四个出现的东方大国。好奇的希腊人似乎像他们的前辈米诺斯人和迈锡尼人一样,不过是古代东方文化的学习者。但事实不久就证明,随着伊朗人、希腊人登上舞台,近东进入了现代史时期。

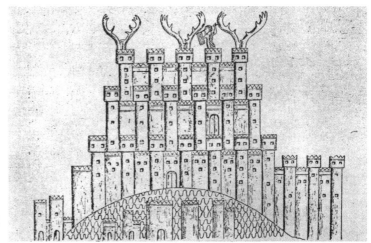

亚述宫廷雕刻所见
米底城市

米底骑兵与米底
马,亚述宫廷雕刻

陵墓浮雕,右面的人
物被认为是米底国王基
亚克萨雷斯,正在向祭司
献祭。此祭司为麻葛

贝希斯敦铭文全景

苏萨宫廷彩釉卫士，有人认为他们就
是守卫宫廷的不死军士兵

阿巴丹遗址

大流士一世时期的火祠

波斯波利斯全景

第二章　伊朗人的起源

史前的伊朗

在这个巨大的高原被称为伊朗之前，它就是一个适合人类居住的地方。在最后的一个冰川时期沉积层的沉积物之中，发现了黑曜石片。同时，也发现了旧石器时代人类留下的、粗糙的燧石工具。公元前五千纪时，许多小村庄为和平的农业居民提供了栖身之地。他们爱美的天性在制作精美、绘着美丽图画的陶器上得到了充分的发挥。一种精心的、生动的、以简单化的象征手法表现本地植物、动物的风格，反映出人们重视构思之美，甚于精确的描绘。它为伊朗高原后来所有的艺术品提供了典范。被烧毁的村庄、陶器风格的变化，暗示着居民成分的变化。[1]只有高原西部的埃兰为我们提供了文字资料，也就是历史。[2]可是，从高原中部出土的埃兰象形文字泥板，[3]可以使人联想到这里和埃兰最重要的城市苏萨(Susa)使用的是同一种语言。

有关这些古代居民进一步的信息，我们只能求助于《维德夫达特》(Vedevdat)，即《驱魔法》(Antidemonic law)。尽管它的成书和出现在《阿维斯陀》(Avesta)之中，都是在公元前不久的事情，但仍然保存了这种史前文化的基本面貌。[4]初看起来，这是个欢乐的世界。在这里，我们可以看到房子的主人拥有牲口、饲料、猎狗、妻子、儿女、火、牛奶和各种奢侈品，还有庄稼、草地和挂满各种果实的树木，坎儿井灌溉的辽阔土地，繁殖了成群的牛羊，积累了丰富

的天然肥料。但是,为了获得上天的恩赐,就必须辛苦地工作,从 17
事播种、栽培、修建地下水渠的艰苦劳动。这是一个没有懒汉立足
之地的世界。[5]

　　我们都听说过用毛皮来做衣服或纺织衣服,听说用毛毡来做帐
篷,就像中亚的帐篷一样。我们也听说过木头房子,就像乌鲁米耶
(Urumia)平原那些已经化作灰堆的房子一样。[6]我们可能会热情地
赞扬男子的崇高地位,不管在东方何地,地位低下的、不净的人,在
高原都被视为家庭光荣的一员,有明确的责任和相应的报酬。[7]当
白雪皑皑的冬天已经结束,鸟儿开始飞翔,万物迅速生长,激流从
山间奔腾而出,强风吹干了大地的时候,我们可能会和农夫一道高
兴,但我们却可能完全误会了他们的心情。[8]

古代的宗教

　　在体质上,这些居民属于地中海人种的分支。[9]在文化上,他们
与中亚的各族亲缘更近,特别是在宗教观念上。希腊作家为我们
留下了当时仍然居住在黑海南部沿岸原始居民文化一鳞半爪的记
载,特别是在处理死者后事方面,他们的做法与《驱魔法》非常
近似。

　　例如,在德比塞斯人(Derbices)中,年过70的男子会被其亲属
杀了吃掉。老太婆则被勒死埋掉。不幸在70岁之前死掉的人则
被草草埋葬。在里海游牧部落(Caspians)之中,它的名字取代了先
前希尔卡尼亚(Hyrcanian)海的名字,[10]年过70者会被饿死。遗体
暴露在空旷之地供人瞻仰。如果死者的遗体被兀鹰从停尸场叼
走,那被认为是最幸运的。如果被野兽或狗叼走,那也是幸运的。
但是,如果尸体没有被触动,那将是最大的不幸。[11]在更东方的巴克
特里亚(Bactria),直到亚历山大东征时,还保留着同样令人厌恶的
习俗。病人和上了年纪的人被活活地扔给等在一边的狗吃,这种
狗在巴克特里亚语中称为"丧葬狗"。堆积在围墙之内的遗骨,证 18
明了葬仪确实可怕。[12]为了搞清这些习俗的根源,说明《驱魔法》所

有的细节,我们必须查阅由中亚移民而来的苏美尔人(Sumerians)浩瀚的魔法文献,以及现代有关当地萨满教(Shamanism)的报道。

在麻葛(Magian)最早的观念中,并没有真正的神,只有数不清的魔鬼。魔鬼经常威胁不幸的农夫生存,它们恶毒的侵害只有举行消灾仪式才能预防。魔鬼的老巢在北方,那里有更多危害人类的敌人。在伊朗人征服伊朗之后,我们对雅利安人的暴风雨神因陀罗被列入这些魔鬼之中不必感到惊奇。[13]就像巴比伦一样,大多数魔鬼都没有名字。"灭亡吧,邪恶的魔鬼! 灭亡吧,邪恶的部落! 灭亡吧,邪恶的创造物! 灭亡吧,邪恶的创造者! 愿汝等统统灭亡在北方!"各种疾病也被拟人化,如"汝等呕吐,我已驱除;汝等死亡,我已驱除;汝等热症,我已驱除;汝等邪恶之眼,我已驱除"等等一长串疾病。[14]如果敬神者知道魔鬼的名字,还有更多的魔鬼可以被驱除。[15]在这些魔鬼中,最危险的是"醉鬼"埃什马(Aeshma),一个阻碍降雨的魔鬼。[16]还有许多魔鬼利用人们不注意修剪头发、指甲,创造出危害庄稼和植被的害虫。[17]

所有魔鬼的首领是安格拉曼纽(Angra Mainyu),绝对的"恶神",所有邪恶事物和凶猛野兽的创造者。因此之故,麻葛必须修成高深的功德,以除去这些恶神在地上的象征——蚂蚁、蛇、蠕动的物体、蛙类和鸟类——堵死它们的洞穴,捣毁它们的老巢。[18]它必须由喷洒过法水、举行过有魔力的犁田仪式、[19]身体毫无缺陷、洁净的麻葛,通过咒语来完成。

但是,恶神和与它一伙的魔鬼是可怕的。在日常生活中,最可怕的是"尸魔"纳苏德鲁吉(Nasu Druj),《驱魔法》的大部分都提到它。一般死者可以由邻居或仇敌进行土葬或火葬,但对麻葛的信徒来说,葬仪就不能这样随便了。尽管有各种预防措施,但尸魔不可避免还会以恶行、疾病、污浊纠缠活人。[20]从人们停止呼吸的一瞬间起,遗体就是不洁净的,尸魔就将到处飞翔,危害活着的人们。为了保证平安,必须恪守规定的仪式:死者不能污染神圣的土地或水源。尸体的脚和毛发必须仔细地捆扎结实,暴露在地面最高之处,让狗或兀鹰吞食。只有当遗骨完全与死者分离,也不再有危险之物,遗骨才能收集到一个有洞口的尸骨存放所去,使死者仍然可以见到太阳。[21] 藏骨所的这种污染、恶神的危害,充斥晚期琐罗亚斯德教各种文献,使它成为一种让人感到非常沉闷的读物。[22]

地理特征的影响

大多数雅利安人离开了他们在俄罗斯南部的故乡前往中亚草原,只有少数伊朗人的近亲西徐亚人(Scyths)和少数真正的雅利安人留在原地。希尔卡尼亚人(Hyrcanians)定居在厄尔布尔士山(Alborz)北坡和沿海低地平原,海的南部就用他们的名字来命名。这个平原略低于海平面,在洪水的冲击下,每年增加 60 英寸。平原属于亚热带气候,坡地上有茂密的森林,隐藏着猎人们追逐的狮子、老虎。其他的伊朗人则进入了四周高山环绕的高原。高原西部是扎格罗斯山脉(Zagros),北面是厄尔布尔士山脉,高原向东逐渐隆起与世界屋脊喜马拉雅山脉相连。南面的海洋则被较低的山脉所隔离。在这个边界之内,又有一些较小的山脉将其分成几个小单元。各个单元情况略有不同,其共同因素则是高山、沙漠和肥沃的狭长地带相结合。

高原中央是难以通行的大沙漠,在盐湖地区和棕红色盐碱地区覆盖着盐盖。山区也是同样的贫瘠,一般没有森林,甚至连灌木也没有。在高山与沙漠之间,有肥沃的、需要灌溉的土壤,但水源是非常稀少和珍贵的财富。如果说高山阻隔了潜在的敌人,它同样阻断了降雨。只有通过像拉什特(Resht)和加兹温(Qazvin)之间的山口,乌云才能进入高原。这里的降雨量可达 8 英寸,但在其他地方,例如伊斯法罕(Isfahan)只有 4 英寸或更少。无论在什么地方,这些降雨都不能满足庄稼成熟的需要,幸亏有周边高山流下来的雪水补充。

20

在一年大多数时间里,炽热的阳光从万里无云的天空烘烤着大地。9 月,天气有点凉爽。11 月,晚上凉气逼人。秋天降雨之后,浓雾、降雪、最后是暴风雪接踵而来,从高山逐渐向下,直到平原地区。中午的阳光虽然使人感到灼热,但融化的雪水晚上就结成了冰。1月,许多山口被堵塞。在整个冬季,被大雪覆盖的村庄与世隔绝。春天,积雪毫无察觉就融化了。雪水灌满了贫瘠的坡地,冲毁了山间的小路,使村庄再次与世隔绝。河床中洪水轰鸣,每一滴珍贵的水都引进了灌溉渠,直到河床再次干涸为止。此后,人们就必须在貌似干燥的丘陵中寻找水源。为了不使珍贵的水源因为蒸发而消失,不得不通过地下的坎儿井来输送。因此,由于花费了大量时间与劳力,先前的沙漠有很多变成了耕地。

这种对水源的长期追求,在波斯人心目中留下了深刻的印象。在《阿维斯陀》圣经中,有赞美溪水女神阿娜希塔(Anahita)的经文;在晚期的诗歌中,有赞美流水、花园的欢歌,这类题材永恒不断地重复着。对于来自乐土的外客而言,河流也许显得太小,杨树、柏树和悬铃木制造的船舶显得贫乏,花园式的"天堂"显得毫无生气。但是,沙漠、空旷的平原和白雪皑皑的高山所形成的鲜明对比,必定使他们感到更美。

北方游牧部落的征服

考古学揭示了北方居民最早的踪迹。当时,上古居民精美的彩陶被一种制作更精美的深黑色陶器所取代。根据他们的遗骨判断,北欧人种(Nordic)部落出现了。新来者继续南下。在达姆甘(Damghan),有一座巨大的、设防的建筑物遭到攻击,并被占领。保卫这座要塞的男子以及他们的妻子、儿女的遗体,在他们固守之地被考古学家发现。[23]

21　　征服伊朗的过程与雅利安人优美的神话故事完全糅合在一起,这在《亚什特》(Yashts)最古老的篇章中可以看到。[24]我们在其中可以读到波斯口述历史的最早版本。西方人只是通过穆斯林大诗人菲尔多西(Firdausi)的巨著《列王纪》(Shah Nameh),才了解到这一切。

这个故事从"凡人"、雅利安人的祖先、[25]原人盖亚马雷坦(Gaya

Maretan,现为 Gayomarth,译为迦约马特——译者注)开始。接下来是豪夏亚哈(Haoshyaha,现为 Hosheng,译为胡山——译者注)、帕拉达塔王朝(Paradata,现为 Peshdadyan,译为佩什达迪扬——译者注)的第一位国王。他来自东方的哈拉(Hara)山,征服了马扎纳的恶魔和瓦列纳的魔鬼(Mazana,Varena)。[26] 一般认为,这个故事是征服瓦尔卡纳(Varkana)或希尔卡尼亚地区(后来的马赞达兰)崇拜鬼神者的回忆。无论如何,情况很可能是这样。我们知道在伊朗人来到时,希尔卡尼亚的首府扎德拉卡塔(Zadrakarta)大概建在一座山丘之上。[27] 局部的发掘证明,伊朗人重建的居住地,处于早期土著居民遗址的上面。[28]

豪夏亚哈之后是伊马(Yima),一位善良的牧人维瓦赫万特(Vivahvant)之子,他是第一位压榨豪麻汁的人。[29] 伊马在位时期,既没有严寒,也没有酷暑;既没有老者,也没有死者;因为他已经使人类长生不老。他还使人们摆脱了饥饿干渴,告诫贪吃的动物该吃什么,保护植物免于干枯。尽管他居住在伊朗的乐园沃鲁卡什(Vouru-kash)海边的胡凯里亚(Hukairya)圣山,他还是犯下了罪行。据琐罗亚斯德后来宣布,他的罪行是放任人们吃牛肉。[30] 因此,伊马本人被其邪恶的兄弟斯皮泰乌拉(Spityura)锯成了碎块。[31] 而另一位兄弟塔赫马·乌鲁帕(Takhma Urupa)则成功地骑着恶神安格拉曼纽化作的马,[32] 在各地漂流了 30 年。

就在这时,阿齐·达哈卡,一条三头、三嘴、六眼的巨蛇,千方百计拐走了伊马两个绝色的女儿,使她们成了自己的妻子。巨蛇被杀之后,两位夫人被瓦列纳的阿斯怀亚(Athwya)之子思雷陶纳(Threaetaona),即法里东(Feridun)救出,雅利安人才得到了安全。[33] 英雄思雷陶纳的第二个功绩,据说是他如何伪装成兀鹰,把聪明的水手波尔瓦(Paurva)抛上了天空。[34]

萨马(Sama)之子克雷萨斯帕(Keresaspa)是一位英雄,他为自己的兄弟乌尔瓦克沙亚(Urvakhshaya)——法官和立法者——被害报仇,杀死了刺客希塔斯帕(Hitaspa),并将其尸体用自己的战车运回家。他的功劳还包括杀死各种各样的敌人,不管是人还是妖魔

22

鬼怪。如生活在沃鲁卡沙海（Vouru-kasha）中的金蹄甘达雷瓦（Gandareva），以及剧毒的黄色海蛇。在海蛇宽阔的背上，克雷萨斯帕不知不觉地做起了饭菜。[35] 希塔斯帕是个纯粹的伊朗人名字。但是，他可能是敌对的图兰游牧部落（Turanian）居民。

下一个被提到的敌人也是一位图兰人。他就是弗兰拉西扬（Frangrasyan），即阿弗拉西亚（Afrasiab），他出自地球的裂缝，游过沃鲁卡沙海，妄图窃取威严的、君王独有的王家灵光。他被一位忠实的臣子俘获，送给卡维·豪斯拉瓦（Kavi Haosravah），即凯·霍斯罗（Kai Khosrau）处死。[36]

就这样，当地小国之君卡维家族便进入了口述历史之中。这个王朝有8位国王的名字流传下来。[37] 我们知道较多的只有创立者卡维·卡瓦塔（Kavi Kavata），即凯·科巴德（Kai Kobad）。其子卡维·乌尚（Kavi Usan），即凯·卡乌斯（Kai Kaus），成群种马、骆驼的主人，海船的控制者。以及出自盐海喀查斯塔（Chaechasta），即乌鲁米耶湖（lake Urumia）的卡维·豪斯拉瓦，他征服了雅利安人的国土，成了一位大英雄。[38]

早期的米底人和波斯人

米底人和波斯人第一次出现在编年史中，是公元前836年。那一年，亚述国王撒缦以色三世（Shalmaneser）收到了乌鲁米耶湖（Urumia）西边"帕苏阿"（Parsua）诸王缴纳的贡赋，并且远征到湖东岸"玛代"（Mada）的领土。从此以后，这两个民族经常被提到。公元前820年，沙马什阿达德五世（Shamashi-Adad）发现他们在今基尔曼沙赫（Kirmanshah）正南面、当时叫做帕苏阿什（Parsuash）的地方。737年，提格拉帕拉萨（Tiglath-pileser）侵入原先的帕苏阿，收到了远达比克尼山（Bikni），即"天青石山"以东，直到他们称为雄伟的、雪峰直刺蓝天的达马万德山（Demavend）之间的米底部落首领的贡赋。

这两个伊朗部落当时仍然在继续迁徙。每个山谷都住满了这些部落，他们由住在有雉堞的、高大塔楼之中的国王统治。这些国王在受到进攻的威胁时，偶尔也被迫向亚述缴纳贡赋。米底的部分领土组成了一个省，但其边界经常变动，从来就没有组织好。其他米底人和所有波斯人虽然受到多次劫掠，仍然保持完全独立的地位。

纵观伊朗早期的全部历史，伊朗人主要是牧人，但农业也不曾忽视。几乎同时的琐罗亚斯德教文献把人民分成了四个地域组织：家庭（demana）、氏族（vis）、地区（shoithra）和国家（dahya）。[39] 从社会学的角度来说，人民被分成三个等级：*khvaetu*、*verezenah* 和 *airyaman*（本书作者对三个等级没有具体解释，最后一个等级可能是指雅利安人——译者注）。[40] 只有最后一个等级是统治阶级，其内部分为祭司（athravan）、乘战车的贵族（rathaeshtar）、牧人（vastrya fshuyant）和工匠（huiti）。很显然，较低等级被认为是不同的种族，因为等级制度本身就被称为"肤色"（pishtra）。[41]

公元前715年，米底本地一位小国王戴奥库（Daiaukku）被俘虏，流放到叙利亚。传说认为，他和米底帝国的创立者迪奥塞斯（Deioces）就是同一个人！[42] 传说中的下一位国王是基亚克萨雷斯（Cyaxares）一世，他就是公元前714年向萨尔贡进贡的乌亚克萨塔（Uaksatar）。公元前712年，辛那克里布（Sennacherib）在位时，他进攻了亚述的哈尔哈尔（Harhar）省。公元前681年，帕苏阿什和安赞（Azan）的军队在哈卢利纳（Halulina）与辛那克里布对抗。他们的首领大概是阿契美尼斯或哈卡马尼什。（Achaemenes，Hakhamanish）后代君主把他称为名祖，并以他的名字命名整个阿契美尼德王朝。[43] 其子泰斯佩斯（Teispes，chishpish）号称"伟大的王、安善城之王"。安善是更古老的安赞的今称，它位于卡尔黑河畔的苏萨城西北（该遗址在20世纪70年代已经由美国宾夕法尼亚大学考古队发掘出来——译者注）。但是，埃兰人现在已经丧失了它。显然，波斯人继续在向南前进。

泰斯佩斯有两个儿子——阿里亚拉姆尼斯（Ariaramnes）和居鲁士一世。一块更古老的金板铭文表明，波斯语很早就使用楔形

24

文字书写。有人推测这种楔形文字起源于亚述或埃兰,但在字母方面并没有直接模仿。早期的楔形文字、每个单词都用一个斜三角符号分开。国王、大地、土地、神和主神阿胡拉马兹达使用表意符号。也用同样的方法(尽管外形不同)与相邻文字分开。其他符号使用尚未成熟的字母。丰富的伊朗语,只有区区 3 个符号(a、i、u)表示元音。有 22 个辅音音节包含 a 的音素,4 个辅音音节包含 i 的音素,7 个辅音音节包含 u 的音素。有时,这些元音不发音,这个符号就只有辅音的音值了。

伊朗人的宗教

迄今为止,伊朗宗教仍然保持着雅利安人质朴的对歹瓦(Daeva)或真神的自然崇拜。[44]众神之首天神称为底尤斯(Dyaosh),与希腊的宙斯(Zeus)性质相同。但是,它更多的时候称为"主"即阿胡拉,或"智慧"即马兹达。后来,这些表示最高权力的方式被合并成阿胡拉马兹达即"智慧之主"。[45]阿里亚拉姆尼斯国王说:"这就是我统治的波斯国,兵强马壮的国家。伟大的神阿胡拉马兹达赐予我的国家。靠阿胡拉马兹达之佑,我成了这个国家的国王。愿阿胡拉马兹达帮助我。"后来的历代诸王官样文章的格式,就这样形成了。

仅次于包罗万象的天神的是密特拉(Mithra),他长期受到米坦尼的伊朗同胞和印度的其他雅利安人崇拜。像伊朗所有的亚扎塔(Yazatas)一样,他是白天之神。在其众多的表现方式之中,有一种说他是太阳神。用现代的俗话来说,也就是"穷人的朋友"。因此,他在冬天的寒夜是那样的受欢迎,而在酷暑烤焦了各种植物时,是那样令人生畏。他和黑夜经常发生冲突。此外,他也是最早出现的神、黎明之神。他出现在厄尔布尔士山的哈拉峰上,比永恒的、飞奔的太阳还早。因此,他最早登上美丽的、金色的山峰,从那里俯视所有雅利安人强大的国家,这些国家因为他才有了和平与富足。

作为辽阔牧场的主人，密特拉统治着这些雅利安人的国家。就 25
是他保卫着宏伟宫廷的柱廊，使门柱更加坚固。对于他所钟爱的
宫廷，赐予成群的家畜、子嗣、美女、战车和舒适的靠垫。对于他的
子民而言，密特拉是正义之神。他的名字当普通名词使用时，意为
"契约，"表明他是契约的保护者。他是不可能被欺骗的，因为他有
千耳万眼来探听消息，随时监督那些毁约者。只要那些被非法剥
夺了权力的穷人向密特拉伸出双手祈祷，不管其呼号声是高是低，
都将传遍大地，上达天庭，被密特拉听见。密特拉立即就会使压迫
者受到惩罚，诸如使其患上麻风病等等。[46]密特拉崇拜不需要祭司，
房屋的主人要祈求他，只需奠酒和豪麻汁即"死神之敌"就行。密
特拉的祈祷仪式，有一部分是晚间献祭一头公牛。[47]因为对于其创
造物而言，密特拉既可以是恶神，也可以是善神。类似的动物祭，
一直延续到阿契美尼德时期。在元旦之日，必须用许多尼萨
（Nesaean）马向他献祭。这些马象征拉着密特拉太阳神战车的神圣
白马。[48]在一年一度的密特拉节期间，阿契美尼德王朝的统治者必
须畅饮令人兴奋的豪麻汁，跳"波斯舞"。这是一种古老战争舞蹈
的遗迹。[49]

但是，密特拉作为战神，是最强大的，最受尚未开化的雅利安
人崇拜的神灵。他们以武力征服了高原，以武力保住了高原，打败
了土著居民。密特拉颂歌描绘了和平的牧人受到有翼的飞箭、尖
锐的长矛和投石器的攻击，受到匕首和地中海式大头棒的进攻。
更危险的是麻葛信徒诅咒他们的咒语。我们看到人们的身体被刺
穿，骨头被碾碎，村庄被化为废墟。而牲畜被驱往胜利者的战车边
关着，成了密特拉之敌的战利品。颂歌接着说，当国王们准备进攻
凶恶的敌人，在两个敌对国家边界上集结兵力时，也要向密特拉祈
祷。骑者向密特拉祈祷，驭手祈求赐予马匹力量。因为他们像古 26
代的雅利安贵族一样，现在仍然乘战车作战。密特拉住在高高的、
闪光的、有许多峡谷的哈赖提（Haraiti）山上，听得见人们求助的声
音。当恶人靠近之时，密特拉立即将 4 匹闪光的马套上金色的太
阳战车。这些马都是清一色的白马，钉上了黄金、白银脚掌的神

马,因为它们是用长生不老的饲料喂养的。为了打击魔鬼的崇拜者,密特拉在战车两边安装了1000张强弓、1000支金镞骨质利箭(利箭兀鹰式的箭镞可以射倒、射穿敌人)、1000支锋利的长矛、1000柄双面斧、1000口双刃剑、1000支交锋用的狼牙铁棒、还有100个钉子、100个切面的黄铜大头棒。这些武器自动从天而降,击中魔鬼及其崇拜者的脑袋。密特拉身着银盔金甲屹立在战车上,挥舞鞭子和大棒猛攻敌人,以强大的力量打败了反对其权威的谎言家进攻和诅咒。[50] 他不是单枪匹马作战。在他的大军右前方是美丽的、强大的、手持另一种大棒的斯拉奥沙(Sraosha),即"(对封君召唤)忠诚之神";[51] 他的左前方是高大、强壮的拉什努(Rashnu),即"真理之神"和审判之神。[52] 在他的周围有水、植物和弗拉法希灵(Fravashis),即祖先的灵光。[53] 冲在他前面的是胜利之神韦勒思拉纳(Verethraghna),其形象是尖齿尖颌、长着铁翅的野猪。他和无畏女神一起紧追落荒而逃的、欺骗密特拉的敌人,直到折断了敌人的脊椎骨、生命力的支柱和力量的源泉,撕碎了敌人的翅膀,直到他们的骨骸、毛发和脑髓化作泥土为止。[54]

但是,韦勒思拉纳还有其他化身:他是风神(Vata or Vayu)、金角公牛、金耳马、骆驼、乌鸦、野公羊、精力充沛的雄性动物。有时,他可能以青年或成年男子的面目出现。他不但赐给雅利安人胜利,保护神牛的灵魂。而且,他还赐予男子生殖力和健康。[55] 当他以风神或公牛形象出现时,他有权赐予或剥夺威严的王家灵光(赫瓦雷纳、Khvarenah)。但是,他的这种权利有时被密特拉越俎代庖。[56] 在后来的政治理论中,王家灵光是占统治地位的政治观念。[57]

在处于自然崇拜阶段的雅利安人之中,我们偶尔还可以看到其他的神灵。其中最重要的是提什特里亚(Tishtrya),即明亮的、白色的天狼星,所有星宿的主人和首领。他在高原的天空显得特别明亮。当一年结束之际,从富有经验的管理人到山间的野兽、平原的家畜,万物都在等待天狼星的升起,都想知道:"他会不会给雅利安人带来丰收的年成?"如果天狼星推迟出现,他们将会感到失望,并发出疑问:"什么时候光辉的、荣耀的提什特里亚为我们而升起?

什么时候充足的水源赛过奔腾的骏马,再次充满大地?"提什特里亚亲自出来了。他问道:"雅利安人的国家会有好年成吗?"因为有很多困难需要面对。"七星"仍然提防着北方的巫师,他们企图用不怀好意的流星阻止提什特里亚前进。南方众星的首领瓦南特(Vanant)保护他免遭困苦和仇恨。[58]提什特里亚有 10 个晚上以 15 岁的美少年出现,赐予人类男性子嗣。10 个晚上以金角牛出现,牛群增加了。在第三个 10 晚,他以金耳白马出现,深入沃鲁卡沙海,旱魔的化身阿保沙(Apaosha)前来与他作战。他们打了三天三夜,提什特里亚被打败了。然而,由于信徒们的献祭,提什特里亚重新恢复精力,重返战场,旱魔不得不在第一天晚上就连夜逃跑了。这时,大海开始翻腾,大雾笼罩着海中的小岛。浓雾聚成乌云,被风神吹向南方。阿帕姆·纳帕特(Apam Napat)、"泉水之子"和"妇女之主",[59]雷电之神就为各地降下了及时雨。如果雅利安人按时向提什特里亚奠酒,献祭毛色一致的家畜,就永远没有瘟疫、没有疾病、没有耀武扬威的敌人入侵雅利安人的国土。[60]

在阿契美尼德时期,他的上述职能,被一位古代自然崇拜的女神阿娜希塔取代了一部分。她从自己居住的高山引出泉水,把沙漠改造成良田和果园。[61]因为她是纯洁的,所以她的河流也必须是纯洁的,不能污染的,就连洗手也不行。[62]其他的水神作为阿胡拉的妻子,也继续存在着。[63]

其他自然崇拜的神仍然得到承认。明亮的月神以其盈亏使绿色的植物布满大地,大地自己也是一位强大的神。[64]月神把公牛的精子养育在大地内部,[66]而母牛仍然受到尊敬。[65]夏季,风神瓦尤(Vayu)吹过高山,使平原恢复生机。但在冬季,凛冽的风暴造成的严寒却同样使人畏惧。[67]火神阿塔尔(Atar)向众神贡献祭品,自己也是一位大神。[68]无论走到何处,人们都可以看到祭祀火神的火坛。火神当之无愧受到各种崇拜,因为当冬天来临,粮秣奇缺、昂贵之时,人们急需他的帮助。豪麻汁是一种令人陶醉的神圣饮料。它可以驱走死亡,在雅利安人的祭祀中一直扮演重要的角色。[69]奠酒和赞歌,也可以安抚冥世的众神。[70]

28

除了圣火之外，伊朗人觉得没有必要建立神庙和圣坛。而且，他们的内心可以接受没有任何象征的（如偶像等）神灵。献给阿胡拉的祭品放置在空旷的、美丽的、白雪覆盖的、非常接近蓝天的高山顶上，头戴桃金娘科植物冠冕的献祭者将牺牲领到以宗教仪式洁净过的空地上，以神的名义祈祷，杀死牺牲，煮熟牺牲，将牺牲的腿部放在柔软的草地上——通常是苜蓿地上。这时，一位麻葛唱起有关众神起源的赞美诗。[71] 然后，献祭者可以拿走肉块，随意处理。这就是同时代人希罗多德记述的情况。[72] 祭司称为卡拉潘（Karapan）和尤西奇（Usij），通常也称为密特拉的代言人。[73] 但越来越多的宗教仪式由麻葛来执行，这是古老的祭司阶层战胜入侵者的常见现象。至今为止，麻葛是米底一个单独的部落，[74] 完全不同于雅利安贵族。他们后来对雅利安贵族的多神崇拜产生了致命的影响。[75]

米 底 帝 国

来自中亚的、新的游牧部落基米莱人或辛梅里安人（Gimirrai, Cimmerians）以及伊什古宰或西徐亚人（Ishguzai, Scythians）紧跟着他们的伊朗族兄弟，也来到了这个高原，并在洛雷斯坦（Luristan）地区留下了他们的马饰、刀剑和狼牙棒。亚述骑兵为了寻求新的马匹，曾经到达中央盐漠边缘的帕图沙里（Patusharri）国，[76] 俘虏了城市统治者希德帕纳和伊帕纳（Shidirparna, Eparna），在这两人之中，我们认为第一位就是奇特拉法纳（Chithrafarna），或者是提萨费尼斯（Tissaphernes）。

更重要的人物是克沙特里塔（Khshathrita），又称弗拉瓦提什或弗拉欧尔特斯（Fravartish, Phraortes）。根据希罗多德所说，他统治米底达53年，实际上大约是从公元前675年到公元前653年。[77] 他最初是卡尔喀什村（Kar Kashi）的首领，但在多次进攻亚述的据点之后，他终于组成了米底人和辛梅里安人的反亚述同盟。

泰斯佩斯之子阿里亚拉姆尼斯告诉我们，阿胡拉马兹达赐予他波斯,兵强马壮的国家。他叙述了波斯人未来的故乡——希腊人称为波斯,我们现在称为法尔斯的地区——被征服的经过。他只允许其兄弟居鲁士使用他们的父亲的称号"安善城伟大的王",而他自己作为胜利者,则使用了"伟大的王、王中王、波斯王"的称号。(奥姆斯特德引用的阿里亚拉姆尼斯铭文,现在被学术界认定是公元前5世纪之后波斯官方伪造的文书。因此,他的这一段论述落后于现在的研究成果——译者注)不过,他的优势地位只维持了很短的时间,因为米底人来了,波斯人成了米底的臣属。阿里亚拉姆尼斯金板文书大概是作为战利品保存在古代的都城杭马坦纳(Hangmatana),即希腊人所说的埃克巴坦那(Ecbatana)。

这座城市位于奥尔万德山(Aurvant),即奥龙特斯(Orontes)东部最边远的斜坡上,[78] 该山顶峰海拔高达12000英尺,它是由北向南延伸、几乎不能通行的山脉的一部分,仅有一个断裂的山口可以通向巴比伦平原。夏天,这里的气候很舒适,因为埃克巴坦那高出海平面6280英尺。奥尔万德山遮挡了午后的阳光,将融化的雪水汇入许多奔腾的小溪,灌溉着城南美丽的花园和果树,以及远处辽阔平原上的肥沃良田。在更远的、高低不平的地区,放牧着大群绵羊、山羊和著名的尼萨马。[79] 冬天,暴风雪肆虐,温度低于零下20℃。平地积雪达二三英尺,山间通道可达20英尺,和外界的联系全部被切断。不过,杭马坦纳控制着一条从西方通向高原的通衢要道,其重要性不断为其继承者埃克巴坦那和哈马丹(Hamadan)的繁荣兴旺所证实。

从杭马坦纳往东北,有大路通向加兹温,再往东通向拉加(Raga),第二米底就使用了它的名字。德黑兰——现代伊朗的首都就是拉加真正的继承者,尽管其遗址要稍微靠南一点。它后来被希腊人称为拉格什(Rages),中世纪被称为拉伊(Rai)。[80] 拉加同样是由史前居住地发展而来,它由一个孤立的、东西向的岩石峡谷保护着。更远的屏障是高大的、东西向的厄尔布尔士山链,抵挡住了冬季严寒的北风侵袭。厄尔布尔士山链海拔高度大多为10000英尺,在拉加东面的达马万德山顶峰高达20000英尺。厄尔布尔

30

士山链切断了北方吹来的带雨云层，作为补偿，它又将雪水输入许多峡谷，直到盐漠广阔的沙砾中。平原周边的许多土墩，现在证明是史前或后来人类的居住地。

拉加和埃克巴坦那一样，一直就是重要的交通中心。从拉加有通往西方的第二条道路。经过加兹温，沿着支线前往希尔卡尼亚海，主线继续向西，通过大不里士（Tabriz）到达乌鲁米耶湖边的平原，或者向南经过罗恩杜兹（Rowanduz）峡谷进入亚述。这个地区就组成了第三米底，当时还没有阿特罗帕特纳（Atropatena）米底或阿多尔拜干（Adharbaigan）米底的称号。在这里，我们遇到了8世纪末亚述人第一次见到的米底人和波斯人。不久，这个地方又因为是琐罗亚斯德（Zoroaster）的诞生地而备受尊敬。在拉加东面不远，大路折向北方，经过里海门，经过达马万德山下，再次转向东方。道路穿过其他伊朗部落的居住地，然后由巴克特里亚向东北进入中亚、向东南进入印度。

三个米底居住着米底各部落——布塞、帕列塔塞尼、斯特鲁查特、阿里赞提和布迪，再加上一个非伊朗人的麻葛祭司部落。[81] 这些米底人仍然是半游牧者。在亚述浮雕中，他们的形象是短发以一条红带束紧、短而鬈曲的胡须、紧身上衣外穿着绵羊皮外套，还有寒冬季节外出者最有用的东西、趟过厚厚的积雪所必须的、用带子系紧的高帮靴子。他们的武器只有长矛和防身的柳条方盾。弗拉欧尔特斯带领这些半游牧者，在波斯人的援助下勇敢地进攻了亚述，不料被打败并阵亡了（公元前653年）。[82]

波斯再次获得独立。两年之后（公元前651年），居鲁士一世联合埃兰，援助正在反抗其兄亚述王亚述巴尼拔的巴比伦王沙马什舒姆金（Shamash-shum-ukin）。对于波斯，亚述书吏使用了古代的名称古蒂。[83] 当时，在乌鲁克的一位亚述官员报告埃兰国王亨巴尼加什（Humbanigash）与帕苏阿什人（Parsuash）一道回到了希达卢（Hidanu）。另一位官员提到埃兰的塔马里图（Tammaritu），并且引用敌方的信件："帕苏阿什人没有前进，赶快把他们派来，埃兰和亚述就是你的！"亚述巴尼拔在巴比伦的助手贝勒伊布尼（Bel-ibni）向他报告的埃兰消息,还包括占领帕苏阿什。[84]

就在征服埃兰、毁灭埃兰首都苏萨之后不久,亚述巴尼拔使我们深信帕苏阿什王居鲁士听到亚述王占领埃兰的消息之后,立即派遣长子阿鲁库(Arukku)带着贡品前往尼尼微表示归顺,乞求亚述王的统治。[85]我们更有重要的理由相信这是请求派遣大使。

基亚克萨雷斯(Cyaxares)这时已继承其父弗拉欧尔特斯之位。他擅自采用了战神韦勒思拉纳的外号。[86]军队按照现代方式改编为长矛兵、弓箭兵和骑兵。他似乎还改革了服装和武器。波斯波利斯浮雕出色地描绘出这两种不同的装束。只要根据古老的伊朗服饰,立刻就能辨认出米底人来。他们头戴圆顶有护颈的斜毡帽,一件紧身长袖皮上衣长及膝盖,用一根有圆扣的带子在腰上捆上两圈。每逢庆典之日,在紧身上衣之外还可以穿上一件体面的披风。肥大的皮裤、用带子系紧的尖头靴子,表明它们的穿着者经常在马背上度日。短而尖的胡须、八字胡子、颈后突出的头发都精心地烫曲了,耳环和项圈更增添了装饰的光彩。主要的进攻性武器仍然是安着凸缘的青铜矛头、金属环底座的山茱萸木长矛。在长矛之外,许多士兵还有装在精致的弓囊中的弓和箭袋中的箭。米底服装与标准的波斯服装明显区别在于,波斯服装有凹槽的毡帽、长及踝关节的宽松长袍和系带的矮帮靴子。

由于米底军队的改革,对亚述军队的威胁大大地增加了。亚述巴尼拔去世后,那些懦弱的继承人甚至不敢出兵援助像波斯那样名义上的盟友。阿里亚拉姆尼斯的继承人和居鲁士被迫再度成为基亚克萨雷斯的臣属。亚述人有一两次被赶回。当西徐亚人冲破高加索山脉和里海之间山口消息传来时,尼尼微实际上已经被米底人包围了。基亚克萨雷斯被西徐亚首领普罗托赛伊斯之子马迪斯(Protothyes,Madys)打败,不得不缴纳了28年的贡赋,直到他在宴会上把喝得酩酊大醉的西徐亚首领杀死为止。[87]

公元前612年,尼尼微被毁灭。基亚克萨雷斯自从征服西徐亚游牧部落起,就被巴比伦称为乌曼曼达(Umman Manda)王。他在废墟中和那波帕拉萨(Nabopolassar)签订了和约。两年后,基亚克

萨雷斯打败了逃到哈兰（Harran）的亚述乌巴利特（Ashur-ubalit），

33 消灭了亚述统治的最后象征,占领了整个两河流域北部。[88] 由于通往南部的道路被占领苏萨的迦勒底盟友封锁,基亚克萨雷斯沿着蜿蜒的扎格罗斯山脉向西进入寒冷的亚美尼亚（Armenia）高原。在那里,另外一些伊朗人已经消灭了哈尔迪亚王国,并且将自己使用的印欧语言传入了当地。[89] 亚美尼亚肥沃的山谷穿过前托罗斯（Anti-Taurus）,连接着卡帕多西亚（Cappadocia）辽阔的平原,直达吕底亚边境的哈利斯河（Halys）。五年的战争,因为月食（公元前585 年 5 月 28 日）的出现,以不分胜负缔结和约而告终,哈利斯河因此成为两国的边界。[90] 希尔卡尼亚海边的卡杜西亚人（Cadusians）拒绝臣服,但帕提亚（Parthia）统治者主动表示臣服。[91]

四个大国——米底、迦勒底、吕底亚和埃及,彼此瓜分了整个近东。但是,在这些国家之中,只有米底才可以称为帝国。更重要的是,米底是由北方士兵建立的第一个帝国。他们使用伊朗语,用北方人的方式思考问题。然而,更不幸的事实是,米底时期的遗址没有一个被发掘出来。在米底都城埃克巴坦那已经受到高度重视的时候,我们有理由期待哈马丹的土墩将会告诉我们米底文化的全部详情,甚至有可能让米底人用他们自己的伊朗方言来谈论他们自己的事情。[92]

原注

1 Donald E. McCown, "The Material Cuture of Early Iran," *JNES*, I (1942), 242 ff.

2 George G. Cameron, *History of Early Iran* (1936).

3 R. Ghirshman, "Une tablette proto-elamite du plateau iranien," *RA*, XXXI (1934), 115 ff.

4 James Darmesteter, *The Zend-Avesta*, Part I: *The Vendidad* (2d ed., 1895); Fritz Wolff, *Avesta, die beiligen Bücher der Parsen, übersetzt auf der Grundlage von chr. Bartholomaès Altiranischen Worterbuch* (1910), pp. 317 ff.; 参见 H. S. Nyberg, *Die Religionen des alten Iran* (1938), pp. 337 ff。

5 Vid. 3:2, 23 – 33.

6 Vid. 8:1, 25.

7　Vid. 13.

8　Vid. 5：12，8：9.

9　Henry Field，*Contributions to the Anthropology of Iran*（1939）.

10　在希罗德的书中提到过里海，参见 Herod. i. 202 ff，iv. 40；直到希腊化时代之前，该名称没有在其他地方出现过。

11　Strabo xi. 11.8；参见 Herod. iii. 92－93；vii. 67，86；Plin. vi. 45。

12　Oneisicritus，Frag. 5（J）；Strabo xi. 11.3.

13　Vid. 10：9；19：43.

14　Vid. 8：21；20：7.

15　Vid，11：9.

16　Vid. 19：40.

17　Vid. 17：2－3.

18　Vid. 3：10，22；10：5；Herod. i. 140.

19　Vid. 9：11；19：24.

20　Vid. 5：27.

21　Vid. 6：45－46，50－51.

22　希罗多德证实在他那个时代，被鸟或狗撕碎，还仅限于麻葛。在今洛雷斯坦，有一座一千纪前半期可能是麻葛的神庙，其地面、地基和包括几个小雕像、还愿物品的墙壁，已经被埃里希·施米特博士发掘。

23　Erich Schmidt，*Excavations at Tepe Hissar*，*Damghan*（1937）.

24　James Darmesteter，*The Zend-Avesta*，Part II：*The Sirozabs*，*Yashts*，*and Nyayish*（1883）；Wolff，*op. cit.*，pp. 153 ff.：H. Lommel，*Die Yasts des Awesta*（1927）.

25　Yasht 13：87.

26　Yasht 5：21 ff.；9：3 ff.，13：137；15：7 ff.；17：24 ff.；19：26 ff.

27　*Arr. Anab. iii.* 23.6；25.1；参见 Curt. vi. 5.22。

28　F. R. Wulsin，"*Excavations at Tureng Tepe，near Asterabad*，"*Supplement to the Bulletin of the American Institute of Persian Art and Archaeology*，II（1932），2 ff；M. I. Rostovtzeff，"The Sumerian Treasure of Astrabad，" *JEA*，VI（1920），4 ff.

29　Yasna 9：3－4.

30　Yasna 8：32；参见 44：20。

31　Yasht 5：25 ff.；9：8 ff.；13：130；15：15 ff.；17：28 ff.；19：46；Yasna 9：5；Vid. 2：2.

32　Yasht 15：11 ff.；19：28 ff.

33　Yasht 5：29 ff.；9：13. ff；13：131；14：40；15：19 ff.；17：33 ff.；19：36－37.

34 Yasht 5:61.

35 Yasht 5:37 ff. ;13:61;15:27;19:38 ff. ;Yasna 9:10 - 11; Vid. 1:9.

36 Yasht 9:18 ff. ; 19:56 ff. ; Yasna 11:7.

37 Yasht 13:132;19:71;参见 A. Christensen, *Les Kayanides*（1931）。

38 Yasht 5:49 ff. ; 9:21 ff. ; 15:32 ff. ; 17:41 ff. ; 19:74 ff.

39 Yasna 31:18.

40 Yasna 32:1;33:4;参见 R. G. Kent,"Cattle-tending and Agriculture in the Avesta," *JAOS*, XXXIX.（1919）,332。

41 Yasna 19:17;参见 J. H. Moulton, *Early Zoroastrianism*（1913）, p. 117; Nyberg, *op. cit.*, pp. 56ff.

42 Herod. i. 96 ff. ; 有关古代米底人、波斯人的资料见：Olmstead, *History of Assyria*（1923）, pp. 117, 156, 159, 178 ff. , 231 ff. , 243 ff. ; Cameron, *op. cit.*, pp. 141 ff。

43 Ariaramna inscription;参见 E. Herzfeld, *Archaologische Mittheilungen aus Iran*, II（1930）,118,以及 *Altpersischt Inschriften*（1938）, No.1; Cyrus, *Cyl*. ii. 21 ff. , 载 R. W. Rogers, *Cuneiform Parallels to the Old Testament*（2d ed. , 1926）, pp. 380 ff. ; Darius, *Beh*. § 1; Herod. iii. 75, vii. 11.

44 C. Clemen, *Fontes historiae religionis Persicae*（1920）.

45 参见 Olmstead, "Ahura Mazda in Assyrian," *Oriental Studies in Honour of Dasturji Saheb Cursetji Erachji Pavry*（1934）, pp. 366 ff.

46 Herod. i. 138.

47 Yasna 32:8.

48 对于密特拉的曲解,参见 *Herod. i. 131*;有关神圣的白马,参见 *ibid*. i. 189; iii. 106; vii. 40; ix. 20; Strabo. xi. 13. 7 - 8;14. 9。

49 Ctesias, in Darius, *Hist*. vii; Frag. 5(J); in Athen. xii. 434 D.

50 Yasht 10 是最古老的颂歌,参见 Nyberg, op。cit. pp. 52 ff. ; F. Cumont, Les Mysteres de Mithra(3d ed. , 1913）。

51 Yasht 10:41,52,100; Yasht 11, Yasna 57; Vid. 18 更晚。

52 Yasht 10:79,81,100,126; Yasht 12 是最晚的。

53 Yasht 10:100;后期的 Yasht 13 提供了著名的弗拉瓦希斯的名单。Yasht 10:70 ff. , 80,127;14:15.

54 Yasht 10:70 ff. , 80,127;14:15.

55 Yasht 14.

56 Yasht 10:16,62,67,108,141. Yasht 14:2,7; Vid. 19:17;参见 late Yasht 19:9 ff(附具有灵光者的名单）,居鲁士的故事为 Dinon 所引, *Pers*. , Frag. 7. , (Athen. xiv. 633 D - E), Karnamak, iii 为后来的理论。

57　Yasht 14：2，7；Vid. 19：17；参见 late Yasht 19：9 ff(附具有灵光者的名单)，居鲁士的故事为 Dinon 所引，*Pers.*，Frag. 7.，（Athen. xiv. 633 D - E），Karnamak，iii 为后来的理论。

58　late Yasht 20.

59　Yasht 5：72；8：34；13：95；19：51.

60　Yasht 8；参见 Darius，*Persepolis* d："反对这个国家的既不是敌人，也不是坏年成或谎言。"

61　Yasht 5.

62　Herod. i. 38.

63　Yasna 38.

64　Late Yasht 19.

65　Yasht 7.

66　Yasht 9.

67　Yasht 15.

68　Yasna 36. Herod. iii. 16.

69　Yasna 42；参见 32：14；48：10。

70　Aeschyl. *Pers.* 219 - 220.

71　在 Yasht 中体现最明显，见 Yasht 13。

72　Herod. i. 131 - 132. Yasna 41；

73　参见 Yasna 47。

74　Herod. i. 101.

75　前琐罗亚斯德时期的雅利安人宗教，最好的记述见 Herod. i. 131 ff.；更详细的情况见，Aeschyl.，*Persae*；Xenophon，*Cyropaedia*；在琐罗亚斯德的《加太》中也有一点资料。在晚期的阿维斯陀、特别是《亚什特》中，也可以发现雅利安人宗教的遗迹。

76　Pateischoreis（Strabo xv. 3. 1）.

77　Herod. i. 102.

78　Ctes. *Pers.* i，Epit. 13（Diod. ii. 13. 7）；Polyb. x. 27.6. *Beh.* 32；Aeschyl. *Pers.* 16；Herod. i. 98，110，153；iii，64，92；Aristoph. *Achar.* 64，613；*Equ.* 1089；*Vesp.* 1143.

79　Nabu-naid Chron.（S. Smith，*Babylonian Historical Texts*，[1924]，pp. 98 ff.），col. II，1. 3.；Darius，*Beh.* 32；Aeschyl. *Pers.* 16；Herod. i. 98，110，153；iii，64，92；Aristoph. *Achar.* 64，613；*Equ.* 1089；*Vesp*. 1143；Ezra. 6：2；Strabo. xi. 13，7 - 8；14. 9.

80　*Beh.* §§ 32，36；Yasna 19：18；Vid. 1：15；Strabo xi. 9. 1；13. 6.

81　Herod. i. 101.

82　Herod. i. 102；参见：Olmstead，*History of Assyria*，p. 636；Cameron， *op. cit.* pp. 138 ff. ; Olmstead, *History of Assyria*, p. 442。

83 Olmstead, *History of Assyria*, p. 442.

84 Leroy Warterman, *Royal Correspondence of Assyrian Empire*, II (1930), 166 - 167, 410 ff.

85 E. Weidner, *Archiv fur Oriertforschung*, 7 (1931), 1 ff. ; R. C. Thompson, *Journal of the Royal Asiatic Society*, 1932, p. 239; *Annals of Archaeology and Anthropology*, xx (1932 - 1933), 86, 95. E.

86 Herzfeld, *Archaeological History of Iran* (1935), p. 40.

87 参见 Herod. i. 103 ff. 。希罗多德在这里宣称西徐亚人侵入巴勒斯坦,统治亚洲 28 年,但是在 4.1 之中,他将西徐亚人的统治明确的限定在上亚细亚,即伊朗高原。某些圣经学者在这个假想的西徐亚人入侵中寻找耶利米最早预言的原因,但这绝不是证据(参见 Olmstead, *History of Palestine*, pp. 492 - 493; Cameron, *op. cit.* pp. 177 ff.)。

88 Olmstead, *History of Assyria*, p. 636.

89 参见 Jer. 51:27。

90 Herod. i. 103.

91 Ctes. *Pers.* iv - vi, Epit. 30 - 31 (Diod. ii. 33 - 34).

92 关于哈马丹的山丘,参见:Erich Schmidt. *Flights over Ancient Cities of Iran* (1940). Pl. 91。

居鲁士二世圆柱铭文，
古代著名的政治宣传文件

克罗伊斯自焚图，见于公
元前5世纪早期的希腊瓶画。
这幅图画与《巴比伦编年史》
一道证明克罗伊斯兵败之后
就已经自杀，不可能成为居鲁
士的顾问

左：居鲁士二世头像
右：公元前5世纪希腊花瓶，
　　上绘克罗伊斯下令仆人
　　烧死自己的场面

第三章　创始人居鲁士

与巴比伦结盟

居住在其父基亚克萨雷斯宫殿之中的阿斯提亚格斯（Astyages），现在统治着米底。在伊朗语中，他的名字是阿什提韦加（Ashtivaiga），意为"标枪手"。[1] 但是，这个名字对他而言很不恰当，因为他在位期间（公元前585—前550）始终表现得非常软弱。在波斯国，阿里亚拉姆尼斯之子阿萨美斯继承了王位。另一支的居鲁士传位给了次子"伟大的王、安善王"冈比西斯（Cambyses）一世，而不是阿鲁库（Arukku）。阿斯提亚格斯将其女曼戴恩（Mandane）嫁给前者为妻，她和冈比西斯一世生下了居鲁士二世。公元前559年，居鲁士成了安善的藩王，其都城是不设防的帕萨迦达（Parsagarda）。[2]

波斯高原与沿海气候炎热、恶劣的平原之间被群山所隔离。群山中有许多崎岖曲折的小路，这对保持波斯人好战的精神倒是十分有利的。居鲁士藐视因为生活奢侈而十分衰弱的宗主，起而革命。他自己的帕萨迦达部落是忠诚可靠的，因为他的家族阿契美尼德家族就是部落的统治者。帕萨迦达还有两个同盟的波斯部落——马拉非部落（Maraphii）和马斯皮部落（Maspii）。在这些部落之外，还要加上其他的波斯部落：农业部落潘提亚雷伊（Panthialaei）、德鲁西埃（Derusiaei）、克尔曼绿洲的杰曼尼（Germanii）、畜牧部落大益（Dai）、马尔蒂（Mardi）、德罗皮西和萨加尔提(Dropici, Sagartii)。[3] 在这些部落中,马尔蒂占据着波斯波利斯附近的沙漠地区,长期保留着土匪的坏名声。[4] 萨加尔提人居住在亚兹德绿洲,说着共同的语言。他们和其他部落的区别是,他们没有防身的金属盔甲,他们的武器只有短剑和套索。[5]

居鲁士既然统一了波斯人,他就开始在其他大国中寻找反对米 35 底的盟友。这个最近和最合逻辑的盟友,当然是巴比伦了。在一代人之前,巴比伦还是米底的盟友,但仅仅是暂时的盟友。当其共同的敌人亚述一旦被消灭,帝国的战利品被瓜分完毕,这种盟友关系就名存实亡了。当尼布甲尼撒驱使工兵修建巨大的防御工事体系,企图使巴比伦固若金汤时,他惧怕的敌人就是自己的邻国米底。

公元前562年10月7日,[6]在经历了漫长的、成功的统治之后,巴比伦这位伟大的征服者去世了。尼布甲尼撒之子阿迈勒马尔都克(Amel-Marduk)统治不到两年,也在公元前560年8月13日去世了。继位者为尼布甲尼撒的女婿内尔格勒沙撒(Nergal-shar-usur),他仅仅统治到公元前556年5月22日,泥板文书就出现了其幼子拉巴希马尔都克(Labashi-Marduk)的年号。[7]

两位国王如此短暂的统治,给许多仇恨迦勒底王朝异族统治的民族主义者以希望。就在泥板文书出现拉巴希马尔都克的年号三天之后,泥板文书又出现了另一位竞争者那波尼德(Nabu-naid)的年号。根据他的说法,拉巴希马尔都克是非婚生子,登上王位是违反众神意愿的。这暗示宫廷政变使他夺得了新的地位,暗示他得到贵族和军队的支持,但真实的原因是他得到了他的主神马尔都克(Marduk)的支持。因此,那波尼德成了国家的主人。他宣布自己是其前任尼布甲尼撒和内尔格勒沙撒的代理人。[8]总而言之,此后不到两个月,年轻的国王就被严刑拷打折磨致死,那波尼德成了迦勒底帝国唯一幸存的统治者。[9]

那波尼德宣称是伟大征服者政策真正的代理人,是受到了一个传说中的、一厢情愿的美梦鼓动的。这个传说是,根据马尔都克的 36 命令,尼布甲尼撒当众把天象解释为预兆统治时间绵长。巴比伦其他的神祇也送来了同样的、有利的幻象,却只得到差强人意的报酬。巴比伦的马尔都克大庙埃萨吉拉(Esagila)重修得壮丽无比。公元前555年3月31日开始的新年庆典活动,以盛大豪华著称于世。那波尼德扮演专为国王准备的角色,他紧握马尔都克之手,再次被确认为合法的君王。丰厚的礼物被送往马尔都克神庙。然后,那波尼德游遍整个巴比伦王国,特别是南方各个城市。乌尔的辛神(Sin of Ur)、拉尔萨的沙马什神(Shamash of Larsa)、乌鲁克的伊什塔尔神(Ishtar of Uruk)都收到了国王的礼物。[10]

尽管得到反迦勒底派支持,但那波尼德本人并不是巴比伦本地人。其父亲是某个号称"智慧之子"的那波巴拉楚伊克比(Nabu-balatsu-iqbi),他实际上可能是美索不达米亚哈兰城(Harran)名噪一时的月神——辛神庙的大祭司。[11]公元前610年,亚述对该城的短暂统治最后结束,哈兰落入了米底人之手。他们听任辛神庙变成一片废墟。可以毫不夸张地说,那波尼德一生的愿望就是修复该神庙。他的父亲当时还居住在神庙的废墟中。但是,要做到这点,首先就需要把哈兰从米底人手中夺回来。

正如那波尼德所说,在他上台之前,马尔都克和辛就托梦给他,马尔都克命令他修复哈兰的神庙。我们很想知道的是,埃萨吉拉的祭司是否赞同此事。当那波尼德强烈抗议米底人包围神庙时,他的顽强取得了胜利。马尔都克回答说:"你说的那个米底人、他本人、他的国家以及站在他一边的国王,现在都完蛋了!等到第三年的时候,众神必将鼓励他的小奴隶、安善王居鲁士带领一支小军队进攻他,居鲁士必将推翻幅员辽阔的米底人,他必将俘虏米底王阿斯提亚格斯,将其俘虏回自己的国家。"[12]

战胜米底人

怀着这种希望,那波尼德和居鲁士结成了同盟。于是,居鲁士公开反叛米底。为了履行盟约规定的义务,那波尼德迅速出动军队镇压那些曾被尼布甲尼撒所占领国家的"叛乱分子"。那波尼德出兵前，将巴比伦王权交给其长子贝勒沙乌苏尔〔Belshar-usur，《但以理书》中称之为伯沙撒（Belshazzar）〕，自己出发前往哈兰。由于居鲁士造反，阿斯提亚格斯自顾不暇，这座城市不可能得到援助，哈兰很快就收复了。公元前 555 年，城市进行重建，军队为神庙举行了奠基礼。[13]

次年，重新征服叙利亚的战争仍然在继续。公元前 553 年 1 月，那波尼德在哈马（Hamath）。8 月，他进攻了阿马努斯（Amanus）山。12 月，他杀了以东（Edom）的国王。当时，他的军队到达了埃及边境的加沙。[14] 心怀不满的犹太战俘预言巴比伦将亡于好战的米底人之手。[15] 不过，像通常一样，他们失望了。阿斯提亚格斯派哈尔帕戈斯（Harpagus）带领军队前去进攻叛乱的藩属，却忘了自己是如何残酷地杀害了这位统帅的儿子。但是，哈尔帕戈斯并没有忘记此仇，并且立刻带领大部分军队投奔了居鲁士。由阿斯提亚格斯亲自带领的第二支军队，在到达波斯的都城后发生兵变，逮捕国王并将其交给居鲁士。公元前 550 年，埃克巴坦那被攻占，其金银财宝被掠往安善。[16]

米底不再是一个独立的国家，而是成了第一个行省——玛代。虽然如此，绝不要忘记波斯人与米底人之间的密切关系。埃克巴坦那虽然遭到洗劫，但王家宫廷仍然完好无损。米底人与波斯人一样受到尊敬。他们被任命为高级官吏，被选来统帅波斯军队。外国人通常在谈到米底人与波斯人时，只使用一个术语，这就是"米底人"。

由于征服了米底帝国，居鲁士也就继承了米底人统治亚述、两河流域、叙利亚、亚美尼亚和卡帕多西亚的权利要求。这些要求在很大程度上与巴比伦的要求发生了冲突。当缔约双方都已经达到了自己的目标之后，结盟的一切理由便消失了。米底帝国的灭亡，破坏了脆弱的力量平衡。居鲁士与尚存的三个国家——吕底亚、埃及和巴比伦——之间的战争，也就指日可待了。 38

巴比伦衰落的开始

被抛弃的巴比伦众神没有发出预兆,警告那波尼德国际形势已经发生了极其危险的变化。由于他决心要继续西征,他离开了沙漠边缘的以东(Edom),深入阿拉伯半岛心脏地区作战,沙漠绿洲中央的特马(Tema)遭到进攻,其国王被杀。由于某种奇怪的原因,那波尼德在当地建立了一座类似巴比伦的宫殿,作为其驻跸之地。[17]这些年的商业文书直接告诉骆驼商队把食物送往住在特马的国王。[18]

同时,伯沙撒在巴比伦行使其父委托给他的"王权"。大量的信函和商业文书都提到这位王子最重要的权力。[19]从国王在位第7年到最后的第11年(公元前549—前545),当时的年代记一般都是这样开始:"国王还在特马,王子、贵族们,还有国王的军队在阿卡德。1月,国王没有去巴比伦,那波(Nabu)没有去巴比伦,贝勒(Bel)没有(从埃萨吉拉——作者注)出来,新年庆典活动受到忽视。"[20]因此,每年一度的盛大游行取消了,赚钱的机会同时也丧失了。巴比伦居民当然很愤怒。势力强大的马尔都克祭司完全被边缘化。巴比伦伟大的主受到了故意冷落,而外地的哈兰月神却得到过分的尊荣。这种事情无法平息大家的愤慨。

波斯征服吕底亚

吕底亚王克罗伊斯(Croesus)听到他的米底盟友被推翻之后,立刻征集大军,越过哈利斯河原来的边界,夺取帝国残余的领土。[21]居鲁士刚刚恢复"波斯王"的称号,便认为这个举动是对他的权利进行挑战。公元前547年4月,他从劫后的埃克巴坦那出发,前去迎击入侵者。他越过城市上方的山隘,一直向下走,直到"亚细亚门"前的扎格罗斯山大路。[22]过了亚细亚门,道路急剧下降,寒冷的天气突然变暖,高原特有的杨树、扁柏和梧桐,被扶疏的棕榈树所

39

取代。居鲁士已经到达美索不达米亚平原的边远地区。

　　如果没有尼布甲尼撒修建的城池和世界上最坚固的要塞组成的郊区，居鲁士可以轻而易举地南下，进攻巴比伦。但是，他明智地推迟了进攻，转而向北进攻米底从前的属地亚述。毫无疑问，它也早就准备承认居鲁士的权威。埃尔比勒（Arbela）多少个世纪以来一直生活在阿舒尔和尼尼微的阴影之下，现在作为阿苏拉（Athura）新的省会恢复了自己的声望。居鲁士在埃尔比勒以南渡过底格里斯河，阿舒尔失陷。阿舒尔和尼尼微的神像，只是由于巴比伦的保护才得以保全。[23]在大路西边更远的地方是哈兰，它可以视为是阿苏拉的一部分。在这之前三年（公元前550年），那波尼德之父刚刚度过了104岁的高龄。他的继任者、辛神的祭司没有抵抗征服者。现有资料没有提到城市的陷落。仅有的行军路线和叛乱后的形势，证明哈兰灭亡了，那波尼德修复的神庙也被用来祭祀马尔都克的圣灵。要想为这些失败报仇雪耻，唯一的希望就是巴比伦与吕底亚结盟。[24]

　　5月，居鲁士已经准备好进攻克罗伊斯。前进的大路沿着现在已经脱离了那波尼德帝国的叙利亚北部，进入西利西亚。根据西利西亚人自己的建议，从前一直保持独立的西利西亚人同意接受波斯臣属的地位。作为补偿，他们被允许保留自己本地的国王，他们一般称为赛恩内西斯（Syennesis）。[25]军队经过西利西亚门进入卡帕多西亚，这里后来组成了另一个行省卡特帕图卡（Katpatuka）。[26]大概与此同时，亚美尼亚承认居鲁士是阿斯提亚格斯的继承人，从此成了亚米纳（Armina）行省。[27]

　　在普特里亚〔Pteria，其地约当现已发掘的阿拉贾许于克遗址（Alaca Huyuk）〕进行了一场决定性的战争之后，克罗伊斯撤回萨迪斯（Sardis）。他解散了临时召集的军队，同时请求其盟友——埃及的阿马西斯（Amasis）、巴比伦的那波尼德以及希腊本土的斯巴达人（Spartans）——春天与他会合。[28]居鲁士不想让敌人卷土重来，尽管安纳托利亚高原严酷的冬季已经来临，他依旧迅速向西前进。在都城东面的小平原上希卢斯河（Hyllus）与赫尔姆斯河（Hermus）

40

汇合之处（这里后来以"居鲁士场"闻名于世），吕底亚长枪兵挡住了他前进的道路。根据哈尔帕戈斯的建议，居鲁士把运送辎重的骆驼放在阵前，它们难闻的、不习惯的臭味把战马吓得落荒而逃。失去战马的吕底亚人重新组织队形，进行英勇的战斗，最后被迫退入城堡之中。十万火急的求援信送给了所有的盟友，但已经等不到回音了。因为仅仅被包围了14天，原先以为不可攻克的萨迪斯卫城就被占领了，克罗伊斯成了俘虏（公元前547年）。[29]

"5月，他进攻吕底亚。他杀了吕底亚王。他夺取了吕底亚的财物。他在当地驻扎了自己的卫队。后来，国王和他的卫队都留在当地。"[30]居鲁士的官方报告就是如此。实际上，克罗伊斯按照东方的传统习惯，已经自杀身亡，以避免胜利者在处死被俘君主之前通常施加的人身侮辱。50年之后，雅典瓶画家米松（Myson）描绘了坐在宝座上的克罗伊斯被置于柴堆之上，将要被仆人烧死的场面。[31]

吕底亚历代国王十分崇拜德尔斐（Delphi）的阿波罗神（Apollo）。阿波罗神曾经给克罗伊斯一个模棱两可的神谕。毫无疑问，就是这个神谕使他走上了绝路。[32]要是让阿波罗的威信受到如此严重的耻辱，那是绝对不行的。很快，人们就公布了克罗伊斯灭亡的"真正"原因。祭司们起初宣称，是神亲自任命被废黜的国王担任神话中遥远的、北方极乐世界居民的（Hyperboraeans）神灵；后来又出现了类似的故事，克罗伊斯已经被放在火堆上，但在最后一刻居鲁士起了恻隐之心，他企图赦免克罗伊斯，但大火已经烈焰冲天。这时，阿波罗送来一场意想不到的大雨，神奇地扑灭了大火。克罗伊斯被赦免后，成了国王的主要顾问。最后，北方极乐世界的居民也得到合理的解释，因为克罗伊斯被安置在埃克巴坦那附近的巴雷恩（Barene）![33]

41　　吕底亚后来组成了萨帕达（Saparda）或萨迪斯行省。[34]行省总督是波斯人塔巴卢斯（Tabalus）。行省管理机构仍然处于实验阶段。与此相应的是，居鲁士试着任命一位本地人帕克提亚斯（Pactyas）负责管理克罗伊斯被掳获的国库。[35]

征服希腊人和吕西亚人

公元前547年也标志着波斯人与希腊人之间有了第一次接触。两个民族都没有认识到这次接触的重要性。对于希腊人而言,波斯不过是一个更野蛮的君主制国家。他们的商人可以开拓波斯的贸易,如果有必要的话,邻近的城市国家也可以表示名义上的臣服。他们做梦也没有想到在一代人的时间里,希腊世界最富裕、最繁荣和最先进的一部分将会长期处于波斯人的统治之下,更没有想到下一代人将要被迫抵抗波斯帝国企图用来征服比较落后、但仍然独立的希腊各国的全部军队。他们没有预料到在这些国家维护自由的整个时期,它们的国际关系一直受到阿契美尼德王朝伟大的王控制,也没有预料到甚至是国内大事、政党的成败,都与他们是属于亲波斯派还是反波斯派有关。对于波斯人而言,下半个世纪西部边界的希腊人,只是一个微不足道的边界问题。[36]

在与吕底亚人决战之前,居鲁士向沿岸的希腊城市提出了谈判条件。这些城市长期臣服于吕底亚,但他们受到的压迫较轻。控制城市政府的商人阶层,通过贸易的机会已经富裕起来,成为富有的吕底亚帝国的一部分。这些城市国家自然拒绝了宽宏大度的提议。只有米利都是例外,这个国家精明如神,必将成为未来的大国。[37]波斯人在对付希腊人时,学到了第一课:离间与征服并用。同时,他们大概也学会了第二课。

神托所里见利忘义的阿波罗神,从他在德尔斐的主神庙又给克罗伊斯一个模棱两可的说法,指责他是因为过分自负而垮台的。布兰奇代(Branchidae)的阿波罗神庙是米利都人的,但它也可能受到了祭司们的贿赂。这里不可避免要提出一个问题,他们是否参与了米利都不战而降的机密?不论我们如何回答这个问题,事实是在随后的半个世纪,无论是米利都的阿波罗神庙还是德尔斐的阿波罗神庙,都是波斯人坚定不移的盟友。

根据征服的权利,对原吕底亚臣民的权利现在转归居鲁士所

42

有。绝大多数拒绝服从的希腊人自然成了叛乱分子。由于居鲁士认定他们提出要享受与克罗伊斯时期相同的优惠地位是傲慢无礼的要求,因而他们的处境不妙。当这个要求因为提得太晚而被拒绝时,加固城市的防御工事就意味着战争。叛乱的希腊人请求斯巴达援助,居鲁士却认为斯巴达不过是摆样子的盟友,不敢出头露面。使他感到惊讶的是,这位伟大的、百战百胜的国王接待了一位大使,他禁止大王伤害任何希腊人,否则就将受到斯巴达人的惩罚![38]

就在国王离开当地前往埃克巴坦那途中,帕克提亚斯叛变了,并且用委托他管理的国库资金雇佣了一支希腊雇佣兵。塔巴卢斯被包围在萨迪斯卫城之中,直到米底人马扎雷斯(Mazares)的援军赶走叛乱者,彻底解除吕底亚人的武装为止。帕克提亚斯逃往库迈(Cyme),库迈向米利都布兰奇代的阿波罗神庙请求神谕,作为波斯人坚定不移的盟友,神谕的答复完全是意料之中的,阿波罗下令引渡避难者。[39]

库迈一位著名的市民、赫拉克利德斯(Heracleides)之子阿里斯托迪库斯(Aristodicus)由于拒绝接受如此偏颇的神谕,在希腊人之中赢得了独一无二的美名。一个使团再次拜访了布兰奇代的阿波罗神庙,阿里斯托迪库斯作为发言人再次提问,得到同样的回答。正当他拿定主意,准备把栖息在神庙中的鸟儿偷走时,从神庙的圣所中传来一个声音:"你这邪恶的人啊,你怎么敢做这种事情,难道你一定要从神庙中偷走我的避难者?"阿里斯托迪库斯毫不迟疑地回答说:"主啊,你怎么如此帮助自己的避难者,却下令库迈人交出他们自己的避难者?"这个指责显然话中带刺。因此,祭司怒气冲天地回答说:"是的,我是这样命令你,而且,由于你亵渎神灵,你将很快死去,再也不能来向我请求交出避难者的神谕!"[40]

阿波罗的恐吓再次被揭穿了。据我们所知,阿里斯托迪库斯并没有因为自己的鲁莽行动遭到不幸。库迈也没有受到迷信的支配。但是,帕克提亚斯终究是一位危险的避难者。因此,他被送往更安全的米蒂利尼(Mitylen)避难。莱斯沃斯(Lesbos)是个海岛,由于波斯人还没有海军，太平无事的帕克提亚斯也不接受马扎雷斯的威胁利诱。就在米蒂利尼人打算出卖他的时候，库迈人打听到他们的计划，用船把帕克提亚斯送到了希俄斯（Chios），送到该城的庇护神雅典娜（Athena）神庙以求安全。希俄斯也是个海岛，它在抵御危险时同样安全，但无法抵御贿赂。这个故事的悲惨结局是帕克提亚斯被引渡出去，以交换大陆的阿塔尼乌斯（Atarneus）。波斯人又学会了一课：希腊人是很容易收买的。

显然，下一步就是要征服那些拒绝臣服的大陆希腊人。他们进行了英勇的战斗，但由于各自为战，因而被各个击破。普里恩（Priene）被征服了，迈安德（Maeander）平原和马格内西亚（Magnesia）被洗劫一空。米底人哈尔帕戈斯因为镇压叛乱有功受到奖励，成了新总督。他向福西亚（Phocaea）提出建议，只要居民同意拆除部分城墙，交出一所房子归国王所有，就缔结和约。福西亚人乘船连夜离开了，只留下一座空城。但不久之后，就有一多半人灰心丧气回来了。[41]特奥斯（Teos）人也采取了福西亚人一样的做法。爱奥尼亚人（Ionians）在大陆的其他城市很快都被征服了。居住在海岛的爱奥尼亚人背信弃义交出了帕克提亚斯，奴颜婢膝地服从统治者的统治。这些岛屿组成了一个行省。[42]就多利亚人的城市而言，他们不想作战。只有尼多斯人（Cnidus）想用切断地峡的办法来维护安全。德尔斐阿波罗神庙学习布兰奇代阿波罗神庙的榜样，阻碍这项工程的进展。当哈尔帕戈斯逼近之后，尼多斯人也投降了。卡里亚人曾像埃及赛斯王朝的雇佣兵一样英勇作战。只有佩达斯人（Pedasians）在利德（Lide）对波斯人进行了短暂的抵抗，因为爱奥尼亚和埃奥利斯（Aeolian）的军队，早已参加到哈尔帕戈斯率领的军队中作战。[43]

正当胆小如鼠的希腊人和卡里亚人向侵略者投降之时，他们的邻居泰尔米拉（Termilae）人或昌西亚人（Lycians）以自己的英勇抵抗为他们做出了榜样。[44]这些人没有忘记他们像卢卡人（Lukku）一样掠夺埃及第19王朝，没有忘记他们在格劳科斯（Glaucus）和萨耳珀冬率领之下，如何帮助特洛伊人抵抗迈锡尼帝国阿伽门农的舰

44

队。他们比其他安纳托利亚人更好地保留了高加索语言、不成文的祖先崇拜仪式和按母系计算血缘的风俗。与索利米（Solymi）山民长期的战争，使他们变得坚强勇敢。希腊殖民者能影响到的，只有他们边境上的一个居民点珀希利斯（Phasaelis）。甚至是克罗伊斯也没能征服他们。[45]

吕西亚人固守他们的主要城市阿尔纳（Arnna）或桑索斯（Xanthus），他们战斗到弹尽粮绝，将要塞中的妻女、财宝付之一炬，便冲出城去战死疆场。[46]考努斯人（Caunians）以同样的方式战死疆场。现在，整个沿海地区组成了耶槃那（Yauna）行省或爱奥尼亚行省。但是，它并不是一个真正的行省，因为它没有设置总督，归萨迪斯行省总督管辖。相反，赫勒斯滂海峡沿岸的希腊人则归米特罗巴特斯（Mitrobates）总督统治。[47]他驻守在马尔马拉（Propontus）南岸的达西利乌姆（Dascyleium），统治着赫勒斯滂的弗里吉亚或蒂艾伊德拉耶哈（Tyaiy Drayaha），即"海中的地方"。[48]

这个短暂的插曲，大大地加深了波斯人对希腊人的了解。他们知道，作为单个的人，希腊人是优秀的士兵，聪明能干、装备精良。希腊军队非常重视合作。他们发现，希腊城邦彼此互相猜疑、勾心斗角严重，无法统一行动。他们还发现，要在希腊人中寻找可以收买的朋友，并不是一件困难的事情。在这些朋友中，神托所的阿波罗神是最有价值的。但是，在这些发现之中，最重要的还是城市国家内部存在阶级分化。

这些城市国家，大多数早已废弃君主政体，改由世袭的土地贵族控制政府。后来，新的经济力量使商业贵族崛起。他们通常利用僭主政治来排挤这些旧的世袭贵族。旧贵族的爱国主义带有不可避免的局限性，商人重视并入幅员辽阔的帝国所带来的商业机会。希腊城市由僭主统治，显然更符合波斯人的利益。

巴比伦的动乱

在友好的僭主统治之下，被征服的希腊人太平无事。居鲁士在迅速地扩张自己的帝国。由于那波尼德曾经与克罗伊斯结盟,因此居鲁士可以继续公开地蚕食巴比伦的领土。在他由萨迪斯返回途中,我们预料他会夺取仍然由那波尼德士兵控制的叙利亚残余领土,或者要求边境地区的阿拉伯人表示几分忠诚。[49]无论如何,特马受到了这些行动的威胁。这就是公元前545年后,那波尼德为什么偶尔在巴比伦出现的一个原因。

这里还有其他许多正当理由。尼布甲尼撒时期高度中央集权的巴比伦,在伯沙撒软弱无能的统治之下已经逐渐瓦解。无法无天、贿赂公行的现象到处蔓延。农民备受压迫,土地一片荒芜。公元前546年,先前富饶的巴比伦面临着严重饥荒的威胁。[50]

在这决定命运的一年,那波尼德又遭受到另一个可怕的损失。这年的年初,迦勒底王朝还太平无事据守着埃兰最重要的城市——苏萨卫城。尼布甲尼撒手下最杰出的将领戈布里亚斯被任命为古蒂乌姆(Gutium,巴比伦人继续这样称呼埃兰)总督。[51]现在,他投奔了居鲁士。那波尼德所能挽救的,只是把苏萨的神像运到巴比伦来。公元前546年6月9日,埃兰军队进入阿卡德,进攻忠于国王的乌鲁克总督。[52]

居鲁士的东征

同时,居鲁士转而注意高原东部和中央大盐漠东北部尚未臣服的伊朗人。瓦尔卡纳或希尔卡尼亚位于希尔卡尼亚海南岸。它的富裕,是由于南边的山脉阻挡了北风通过,迫使北风降雨云层变为大雨,充分湿润了山麓狭窄的平原地带。希尔卡尼亚东南是帕塔瓦(Parthava)或帕提亚高原。这两个地区在阿萨美斯之子希斯塔斯普(Hystaspes)时期统一。阿萨美斯自愿用一个很小的爵位"卡维"或地方小王的称号,交换他现在统治的强大行省。[53]

帕提亚东部是哈雷瓦(Haraiva)或阿里亚(Aria),[54]该地得名于阿雷乌斯河(Areius)。首府是阿尔托科那(Artocoana),[55]它像今天的赫拉特(Herat)一样,重新恢复了古代的名字。阿里亚南面是埃

46

57

提曼德鲁斯河畔（Etymandrus）的扎兰卡（Zaranka）或德兰吉亚纳（Drangiana）。[56]埃提曼德鲁斯河边的阿里亚斯皮人曾经给居鲁士提供过粮草援助，因此后来被免除了赋税，并被列为国王的"恩人"。[57]埃提曼德鲁斯河的支流阿拉霍塔斯河[58]将其名赋予豪拉瓦提什或阿拉霍西亚。[59]其首府名称相同，今称坎大哈。

居鲁士从阿里亚出发，他可能是沿着眼前的乌浒河（Oxus，今称阿姆河）的走向，继续向伊朗高原前进。乌浒河上游直达瓦赫什河（Wakhsh Ab），冲破重重难以通行的峡谷，在中亚黄色的平原上形成了一个环形的流域。这个平原大部分是干旱荒芜的，但沿河各地有农业绿洲。粗放的河水灌溉造成了肥沃的土地和富饶繁荣。伊朗人早就定居在离高原最近的绿洲，居鲁士把这些绿洲并入其正在扩张的帝国。

47　　　　居鲁士沿着乌浒河畔的小路，进入了位于乌浒河、药杀水（Jaxartes）之间的索格底亚（Sogdia）地区。[60]索格底亚首府是马拉坎达（Maracanda），[61]传说中盛产黄金的撒马尔罕（Samarcand）的前身。在这里的菜园与果园之间，有一个隐藏着先民遗址的大土墩，这个土墩直到穆斯林时期还有人提及。[62]土墩旁是奔腾的粟特河（Sogdian streem），河水大而迅速消失在沙地之中。[63]乌浒河在这里汹涌澎湃，难以架设桥梁。毫无疑问，居鲁士是用古老的办法——皮筏渡河的。[64]在与这条河并行的奥雷克萨特河（Orexartes）或药杀水后面，[65]居住着半游牧的马萨革泰人。[66]在乌浒河下游的希瓦绿洲（Khiva）则是花剌子模人。[67]他们已经归顺。居鲁士（或他的直接继承人之一）[68]将当地熟知的科学灌溉方法介绍给了波斯人。所有土地都被宣布为王室的土地。在阿瑟斯河（Aces，乌浒河下游）从山中流出，[69]形成五条独立河流的地方，[70]修建了水闸。这些水闸只有在人们向国王提出了请求，并且缴纳了高昂的附加税之后，才能开闸向土地输送珍贵的水源。[71]

居鲁士大概并不指望花剌子模人长期缴纳沉重的税收（我们将看到，在阿尔塔薛西斯一世时，花剌子模人似乎已经脱离了国王统治。[72]在帝国结束之前，他们已经有自己的国王）。[73]因此，他把药杀

48

水确定为极北方固定的边界。为了使南方富裕地区将来免遭对河中亚内陆图兰(Turanian)游牧部落突然袭击,他沿着河南修筑了一条防线,共有 7 个哨所。加扎城(Gaza,意为"宝藏")是未来的补给中心,[74] 但防线的要冲是居拉(Cyra),[75] 即"居鲁士之城",[76] 两个地方都是以马拉坎达为后卫。在回师途中,居鲁士再次渡过乌浒河上游。这时,他大概占领了今木鹿(Merv)境内肥沃的马尔古什(Margush)绿洲,该地得名于当地主要的河流。它被置为附属的行省,不是属于东北方的索格底亚,而是北方的巴克特里亚。[77]

巴克特里亚[78]得名于乌浒河的支流巴克特鲁斯(Bactrus)河。[79]其主要城市同样也叫巴克特拉(Bactra)。[80]但伊朗语古名扎里亚斯帕(Zariaspa)长期和城堡连在一起。[81]麻葛处理死者与将死者的方式,一直保留到使亚历山大觉得太恐惧,因而下令禁止这种最恶劣的仪式为止。[82]另一座重要的城市是德拉普萨卡(Drapsaca)。[83]

居鲁士从伊朗最东面的领土巴克特里亚,渡过界河科芬河(Cophen),进入伊朗人的同胞、[84]印度人的领土。这时,伊朗人还用自己的语言称呼印度为帕鲁帕里桑纳(Paruparaesanna),意为"大山之后的国度"[85]。但是,当地人称其为犍陀罗(Gandara)。[86]从这时起,印度这个边远角落第一次处于伊朗人统治之下。[87]沿着兴都库什山脉(Hindu Kush,意为"大山")南面的斜坡,可以到达萨塔古什(Thattagush)或萨塔吉迪亚(Sattagydia)。斜坡的北面是帕米尔(Pamirs),居住着豪麻瓦尔加(Haumavarga)塞种部落或阿米尔盖塞种(Amyrgaean),即"制作(神圣的)豪麻汁饮料的人"。[88]

49

征服巴比伦

由于这些征服活动的成功,不论是人口还是财富,居鲁士加倍扩大了帝国的实力。他拥有一支庞大的军队,已经强大到敢于和巴比伦决一死战。而当地的居民也已经准备好迎接任何的救星,哪怕是外国人也行。由于实行牺牲马尔都克祭司集团利益的复古改革,那波尼德和他们的关系疏远了。其他祭司也不满。犹太先知预言巴比伦将要灭亡,称赞居鲁士是神选定的救世主,必将允许犹太人返回锡安山。[89]巴比伦全国处于一片混乱之中。

因此,人民群众中的不满分子已经为进攻铺平了道路。居鲁士刚刚从东征凯旋回来,就作好了进攻冲积平原的准备。公元前540—公元前539年,在冬季的大雪填平山间道路之前,他已经到了边境线上。为了避免神像被掠走,那波尼德将埃什南纳(Eshnunak)、赞班(Zamban)、梅特努(Me Turnu)和德尔(Der)的神像都送往都城。[90]他在底格里斯河吃了败仗,他想到的唯一防御办法是,3月份乌鲁克的伊什塔尔将会给他帮助。[91]那波尼德极力把驱逐敌人说成是保卫首都免遭外敌进攻。市民则对神庙被众神抛弃,变成一片废墟怨声载道。[92]

50　　　马尔都克及其祭司不得不同意和解。公元前539年4月4日新年庆典时,"庆典活动再次像往常一样举行","士兵有足够的葡萄酒"。[93]那波尼德更重视众神亲自参加庆祝,于是把马拉达(Maradda)、扎马马(Zamama)、基什(Kish)、宁利尔(Ninlil)和胡尔萨格卡拉马(Hursagkalama)的神祇都请出来了。"8月底,阿卡德所有的神祇、不管是高地还是低地的,都请进了巴比伦。"市民的忍耐也已经到了极限。库图(Kutu)、锡伯尔(Sippar)、博尔西帕(Borsippa)的神没有进来。[94]太阳神沙马什在博尔西帕的神庙埃巴拉(Ebarra)虽然已经修复,但那波尼德借口经常做梦,改变了沙马什的头饰。[95]这使祭司们非常愤怒。新年期间,那波神从博尔西帕前去会见其父马尔都克,但他的祭司们却觉察到厄运临头的预兆。

10月初,居鲁士在底格里斯河的俄庇斯(Opis)又打了一仗,[96]并纵火烧死阿卡德人。在这个恐怖事件之后,其对手丧失了勇气。10月11日,锡伯尔不战而取。那波尼德逃走。公元前539年10月13日,古蒂乌姆总督戈布里亚斯和居鲁士的军队未经战斗进入巴比伦城。此后,那波尼德回到巴比伦,成了俘虏。[97]

那波尼德最晚的泥板文书年号是10月14日,是在戈布里亚斯已经占领巴比伦城之后。但是,这块泥板文书是在乌鲁克写的,那里还没有收到这个让人高兴的消息。在都城,商业活动照常进行。

对于当时的人们而言,他们还没有认识到一个时代已经结束,另一个时代已经开始。最少在 10 月 26 日,书吏采用了新统治者"各国之王"的称号纪年。这个官方的尊号属于"即位之年"的剩余部分,也是在位元年的一部分。

戈布里亚斯对待巴比伦城很友好。10 月末,古蒂乌姆盾牌兵封锁了埃萨吉拉所有大门。没有一个人的武器放入埃萨吉拉或其他神庙。预定的宗教仪式也没有遭到禁止。10 月 29 日,居鲁士本人进入巴比伦城。在他前进的道路上,铺满了树枝。他正式宣布赐予全城所有的人和平。戈布里亚斯被任命为新的巴比伦行省总督。他又任命了下属官吏。行政公文告诉我们,原先的官吏一般保留了原职。[98]

波斯人的宣传攻势

居鲁士在巴比伦臣民中,从来就不是外来者波斯人的国王。在以巴比伦语写成的致巴比伦人公告中,他采用了一大堆古代的尊号:"我是居鲁士、宇宙之王、伟大的王、强有力的王、巴比伦王、苏美尔王、阿卡德王、天下四方之王……古代君王的苗裔。他的统治为贝勒与那波喜爱,他的权力为他们衷心喜爱。"[99]他在位元年的纪年文书,通常把"巴比伦王"的尊号置于"各国之王"之前。

由于背叛那波尼德,祭司集团得到了奖励。从当年 12 月到次年 2 月,所有被掠夺来的神祇都以各种应有的荣誉送回他们原来的神庙。正巧,我们发现了一封真正的信件,报道一艘从博尔西帕出发,运送埃济达(Ezida)宗教会议代表回来的船只,是他们护送乌鲁克的南纳和女神返回故乡的。[100]与送还众神的同时,还下达了修复神庙的命令。乌鲁克建筑砖铭写着"我是居鲁士,埃萨吉拉和埃济达的建筑者、冈比西斯之子、伟大的王"。[101]他使用尼布甲尼撒先前的尊号,极力赞美马尔都克和那波神。由于一个不适当的宗教仪式,乌尔被搞得声名狼藉。但是,它用一个新的行动补偿了这个损失,即承认居鲁士是"宇宙之王、安善之王",并提醒市民注意"伟

51

大的神已经把各国交在我手中,我已经使这个国家恢复了和平生活。"[102]

　　大多数被掠夺来的外国神祇,由于国王的仁慈获得了更多的机会。苏萨的神祇被送回了埃兰,阿舒尔的神祇被送回了古老的都城。其他从亚述、巴比伦有争议地区掠夺来的神祇,同样获得了好处。这些城市的居民被召集起来,重建自己的家园。[103] 犹太先知也愉快地接受了将使他们返回锡安山的居鲁士作为国王。由于他们很久以前就没有神像,因此,他们把被尼布甲尼撒掠夺来的圣殿器皿归还耶路撒冷,就是顺理成章的事情。[104]

　　居鲁士对巴比伦人的公告用巴比伦语写成,这是一个花言巧语宣传的典范。在这个公告发表之后,他显然已经成为巴比伦历代诸王合法的继承人。居鲁士极力使对那波尼德的记忆变成永久的谴责。正如他所说的:"一个微不足道的人被任命为国家的统治者,一个像他(伯沙撒——作者注)一样的人被置于他们之上。他强迫乌尔和其他城市接受不合适的宗教仪式,他每天策划,并下令禁止每日的祭祀,他废除了对众神之王马尔都克的崇拜,他时时表露出对马尔都克城市的仇恨。他用无休止的奴役使马尔都克所有的子民全都破产了。

　　众神之主鉴于他们的冤屈,勃然大怒,抛弃了他们的国家。在其中居住的众神,震怒于外国的神祇被运入巴比伦,也抛弃了他们的家园。但马尔都克立刻就感到后悔,对所有已经变成一片瓦砾的居住区,对形同枯槁的苏美尔、阿卡德人大发慈悲。

　　他在各地到处寻找。他要寻找一位正直的、亲手挑选的国王。这就是安善王居鲁士。他任命他为全世界的君主,他使古图国(埃兰——作者注)和所有的米底人拜倒在他的脚下,他关心黔首(巴比伦人的统称——作者注)安享公平与正义。伟大的主、他的子民的保护神马尔都克高兴地注视着他虔诚的行为和公正的心。

　　马尔都克促使他前往他的巴比伦城。他让他以他的朋友和同伴的资格前往巴比伦。他的浩荡大军像大江之水,多得数也数不清,全副武装跟随他前进。他使他不经过任何战斗便进入了巴比伦城。他使他的巴比伦城免除了一场浩劫。他把那不敬畏他的那波尼德交在他手里。巴比伦、苏美尔和阿卡德所有的人民、国王和官吏都拜倒在他的跟前，吻他的脚。他们面有喜色，欢迎他的统治。这君王力能起死回生，拯救他们于水深火热之中。他们由衷地效忠他，遵从他的命令。

当我胜利地进入巴比伦之后，我万分高兴地在王宫之中安下我高贵的居所。伟大的主马尔都克使巴比伦贵族都支持我，而我每日都注意他的祭祀。我的浩荡大军和平地进入巴比伦。我不允许在苏美尔、阿卡德任何地区有敌对行为。他们被解除了耻辱的枷锁。我修复了他们倾颓的住房，我清除了他们的废墟。

伟大的主马尔都克为我虔诚的行为感到喜悦，仁慈地赞美我、崇拜他的居鲁士王，还有我的儿子冈比西斯和我的全军。而我则由衷地、高兴地赞美其崇高的神性。从上海到下海，天下四方所有住在宫殿中的国王，以及所有住在帐篷里的阿摩利人（阿拉伯人——作者注）的国王，都前来巴比伦向我进贡贵重的礼物，吻我的脚。”

然后，居鲁士讲到他如何把被掠夺来的众神送回原处，并且以虔诚的期望结束铭文：

“愿所有被我送回其城市的众神，每日在贝勒与那波之前为我祈求长生，颂扬我的功德，并对我主马尔都克说：“愿崇拜你的居鲁士王及其子冈比西斯有福。”[105]

这个公告是为有教养阶层而发布的。对于文盲而言，书吏们以流利的巴比伦语编写了一本那波尼德时期的账本。在这个公告被遗忘之后，这个账本还一定长期铭记在听众的心中。那波尼德是一个极其邪恶、极不公正的君主。他用刀剑屠杀弱者。他封锁商人的道路。农民被剥夺了属于自己的耕地，从来就没有丰收的喜悦之声。灌溉系统忽略不顾，任其坍塌。农民不按时关闭田间的水源。他挖好了水渠，却不加管理，珍贵的水源毫无限制的漫灌耕地,这就破坏了水资源的价值。许多著名的人物被关入监狱。公民会议遭到破坏,公民们变得面目全非。他们不再出入公共场所,城市再也见不到欢乐的场面。

54　　　一个魔鬼抓住了那波尼德,这个魔鬼占据了一个地方。在他自己的国家,也没有人见到过他。在境外的哈兰,他做了一件令人憎恶的事情。他修建了一座假的圣殿,并且为圣殿制造了一尊名为"辛"的偶像。他不是巴比伦众所周知的月神,而是月食时的月亮。他自言自语地说:"当我承担起这个任务时,也就结束了神殿被毁的哀歌时期,我将废除庆典活动,我将听任新年庆典活动消失。"

那波尼德三年,他在其他城市而不是巴比伦完成了这项工程。他把军队委托给长子。他握住长子的手,把王权交给了长子。他自己则动身前往遥远的国家。他率领军队走遍了各地。阿卡德的军队随着他一起前进,他朝着阿姆鲁(Amurru)的特马前进。他们用刀剑杀死了特马的王公,他把王城和国内所有居民全杀光了。他把那座城市当成他的住所,阿卡德的军队与他在一起。他装点了那座城市,他们修建了一座像巴比伦一样的宫殿。

当他与居鲁士打起来之后,那波尼德毫无根据地夸口说他可以取胜。他在自己的记功柱上写道:"他将拜倒在我的脚下,他的国家将被我占领,他的财产将成为我的战利品。"他自己的臣民却站在城市议会一边,公然反抗他。他们的国王已经宣布居鲁士不会写字,不懂泥板文书上的楔形文字。他的臣民很可能也相信居鲁士真的是文盲。但是,众神却亲自托梦,地上的种子将要发芽。这标志着他就是国王,安努和恩利尔神的新月将照亮他。

尽管在那波尼德统治的最后一年,他最终没有恢复新年庆典活动,继续混淆宗教仪式,变更风俗习惯。他反对神的命令,公开宣布不敬神。他亲自动手将神的象征从神圣的地方撕下,然后再安放到自己的王宫中。这样,他就不言而喻地表明在某种程度上,他认为自己就是神。他任命了两个对他卑躬屈膝的外国人担任高官。泽里亚(Zeria)为神庙管理人,里穆(Rimut)为检察官。他们服从国王的命令,执行国王的指示。他们一起叩头,对天发誓:"国王怎么说，我们就怎么办。"

居鲁士进入巴比伦之后，赐予他们和平。王室官吏封锁了前往神庙的道路。居鲁士宰了一头羊羔献祭。他增加了神的贡香。他五体投地，亲自朝拜所有的神。他把为众神做善事牢记在自己心中。他关心建筑，亲自头顶柳条筐运送宗教仪式所用的生砖。他修缮了巴比伦城墙，这是尼布甲尼撒为讨神的欢心而修建的。他还为因古尔贝勒（Imgur-Bel）的围墙修了壕沟。

他把离弃了自己住所的阿卡德男女众神，都送回了他们的居住之地。他使众神的心灵得到抚慰，使他们的生活感到欣慰。他们的生命早已到头，是他使他们再次获得新生。他们的供桌上摆满食物。他们倾颓的院墙以及所有的圣所都已经被他修复。国王的铭文和那波尼德的题词被搬走烧毁，狂风吹走了它们的灰烬。他们打碎了圣所中那波尼德的雕像，铲除了他的名字。那波尼德留下的一切，都被付之一炬。为了他心爱的巴比伦，居鲁士把它投入了熊熊烈火。对于罪人那波尼德，他们可以把他投入地狱，可以用坚固的镣铐锁住他的帮凶。马尔都克则高兴地注视着仁慈的居鲁士的王国。[106]

这个精心编造的宣传攻势，其后果是极其古怪和复杂的。居鲁士企图毁灭记忆的努力没有成功，那波尼德并没有被遗忘。到了下一代，当巴比伦再次起义时，有两位觊觎王位者都自称为那波尼德之子尼布甲尼撒。[107]希罗多德知道他是建筑女王、著名的尼托克里斯之子拉比内特（Nitocris、Labynetus）。[108]虽然希腊人忘记了伯沙撒，但希伯来人没有忘记，尽管他们认为他是尼布甲尼撒之子。

但是，这个宣传还是产生了非常奇妙的影响。一位犹太难民的预言，就非常近似这个公告的语言，以至于我们怀疑他是否读过这个公告。[109]希腊人笔下的巴比伦末王，同样显出不可容忍的无能。甚至隆重的新年庆典活动、酩酊大醉的士兵痛饮美酒反复出现在希罗多德、色诺芬有关居鲁士占领巴比伦的报道中。但是，《但以理书》的作者把这场酒宴说成是伯沙撒最后的晚餐。

在犹太教《但以理书》的故事之中,对那波尼德韵文式的记载,被转移到著名的尼布甲尼撒身上。他也是一个异端分子。他的高级官吏是外国人,他们自然是犹太人,名字叫泽里亚和里穆。尼布甲尼撒建立了一座巨大的雕像,下令全世界都必须崇拜。由于猥亵神灵,国王被赶走,疯了。他像原野上的牛马一样吃草。像那波尼德一样,尼布甲尼撒也有自己的梦。像那波尼德不得不请人圆梦一样,其更强大的前辈也不得不这样。犹太人但以理解释了这个梦。宣布了对巴比伦期待的判决,预示了巴比伦的命运。淫荡的伯沙撒王受到宫廷墙上文字的警告。只是这个警告来得太晚,已经无法悔改了。

居鲁士在巴比伦

在惯于山区风光的人眼中,这个平坦的、单调的冲积平原必定让人感到极端压抑。当他们饱尝夏季酷热的折磨之后,无疑就会怀念起自己故乡微风吹拂的高原,害怕这致命的、削弱其体力的炎热。但是,巴比伦的土地与贫瘠的高原相比,是难以想象的肥沃。巴比伦的财富名闻天下。巴比伦的农民勤劳温顺。冬天,这里气候凉爽舒适,很少达到冰点。因此,当高原突然变冷,大雪覆盖群山之时,波斯国王就会来到巴比伦过冬。他们从来就没有怀疑过在那里享受到的繁华生活,可能是有害的。

居鲁士在巴比伦驻跸时,接待了叙利亚诸王。他们亲自前来表示问候,以吻国王之脚的方式表示崇拜之情。[110] 腓尼基的占领,意味着居鲁士现在支配了第二支海军舰队,它在人数与技巧方面都与希腊各国联合舰队不相上下。但是,他们更加可靠,因而更受重视。从此,帝国境内的希腊商人面临着许多商业巨头的竞争。他们统治着像希腊人一样的城市国家,但非常精明狡猾、时刻盘算着希腊人的财富来源。

当时还有一个短命的计划,把纳巴泰(Nabataean)阿拉伯人组成一个"阿拉伯"行省。叙利亚、腓尼基和巴勒斯坦与巴比伦联合,组成一个大行省。对戈布里亚斯总督来说，这个行省正式名称为"巴比鲁什"（Babirush）。对本地人来说，该行省称为"巴比伦和埃比勒纳里"（Ebir-nari）。亚述语称这个地方为"河西"（河即幼发拉底河）。戈布里亚斯统治着这一大片辽阔的、绵延的、肥沃的地区，几乎像独立的国王一样。[111]

重建耶路撒冷圣殿、
居鲁士在埃克巴坦那

与巴勒斯坦相连的是埃及。埃及国王阿马西斯曾经与克罗伊斯结盟。因此，可以预料他不久就将遭到进攻。利用穿越巴勒斯坦沙漠的桥头堡，进攻尼罗河谷地就非常容易。通向埃及的道路，由耶路撒冷倾颓的要塞控制着。耶路撒冷亲埃及的上层分子已经被尼布甲尼撒迁往巴比伦。他们作为流放者居留在当地，并且获得了成功。尼布甲尼撒之子阿迈勒马尔都克企图拉拢他们。因此，他考虑恢复犹太人先前的国王约雅斤（Jehoiachin）的地位，只是不把它当真。[112] 在这个计划将要实施之前，阿迈勒马尔都克就死了，几乎可以断定是民族主义者暗杀的。因为这些犹太流放者仍然非常仇恨政府。失望的犹太先知预言巴比伦将亡于米底人之手。[113] 当这个希望落空之后，他们就把居鲁士当成了救世主。[114]

在征服巴比伦的过程之中，不论这些预言的宣传效果究竟如何，犹太人已经表明了他们对新政权的支持。巴比伦由于对征服者表示臣服，非但没有被毁灭，反而得到了真正的奖励。《以赛亚二书》（Second Isaiah）还预言光荣地返回锡安山。但是，指望那些早已富裕起来的犹太人会离开富饶的巴比伦平原，回到贫瘠的犹大山区，简直是不可想象的事情。不过，为了他们的自尊心，至少应该做点事情。此外，以前仍然留在巴勒斯坦的大多数居民。人们希望他们在失去了领袖之后，可能会放弃亲埃及的态度。居鲁士早已将那波尼德掠夺来的神像不仅送回了巴比伦本地的城市，而且送回了亚述、埃兰，重建了已经倾颓的神庙。如果他下令重建耶路撒冷,那也是遵循同样的政策。由于犹太教没有偶像,取代被流放的神像的,就是神庙的器皿。

居鲁士在位晚年,他把组织行省的日常琐碎事务委托给戈布里亚斯之后,就离开巴比伦,返回了埃克巴坦那。波斯大臣在与西方行省打交道时,早已使用阿拉米语作为官方语言。公元前538年,居鲁士在埃克巴坦那王宫以阿拉米语发表了他在位第一年的公告。公告内容如下:

58　　　　关于神在耶路撒冷的圣殿必须重建,作为犹太人永久的献祭之处。圣殿要高90英尺,宽90英尺,墙要用三层大石料,再用一层木料建成。所有的经费都应当出自王库。还有尼布甲尼撒从耶路撒冷圣殿掠往巴比伦的金银器皿,要悉数归还耶路撒冷圣殿原来的地方。你们必须将它放回圣殿。[115]

这些器皿从巴比伦的神庙(不用说,我们都知道是埃萨吉拉神庙)取出,交给了犹大新总督设巴萨(Sheshbazzar),这显然是巴比伦人的名字,可能是沙马什拔卢苏尔(Shamash-apal-usur)。但是,除去这个异教徒的名字之外,他可能像后来说的那样,[116]是一位犹太王公。设巴萨带着这些器皿回到耶路撒冷,并且为圣殿举行了奠基礼。[117]《以赛亚二书》关于大批移民将要光荣地返回锡安山的预言,就像巴比伦将要毁灭的预言一样,都没有实现。有些与设巴萨一道回来的激进分子甚至怀疑,三十年之后,耶路撒冷居民究竟应该继续称为“剩下的百姓”,还是称为“这地的百姓”为好。[118]

有一份巴比伦文书表明,一年之后,居鲁士仍然在埃克巴坦那。公元前537年9月,某个叫塔丹努(Tadannu)的人借给那波阿赫伊丁那(Nabu-ahe-iddina)之子伊蒂马尔都克巴拉图(Itti-Marduk-balatu)1.5磅的半谢克尔碎银。准备在11月按照巴比伦通行的利率,以39塔兰特干椰枣树枝、1谢克尔白银、12卡椰枣偿还贷款。同样的证人和同一位书吏随后又出现在巴比伦类似的文书中。但是,这份文书却是在埃克巴坦那做成的。伊蒂马尔都克巴拉图是巴比伦最大的银号、埃吉比兄弟银号（Egibi and Sons）的首脑。显然，他和他的朋友或是奉召或是为了上诉，已经到了宫廷。他们已经花费了大量的钱财，诸如贿赂宫廷官员等等，以至于在他们回家之前不得不举贷。[119] 说到这里，我们必须把居鲁士暂且放到一边不说，以一个预先没有料到的突然消息结束本章。[120]

原注

1 E. Herzfeld，*Archaeological History of Iran*（1935），p. 40.

2 Herod. i. 91, 107 – 108, 111; Berossus, Frag. 52（S）; 参见 G. G. Camenon, *History of Early Iran*（1936），pp. 219 ff.。

3 Herod. i. 125; iv. 167.

4 Aschyl. *Pers.* 994 ff.; 一个马尔蒂人在围攻萨迪斯之中，Herod. i. . 84; Nic. Dam., Frag. 66, 摘自克特西亚斯; Nearchus, in Strabo xi. 13. 6; 参见 xv. 3. 1; Curt. v. 6. 12, 17。

5 Darius, *Beh.* §§ 33, 52, Asagarta; Herod. iii. 93; vii. 85.

6 Richard A Parker and Waldo H. Dubberstein, *Babylonian Chronology*, 626 *B. C. - A. D.* 45.（1942），p. 10. 从此之后，巴比伦历、犹太历的日期都按照日历表换算成儒略历。正如他们所指出的，"在现有泥板文书中，所有日期有 70% 是符合天文日期的，剩下的 30% 可能误差 1 天。由于日历表只是为了纯粹的历史目的，这种不准确无关紧要"（p. 23）。

7 *Ibid.*, p. 10.

8 Nabu-Naid Stele（S. Langdon, *Die neubabylonischen Konigsinschriften*，[1912], Nabonid. No. 8），col. IV, 1. 34 - col. V. 1. 34.

9 Parker and Dubberstein, *op. cit.*; 参见 Berossus, Frag. 52（S）。

10 Stele. cols VI - IX.

11 Abu Habba Cylinder（Langdon. *op. cit.*, Nabonid No. 1），col. I, 1. 6; 参见 Harran inscription（*ibid.*, Nabonid No. 9）。

12 Abu Habba Cyl., I, 11. 8 - 32. Xen. *Cyrop.* i. 5. 2 - 3.

13 Abu Habba Cyl. I, 1. 38 - col. II. 1. 8; Verse account of Nabu-naid（Sidney Smith, *Babylonian Historical Texts*, [1924], pp. 27 ff.），cols. I-II; Nabu-naid Chron., col. I, 11. 1 - 8.

14 Chron., col. I, 11. 9 - 22; Abu Habba Cyl., col. I, 11. 38 - 40.

15 Jeremiah, chaps. 13 and 50 - 51; Cameron, *op. cit.*, pp. 221 ff.

16 Chron., col. II, 11. 1 - 4. Abu Habba Cyl., col. I, 11. 32 - 33; Herod. i. . 127 - 130; Strabo xv. 3. 8; Ctes. *Pers.* vi, Epit. 32（Diod ii. 34. 6）;

vii，Epit. 33（Phot. 1 xxii）。

17 Verse account，col. II，11. 22 ff.

18 R. P. Dougherty，*Nabonidus and Belshazzar*（1929），pp. 114 ff.

19 *Ibid.*，pp. 81 ff.

20 Chron.，col. II，11. 5 – 25.

21 Herod. i. 71.

22 参见 E. Herzfeid，*Am tor von Asien*（1920），pp. 1 – 2。

23 Cyrus，*Cyl.*，l. 30.

24 Chron.，col. II，11. 15 – 26；Herod. i. 77.

25 Chron.，col. II，1. 16；Xenop. *Cyrop.* i. 1. 4；viii. 6. 8；Herod. i.
28. 74.

26 Xen. *Cyrop.* i. 1. 4.

27 *Ibid.* iii. 1；viii. 7. 11.

28 Herod. i. 75 ff.；Xen. *Cyrop.* vii. 1.

29 Herod. i. 79 ff.，83 ff.；Xenp. *Cyrop.* vii. 2.

30 Nabu-naid Chron.，col. II. 11. 16 – 18.

31 E. Pottier，*Vases antiques du Louvre*（1922），pp. 201 – 202；参见 A.
Furtwagler and K. Reichhold，*Griechische Vasenmalerei*（1905），PL.
113；J. D. Beazley，*Attic Red-figured Vase-Painters*（1942），p. 171
（My son 47）。

32 Herod. i. 55.

33 Bacchylid. ii. 33 ff.；Herod. i. 86 ff.；Thuc. i. 16；Xen. *Cyrop.* vi.
2. 9 ff.；vii. 1 – 2；Ctes. *Pers.* vii. Epit. 30；Marmor Parium A，42（J）.

34 阿拉米、吕底亚双语文书证明萨帕达和萨迪斯一样重要。见：E.
Littmann，*Sardis*，VI. Part 1（1916），12；C. C. Torrey，"The Bilingual
Inscription from Sardis，" *AJSL*，XXXIV（1918），185 ff.。参见：Obad.
20。在希腊语中，Sepharad 应读成 Sphrarda。

35 Herod. i. 153.

36 参见 Olmstead，"Persia and the Greek Frontier Problem，" *Classical
Philology*，XXXIV（1939），305 ff.

37 Herod. i. 76. 141.

38 *Ibid.* 141，152.

39 *Ibid.* 154 ff.

40 *Ibid.* 159.

41 *Ibid.* 164；Strabo vi. 1. 1；Gell. x. 4. 根据 Theog. 603 – 604；马格内
西亚、科洛丰和士麦那都因为骄傲而灭亡。日期见：E. L. Highbaeger，
"Theognis and the Persian Wars，" *Transactions of the American*

Philological Association LXVIII（1937），88 ff。

42 Herod. i. . 169；iii. 96；"各岛的赋税"。

43 参见 Aeschyl. *Pers.* 773；Thuc. i. 16。

44 Herod. i. . 173.

45 Homer *Iliad*. ii. 877；iv. 197；v. 478-479；vi. 78,184-185；Herod. i. 173；Heraclid. Pont.，Frag. 15；Menacrates of Xanthus，Frag. 2；Nicol. Damasc.，Frag. 103 k（J）.

46 Herod. i. 176；Appianus. *Bell.* civ. iv. 80.

47 Herod. iii. 126.

48 *Ibid.* i. 160 ff.；Charon Lampscen. *Pers.*，Frag. 1；Aschyl. *Pers.* 770 ff.；Thuc. i. 13. 6.；Xenophon. *Parod.* 22；Aristox. 23.

49 *Xen Cyrop.* vii. 4,16；Berossus. Frag. 52（S）.

50 R. P. Dougherty，*Records from Erech*（1920），№.154.

51 V. Scheil，"Le Gobryas de la Cyropedie，" *Revue d Assyrologie*，XI.（1914），165 ff.

52 Chron.，col. II. LL. 21-22；verse account，col. IV，1. 2；Cyrus，*Cyl.*，II. 13. 30-31；Xen. *Cyrop.* iv. 6；v. 5.

53 阿契美尼德时期的帕提亚见：N. C. Debevoise，*A Political History of Parthia*（1938），pp. 2 ff。

54 参见 *Beh.* §6；Vid. 1；9；Herod. iii. 93；阿雷乌斯河畔的苏西亚城，帕提亚的边境，Arr. *Anab.* iii. 25.1；帕提亚的王城希西亚，阿特米多鲁斯，见 Steph. Byz. *s. v.*；特斯梅斯，Ptol. vi. 11.8.；马什哈德的前身，Herzfeid，*Arch. Mitth.*，I（1929），106。

55 Arr. *Anab.* iii. 25.5；Pliny. vi. 61.93；阿塔卡纳（今赫拉特），Curt. vi. 6.33；科塔卡纳，Diod. xvii. 78.1；阿塔塞内，Strabo xi. 10.1。阿雷乌斯河，Strabo xi. 10.1；今赫里河。

56 扎兰卡见，Darius *Beh.* §6；Naqsh-i-Rustam A3（扎兰加，Bab. Vers.）；萨兰加见，Herod. iii. 93. 117；vii. 67；扎兰加见，Arr. *Anab.* iii. 25.8；参见 21.1；vii. 6.3；扎兰吉亚纳省见，Isid. Char. 17；德兰吉亚纳见，Strabo xi. 10.1；德兰吉人见，Diod. xvii. 78.4；德兰加见，Just. xii. 5.9；Curt. vi. 6.36；Strabo xv. 2.8 ff.；达达内见，Ptol. vi. 17.3；中世纪的扎兰吉见，G. Le. Strange，*Lands of the Eastern Caliphate*（1905），pp. 535 ff. 首府弗拉达见，Steph. Byz. *s. v.*。

57 见 Arr. *Anab.* iii. 27.4；阿里马斯皮见，Diod. xvii. 81.1；Just. xii. 5.1；Curt. vii. 3.1。和北方传说中的独目人一起叛乱见，Herod. iii. 116；iv. 13-14,27。仅仅称为"恩人"见，Strabo xv. 2.10。

58 海图曼特见，Vid. 1；14；今赫尔曼德。

59 哈劳瓦提，Darius *Beh.* §6；阿拉霍提，Strabo x. 8.9；xi. 10.1；帕提亚的阿拉霍提省，Isid. Char. 19；阿拉霍图斯，Ptol. vi. 20。从当地流出的河流，现名阿尔甘河。阿拉霍西亚城，见 Plin. vi. 92；Steph. Byz. *s. v.*；今卡拉特·吉尔扎尼。W. W. Tarn, *Greeks in Bactria and India* (1938), p. 470。

60 粟特(Sugdu)，见 Darius, *Beh.* §6；粟特(Sogdi)，见 Herod. iii. 93；粟特(Soghdha)是放牧之地，见 Vid. 1：5；中世纪的粟特(Sughd)，见 LeStrange, *op. cit.*, pp. 460 ff.；塞琉西王朝的行省，见 Strabo, ii. 73；Ptol. vi. 12；参见 H. Kretchmer, "Sogdiana," *PW. IIIA* (1927), 788 ff.。

61 Strabo xi. 11.4；Plut. *Alex. Fort.* i. 2；ii. 9-10；Arr. *Anab.* iii. 30.6；iv. 3.6；5.2；6.3；16.2；Curt. vii. 6.10，24；7.20；viii. 1.7；19.2，13；Ptol. vi. 11.9；viii. 23.10。

62 Le. Strage, *op. cit.*, pp. 463 ff.

63 马其顿人称为波利提梅特斯，Strabo xi. 11.5；参见 Arr. *Anab.* iv. 5.2；6.3；Curt. vii. 7.30；9.20；10.1；今泽拉夫尚，Le. Strange, *op. cit.*, p. 460。

64 参见 Arr. *Anab.* iii. 29.2 ff.；Curt. vii. 5.13 ff.。

65 如 Pulut, *Alex.* 45.4；奥雷克萨特河(Orxantes)，见 Arr. *Anab.* iii. 30.7。

66 马萨革泰人和塞种，见 Strabo xi. 8.8。

67 Darius, *Beh.* §6，花喇子模人，见 Herod. iii. 93.117；vii. 66；中世纪的花喇子模，见 Le. Strange, *op. cit.* pp. 446 ff.。

68 希罗多德 开始就暗示这是在波斯人统治最初时期，但这个"波斯"可以证明波斯波利斯早已有人居住。

69 希瓦(Khiva)最早的名字据说是 Khivaq 或 Khayvak，它必须与阿瑟斯(Aces)连用。见 Le. Strange, *op. cit.*, p. 450。

70 这条道路在中世纪仍然臭名昭著(*Ibid.* p. 451)。

71 Herod. iii. 117.

72 *Ibid.* 93.

73 Arr. *Anab.* iv. 15.4-5. 花喇子模人和大益人被亚历山大征服，见 Just. xii. 6.18。

74 Arr. *Anab.* iv. 2.1.

75 Strabo xi. 11.4；Curt. vii. 6.16.

76 居鲁士城见，Arr. *Anab.* iv. 3.1；故址在今科詹德。

77 巴克特里亚的附属行省，见 Darius *Beh* §§21，38-39；Mouru, Vid. 1：6；塞琉西王朝马尔吉安纳行省，见 Curt. vii. 10.15；马尔古什河，见 Plin. vi. 47；后来的木鹿，见 Le. Strange, *op. cit.* pp. 397 ff.

78 巴克特里什，见 Darius，*Beh* §6；巴克特里亚，见 Herod. iv. 204；巴克特里亚人一直没有被居鲁士征服，见 Herod. i. 153；巴克特里亚人，见 Herod. iii. 64.66.86；vii. 113；ix. 113。

79 Curt. vii. 4.

80 Aeschyl. *Pers.* 306,718,732；Herod. vi. 9；ix. 113；巴赫底见，Vid. 1:7。

81 Strabo xi. 8.9；Arr. *Anab.* iv. 7.1.

82 Apollodorus of Artemita，Frag. 5（M）；Oneisicritus，Frag. 5（J）；Strabo xi. 11.3.

83 见 Arr. *Anab.* iii. 29.1；达拉普萨，见 Strabo. xi. 11.1.阿德拉普萨，见 Strabo xv. 2.10；德拉普萨，见 Ptol. iv. 12.4,6；viii. 23.13；Amm. xxiii. 6.59。

84 Strabo xv. 1.26；Plin. vi. 94；Arr. *Ind.* i. 1；也许是梵文的 Kubhu。

85 在官方文书巴比伦和埃兰文本犍陀罗的位置上，保留了伊朗语的名字。根据 Jackson，*Cambridge History of India*，I. 327，它就是阿维斯陀中的乌派里塞内，意为"高于雄鹰"。帕罗帕米苏斯、埃拉托斯特尼斯，见 Strabo xv. 1.11；2.8 ff.；Arr. *Anab.* v. 5.3；*Ind.* 2.3；更常见的是帕拉帕米萨迪人及众多的形式，见 Just. xii. 5.9；Diod. xvii. 82.1；Curt. vii. 3.5；Arr. *Anab.* iii. 28.4；加扎卡，"宝藏城"，Ptol. vi. 18；帕拉帕米萨迪人，见 Amm. xxiii. 6.70；中世纪的加兹尼。

86 Hecataeus，Frag. 178（M）；Herod. iii. 91；参见 vii. 66；犍陀罗人，见 Strabo xv. 1.26。

87 征服山区部落阿斯塔塞尼安人和阿萨塞尼安人，见 Arr. *Ind.* i. 1ff. 首府欧匹伊的名字，见 Hecataeus，Frag. 175；参见塞琉西王朝欧皮安行省，Steph. Byz. *s. v.* "亚历山大城"，一直被认为就是恰里卡尔附近欧皮安土墩遗址。

88 *Beh.* §6；Herod. i. 153；Ctes. *Pers.* vii，Epit. 33.

89 Isaiah. Chaps. 35,40－55.

90 Cyrus，*Cyl.* 1.31.

91 Chron. , col. III. 11.1－2.

92 Cameron，"New Light on Ancient Persia，" *JAOS*，LII（1932），304.

93 参见 Herod. i. 191；Xen. *Cyrop.* vii. 5.15－21；Dan. 5:1－4。

94 Chron. Col. III. 11.5－12.

95 Langdon，*op. cit.* Nabonid №. 7.

96 Xen. *Cyrop.* vii. 5.26－30；Herod. i. 189，靠近金德斯河。

97 Chron. Col. III. 11.12－16；有关编年见：Parker，Dubberstein，*op. cit.* p. 11；Herod. i. 178,188 ff.；Xen. *Cyrop.* vii. 5. Berossus，

Frag. 52 - 54 (S)。

98 Chron. , Col. III, 11. 16 - 20.

99 Cyrus, *Cyl.* , 11. 20 ff.

100 Chron. , col. III, 11. 21 - 22. ; Cameron. , " New Light on Ancient Persia," *op. cit.* , p. 304.

101 G. Smith, *Trarsactions of the Society of Biblical Archaeology*, II (1873), opp. p. 146; Weissbach, Die Keilinschriften der Achaemeniden (1911), pp. 8 - 9.

102 Cyrus. , *Cyl.* , 1. 5;（那波尼德）在乌尔的改革, 见 A. T. Clay, *Miscellaneous Inscriptions in the Yale Babylonian Collection* (1915), No. 45; C. J. Gadd and L. Legrain, *Ur Excavations*, *Texts*, vol. I: *Royal Inscriptions* (1928), No. 194。

103 Cyrus, Cyl. , 11. 30 - 32.

104 Ezra, chap. 1; Aramaic decree of Cyrus, Ezra 6: 3 - 5.

105 Cyrus, *Cyl.* , 11. 26 - 30, 34 - 35.

106 韵文式的记载, 由于严重破损的原文已经修复, 上述解释大体符合原文上下意思。

107 *Beh.* § § 16, 49, 52.

108 Herod. i. 188.

109 "第二以赛亚", 见 Isaiah, chaps, 35, 40 - 55。

110 Cyrus, *Cyl.* , 11. 28 - 30.

111 参见 Olmstead, " A Persian Letter in Thucydides," *AJSL*, XLIX (1933), 158 ff。

112 II Kings, 25: 27 - 30; Jer, 52: 31 - 34.

113 Jeremiah, chaps. 51 - 52. ; Isaiah, chaps. 13.

114 Isaiah, chaps. 35, 40 - 55.

115 Ezra 6: 3 - 5.

116 Ezra 1: 8.

117 Ezra 5: 13 - 16.

118 Hag. , 1: 12, 14; 2: 2, 4. 参见 Olmstead, *History of Palestine and Syria* (1931), pp. 541 ff. , 符合现在的说明。

119 J. P. Strassmaier, *Inschriften von Cyrus* (1900), No. 60.

120 在位时期最好的描述, 见: Weissbach, " Kyros," *PW*, Supplementband, Vol. IV (1924), cols. 1129 - 1166。

古波斯帝国早期都城帕萨加迪平台遗址

居鲁士二世的宫殿

帕萨加迪宫廷复原图

居鲁士二世陵墓,这是一座集巴比伦寺塔与亚美尼亚崖墓特点的建筑

第四章　波斯人的营地

行省的机构

现在,居鲁士成了这个有史以来最强大帝国的君主。为了统治这个幅员辽阔的地区,他原则上采用了亚述人首先设立的机构。亚述人用正式的省取代已经被自己征服的各个国家。每个省由一名总督及一大群下属官吏进行治理,所有省通过正常交换命令、报告的方式,与中央政府保持着密切的联系。[1]在亚述的省与居鲁士建立的20个行省之间,主要区别实际上是行省取代了独立性极大的君主国。

统治着各个行省的总督,其称号本意为"王国的保卫者"。[2]他作为前国王的继任者,统治着辽阔的领土,本人实际上就是一位君主,周围有一个小朝廷。他不仅担负着行省民政管理职责,而且是行省军队的指挥官。当总督的职务变成世袭之后,它对中央权力的威胁就不可忽视。为了应付这种威胁,设立了某些牵制性的人物:总督秘书、[3]总督首席财政官、[4]还有率领每个行省省会要塞驻军的将军。[5]他们都直接听命于伟大的王本人,直接向伟大的王本人报告。更加有效地控制是派遣"王的眼睛"(或"王的耳朵"、"王的使者"),[6]他们每年要对每个行省进行一次认真的视察。[7]

帕萨迦达的位置

波斯人进入他们未来的故乡之后,以自己的名字命名它为"波斯"(Parsa)。当时,他们还是流动的牧民。据我们所知,他们的王族部落是帕萨迦德族(Parsagardae)。[8] 当我们发现大多数希腊作家用同样的名字称呼波斯人最早的都城时,我们可能会设想这个都城是得名于王族部落。然而,当一位历史学家称这座城市为帕萨迦达(Parsagada)时,另一位历史学家却解释它的名字意为"波斯人的营地"。[9] 这种解释暗示城市真实的名字,有几分像帕萨迦德(Parsagard)。实际上,这个居住地遗址表明它是典型的雅利安人营地,因为没有发现城墙的遗迹。

波斯人的第一个都城位于高原贯通南北的大路上,由埃克巴坦那前往波斯湾的途中。在一块面积约 9×15 平方英里的小平原东北和西南角,现在还保留着人工开采石料筑成的道路遗址。在西、西南和东北方,这条道路紧挨着高耸的群山。东面的山岭较低,山脚下弯弯曲曲的"米底河"流过平原,流入西南角一个更加弯弯曲曲的峡谷。在岩石上开凿出来的道路,也弯弯曲曲经过这个峡谷。它的高度超过海拔 6300 英尺。在冬天,寒风凛冽刺骨。在一年之中,有大半年时间的凌晨都能感觉到寒冷。平原和山区的冬雪补充了春夏两季可能的降雨量,它对于度过年中的干旱、直到收获之前的农田灌溉,是非常重要的。

在西北角更高的山岭上,有一个上古时期的居住地遗址。该遗址现在以红陶碎片闻名,陶片颜料确定陶片的年代属于阿契美尼德时期。还有小的石柱础,考古学家估计其年代大概为居鲁士时期。后者显示出住宅遵循了典型的伊朗建筑设计。因此,我们可以设想住宅是木结构的,石础上有木柱支撑着柱廊的平顶和横梁。61 这些横梁是支撑建筑物主体三角形屋顶的。

神　祠

在距离东南方 1.5 英里的地方,有一道矩形的、宗教建筑围墙。其长边朝着东南方和西北方,离对面的小河——居鲁士河不远。这条河向北自山区流入平原,形成了米底河的支流。它发源于附近岩石重叠的高原,由这个高原奔腾而下,河水清澈冰冷,足以得到阿娜希塔欢心。在河的左岸,围墙内有两座祭坛,上面是白色的石灰岩,下面是黑色的石灰岩基石,内部是空的。右边的祭坛用一块大石料做成,其上又有一块大石料,开凿了 7 级台阶直通顶上。顶上的反面有 3 级台阶,布满圆洞。左边的祭坛也是一块大石料,顶上盖着一块石料的平顶。因此,这是最早祭祀部落神祇阿娜希塔和阿胡拉马兹达的祭坛。

后来,在围墙西南角又建立了一座更加精巧的神祠。这座建筑绝大部分在围墙本身之外。还有三座附属的建筑。确定神祠位置的岩心,沿着一条稍微倾斜的直线穿过西南部顶点,几乎正对着东方。在岩心周围建立了一座山丘形建筑,面积为 240×133 平方英尺。它建立在 6 层平台之上,大体上是模仿巴比伦的寺塔,但 6 层总高度只有 20 英尺。下面 3 层用未涂泥的石灰岩护壁保护着,护壁后填满了碎石。上面 3 层用泥砖建成,表面镶石灰岩。每层东面尽头处,都有台阶通往更高的一层,但最上层的建筑遗址尚未发现。因此,这个顶部很可能还有更多的神坛。阿娜希塔"神庙",居鲁士的继承人在登基之前,必须在这个神庙之中用古代宗教仪式涤罪。小居鲁士也曾躲藏在这个神庙的壁龛中,企图暗杀其兄阿尔塔薛西斯(Artaxerxes)。这座神庙必定可以在平台北面的土丘、位于围墙外的许多建筑物之中找到。[10]

居鲁士的乐园和宫殿

在低矮的小山那边,直线距离 1.5 英里之处有另一块封闭的地区。它也是四方形的,而且正好符合罗经点。一道高 13 英尺,立在石础之上的生砖墙把它围了起来。这个地区的宫廷和宫廷附属建筑都朝向西南或东北。它们处于真正的乐园或园林的中心。这由它们孤立的位置、水渠、水池和散落在其他空地上的亭台可以看出。当年,这些地方必定是花木郁郁葱葱。

园林的主要入口在西南角,围墙中有一座高大方正的门楼通向

62

那里。门楼的房顶由 2 列各 4 根没有凹槽的白色石灰石柱廊撑起。石柱放在平坦的黑色石灰石圆盘和白色的石础上。在围墙较短的一边，有几条走廊。入口和出口都有巨大的飞牛警卫。这些飞牛用黑色石灰石雕成，放置在巨大的黑色座基上。在乐园的出口有一对人头。出口两边有许多房门非常小的小房间。

两根突出的白色石灰石壁柱组成了北面的房间。正对着入口有两座高 2 英尺、伸出双手正在祈祷的石刻保护神。它们与其亚述原型一样，都有两对翅膀，由颈到踝披长袍，长袍边缘下垂，饰有玫瑰花和流苏。长袍肘部以上也有玫瑰花环饰。脚上则穿着新埃兰时期流行的靴子。他的胡须微微鬈曲，头发梳成小辫，一直垂到颈部，用环形物夹住。耳垂下有耳环。在宽广的、平坦的山羊角上，出现了西亚民族主导时期广泛采用的埃及的象征。在圣蛇和通常的日盘之间，还有 3 个日盘。鸵鸟的羽毛、以芦苇编成的球。雕像上的波斯文、埃兰文和阿卡德文可以读到："我是居鲁士王、阿契美尼德族人。"根据居鲁士仅仅采用这个简单的尊号，他在建成这条道路时，必定还是安善的藩王、还没有起兵反抗阿斯提亚格斯。

同样的铭文格式，也准确地确定了在西北方 200 码左右、一条小溪对面的接见大厅的年代属于同一个时期。接见大厅的泥砖墙厚达 10 英尺，建立在大块的、沉重的白色石灰石墙基上，由上而下压力巨大。当着石门和壁龛放入泥墙之后，黑色石灰石就代替了古代建筑物中的木材，并且产生了满意的效果。黑色石灰石也是铺路的石板，大而不规则的石头拼接在一起，筑成了道路。

接见大厅正面对着西南方，长约 187 英尺。中央走廊长 100 多英尺，剩余的通往两边角落上的房间，类似的走廊装饰着边墙。后面的走廊更长，因为这里没有角落上的房间。从正面向里走，在黑色的石头道路两边，有 2 列 4 根高达 20 英尺的光滑的白色柱廊，矗立在黑色的柱基上。有窗户的中央大厅，上半部超过了柱廊的高度。

正面与后面的门框（赫梯和亚述建筑常见这种雕琢的直立石料

63

遗物），两个侧面都雕刻有同样的场面：三个光头、身着紧身长袍的祭司，赶着一头公牛去献祭。同样的雕刻也出现在边门的门框上，但主角是亚述式的保护神，或者完全是人，或者是人身、鹰首、利爪。他们像亚述的原型一样，都有两对翅膀，身穿同样的短裙。

在正面大门之内，有一长列接见室，房顶由 2 列各 4 根柱廊支撑着。因此，形成了一条通往两边黑色石壁龛的过道。廊柱非常细长，其高度虽然有 40 英尺，但周长只有 3.5 英尺。柱础是黑色的石圆盘，这是柱基不可缺少的组成部分。在光滑的白色柱体上安放着柱顶，或者更准确地说是拱墩石（拱基）。拱基上有两只背对背的野兽雕像。这些野兽可以认出来的有马、公牛、狮子或者是亚述人首公牛羽冠的混合型有角狮子。这些细长石柱的高度，与矮胖壁柱的高度不成比例。壁柱在柱廊的尽头处形成了雕刻的壁端柱。这清楚表明，由于有高高的窗户，巨大的接见大厅很明亮。蒙在木墙上的金片，在阳光下闪闪发光。

在园林深处 400 码有一座宫殿，面积为 250×140 平方英尺。宫殿正面有 2 列 20 根高 20 英尺的木质廊柱组成的柱廊。两边闪亮的壁柱上刻有常见的居鲁士铭文。宫殿的后面廊柱较短。这是因为宫殿是接见大厅的背面，并且在两个角落上有房间接在背后。砌在生砖墙中的壁柱一侧有深雕刻，一直延伸到柱顶。由于其形状不规则，经过精确复原出来的有古典柱头的横梁、橡、屋顶挡泥设施和雉堞。

正中央有一个大门通往大厅，这是为了防止未经许可窥视内廷秘密所需。大厅面积为 73×80 平方英尺。屋顶由 6 列廊柱支撑，每列各 5 根。廊柱下面的支撑石料纹理黑白相间，上面是黑色的。再下面是高大的座盘饰，在同样光滑的白色柱体上刻着水平的槽线。廊柱上半部涂上了鲜艳的孔雀蓝、绿松石色、铜绿、茜草红、大红和黄色的涂料。与这样丰富的色彩相比，铺路石的颜色只是黑白相间而已。

在前后门有 4 次出现了同一幅雕刻：国王身穿长及腿部的、有褶纹的、飘逸的王家礼袍，脚穿国王的靴子，手持国王的权杖，看样子是准备离开宫殿前往园林中散步。国王的眉毛和睫毛、更不用说衣纹和玫瑰花，一度都曾经描金。在国王身后，走着一位身穿特殊服装的小奴仆。他无疑是举着阳伞在替国王遮荫。从亚述王萨尔贡（Sargon）时期起，这种伞就只能供国王使用。在这幅出行图上方，有一块三体铭文写明王的称号，并祈求保佑他的家庭、他的肖像和他的铭文。在王袍的褶缝中，他用埃兰文、阿卡德文写上了："伟大的王居鲁士、阿契美尼德族人。"[11]

尊号从区区的"国王"变为亚述式的"伟大的王"，这种变化表明在这座雕像竣工之时，居鲁士已经起义，并且开始了对外征服的生涯。北面较远的那座火祠，大概也是在这时建立的。尽管它今天已经完全倾颓，但可以用大流士墓前保留完好的复制品来描绘它。因为那是一个在各方面都非常准确的复制品。一般来说，火祠是以坚固的石灰石石料建成的。它是典型的、高耸的要塞的简单复制品，就如亚述浮雕展现的设防的米底山城一样。它被围在一块长方形宗教场地之中，它的生砖代表了居民点的城墙，内部建筑则以正方形石柱础做成民居。一座塔楼立在山顶上，好像一组三级宽大低矮的平台。外面有狭窄的、陡峭的台阶，通向正面一扇孤零零的小门。在最下层，半高之处露出的既不是门，也不是窗户，而是一些又长又狭的矩形洞口，它们最早是箭孔。第二层有门，木料用黑色石灰石石料代替。在一条简单的脚线之下，有一个很小的盲窗，过去曾经是瞭望孔。在假门后面可以看到驻军居住的藏兵洞，藏兵洞的门扇用铰链开启。3列盲窗每列2个，每列尺寸各不相同。都有双重的黑色石灰石窗框，表明上面有3层。屋顶靠墙角的柱子支撑，通常是壁柱。齿状的装饰线与天花板横梁突出的柱头相连。巨大的平板，略带金字塔形的角度，组成了等边三角形的屋顶。窗户和箭孔则成了纯粹的装饰品。要塞内燃烧的圣火必须保护好，使其不致突然熄灭。同时，圣火本身也提供了足够的照明。

在平原东北角一座山丘低矮的山嘴上，居鲁士俯瞰着一条岩石开凿的道路，沿着这条道路，他看见被打败的米底人像潮水一样退回埃克巴坦那。[12] 为了控制这条具有战略意义的道路,居鲁士为一座新的建筑建造了一个平台。在道路的上方,平台正面宽 775 英尺,高 40 英尺。平台向后延伸,消失在山丘之中,与地面合为一体。岩石建筑位于水平线上,高度各不相同,以免外观单调。在建筑物的角上,露头石与横砌石仔细地交错在一起。巨大的石料不是用灰浆,而是用铁制的燕尾钳固定在一起。在这之后,是一堵精心打磨的小石料砌成的墙,墙后是填土。在平台尚未建成之前,居鲁士就已经前去征讨马萨革泰人(Massagetae)。从此,他再也没有回来过,这个工程也就停工了。有些表面的石料脱落下来,只留下一道狭窄、清晰的边缘。上面的几层至今仍然保留着石匠的标记和粗糙的浮凸饰,就像它们刚刚离开采石场一样。

在宫殿的西南方,居鲁士已经预先准备好自己最后的栖身之地。像火祠一样,它建立在一个平台上,基座面积为 48×44 平方英尺。6 级高度不同的大台阶通向顶部,总高度为 17 英尺。真正的陵墓设置在第 7 层上。陵墓由巨大的白色石灰石石料建成,精心地用铁钳固定在一起。陵墓的式样是平顶房屋,线条分明的三角形屋顶显示出其起源于北方。在门楣和基座周围,唯一的装饰是聚伞花序线条。它大概也有常见的简短王室铭文。因为根据曾经与亚历山大(Alexander)一起瞻仰过陵墓的奥内西克里图斯(Onesicritus)所说,希腊和波斯铭文内容为:"我,众王之王居鲁士安息在此。"亚历山大的部将阿里斯托布卢斯(Alistobulus)扩充了这个简短而威严的墓志铭,使其更加符合希腊人的思想,其内容如下:"臣民啊!我是居鲁士,我为波斯人建立了这个帝国,并且成为波斯国王。不要因此而仇恨我和我的陵墓。"[13]

66

居鲁士逝世及葬礼

居鲁士逝世非常突然。塞种部落的一支、半游牧的马萨革泰人渡过阿拉斯河(Araxes),威胁到东北边疆。一场报复性战争势不可免,居鲁士决定亲自出征。他把王储冈比西斯留下来担任巴比伦王,自己就出征了。一座渡过帝国界河阿拉斯河的大桥已经建好,居鲁士侵入了敌国的领土。起初,他取得了某些胜利。后来,他被女王托米里斯(Tomyris)诱入腹地,在一场大战中被打败并且负伤。三天之后,曾经强大一时的征服者逝世,成了一位无足轻重的塞种女王的牺牲品。冈比西斯寻找回其父的遗体,以特有的葬礼将其安葬在波斯人的营地早已准备好的陵墓中。[14]

殡葬人员弯腰进入面积仅 31×54 英寸的仿木制门柱,推开可以转动的石门,就发现自己处于一片黑暗之中。因为只有在关闭第一道门之后,才能推开第二道门。他们拥挤在面积为 10.5×7.5 平方英尺、高 8 英尺、没有窗户的墓室中,在闪烁的火把照明下,完成了最后的葬礼。遗体被放入一个盆式的、雕刻精美的金棺之中,放置在棺床之上,床脚也是黄金制成的。桌子上陈列着各种供品:波斯的短剑、项链、镶宝石的金耳环,巴比伦的糖果、长袍,米底的裤子、蓝色、紫红和其他颜色的长袍,巴比伦的花毯和衣服。各种物品堆积如山,为的是使已死的国王能够以应有的、足够盛大的场面荣耀地进入其雅利安祖先居住的冥世。陵墓附近有一间小屋供看陵的麻葛居住。他们世代履行自己的职责,有定量的供应,每日一头绵羊,还有面粉和葡萄酒。每月以一匹马祭祀一次雅利安人的英灵。陵墓为乐园所环绕,园中的小溪灌溉着草地上的青草,还有在居鲁士陵墓上空自在地摇曳的各种树木。[15]

波斯艺术的因素

虽然受到严重的破坏,居鲁士的都城仍然显示出了一个非常成熟的民族的文化。[16]它的灵感可能是通过苏萨来自亚述的飞牛、神鹰,来自赫梯浮雕的黑色立体姿态,来自巴比伦或亚述宫廷的平台,来自埃及的宗教象征。波斯人并不是首先使用柱廊的民族。

尽管如此,所有的因素还是融进了一种新的艺术之中。这种艺术的起源必定可以在尚未发掘的遗址中找到。尽管它在许多方面与其直接继承者、保存完好的波斯波利斯完全不同,但这种艺术是十分成熟的。作为这种艺术的特征,我们应当记住它直接来自北方的木结构建筑,记住三角形屋顶,廊柱和平面图。唯一的变化是白色石灰石石料代替了原来的生砖墙,与仿木制门窗的黑色石灰石石料形成了满意的对比。保存至今的少量雕刻品证明,雕刻这些浮雕的艺术家早就意识到,这些雕刻必须服从建筑设计的需要。它们还表达了伊朗人对匀称的敏感性,每个场面都准确地重复了4次。这种艺术的特殊之处,就在于使用了按照建筑设计不需要的直立石浮雕,其雕像不在浮雕中,而在门框的表面。这些门框是护墙板的边框保留下来的。人物的形象不是立体的,而是平面的,没有突出到直立的表面之外。他们的衣纹不是凸雕。至少,希腊人在下个世纪尚未掌握这种手法。

这种艺术的各种因素,不论是出自本土,还是出自外国,都已经注入了伊朗人的灵感。我们必须称赞这种新艺术手法的精巧。一旦我们按照受过专门训练的想象力恢复它的建筑物,其严谨的美感就不能不使我们感到兴奋。帕萨迦达(Parsagarda)尽管受到了严重的破坏,但它在许多方面仍然超过了宏伟壮丽的波斯波利斯。

原注

1 参见 Olmstead,*History of Assyria*(1933),pp. 24,146,202,606 ff。

2 克沙特拉帕万(Khshathrapavan),见 C. F. Lehman-Haupt,"Satrap,"*PW*,II Reihe,III,[1921],82 ff。

3 Herod. iii. 128;书吏,见 Herod. vii. 100;viii,90;Esther. 3:12;8:9。

4 古波斯语司库(*gazabara*),见 E. Schurer,*Geschichte der judischen Volkes*,II [4ᵗʰ ed,1907],pp. 325 - 326;G.G. Cameron,*Persepolis treasury Tablets*,[1947]。

5 Xen. *Cyrop*. viii. 6.3.

6 Herod. iii. 34.77.

7 Aeschyl. *Pers*. 960;Herod. i. 114;Aristophan. *Achar*. 92;Xen. *Oeconom*. 4;*Cyrop*. viii. 6.16;viii. 2.10.

8 Herod. i. 125;iv. 167.

9 Curt. v. 6.10;x. 1.22;Anaximenes,Frag. 19(J)。有关争论,见

Olmstead, "Darius and His Behistun Iscription," *AJSL*, LV (1938), 394, n. 8。

10 Plut. *Artox*. 3.

11 E. Herzfeld, *Altpersische Inschriften* (1938), No. 2.

12 Strabo xv. 3. 8.

13 *Ibid*. 3. 7.

14 Herod. i. 201 ff. ; Ctes. *Pers*. xi. Epit. 37 – 39; Diod. ii. 42. 2; Berossus, Frag. 55 (s).

15 Aristobulus, Frag. 37 (J), 见 Arr. *Anab*. vi. 29. 4 ff; Strabo xv. 3. 7; Plut. *Alex*. 69. 2; Curt. x. 1. 30。至于陵墓常见的描绘见，F. Sarre, and E. Herzfeld, *Iranische Felsreliefs* (1910), pp. 166 ff。

16 Sarre-Herzfeld, *op. cit.*, pp. 174 ff. ; E. Herzfeld, *Archaologische Mittheilungen aus Iran*, I. (1929), 4 ff. ; *Iran in the Ancient East* (1941), pp. 211 – 212, 221 ff. , 256 ff.

第五章　被征服民族的生活

在米底人和波斯人的故乡，生活相对而言是简朴的。基亚克萨雷斯、阿斯提亚格斯和居鲁士可以建造宫殿，围绕着自己组成宫廷。因为修建宫殿和维护宫廷运转的税收都是由其本国人民中的自由民缴纳的。高原上的主要的产品是高山河谷之中放牧的大群绵羊、山羊或者是被视为神圣的牛群，这就是半游牧者的产品。在平原地区，少数人已经定居，依靠坎儿井从事原始农业。在这里，土地所有权属于各个家庭，或者属于个人使用的小块土地，它已经成了有绝对继承权的土地。

埃兰和巴比伦的记载

在征服埃兰和巴比伦时，居鲁士接触到一种更古老、更复杂的文明。这些国家以他们长期使用的文字文献，证明了他们悠久的历史。在大约 25 个世纪之前，巴比伦就已经掌握了簿记账目，并且发展出种类繁多的形式。所有稍微重要一点的商业交易，都按簿记的形式记录在泥板文书上。稍后几个世纪，埃兰人改进了楔形符号，用以表达自己的语言，并学会了邻居巴比伦人的行政和商业习惯用语。尽管波斯人也创造了楔形符号用来书写王室铭文，但这些字母从来就没有用于其他方面。例如，有关阿契美尼德王时期被征服民族的生活，我们就只能在以埃兰文（Elamite）、阿卡德文（Akkadian）和阿拉米文（Aramaic）写成的泥板文书之中去寻找我们所需要的资料。

幸运的是,这样的泥板文书已经大批大批地发现。当我们复制了所有被收集到的文献(总数约 50 万份),释读,分析了大多数已经发表的资料之后,我们就将拥有一部可以追溯到大约 3000 年之前的、古代近东一个重要时期的、完整的社会经济历史。这是一部超过人类有文字记载历史一半时间的历史著作。[1]

苏萨的档案库

居鲁士征服埃兰之后,继续把古老的苏萨作为都城。它位于巴比伦冲积平原边缘,已经长期广泛使用泥板文书。虽然大量泥板文书出自居鲁士的下一代,但我们仍然幸运地拥有三百多份几乎确定无疑是居鲁士在位时期的文献。一些文献涉及居鲁士本人。另外一些提到一个吕底亚人,而且必定是写于公元前 547 年萨迪斯被占领之后。第三部分谈到埃及国王,显然属于公元前 525 年之前。

这些文书全部出自波斯的臣民、埃兰税务官员库达卡卡(Kuddakaka)和胡班哈尔塔什(Huban-haltash)的档案库。它使我们可以更好地观察当时的苏萨。正如人们预料的那样,后期埃兰语广泛使用巴比伦语纯粹的表意符号,还有许多巴比伦语和波斯语的外来词汇。文书的印章证明它们是充分可靠的。印章铭文偶尔有献给巴比伦神祇马尔都克或那波的题词。一颗印章为我们提供了最早的、常见的波斯图案样本。国王头戴雉堞形战盔,用短剑刺死凶恶的怪兽。在文书提到的私人名字之中,自然是埃兰人占绝大多数。当然,也有不少巴比伦人和波斯人的名字,这是因为苏萨位于两地之间。

商业文书按照巴比伦的格式写成。我们可以举一个典型例子如下:"3 月,里希基丁(Rishi-kidin)收讫属于乌马努努(Ummanunu)的 10 谢克尔银子,胡特拉拉(Hutrara)之子胡班努加什(Huban-nugash)制成文书。"这是一位私人银行家发放个人贷款的标准文书。他是当时巴比伦刚刚出现的新贵族阶级的成员。借贷不提利息，这是巴比伦文书相同之处。在同一位乌马努努的另一份贷款文书之中，也有非常类似的情况。胡班纳皮（Huban-api）收讫 6 谢克尔黄金，如果贷款下月不能偿还，利息将要提高。这份文书证明，埃兰的银行家已经熟知他们的巴比伦同行玩弄的同样伎俩。在文书中，6 谢克尔黄金按非常优惠的利率 1 磅白银出借，也就是利率为 10%，但这只是表面文章（这是为了应付检查，除非当面向法官说明），因为贷款已经打了 1 谢克尔黄金的折扣，比较常见的利率是 1/12。其他文书涉及出售绵羊或将绵羊转让给牧人。

不过，大量的档案文书仅仅是罗列了税务官员征收的实物。尽管它们可能显得单调乏味，但它们同样大大丰富了我们的想象力。在各项实物中，数量最大的无疑是使人眼花缭乱的、五光十色的、充满地方色彩的纺织品。米底紧身短上衣是宫廷制造的王家垄断产品，但这些东西却是由叙利亚北部的"赫梯人"上交的。我们还知道出售 120 件成衣，以及使用了 2 谢克尔贵重紫红染料的消息。

其他文书提供了武器装备的清单。其中有弓箭，少数是亚述式的。做弓用的弦、箭头、做箭杆用的芦苇、长矛、盾和护身的皮甲。这些装备有些是苏萨的大神胡特兰（Hutran）和印舒希纳克（Inshushinak）提供的。在其他资料中，众神本身也得到了供奉。例如，某神庙的寺塔收到了 120 件紫红色的衣服、1 件重 7.5 磅的铁器、5 磅香料。总之，我们掌握了这个短暂时期苏萨日常生活极其丰富的信息。[2]

巴比伦的行政机构

有关巴比伦社会经济史，我们拥有完整文献资料的时间并没有 3000 年，而只是公元前 625 年以后的 225 年时间。多达上万份的行政和商业文书，几乎平分为迦勒底和阿契美尼德早期两个时期。它们都已经出版和作了分析。我们还要加上 600 封寄给或者发自高级官吏的信件，它们正是在政治控制权由闪族人转移到波斯人手上的时候寄出的。就现有资料对行政管理、社会经济变化的记载而言，我们觉得这个古老的时代发生了真正的、不可比拟的变化。

在我们已经研究过的文书中，有借贷种子、粮食和白银的。一般的商业契约、出卖地产、不管是房屋还是田地的契约、租赁地产的契约或租金的收据、成批出售奴隶的契约、大地产之中农奴的花名册、农奴的交易，其他在编的官吏和自由农的花名册、学徒契约、各级官吏的报告、审判记录和法官的判决书。在价格史上，它们可以说是书写了新的一章，并且可以用精心设计的图表来说明它。不管是贵族还是平民、巴比伦人丰富多彩的生活，都让我们一览无余。[3]

居鲁士在与巴比伦臣民的交往中，是"巴比伦王、各国之王"。他以这种做法，使古代的君统得以保持不断，并且迎合了巴比伦人的虚荣心，赢得了他们的忠诚，掩盖了他们受奴役的真相。通过送还被掠夺来的众神，他赢得了他们感恩图报之心。不过，这只是在居鲁士远征之后，戈布里亚斯总督代表王权的时候。通常，他在许多文书中只是作为国王的代理人被提到，契约双方以他的名字发誓，违反誓言就是亵渎契约的罪行。在许多信件中，他有时作为调解人出现在地方管理机构中。对地方法院判决的上诉，可能也是直接由行省法院来处理。一般来说，对地方事务的直接控制权，仍然由"御史"掌握。他们即将来临的检查，可以使许多官员惶惶不可终日。神庙财务也由王室官吏监督。所不同的是，居鲁士为了安抚巴比伦人，不但采用了他们熟悉的行政管理机构，在初期甚至还让先前的官吏各安其职。

无论如何，有些信件表明在新政权的统治之下，存在着一定的紧张关系。由于在那波尼德统治末期已经出现严重的混乱局面，贪污受贿公行，这也是必然的事情。那波穆金泽（Nabu-mukin-zer）对纳丁努（Nadinu）的抱怨，就是一封具有代表性的信件："这就是你兄弟般的仁慈吗？你说过'不论你吩咐过的大事小事，我都将执行'。尽管你知道我需要 4 头绵羊'送礼'，以便向拉西布图人

（Rasibtu）征税，但你却没有预先准备好礼物。这难道是工头行事的方式？现在，立刻把礼物送去，绝不要拖延一个晚上！"另一封具有代表性的信件是贝勒泽伊布尼（Bel-zer-ibni）对同一位那波穆金泽的抱怨："御史每月都来查岗，但没有一人恪尽职守。神庙官员已经去处理此事了。由于御史尚未向国王报告此事，你把那个擅离职守的、负责养牛的人铐起来送往这里。"[4]

新政权如何工作的实际情况，可以用偷盗头目吉米卢（Gimillu）的案件来说明。他趁着行政机构崩溃之机，偷走了乌鲁克女神的许多牲畜。尽管女神的星形标志已经指明它们是伊什塔尔的财产，他未经埃安纳（Eanna）神庙代理人（qipu）和书吏的许可，就从神庙牧场赶走了羊群。他指使自己的牧人偷走了伊什塔尔神庙牧人5头有标记的母牛。另外一位神庙管事卖给他3头绵羊，每头1谢克尔。其兄弟用同样的方式，竟然在拉尔萨城门口偷走了有标记的山羊。神庙主管和书吏命令吉米卢逮捕一位神庙牧人，因为他已经有10年不向神庙交纳绵羊了。在勒索了10库尔大麦、2谢克尔白银和1头羊的"保护费"之后，吉米卢放走了牧人，却把牧人的儿子用铁镣铐起来。

具有威胁性的改革，也触动了官吏们的神经。阿迪古拉（Ardi-Gula）劝告沙马什乌巴利特（Shamash-ubalit）不要放过吉米卢的罪行，以及他在完成指定的任务，交纳本人应交的新年礼物和果品税时的失职行为。牧人打算清点账目，借款数额巨大。因此，把欠款总数记入借方，也只能使吉米卢的账目平衡。沙马什泽伊齐沙（Shamash-zer-iqisha）警告吉米卢，监督行政官员的御史已经来了，并且敦促被告不声不响地跟他走。

公元前538年9月，吉米卢被交付乌鲁克公民大会、议会和官员审讯。出席者都是该城的名人。不下4名神庙书吏被要求留下证言。人们一个接一个争相指认赃物。当尼丁图姆（Nidintum）承认吉米卢曾经收受过他因盗窃绵羊而送来的3谢克尔白银时，他们当着大会公布了文书。文书写着："送给吉米卢的银子已经付讫。"第二名证人证明他的绵羊和山羊被吉米卢的兄弟偷走。第三名证人发誓说:"纳丁纳(Nadina)当着我的面把那头山羊牵走了。"吉米卢自己承认:"是我指使我兄弟纳丁纳干的。"有一件赃物吉米卢没有否认:"我牵走了1头羊羔。"但是,他要求减轻处罚,原因是他"已经为宗教节日额外贡献了2头绵羊!"在另一个场合,他在承认盗窃时,又申明自己曾经放弃过偷盗2谢克尔白银和1头小山羊的机会。不过,判决书仍然要求他从重赔偿损失。每偷盗1头家畜,赔偿6头家畜。罚金总数是92头母牛、302头绵羊、1磅10谢克尔白银。

73　　　对于这个判决,吉米卢毫不气馁,向巴比伦行省法庭提出了上诉。同时,他继续偷盗,以筹措上诉的资金。埃安纳祭司和乌鲁克高级官员接到命令带证人出庭。证人在严刑拷打之下被迫就这些新的赃物作证。吉米卢的上诉被驳回。直到公元前534年4月,他写信给乌鲁克的"祭司"时,他也没有被允许离开巴比伦。"我的主人,你已经看见我现在行走是多么的艰难不便。"然而,贝勒马尔都克神和埃萨吉拉神庙的屠夫那波塔里斯(Nabutaris)募集了5磅白银送给3名有权势的人物。吉米卢坚称除了为埃安纳神庙税收征集的1100库尔大麦之外,没有一笔大麦税应当记在他的账上。十多年来,他要求给予大麦种子,但官员们答复什么也不能给他,因为种子在乌尔。他反问道:"埃安纳和埃萨吉拉神庙怎么能这样?有这样的道理吗?你还是两座神庙的主管吗?我主在上,这难道符合正义吗?请我主决定吧。请主神恢复你的奴仆自由,送他回家吧。主和那波知道我从前为我主供奉了500库尔大麦。看吧,我已经把供奉我主的物品送交了那波塔里斯。"

不管这事应当归罪于吉米卢对上级无耻的谄媚,把上司比作马尔都克神本身,还是那5磅白银起了更大的作用。总之,被判有罪的盗窃犯在12月回家了。而且,5年的公牛税金余额被免除,归他所有!考虑到他已经难以插手他受托之物,我们奇怪地发现那波穆金拔(Nabu-mukin-apal)下令把黄金权杖放置在吉米卢的船上。尽管吉米卢之子作为人质已经被拘押在仓库里,直到吉米卢回来之前不得离开一步。

后来，吉米卢与行省总督的主要管事阿达德舒姆撒（Adad-shum-usur）把神庙农奴送往乌鲁克的女神，将其交给那波穆金纳拔和那波阿赫伊丁纳（Nabu-ah-iddina）负责。他们要吉米卢传达总督的命令。因为他们知道，正是他们今后要执行这些命令。吉米卢回复说："戈布里亚斯没有给这些人下达命令。至于我带给你们的人，可以让他们干埃安纳指定的工作，直到你们收到戈布里亚斯有关他们的命令为止。至于那些已经被我解除镣铐的农奴，根据乌鲁克伊什塔尔女神的文书，我负责保证他们不会逃跑。"[5]

巴比伦的社会生活

在此前几个世纪，巴比伦居民已经出现了明显的分化，尽管要说它离出现等级还为时过早。为首的是国王和宫廷人员。宫廷人员社会地位之高，是因为他们是"国王的朋友"。行省总督及其衙门的人员是外派官吏，他们由于对外征服的缘故，对巴比伦当地社会具有重要的影响。如果巴比伦贵族能够进入上述波斯官僚的等级，他们在巴比伦社会上层可以获得与其地位相应的身份。

这个因血缘或财富而形成的特权阶级，控制了国家最重要的官职。他们的名字经常出现在各种文书中，通过家谱学，人们总可以发现他们的踪迹。因为普通人只指明父亲的血统，贵族还指明了祖辈的血统。这些留下了后代的祖先，可能是明确的个人，也可能是某种职业的称呼。如纺织工、漂洗工、建筑工、渔夫、金属工、牧人或医生。在乌鲁克，一个这样的家族延续了 7 个世纪之久，从新亚述、迦勒底、阿契美尼德和塞琉西时期直到帕提亚时期。这些楔形文字资料使我们激动得说不出话来。对上述家谱的进一步研究，将使我们掌握这些大家族有价值的信息。

另一个家族是巴比伦最重要的银号——埃吉比（Egibi）家族。我们后来发现在银号首脑伊提马尔都克巴拉图（Itti-Marduk-balatu）去世之后，这个银号突然就破产了。也有少数家族可以称为书香门第。例如，著名的天文学家那波里尼曼（Nabu-rimanni）家族就是如此。希腊人称其为那波里亚努斯（Naburianus）。他是大流士统治时期的见证人和"月神庙祭司的后裔"。还有一些家族可能是官吏，例如，有个集团称为"盐人的后裔"，盐人可能是征收盐税的官吏。真正的大家族并没有专业化。在各行各业和行政管理部门，都有他们的成员在积极活动。

所有的贵族都是巴比伦各个自由城市之中的全权公民（marbanu），他们小心翼翼地保护亚述时期的特许状赋予自己的权利。[6] 在数量上，他们只占人口的区区少数。他们拥有具有完全所有权的都市财产，可以根据通常的契约进行买卖。在理论上，家族可以对他们占有的土地提出新的要求。但在实践上，这种权利要求受到严厉惩罚的阻挠。在城外的耕地，按照"弓地"的条件占有。最初的义务是为军队充当弓箭兵，但现在可以出钱代替这种义务。

这些公民可以出席正式的公民大会（puhru），作出重要的司法判决。主持公民大会的是"议会的首脑"，协助他的有"第二首脑"和"国王派来的首脑"，他们充当检察官。日常的行政事务通常由议会（kinishtu 或 kiniltu）管理。在大约 25 名在当地神庙担任高官的重要人物（rabe bania）之中，有一个人的名字常常被议会采用。某个人可能是神庙的"屠夫"，另一个人可能是"面包师"等等。这时，职务毫无疑问已经变成了纯粹的尊称。在议会首脑之后，按照级别是其"代理人"（qipu）。国王的控制权由"国王派来的首脑"和"主管国王篮子的官员"、即神庙主要的财政管理人来实行。[7] 神庙有"管事"（shatammu），他也有自己的"副手"。后者虽然在名义上是"管事"的下属，但文书证明他才是掌握支配权力的人物。"祭司"（shangu）大概也成了行政官吏。"控制收支的官吏"也很重要。田地的收入归神庙或国王所有。御史经常视察检查，使宫廷知道发生了什么事情。

赋税最原始的形式——强迫劳动，仍然十分流行。特别是维修水渠，这个地方没有水渠就无法生存。那些被强迫劳动的人，还有那些已经死亡或逃亡的人，以及作为食物发放的大麦和海枣，都被细心地登记下来。但是，近来的做法是允许那些富裕的人以现金替代服劳役。许多繁重的工作，都是由神庙自己的农奴和依附民完成的。

大部分税收都是以实物缴纳的。这些税收有相当大的比例出自神庙。这反映在一位重要财政官员的正式称号"埃安纳神庙主管国王篮子的官员"之上。神庙收受"祭品"（niqu），祭品在理论上至少是"自愿贡献"的家畜（ginu）和农产品（satukku）。但是，在实际操作之中，祭品显然已经变成了强迫的捐税。它可以用于，也可以不用于献祭。每年的"什一税"（eshru），现在缴给了国家。农产品"总的"税收占整个税收的 20％—30％ 不等。缴给水利督察员（gugallu）和收税员（makkesu）的另一种税收，最初是根据海枣产量来征收的。国家的直接税由土地占有者以白银缴纳。运河运输缴纳"通行税"（miksu）。入市税在城门口缴纳。

"公民"，不论是银行家、商人、祭司、神庙或政府的官员，组成了中产阶级的上层。中产阶级的下层则是面包师、酿酒师、屠夫、木工、洗衣工、铜匠和手工业者。但是，我们对此知之甚少。上述被提到的人员一般是神庙人员。而且，我们也已经看到，这些官职通常是纯粹的尊称。同时，有些中产阶级下层成员由于从事专业性较强的工作，可以获得非常优厚的报酬。但是，在绝大多数情况下，要把他们和非熟练工的工资区分开来是不可能的。

在这个时期，奴隶数量过度的增长，造成了中产阶级下层的苦难。奴隶取代了妇女在生产中的地位，造成了家庭收入的减少。越来越多的奴隶开始学习经商，这是以前只有自由人才能够从事的职业。奴隶身份的面包师、酿酒师也出现了。被允许独立从事商业活动的奴隶，极力排挤小商人。

尽管程度不同，奴隶的竞争对自由民劳动造成的威胁在增长。虽然强迫劳动可以使用在发掘和维修运河上，奇怪的是这个时期大多数运河劳动者看来是自由民。大量文书记载了以白银或实物形式发给他们的报酬。在农忙季节，特别需要雇工。我们常常也能听到对给养不足的控诉。这种情况毫不奇怪，因为季节工报酬高得出人意料的情况是很少见的。

在理论上,农奴(shirku)的地位低于自由劳动者。但是,他们在实际上是非常走运的。尽管他们没有工资,这使他们很容易和雇工区别开来。雇工的工资为每月 1 谢克尔白银,这是簿记账目规定的标准。就像我国南部现在收益分成制佃农,巴比伦自由劳动者获得的月工资是赊购制,它总是透支的。按照分成制的原则或预先约定交给主人的农产品数量,农奴可以"租种"土地。他常常可以爬到对神庙大农庄具有重要影响的地位,他也可以以自己的名义履行契约,以至于我们无法认清其被奴役的地位。农奴是从自由民子女中招募的。因为他们的父母决定将他们奉献给为神服务的轻松生活。富裕的男子也可以将自己的奴隶在自己身后奉献为类似的农奴。

奴隶是社会等级制度的底层。自由民可以因为欠债或犯罪受到处罚而贬为奴隶。在遇到严重困难时,父母也可以出卖自己的子女。外国人的名字泄露出他们是战俘或来自外国的奴隶。但是,绝大多数奴隶是家生奴隶。因为即使是出于繁殖的目的,奴隶的婚姻也是有利可图的。在一般情况下,人们对奴隶是友善的,除非奴隶从主人家里逃走,或者奴隶声称自己是自由民出身。奴隶经常被委托执行重要的任务。在少数情况下,他还有可能被恢复自由。正如我们已经看到的那样,奴隶与自由民的竞争日益激烈。根据文献资料,奴隶买卖形成了一个非常大的集团,这证明奴隶的人数在大量增加。同时,农奴和大神庙地产打交道最多,奴隶更常见的是由上层阶级所拥有。

巴比伦的经济生活

波斯的征服,并没有对巴比伦的商业造成严重的干扰。在那波尼德死后最多不过 12 天,商业文书已经采用了居鲁士登基之年作为纪年。日常事务和行政管理机构也是同样的情况。利息仍然是每年 20% 的利率。迦勒底时期出现的物价上涨趋势,正在快速发展。文书仍然按照同样的格式,处理的仍然是同样的借贷、奴隶买卖或土地买卖、婚姻和学徒契约问题。

1. 货币系统：在迦勒底时期，巴比伦通行的是银本位制。我们已经提到金器和为神庙制造金器的金匠，但没有提到金币。在古代亚述作为白银替代物的、价值不高的铅，早已停止作为交换媒介使用。有一段时间，铜曾经取代铅的位置。但是，它也很快就退出了历史舞台。在迦勒底时期提到过黄金，它与白银的比价大约在 10：1 到 14：1 之间。

银币曾经是通用货币。许多文书提到了货币术语。尽管在大多数情况下，这些术语看来似乎只是簿记账目的术语，而实际的钱币很少转手。钱币术语主要依据的是重量。60 谢克尔（shiqlu）等于 1 磅（mana），60 磅等于 1 塔兰特（biltu）。由于 1 塔兰特约等于 66 英磅，因此巴比伦磅约重于美磅。在实际使用中，谢克尔是标准的价值单位，尽管半谢克尔钱币非常流行。重量仅 1 格令白银的货币谢（she）从 15 世纪之前某个时候起，也常常使用。1 谢克尔银币价值大约相当于 1 美元的 1/4。但是，我们不要忘记贵金属在古代的购买力高于今天。研究价值真正的重要性就在于，它使我们可以明确物价的趋势。当我们记住了一个临时工每月的报酬是 1 谢克尔时，我们就可以估计出他能购买各种什么样的日用品，知道他们的开销是多少。

2. 产品：当时某些农产品是按照重量出售，国家赖以为生的谷物按照容积出售。36 卡（qa）等于 1 皮（pi），大约相当于 1 品脱半。5 皮等于 1 古尔（gur），大约相当于 4.25 美制蒲式耳。由于在日常使用中，卡太小而古尔又太大，它们就被排挤出了容量单位（mashihu）。因而，最通常使用的容量单位是 36 卡的皮，但也有 37 卡或 45 卡的皮。因此，普通的容量单位略小于美制蒲式耳。神庙或私人使用各自的容量单位，这就不可避免地造成了混乱。尼布甲尼撒在位初期，曾经颁布了 1 皮的"国王的容器"。阿契美尼德时期，国王的容器逐渐取代了私制容器。等到行政机构崩溃的时候，私制容器又重新恢复使用。

巴比伦大片肥沃的土地，使它变成了人烟繁盛的地区。巴比伦的主要农作物是大麦,大多种植在属于神庙的大地产上。我们对乌鲁克伊什塔尔女神庙埃安纳的情况非常熟悉。当我们听说从一块农田中,埃安纳神庙一次就收获了约5万蒲式耳粮食时,我们不禁会联想到美国中西部辽阔的小麦田。

在收获季节,神庙需要雇佣大量的流动工人。他们的报酬仅有口粮,开销比神庙农奴还少。与正常工资相比,大麦价格较高。其价格是根据巴比伦的报价确定的。当然,大麦的价格在收获季节是最低的,而在此后的月份价格见涨。同时,根据大麦的新、陈,价格也有所不同。小麦很少种植,仅供富人制作食品。

幸运的是许多世纪以来,海枣价格都比大麦便宜。通常,农民哪怕无法用大麦面包填饱肚子,还可以买一把海枣来补充浓缩的能量。众多的河流、水渠形成了一道连绵不断的椰枣林风景线,并且为这个非常贫瘠和单调的地区增添了一抹绿色。一个种植园,可以获得4万蒲式耳收成。

阿契美尼德初期,1谢克尔白银最少可以购买1古尔。因此,一个月的平均工资可以获得5—6蒲式耳。如果把购买力在海枣和较贵的大麦之间进行分配,一名男子每月可以为自己和家庭提供的食物比例大概是2蒲式耳谷物、3蒲式耳海枣。不久之后,价格开始上涨。到了下一个世纪,物价已经数倍于农民每月补偿性增加的工资。

在这个时期,即使是最贫穷的人,偶尔也会购买一些大蒜做调味品。大蒜在当地食杂店是成串出卖的。大约是居鲁士在位初期,有一次以批发价格购进了39.5万串大蒜。在特别炎热的地区,芝麻油代替动物油当橄榄油使用。而且,农民也无力使用什么昂贵的代用品。因为1蒲式耳芝麻就要花他二三个月的工资,而1蒲式耳芝麻油肯定不止值1谢克尔白银。按照工资而言,物价确实太高。我们认为,只有比较有钱的人才能使用油料做食品,只有富人才能使用油料做油膏或药剂为人治病,但很少为动物治病。大概只有神庙才能使用贵重的油料来照明。

次于食物的是饮料。葡萄酒是富人的专用产品。最好的酒是进口的,这有尼布甲尼撒颁布的、著名的"葡萄酒单"为证。只有少数人可以享用亚述西北部和叙利亚北部"河西省"进口的葡萄酒。巴比伦本地也出产葡萄,品质较差的巴比伦葡萄酒也经常提到。

一般老百姓有各种各样的"烈性饮料"就心满意足了。最受欢迎的是椰子酒。啤酒也很受重视,但比椰子酒差一点。根据"烈性饮料"的颜色(透明的或白色的)、年头(新酒或陈酒),酒价自然也不一样。一大罐纯葡萄酒价格不下于 1 谢克尔。一位外国访问者报道说,有一种酒是用海枣树最嫩的枝叶做成的。他觉得味道很好,但容易使人头痛。[8]要买纯净的葡萄酒,每罐价格高达 8 谢克尔白银。

在巴比伦平原漫长而炎热的夏季,一位来自寒冷北方的外地人,不得不躲到地洞里去避暑,只有在凉爽的晚上他才敢爬出洞来。但是,久经锻炼的本地人都只穿一点点衣服或不穿衣服,整天迎着炎炎烈日在劳动。在短暂的冬天,偶尔也有霜冻出现,降雨和潮湿造成了刺骨的严寒,除非太阳出来,本地人可能会冷得发抖。木柴几乎不存在,他可以期待的最多不过是女人们四处寻找到的,能够用头顶回来的一捆有刺的小灌木。这样的小灌木只能燃烧一小会儿,然后就变成一堆火星熄灭了。因此,厚厚的衣服是必不可少的。

在有文字史之前,在半开化的牧羊人看护之下,成群的绵羊、山羊就已经游荡在高原沙漠之上。农民用剪下来的绵羊毛、山羊毛做成衣服抵御寒冬。居鲁士在位时期,神庙占有的羊群比过去多得多。神庙仔细地保存了羊群出生、因野兽和盗贼造成的损失和看守者上交牲口数量的统计。有份文书在罗列神庙收入时,提到 5 吨绵羊毛和几百磅山羊毛。另外一座神庙一次就收到将近 7000 头绵羊。神庙垄断了日益增长的价格。即使按照批发价,1 谢克尔白银也只能买到 2 磅羊毛。富人可以花 15 谢克尔白银购买 1 磅用昂贵的深紫色染料染成的羊毛,这比一个农民一整年的收入还多。在这种情况下,农民一年要是能够买一件长袍,那真是要谢天谢地了。

80

亚麻的种植,埃及人在上古时期就已经开始了,在这里却是刚刚开始。它仅限于在园圃中种植,没有推广到大田。巴比伦并没有为新兴的产业制定保护性关税。亚麻税是25％,100棵亚麻价值1谢克尔白银,由此我们可以推测出1件亚麻织成的长袍价格是多少。显然,新巴比伦巨大的亚麻产业是有前途的。9

81   在早几个世纪,下层阶级的健康依靠大量乳制品饮料和食用各种各样的干酪来维持。但是,现在的文书之中很少提到乳制品,可以推测居民的健康已经变糟。大量的绵羊、山羊为神庙占有,可以解释出现这种变化的原因。因为一头山羊就可以为孩子们提供足够丰富的乳汁,一头绵羊也可以为一位旅游者提供足够日常饮用的酸乳(lebben 或 yaurt)。居鲁士时期,这类家畜每头平均价值2谢克尔白银。但是,在整个阿契美尼德时期,价格在逐渐上涨。下层阶级很少能吃到绵羊和绵羊羔、山羊和山羊羔。

几乎所有的役畜都属于神庙的大地产,并且已经出租给拥有必要数量农奴和铁犁的土地承包者耕种土地。通常,这是由一个农奴、一付犁和一头公牛组成。个体劳动者必须购买自用的公牛。在迦勒底时期,每头公牛的价格还不及15个世纪之前汉穆拉比确定的"最高价格"。这个最高价格规定1头"健壮的"役畜价格在10—20谢克尔之间。按照通常类似的情况,阿契美尼德时期价格上涨了。然而,更让独立的农户感到烦恼的是,神庙也参加了竞争。献祭的好家畜已经比正常的价格上涨了三四倍。我们听说买1匹马差不多要4磅白银,几乎相当于一个普通工人20年的工资收入。即使是1头公驴或母驴,也要5—10谢克尔白银。高出后者价格的12倍。像绵羊、山羊和驴子,一般都在耳朵上打上了标记。乌鲁克伊什塔尔女神的星号标记常常被提到,以证明她对牲畜和奴隶的所有权。

3. 建筑和房地产:神庙和宫廷可能是用焙干的砖建筑的。燃料非常短缺而昂贵。1谢克尔白银只能购买不到50或100块焙干的砖,我们对此用不着惊奇。在巴比伦的尼布甲尼撒宫廷之中,焙干的砖是用沥青来砌的。它是用船从伊德(Id)通过幼发拉底河运来的,价格便宜,每600磅价值仅1谢克尔。做板材的柏树或雪松是从叙利亚进口的,价格因此很高。1根柏木梁需要1谢克尔。更贵重的雪松,10磅木材就需要1谢克尔。神庙的一扇木质大门,据估计价值25磅白银。普通住房一般是由主人或委托人用砖模做的生砖建成的。在一座工棚里,一次就完成了买卖25000块砖的签约、点数和发货工作。 82

　　尽管所有的金属都必须进口,但金属制品的价格却低得出奇。从公元前550年做买卖的一名进口商伊丁纳胡(Iddin-ahu)那里,我们得到了明确的统计资料。大量的铜从塞浦路斯进口,按照1谢克尔对3.66磅铜的比价出售。塞浦路斯或黎巴嫩进口的铁器还更便宜,1谢克尔可以购买11磅铁器。上述价格大大低于古代,这使我们可以确信在开采、冶炼和运输方面有了进步,这是价格明显下降的重要原因。伊丁纳胡提到其他的进口商品有葡萄酒、蜂蜜、木材、铅、染料、染色的羊毛、青金石以及埃及的明矾。

　　具有重要意义的变化是地产的买卖和出租。要评估这种变化,我们首先就必须把巴比伦的土地测量单位简化为一个公因数。在这个体系中,24指(ubanu)等于1肘(ammatu),约等于18英寸。7肘等于1竿(ganu),约等于11.5英尺。2竿等于1加(qar)。面积的计算,小块的土地可以使用平方肘或平方竿为单位,大块的土地则用需要播种的种子重量来计算。1古尔土地等于需要播种4.25蒲式耳种子的土地面积。1皮等于需要播种1个容量或1蒲式耳种子的土地。1卡等于10加,或675平方英尺。

　　1谢克尔可以买到11—24卡未开垦的土地。在迦勒底初期,1谢克尔可以买到2—4卡耕地。那波尼德时期,1谢克尔只能买2卡。大流士时期,价格上涨到2—3谢克尔才能购买1卡土地。果园和园圃还更贵。迦勒底时期每卡价值1.5谢克尔,居鲁士时期2谢克尔,大流士时期2—3谢克尔。特别肥沃的土地价格更高。

　　迦勒底时期,房屋和宅地每竿均价为15谢克尔。大流士时期均价为40谢克尔,几乎涨了3倍。城市的上涨幅度更加值得注意。买卖契约急剧减少,出租契约取而代之。迦勒底时期1幢房屋租金可达10谢

克尔,居鲁士时期为 15 谢克尔,大流士时期是 20 谢克尔或更高。阿尔
塔薛西斯一世时期达 40 谢克尔。通常,租金必须预付,分两次付清,分
别在开始的第一个月和第七个月。承租人必须承诺修理房顶、门
窗和修补墙上的裂缝。而且如果他想要安一扇门,他就有义务预
先准备好木门。

4. 银行业:毫无疑问,私人银行家的出现和随之而来的借贷的
广泛流行,是最重要的经济现象。借贷规模前所未有的扩大。借
贷业务控制在一个最大的经济团体——神庙手中,借贷基本上是面
向神庙依附农民。无论如何,亚述的地主一般是预先向他们的农
民发放谷物。这种借贷是没有利息的,它一般约定如果在收获季
节不能归还借贷,增值就将自然形成,一般是 25%。但是,它只是
一种惩罚性措施,而不是真正的利息。这就启发了利息的产生。
利息不仅防止了农民落入借贷大鳄的魔掌之中,也使农民长期陷
入了地主的债务之中。

阿契美尼德时期也有类似的情况,神庙或神庙官员贷给神庙农
民大麦、海枣或其他更贵重的物品。到收获季节,在某个神庙商店
的大门口,用某位神祇的容器归还借贷。在许多情况下,借贷会特
别声明是没有利息的。但在更多的情况下,没有利息往往被视为
天经地义的事情。即使如此,借贷也不是无利可图的。因为地主
不但可以把陈大麦和海枣换成等量的新大麦和海枣。同时,他还
可以得到一些额外的收入,诸如大麦的麦秸,这可是养牛的好饲
料。或者是海枣树的副产品,如干燥的枝条、叶子、嫩枝、未成熟的
海枣落果。在这个什么东西都不能浪费的地方,这些东西都是非
常值钱的。巴比伦地主从亚述人那里学会了在收获季节不能偿还
借贷时,如何索取惩罚性利息的经验。而且,不少的这类借贷都有
利息。利息的标准一般是 20%。由于不足一年的利息也是 20%,
这种利息实际上更高。

私人银行作为一种商业企业,最早出现在坎达拉努时期
(Kandalanu,公元前 648 -公元前 626)。[10]在最初阶段,我们发现巴
比伦有两个重要的银行业家族的成员,即埃吉比家族和略次一等

的伊兰努家族(Iranu)的成员。在他们被发现之后不久，人们推测 84
埃吉比家族是犹太人，其创业者名叫雅各。我们认为，有许多充足
的理由使我们相信这个推测的真实性。

凡是在借贷被认为是正常的交易、借贷者信誉良好的地方，文
书都是一种格式，利息一概是20％。"每月1明那白银将上涨1谢
克尔。"迦勒底时期低利率的趋势很快就终止了。阿契美尼德前半
期，利率是有标准的。

凡是在借贷者信誉不佳的地方，就有严厉的措施来对付到期不
偿还债务的情况。但是，这种靠不住的借贷大多数无法索要利息。
作为替代，债权人可以拿走抵押品，如1幢房屋、1块土地或1名奴
隶。文书的套话为："在钱付清之后，抵押品将会归还。抵押品没
有租金，钱也没有利息。"

从表面上看来，免除利息似乎对债务人有利。后来，我们也接
受了犹太人对利息的谴责。确实，抵押品的替代物对债权人总是
有利的。如果债务人能够以某种方式募集到金钱，赎回抵押品，债
权人仍然享受到了奴隶的服务、房屋的实用价值和土地上的产物。
所有这些，都比固定的利息更值得重视。同时，他也使已经借出的
债务获得了更安全的保证。毫无疑问，如果债务人拖欠还债，债权
人将会像他经常做的那样，以极低的价格收买其财产。在更加讲
究"人道的"希伯来立法家的规定之中，可以看到用来保护穷人权
利的、以抵押品代替利息的做法是何等的可悲。作为一个巨大的
让步，他下令说如果某人的长袍作为抵押品被拿走了，在晚上就应
当归还给他，使他有东西穿着睡觉。[11]

其他的借贷需要抵押品和利息。有些借贷即使数目很小，也要
加上："不论在城里或是农村，凡是属于他的东西都是抵押品。"另
一方面，我们也发现偶尔有一次没有利息的借贷，但这绝不是专业
银行的借贷。这必定是为亲友提供的短期方便。 85

利息通常每月都必须偿还，并且计入复利。有时，利息必须付
到本金还清为止。债务偿还一般按照分期付款方式。每次都必须
开具单独的收据。整个债务全部还清之后，债务人暂时感到十分

庆幸。原始的债务文书将被销毁，以免日后有人再提出债权要求。因此，我们可以确信，这些残存的泥板文书集中体现了上述债务的独占要求。

我们对这些文书的研究越严密，就越感觉到这个时期借贷的广泛流行。土地财产、房屋、牲口、甚至是奴隶，都可以贷款购买。我们开始怀疑价格不正常上涨的部分原因，是否应归罪于我们所说的信贷膨胀。当我们发现最后偿清债务的往往是最初购买者的孙子时，我们认识到分期付款就像我们最近遇到的大萧条一样，可能也出现了同样的困难。

同时代经济生活一个重要的特征是不可思议的现代化。在古代，神庙高级官吏有权确定进行献祭的日期，以此作为自己的职务收入。现在，这种薪俸可以在公开的市场进行买卖。不仅可以卖掉特定的某一天，也可以卖掉一天的一小部分。神庙已经成了一个巨大的公司，它的股份可以转让，几乎和我们现在的股票交易所一样。

按照商人的观点，巴比伦拥有非常优越的、现代化的交易体系。其信贷便利更值得重视。从研究社会发展史的角度来说，还有许多问题值得引起注意。本书后几章将要说明，在上层阶级假繁荣的背后，各种各样的力量是如何发挥作用，使整个严密的商业体系轰然倒地，化成一片废墟的。

原注

1 Olmstead, "Materials of an Economic History of Ancient Near East," *Journal of Economic and Business History*, II (1930), 219 ff.

2 V. Scheil, *Texts Elamites-Anzanites*, Vol. III (1907); *ibid.*, IV. (1911), 310 ff.

3 Waldo H. Dubberstein, "Comparative Prices in Later Babylonia (625B. C. - 400 B. C.)," *AJSL*, LVI (1939), 20 ff.；参见 *JAOS*, LII (1932), 304。出版他的全集必须等到战争结束。同时，另外一部分可以在东方研究所图书馆得到拷贝，并且在这个短评中得到引用。

4 A. T. Clay, *Miscellaneous Inscriptions in the Yale Babylonian Collection* (1915), Nos. 26 and 139.

5　A. Tremayne, *Records from Erech* (1925) Nos. 7,31,35,46,58,82,73, 70; Clay, *op. cit.* Nos. 185,8; C. A. Keiser, *Letters and Contracts from Erech* (1917) Nos. 63,19; G. Contenau, *Contrats, neobabyloniens*, Vol. II (1929), Nos, 125,134.

6　Olmstead, *History of Assyria* (1923), pp. 525 ff.

7　参见罗马人对 *fiscus*（篮子、银箱、国库、赋税）的用法。

8　Xen. *Anab.* ii. 3. 14 ff. ;参见 i. 5.10。

9　参见 Strabo xvi. 1. 7(博尔西帕大亚麻厂);希罗多德因此误以为亚麻是普通的旧衣服(i. 195)。

10　参见 W. H. Dubberstein, "Assyrian-Babylonian Chronology," *JNES*, III (1944), 38－42.

11　Exod. 22:24 ff.

埃及高级官吏、祭司乌加霍列森尼雕像，他的铭文证明所谓冈比西斯残暴和神经失常是后人恶意编造的无稽之谈

冈比西斯隆重埋葬阿匹斯神牛的葬地,墓中发现的神牛铭文,证明对冈比西斯的污蔑完全是恶意的编造

第六章　冈比西斯征服埃及

冈比西斯在巴比伦的职务

冈比西斯是居鲁士与阿契美尼德族人法纳斯佩斯（Pharnaspes）之女卡桑达恩（Cassandane）的长子。[1]在巴比伦被征服的时候，他已经成年。这时，宫廷阴谋尚未纠缠波斯宫廷。但是，可以预料不久的将来它们就可能出现。为了消除这种威胁，冈比西斯被迅速确立为"王子"。在对巴比伦人发布的公告中，居鲁士告诉他们，他们的主神和主马尔都克不仅已经赐福于他本人，还有"自己的儿子"冈比西斯，"而我们则在他面前高兴地、虔诚地赞美其崇高的神性"。当巴比伦所有的神祇被要求每日在马尔都克与那波之前为他祈求长生，并且赞美马尔都克的仁慈时，冈比西斯和他一起被列入了祈祷词中。[2]

在居鲁士登基之年结束之前，他回到了埃克巴坦那，留下冈比西斯作为其代表履行国王在即将到来的新年庆典活动时规定的宗教仪式。公元前538年3月27日即尼桑月4日，冈比西斯作为居鲁士之子前往巴比伦城位于庆典宫与埃萨吉拉之间、伊什塔尔神道上的那波神庙。在那里，冈比西斯受到了那波神庙大祭司及其随行祭司的接待。他送给他们许多好东西，通常是新年的礼物。当他握住那波之手时，神送给他正义的权杖。在古蒂乌姆长矛兵和弓箭兵的拥护下，王子行进在通往埃萨吉拉的神道上，准备履行完整个宗教仪式。那波神也陪伴他一起游行。主神马尔都克与其子那波神庙之间的栅栏已经移走。王子将权杖交给马尔都克，只有权杖收回之后，他才能握住马尔都克的手，向神敬礼。[3]居鲁士也是这样做了之后，他才通过代理人获得了巴比伦伟大的主给他的许可，才可以在最高的尊号"天下四方之王"之前加上"巴比伦王"的尊号。

87　　　一般来说，我们很难知道东方的王储登基之前的生活状况，因为他仍然深藏在后宫之中。冈比西斯是个例外，这是因为他在巴比伦的特殊地位。不像我们想象的那样，他的衙署不是在巴比伦，而是在北方的锡伯尔。在这里，我们发现在公元前535年2月20日的一份文书中，提到那波马沙里撒（Nabu-masharri-usur）王子管家的房屋。这个名字具有重要的意义，因为父亲称其子为"愿那波保佑的王子"，它指的只能是伯沙撒。换言之，冈比西斯不仅保留了那波尼德时期行政官员的职务，而且保留了前宫廷的高官显贵。[4]王子宫廷的信使巴扎祖（Bazazu），公元前534年8月10日出现在锡伯尔。另一位信使潘阿舒尔卢穆尔（Pan-Ashur-Lumur），公元前532年3月或4月曾经充当证人。同年晚些时候，大银行家伊蒂马尔都克巴拉图借给冈比西斯王子的监工3磅60谢克尔白银。公元前530年3月3日，又是伊蒂马尔都克巴拉图将自己的1名奴隶送去给冈比西斯的奴隶石匠当学徒4年，以便学习全套的本事。[5]这些情况表明，一名王储很难履行自己的例行职责。

　　　冈比西斯在巴比伦居住了8年。在此期间，他作为其父在新年庆典活动时的代理人，已经使当地居民习惯于把他视为自己的统治者。波斯的习惯法规定，当国王要去远征时，除非他预先指定了王位继承人，否则他是不能离开自己没有防卫的国家的。因此，居鲁士在离开伊朗，远征马萨革泰人之前，确立了冈比西斯为统治者，并允许他使用"巴比伦王"的正式称号。他自己则保留了更加广泛的称号"天下四方之王。"公元前530年3月26日，在新年庆典活动的时候，冈比西斯再次"握住主的手"。此后不久，商业文书纪年便使用了双重称号。[6]公元前530年9月，居鲁士去世的消息传来之后，冈比西斯就采用了其父所有的称号，"巴比伦王、天下四方之王"。按照埃兰的习惯，他娶了其姐妹阿托萨和罗克桑娜为妻。[7]然后,他开始准备进攻四大帝国之中最后一个尚未征服的帝国埃及。

埃　及　战　争

阿马西斯依靠希腊雇佣兵,推行反民族主义者、反祭司集团的纲领,在国内引起极大的不满。守卫国家海陆大门的总督奈赫特哈尔希比(Nekht-har-hebi)早就树立了一块心怀贰意的碑文。[8]腓尼基人重申了他们对其父的忠诚,他们在塞浦路斯的女儿城市也正式表示了归顺。[9]拥有他们的舰队,就意味着控制了地中海,侵略者因此集中在埃斯。

谨慎老练的阿马西斯还和爱琴海的统治者、萨摩斯的僭主波利克拉特斯(Polycrates)结成了同盟。贵族们策划阴谋,迫使波利克拉特斯彻底改变立场,用船送走了那些对向冈比西斯表示屈服不满的公民。希腊雇佣兵首领、哈利卡纳苏斯人法恩(Phanes of Halicarnassus)与其埃及雇主闹翻之后,带着许多重要的军事情报投奔了冈比西斯。在越过沙漠时,租用了阿拉伯王公的骆驼为军队供水,文献资料最早归功于驻守在从加沙(Gaza)到耶尼苏斯(Ienysus)边境的纳巴泰人的建议。[10]

从邪恶之神藏身之地塞波尼斯(Serbonian)沼泽旁和卡西亚山(Casian)旁,冈比西斯到达了尼罗河支流培琉喜阿姆河(Pelusiac)。在那里,他听到阿马西斯的王位已经被其子萨姆提克(Psamtik)三世所继承。在培琉喜阿姆(Pelusium)进行的一场决定胜负的战争中,双方都有希腊人参战,最后以波斯人的胜利而告终。在两代人之后,希罗多德还能分清暴尸战场的骨骸。海军统帅乌加霍列森尼(Udjahorresne)背叛性地让具有战略地位的赛斯城投降了。赫利奥波利斯(Heliopolis)遭到围攻之后被攻占。萨姆提克逃过河去,躲进孟斐斯城。公元前525年初,孟斐斯(Memphis)被占领。萨姆提克最初得到优厚的待遇,但不久之后因被控策划阴谋活动处以死刑。[11]

由于设在诺克拉提斯的"工厂"处于波斯人的控制之下,希腊人与埃及人有利可图的贸易活动,也掌握在冈比西斯手中。幸运的是,冈比西斯是个慷慨大方的人。因此,国内到处充斥着希腊商人。[12]当昔兰尼(Cyrene)和巴尔卡(Barca)的利比亚人、希腊人通过阿凯西劳斯(Arcesilaus)宣布他们归顺之后,[13]希腊世界的一大半,确切地说是更富裕、更先进的一大半已经处于波斯人的统治之下了。由于腓尼基人拒绝进攻自己的女儿城市,预定进攻迦太基(Carthage)的战争流产了[14]。

冈比西斯沿着尼罗河前进,从底比斯人手中夺取了哈里杰(Kharga)绿洲。但是,当一支特遣部队企图占领阿蒙绿洲、烧毁神谕所时,却被沙暴吞没了。从埃利潘蒂尼(Elephantine)派出许多人前去侦察埃塞俄比亚人(Ethiopians)的情况,他们已经在纳巴塔(Napata)周围建立了一个半埃及化的国家。侦探们的报告充满了海外奇谈。他们说埃塞俄比亚人一般能活120岁,有些人寿命甚至还要长。他们的食物是烤肉。他们最喜欢喝牛奶。在晚上,城市首领会在都城郊外的草地上放上烤肉,第二天人人都可以食用。这就是著名的太阳桌。据说在所有的人之中,国王是身材最高、为人最诚实的人。甚至犯人的脚镣也是黄金做成的,但青铜却比较稀少、贵重。安葬死者的棺材用玻璃做成,透过玻璃可以看见遗体。在举行仪式之前,遗体可以在家里保存一年,然后安葬在村镇周围。他们在埃塞俄比亚看到的其他奇异之物是大象和乌木。[15]冈比西斯合并了边界附近的埃塞俄比亚人。但是,尽管冈比西斯在第二瀑布地区设有仓库,供给还是中断了。[16]埃及组成了穆德拉亚(Mudraya)行省,省会是孟斐斯。卫兵继续守卫着边界,在三角洲东部的达弗涅(Daphne),在白城孟斐斯(据说是美尼斯统一上下埃及时所建,旧开罗遗址都城的对岸,埃及人的巴比伦城),在第一瀑布以北的埃利潘蒂尼,都有大量犹太雇佣兵移民当地。[17]

冈比西斯统治下的埃及

有关冈比西斯在埃及神经失常的传说,肯定是不可全信的。[18]

一个经常重复的诽谤，说他杀死了阿匹斯圣牛（Apis bull），[19]就是捏造的。冈比西斯六年（公元前 524 年），他正在远征埃塞俄比亚时，圣牛就死了。下一头圣牛出生于冈比西斯五年，一直活到大流士四年。

在其他方面，冈比西斯按照阿马西斯的先例。他首先把自己的名字刻在阿匹斯的石棺上，首先把石棺做成灰色花岗石的宏伟建筑。在棺盖上刻满了埃及人熟知的王家用语："何露斯（Horus）、萨姆托维（Samtowi）、上下埃及之王、梅斯提乌瑞（Mestiu-re）、瑞之子（Re）冈比西斯，愿他长寿。他为其父阿匹斯-俄赛里斯建立了纪念物、巨大的花岗岩石棺，这就是上下埃及之王梅斯提乌瑞、瑞之子冈比西斯的贡献。他作为上下埃及之王，已经被赐予长寿、太平、幸运、健康和快乐。"

在同时期的一块石灰岩方尖碑上，冈比西斯被描绘成身穿本地国王服装的形象，头戴象征埃及王权的蛇冠，跪在圣兽面前行礼。碑铭告诉我们，在上下埃及之王威严的统治之下，瑞的子孙如何获得了永生，冈比西斯之父阿匹斯-俄赛里斯神被带往美妙的西方世界，人们在纪念堂为他举行了所有的悼念仪式，他就安息在主人为他准备的地方。其他人为他准备了纺织品、护身符、各种装饰品、各种贵重物品，所有的东西都是根据国王的命令制成的。[20]冈比西斯六年，阿尔塔美斯和坎朱之子（Artames、Qanju）、波斯人阿提耶瓦希（Atiyawahy）、一名波斯太监和科普图斯（Coptus）州长领着一队人马前往哈马马特（Hammamat）绿洲的沙漠采石场，为修复神庙开采新的建筑材料。[21]

那些凶残行为的传言，并没有反映同时代人的观点。这有阿马西斯、萨姆提克时期王家舰队司令官、赛斯城奈特（Neith）女神的祭司乌加霍列森尼的记载为证。这是他在大流士时期写的，当时已经没有任何压力迫使他为先前的主人说好话。当伟大的王冈比西斯进入埃及时，所有的外国人也随着他一起来了。他完全占领了这个国家，建立了他们的住所。他曾经是埃及伟大的统治者，所有外国人的伟大主子。他的主人任命向侵略者投诚的前司令官为首席医疗官员。他作为国王的朋友,必须与国王生活在一起,并负责管理宫廷的事务。乌加霍列森尼为冈比西斯制定了正式的尊号,即上下埃及之王、瑞神的后裔。

乌加霍列森尼让冈比西斯认识到赛斯——即瑞神的母亲——伟大的奈特女神的居所,还有俄赛里斯、瑞神和阿图姆神的居所的重要性。他向他的主人控告在奈特神庙中居住着外国人。他的主人就下令将他们赶出去。他还下令拆毁希腊雇佣兵的住房及物品,洁净神庙,归还神庙所有的农奴,恢复奈特神和其他神祇的地产收入。神庙的庆典活动和游行像以前一样照常举行。冈比西斯亲自拜访了赛斯,[22]进入神庙向奈特女神致敬,并且像以前所有的国王一样布施,献上了祭品。[23]

并不是所有的神庙都像赛斯的神庙那样幸运。这是我们从"他们将在法庭讨论神庙各种事务"的清单上发现的。那些在孟斐斯、小赫尔莫波利斯(Hermopolis Parva)和埃及的巴比伦的神庙,其收入像以前一样被调拨走了。作为先前授予物的补偿,其他神庙的祭司获得了沼泽地区和南部地区的一些地方,在那里可以取得燃料和造船的木材。法老阿马西斯时期贡献的牛群数量减少了一半。至于家禽,冈比西斯下令:"不要把家禽给他们!让祭司们养鹅,用鹅来祭祀他们的神。"国家收回的税收价值,总计为60530德本8基特白银、170210容量谷物、6000块面包。家畜、家禽、香料、纸草和亚麻布除外。[24]

我们发现波斯统治者送给埃及神庙的土特产礼品很少,这与法令是一致的。这可能是冈比西斯是埃及严厉主人的谣传出现的唯一充分的理由。一个世纪之后,埃利潘蒂尼的犹太人自夸,在冈比西斯入侵的时候,埃及所有的神庙都被摧毁了,只有他们的神庙却岿然不动。[25]最后,赫尔莫波利斯和底比斯的毁灭,也被归罪于冈比西斯的怒火![26]

在8世纪结束之前,书面契约——大量希腊罗马纸草文书的前身——已经流行。它与楔形文书非常类似,使人推测新的簿记账目系统是在亚述统治时期引入的。一种新的、书写速度更快的字母文字很快就发明了。它被希腊人称为"世俗文字"或"通俗文字"，以与更加复杂的僧侣文字或"祭司文字"相对应。从此以后，僧侣文字大多仅限于抄写圣书。世俗纸草文书反映了征服之后的日常生活状况。例如，我们从休特（Siut）即后来的利科波利斯（Lycopolis）材料中知道在冈比西斯八年，有两位堂兄弟姐妹再次同意转让其父辈之间在阿马西斯时期就已经分割的财产。除了不动产和用水权之外，我们知道由这些权利产生的收益，要分给狼州（Wolf nome）的首席祭司、书吏，每年享有神庙地产多少日，或参加神庙宴饮活动。休特出土的其他纸草文书，列举了每月分配给墓地的首领、神庙的官员、首席祭司和州长的葡萄酒、油料。[27]

巴尔迪亚篡位

冈比西斯留下其族人雅利安德斯（Aryandes）作为总督，[28] 自己启程回国了。在卡尔迈勒（Carmel）山附近的埃克巴坦那，他得到巴尔迪亚（Bardiya）篡位的消息，并死于此地，据说是自杀。[29] 巴尔迪亚是冈比西斯的亲兄弟，他在希腊人之中有许多不同的名字，如马尔多斯、斯梅尔迪斯、马鲁菲乌斯、梅尔菲斯、塔纳奥克萨雷斯或塔尼奥克萨尔塞斯（Mardos，Smerdis，Maruphius，Merphis，Tanaoxares，Tanyoxarces）。在其父逝世的时候，他负责管理米底、亚美尼亚和卡杜西亚。公元前 522 年 3 月 11 日，他在阿拉卡德里什山的皮希亚乌瓦达地区宣布自立为王（Arakadrish，Pishiyauvada）。4 月 14 日，他被巴比伦接受为王。他成为国王是在其"登基之年"很晚的时候。因此，很快就出现了"在位元年"。巴比伦历史学家对他们将要使用这一年作为纪年感到困惑，他们也继续使他们现代的同行感到困惑。7 月 1 日，巴尔迪亚得到整个帝国的承认。[30]

被征服民族非常高兴地欢迎巴尔迪亚，因为他豁免了 3 年的赋税和兵役。[31] 但是，封建贵族不喜欢他集中祭祀的政策，因为它破坏了他们当地的圣所。他能够用来巩固其改革的时间很短，因此，在公元前522年9月29日,即上台8个月之后,他就被大流士杀死在米底尼赛亚的西卡亚乌瓦提什(Sikayauvatish、Nisaya)。[32]

原注

1 Herod. i. 208；ii. 1；iii. 2.

2 Cyrus, *Cyl.* 11. 26 - 28；,34 - 35.

3 Cyrus, *Chron.* III. 11. 24 - 28.

4 *VS*，Vol. V. No. 129；参见 No. 60（second year of Darius）。

5 J. P. Strassmaier, *Inschriften von Cyrus*（1900），Nos. 199，270，325，364.

6 Waldo H. Dubberstein, "The Chronology of Cyrus and Cambyses," *AJSL*, LV (1938)，417 ff.；参见 Herod. i. 208；ii. 1；iii. 2；Xen. *Cyrop.* viii. 7. 11. ；Ctes. *Pers.* xi, Epit. 39。

7 Ctes. *Pers.* xii. Epit. 43.

8 P. Tresson, *Kemi*, iv (1931)，126 ff.

9 Herod. iii. 19.

10 *Ibid.* 4 ff. , 39 ff.

11 *Ibid.*, 11 ff. ；Ctes. *Pers.* xii. Epit. 40，Frag. 30（Athen, xiii. 560 B）；Plato. *Menex.* 239 E；Diod. x. 13 - 14；Just. i. 9. 3；Polyaen. vii. 9；Jamblichus *Vit. Pythag.* 4.

12 Herod. iii. 139.

13 *Ibid.* 13；iv 165.

14 *Ibid.* iii. 17,19.

15 *Ibid.* 18 ff. , 114.

16 *Ibid.* 25,97；vii. 69；Diod. i. 33. 1；iii. 3. 1；Strabo xvii. 1. 5；Plin. vi. 181；Ptol. iv. 7.

17 Letter of Aristeas 13.

18 波斯人统治之下的埃及,见 G. Maspero, *Passing of the Empires* (1900)，pp. 656 ff. ；E. A. W. Budge, *History of Egypt*, VII (1902)，42 ff. ；W. M. F. Petrie, *History of Egypt*, III (3d ed, 1925)，360 ff. ；H. Gautier, *Le Livre des rois d'Egypte*, IV. No. 1 (1915)，135 ff. ；G. Posener, *La premiere domination Perse en Egypte* (1936)。

19 Herod. iii. 27 ff. ；Plut. *De Isid.* 44；Just. i. 9；Clem. Alex. *Protrept.* iv. 52. 6.

20 B. Gunn, *Annales du Service*, XXVI (1926)，85 - 86；E. Chassinat, *Recueil de travaus*, XXI (1899)，57；XXIII (1901)，77 ff. ；Posener, *op.*

cit. pp. 3ff. ；参见 Richard A. Parker, "Persian and Egyptian Chronology," *AJSL*，LVIII（1941），286－287。

21 J. Couyat and P. Montet, *Les Inscriptions du Ouadi Hammamat*（1912），No. 164；Posener, *op. cit.*, No. 28；参见 Parker, *op. cit.*, pp. 287 ff。

22 Herod. iii. 16.

23 V. Marruchi, Il *Museo egizio Vaticano*（1899），pp. 79 ff.；Petrie, *op. cit.*, pp. 360 ff.；G. Farina, *Bilychnis*，XXXIII, Part I（1929），449 ff.；Posener,*op. cit.*, No. I.

24 W. Spiegelberg, *Die sogennante demotische Chronik*（1914），pp. 32 ff.（checked by Dr. George Hughes）.

25 A. E. Cowley, *Aramaic Papyri of the Fifth Century B. C.*（1923），No. 30.

26 Strabo xvii. 1. 27,46.

27 H. Sottas, *Annales du Service*，XXIII（1923），34 ff.；另一份是第 8 年的（W. Spiegelberg, *DemotischeDenkmaler*, III［1932］,42 ff.）。

28 Herod. iv. 166.

29 *Ibid.* iii. 62 ff.

30 R. A. Parker and W. H. Dubberstein, *Babylonian Chronology*，626 B. C. - A. D. 45（1942），p. 12；Beh. § 11；Aeschyl. *Pers.* 774；Herod. iii. 61 ff.；Ctes. *Pers.* xiii, Epit. 39；Xen. *Cyrop.* viii. 7. 11；Hellanicus, Frag. 180（J）；参见 Olmstead, "Darius and His Behistun Inscription," *AJSL*, LV（1938），394 ff.；纪年符合卡梅伦, "Darius and Xerxes in Babylonian," *AJSL*, LVIII（1941），314 ff.；Parker, *op. cit.*, pp. 285 ff.；还有 W. Hinz,"Das erste Jahr des Grosskonigs Dareios," *ZDMG*, XCII（1938），146 ff。

31 Herod. iii. 67.

32 *Beh.* § 13；在位 7 个月,Ctes. *Pers.* xiii. Epit. 45；参见 Parker and Dubberstein, *op. cit.* p. 12。

后人想象的琐罗亚斯德

琐罗亚斯德教祭司,公元前
6世纪。左为石刻,手中所持可
能是豪麻汁;右为银像,出土于
中亚

第七章　先知琐罗亚斯德

阿胡拉马兹达的幻觉

大约在公元前 6 世纪中期,扎拉图什特拉(Zarathushitra)在伊朗高原西北隅开始了其先知的传道生涯。300 年前,亚述曾经在这里收到了帕苏阿的(Parsua)贡赋。他的名字意为"拥有金色骆驼的人"。其父名波鲁沙斯帕(Pourushaspa),意为"拥有灰色马匹的人"。其母名为杜格多瓦(Dughdhova),意为"拥有白色奶牛的人"。所有的人都脱离了半游牧的生活。他的家族名为斯皮达马(Spitama),意为"白色"。[1]

他的神是阿胡拉马兹达,意为"智慧之主"。从阿里亚拉姆尼斯时期起,他就是波斯民族万神殿中的正式首领。阿胡拉马兹达曾在幻觉中向琐罗亚斯德显灵:

> 于是我承认你马兹达阿胡拉是唯一的神,
> 在诞生之初,我首先见到的是你,
> 你立下了言行的报答标准,
> 以恶易恶,以善报善,
> 因为你,智慧才能一直持续到世界末日,
>
> 到了世界末日之时,你一定会带着神灵,
> 马兹达,还有王国、善思一起降临,

117

他们行为公正,财产增加,
虔诚之神将公布他们的判决,
没有人能欺骗你的判断。

于是我承认你马兹达阿胡拉是唯一的神,
当善思再次降临我面前时,
向我问道:"你是谁？你属于谁？
我将根据什么来认识人生,
回答你的家人是谁,你本人又是谁？"

这时我回答他:第一,我是扎拉图什特拉,
我是谎言真正的敌人,
我是正义坚强的支持者,
为了理想王国来世的幸福,
我要赞美你、歌颂你马兹达。

95 于是我承认你马兹达阿胡拉是唯一的神,
当善思再次降临我面前时。
对于他的问题:"你将决定支持谁？"
我回答说:在向火神献祭之时,
我就想到要永远支持正义之神。
这时,我祈求的正义之神向我显灵。
"我和他、还有虔诚之神来了,
你对我们有什么要求要提,
由于你的要求的重要性,
统治者将赐予你幸福、力量。"

于是我承认你马兹达阿胡拉是唯一的神,
当善思再次降临我面前时,
你首先告诉我,

我的信仰将给自己带来苦难，
请告诉我如何做才好？

这时你对我说道："谨遵教诲，直道而行"，
此后你没有给我下过前所未闻的命令；
"起来，走吧，我的信徒，
快与富可敌国的命运之神一起来吧，
他将赐给人们命中注定的双倍奖赏。"

于是我承认你马兹达阿胡拉是唯一的神，
当善思再次降临我面前时，
知道我的渴望，赐予我所想之物，
没有人强迫你接受、知道
长生之术据说只存在于你的国度。

有知识者给与朋友的，是自己能给之物，
马兹达，你给与的是无微不至的援助，
你的王国充满正义，
让我们和所有牢记你的圣言者一起，
赶走藐视你的教义者。

于是我承认你马兹达阿胡拉是唯一的神，
当善思再次降临我面前时，
默思命令我宣布：
不让一个人讨好说谎者，
因为他们将使所有的义人与你为敌。

因此，阿胡拉为自己挑选了扎拉图什特拉，
无论如何，你的神马兹达是最圣洁的。
愿正义能实现，生命力强盛，

愿虔诚之神永驻太阳普照的王国，

愿他与善思根据信徒的行为将他们交付于命运之神。[2]

96

阿胡拉马兹达的属性

不管琐罗亚斯德最初向教士描绘的幻觉是否准确，他已经描绘出其教义的主要面貌。先知轮流使用阿胡拉、马兹达、阿胡拉马兹达和马兹达阿胡拉的名字，使我们想起还有阿胡拉与马兹达分别存在的时候。在一个世纪之前，阿里亚拉姆尼斯曾经把阿胡拉马兹达描绘成众神之一。但对于琐罗亚斯德而言，他就是唯一的神。而从朦胧的印欧时代起流传下来的其他神祇，如太阳神密特拉，可能受到国王和人民的重视。但对琐罗亚斯德而言，这些歹瓦不是神，而是说谎者信奉的恶魔。阿胡拉马兹达不需要像神王一样，统治许多的小神祇。

阿胡拉马兹达还有许多独有的、模糊不定的、拟人化的属性。斯潘塔梅纽（Spenta Mainyu）是他的圣灵，阿沙（Asha）是充满宇宙的正义，瓦胡曼（Vohu Manah、善思）或瓦希什塔曼（Vashista Manah，崇高的思想）启示了先知的幻觉，克沙思拉（Khshathra）是阿胡拉马兹达神圣的王国，也是世界末日时的终极王国。阿梅蒂（Armaiti，虔诚）是智慧之神，豪尔瓦塔特（Haurvatat，拯救）和阿梅雷塔特（Ameretat，不朽）组成了7种模糊不定的属性。在这些属性之外，还要加上阿希尔（Ashir，命运）、斯拉奥沙（Sraosha，皈依、忠诚）和阿塔尔（Atar，圣火）。

呼　　唤

幻觉之后是呼唤：

公牛的精灵向你抱怨："你按谁的样子造就了我？

是谁创造了我？

疯狂和暴力在压迫我，极端粗暴而残忍。

没有一个牧人像你一样待我，为我寻找肥美的牧场。"

于是，公牛的创造者质问正义之神："你是否给了公牛正义？

那些管理者是否关心公牛和牧场？

谁作为主人能够按它的请求，

保护它免遭疯狂和谎言之徒的危害？"

正义之神回答道："没有救星帮助公牛免遭危害。

也没有智者告诉人们正义是如何善待下人。

他就是最强的人，

根据他的呼唤我前来帮助。"

"马兹达惦记着从前被造之物，

不论是歹瓦、普通人还是将来被造之物。

阿胡拉就是裁决者，

一切都将符合他的意愿。"

97

"于是，我们伸长双手、虔诚地向阿胡拉祈祷，

我的精灵和怀孕的母牛，

紧抱着马兹达哀求：

愿谎言之徒给这些生灵或牧人造成的毁灭不再存在。"

于是，通晓法律和智慧的阿胡拉马兹达亲口说道；

"没有找到主人和法官，

但根据法律可以确信，

造物主是为牧人和农夫创造了你。"

"这条涉及动物的规定
是阿胡拉马兹达怀着正义的精神，
为牛群和食用牛乳的人们，按照他、神的命令制定的。"
"善思，你养活了谁，要关心我们两个普通生灵?"

"这个认识我的人，只有他听到了我的命令，
这就是扎拉图什特拉·斯皮达马，
马兹达，他渴望了解我的思想和正义，
因此，让我们赐予他语言的魅力。"

但是，公牛却发出哀鸣之声：
"当我在追求成为强大的统治者之时，
为了保护人，我就必须满足于弱者无用之言。
那时还有人给我有效的援助吗?"

这些疑问绝不会让刚刚出道的先知高兴，
琐罗亚斯德毫不迟疑地回答说：
愿你阿胡拉赐予他们力量、正义和王国，
愿善思能够在各地建立美好的住所与和平。
我完全相信马兹达一定会使这些实现。
难道在别的地方还有善思、正义和王国?
啊，汝等人类，
为了教导和伟大的社区，欢迎我马兹达吧。

最后，公牛和母牛满意了，高呼："阿胡拉在帮助我们，我们准备为那些像你一样的人效力。"[3]

那些落入好战的游牧部落手中的、可怜的、不会说话的家畜所受的痛苦，为先知的呼唤创造了机会。他的传道活动，充分反映了草原游牧者与和平的农夫持续不断的战争。农业是神圣的职业，承担着劳动重担的、不会说话的家畜是神圣不可侵犯的。

98

恶 的 概 念

　　阿胡拉马兹达拥有坚固永恒的天堂,是唯一的神。与他没完没了进行争斗的是恶神。自从创世之初,就存在着善神与恶神这对双胞胎。他们创造了生物和非生物,最恶劣的生活为谎言之徒而设,最美好的生活为正义之人而设。歹瓦也共同商议过,但由于谬误袭击了他们,他们选择了恶思,一齐投向了疯狂之神,根据疯狂的命令危害凡人的生命。但是,王国、善思和正义降临了人类,虔诚赐予肉体绵长的、不可毁灭的生命。在末日审判时,他将坐在上座。人类拥有自由的意志,在最完美的世界来临之前,每个人都必须作出自己的选择。[4]

　　歹瓦是恶思、谎言和傲慢的子孙,其行径早就被第七大区域居住的人类所看透。凡作恶之人都被召唤去侍奉歹瓦,受恶神、恶思和毁灭人类的恶语指使。歹瓦欺骗善良的生命和凡人。维瓦赫万特之子伊玛赐予人类牛肉食用,也把魔鬼带到了世间。

　　琐罗亚斯德曾经使一个人——其堂兄弟麦迪奥伊玛翁加(Maidyoi-maongha)改变信仰,[5]但多数人仍然反对他。虚伪的传教士破坏教义和生活方式,阻挠善思掌握值得尊敬的人们。他宣称公牛和太阳是眼睛所能看到的最坏的东西。先知指责晚上向密特拉献祭公牛。他却把聪明人变成说谎者,使牧场变得荒无人烟,并且以武器攻击正义。说谎者毁灭生命,企图阻挠男男女女获得他们的世袭财产。他们狂笑着屠杀公牛。他们喜欢歹瓦的卡拉潘(Karapan)祭司格雷马(Grehma),以及那些追求谎言的权力,而不喜欢正义。格雷马将获得恶思居住的王国。而且,这些生命的杀戮者将因为他们对阿胡拉马兹达的先知的启示图谋不良,而感到悲哀。不过,先知将阻挠他们控制正义。格雷马与卡维们即米底各地的藩属小王,早已有意背叛先知。他们帮助谎言,并宣布:"杀死公牛。这样,死神的防止者可能会大发善心帮助我们。"琐罗亚斯德谴责饮用令人陶醉的豪麻饮料。这样,卡拉潘和卡维们都遭到了失败。[6]

本德瓦(Bendva)可能是当地最强大的小王,也反对琐罗亚斯德。因为在判决时,他可能因为善思而被毁灭!先知遭到这位本德瓦的导师、一位早就背叛正义的说谎者阻挠。[7]还有人企图杀死先知,他们是谎言制造者的子孙,对所有生命心怀恶念者的子孙。琐罗亚斯德记住了受到的侮辱以及他不会说话的朋友受到的更严重的伤害。卡维们的放荡使扎拉图什特拉对冬季之门很生气。因为他阻止自己在那里停留,他的2匹马在那里冷得发抖。卡拉潘祭司拒绝接受教令和牧场的法律。"由于他们的行为和教义对牧人造成的损害,愿教令最终把他们投入谎言之家。"[8]

宗 教 问 题

与所有的先知一样,琐罗亚斯德也有迷惑不解的时候。

> 阿胡拉,这就是我向你提出的问题,请向我说真话:
> 祈祷者怎样才能变得和你一样?
> 马兹达,请像对朋友一样教导我吧。

他以这样类似的方式,提出了各种各样令他困惑的问题。谁是正义之父所创造?谁确定了日月星辰运行的道路?谁使月亮有盈有亏?谁使地不下沉,天不倒塌?谁创造了雨水和植物?谁使风云和飞速连在一起?谁创造了善思?什么发明家创造了光明与黑暗、睡眠和清醒、黎明和昼夜,提醒有责任感的聪明人?

> 阿胡拉,这就是我向你提出的问题,请向我说真话:
> 我所宣扬的,真的是真理吗?
> 虔诚将会以行动帮助正义吗?
> 善思将会向你报告王国吗?
> 你为谁创造了这幸运的、

怀孕的母牛？

他能相信王国吗？他们在言论与行动上能否严格遵守他的宗
教——对所有人来说是最好的宗教？虔诚是否将惠及所有宣扬马 100
兹达教的人？因为这是马兹达最初给他留下的,他憎恨其他所有
的宗教。在与他说话的人之中,谁是义人,谁是说谎者？他对自己
和自己的动机也感到怀疑。真正的敌人到底在哪里？如果不是反
对救星马兹达的说谎者,还有谁可以视为敌人？他们将如何消除
不信者的谎言？谎言将如何落入正义之手,被马兹达的教义所消
灭？如何使说谎者遭到巨大的毁灭,如何给他们造成痛苦？当两
支敌军对阵厮杀时,马兹达是否有力量保护其先知？他将赐予谁
胜利？让神迹使人们认识调解法官。他如何才能达到这个目标,
与马兹达本身联合起来？

在对神秘主义进行了这些攻击之后,也出现了一点真正的
人性：

> 阿胡拉,这就是我向你提出的问题,请向我说真话：
> 正义,我将如何获得那些报酬,
> 10 匹母马、1 匹种马和 1 峰骆驼,
> 这是马兹达和救星、不朽者给我的允诺
> 他们的赐予是属于你的吗？
>
> 阿胡拉,这就是我向你提出的问题,请向我说真话,
> 他是否会不给他应得的报酬
> 谁为他实践诺言
> 为此,他遭到第一个惩罚是什么？
> 我知道他最后的惩罚是什么。

歹瓦从前是否也是仁慈的统治者？这就是他向那些人提出的
问题,他们知道为了歹瓦的缘故,卡拉潘和尤西奇祭司将牛群献给

疯狂,卡维给它们造成了无穷的悲伤,如何取代了正义赐予的繁盛
牧场。[9]

冥世的生活

迫害只能使他的眼光更迫切地转向未来,转向那个期待到来的
神圣王国、最完美的世界、重获新生的世界。这个最完美的世界将
由救世主肖夏扬托、琐罗亚斯德及其信徒造成。而且,先知希望它
不能被延误太久。当末日审判来临之时,正义将战胜谎言。他想
101 知道,在那以前正义是否就能战胜谎言的信徒。他如何才能知道
马兹达和正义确实有力量战胜威胁他的说谎者? 要坚信他对正义
的幻觉。要让救星知道他的报酬是什么。什么时候战士才能学会
判断信息? 什么时候马兹达才能消灭不洁的、使人陶醉的豪麻饮
料? 卡拉潘祭司就是用它欺骗了各国邪恶的统治者。谁能与嗜血
的说谎者缔结和约? 善思的知识将传给谁? 他们是各国的救星,
严格遵守马兹达的戒律。[10]

任何人的良心,不管是正义的还是虚假的,都将决定其将来的
结局。阿胡拉马兹达通过自己的顾问正义,希望琐罗亚斯德作为
陪审法官把智慧与愚蠢分开。然后,琐罗亚斯德就可以领导那些
他已经教会他们如何请求马兹达让他们通过分别之桥(Chinvato
Peretav)的人们。那些明智地选择决心继续向善思的居所、善思的
王国、善思荣耀的世袭财产、歌舞升平的国度前进的人,任何人都
可以经由正义所修成的善思之道到达那里。在这条道路上,救星
的良心可以升入天堂。他们在天堂将看到最强大的阿胡拉的宝
座、马兹达的辖区和闪耀着天堂之光的幸福。[11]

但是,愚蠢的人决心前往谎言之家、恶思之家、最凶恶的歹瓦
的老巢。他们的邪恶之心将使他们在审判之桥头受到拷问,使他
们长期处于悲惨、黑暗、不洁的食物和悲伤的哀号之中。[12]那些随心
所欲,思想反复无常、善恶相抵的人,最后将分别居住在中间
地区。[13]

维什塔斯帕的保护

琐罗亚斯德在故乡遭到拒绝和反对,想到了远走高飞。但是,

> 我将逃往何处,逃向什么国家?
> 他们将我与贵族、同行的祭司分离开,
> 无论是农夫、还是全国说谎的王公,
> 都对我不满。
> 马兹达阿胡拉,我怎样才能使你满意?

他知道自己不够成功的原因。因为他只有很少的家畜和同样少的信徒。他向马兹达请求朋友式的援助。什么时候上升的太阳将为世界赢得正义,什么时候救星将按照预言出现?声名狼藉的说谎者妨碍正义使家畜繁荣。因此,谁能夺走说谎者的权力和生命,谁就为健全的教义铺平了道路。谁哪怕能使一个说谎者真正皈依,那就让他高声向男性亲属宣布此事。愿马兹达阿胡拉保护他免遭杀戮。

当说谎者企图伤害先知时,他作为保护者还能保护谁的安全?愿伤害降临企图伤害琐罗亚斯德领地之徒,愿他自食其果。由于卡拉潘和卡维的统治,他们放纵人们干伤害生灵的邪恶之事。当他们来到分别之桥时,连他们自己的灵魂和良心都会拷问他们自己。他们将永远居住在谎言的国度之中。[14]

从他在伊朗西北部高山上的居所,琐罗亚斯德和斯皮达马家族的男性出发去寻找一个准备接受其教义的国度。这时,先知正在设法劝说他的邻居们皈依,局势正在发生变化。强大一时的米底帝国正在崩溃,米底的藩臣居鲁士已经起来反叛阿斯提亚格斯。当时,阿契美尼德王统的竞争者、阿沙马(Arshama)之子维什塔斯帕(Vishtaspa,即希斯塔斯普)抓住了米底宗主对他的制约松弛之机,统治着帕提亚和希尔卡尼亚。在这里,疲倦的先知受到了欢

迎。不久,维什塔斯帕之妻胡陶萨(Hutaosa,即阿托萨)皈依了这个宗教。[15]当然,她的丈夫随后也皈依了。这样,维什塔斯帕成了新宗教的保护者。[16]

"扎拉图什特拉允诺给其教区信徒什么报酬,该教区在阿胡拉马兹达最早拥有的歌舞升平的国度,这以后,我亲口允诺获得你的赐福、善思和正义。维什塔斯帕卡维已经接受了神圣的阿胡拉马兹达和正义制定的教义,教区的规则和善思的道路。"[17]"无论任何人欢迎扎拉图什特拉·斯皮达马,他就是值得称道的人。马兹达阿胡拉将赐予其生命,他将因为善思使他财产兴旺,我们将因为正义而视他为朋友。"阿胡拉马兹达问道:"啊,扎拉图什特拉,你的什么义人是伟大教区的朋友,或什么人想要被称道?"琐罗亚斯德回答道:"这就是末日审判时的维什塔斯帕。我将以善思召唤的那些人,你马兹达阿胡拉要把他们统一到你的国度中去。"[18]

公元前550年,就在维什塔斯帕皈依不久,他的长子出生了。作为他信仰新宗教的证据,其子取名为达拉亚瓦胡曼(Daraya-Vohumanah),意为"善思的支持者",即西部方言中的达拉亚瓦乌什(Darayavaush)和希腊人说的大流士(Darius)。[19]大约5年之后,居鲁士到了伊朗东北部地区,维什塔斯帕的地位改变了,由一位小卡维变成了已然强大的波斯帝国总督。

在维什塔斯帕的保护之下,先知度过了许多幸福的岁月。他赞美其堂弟和第一位信徒麦迪奥伊马翁加,赞美他的族人、斯皮达马的后裔黑查塔斯帕(Haechat-aspa)的子女们。因为他们能够分辨智愚。由于他们的善行,按照阿胡拉的第一条教规,他们获得了正义。沃格瓦家族(Hvogva family)的弗拉绍什特拉(Frashaoshtra)及其兄弟贾马斯帕(Jamaspa)成了他忠实的支持者。弗拉绍什特拉还将自己的女儿沃维(Hvovi,意为"拥有好牛")许配给先知为妻。"弗拉绍什特拉沃格瓦将美人送给我,愿主马兹达阿胡拉允许她为了她自己拥有正义。"[20]

琐罗亚斯德生了几个儿子,名叫伊萨特瓦斯特拉、乌尔瓦塔特纳拉和赫瓦雷奇特拉(Isatvastra, Urvatatnara, Khvarechithra),[21]还有几个女儿。他们都长大成人了。"众所周知的最好的财产是扎拉图什特拉·斯皮达马的。因为阿胡拉马兹达通过正义不断赐给他欢乐的幸福生活,也赐给了那些正在练习和已经学会神圣教义所规定的语言和行为者。然后,让他们以思想、言语和行动去寻找自己的欢乐,去寻找他的祈祷者、维什塔斯帕卡维和扎拉图什特拉之子斯皮达米德以及弗拉绍什特拉,让通往阿胡拉选定的救世主教义之路更通畅。"

　　他的女儿将要嫁给贾马斯帕:"这个波鲁齐斯塔(Pouruchista)出自黑查阿斯帕和斯皮达马,是扎拉图什特拉最小的女儿,他已经将她给你,作为你和善思、正义和马兹达联系的教师。这样与你的智力商量,明智地执行虔诚最神圣的契约。"贾马斯帕允诺:"我将热爱她,她可以虔诚地为父亲、丈夫、农民和贵族服务,一个正义的女人为正义的男人提供的服务。为了她自己,愿阿胡拉马兹达赐予她善思的荣耀遗产。"[22]

危　　机

　　这时,我们正准备高高兴兴地离开生活在可爱的家庭和朋友之中的先知。但是,欢乐的场面就像傍晚的夕阳一样,逐渐暗淡了。游牧者是危险的,必须宣布圣战:

　　　　由于他们的行动是邪恶的,必须让他们感到失望和被抛弃,让他们高声哭号。为了农村居民的欢乐,让阿胡拉通过善良的统治者,使他们遭受杀戮、不得和平。让他给他们带来痛苦,他是最伟大的神,带着死亡的镣铐,让他们马上完蛋!堕落之地属于邪教之徒。他们藐视法律、伤害自己的身体,还想毁灭知名之士。正义之主何在,他是否将剥夺他们的生命和自由?马兹达,王国是属于你的,你为什么不赐予那些为人正直的穷人更好的命运?[23]

危机越来越严重：

马兹达，我伸出双手祈祷，乞求这些援助：首先是圣灵的杰作正义。我如何才能满足善思和公牛精灵的意图。马兹达阿胡拉，我将为你和善思效劳，请通过正义，赐予我幸福生活、物质与思想。正义将给其支持者带来无上的幸福。我要无比地赞美你们，正义、善思、马兹达阿胡拉、还有虔诚为他们扩大王国的那些人们，他们永远不能被毁灭。在我呼唤的时候，请来援助我吧。

琐罗亚斯德现在感觉到，他的生命已经走到了尽头：

我和善思已经送我的心去守候神灵，我已经知道马兹达阿胡拉对我行为的嘉奖。只要我还有权利和力量，我将教导人们追求正义。作为你所了解的人，我能看到你正义、善思、最强大的阿胡拉的宝座和马兹达的教区吗？我们以自己的语言宣传这些神圣之言，就能使强盗般的游牧部落变成卓越人物吗？马兹达，你和善思一起来吧，通过正义，以正义的语言赐予一件不朽的礼物：坚定地支持扎拉图什特拉，帮助我们拥有克敌制胜的武器。

正义赐予这些报酬，善思的祝福。虔诚赐予维什塔斯帕和我向往的东西。主马兹达授予的是，你们的先知可以背诵的传道圣言。你是最优秀的、唯一的、最高的正义。我要求最好的、要求你永远赐予战士弗拉绍什特拉和我本人，以及那些你将赏赐的人们善思的礼物。在我们使用阿胡拉的礼物时，希望不要引起你的责罚。马兹达、正义、最高的善思，我们将努力为你们献上祈祷的赞美诗，因为你们最有能力实现慈善王国的愿望。然后是那些你认识的知名之士，通晓正义、理解善思。马兹达阿胡拉，请满足他们对知识的渴望。这时，我真正懂得了符合良好目的的祷词，对你是最有效的。因此，我将永远保

105

存正义和善思。因为你马兹达阿胡拉通过你的灵、用你的嘴教导过我，宣传最早的生命是如何出现的。[24]

做完这最后一次祈祷，琐罗亚斯德不再说话了。《亚什特》现存版本是后来某个时候才形成的，但保存了许多早期的资料（有些是前琐罗亚斯德时期的），引用了维什塔斯帕或骑士蔡里瓦里抗击诸如塔斯里亚万特、佩沙纳、胡马亚卡、达尔希尼卡、斯品贾乌鲁什卡和维斯帕索尔沃亚什提之子阿什塔奥尔万特（Zairivari，Tathryavant，Peshana，Humayaka，Darshinika，Spinjaurushka，Ashtaaurvant，Vispa-thaurvoashti）这些敌人时的祷词。这些祷词还涉及与叙奥纳的阿雷贾塔斯帕（Hyaona，Arejat-aspa）的战争。更晚的传说告诉我们，阿雷贾塔斯帕占领了巴尔赫，攻击并将琐罗亚斯德及其信徒杀死在祭坛边。先知必定死在反大流士的一系列大起义期间。如果传说属实，真正的凶手就可能是马尔古什（马尔吉安纳）的弗拉达。他或者是他的游牧部落同伙之一，曾经侵犯过巴克特里亚。[25]

琐罗亚斯德教持久的影响

但是，我们需要的并不是后来以神迹传达的降生故事，不是充满奇迹的人生，也不是为了证明琐罗亚斯德的伟大而死于游牧者手中的殉道传说。从他自己的言谈中，我们可以探寻其生活和思想发展的过程。我们可以认识到其高尚的志向和局限性。正是这些，使他显得更加人道和更加可爱。他的教义显示的，不是古老东方的影响。对于他所居住地区、他的种族而言，它们是土生土长的宗教。它们是从雅利安古老的信仰之中成长起来的。但是，它们又超越了雅利安人原始的歹瓦崇拜，达到了雅利安宗教思想独立的、前所未有的高峰。[26]

在先知的生涯中，他最初也怀疑过他的信徒是否能严格遵守其教义。大流士大帝是他的保护人维什塔斯帕之子，必定经常在其

106

父行省的宫廷中与先知谈话。他自己的铭文充满了伟大导师语言的暗示。其陵墓上的铭文实际上可能是引自《加太》。[27] 除了他的那些冠冕堂皇的语言之外,大流士很难说是无愧于先知的教导。他经常使用"谎言"和"说谎者"这类的词汇,只能更加暴露出他自己一贯偏离真理。

就在琐罗亚斯德刚刚去世不久之后,不可避免的现象出现了。当真实的琐罗亚斯德渐行渐远地消失在岁月的迷雾之中时,作为宗教创始人的他却越来越被神化了。他编撰的《加太》(即使这些,也反映了他的怀疑、忧虑,希望获得 10 匹母马、1 匹公马、1 峰骆驼,以及对发抖的马匹的同情),是祭祀时歌唱的赞美诗,具有神秘主义和灵验主义的性质。承认雅利安古代异端教派的众神、恢复异端教派的仪式也被说成是他的功劳——而正是他坚定地宣布了这些神祇和宗教仪式无效。后来,雅利安异端教派反倒多多少少被从洪荒时代流传下来的麻葛教派所淹没。

如果他的人民现在仍然使用神圣的豪麻,即琐罗亚斯德所谓的"不洁的、使人陶醉的饮料",如果他们恢复在夜间祭祀密特拉和献祭家畜,他将强烈地反对。如果他们再祭祀女神阿娜希塔,其他人就会觉得他自己的传道更加协调。在古老的民族宗教衰败过程中,最振奋人心的就是在他的宗教中发现了某些新鲜的、生气勃勃的、振奋精神的东西。在后来的大多数宗教运动之中,都可以感觉到他的影响。琐罗亚斯德的《加太》,听起来就像早期的《新约全书》,这绝不是偶然的。

原注

1 参见 Olmstead, "Zoroaster," *Review of Religion*, IV (1939), 3 ff.
2 Yasna 43:5 ff.
3 Yasna 29.
4 Yasna 30.
5 Yasna 51:19.
6 Ysna 32:3 ff.
7 Yasna 49:1-4.

8 Yasna 51:10,12,14.

9 Yasna 44.

10 Yasna 48:1 - 2,9 - 12.

11 Yasna 31:14 ff.；50:2,4；51:9,13 ff.

12 Yasna 46:10 - 11；49:11；53:6.

13 Yasna 33:1；48:4；参见 J. D. C. Pavry, *Zoroastrian Doctrine of a Future Life*（1926）。

14 Yasna 46:1 - 11.

15 Yasna 15:35；参见 9:26；13:139；15:35。

16 在历史传说中,维什塔斯帕是内奥塔拉王朝的成员（Yasna 5:98；15:35；17:56）。

17 Yasna 51:15 - 16.

18 Yasna 46:13 - 14.

19 E. Herzfeld, *Archaeologycal History of Iran*（1935）, p. 40；参见 Yasna 31:7。由于大流士 28 岁登基,因此他生于公元前 550 年。其琐罗亚斯德教的名字证明其父在公元前 550 年已经皈依,这是一个非常重要的年代依据。

20 Yasan 51:17 ff.；46:15 ff.；49:8.

21 Yasht 13:98.

22 Yasna 53:1 - 4；Yasht 13:139.

23 Yasna 53:8 - 9.

24 Yasna 28.

25 Yasht 5:109,112 ff.；9:29 ff.；13:101；17:49 ff.；19:87；A. V. Williams, Jackson, *Zoroaster, the Prophet of Ancient Iran*（1899）, pp. 118 ff.；参见 Olmstead, *AJSL*, LV（1938）,404。

26 重要著作有：Jackson, *Zoroaster*（1899）, *Zoroastrian Studies*（1928）；J. H. Moulton, *Early Zoroastrianism*（1926）；C. Bartholomae, *Die Gatha's des Awesta*（1905）；M. W. Smith, *Studies in the Syntax of the Gathas*（1929）；A. Meillet, *Trois conferences sur les Gathas*（1935）；H. Lommel, *Die Religion Zarathustras*（1930）；H. S. Nyberg, *Die Religionen des alten Iran*（1938）.

27 E. Herzfeld, *Altpersische Inschriften*（1938）, pp. 4 ff.

　　贝希斯敦浮雕群,中央部分为阿胡拉马兹达神飞翔在空中,授予大流士王权。大流士身后为两位重臣,地上躺着的是巴尔迪亚,其后8个是叛乱首领(即贝希斯敦铭文所说的九王)。最后一位是西徐亚首领斯昆哈

贝希斯敦铭文全景

大流士一世脚
踏巴尔迪亚贝希斯
敦铭文雕像细部

贝希斯敦山远
眺，这座山曾经是
远古人类聚居之
地，又是著名的贝
希斯敦铭文所在地

《贝希斯敦铭
文》全景（公元前 6
世纪末），它是迄今
为止所知世界最宏
伟、最重要的摩崖
石刻。它的释读成
功奠定了亚述学的
基础，从而为人们
揭开古代西亚历史
之谜提供了科学的
方法

第八章　篡位者大流士

大流士的上台

扎拉图什特拉是维什塔斯帕宫廷尊贵的客人，他必定经常与维什塔斯帕之子、年轻的达拉亚瓦乌什或希腊人所说的大流士交谈。大流士在自传中，自称出自维什塔斯帕、阿沙马、阿里亚拉姆纳、奇什皮什和始祖哈卡马尼什（Vishtaspa, Arshama, Aryaramna, Chishitaspis, Hakhamanish）。"因此，我们被称为阿契美尼德族人。自古以来我们就是王侯，自古以来我们的家族就是王族。我的家族先后有八人曾经做过国王，我是第九个，我们九个人是两个支派。"[1]

按照字面上来说，这是真的。但在某种程度上，大流士并不能使我们完全信服。他的支派确实是长支，在阿里亚拉姆尼斯时期还曾经占据优先地位。但是，米底的征服使二者都成了同样的藩属。反抗米底王阿斯提亚格斯起义的成功，使以居鲁士、冈比西斯和巴尔迪亚为代表的旁支掌握了政权。当时，大流士的祖父阿萨美斯顶多不过是一个小王，希斯塔斯普幸运地成了帕提亚、希尔卡尼亚总督。他就是以这样的身份，陪伴居鲁士进行了最后一次毁灭性的远征。冈比西斯则将其年轻的儿子作为自己私人的仆人。公元前522年，在埃及的大流士还是国王的长矛兵。[2]在这一年结束之前，他就成了国王。

在其祖父和父亲健在的情况下，[3]他是怎样一步登天、爬上王位的呢？他在自传中是这样解释的。他的家族有一个人，居鲁士的儿子冈比西斯曾经是国王。冈比西斯有个同父同母的兄弟，名叫巴尔迪亚。后来，冈比西斯杀了这个兄弟，但人民并不知道巴尔迪亚已经被杀。然后，冈比西斯去了埃及，人民开始叛乱。巨大的谎言在全国各地流传。这时，一个名叫高墨达（Gaomata）的麻葛起来僭称巴尔迪亚。公元前 522 年 3 月 11 日，他在阿拉卡德里什山的皮什亚乌瓦达发难。所有的人民都背弃冈比西斯，投向这个觊觎王位者。7 月 1 日，他夺取了整个王国。随后，冈比西斯自杀了。

108

　　这个王国虽然自古以来就属于大流士的家族，但却没有一个人，甚至是他自己家族的人能够从那个高墨达手中夺回这个王国。因为人民非常害怕，因为他杀死了许多先前认识真巴尔迪亚并且能证实高墨达的身份是假冒的人。直到大流士来到之前，没有人敢议论反高墨达的事情。由于我们最后一次听到他的消息，是他在埃及给冈比西斯当长矛兵。因此，大流士显然是在巴勒斯坦的时候离开了军队。当先前的君主死讯一传来，他必定立刻兼程前往米底，强烈要求获得空缺的王位。[4]

　　公元前 522 年 9 月 29 日，由于阿胡拉马兹达之佑和其他六位同谋的帮助，大流士在米底尼赛亚地区西卡亚乌瓦提什要塞杀死了那个高墨达及其同伙。由于阿胡拉马兹达之佑，大流士成了国王。后来，大流士在他的自传中把其他参加暗杀的同谋者称为"七人"。他们是瓦亚斯帕拉之子印达弗尔涅斯、图哈拉之子乌坦纳、马杜尼亚之子高巴鲁瓦、巴加比格纳之子维达纳、达图希亚之子巴加布克沙以及瓦豪卡之子阿杜马尼什（Vindafarna, Vayaspara, Utana, Thukhra, Gaubaruva, Marduniya, Vidarna, Bagabigna, Bagabukhsha, Datuhya）。"你，今后将要成为国王的人，要好好保护这些人的家族。"[5]

争夺正统权的斗争

　　大流士恢复了他们家族被夺走的权利，使它回复到原先的基础上。他重建了被高墨达毁坏的神庙,他归还了被麻葛夺走的自由民的牧场、贵族的家畜和农夫。[6]他竭尽全力,重建本王朝之原状。在他的自传和贝希斯敦岩石上昭告于世的铭文之中,官方的说法就是如此。这种说法被历史之父、克特西亚斯(Ctesias),以及他们之后的希腊人所接受。[7]

现在,有许多暗示表明,大流士所说的情况与真实的情况相差太远。正如我们已经知道的,大流士属于王族,但只是旁支。我们没有理由相信他按照顺序就应当取得王位。在他的这个支系之中,按照亲属顺序还有他的祖父和父亲,他们都比他更有优先权。

大流士声称冈比西斯之弟巴尔迪亚已经被其兄处死。在我们掌握的有关资料中,关于其被杀的时间、地点和方式,就有许多截然不同的说法。大流士说这件事发生在冈比西斯远征埃及之前,希罗多德说在远征期间,克特西亚斯说在远征之后。希罗多德根据官方的说法,把普雷克萨斯佩斯(Prexaspes)说成是真正的凶手。但这里有一个疑问,即"斯美尔迪斯"到底是在苏萨附近狩猎时被杀的呢,还是淹死在埃利色雷海(Erythraean Sea)之中。在冈比西斯死后,我们有理由相信普雷克萨斯佩斯会公开收回他的故事,向人们宣布"真"巴尔迪亚已经被暗杀的秘密,然后在悔恨中自杀。我们大家知道,临终的忏悔,常常被策划成政治宣传。死者在自杀之后,就再也不能揭露真情了。而且,"伪"斯美尔迪斯之伪,仅在于他宣称自己是居鲁士之子,他的真名还是斯美尔迪斯!当我们被告知"真"、"伪"斯美尔迪斯是如此地相像,以至于"真"斯美尔迪斯之母和姐妹都被骗了,这种荒谬之谈简直达到了登峰造极的地步!

同时代的埃斯库罗斯并没有怀疑他所说的那个马多斯(Mardos)是合法君主,也没有怀疑马多斯是被暗杀的。但暗杀者不是大流士,而是"七人"之一的阿尔塔弗雷尼斯。赫兰尼科斯(Hellanicus)称其为达弗尼斯(Daphernes)。色诺芬说居鲁士去世之后,其子立刻开始内讧。篡夺统治权必不可少的合法性,可以由大流士的婚姻关系之中辨别出来,他娶了居鲁士之女阿托萨、阿提斯通、[8]费迪姆(七人之一乌坦纳之女)。她与阿托萨一样,先是冈比西斯之妻,后为巴尔迪亚之妻。他还娶了巴尔迪亚之女帕米斯。[9]最后一点,但绝不是不重要的是,大流士如此坚持说他所有的对手,特别是"伪"巴尔迪亚都是说谎者,这使我们相信"他发的誓太过分了"。[10]

在自传前后文中,大流士直截了当宣称是阿胡拉马兹达赐予其统治权。"这就是我统治的国家,靠阿胡拉马兹达之佑,我成了他们的国王。"随后,他列举了 23 个行省的名称。[11]大流士极力使我们相信,在他登基的时候,上述这些地区都忠于王室,只是后来才叛乱了。再往下,他以叙事的方式承认在他杀死麻葛之后,埃兰和巴比伦起义了。但他仍然坚持认为巴比伦还没有被攻占,其他地区也发生了起义。在他的故乡波斯、在埃兰发生了两次起义。还有米底、亚述、埃及、帕提亚、马尔吉安纳、萨塔吉迪亚和塞种部落也起义了。[12]这让我们检验了其权利的合法性。

110

被征服民族的起义

在他自己的直系亲属中,其祖父阿萨美斯和父亲希斯塔斯普当时仍然健在。其中一个人显然没有权力,另一个人是帕提亚和希尔卡尼亚总督,但在他登基之时和之后都没有给他提供援助。另外两位总督——巴克特里亚总督达达希什和阿拉霍西亚总督维瓦纳(Dadarshish, Vivana)宣布支持大流士。其他地方不是造反,起码也是保持中立。正如大流士自己承认的,当时整个帝国是毫无疑问地接受了巴尔迪亚。他的上台,带来了民族独立的希望,在被征服民族的革命中造成了激烈的动荡。许多野心勃勃的波斯总督也准备抢夺空缺的王位。甚至在其父的行省帕提亚与希尔卡尼亚也有人拒绝接受其为君主。当达达希什和维瓦纳宣布支持篡位者时,马尔吉安纳的弗拉达攻入了巴克特里亚,阿拉霍西亚也出现了武装的反对派。粟特被马尔吉安纳所分割,并且受到了塞种骑兵的进攻。

大流士声称"沿海行省"、萨迪斯和爱奥尼亚忠于王室。在自传中,这三个行省从来没有被称为叛乱的行省。但是,希腊人却有不同的说法。居鲁士晚年,奥罗特斯(Oroetes)被任命为萨迪斯总督。冈比西斯在位末年,他借口触怒了国王,引诱萨摩斯伟大的僭主波利克拉特斯(Polycrates)到马格内西亚去会面。后者受骗被俘,并被杀死,尸体被钉在十字架上。在巴尔迪亚之后的动乱时期,奥罗特斯又杀死达西利乌姆的总督米特罗巴特斯。大流士派了一位御史给奥罗特斯,但在回来的途中,这位御史遭到伏击,被111 杀死了。这时,大流士的势力仍然非常软弱,刚刚上台就面临战火,前途微妙。他派遣阿通特斯之子巴吉乌斯(Artontes, Bagaeus)拿着盖有火漆的信件前往萨迪斯,这些信件是为了考验书吏和长矛兵的忠诚而使用的。当这些人表示服从命令时,就下达了处死奥罗特斯的命令。这样,萨迪斯、达西利乌姆和爱奥尼亚就被收复了。[13]

大流士虽然在米底杀死了巴尔迪亚。但是,他连那个地方也控制不了。他承认当他带着一支小部队前去收复巴比伦的时候,听到米底在当地人弗拉瓦提什或弗拉欧尔特斯领导下发难了。而且,叛乱者僭称米底大英雄克沙特里塔,并且宣布自己是克沙特里塔或基亚克萨雷斯的后裔。不论真实情况如何,他的相貌绝不是雅利安人。他的圆头、狮鼻、凹眼、尖脸与他长长的胡子、遮住前额的长发、脖子后的圆髻形成了鲜明的对比。而直统短裙、窄皮带、也使我们知道原创的米底服饰是什么模样。埃克巴坦那宫廷卫队被争取过去了,拉加的第二米底投降了。亚述,显然还有亚美尼亚、卡帕多西亚也紧随米底投降了。一支军队进入了帕提亚和希尔卡尼亚,希斯塔斯普无法抵抗其进攻,弗拉瓦提什看来重新恢复了基亚克萨雷斯生前的帝国。[14]

大流士真正的故乡波斯,也落入了某个瓦希亚兹达塔(Vahiyazdata)、僭称被杀的巴尔迪亚之名者的手中。他是在卡尔马尼亚的尧提亚地区塔拉瓦(Carmania, Yautia, Tarava)发难的。[15]在其替身的肖像中,表现出他不加修饰地穿着宽大、有皱纹的长袍、系带的长统靴,鬈曲的长发。在帕萨迦迪居鲁士宫廷的波斯人都知道他的合法性。而他那低平突出的鼻子、圆头、长满胡子的尖下巴,都明显地表明了这样一个事实,即他也不是雅利安人。瓦希亚兹达塔派遣一支军队前去进攻阿拉霍西亚。在他到达阿拉霍西亚之前,他必定已经征服阿里亚和德兰吉亚纳。

在乌克巴塔兰马之子哈什希纳(Ukbatarranma,Hashshina)领导之下,埃兰也宣布独立了。这位首领的形象是低而尖的鼻子、突出的颧骨、浓密的胡子、坚实的下巴没有被修剪整齐的大胡子遮挡。他穿着有垂直皱纹的长袍,不大像其他"叛乱者"。当大流士到达巴比伦平原时,他在扎格罗斯山隘口派遣了一位御史前往埃兰。这位御史的出现,吓得当地人把他们的新统治者铐起来送给大流士。大流士立即将其处死。[16]

巴尔迪亚被暗杀的消息传到巴比伦不久,公元前522年10月3日,即事件发生仅仅4天之后,这个地区就再次起来反抗外国的统治者。对于其驯服的臣民,新国王在纪年文书中自称为巴比伦最后一位独立统治者那波尼德之子尼布甲尼撒三世(但根据大流士所说,他的真实姓名是阿尼里之子尼丁图贝勒)。他被描绘成一位老人,脸上皱纹很深,短上唇,笔挺前翘的大胡子衬托着短而凸起的鼻子。在他的前额,波浪形的头发向后下垂成扁贝形状,他的耳后还有一绺头发,颈后修整过。他穿着一件衬衫,下半部直垂到赤裸的膝盖,编织的紧身衣做成紧身褡。他的年龄展示了他的说法,即他是7年前刚去世的那波尼德之子。无论如何,大流士坚持说他在位之初巴比伦在各行省之中是忠于王室的,这个谎言现在被揭穿了。[17]

尼布甲尼撒让军队驻扎在底格里斯河沿岸的芦苇中,控制所有的船只,守卫各个渡口。大流士用充气皮囊将部队渡过河去,迂回包围了敌军。这些皮囊非常类似我们在亚述浮雕中所见到的皮囊,以及我们亲眼看见的、今天仍然在使用的皮囊。12月3日,这支军队被击败。5天之后,在幼发拉底河的扎赞纳和尼布甲尼撒本人进行了决定性的第二仗。巴比伦军队被驱入水中,"叛乱者"逃往巴比伦。尼布甲尼撒很快被俘和处死。公元前 522 年 12 月 22 日,巴比伦文书开始使用"巴比伦王、各国之王大流士在位初年"纪年。[18]同时,大流士看来占领了尼布甲尼撒的北宫。[19]

113　　　正当他在巴比伦之时,大流士宣称波斯、埃兰、亚述、埃及、帕提亚、萨塔吉迪亚和塞种部落起义了。[20]冈比西斯留在埃及的总督雅利安德斯因为苛政疏远了埃及人,并且被驱逐出来。[21]与他一起被驱逐的,还有亲波斯的乌加霍列森尼。他为自己作了如下辩护:

"我在本城是一位好人。我在遍及全国、前所未有的大动乱中挽救了本城的居民。我使弱者免遭强者欺凌。"——这好像是汉穆拉比法典迟来的回音——"我保护了众多的人,如果疾病降临他们的身上,在应当为他们做事之时,我为他们作了一切有益之事。我为没有安葬的人举行了适当的葬仪;我供养了他们所有的子女;当这个州发生动乱之时,当全国发生大动乱之时,我为他们建立了坚固的住房。我为他们作了一切有益之事,就像父亲为子女所作的一样。"[22]

被征服地区的收复

但是,局势已经开始改变。还在 12 月 9 日,巴克特里亚的达达希什(Dadarshish)就击退了马尔古什人(大约相当今木鹿大平原)的"首领"。这个扁长鼻子、长着山羊胡子的弗拉达刚刚杀死了先知琐罗亚斯德。稍后,马尔吉安纳本身也收复了。12 月 29 日,在卡皮沙卡尼什要塞,维瓦纳击败了瓦希亚兹达塔由波斯派来进攻阿拉霍西亚的敌人。在这年最后一天,沃米萨在亚述的伊萨拉(今图尔阿比丁山区)取得了胜利。尽管大流士身边的波斯、米底军队很少,他仍然不得不分兵出击,派遣"七人"之一的维达纳率领一支军队进攻米底。公元前 521 年 1 月 12 日,在马鲁什发生了一场小规模战争。大流士声称敌军将领落荒而逃。虽然如此,维达纳却被迫停止前进,直到其主子前来支援。由于他在克尔曼沙赫大平原的坎帕达扎营,所以再次被埃兰的汉班(Hamban)部落包围。[23]

哈什希纳被击败,给奇奇克里什之子、真正的波斯人马提亚(Martiya)创造了机会。他来自波斯到苏萨大道旁的库干纳卡,并宣称自己是乌马尼什,即亚述人闻风丧胆的埃兰王亨巴尼加什(Humbanigash)。(在浮雕上,其面部已经损坏。他身穿长袍,长袍遮住双手,向上有一种宽松的感觉,并且露出了衬衫。)2月初,大流士离开巴比伦,在进攻扎格罗斯门之前,他轻松地绕过苏萨,埃兰人吓得杀了马提亚。现在,大流士可以派阿尔塔瓦尔迪亚(Artavardiya)沿着同一条道路由后面进攻瓦希亚兹达塔。2月20日,瓦希亚兹达塔的军队在阿拉霍西亚的甘杜塔瓦被彻底击败。指挥官逃往阿沙达,他在那里被俘,并被维瓦纳杀死。3月6日,希斯塔斯普在维斯波扎蒂什打败米底弗拉瓦提什的同伙、帕提亚的叛乱者。[24]

大流士率领的波斯军队主力再次越过扎格罗斯山,与驻扎在坎帕达(Kanpada)的维瓦纳会师。5月8日,他在昆都鲁什打败弗拉瓦提什。这是一场决定性的战斗。因为这个胜利的重要性,他立刻挑选地点勒铭庆祝自己的胜利。弗拉瓦提什在少数骑兵的陪伴下逃往第二米底的拉加,但被追获押回。他的鼻子、耳朵和舌头都被割掉,眼睛被挖掉,并公开示众,直到大流士准备好将其处以刺刑,将其同伙绞死在埃克巴坦那要塞为止。[25]惩罚的残酷性和对惩罚描写的详细性,表明米底局势是多么的危险。

5月20日,第二位达达希什(这位是亚美尼亚人)在祖祖打败了自己的同胞。4天之后,阿塔瓦尔迪亚在波斯的拉哈(Rakha)打败了觊觎王位者瓦希亚兹达塔。但是,后者得以逃走,并在皮什亚乌瓦达召集了一支军队。6天后,亚美尼亚人达达希什在扎格拉要塞再次获胜。6月11日,沃米萨在提亚里山的奥提亚拉地区再次获胜(这个地方现在由亚述籍的基督教徒维持着一种不稳定的独立地位)。6月30日,达达希什宣布在乌亚马取得第三场胜利。这些所谓的胜利是如何微不足道,只要从沃米萨和达达希什此后都在等待大流士援助这个事实就可以看穿。[26]

弗拉瓦提什被杀之后,波斯仍然在起义。大流士立刻留下部分军队驻守埃克巴坦那,自己在 4 月底匆匆忙忙北上拉加。到了那里,他的军队虽然已经减少,他还是又一次分兵援助其父。其父直到那时还没有使自己的帕提亚臣民表示忠诚。由于传来了亚述和亚美尼亚决定性战斗的消息,大流士转向西部的乌鲁米耶湖和罗恩杜兹峡谷。7 月下旬,他到达埃尔比勒。[27]

被弗拉瓦提什夺回的米底帝国东部萨加尔提亚,在本地一位萨加尔提亚人奇特拉塔克马(Chithratakhma)的领导下,趁机发难。他和弗拉瓦提什一样,也宣称自己出自基亚克萨雷斯家族。留守埃克巴坦那的波斯、米底驻军由米底人塔赫马斯帕达率领前去进攻他,叛乱者在战争中被擒获,送往埃尔比勒的大流士处,得到了与弗拉瓦提什同样的下场。[28]

7 月 11 日,希斯塔斯普得到其子由拉加派来的援军之后,终于在帕提格拉巴纳(Patigrabana)打败了刚刚上台的对手,帕提亚好不容易稳定下来。[29] 4 天之后,阿尔塔瓦尔迪亚在帕加(Parga)山打垮了瓦希亚兹达塔及其新召集的军队。胜利的消息报告了大流士,根据国王的命令,在乌瓦代查亚将僭称巴尔迪亚者及其主要官员都处以了刺刑。[30]

巴比伦最后承认大流士为王的时间,是 9 月 8 日锡伯尔做成的义书。第二天,在乌鲁克做成的文书便使用了尼布甲尼撒之名纪年。起义爆发在一个不出名的村庄杜巴拉,它大概在巴比伦南部。过了一段时间,他在占领都城之后,正式使用了"巴比伦王"的称号。这大概是 9 月 21 日的事。[31] 尽管大流士称其为亚美尼亚人,他并不是现在的雅利安部落的游牧者(是他们把当地命名为亚美尼亚的)。他的父亲名叫哈尔迪塔,这个名字得名于古代哈尔迪民族的主神哈尔迪什(Haldish)。同时,阿拉哈(Arakha)扁平的鼻子、半开半眯的小眼、直挺的头发、尖翘的胡子,进一步证明他代表了这个古老的民族。公元前 521 年 11 月 27 日,伪尼布甲尼撒四世(他像尼布甲尼撒三世一样称为那波尼德之子)被"七人"之一的文达法纳擒获。根据国王的命令,他和支持他的主要市民在巴比伦被处以刺刑。[32] 当地人长期记住了洗劫王陵,特别是尼托克里斯(Nitocris)王后陵墓之事。[33] 在起义中,戈布里亚斯总督消失不见了。公元前520年3月21日,我们发现巴比伦来了一位新总督。希腊人称其为希斯塔尼斯(Hystanes),本地人称其为乌什塔尼(Ushtani),他成了巴比伦与河西总督。[34]

大流士的自传和碑铭

公元前520年9月末,一位捉刀者写好了国王的自传。自传每个段落都是以"大流士王说"开始。自传叙述了大流士的祖先,谎言如何造成了全国叛乱,他在恢复帝国的过程中如何经历了19场战争擒获9位国王。"这就是我在成为国王之后,在同一年内建立的功绩。"[35]实际上,恢复帝国花费的时间比一年稍长一点,是从公元前522年9月29日到公元前521年11月27日。敌方死伤和被俘人数的统计、进行战斗的地点和精确的战斗日期,证明了它的正确性。

为了使将来的读者不致认为记载是谎言,阿胡拉马兹达成了国王的证人,证明它是真实的。为了让将来的人不致觉得他做的这些事情太多,实际上还有许多其他事情没有被记入自传。"阿胡拉马兹达和其他的神祇帮助了我。"大流士不像琐罗亚斯德,他是个不太严格的一神教徒。"我行为正直,强弱无欺。"

他不仅仅使用波斯、埃兰和阿卡德楔形文字书写了铭文,"我还使用了其他前所未有的方式,用雅利安语书写了铭文。"阿拉米语早已确定为阿契美尼德王室办公厅与西部行省联系的通用语言,在《以斯拉记》之中保存的、自居鲁士以来历代国王给犹太人的诏令,就充分地证明了这一点。现在,阿拉米字母也被用来书写波斯语。巴比伦楔形文字大多用表意文字写成,一个符号就可以代表整个单词。有几个表意文字保存在波斯楔形文字之中。有许多阿拉米词汇被借用,它们用阿拉米符号书写,但读成波斯语。钵罗钵语半表意文字系统就是这样开始使用的。"它写好之后读给我听了"，这句话默认捉刀者的存在。然后，自传被发送到全国各地。
117 巴比伦出土的一块石碑，保存了自传阿卡德语译本的一部分。[36] 埃
利潘蒂尼出土的纸草文书，证明当时曾经为犹太雇佣兵殖民地准
备了阿拉米语的抄本。当它被经常会议用坏之后，又做了另外一
个抄本。[37]

自传全文用波斯、埃兰和阿卡德三种官方语言的楔形文字铭刻
在当年进行决定性战斗的昆都鲁什战场高处。其下是从巴比伦经
扎格罗斯门、沿着高原通往埃克巴坦那的大道，向东行65英里，它
消失在次高地的分界山脉之中。从克尔曼沙赫平原爬上侧面的山
谷，一列高山锁在平原之中，东边尽头处是陡峭高耸的山口。500
英尺的高度、一个泉水池、岩石上的裂缝，为在陡峭的悬崖上铭刻
巨大的铭文和面积达180平方英尺的大型浮雕创造了条件。

在自己的被保护人国王面前，阿胡拉马兹达是飘浮不定的。在
国王的头部上方，长着胡子的神戴着圆柱形的、闪闪发亮的帽子，
并且有区别于国王的神圣的角和八条辐射状光芒的日盘。这两者
都直接起源于亚述。其上衣与长袍相连，宽大的袖套直到腕关节。
他的左手握着一个圆环，象征着赐予国王的无上权力。他的右手
掌伸开，正在进行祈祷。他悬浮在一个大圆环之中，圆环每边有长
长的，近似长方形的翅膀，翅膀上波浪形线条用圆弧分成了三部
分。一条带状物同样被分成两部分，由圆环向下垂着。圆环向下
伸出的东西被描绘成两股交叉的闪电，但把它视为埃及代表真理
的鹰女神脚爪可能更为妥当。

大流士是个纯种的雅利安人，高高的额头，大鼻子，身高5英尺
10英寸。他头戴战时的王冠、雉堞形圆环上镶着椭圆形宝石和花
状装饰。他前额的头发精心地鬈曲。下垂的八字胡子一直鬈曲到
胡子尖。脖子后的头发做成了大圆髻，几乎连着突出的耳朵。四
方形胡须用圆弧分成4行，以直线相连，有点像从前亚述国王的装
饰。一件长袍盖住了他粗壮的身体，长袍短而尖的袖口，露出了腕
118 关节和手。长袍下可以看到裤子，裤子下有低帮系带的鞋子。国
王左手握着两端为鸭头状的弓。右手高举向阿胡拉马兹达祈祷。

他背后站着手持弓箭、箭囊和手持长矛的卫兵。他们大概是戈布里亚斯和阿斯帕西尼斯。他们的穿着与国王相同,但有络腮胡子和八角形花束发带。

在下面大道旁的亚细亚门入口之处,古代许多征服者曾经把自己描绘成骄傲地践踏已经倒地敌人的形象。[38]大流士也被描绘成同样的姿态。他的左脚踏在身穿长袍、躺在地上的高墨达身上,高墨达一只脚在空中挣扎,伸出双手徒劳无功地哀求。在征服者前面,站着其他的叛乱者。他们的颈部用长索捆成一串,双手反绑在背后。

浮雕高高的悬在大道上方,在宏伟的背景衬托下显得十分渺小。我们非常奇怪大流士怎么会想到要用三种语言的楔形文字把自己的自传铭刻在浮雕周围。让旅行者从下面能够看见它。当他们最初看见这个著名的碑铭的时候,肯定是失望的。[39]

仅仅在一个世纪之后,这个碑铭就被一位希腊医生、大流士王后裔的御医之一看见了。他就是克特西亚斯。他知道这座山名叫巴吉斯坦努斯(Bagistanus),知道碑铭是献给波斯的主神宙斯的。他看见一个有充足的泉水灌溉的园囿。他估计悬崖高度超过 2 英里,铭文使用的是"叙利亚语",还有浮雕。但是,大流士的诅咒已经被人遗忘了。他的后代不仅忘记了他的丰功伟绩,甚至连他的名字也忘记了。克特西亚斯还误以为这个碑铭是半传奇式的亚述女王塞米拉米斯的碑铭呢![40]

原注

1　*Beh.* §§1 ff.
2　Herod. iii. 139；Xen. *Cyrop.* iv. 2.46；关于年龄,参见 Herod. i. 209。
3　*Beh* §35. §13；Susa Charter 13 ff.；Xerxes, *Persepolish* 17 ff.
4　参见 Herod. iii. 73。
5　*Ibid*. 70；Ctes. *Pers.* 7. Epit. 45；*Beh.* §68。
6　E. Herzfeld, *Altpersische Inschriften* (1938), pp. 51 - 52.
7　*Beh* §§10 ff.；Herod. iii. 30 - 31, 61 ff.；Ctes. *Pers.* xiv. Epit. 41 - 44；Plato *Epist.* 7. 332 A；*Leg.* 695 B；Just. i. 9.4 ff.；Polyaen. vii.

11. 2.

8 关于年轻的阿里斯通，见 Cameron，"Darius' Daughter at Persepolis，" *JNES*，I (1942)，214 ff。

9 Aeschyl. *Pers.* 774；Hellanicus，*Pers.*，Frag. 181（J），Xen. *Cyrop.* viii. 8. 2；Herod. iii. 68，88；vii. 224.

10 参见 Olmstead，"Darius and His Behistun Inscription，" *AJSL*，LV (1938)，392 ff。意味深长的是，在 Herod. iii. 72 中暗示大流士正在精心地掩护这个谎言。

11 *Beh.* §6.

12 *Ibid.* §§16，21.

13 Herod. iii. 120 ff.；Diod. 38；Aelian. *Var. hist.* 7. 11；Athen. xiv. 522B.

14 米底的反大流士起义见：Herod. i. 130。

15 *Ibid.* iii. 93；vii. 68.

16 *Beh.* §§16 ff.

17 关于尼布甲尼撒三世和尼布甲尼撒四世的文书见：Olmstead，*op. cit.*，pp. 399 ff.，符合卡梅伦更正的年代，见"Darius and Xerxes in Babylonia，"*AJSL*，LVIII (1941)，316 ff.；参见 R. A. Parker and W. H. Dubberstein，*Babylonian Chronology*，*626 B. C. - A. D. 45* (1942)，p. 13。

18 *Beh.* §§18 ff.；Herod. iii. 150 ff.；参见 Cameron，"Darius and Xerxes in Babylonia，"*op. cit.* p. 318；Parker and Dubberstein，*op. cit.*，p. 13。

19 参见 R. Koldewey，*Mittheilungen des deutschen Orient-Gesellschaft*，III (1898)，8。

20 *Beh.* §21.

21 Polyaen，vii. 11. 7.

22 参见 pp. 88 - 91。

23 *Beh.* §§38 - 39，45，29，25.

24 *Ibid.* §§22 - 23，41，46 ff.，35.

25 *Ibid.* §§31 - 32；Ecbatana, the fortress, Ezra, 6：2.

26 *Beh.* §§41 - 42，26 ff.，30.

27 *Ibid.* §§33，36.

28 *Ibid.* §33.

29 *Ibid.* §36.

30 *Ibid.* §§42 - 43.

31 Parker and Dubberstein, op. cit.，pp. 13 - 14.

32 *Beh.* §§29 - 30.

33 Herod. i. 187；Plut. *Reg. imp. apophtheg.* 173B.

34 Herod. vii. 77；Strassmaier，Babylonische Texte：Darius（1897），No. 27.；参见 No. 82；Clay，*BRM*，Vol. I，No. 101。

35 R. G. Kent，"Old Persian Texts. III. Darius' Behistan Inscription，ColumnV."*JNES*，II（1943），105 ff.

36 F. H. Weisbach，*Babylonische Miscellen*（1903），No. X。

37 A. E. Cowley，*Aramaic Papyri of the Fifth Century B. C.*（1923），pp. 248 ff.

38 参见 N. C. Debevoise，"Rock reliefs of Ancient Iran，"*ANES*，I （1942），80。

39 H. C. Rawlinson，"The Persian Cuneiform Inscription at Behistun，"*JRAS*，X（1847）.早期的释读情况,见 R. W. Roges，*History of Babylonia and Assyria*（6th ed. ，1915），I. 21 ff.；准确的原文版本,见 L. W. King and R. C. Thopson，*The Sculptures and Inscriptions of Darius the Great on the Rock of Behistun in Persia*（1907）；早期可读的原文和译文见：F. H. Weissbach，*Die Keilinschriften der Achameniden*（1911），pp. 8 ff. ；浮雕最近的照片，见 Cameron，"A Photograph of Darius' Sculptures at Behistun，"*JNES*，II（1943），115 - 116。本文关于浮雕的解释,根据 C. M 奥姆斯特德的硕士论文打印稿（Mrs. David O. Robbins），"Studies in Stylistic Development of Persian Achaemenid Art"（1936），pp. 6 ff. ；一般的争论，见 Olmstead，"Darius and His Behistun Inscription，"*op. cit.* ，pp. 392 ff。

40 Ctes. *Pers.* i，Epit 12（Diod. ii. 13. 1 - 2. ）；Isid. Char. 6.

第九章　新立法者

设计司法改革

在经历了两年的艰苦战斗之后,大流士终于被承认为西亚大部分地区的国王。一个短暂的喘息机会终于使他认识到,这个巨大的帝国出乎意料地被他的战无不胜的军队征服了。这些年的起义,给各地造成了真正的混乱,并且暴露出帝国的结构至今为止仍然是出乎意料的软弱。大流士是第一流的、天才的行政官员,在他漫长而又杰出的统治时期,他把自己的大部分精力都献给了这些重要的改革工作。

第一个必须确定的问题是帝国的都城问题。尽管当时波斯仍然在起义之中,他似乎已经决定要在自己的故乡建立帝国新的行政中心。而当埃兰刚刚被重新征服之后,大流士就临时驻跸在苏萨,开始建造宫殿,一直到具有决定意义的公元前521年年底。[1]

一旦安定下来之后,他开始注意设计自己的第一项改革——在全国实施新的法律。在公元前520年某个时候编成的自传中,他声称:"靠阿胡拉马兹达之佑,上述地区遵守我的法律。凡我给他们的命令,他们都遵行不误。"[2]这并不是毫无根据的自吹自擂。早在公元前519年,即其正式登基的第二年,我们发现巴比伦人早已使用该法典。在奴隶买卖文书中,"他们将根据国王的法律履行"这句话取代了卖主通常的担保。[3]

"法律"是个新的术语。我们现在有了一个准确的伊朗术语

dat,用来代替非常熟悉的术语"公正"。我们很早就在《以斯帖记》之中见到过希伯来文术语 *dath*。同时,巴比伦文书中的 *data sha sharri*,在语义上与 *datha di malka* 完全相同(以上术语词义均为 "法律"之意。这里保留原形,是为了使读者可以对照各种语言的异同——译者注)。同样,在引自《以斯拉记》的阿尔塔薛西斯一世法律之中,我们也见到这个术语。[4]

120

　　毫无疑问,这些被编入良好法令条文集中的法律,其收集、修改汇编成法典,都是在大流士严密监督之下完成的。同样显而易见的是,如果没有早已流行的法典作基础,新的法典就不可能如此迅速编成。

巴比伦的资料

　　自从有文字史以来,商业化的巴比伦一直承认法律的至高无上地位。巴比伦法官执行的不是欧洲大陆法系学者所理解的成文法汇编,而是类似于盎格鲁-撒克逊民族的习惯法。其基础建立在古代判例之上,即"人们的记忆是不会错的"。根据这些判例,在确定的情况下制定各种不同类型的法律。法官可以根据逻辑推理的方式,对自己面临的特定案件作出自己的判决。这里,对他有帮助作用的就是我们所谓的案例讲义,现代的法学院也仍然在使用它。尽管案例讲义是以国王的权威发布的,并且因为得到神的正式批准而产生效力,但把它称为法典是非常不妥当的。

　　在三千纪后期的不同时期,以苏美尔通用语言编成的各种案例讲义已经出现了。每个案例都有规范的套语。如果某人如此这般行事,就必然会产生某种后果。著名的汉穆拉比就使用了同样的套语。我们已经拥有一部差不多完整的汉穆拉比案例讲义(我国一般称为汉穆拉比法典。——译者注)。[5]但是,他宣布他"以这个国家的语言确立了法律和正义",这表明他把案例由苏美尔语译成了现在通用的阿卡德语。确切的证据表明,由使用古代的判例法过渡到更发达的法律程序,以适应新的社会经济状况,实际上是一个重要的发展过程。

121　　最早收集的判决是以常用草书体楔形文字书写在泥板上,保存在巴比伦主神马尔都克大神庙埃萨吉拉的档案库中。从尼普尔古代恩利尔神的埃库尔神庙遗址出土的、写在5—6块大泥板上的、同时期的文书抄本看来,它们可能被使用过。更直接的使用这种手写体楔形文字,是将其"译成"仍然在使用的古老的书写体碑铭文字,将其刻在庄严的闪长岩石碑上,置于埃萨吉拉神庙中。在那里,可以把它读给法官以及当事人听。法律受到立法之神、太阳神沙马什的保护。在石碑上,太阳神被描绘成正在赐予汉穆拉比必要的权威。

　　有一段时间,埃兰征服者曾经将这块石碑运回自己的都城苏萨。将其安置在自己的神庙之中。但这并不意味着巴比伦失去了著名的案例讲义。因为在其他城市还有复制的石碑,在其他神庙还有抄本。亚述人就见过一本这样的案例讲义。他们把它当成法律的补充,或用它取代本国古代的案例讲义。萨尔贡意译了汉穆拉比法典前言一段最著名的声明。还有一段同样的声明"不使强者欺凌弱者",则被其孙、学者国王亚述巴尼拔一字不差地引用了。各种案例讲义,有的盲目模仿阿卡德语文本,有的"译成"亚述语,刻上了古代文献集成图书馆的标志。根据同一位亚述巴尼拔的命令,它们被收集在一起了。它们证明,它们在亚述的书名是《汉穆拉比的判决》。而在巴比伦,按照通常的习惯,作品的第一行"当着崇高的安努"仍然作为书名没有改动。

　　汉穆拉比法典连续使用超过1000年以上,它并不是一部详尽的、需要不断修改的法典,而只是一份许多重要判决的清单。其判例被认为具有永恒的法律效力。正因为这样,法典也被波斯征服者所采用。在一篇致巴比伦读者的阿卡德语通告中,居鲁士以模仿法典原文措辞的方式,表达了对这部法典的衷心敬意。这不仅是嘴上说说而已,而是有他在位第三年的文书为证。该文书就是
122　以"国王的判决"为基础的。[6]

与汉穆拉比法典的比较

　　但是,大流士决心要使自己与大立法家汉穆拉比齐名。幸运总是不相同的。当那些早已被彻底遗忘的、刻着汉穆拉比法典优良法令条文的泥板文书一块接一块不断地出土之后,实际上也就证明它们一直存在着。同时期的商务文书进一步确认了它们的真实性,并且证明它们包括各种类型的法律。但是,没有足够的资料来比较古代法典处理问题是否一致。不过,我们在比较大流士某些铭文的阿卡德文本和汉穆拉比法典的前言和跋时,我们发现在推理和规定上,措辞和词汇有许多类似之处。这使我们确信,后者抄袭了前者。这也使恢复大流士原作的相应部分,在很大程度上有了可能。

　　汉穆拉比以时间作为自己引言的开始:"当至高无上的安努和天地之主恩利尔授予恩基的长子马尔都克统治全人类之权,当他们宣布巴比伦崇高的名字之时,他们使它成为了天下四方最伟大的城市,并且在城中为他建立了一个与天地共长久的王国。"[7]

　　大流士与巴比伦多神教徒不同,他几乎(但不完全)是一神教徒。"伟大的神阿胡拉马兹达,他建立了这大地,他建立了那天空,他创造了人类,他创造了人类的福祉,他立大流士为王、众王之王、众主之主。"[8]"伟大的神阿胡拉马兹达,他赐给这美好之物,他赐给人类的幸福,他赐给大流士王智慧和友谊。"[9]

　　汉穆拉比宣称他根据神的旨意进行统治:"当是时,安努和恩利尔命令我汉穆拉比、至高无上的王、众神的崇拜者,施行正义于全国,消灭道德败坏者与罪恶,不使强者凌辱弱者,犹如阳光泽被黔首,光照全国,造福人民。"[10]

　　他的后继者则自夸:"我是大流士王、伟大的王、众王之王、万邦万民之王、这辽阔大地之王,希斯塔斯普之子、阿契美尼德族人、波斯人、波斯人之子、雅利安血统的雅利安人。"[11]"大流士王这样说,阿胡拉马兹达见这些地区一片混乱,互相混战,遂将其赐予我。

123

153

他命令我统治他们。我成了国王。靠阿胡拉马兹达之佑,我使它恢复了原状。凡我给他们的命令,他们都按照我的旨意执行了。"[12]

"我清除百弊,使其长久。许多地区曾经互相仇恨,人们互相残杀。靠阿胡拉马兹达之佑,我使那些人不再互相残杀。我使每个人各安其所,使他们敬畏我的判决,使强者不敢杀害也不敢损害穆什钦努。"在这里,大流士不仅引用了汉穆拉比法典前言和跋反复强调过的著名章句。[13]他还使用了在新巴比伦史料中已经不大为人知晓的"农奴"这个古典术语。但是,它在法典中是常见的。在法典中,不同社会阶级的法律地位是不同的。[14]

汉穆拉比将其石碑置于沙马什的保护之下。大流士同样把他自己的神视为真正的立法者。"奴才啊,这就是阿胡拉马兹达的命令,不要违抗这个命令,不要离经叛道,不要犯上作乱。"[15]

在自己的序言之后,汉穆拉比立刻罗列出一长串被他修复的或者得到其恩惠的城市与神庙的名单,不管是巴比伦境内的,还是境外的。[16]这个名单无意之中反映了其统治区域的辽阔。大流士则强调:"靠阿胡拉马兹达之佑,我占领了从波斯到下述各个地区,我是他们的统治者,他们向我缴纳贡赋。凡我给他们的命令,他们都执行了。我的判决约束着他们。"[17]这时,通常要列举行省的名称,这些行省至今一直在变动。完整的名单可以用如下名单代替:"波斯行省、米底行省、其他语言的、山区的、各地的、海这边的、海那边的、沙漠这边的、沙漠那边的(行省)。"[18]

根据序言如此近似,我们同样可以比较汉穆拉比的跋:

> 此为确立与赐予全国稳定给养与仁慈统治的智慧之王汉穆拉比所制定的公正的判决。我,汉穆拉比、完美的王。我未曾忽视贝勒赐予我的黔首,以及马尔都克授予我的牧养之任。我为彼等寻找安全之地,战胜了极其严重的困难。我使正义之光泽被彼等,我以扎马马(Zamama)及因南纳(Innanna)赐予我的有力武器,以埃亚(Ea)赐予我的远大眼光,以马尔都克赐予我的力量,驱逐了北方与南方之敌。我结束了他们的掠夺行

154

为。我增加了全国的福利。我使人民安享太平。我不许任何人骚扰他们。

伟大的诸神授命于我。我是警惕的牧者，我的王权合乎正义。我仁慈的身影遍布全城。我将苏美尔、阿卡德的人民揽入我的胸怀，置于我的保护之下。我使他们的兄弟得到安全，我以智慧保护他们。在首领安努和恩利尔高声赞美的巴比伦城、在根基与天地共长久的埃萨吉拉神庙，为使强者不欺凌弱者，孤儿寡妇得到正义，为了在全国宣布判决，为了在全国作出判决，为了使被压迫者得到公正，我已将我权威的语言刻在我的石碑上，置于我、正义之王的肖像之前。

我是王者中最杰出的国王。我的言辞是金口玉言，我的智慧举世无双。奉天地伟大的法官沙马什之命，我愿使正义之光普照全国。奉我主马尔都克之命，我的法律无人可以废除。在我热爱的埃萨吉拉，愿我的名声永垂不朽。

让涉讼的被压迫者务必来到我、正义之王的肖像前，让他阅读我石碑上的文字。让他留意我权威的语言。愿我的石碑能阐明他的诉讼，愿他能明了他的诉讼。愿法律使他心情舒畅。愿他高声宣布："汉穆拉比是真正的统治者，子民真正的父亲。他尊敬主马尔都克之命。他为马尔都克赢得了北方和南方的胜利。他使主马尔都克心怀喜悦。他为人民建立了永久的繁荣，使国家走上了正道。"愿他真心在我主马尔都克和女主扎尔帕尼特之前祈祷。愿埃萨吉拉的诸神、诸保护神、埃萨吉拉的围墙接受他每日在我主马尔都克和女主扎尔帕尼特（Zarpanit）之前的祈祷。[19]

125

　　大流士王这样说：靠阿胡拉马兹达之佑，我是这样的人：我是正义之友，邪恶之敌。我不允许任何农奴给市民制造困难之事发生，也不允许市民给农奴制造困难之事发生。我惟正义是爱。我仇恨说谎之人。我性情温和，凡盛怒之人，我以我心使其平静。凡伤害他人之人，我将按其伤害程度惩罚之。我不允许有人伤害别人而不受任何惩罚。凡说话违背事实者，我连一句也不相信。[20]

就像诉讼首次被收集到法典中，汉穆拉比就传唤了那些与证人有关之人一样。大流士同样强调重视他自己制定的证据原则。这一组判例是以法官撤销自己的判决而结束了诉讼。[21]大流士声称自己是公正的、惩恶扬善之人。在波斯文本之中，这段话是："除非他符合良好的法令条文，否则他告发他人之词，我皆不信。凡是竭力侍奉他人者，必蒙我喜悦，我必十分高兴，十分喜悦。"

大流士像汉穆拉比一样，也不停地吹嘘自己：

我睿智大勇，指挥若定。凡你耳闻目睹我在宫中、营中所做的一切，都是我的活力所为。除了我睿智大勇，指挥若定之外，这确实是我的活力所为。

我身体强健。作为战士，我是一名优秀的战士。不论我是否见到敌人，一旦我走上战场，就能显出我的睿智大勇。我将首先以睿智大勇和指挥若定确定是否采取友好行动，我看见敌人就如没有看见一样。

我手脚灵活。作为骑兵，我是一名优秀的骑兵。作为射手，不论马上马下，我是一名优秀的射手。作为长矛兵，不论马上马下，我是一名优秀的长矛兵。我高超的技艺为阿胡拉马兹达所赐，我有力量使用它们。靠阿胡拉马兹达之佑，凡我所做的一切，都是靠阿胡拉马兹达赐予我的技艺完成的。

126　　大流士王陵铭文这一段被简要地翻译给亚历山大大帝听："我是吾友之友。作为骑兵和射手，我证明了自己超越所有其他人。我是成功的猎手。我建立了许多功绩。"[22]

大流士以对臣民的特殊命令结束了自己的警告：

老老实实地、好好地认清我是多么伟大，我的技艺多么高超，我的身份多么高贵。不要以为你所听见的微不足道。要留心你所听见之事。要老老实实，不要以为我所做的微不足道，不要让国王惩罚你。[23]

汉穆拉比把话头从巴比伦人转向了他的继承者：

此后千秋万代，国中之王必须遵守我刻在我的石碑上的正义言辞。他不得更改我在国内公布的司法判决，不得改动我在国内作出的裁决。不得毁灭我的肖像。果其人明智，能以公正治理其国，则彼必尊重我刻在我的石碑上的正义言辞。愿此石碑昭示其传统惯例和审理过程，我在国内公布的司法判决、我在国内作出的裁决。彼务必以公正治理黔首。彼务必公布其司法判决，作出其裁决。彼务必根除其国内之压迫者与邪恶之人，彼务必增进其人民之福祉。

我，汉穆拉比、沙马什授予法律的公正之王。我的言辞是金口玉言，我的功绩举世无双，为名垂后世而公布。惟于愚者太过高深莫测，而于智者则毫无困难。果其人尊重我刻在我的石碑上的正义言辞，不毁灭我的司法判决，不隐瞒我的言辞，不更改我的法令。愿沙马什使其统治绵长，一如我正义之王。倘其人不尊重我刻在我的石碑上的言辞，倘其人忽视我的诅咒，不畏惧神的诅咒，倘其人毁灭我制定的司法判决，隐瞒我的言辞，更改我的法令，铲除我的名字而写上他自己的名字，愿安努（一长串诸神的名字）诅咒他。[24]

大流士并不害怕这些外国的神祇。因此，他毫不犹豫地换上了自己的名字。而且，他坚信全能的阿胡拉马兹达的诅咒，比巴比伦诸神的诅咒更有威力。实际上，他抄袭了汉穆拉比诅咒的套语为己所用。同时，在其他方面，他几乎模仿了其前辈有感召力的诉求：

127

大流士王这样说：你，今后将要成为国王的人，要提防谎言。如果你想说："愿我的国家永固万年"，就要消灭那些说谎之徒。

大流士王这样说：以上是我建立的功绩。靠阿胡拉马兹达之佑，我在一年之内建立了这些功绩。你，今后将要读到这个碑铭上的铭文的人，要相信我建立的功绩，不要以为它是谎言。

大流士王这样说：我真诚地祈求阿胡拉马兹达作证，我在一年之内建立的功绩都是真的，不是谎言。

大流士王这样说：靠阿胡拉马兹达之佑，我还建立了许多功绩，没有写入这个铭文。其所以没有写入的原因，是为了使今后将要读到这个碑铭的人，不致因为我建立的功绩过多而不相信，反而说"它们是谎言"。

大流士王这样说：靠阿胡拉马兹达之佑，先前历代诸王之中，没有任何人建立的功绩比我在一年之内的多。

大流士王这样说：你要相信我建立的功绩，要向人民说真话。如果你不隐瞒这些言辞，而是把它告诉人民，愿阿胡拉马兹达与你为友，愿你的后裔众多，愿你万寿无疆。如果你毁灭这些言辞，阿胡拉马兹达必消灭你，你的家族必被毁灭。

大流士王这样说：以上是我在一年之内建立的功绩。靠阿胡拉马兹达之佑，我建立了功绩。阿胡拉马兹达和其他的神祇都给了我有力的援助。

大流士王这样说：阿胡拉马兹达和其他的神祇其所以援助我的原因，是因为我不是压迫者，我不是说谎者，我和我的后裔没有做任何恶事。我坚持按照司法判决办事，我对强者和农奴一视同仁，未曾伤害。

如果你看到这个碑铭，你没有破坏，而是竭尽全力保护它们，愿阿胡拉马兹达与你为友，愿你的后裔众多，愿你长寿，愿阿胡拉马兹达保佑你长寿。愿你万事如意。

大流士王这样说：如果你看到这个碑铭和这些肖像，并且毁灭了它们，不向这些肖像贡献祭品，不使它回归原位，阿胡拉马兹达必消灭你，你的后裔必遭灭亡，阿胡拉马兹达必使你做的一切失败！[25]

通过这样详细的比较，我们没有任何理由可以怀疑，大流士及其法律顾问在拟定铭文之前，手头已经有一部现成的汉穆拉比法典。更有可能的是，他使用了保存在苏萨印舒希纳克（Inshushinak）神庙的汉穆拉比石柱原文，或者是以新巴比伦文字书写的泥板文书。出土抄本残片已经翻译并有所改编。无论如何，在指明使用石刻浮雕和铭文时，仅提石柱原文是不恰当的。"这是雕像"，但它指的不是贝希斯敦大流士战胜其对手的雕像，而是国王的肖像，类似于刻在汉穆拉比石柱顶端的雕像。我们有理由认为，这是一根送给巴比伦人的、刻有良好法令条文的石柱。其阿卡德文本残片刻在闪长岩石柱上，正好在巴比伦北面的王宫中发现。

在贝希斯敦石刻上，有一段解释（不是指阿卡德文本）结束了这个铭文："大流士王这样说，靠阿胡拉马兹达之佑，我还做了以前没有做过的其他石柱铭文、烤过的泥板文书或特制的羊皮纸文书。我命令将我的名字和印玺签署在这些铭文上。文书和命令读给我听过。然后，我把这些石柱送往全国各地，送给我的臣民。"[26] 因此，不仅是为巴比伦一地，而且为西亚各个民族都准备了许多法典。当然，也有阿拉米文的羊皮纸文书，还有为所有精通商业和外交语言的人准备了法典。

大流士的行政法

我们虽然只知道某些片段的细节，但根据大流士大量的铭文，要恢复整个法典的前言和结尾还是有可能的。从巴比伦语、阿拉米语文书无意提供的资料之中，或者从希腊人和犹太人讲的故事之中，我们可以收集到某些重要的东西。"这些王室法官是从波斯人之中挑选出来的,他们的职务是终身的,除非是他们去世了,或者被发现有违法行为。他们为波斯人判决诉讼案件,解释古老的规矩。一切问题都要向他们请教。"[27] 犹太作家也提到,这些法官是"善观时事,精通法律(dat)和司法判决的智者。波斯和米底的七位王公,他们可以面见国王,在国内居高位"。[28]

129　　　与汉穆拉比一样,大流士非常重视有关证据的规定。大流士与其前辈一样,非常强调王室法官的廉正。希罗多德就有一个相关的故事。法官西萨姆尼斯(Sisamnes)由于受贿,作出了不公正的司法判决。冈比西斯像宰羊一样剥了他的皮。然后,他下令将人皮切成皮条,制成皮革蒙在其子奥塔内斯法官的座椅上,他接任其父的官职并受到严厉的警告,要他记住自己是坐在什么椅子上进行审判。[29] 犹太人说"米底人和波斯人的法律没有改变",并且说"凡国王下的敕令和法律,都不可以改变"。[30] 这事毫不奇怪。

另一名王室法官、塔马西乌斯之子桑多塞斯(Thamasius、Sandoces)也接受了贿赂。他被下令立刻钉十字架处死,并且被捆在了十字架上。但是,由于国王的奇怪念头,他的命保住了。在法典中,大流士明确地宣布自己是公正的,他在惩处恶人时,也要衡量其功绩与罪恶的轻重。[31] 希罗多德提供了实际的事例,并且认为它非常值得赞扬。"国王不能由于某人的一件罪恶而把他处死,其他任何波斯人也不能仅仅为了一件罪过,使自己的奴隶受到致命的伤害。只有在正确评价,并且发现其非法行为多于和大于功绩之后,他才能给予其惩罚。"[32] 桑多塞斯被捆在十字架上之后,大流士就是这样衡量,并发现他为王室立的功绩大于危害王室的罪过。因此,他被释放,并且成了埃奥利斯地区库迈的省长。[33]

巴比伦文书给我们提供了某些行政法的知识。公元前512年,有人提到一名担任司法职务的官员,其官衔是 *iahudanu*,它可能不是巴比伦语,而是伊朗语词汇。[34] 公元前486年,另外一个人提到两名官员给大麦、小麦和芥末盖上了新的印章,这些物品已经由巴比伦运河货栈出清。对于这个请求的解释,他们回答说:"这个问题已经解决,当着法官的面进行了记录,根据国王的法律,它将盖上国王的标记。"[35] 用我们的话来说,这个问题是新税是否合法的问题,已经被提交法庭。根据新案例讲义的判例,已经作出了判决,它当然是对政府有利的。 130

对于罪行的处罚是严厉的。反国家罪、反国王本人或王室或国王的财产,都有可能被判处死刑,这是理所当然的。在希腊作家所说的罪行惩罚中,这类性质的惩罚是主要的。惩罚通常令人恐怖。一般罪行的惩罚很少有人谈到。但砍手、砍脚和挖眼似乎是家常便饭。[36]

有关新法律的早期资料表明,它包括奴隶买卖的规定。[37] 后期资料表明,有一条规定涉及财物寄托。"根据国王有关寄托的法律,立下了文书。"[38] 至于其他规定,在他或其继承人在位时期留下的大量文书中,没有迹象证明汉穆拉比法典的规定失效了。

大流士法的遗存

大流士晚年,他在优良的法令条文中仍然表达了自己的自豪感。作为立法者的美名,使他永垂不朽。柏拉图认为,大流士是一位立法家,其法律使波斯帝国一直存在到哲学家本人生活的年代。[39] 即使到公元前 218 年的时候,当时已经是塞琉西王朝时期,国王的法律仍然被当成权威引用。[40]

如果我们从楔形文书中了解的大流士法律就是这些,我们大概还需要发现其他资料,包括公元前 2 世纪伊朗法典中的一部现存著作的片断。这部著作继续使用 dat 作为"法律"。其书名是《维德夫达特》(Videvdat),即《驱魔法》。将其与汉穆拉比法典相比较,那是非常有启发性的。

汉穆拉比开始是引用有关证据的司法判决。[41] 为了考验证人是否可信,使用了神明裁判法,将被告的证人投入河中。《驱魔法》规定不是投入河中,而是使用沸水考验,或者是请求另一位太阳神——不是沙马什而是契约的保护神密特拉审判。[42] 根据汉穆拉比法典,在重大违法案件中作伪证者将被处以死刑。而在《驱魔法》 131

中,作伪证者在现世的惩罚,大约相当于抽打700鞭子。对他在彼世的惩罚更为严厉,比用刀斧支解肢体、钉十字架处死、抛下悬崖和处以刺刑都要更残酷。[43] 阿契美尼德王室法官曾经使用过的各种严厉惩罚,现在都被使用到冥世去了。

民法的另一部分牵涉到侵犯人身和殴打。由这个事实可见规定的古老性。像汉穆拉比判例一样,每条规定开始都是"倘若有人",可以猜想大流士法典的每个小节也是这样。首先是对术语的定义,倘若有人举起手中的武器,他是"捕捉者";倘若有人挥舞武器,他是"威胁者";倘若有人恶意预谋攻击他人,他是"打击者";在第5次犯攻击罪时,他是"罪犯",屡教不改的惯犯。

初次犯"捕捉罪"的惩罚是抽打5鞭;第2次抽打10鞭;如此直到90次。[44] 倘若有人攻击超过8次没有受到应有的惩罚,他是惯犯,并应当受到相应的惩罚——抽打200皮鞭。初次犯"威胁罪"的惩罚是抽打10鞭,此后鞭打次数按比例增加。攻击他人造成流血、骨折或致死,[45] 被告抽打200皮鞭。[46]

借助它与汉穆拉比法典的亲缘关系,同样搞清了有关医生部分的规定。汉穆拉比宣布,倘若医生以青铜刀为他人动手术,致此人死亡或失明,将砍断其手。[47] 这样就能有效地防止医生做过多的外科手术。根据伊朗法典(它毫无疑问是由大流士法典改编而成的),如果治死3名歹瓦的崇拜者,这个正在学医的医生将被禁止再做手术。如果他此后胆敢给1名信徒动手术,他的罪名就是故意谋杀。[48]

汉穆拉比还规定了各种外科手术的价格,其依据像现在的外科医生一样,根据患者支付能力而定。[49] 在《驱魔法》的这一部分,法典的作者完全采取了同样的做法。治愈房主价格为1头廉价的公牛,治愈村长是中等价值的公牛,治愈市长是价格最高的公牛。地区统治者价格相当于1辆战车和4匹马。如果他治愈的是这些人的妻子,他的报酬略低一些:1头母驴、1头母牛、母马或母骆驼。治愈大户人家的嗣子,报酬是1头昂贵的公牛。[50]

按照汉穆拉比的规定,兽医治愈1头公牛或驴,主人必须付1/6

132

谢克尔。但如果手术致其死亡,他必须付给主人牲口 1/4 的价值。[51] 我们的法典也是这样:他治愈 1 头昂贵的公牛,报酬是 1 头廉价公牛;治愈 1 头廉价的公牛,报酬是 1 头绵羊;治愈 1 头绵羊,报酬是 1 块肉。[52]

宗教法典《驱魔法》最后成书是在帕提亚的统治者、众王之王、伟大的王密特里达特斯(Mitradates)时期。当然,他特别尊重誓言的保护神密特拉,他就这样开始解释有关契约的民法。这些契约反映了更加古老的资料。他实际上把六种形式的契约目录归之于阿胡拉马兹达,大流士一直奉为其法典作者的真神。这六种形式依次是口头契约、手势契约、有关绵羊、公牛、人与土地的契约。我们的编者显然没有搞清术语的含义,但我们从阿契美尼德时期的巴比伦文书中是可以推测出其意义的。他首先提到了送货契约、买妻契约,[53] 在一段没有任何上下文的文字之中,他撤消了公牛或被非法扣留的衣物契约。[54] 对于六种契约,我们的编者只知道其重要性是按目录表排列的。重要性较低的契约,可以被目录表之中下一个正在执行的、更重要的契约所取消。但是,破坏重要契约的赔偿金是不能取消的。有一个问题特别引起了编者的注意:多少代的亲属——第 9 代——需要为破坏契约承担责任?同时,在长达 300—1000 年的时间之内,根据罪行的轻重,罪犯本人要被抽打 300—1000 皮鞭。[55] 如果他不将暂借之物归还物主而盗走此物,他把邻居的财产长期保留在自己家里,好像是自己的财产一样,他就是重复犯罪。[56] 在大流士法典中,盗窃罪可能是按照汉穆拉比法典的条文惩罚的,即加倍偿还或处以死刑。[57]

汉穆拉比法典规定诱奸已经订婚但仍居住父家处女的司法判决是,男子将被处死,女子无罪。[58] 伊朗法学家规定与此有些不同:如果男子诱奸未婚女子,不管是否与家长有关,不管此前是否与丈夫接触,如果她被诱奸,她不准因耻辱而堕胎。否则,其父与其自己都将遭受故意谋杀罪的惩罚。如果她说出诱奸者的实况,而此人得到老太婆的帮助,使用老太婆的麻醉药进行堕胎,则 3 人都有罪。这个诱奸者即使至今没有公开承认婴儿或作出随后结婚的暗

133

示,也必须供养她,直到婴儿出生为止。如果他不供养女方,致使婴儿死亡,这就是故意谋杀罪。[59]

从同时期的巴比伦文书、阿契美尼德官方记录的陈述、希腊作家的记载以及后来伊朗法典的记载之中,我们收集到了许多有关大流士法典内容各种必要的资料。其中绝大多数与汉穆拉比法典司法判决一致,或谨慎地进行了修改。这些规定早已搞清是希伯来人所谓的《上帝与人所立之约》的一部分。他们当时也曾是汉穆拉比的藩属。[60]同样的规定也被大流士所采用。其他资料可能发现晚点。但是,这里提到的所有这些有力地证明了,恢复大流士编撰的、著名的《国王的法律》是有可能的。

实 行 改 革

从巴比伦文书之中,我们可以看到实行了什么改革。居鲁士没有触动国内的行政机构,本地官吏继续留在他们原来的职位上。但是,他企图把新的生命力注入老的模式之中去的尝试,已经被证明失败了。大流士进行了大规模的改革。正如我们所见到的,在公元前520年3月21日,希塔尼斯取代戈布里亚斯成了巴比伦与河西总督。不久,波斯人就出现在次要的职位上,并且和本地人一起坐在法官席上。新的税法由新的官吏执行,这就使他们露面了。

这些新的改革,可以用我们的老相识、因尼纳舒米布尼(Innina-shum-ibni)之子吉米卢(Gimillu)的实例来说明。我们发现,吉米卢是个微不足道的小人物,一名捐赠给乌鲁克女神的农奴。在大流士有名无实的在位"元年"期间,即从公元前521年9月9日至11月27日,巴比伦在最后一位尼布甲尼撒领导下起义。吉米卢利用国家管理机构崩溃的机会,捞到了许多好处。他得到了1000库尔大麦种子、200头牵引灌溉机械的公牛,还有制造灌溉机械的铁。相应的,他应当给乌鲁克神庙10000库尔大麦、12000库尔海枣。但是,他在每个收获季节都不履行义务,并声称他什么都不缴,除非再给他增加 400 名农民、600 头公牛、1000 库尔大麦种子。在这种情况下,他才答应将来缴纳 10000 库尔大麦、12000 库尔海枣。"如果你们愿意,就给我优惠的地租。否则,我绝不会交纳它!"不过,时代已经变了。一名负责埃安纳神庙"篮子"的农奴出了更适合的承包价格。公元前 520 年 7 月 12 日,在巴比伦、乌鲁克公民大会上,他获得了由 3 名高级官吏、埃安纳的主管贝勒伊丁纳、副手内尔格勒沙撒和王室总管巴里基利转让的契约。[61]

由于害怕被捕,吉米卢将属于乌鲁克主神土地的海枣与收益文书交给其兄弟伊丁纳,自己就逃跑了。伊丁纳之妻安迪亚把这些文书寄存在一名奴隶家中,这个奴隶把文书拿走了。上述官吏要求交出这些文件。伊丁纳被带到公民大会,以贝勒、那波和大流士王之命发誓说,至少就他所知,没有任何人拿过这些文件。当他们质问他为什么不交出文件时,伊丁纳以吉米卢本人曾警告他"不得把我的文书交给任何人!"来为自己辩护。由于这种对合法的管理机构极端藐视的态度,吉米卢从舞台上消失了。[62]

不过,文书还是被追回来了。在公元前 520 年 9 月 3 日写成的最后一份文书上,我们发现吉米卢收到最近一年海枣的又一笔记载。[63]合法的管理机构终于胜利了。

原注

1　Herod. iii. 129.

2　*Beh.* § ,8.

3　J. P. Strassmaier, *Babylonische Texte：Darius* (1897)，No. 53.

4　Ezra. 7：26；Esther 1：8,13；15,19；2：8,12；参见 Olmstead，"A Persian Letter in Thucydides," *AJSL*, XLIX（1933），161，N. 17；"Darius as Lawgiver," *ibid.*，LI（1935），247 ff.

5　原文编辑及拉丁译文,见 A. Deimel, *Codex Hammurabi*（1930）;最新英文译本,见 D. D. Luckenbill and Edward Chiera, in J. M. P. Smith, *The Origin and History of Hebrew Law*（1931），pp. 181 ff.［对术语"法典"法的使用,见 B. Landsberger, "Die Babylonischen termini fur Gesetz und Recht," *Symbolae ad iura orientis antiqi pertinentes，Paulo Koschaker dedicatae*（1939），pp. 219 ff.］.

6 *VS*, Vol. VI, No. 99.

7 *CH*. col. I. 11. 1 – 26.

8 Darius, *Persepolis g* 1; Susa Restoration of Order 1; Alvand 1; Suez c 1; Naqsh-i-Rustam A 1.

9 Naqsh-i-Rustam B 1.

10 *CH*, col. I, 11. 27 – 49.

11 这是绝大多数铭文使用的套语。

12 Naqsh-i-Rustam A 4.

13 *CH*, col. I, 11. 37 ff; rev. col. XXIV, 11. 59 – 60.

14 Restoration of Order record, V. Scheil, *Inscriptions of des Achemenides a' Suse* ("Mem.," Vol. XXIV [1929]), pp. 61 ff.; p. 123; Melanges epigraphiques ("Mem." Vol. XXVIII [1939]), pp. 34 ff.; R. G. Kent, "Old Persian Inscriptions," *JAOS*, LI (1931), 221 – 222; "More Old Persian Inscriptions," *ibid.*, LIV (1934), 40 ff.; "The Restoration of Order by Darius," *ibid.*, LVIII (1938), 112 ff.; F. H. Weissbach, *ZDMG*, XCI (1937), 80 ff.; *ZA*, XLIV (1938), 140 ff.

15 Naqsh-iRustam A 6.

16 *CH*, col. I, 1. 50 – col. V, 1. 13.

17 Susa Restoration 9 – 13.

18 *Persepolis g* 1.

19 *CH*. rev. col. XXIV, 11. 1 ff.

20 Naqsh -i-Rustam B.

21 *CH*, secs. 1 – 5.

22 Onesicritus in Strabo, xv. 3. 8.

23 最新版本的两份墓志铭见：R. G. Kent, "The Naks-i Rustam Inscriptions of Darius," *Language*, XV (1939), 160 ff.; 较早的版本见：F. H. Weissbach, *Die Keilinschriftenam Grab des Darius Hystaspis* (1931); E. Herzfeld, *Altpersische Inschriften* (1938), No. 4. [见 Kent, *JNES*, IV (1945), 39 ff., 232.]。

24 *CH*, rev, col. XXIV, 11. 1 ff.

25 *Beh.* §§ 55 – 67,阿卡德文本在这之后破损,本文根据比较和其他文本修复。

26 完全保存下来的只有埃兰文本,但现在也有波斯文本。

27 Herod. iii. 31.

28 Esther 1:13 – 14.

29 Herod. v. 25.

30 Dan. 6:8,12,15; Esther 1:19.

31　参见 p. 125。

32　Herod. i. 137.

33　*Ibid*. vii. 194.

34　VS. Vol. VI. No. 128.

35　*Ibid*., Vol. III, No. 159；Olmstead,"Darius as Lawgiver,"*op. cit.*, p. 248.

36　Xen. *Anab*. i. 9. 13.

37　Strassmaier, *op. cit.*, No. 53.

38　Strassmaier, *ZA*, Vol. III (1888), No. 13, pp. 150 ff.

39　Plato *Epit*. vii. 332B;参见 Xen. *Oeconom*. 14. 6。

40　Strassmaier, *Darius*, No. 53.

41　*CH*. secs. 1 - 4.

42　Vid. 4:46.

43　Vid. 4:49 h - 55.

44　用牛尾鞭当众抽打 60 鞭,见 *CH*, secs. 202。

45　*Ibid*., secs. 197 - 199.

46　Vid. 4:17 - 43.

47　*CH*, sec. 218.

48　Vid. 7:36 - 40.

49　*CH*, secs. 215 - 217,219 - 223.

50　Vid. 7:41 - 43 *a*.

51　*CH*, secs. 224 - 235.

52　Vid. 7:43 *b*;这部分引自更古老的著作,有 7:44 为证。在那里,《驱魔法》的编者根据法律宣判以魔法取得优势,施行手术是违法的。

53　Vid. 4:44 - 45.

54　Vid. 4:46.

55　Vid. 4:2 - 16.

56　Vid. 4:1.

57　*CH*, secs. 6 - 8.

58　*Ibid*., sec. 130.

59　Vid. 15:9 - 16.

60　Olmstead, *History of Palestine and Syria* (1931), pp. 107 ff.

61　Louvre, Vil. XIII, No. 182.

62　*Ibid*., No. 181.

63　*Ibid*., No. 183.

第十章　从印度到欧洲

与欧洲希腊人的接触

甚至在埃及被收复之前，大流士已经在考虑对边境地区进行新的征服。在被送往苏萨的战俘之中，有一位是奥罗特斯（Oroetes）雇用的私人医生、意大利克罗顿（Croton）大名鼎鼎的德莫赛德斯（Democedes）。他牢记埃及人一直垄断着宫廷医师的职位。起初，他因为担心治不好国王扭伤的脚，躲藏在一群奴隶之中。尽管享有丰厚的报酬和与国王同席的荣耀，德莫赛德斯只想回家去。通过被他治愈的患者、王后阿托萨的斡旋，他说服国王派遣他从西顿出发考察西部沿岸地区。虽然他逃回了克罗顿，与他同行的波斯人最后回到大流士那里，带来了有关欧洲希腊人消息的最初报告。[1]

对大流士来说，幸运的是正好在这时又有一名希腊人、波利克拉特斯（Polycrates）的兄弟赛罗松（Syloson）到了苏萨。他作为萨摩斯的流放者在埃及时，曾经将自己的红色斗篷送给冈比西斯的这名卫兵。但是，大流士现在成了国王，赛罗松认为自己是大流士的恩人。他希望得到的报答不是别的，而是回到萨摩斯去。奥塔内斯（Otanes）受命负责这次远征。赛罗松的对手同意不战而离开该岛。对波斯人背信弃义的攻击，导致奥塔内斯下令灭绝萨摩斯人。但是，他后来又帮助赛罗松向当地移民。[2]征服欧洲希腊人的第一步，就这样迈出了。

民族主义在犹大的活跃

埃及尚在起义之中，必须重新征服。作为成功进兵的预备步骤，必须牢固地占领控制着通往尼罗河的沙漠之路地区。叙利亚是河西省的一部分。自从被居鲁士征服之后，它在行政上与巴比伦联合在一起。二者联合组成了巴比伦与河西行省。由于两位尼布甲尼撒领导的两次起义，其忠诚必定受到严重损害。而通往沙漠之路唯一的桥头堡巴勒斯坦如果能由恭顺的犹太王控制（他担任这个职务应当感谢宫廷的恩惠），进攻埃及就将像冈比西斯时期一样顺利。

在大流士的宫廷里，有前犹太王约雅斤（Jehoiachin）[3]的长子撒拉铁（Shealtiel）之子、年轻的所罗巴伯（Zerubbabel）。阿迈勒马尔都克与其父尼布甲尼撒的政策相反，曾计划恢复他的王位。这个所罗巴伯被任命为犹大省长。[4]公元前 520 年 4 月 3 日新年庆典之后不久，他离开国王身边，进行了 4 个月不到的旅行之后，[5]大约在 8 月初到了耶路撒冷。大卫家亲王的到来，激起了民族主义者的希望。8 月 29 日，所罗巴伯和约撒答（Jehozadak）之子、大祭司约书亚（Joshua）在哈该的（Haggai）安排下见面了。[6]他对他们传达了"主的话"。在奠基 18 年之后，"这地的百姓"还在为自己辩护："为主建造圣殿的时候尚未来到。"哈该激烈地指责他们："难道你们自己住在有天花板的宫殿里，这殿仍然是废墟就是时候？"由于这个原因，他宣布神将拒绝赐予他们繁荣昌盛。他们必须上山砍伐木材建造圣殿，这样神才会感到喜悦，并且得到荣耀。[7]

这个举动本身就意味着革命，它已经用最权威的语言作出了暗示。尽管如此，重建工作在 9 月 21 日开始了。[8]6 天之后，供献祭品的祭坛落成，投入使用。[9]但是，新的建筑物显然不如老圣殿。那些年轻时见过所罗门圣殿的老人，掉下了伤心的泪水。[10]10 月 17 日，为了消除这种灰心丧气的情绪，哈该宣布新的"主的话"："你们之中曾经见过这个圣殿往日荣耀的人，你们认为它现在如何？它在你们眼中是否微不足道？无论如何，你们当刚强、工作。因为我与你们同在，我的灵在你们中间。不要惧怕！因为万军之主如此说，过不多久我必震动天地、大海和旱地，我必震动所有的国家。而且，所有的国家的宝藏必将来此，我必将使这殿充满财富。银子是我的，金子也是我的。这圣殿的财富必将多于从前。我必赐这圣殿平安。"[11]

那些反对宣布犹大独立这种疯狂计划的人，强调大流士对自己自称是本地居民国王的叛乱者，已经取得了一个接一个的胜利。在这些反对者之中，大概就有大祭司。他与当前的事态关系密切，后来长期被承认为犹太社区唯一有权威的首领。他完全没有接受改变对尘世君主依附关系的准备。[12]

在哈该发表这个预言之后几天，大约是10月27日之后，他得到易多（Iddo）之子、祭司撒迦利亚（Zachariah）的支持。这个时期，曾经在犹大王国生活过的先知们发表的文书，成了真正的权威。撒迦利亚以主之名对他们说："不要效法你们的列祖，从前的先知呼叫他们说，万军之主这样说，你们要脱离你们的恶道、恶行。他们却不听。你们的列祖在哪里呢？那些先知能长生不老么？只是我的言语和律例，就是我所吩咐我仆人众先知的，难道没有临到你们的列祖么？他们曾经后悔说，万军之主决意按照我们的道行惩罚我们，主已经这样作了。"[13]他们的后裔将听从哈该的话。他像以前的先知一样，是"神的话"的代言人。

同时，被亚述人移民到示剑的不同种族居民代表，也提出要参加重建圣殿。[14]这个要求是诚心诚意的。移民自从被驱逐起，就一直信奉希伯来地方的神，但也保留着自己先前的神祇。[15]约书亚显然倾向接受他们的帮助。因为在整个阿契美尼德时期，大祭司一般与撒马利亚邻居维持着良好的关系。相反，哈该不是一位小心谨慎的神职人员，而是一位脾气暴躁的先知、严格的一神教徒、激烈的民族主义者。12月8日，他发出严厉的警告，如果他们接受提议中的援助，就将遭到这些人的玷污。他在同一天之内发出了两次预言。第一次，他宣布天空和地面将要震动。第二次，他又加上异教徒国家的宝座将要倾覆,这些国家的势力将要被消灭,战车和乘车者将被打翻,马匹和骑马者将要跌倒在地。各人被兄弟的刀所杀。作为神放弃约雅斤的象征,耶利米使用夺走的戒指为喻。他的孙子的象征则相反:"万军之主说,我的仆人所罗巴伯啊,到那日我必拣选你,我必以你为印。"[16]

由于第二位尼布甲尼撒被俘和处死、巴比伦独立的希望破灭,只能更加激起犹太民族主义者的期望。这年年底,有 4 个人从巴比伦来到耶路撒冷,他们带来了金银礼物,后来用这些金银为犹太人期待的国王做了一顶王冠。公元前 519 年 2 月 15 日,撒迦利亚在一个长长的、充满启示性比喻的预言中,宣布了他们的到来。伪装被揭开了。用一句双关语来说,所罗巴伯的名字就是"巴比伦的苗裔。"这位未来的国王得到非常明确的暗示:"万军之主这样说,看哪,那名字为'苗裔的',他将要成长起来,他将要建造主的圣殿。他将担负尊荣,坐在王位上。"[17]更有一些不知名的先知,为承认"苗裔"发出了非常动听的请求。[18]

所罗巴伯一生活动在宫廷中,必定深知波斯军队的实力。他在耶路撒冷长期的旅行,也使他对帝国的了解更深入。因此,对他而言,拟议中的王冠毫无吸引力。但是,如果那些狂热分子继续坚持,他们广为传播的预言就将使所罗巴伯处于非常暧昧的立场,使他有可能被指控犯了背叛国王的严重罪行。即使是为了自己的私利,大祭司显然也必须冷静地对待这种抬高其天然对手的企图,以显示其加倍小心的必要性。

尽管狂热分子把所罗巴伯打扮成独立的统治者,实际上他只是一个三流的省长。[19]他的顶头上司是河西总督达乃。[20]达乃又归巴比伦和河西行省总督希斯塔尼斯管辖。谋划造反的迹象引起了国王的注意。我们甚至怀疑,大祭司本人在这个问题上也难辞其咎。正当犹太人全都忙于重建工作时,达乃(Tattenai)突然来了。他质问:"谁允许你们重建这圣殿,完成这地基的?"对于他的惊讶,长老们理直气壮地回答:"我们是天地之神的仆人。我们正在重建的圣殿,从前很久就已经建成了。它是以色列伟大的王建立和完成的。

139

但是,我们的列祖触怒了天神,遭到惩罚,被交在迦勒底人、巴比伦王尼布甲尼撒手中。他毁灭了这座圣殿,又将百姓掳往巴比伦。然而,巴比伦王居鲁士元年,居鲁士下令重建这座圣殿,圣殿中的金银器皿,就是尼布甲尼撒从耶路撒冷圣殿中掠去,带到巴比伦神庙的金银器皿,居鲁士王把这些从巴比伦神庙取出,交给了他任命的省长设巴萨。他对设巴萨说:'把这些器皿拿去,放在耶路撒冷的圣殿中,在原处建造圣殿。'于是设巴萨来建立了耶路撒冷圣殿的根基。这殿从那时一直建到现在,还没有完工。"[21]

显然,达乃不相信长老们的话,更讨厌巧妙地提到古代的尼布甲尼撒。他必定使人想起刚刚被镇压下去的、两位同样名字的叛乱者。但是,他又不能不假思索拒绝这个声明,即圣殿重建是帝国奠基人亲自授权的。于是,他起草了一份奏折:"河西总督达乃、示他波斯乃(大概是一位伊朗名字的阿拉米文秘书)和河西下属官吏上达大流士王,愿王诸事平安!愿王知道此事。我们到犹大省,去了圣殿。它正在砌石料,梁木插入墙中,工程进展迅速。"这是一座非同寻常的坚固建筑。在发生起义时,圣殿山可以作为要塞使用。这位总督明确提出,他认为工程应当停工。他已经记下了主持这项工程的长老们的名字,如果他们令人惊讶的声明一旦被证明是伪造的,就惩罚他们。他的结论是:"现在,王若以为合适,请在巴比伦各个王室档案库寻找,看看是否能找出居鲁士王修建耶路撒冷圣殿的诏令。王如何对待此事,请降旨晓谕我们。"[22]

通过正常的手续,达乃的奏折转到了其上司、巴比伦总督手中。在巴比伦和波斯波利斯的"图书馆"和附属的国库中进行了寻找。当诏令没有找到的时候,幸亏犹太长老们回忆起在居鲁士元年之前,居鲁士王就已经返回了埃克巴坦那。寻找工作又扩大到埃克巴坦那各个要塞。长老们的声明最后被证明是正确的。诏令原本实际上没有找到,但它的记录卷尚在。在居鲁士元年的日期之下,有重建各个神庙命令的摘要。其中有一段文字是:"至于神在耶路撒冷的圣殿,必须重建,作为他们继续献祭之地。其高度90英尺,其宽度90英尺,要用三层大石料,一层木料。其费用出于王库。还有，圣殿中的金银器皿，就是尼布甲尼撒从耶路撒冷圣殿中掠到巴比伦的，要归还到耶路撒冷圣殿，各放原来的地方。你必须把它们放入圣殿。"[23]

长老们被证明是完全正确的，居鲁士确实曾经授权重建圣殿。而帝国奠基人的诏令，那是不能不尊重的，特别是在篡位者王位还不稳固之时。更何况犹太社区很小，又是在国王自己的私人代表统治之下。他自己能清楚地判断，是否要听任一帮极端愚蠢的先知把自己推入一场毫无希望的起义之中去。无论如何，大流士在下年还没有结束之前，准备亲自前往犹大。他将显示出其国王的全部威严，使先知们认识到起义是不可能的。

大流士的其他胜利

公元前519年这年，编年史还记载了大流士取得的新胜利。当埃兰的阿塔迈塔（Atamaita）一开始起义，戈布里亚斯就把它消灭在萌芽之中。叛乱者被送往大流士那里，按照他的命令处以死刑。[24]这年下半年，大流士亲自进攻西徐亚人东支居住的地区。他乘木筏渡过里海，大败尖顶盔塞种（Pointed-Hat-Bearing）。逃亡者被俘虏，捆绑，送交国王亲手处死，就像其首领斯昆哈（Skunkha）一样。虽然马萨格泰人杀死居鲁士的大仇已报，但组织第二个西徐亚行省的时机尚不成熟。"我按照自己的心意，任命了另一个首领，这个地区后来成了我的。"这个行省现在被分成了沼泽地塞种和平原塞种。[25]

贝希斯敦悬崖的空间，已经完全被塞满了。现在，文献必须给雕像让位，一部分边上的铭文被铲掉，以添加第9位叛乱者斯昆哈的肖像。他头戴相当于自己半人高的丑角帽子。这种帽子使他的民族被称为尖顶盔塞种。他背后的头发笔挺向上，卷成一个圆节。他的胡子特别长而飘逸，穿着短裙和靴子。第5栏是一个附加部分。在这次最后的修饰之后，这个悬崖表面的下方被精心地铲平，以防有人攀爬。这个防护措施保护了铭文、浮雕免遭野蛮的破坏。

但是,时至今日它仍然妨碍我们获得正确的拓片。

埃及和巴勒斯坦的平定

公元前519—前518年,大流士在西征途中。[26]巴勒斯坦位于其进军的道路上。毫无疑问,他有足够的时间在当地停留,处理巴勒斯坦事务。我们可能从撒迦利亚的预言得到了一个含糊的暗示,这年下半年到底发生了什么事情:"在这些日子之前,这里人得不到雇价,牲口也是如此[他们被强迫为军队服役——作者注],由于敌人的缘故,出入之人也得不到安全。"[27]所罗巴伯大概被召去接受询问,并被作为叛乱分子处以死刑,因为他的名字从我们的资料中消失了。

在处理完犹大问题之后,大流士启程穿越阿拉伯沙漠,顺利到达孟斐斯。他发现百姓正在为阿匹斯神牛举哀。这条神牛是冈比西斯时期发现的,公元前518年8月31日刚刚去世。大流士决心要赢得这些倔强的被征服者的人心,下令以100塔兰特黄金悬赏找到新阿匹斯神牛的当地人。百姓们为他对埃及神祇如此慷慨感到惊愕,他们不再起而造反,而是归顺了大流士。[28]11月8日,按照以前神牛的祭奠仪式,死去的阿匹斯神牛被葬入棺材中。但是,石碑像通常一样,在大流士的名字之上没有加上"何露斯名"。[29]紧接着,大流士离开了埃及。因为雅利安德斯已经被恢复了总督的职务。

大流士早就为西亚编纂了一部法典。在埃及,他发现自己已经落后一步。不仅是当地人把法律归功于埃及统一王国的奠基人美尼斯(Menes)——就像犹太人也把法律归功于他们的奠基人摩西(Moses)一样——而且,他们还把后来修改法律的功劳归功于像塞索斯特里斯、希沙克和波乔里斯(Sesostris, Shishak, Bocchoris)这样一些君主。阿马西斯曾经打算重修埃及法典,但他在计划尚未实施之前就去世了。冈比西斯后来继承了这个计划,但他在回国途中也去世了。

公元前 518 年 12 月 30 日之前，大流士写信给他的总督、[30] 官复原职的雅利安德斯说："把从埃及各个神庙调集来的士兵、祭司和书吏中的贤哲送到我这里来，让他们写出直到阿马西斯 44 年的埃及法律。让他们把法老、神庙和百姓的法律交给我。"[31] 不同于以前的法典，大流士法典不仅包括国王的法令、宗教礼仪——我们可以称为"宗教法"——还有一些至今尚未成文的习惯礼仪，也被规范了。

在尼罗河待了几个月之后，大流士准备回家了。在途中，他还可以看看耶路撒冷是否平静。要求有一位本族国王的希望被粗暴地毁灭了。从今以后，只要控制住犹太民族公认的唯一领袖——大祭司就行了。犹太人的热情，现在集中到了耶路撒冷圣殿。大流士明智地允许它最后竣工。公元前 518 年 12 月 6 日，在撒迦利亚最后的预言中已经完全没有造反的思想，并且宣布民族的神已经回到先前的住所。在他出现的时候，将带给信徒梦想不到的繁荣。[32] 公元前 515 年 3 月 12 日，圣殿真正竣工了。[33] 百姓依然保持着平静。

大流士在埃及停留时间如此之短，在许多可能的原因之中，有一个原因可能是他得到了家中传来的消息。曾经帮助大流士篡位的瓦亚斯帕拉之子文达法纳已经成了谋反者的首领。此人镇压了第二个尼布甲尼撒的叛乱。在贝希斯敦铭文中，他的名字名列荣誉榜之首。但是，他知道王位如何容易夺取。因此，他也决心要试试身手。他死了，但我们不知道准确的时间。希腊诗人埃斯库罗斯在历数合法君主时，在马多斯（巴尔迪亚）和大流士之间就插进了马拉菲斯和阿尔塔弗雷尼斯。[34]

乌加霍列森尼又开始讲述起自己的故事："当陛下大流士还在埃兰时，他是所有外国人的伟大的王和埃及伟大的君主。他下令我回到埃及，重建已经倒塌的生命之宫的医疗系。"乌加霍列森尼自命不凡地吹牛说，讲述者接受了这个命令，因为"外国人把我从一个地方带到另一个地方，让我去了埃及。正像两地的主人命令的一样，我完成了陛下命令的事情。我为所有的人员配备了家具。

他们全部是贵人之子,没有一个是穷人之子。""我把他们交给最有学问的人教育,他们将学习各种技艺。陛下命令必须给他们提供各种有用的东西,使他们可以发挥他们的技艺。在他们还没有来到之前,我已经为他们准备了各种有用的东西,还有公文指定的工具。陛下指示这样做,是因为他知道这门技艺对病人的康复、延续终身的名声、众神的神庙、祭祀和宗教节日庆典有益。"[35]

征服印度西部

从居鲁士时期起,犍陀罗(Gandara)就成了阿契美尼德王朝征服的最东部地区,也是印度受他们控制的唯一地区。[36]在行政上,它与巴克特里亚联合在一起。不过,在公元前508年之前不久,它组成了一个单独的行省,其名称不是古伊朗语名帕鲁帕里桑纳(Parupareasanna),而是本地语名犍陀罗。[37]有座重要城市名叫加沙卡(Gazaca),意为"珍宝城",显示出其富裕程度,并使加兹尼人(Ghazni)在中古阿拉伯时期声名远扬。[38]但是,犍陀罗的省会是普哈拉(Pukhala),意为"莲花城"。[39]在征服和建立印度行省(Hindush)之后,犍陀罗失去了重要地位。不过,在整个印度地区,也只发现了少量著名的金币大里克(Daric)。[40]其省会普哈拉在印度都城塔克西拉(Taxila,又名呾叉始罗)兴起之前就已经衰落了。

犍陀罗东南部是印度最神奇的平原,以河流盛产金沙闻名于世。斥候们受命从犍陀罗地区帕克泰卡的卡斯帕皮鲁斯(Pactyica,Caspapyrus),即位于印度河支流喀布尔河的渡口出发,一直下行到印度河流入印度洋的河口。13个月之后,斥候们沿着伊朗南部沿岸渡过波斯湾出口,绕着阿拉伯半岛前进,到达苏伊士港。他们的船长是卡里安达的卡里亚人西拉克斯(Scylax)。他回来之后,以希腊的爱奥尼亚方言发表了其著作《周航纪》(*Periplus*)。它不但为西方提供了有关更东方各族第一手的可靠信息,还成了后代地理学家和历史学家著作的典范。[41]斥候们提供的信息,导致国王企图进一步东征。印度的西部已经征服，公元前513年前某个时候被并入了印度行省（Hindush）。[42] 它从前每年交纳360塔兰特金沙的贡赋。[43] 海上贸易开通了。不久，我们就看到在基什开酒店的一名印度妇女布萨萨遭到警察的监视。[44]

不过，印度行省并不是整个印度。它得名于境内最大的河流——伟大的印度河（Indus or Sindhu），只包括印度河及其支流沿岸地区，其东部不超过恒河（Ganges）。甚至呾叉始罗王国（Taxila）边境上的希达斯佩斯河（Hydaspes），也从来也没有被提到过。在希罗多德时代，印度行省东部边界是沙漠地带。[45] 直到今天，它仍然是印度半岛北半部、东部和西部的分界线。[46] 波斯阿契美尼德王朝的统治，从来没有扩展到次大陆南部地区。因此，当时人们记叙的印度，仅限于印度河流域。

修建埃及的运河

中王国时期，从法卡萨（Phacussa）地区尼罗河的培留喜阿姆（Pelusiac）支流曾发掘一条运河灌溉东部肥沃的图米拉绿洲（Tumilat wadi）。后来，希伯来人定居在这里的歌珊（Goshen）。尼科幻想使它通过苦湖进入苏伊士湾，作为其探险政策的第一步，即由腓尼基人环航非洲。公元前518年，大流士穿越阿拉伯沙漠，经过图米拉绿洲。因此，他有可能注意到这条尚未竣工的运河。由于希望开辟由海上通往印度的便捷航路，他的兴头更足了，[47] 决意要完成这项工程。

当年尼科挖掘的运河，已经被黄沙填平。因此，首先必须把它清理出来。工人们被迫挖深了运河河道。当运河最后挖通时，它有150英尺宽，深度足以通过商船。通过这条今日苏伊士运河的前身，需要航行4天。[48]

为了庆祝这个伟大的工程竣工，建立了5座巨大的红色花岗岩纪念碑，旅行者在运河两岸每隔一段距离就能看见一座纪念碑。在石碑的正面，大流士将其由阿胡拉马兹达保佑的楔形文字名字

146

重复放置在埃及帝王的圆形标记之中。他用三种楔形文字强调：
"我是波斯人，我从波斯来占领了埃及。我命令从埃及的尼罗河至
通往波斯的大海，修建这条运河。这条运河后来按照我的命令挖
成了。船只经由这条运河可以从埃及到达波斯，一如我原来
所想。"[49]

在石碑的反面，是埃及文字完整的译本。在埃及的太阳圆盘之
下，巨大的阿胡拉马兹达象征的原型雕刻在碑首。两条直立的尼
罗河，象征着宗教仪式中的"上下埃及两地的结合"。一条河对大
流士说："我已经赐给你所有的国家、所有的腓尼基人（Fenkhu）、所
有的外国、所有的船只。"另一条河流对他说："我已经赐给你所有
的人类、所有的男人、海岛所有的人民。"这些被使用的术语，是第
18 王朝征服者非常熟悉的术语。但是，它们现在被用于当时的地
名。国王被赐予"长寿、幸运、健康和快乐，像给拉神的各种祭祀、
各种食物和各种珍宝，都将给像永恒的拉神一样的上下埃及之王，
所有的国家、所有的外国，都将拜倒在他的面前。"

接下来是行省名单，行省名单出自阿拉米原文。按照埃及流行
147 的方式，模仿埃及第 18、19 王朝伟大国王的名单。每个名字都出
现在圆形标记之中。其雉堞形城墙表示一座被征服的城市。战俘
们带着不同的头巾，跪倒在地求饶。大流士确实是众王之王、希斯
塔斯普之子、伟大的王，而且拥有埃及古代所有的头衔。他是赛斯
的女神奈特（乌加霍列森尼极力赞扬的女神）所生；他是拉神的象
征，是拉神使他登上王位，完成他所开始的工作。当他还在母腹中
尚未出生之时，他就被赐予了太阳所照临的一切，因为奈特承认他
是自己的儿子。她允许他手持弓箭，天天战胜敌人，就像她为其子
拉神所做的一样。他毁灭了各国的敌人，他是强大的。作为奈特
之子，他扩张了边界。人民带着各种已经准备好的贡赋来朝拜他。

在提到波斯城和居鲁士之后，碑文说到运河的建筑是如何讨
论、工程如何竣工的。贡赋由 24 艘船只运往波斯。大流士受到颂
扬，下令建立纪功碑，这是前所未有的事情。[50]

远征欧罗巴的西徐亚人

正当埃及农民还在修建运河时,大流士已经在为第一次远征欧洲作准备。不久之前,卡帕多西亚总督阿里亚拉姆尼斯渡过黑海,侦察了北部沿岸地区,准备进攻欧洲西徐亚人。[51]因此,大流士下决心亲自率领军队进攻西徐亚地区。公元前513年,他由苏萨出发,在黑海南部不远的地方,由萨摩斯人曼德罗克雷斯(Mandrocles)用船只建成的浮桥渡过博斯普鲁斯。他的同乡科里洛斯(Choerilus)写过《跨过大流士桥》(因为这时萨摩斯完全承认波斯的统治)。岸边立了两座石碑。一座刻着希腊文、一座刻着"亚述"楔形文字。每座石碑上刻满了被征服民族的不同名称。还有由大陆及海岛城市国家水手驾驶的600条船,直接从黑海派往了伊斯特河(Ister),在这里修建第二座浮桥。这个地区的加塔伊人(Getae)被征服,其余的色雷斯人则投降了。[52]

军队渡河之后,便进入了操伊朗语的游牧部落居住的西徐亚地区。他们一直生活在马背上,经常用牛车迁徙家庭的帐篷。一个世纪之前,他们的海岸有米利都人殖民,这些人用奢侈品交换谷物。但是,对希腊工艺的欣赏,并没有改变他们那野蛮的风俗习惯。他们喜欢搅动马奶,用人的头盖骨做成的碗来饮用马奶。他们也喝首先被杀死的敌人的鲜血,用人皮做箭袋,用头皮做手巾或衣服。签订条约要歃血为盟。部落首领去世,被杀死的骑士放在死马的背上,安置在车轮上的尸体周围。首领的妾、侍臣、厨师及其坐骑都必须杀死,陪同主人一道前往冥世。首领旁边插着长枪,并用木板和皮革做成屋顶遮蔽。希腊进口的金杯放在首领身边。所有的东西都埋入用泥土和石块堆成的坟墓中。许多这样的古墓(kurgans)已经被发现了。

太监使用柳树枝占卜。许多神祇受到崇拜,但只有战神拥有神庙和祭坛。战神的象征是一柄伊朗古剑,插在一个柴堆上。战神的祭品是马和人。[53]

148

在大流士逼近之时,西徐亚人破坏了自己的领土,撤退了。西徐亚骑兵不断骚扰大流士的军队,直到伟大的王被迫撤退。[54] 对于大流士来说,幸运的是爱奥尼亚希腊人超过了预定的时间,仍然守卫着渡桥。因此,大流士能够渡过色雷斯回到赛斯托斯。他渡过赫勒斯滂进入亚细亚之后,留下 8 万多人由达西利乌姆总督梅加巴祖斯(Megabazus)率领,继续作战(公元前 513 年)。[55]

利比亚行省的建立

正在这时,[56] 曾经使昔兰尼向冈比西斯投降的阿凯西劳斯在巴尔卡(Barca)被人杀了。他的母亲弗雷泰姆(Pheretime)向邻近的埃及总督雅利安德斯求援。这是一个不可错过的好机会。由于她父母的帮助,它只需要派出一支地方小部队、由马拉非人阿马西斯率领的陆军和帕萨迦迪部落巴德雷斯(Badres)率领的舰队,就可以使整个地区归顺。在围攻 9 个月之后,巴尔卡投降了。但是,阿马西斯用诡计违背了自己的誓言,把主要的市民交给愤怒的弗雷泰姆。她残酷地把他们的妇女砍去了手脚,并把她们和她们的丈夫一起钉死在城墙上。剩下的居民则被阿马西斯当作奴隶送给在苏萨的大流士。后来,这些人被流放到巴克特里亚城,他们就把这个地方改名为巴尔卡。[57]

远征真正的目的是征服利比亚人。只有少数利比亚人臣服于波斯。在围攻巴尔卡的 9 个月之中,波斯军队已经到过西边的奥伊斯佩里德斯(Euesperides),即今本加齐。尽管波斯人在撤退过程中受到严重损失,有些本地人还是投降了。希腊人和利比亚人组成了一个新的行省,名叫普塔亚(512 年)。

在波斯军队回来的时候,运河的石碑显然已经做好,但只留出了 24 个行省名称的空间。因此,自传的行省名单中不止一个行省(印度),"海中的行省"和犍陀罗也都由于新的行省(库希耶或埃塞俄比亚、普塔亚或利比亚[Kuahiya or Ethiopia, Putaya or Libya])得宠而被挤掉了。尽管犍陀罗还是西拉克斯计划到达埃及运河口的航行出发地。波斯还算一个行省、塞种也是一个行省，但沼泽和平原的区别还是明确的。

征服希腊邻近地区

与此同时，系统地打通前往欧洲希腊人地区道路的工作，也在由梅加巴祖斯迅速地进行。佩林苏斯（Perinthus）在英勇抵抗之后被攻占。色雷斯的许多民族和城镇，一个接一个被迫屈服。[58] 培奥尼亚人（Paeonians）居住的地方，因为疏于防守道路而被攻占。根据大流士的命令，所有的俘虏被送往弗里吉亚。[59] 许多使节被派往马其顿王阿敏塔斯（Amyntas）那里，要求得到象征臣服的土和水。这些东西都交出了。但是，由于波斯使节侮辱马其顿妇女，阿敏塔斯之子亚历山大将使节杀了。这件谋杀案，后来用行贿和将亚历山大之妹嫁给梅加巴祖斯之子、波斯将领布巴雷斯（Bubares）的手段，瞒过了国王。[60]

这时，大流士在萨迪斯度过了公元前512年。米利都僭主希斯提爱奥斯（Histiaeus）因为守卫伊斯特浮桥受到奖赏，得到了斯特里蒙河畔的米尔西努斯（Strymon，Myrcinus）。科斯（Coes）则成了莱斯沃斯岛（Lesbos）米蒂利尼的僭主。梅加巴祖斯押送培奥尼亚战俘来了，提醒大流士注意希斯提爱奥斯在米尔西努斯新建筑物的威胁。因此，大流士把米利都的僭主召来，带回苏萨，声称要任命他为顾问，同席共餐。[61]

在返回苏萨之前，大流士任命其兄弟阿尔塔弗雷尼斯（Artaphrenes）为萨迪斯总督，全面监督爱奥尼亚的希腊城市。西萨姆尼斯之子奥塔内斯取代梅加巴祖斯担任"沿海地区居民的将军"或达西利乌姆总督。拜占庭（Byzantium）、卡尔西登（Chalcedon）、安坦德罗斯和兰波尼翁（Antandros、Lambonium）被占领。因此，奥塔内斯必须保证控制住外国人通过海峡进行谷物贸易。结果，西徐亚人丧失了他们喜爱的希腊工艺品，米利都人发现有利可图的贸易被切断了。波斯人控制海峡对欧罗巴希腊人的

150

粮食供应造成了威胁。梅加巴祖斯利用科斯装备的莱斯沃斯船只,占领了沿岸的利姆诺斯和伊姆布罗斯岛(公元前 511 年),进而封锁了海峡。[62]

公元前 513 年,波斯波利斯的围墙准备举行落成典礼。在南面的岩石上,大流士留下了变更后的行省名单。这里没有提到新建立的埃塞俄比亚,利比亚榜上有名。印度在名单之中,萨加尔提亚暂时出现。此外,还有爱奥尼亚,这里指明是"干旱地区的"和"海边地区的"、达西利乌姆,还有我们知道的"海那边的地区"。[63]对欧罗巴的征服,已经开始了。

原注

1 Herod. iii. 129 ff.

2 *Ibid*. 139 ff. 如果希罗多德所说准确,巴比伦起义发生在远征萨摩斯时期,则此事发生在 521 年。

3 So Hag. 1:1,12,14;2:2,23; Ezra 3:2,8;5:2; Neh. 12:1。只有《历代志(上)》.3:17-19 把他称为撒拉铁的兄弟毗大雅之子。

4 Hag. 1:1.

5 参见 Ezra. 7:8-9。

6 约书亚(Jeshua)为约萨达(Jozadak)之子,《以斯拉记》(Ezra. 3:2)反映了当时的读音。

7 Hag. 1:1-11.

8 Hag. 1:12-15.

9 Ezra. 3:1-3,6a.

10 Ezra. 3:12-13.

11 Hag. 2:1-9.

12 参见 Zech. chaps. 3-4,明确表明约书亚不是所罗巴伯之友。

13 Zech. 1:1-6.

14 Ezra. 4:1-2.

15 II Kings. 17:24-41.

16 Hag. 2:10-23.

17 Zech. 1:7-6:15.

18 Isa. 9:2-7;11:1-9;32:1-5.巴勒斯坦和叙利亚史的作者详细讲述了这个故事。这个报道在年代上(还有与外界历史有关的部分)现在必须按照这里提供的报道更正。见:*History of Palestine and Syria*(1931), pp. 560 ff。

19 参见 Hag. 1:1。

20 VS. Vol. IV, No. 152, of 502; M. San. Nicoco and A. Ungnad, *Neubabylonische Rechts-und Verwaltungsurkunden*, Vol. I（1929）, No. 327；参见 Olmstead, "Tattenai, Governor of 'Across the River'," *JNES*, III（1944）, 46。

21 Ezra. 5:11 b – 16。

22 Ezra. 5:6 – 17。

23 参见 pp. 57 – 58。

24 *Beh.* § 71 ff. ；参见 F. W. Konig, *Relief und Inschrift Dareios am Felsen von Bagistan*（1938）, p. 78。

25 *Beh.* § § 74 ff. ；参见 R. G. Kent, "Old Persian Texts: Darius' Behistan Inscription, Column V," *JNES*, II（1943）, 105 ff. ; Suez Inscription, in G. Posener, *La premiere dominatin Perse en Egypte*（1936）, Nos. 8 – 10；; Polyaen, viii. 11. 6. 12。

26 至于日期, 参见 Richard, A. Parker, "Darius and His Egyptian Campaign," *AJSL*, LVIII（1941）, 373 ff。

27 Zech. 8:10

28 Polyaen. vii. 11, 7.

29 Posener, *op. cit.*, No. 5.

30 Parker, *op. cit.*, p. 373.

31 W. Spiegelberg, *Die sogennante demotische Chronik*（1934）, pp. 30 ff. ; Diod. i. 95. 4 – 5。

32 Zech. chaps. 7 – 8.

33 Ezra. 6:15.

34 在 Herod. iii. 118 – 19 之中,七人之一的印塔弗雷尼斯在反麻葛起义不久之后就被杀了。阿尔塔弗雷尼斯被杀,见 Aeschyl. *Pers.* 776。

35 参见 H. Schafer, *AZ.* XXXVII（1889）, 72 ff. ; A. H. Gardiner, "The House of Life," *JEA*, XXIV（1938）, 157 ff。

36 Darius. *Beh.* § 6.

37 大流士 10 年,一名巴比伦女奴被称为巴赫塔里亚人(巴克特里亚人),见 T. G. Pinches, *Records of the Past*, IV, ［new ser., 1890］, 107；4 年之后,她被准确地称为犍陀罗人,见 Strassmaier, *Darius*, ［1897］, No. 379, 1. 44；见 F. H. Weissbach, *Die Keilinschriften der Achameniden* ［1911］, p. 144. n. I。犍陀罗,见 Darius. *Beh.* § 6; *Persepolis.* e 2; Susa 1 (Scheil) 34; Susa 15 (Scheil) 24; Naqsh-i-Rustam A. 3; Xerxes. *Daiva* 25; Artaxerxes III (Davis) 12。

38 Ptol. vi. 18；Amm. xxiii. 6. 70.

39 这个名字得名于当地的铭文，见 Majumdar, *JRAS* Bengal, XX [new ser., 1924]，5－6。这也是阿里安说的珀塞拉，见 Arr. Ind. 1.8；普林尼说的珀科利斯，见 Plin. vi. 94；狄奥尼修斯说的珀科拉提斯，见 Dion. Per. 1143；珀科莱提斯作为塞琉西王朝的行省，见 Arr. Ind. Anab. iv. 22.6；8.6；珀科拉提斯见：Strabo. xv. 1. 27；Plin. i. 62；更常用的珀塞拉奥提斯仅见于阿里安的著作。相当于通用梵文的普什卡拉瓦提(Pushkalavati)，来自马其顿行省名称。但是，普什卡拉见于史诗《罗摩衍那》，这证明了其古老性。见 *Ramayana* vii. 101,11。它就是今白沙瓦西北的贾尔瑟达。

40 G. Macdonald, in E. J. Rapson (ed), Cambridge History of India, I (1922),342 ff.

41 根据西拉克斯著作而创作的，见 Hecataeus, Frags, 178,294-299 (J)；参见 F. Gisinger, *PW*, II Reihe, Vol. III (1927), cols. 619 ff.；Herod. iv. 44；参见 iii. 102；Diod. x. 38；Strabo. xiv. 2.20；Athen. xii. 522B；关于印度、花剌子模和阿拉伯的故事，见 Herod. iii. 38,98,117,107。

42 Herod. iv. 44。大概日期得自埃及文本苏伊士铭文的行省名单。

43 *Ibid.*, iii. 94.

44 G. Contenau, *Contrats neo-babyloniennes*, Vol. III (Louvre XIII [1929]), No. 218.

45 Herod. iii. 98.

46 在较早的密特拉颂之中，神杀死了印度东部和西部的魔鬼，见 Mithra Yasht, 10：104；还有斯拉奥沙的模仿，见：Yasna, 57；27(参见 Jackson, Zoroastrian Studies [1928])，p. 526)。在公元前 2 世纪，印度行省成了 Hapta Hindu、Sapta Sindhavas 或者是"七河"，见 Rig Veda. viii. 24.27(参见 *ibid.*, p. 324)。

47 参见 Herod. iv. 44。

48 *Ibid*. ii. 158；iv. 39,42；Aristot. *Meterol*. i. 14；Strabo. xvii. 1.25 ff.；Plin. vi. 165；Diodorus (i. 33.9)。无论如何，声称运河没有完工是因为国王被告知红海水位高于尼罗河。因此，如果运河开通，埃及就将洪水泛滥。

49 Weissbach, *op. cit.*, pp. 102 ff.；V. Scheil, *Revue d' Assyriologie*, XXVII (1930),93 ff.；*Bulletin de I'Institut Frangais d'Archeologie Orientale du Caire*, XXX (1931),293 ff.；J. M. Unvala in A. U. Pope (ed.), *A Survey of Persian Art*, I(1938),341 ff.；R. G. Kent,"Old Persian Texts," *JNES*, I (1942),415 ff.

50 J. Menant, *Recueil de travaux...*, IX (1887),121 ff.；G. Daressey,

ibid. ，XI（1889），160 ff. ；W. Golenischeff，*ibid.* ，XIII（1890），99 ff. ；
J. Cledat，*Bulletin de L'Institut Frangais d' Archeologie Orientale du Caire*
XVI（1919），224 ff. ；*ibid.* ，XXIII（1924），61 ff. ；Posener，*op. cit.* ，
Nos. 8 – 10.

51　Ctes. *Pers.* xiii，Epit. 47；Heraclid. Pont. x. 6；Strabo. xiv. 1. 17；
Athen. xii. 522.

52　Herod. iv. 85. 87 ff. ；Aristot. *Rhet.* iii. 16. 6；Strabo，vii. 3. 9.

53　Herod. iv. 46，59 ff. ；参见 E. H. Minns，*Greeks and Scythians*（1913）；
M. I. Rostovtzeff，*Iranians and Greeks in South Russia*（1922）。

54　Herod. iv. 97 ff. ；Ctes. *Pers.* ，xiii，Epit. 48；Strabo. viii. 3. 14.

55　Heod. iv. 143 – 144.

56　*Ibid.* 145.

57　*Ibid.* 165，167，200 ff. ；Aeneas. *Tact.* 37. 6 – 7.

58　Herod. v. 1.

59　*Ibid.* 12 ff. ，23，98.

60　*Ibid.* 17 ff. ；vii. 22.

61　*Ibid.* v. 11，23 – 24.

62　*Ibid.* 25 – 26.

63　*Persepolis* e，Weissbach，*op. cit.* ，pp. 82 – 83；参见 Cameron，"Darius，
Egypt and 'The Lands beyond the Sea,'" *JNES*，II.（1943），307 ff。

第十一章 希腊边界问题

希波战争的新火星

如果说希波战争多少有点像个老掉了牙的故事,但它对我们仍然具有很大的吸引力。在说到这个故事时,我们自然会把自己认同于希腊人。因为我们的叙述几乎完全是建立在希腊人希罗多德叙述的基础之上的。我们完全忘记了我们离开市民大会的舞台已经很久了。那时,我们就像雅典人一样,自己管理自己。而且,我们现在已经变成了一个强大的世界帝国,我们也有波斯帝国一样的问题。我们不仅应当反复阅读希罗多德那些令人愉快的故事,我们还应当正视今日美国遇到的困难。但是,我们现在必须忘却欧罗巴希腊为结束"伟大的波斯战争"所取得的那些胜利。

传统的说法必须纠正,这部分是由于大量的东方史料至今尚未处理的原因决定的。那些直接阐明希腊人的珍贵资料,本身具有非常重要的意义。我们所积累的全部知识,只能证明当波斯帝国在进攻独立、弱小而又分散的希腊城邦时,具有压倒性的优势力量。因此,它在经历了早期征服之后还能长期继续生存。同时,它也激发了人们去寻求这些以前的侵略活动为什么失败的原因。[1]

希腊世界拥有更多人口,在财富、文化上更先进的那部分地区,早已在波斯人的统治之下。在大流士看来,剩余部分被兼并也是不可避免的。他认为,由他的将军们进行的几次边境上的征服活动,就足以使那些至今仍然保持独立的希腊人承认他作为宗主国国君的地位。

正当梅加巴祖斯和奥塔内斯稳步地向西南前进的时候,阿尔塔弗雷尼斯在萨迪斯接待了一个代表团。这提供了一个直接听取大陆希腊人心声的机会。公元前510年,[2]在僭主希庇亚斯(Hippias)被驱逐之后,雅典人在克利斯提尼(Cleisthenes)的领导之下,已经开始实行温和的民主试验。当然,这是因为受到极端保守的斯巴达战争威胁产生的必然结果。由于斯巴达是波斯公开的敌人,波斯与雅典结盟是必需的。在阿尔塔弗雷尼斯要求得到通常表示臣服的象征物土和水时,使节们答应了。希腊民主制度和波斯帝国主义的首次接触,值得纪念的竟然是早期的民主政体竟然同意接受波斯附庸的地位![3]

这时,国内公众的情绪改变了,使节们的允诺被否决了。克利斯提尼看来是被放逐了。两年之后(公元前505年),被放逐的僭主希庇亚斯来到萨迪斯,力请阿尔塔弗雷尼斯帮助其复位。面对这种威胁,民主制的反对者派出自己的外交使节警告总督不要相信雅典流放者的话。可以想象得到,雅典受命恢复希庇亚斯的地位,否则就将遭到进攻。于是,雅典人决定向波斯开战。[4]

爱奥尼亚起义

由于西徐亚人的远征,大量爱奥尼亚人被集合在一起。他们终于意识到团结的力量,但在实现这个目标时却彻底失败了。因为他们已经丧失了机会,现在的麻烦是波斯人的地位已经稳定。爱奥尼亚人决定起义,反对波斯人强加的僭主的情绪增长了。得到僭主支持的商人阶级丧失了与腓尼基人和欧罗巴希腊人贸易的机会,本地的土地贵族在这个转变过程中被认为捞到了好处。他们的首领是米利都僭主希斯提爱奥斯(现在被国王留在苏萨)的女婿和代理人阿里斯塔哥拉斯(Aristagoras)。当纳克索斯(Naxian)流放者请求他帮助他们返回自己的海岛时,阿里斯塔哥拉斯的机会来了。因此,他鼓动阿尔塔弗雷尼斯派100条船给他,帮助流放者回国。同时，可以将波斯的统治扩张到基克拉泽斯（Cyclades）群岛。

至今为止，米利都一直是国王最忠实的藩臣。但是，总督有他自己的怀疑。这个计划上报给国王，他同意了总督的异议。次年（公元前 500 年）春天，舰队出发了。但是，它不是原来所要求的100 条，而是 200 条三列桨船，船员大多也不是希腊人。将领不是阿里斯塔哥拉斯，而是国王的近亲梅加巴特斯（Megabates）。阿里斯塔哥拉斯和梅加巴特斯不可避免地发生了口角，纳克索斯人得到警告，使这个入侵计划最终破产了。[5]

153 阿里斯塔哥拉斯被身在苏萨的希斯提爱奥斯鼓动起来造反之后，马上号召首领们恢复爱奥尼亚同盟。只有赫卡泰奥斯（Hecataeus）反对这个提议。这位历史学家在写作《周游世界》的时候，就已经直接认识到了波斯帝国的实力，知道所有国家都臣服于伟大的王。无论如何，他抗议投票废除僭主制，没有引起重视。阿里斯塔哥拉斯辞去了米利都僭主的职务，其他的僭主或是被杀、被关或者被驱逐。[6]

必须寻求斯巴达的援助，因为它在当时被认为是希腊最强大的国家。克莱奥梅尼国王（Cleomenes）不顾斯巴达先前对波斯的威胁，兑制住了自己。他必定认识到如果援助爱奥尼亚人起义，就必须预先准备好抗击波斯人下一步进攻大陆希腊。但是，他是无法抵抗的。无论是在国内还是国外，他自己的影响力都已经跌落到最低点。即使他自己相信战争是可取的，他也不敢肯定松散的伯罗奔尼撒同盟海上大国科林斯和埃伊纳会仿效斯巴达的榜样。[7]阿里斯塔哥拉斯再次炫耀其青铜制造的世界地图，千方百计引起国王的贪婪之心，并且无意之中透露出他被驱逐之后，从苏萨到海边走了 3 个月。[8]阿尔戈斯请求德尔斐神谕，收到了预料的答复：有一个危险是，邪恶的米利都将遭到浩劫，连神自己在布兰奇代的神谕所也将被抛弃。[9]雅典人更保守，并且早已被阿尔塔弗雷尼斯召回希庇亚斯的要求所激怒，决定派遣 20 条船，以表示同意女儿城市米利都的请求。[10]

公元前 499 年,雅典舰队来了,并且得到埃雷特里亚(Eretria)派出的 5 条三列桨战船援助。在得到爱奥尼亚和米利都船只援助之后,舰队在以弗所登陆。军队沿着凯科斯河(Caicus)行进,越过特穆卢斯山(Tmolus),朝着萨迪斯前进。阿尔塔弗雷尼斯固守要塞,联军占领了下面的城市。萨迪斯是一个由红色的小房屋或生砖房屋组成的城市,房顶都是芦苇的。当一个希腊人放火焚烧一栋房屋时,整个城市便都淹没在火海之中。大火还烧毁了帕克托勒斯河畔的西贝贝(Cybebe)神庙。身陷火海的波斯驻军从卫城冲出,与当地吕底亚人集合在市场中,从那里经产金的河流到达赫尔姆斯平原。联军被驱过特穆卢斯山,撤退到海边。但是,就在他们到达以弗所之前,他们在一场大战中被波斯军队打败了。这支军队是由大流士的 3 个女婿多里希斯、希梅斯和奥塔内斯率领的、从哈利斯河西部不同行政区赶来的援兵。听到埃伊纳和雅典之间爆发了战争的消息,欧罗巴的精锐部队丢下盟军不管,启程回国了。波斯的外交再一次发挥了重要的作用。[11]

失去了雅典的支持,后果是严重的。甚至在奥内西卢斯(Onesilus)率领之下的赫勒斯滂希腊人、拜占庭人、大多数卡里亚人,包括考努斯人,还有塞浦路斯人赶来支援也难以弥补。腓尼基人戈尔古斯是埃弗尔顿之曾孙、西罗姆斯之孙、切尔西斯之子(Gorgus、Evelthon、Siromus、Chersis),他是萨拉米斯的国王。其弟奥内西卢斯企图说服戈尔古斯造反失败之后,把他关在城门之外,逼得戈尔古斯只好接受波斯人的保护。在塞浦路斯各个城邦之中,只有腓尼基人的阿马苏斯城邦(Amathus)继续忠于国王。奥内西卢斯正在围攻该城时,得到消息说阿提比乌斯(Artybius)率领的大军正在朝塞浦路斯开来。他呼吁爱奥尼亚人援助,爱奥尼亚人带着他们全部的舰队来了。不久,阿提比乌斯率领的军队从西利西亚渡海后登陆了。爱奥尼亚人拒绝派海军上岸帮助保卫危急中的萨拉米斯,但他们成功地打败了腓尼基海军。起初,陆战对起义者有利,阿提比乌斯被奥内西卢斯亲手所杀。后来,库里翁的僭主斯塔塞诺背弃了盟友,萨拉米斯自己的贵族战车兵也跟着他们投降了。奥内西卢斯被杀死,萨拉米斯被戈尔古斯收复,爱奥尼亚人也溜回家了。塞浦路斯起义者被盟友抛弃之后,不得不表示屈服。只有索利坚持了 5 个月,最后才被地道战所攻克(公元前 498 年)。[12]

　　由于塞浦路斯的冒险缺少舰队支持,这个好机会立刻被波斯人所利用。多里希斯迅速扑向赫勒斯滂,5 天之内接连攻下 5 座重要城市。接着,他转而进攻卡里亚人,在卡里亚人的人民大会所在地、马息阿河边的白柱(White Pillars)打败了他们的军队。有必要指出的是,他们的首领之一是辛戴(Cindya)的皮克索达鲁斯(Pixodarus),他的父亲是摩索拉斯,他的岳父是西利西亚国王赛恩内西斯,他的家族从此出名了。由于得到刚刚到达的希腊盟军援助,藏在拉布拉翁达(Labraunda),即他们向宙斯神献祭的悬铃木丛林里的卡里亚人试图发起第二次进攻。但是,他们被打败了。后来,他们在佩达斯(Pedasus)夜袭行进中的波斯人,多里希斯(Daurises)被杀死了(公元前 497 年)。

　　希梅斯(Hymaees)占领了密细亚的西乌斯。多里希斯离开赫勒斯滂前往卡里亚之后,希梅斯继续进攻,征服了特洛阿德所有的埃奥利斯人和盖尔吉撒人。他后来病死了。公元前 496 年,阿尔塔弗雷尼斯总督和奥塔内斯接替了他的位置,平定了克拉佐曼纳和库迈。阿里斯塔哥拉斯感到成功无望,逃离了米利都,后来在和色雷斯人的战争中被杀。[13]

　　希斯提爱奥斯说服大流士,只消他一个人就可以平定叛乱,但阿尔塔弗雷尼斯不是那么容易蒙骗的角色。这位从前的僭主十分清楚阿尔塔弗雷尼斯怀疑自己,便逃到希俄斯去了。他从那里寄信给萨迪斯的一些波斯人,同他们讨论造反的问题。这些信件被交给了总督。当这些将要造反的人回信给他之后,他们就立刻被处死了。米利都拒绝承认他们从前的僭主,当他企图以武力进入城市时,他被打伤了。希斯提爱奥斯没有其他办法,只好前往赫勒斯滂,在那里从事海盗抢劫活动(公元前 495 年)。[14]

　　造反已经将近结束之时,波斯领导人一致认为必须毁灭米利都。各个部队全部集中,还有腓尼基人、西利西亚人、埃及人以及刚刚归顺的塞浦路斯人庞大的舰队也开来了。仍然在叛乱的希腊人让米利都人自己防御陆军的进攻,他们集中在米利都海湾的拉德岛(Lade)上。亚细亚的希腊人有一半已经被征服或者议和了。因此,叛乱者只能出动353条三列桨战船与国王的600条战船作战。即使是在这些人之中,也还有叛徒和胆小鬼。萨摩斯人、莱斯沃斯人,最后还有希俄斯人都逃回家去了。一场重要的海战就结束了。[15]

一个世纪以来,布兰奇代的阿波罗神谕所一直宣扬要服从波斯人的统治。现在,它终于得到了应有的报应。神庙被烧毁了,神庙财富被运往苏萨。[16]在那里,阿波罗神的青铜像被用来为"博物馆"增添光彩。[17]从那个时候开始,阿波罗长期失踪了。但是,战利品的一些碎片一直保存到现在。它们是一块巨大的、重约212磅的青铜膝关节、还有上面和旁边的把手。其上刻有古典爱奥尼亚字母铭文:"这是一件献祭的战利品,阿里斯托洛库斯和斯拉松(Aristolocus、Thrason)所立,捐赠物;西迪曼德鲁斯之子齐克利斯铸造(Cydimandrus、Tsicles)。"[18]

156

德尔斐的阿波罗神谕所没有遭到脾气乖张的布兰奇代阿波罗神谕所同样的命运。马格内西亚的另一座阿波罗神谕所没有遭殃。几年之后,大流士觉得有必要在该城发布一道国王的诏令:"希斯塔斯普之子、众王之王大流士训谕其奴隶加达塔斯如下:我获悉你并没有完全执行我的命令。由于你耕种了我的土地,移植了幼发拉底河对岸(阿拉米文河西的希腊文名称——作者注)的果树,我为此嘉奖过你的功劳,在朝中赐予你极大的宠幸。而由于你忽视我关于诸神的敕令,你向阿波罗神庙的耕作者征收贡赋,强迫他们耕种非神庙的土地,不理会我的先人对该神的敬意,这位神曾经向波斯人说出了一切真理。如果你不幡然悔改,你就将感到我内心的愤怒。"[19]

米利都被地道战攻克。城南被彻底毁灭,以报复焚烧萨迪斯之仇。大多数成年男子被杀死,其妻子、儿女被贬为奴隶。劫余者被送往苏萨,最后被大流士安置在底格里斯河口的安培。佩达斯的卡里亚人早已归顺,作为奖赏获得了米利都境内的高地。希罗森之子埃阿塞斯被腓尼基人恢复了萨摩斯僭主之位。继续抵抗的卡里亚人像早已臣服的一样,现在都被征服了。希斯提爱奥斯袭击阿塔尼乌斯(Atarneus)抢劫粮食,被迫在马伦(Malene)作战。他被刚刚到达的哈尔帕戈斯打败被俘,送往萨迪斯,在那里被阿尔塔弗雷尼斯处以刺刑。[20]

舰队在破败的米利都度过冬天之后,次年(公元前 493 年)春天顺利攻下了希俄斯、莱斯沃斯和特内多斯(Tenedos)。每个城市都在劫难逃,士兵们由北到南,对海岛进行了"拉网式"的大扫荡,直到把所有百姓全部抓获为止。大陆上叛乱的爱奥尼亚城邦同样被征服了。漂亮的男子被阉割成太监供宫廷使用,最漂亮的少女被送入后宫。许多城市和神庙被焚毁。接着,舰队开始严厉地惩罚赫勒斯滂西部的城市,就像陆军在它的右侧所作所为一样。被洗劫一空的拜占庭和卡尔西登笼罩在火海之中。尽管基齐库斯(Cyzicus)早已与奥巴雷斯(Oebares)达成投降的条件,但他被其父达西利乌姆总督梅加巴祖斯召回了。[21]

赫卡泰奥斯以这样的结果证明了其预言的正确性。因此,这位历史学家是唯一与总督签订和约的人。阿尔塔弗雷尼斯公开表示自己愿意忘却过去遭受的侵害和叛乱。他将恢复他们的法律,代价是必须把它放置在爱奥尼亚代表会议之中。[22] 从此,爱奥尼亚人享有相当程度的地方自治权。他们也被更有效地纳入了行省组织。各个城邦之间的私战被严格禁止,取而代之的是他们必须服从仲裁。波斯人还按照亚述人的做法,进行人口普查以确定税收。最终,这种人口普查在爱奥尼亚强制进行了。它使用帕勒桑(相当于 1 小时路程或 3.5 英里的距离)丈量土地。赋税负担大致相当于战前的水平。但是,由于惩罚叛乱的城市而将大片土地转交给了非希腊人的州,陆军与海军的洗劫,由于死亡、逃亡和流放造成的人口减少,对少数剩下的居民造成了可怕的压力。在人口逐渐增加、繁荣再次恢复之后,这种压力才相对减轻了。因为直到希罗多德时代，赋税负担一直没有改变。[23]

行省的改组

根据苏萨铭文之中的行省名单，大约在这个时期，帝国的行省已经非常明确。波斯不再包括在名单之中。希罗多德告诉我们，波斯是唯一不缴纳税收的地区。[24]萨塔吉迪亚不见了，它大概并入了米底。西徐亚分成了两个行省："饮豪麻汁的"塞种[25]和"高帽子"塞种。[26]还有爱奥尼亚、海中的行省、海那边的行省。这里还有两个全新的行省，一个是斯库德拉（色雷斯和马其顿），得名于马其顿的希德拉城邦（Skudra, Scydra）。[27]名单上最后一个行省是卡尔卡（Karka），得名于赫梯语的卡里亚人。[28]而且，有一个属于该时期的、重 1 塔兰特的青铜狮，其上铭文为："出自国王行省的精密衡器。"它发现于赫勒斯滂的阿拜多斯（Abydos），证明达西利乌姆行省同样进行了财政改革。[29]

158

波斯外交的成败

公元前 492 年春天，戈布里亚斯的次子马多尼奥斯（Mardonius）刚刚娶了国王之女阿托左斯特雷（Artozostre），[30]取代了战时长官的位置。他宣布了一项新的政策。大流士已经注意到在亚细亚某些希腊城市实验原来的民主制的趋势。民主派克利斯提尼（Cleisthenes）的拥护者已经同意向他献土和水。但是，雅典反对派不承认这个协定，并且帮助爱奥尼亚人造反。当这种援助遭到波斯报复的威胁时，现在执政的保守派政府的对手、已经被流放的僭主希庇亚斯的朋友和年轻的民主派分子威胁，要对弗里尼库（Phrynichus）演出的悲剧《米利都的陷落》处以沉重的罚金并禁止再演。[31]因此，大流士下令马多尼奥斯废黜所有的僭主，他们显然已经没有多大用处了。同时，将爱奥尼亚的城市国家改组为民主制政体。在历史上，民主制破天荒地征服了希腊世界大片重要地区。

一个坚强的婴儿,竟然要依靠"蛮族"君主的保护!希罗多德以这个政策作为奇特的例子,彻底批驳那些不相信奥塔内斯曾经力主波斯人应当接受民主制政府的希腊人,就用不着奇怪了。[32]

159　大流士希望这个暗示不要被欧罗巴的希腊人忽略。那里许多城邦的民主派已经崛起,并且希望摆脱可恶的保守派。而且,如果亚细亚的希腊城市能够摆脱那些独立的同胞以各种方式表达的同情所造成的诱惑,如果没有经常提供的援助,没有保守派的反波斯行动,亚细亚的希腊城市就将保持稳定。一旦对外界援助的希望破灭,被"紧追的"侵略者必定会逃回老家。

同时,马多尼奥斯率领600条船只组成的庞大舰队,从西利西亚前去向爱奥尼亚人宣布新的自由。一支巨大的陆军也向着赫勒斯滂前进。陆军到达海峡之后,被海军渡过海去。在欧罗巴,马多尼奥斯公开宣布其目标是征服埃雷特里亚和雅典。在他给予爱奥尼亚人民主制之后,有一切理由相信这些受到威胁的城市的民主派,将抓住机会赶走保守派,安排上自己的领导人,承认他们的好朋友、伟大的王的宗主权。

在舰队的支持下,马多尼奥斯坚持缓慢而稳妥地由北向南入侵的策略,以便使民主派可以有足够的时间活动。萨索斯(Thasos)没有抵抗就向海军投降了。马其顿再次承认波斯的宗主权。但是,这些成功被三百多艘船只遭到毁灭所抵消。它相当于这支庞大舰队一半的船只,还损失了2万人。这是圣山(Athos)附近的大风暴造成的结果。同时,陆军在马其顿被布赖吉人(Brygi)大败。他们是仍然留在欧罗巴没有走的弗里吉亚人。[33]马多尼奥斯自己也受了伤。但是,布赖吉人最后投降了。同年底,马多尼奥斯回到亚细亚。[34]

至今为止,波斯外交和策略都是非常成功的。不过,现在它开始出现一系列失误,并且造成了巨大的灾难。由于这次纯属偶然的失败,人们决定放弃安全稳妥的、缓慢的由北向南推进的政策,取而代之的是直接冲过爱琴海进攻雅典和埃雷特里亚。

起初,并没有迹象表明出了什么差错。公元前491年,传令官送给大陆希腊许多令人高兴的、显而易见的、成功的消息。想不到在斯巴达和雅典,他们被投入洞穴或水井,命令他们在那里取得所要的土和水。[35]但是,其他国家毫无例外交出了象征着奴役的土和水。各个岛屿也这样做了,其中有埃伊纳。它从前曾经忠实地为波斯服务,以战争迫使雅典从爱奥尼亚撤兵。雅典人向斯巴达提出控诉,斯巴达王克莱奥梅尼企图干涉埃伊纳。但他的同僚德马拉托斯(Demaratus)阻止了这个行动。克莱奥梅尼罢黜了他的对手,德马拉托斯像希庇亚斯一样,得到大流士的庇护,被赐予大片土地和城市。[36]

马多尼奥斯后来被米底人达提斯和国王的外甥、年轻的阿尔塔弗雷尼斯所取代。公元前490年,他们到达西利西亚的阿雷亚平原。他们率领的军队和马匹已经在那里准备渡海,那里还聚集了一支庞大的舰队,在圣山遭到巨大的损失之后,舰队再次补充到常规的600条三列桨战船。两位将军丰厚的礼品堆满了罗德岛林都斯城邦的(Lindus)神庙,以赢得神谕所祭司的欢心。

舰队从爱奥尼亚出发,取道萨摩斯前往纳克索斯。居民逃往山上,入侵者烧毁了城市和神庙。提洛岛人逃往特诺斯避难。但是,波斯人请求他们回家,奉献了300塔兰特乳香和一个黄金的马轭给他们的好朋友阿波罗神。卡里斯托斯(Carystos)被迫表示臣服。[37]

对于即将到来的危险,迈加拉(Megara)的泰奥格尼斯(Theognis)的态度,是典型的大陆希腊人常见的态度。起初,他沉浸在寻欢作乐之中,毫不担心与米底人作战。等到他醒过来认识到危险时,他只好去祈求万能的阿波罗神,保佑他的城邦打败傲慢无礼的米底人!因为当他看到希腊人缺乏判断力,民众毁灭性的、互相残杀的内部冲突时,他害怕了。[38]

正如马多尼奥斯所相信的那样,埃雷特里亚被党派纷争所分裂。保守派在冲突中虽然最终取得胜利,但他们只有防御政策,没有进攻。在抵抗波斯人连续6天的猛烈进攻之后,城市被一心想得到权力的两个民主派分子出卖了。

远征的第一个目标已经达到,现在只剩下雅典尚待征服。达提斯有理由希望雅典同样会被朋友献出来，不管是现在与军队在一起的希庇亚斯派，或者是民主派首领阿尔克迈翁家族。这些有根有据的希望，被第二个更严重的错误所毁灭，即毁灭埃雷特里亚的神庙和城市，把老百姓贬为奴隶。这是每个雅典人，不论是民主派还是商人都难以预料的，他们还将看见自己可爱的母邦不可避免的也会被焚毁、洗劫和遭到奴役。

因此，当达提斯渡过狭窄的海峡，由希庇亚斯引路在马拉松平原登陆之后，这个地方的居民虽然素以好客闻名，但他发现整个雅典军队已经准备好与他作战。斯巴达允诺的援军没有到来，因为他们必须等待月圆出兵。因此，只有普拉蒂亚人前来援助雅典。在耽误一段时间之后，主要是有太多的分歧需要协商统一。米太亚德（Miltiades）关于埃雷特里亚悲惨命运的发言，深深地打动了每个人的心灵。波斯人和塞种突破了雅典军队的中央，但雅典人的两翼包抄到波斯人后面，使他们遭到失败。撤退的波斯人一直被追到船边，其中有 7 条船被俘获。

达提斯直到现在仍然没有明白其不合时宜的残酷所造成的全部恶果。他认为只要舰队到达之后，就可以围攻城市。那时，爱国的军队就将逃走。民主派的首领阿尔克迈翁家族确实从苏尼翁角（Cape Sunium）以盾牌发出了信号，但军队及时赶回来了。波斯舰队在帕列隆（Phaleum）附近游荡了几天，最后认为没有叛乱的希望，侵略者失望地扬帆回国了。

波斯人把被俘的埃雷特里亚人送回，取代对重新复活的民主派的信任，他们把这些人送往苏萨，安置在 29 英里处的奇西亚的阿德利卡。这里是古代喀西特人的故乡。离当地 5 英里之遥有一口井，用铰链和皮桶可以从井中取出液体，倒入桶内可以产出盐、沥青和石油。公元 1 世纪，蒂亚纳（Tyana）的阿波洛尼厄斯见到他们时，他们仍然保留着对故乡的怀念，并且说着他们的祖先使用的语言。[39]

原注

1 参见 Olmstead，"Persia and the Greek Frontier Problem," *Classical*

Philology，XXXIV（1939），305 ff。

2　Herod. v. 65.

3　*Ibid*. 73.

4　*Ibid*. 96.

5　*Ibid*. 30 ff.

6　*Ibid*. 35 ff.

7　J. A. O. Larsen，"Sparta and the Ionian Revolt，"*CP*. XXVII（1932），136 ff.

8　Herod. v. 49 ff.

9　*Ibid*. vi. 19.

10　*Ibid*. v. 97；Charon Lampscen，Frag. 10（J）；Plut. *De malig*. *Herod*. 861 A ff.

11　Herod. v. 99 ff. ，116；Thuc. i. 14. 3；41. 2.

12　Herod. v. 103 ff.

13　*Ibid*. 117 ff.

14　*Ibid*. vi. 1 ff.

15　*Ibid*. 6 ff.

16　*Ibid*. 19；Strabo. xvi. 1. 5；xvii. 1. 43，他把战利品献给了薛西斯。

17　Paus. i. 16. 3；viii. 46. 3，虽然献给了薛西斯，但放在埃克巴坦那。

18　B. Haussoullier，in J. de Morgan，*Recherches archeologiques*，II（"Mem. ，" Vol. VII［1905］），155 ff.

19　Dittenberger，*Syl*. 3，No. 22；translation，C. J. Ogden，in G. W. Botsford and E. G. Sihler，*Hellenic Civilization*（1915），p. 162.

20　Herod. vi. 18 ff.

21　*Ibid*. 31 ff. ；Charon Lampscen. *Pers*. ，Frag. 2；Thuc. i. 16.

22　Diod. x. 25. 2.

23　Herod. vi. 42.

24　*Ibid*. iii. 97.

25　*Ibid*. vii. 64.

26　参见 p. 141。

27　Plin. iv. 34；Ptol. iii. 12. 36；Steph. Byz. *s. v.*

28　Darius. Susa e.

29　*CIS*. Vol. II，No. 108.

30　Herod. vi. 43；参见 p. 177，n. 18。

31　Phrynichus（ed. Nauck，p. 720）；Herod. vi. 21；Diod. x. 25. 2.

32　Herod. vi. 43；参见 iii. 80；Olmstead，"Oriental Imperialism，"*American Historical Review*，XXIII（1918），760。

33 Herod. vii. 73.

34 *Ibid*. vi. 43 ff.

35 *Ibid*. vii. 133.

36 *Ibid*. i. 48 ff. , 61,67,70; vii. 3; Charon Lampscen. , Frag. 3 (J); Xen. *Hell*. iii. 1. 6.

37 Herod. vi. 94 ff. ; Lindos Chronicle (C. Blinkenberg, *Die Lindische Tempelchronik* [1915]), C 65 ff. ; D 1 ff. , 54 (J 1008).

38 Theog. 757 ff. ; 773 ff. ;日期参见 E. L. Highbaeger, "Theognis and the Persian Wars," *Transactions of the American Philological Association*, LXVIII (1937),98 ff. ; Hellanicus. *Pers*. ii. 61 (J)。

39 Simonides, Frags. 89 - 90, 117; Herod. vi. 101 ff. ; Thuc. i. 18. 1; Ctes. *Pers*. xiii. Epit. 39; Plato *Menex*. 240; Ins. 9. 13; Curt. iv. 12. 11; Philostrat. *Vit*. *Apollon*. i. 23 - 24.

苏萨宫廷
彩釉浮雕瑞兽

苏萨宫廷
彩釉卫士,有人
认为他们就是
守卫苏萨宫廷
的不死军士兵

苏萨遗址航拍图,图中高处为法国考古队驻地

第十二章　三座都城：埃克巴坦那、巴比伦和苏萨

自从波斯波利斯被欧洲人重新发现之后，这个过程是从 15 世纪末逐渐开始的。其壮丽的遗址使波斯在西方世界的心目中受到了尊重。对于了解希腊人直到亚历山大拜访波斯波利斯和彻底毁灭它之前一无所知的这座城市，这确实是一个巨大的震动。因为对于同时代的希腊人来说，阿契美尼德国王驻跸之地只有 3 个。这就是巴比伦、埃克巴坦那和苏萨。我们不想责备他们的无知。因为在现存的巴比伦、腓尼基和埃及文献之中，没有提到过波斯波利斯。对于犹太人而言也是一样，波斯的都城就是巴比伦、埃克巴坦那的要塞和书珊（犹太人对苏萨的称呼——译注）的宫殿。

大流士在巴比伦的宫殿

埃克巴坦那尚待发掘，偶尔的发现说明不了多少问题。[1]大流士在巴比伦的宫廷，最初是在城市最北端尼布甲尼撒的宫殿之中。如果根据从那里发现的、刻有阿卡德文的大流士自传精美闪长岩石碑，我们可以断定它就在那里。[2]但在此之前的很长时间里，大流士把自己的宫廷建立在城南的要塞之中。它在那波帕拉萨宫廷的西面，正好在因古尔贝勒雄伟的、有壕沟的围墙的前面。在填满沙土之后，以精制的砖作为墙基，然后建立了一座阿帕丹（*appa danna*），即柱厅。柱厅每边和正面有柱廊，有正方形塔楼保护，南面有楼梯作为通道，类似尼布甲尼撒的宫殿。因此，阿巴丹的平面

设计被引入了波斯的建筑艺术。大流士还采用了同一座尼布甲尼撒宫殿的三层路面技术。一层是鹅卵石和石灰浆组成的砂石层，其上是碎石层，最上面一层是涂有精美红色颜料的路面。这种路面在希腊早已习以为常，现在成了大流士建筑物的特色。黑色石灰岩柱础碎片证明波斯波利斯熟悉的工艺早已在应用。另外一些放置圆柱的基石碎片，刻有大流士本人的铭文。

大流士还采用了尼布甲尼撒成熟的彩釉砖技术。这不是粘土，而是石灰和沙子做成的砖，施以精美的釉料，被其伟大的前辈用来装饰行进大道和伊什塔尔门。像尼布甲尼撒的原作一样，动物图案占有重要的地位。有些是平面、有些是浅浮雕。黑色的釉线将各种图案分开。花卉图案、爱奥尼亚双螺旋纹饰的石柱以及衣着华丽的万名不死军图案覆盖了宫墙。阿尔塔薛西斯二世的私人御医克特西亚斯曾经描绘过绚丽的彩釉图案。尽管他认为这些既不是尼布甲尼撒，也不是大流士，而是塞米拉米斯（Semiramis）的东西。他声称自己见到的塞米拉米斯是一位面容皎洁的妇女，她还真被考古学家发现了。[3]

苏萨城的位置

后来，大流士将整个建筑工程转到了苏萨。如果说对于整个帝国而言，巴比伦不是那么的中心，苏萨的位置则比埃克巴坦那、帕萨迦达或波斯波利斯更加合适。同时，它离波斯人的故乡很近。一条便捷的道路穿过宽阔的平原，向西通往巴比伦。通往埃克巴坦那的崎岖小路，向北通过经常是独立的乌希人居住的地区，可以到达科阿斯佩斯河。在夏天，还有一条小路通往波斯波利斯和帕萨迦达，向西南越过高山进入土匪居住的地区，即使连波斯国王经过这里也要留下买路钱。[4]到了冬天，道路断绝。只有一条更加迂回的、沿着波斯湾的道路可以通行。这时，沿岸平原有害健康的潮湿也过去了。

苏萨的财富，不少是由比现在近得多的波斯湾贸易而来。公元前 5—公元前 4 世纪，当地的四条大河——幼发拉底河、底格里斯河、科阿斯佩斯河和欧莱乌斯河（最后一条河的下游是帕西底格里斯河），不像现在一样流入阿拉伯河，再流入波斯湾，而是流入波斯湾以北一个巨大的沼泽湖。围绕湖边的小岛仅仅高于海平面，可容河水流出。那时，从波斯湾来的商人渡过大湖之后，沿幼发拉底河到巴比伦还要走 375 英里路程。另一方面，苏萨距离底格里斯河口的比特亚金或阿普勒（Aple）只有 62 英里。帕西底格里斯河下游部分河段从前也是可以通航的。[5]

苏萨遗址土丘位于平原上。这个平原是由巴比伦冲积平原发展而来，但在外形上不大像巴比伦平原。它距离山区很近，地势逐渐升高，被河流冲击下来的泥土到达这里，已经与沙子分离，只剩下肥沃的淤泥到达冲积平原。因此，土壤的出产非常丰富，土壤的肥力几乎用之不竭。古人声称大麦与小麦一般产量是 100 倍[①]，有的时候可以达到令人吃惊的 200 倍。[6]不过，每年 9 月份气温高得简直令人无法忍受。除了西南方有一个豁口把苏萨与巴比伦连接在一起之外，这个高原几乎完全被高山所包围。在西面和西北面，是狭长的卡比尔山。正北方是东南走向的扎格罗斯山脉。在它的东面和东南面，是更高的中央高山群。南面的迪姆（Dim），可以看成是由砂石聚成的小山。浅红色的砂岩标志着冲积平原高度的下降。

正如古人所认识到的，几乎将苏萨围绕起来的高山截断了绝大部分北方的冷空气，但在更南的地方，仍然可以感受到冷空气的影响。夏天，通过西南方的豁口，由巴比伦和波斯湾吹来的干燥而炎热的风，烤焦了所有的植物，迫使人们躲进狭小的房屋之中。这种房屋的棕榈树叶房顶，盖着 3 英尺厚的泥土。尽管同样令人窒息，但起码为人们提供了一个躲避毒辣阳光的藏身之地。根据希腊作家所说，在炎热的中午，如果蜥蜴和蛇想爬过街道，就会被烤焦。冷水放在太阳之下一会儿，就热得可以洗澡。大麦由于干燥而爆

① 指与种子相比较而言。——译注

164

裂,就像谷粒放在烤箱中烘烤一样。[7]

上述报道可能有些夸张。但是,没有一个西方人可以根据自己的观察来证实其夸张。那些敢于在 6 月留在那里的人们报告的温度,已经远远超过 100 度。那时,河流干涸了,沙底的池水又苦又咸,因为池水流过了石灰层和高山上冲击下来的泥土。就像现代西方的避暑的游客一样,古代上流社会也在靠近高山之处,而不是在有害健康的河谷地区寻找避暑之地。这些地方与主要山脉平行,比河谷通常高出 5000 英尺,正好在雪峰之下。

到了 11 月,风向转为东北风,平原开始凉爽。小麦和大麦也收割了。11 月中旬,风向转为东南风和南风,落下了第一场雨水。当冬天来临的时候,平原上也可能会有稀罕的小雪。冰雹比较常见。在晚上,气温偶尔会下降到冰点之下,黎明时地面会有一层薄冰。

在 1 月和 2 月,由印度洋刮来的、真正的飓风开始袭击大陆。它所带来的洪水对于已经被夏季炎热烤成碎末的土壤以及泥砖建成的房屋造成了巨大的破坏。但是,它们也带来了人们渴望的降雨。它把沙漠变成了迷人的彩虹之乡,到处长满了苗壮的野草。海枣树林、刺槐、杨树和柽树换上了新装。3 月底,降雨停止,植物开始返青。4 月底,收获季节到了。在平原边缘比较隐蔽的河谷,红花绿叶的夹竹桃继续生长。在其他的地方只有黄色的草丛、多刺的灌木和蓟代表着残存的植物。

大象、骆驼、野牛、野驴很早以前就被杀光了。狮子经常出现在苏萨的艺术品之中,但现在已经很难发现,而且只能在河边茂密的树林之中。熊、豹、野猪、狼、猞猁、狐狸和豪猪的数量虽然已经减少,但仍然存在着。在晚上,可以听见豺对野狗发出的凄厉嚎叫声。鹧鸪、红脚石鸡,也还可以捕捉到。雕、隼、兀鹫和乌鸦,证明了自身的坚强。水禽在冬天来到这里,带着许多幼鸟在漫长的夏季进行迁徙。[8]

就降雨本身而言,并不足以使庄稼成熟。高山再次帮了大忙,高山融化的雪水流入代价高昂的灌溉系统坎儿井。但是,当地大部分地区还是靠发源于高山河流的水渠灌溉,使杏子、葡萄、西瓜和黄瓜得以成熟。最有名的河流是科阿斯佩斯河，现在叫做卡尔黑河。它从离贝希斯敦摩崖石刻不远的发源地出发，首先流向西南，然后转向东南，最后转向正南，顺着山脉之间平行的河谷，穿透1000英尺的峡谷后反复改变方向。当我们正在进行调查研究的时期，它清澈冰凉的河水从苏萨宫廷西面附近的地方流过。当我们知道阿契美尼德诸王只喝科阿斯佩斯河水，装着河水的罐子随着国王一起出行时，丝毫也不感到奇怪。[9]

苏萨还有一条乌莱河（Ulai），希腊人称为欧莱乌斯河。[10]它在苏萨附近，距离科阿斯佩斯河 2.25 英里。它再拐个弯，通过湖口进入一个大湖。两条环绕苏萨的河流被运河网连接在一起。沿着被冲毁的堤岸，可以看见几个被下层阶级的建筑垃圾连在一起的孤立土堆。遗址分布面积非常广阔，我们大致同意古人的估计，周长有 15 英里。[11]

大流士的城堡

不像波斯波利斯，苏萨不是新的王朝所建。从史前时代开始，当地就有人类居住。其彩陶之精美，令我们感到惊叹。在一个由古人的垃圾形成的土堆上，后人建立起了神庙和宫殿。他们的记载，使记录埃兰真实的历史成为可能。[12]后来，这些建筑一个接一个变成了废墟。到大流士时期，主要的土堆比科阿斯佩斯河的河床几乎高出了 100 英尺，并且在西面被河水冲刷出一个陡峭的斜坡。就是在这里，像后来的塞琉西诸王一样，大流士建立了自己的城堡。在大流士改革帝国的铭文中，他告诉我们："先前许多荒废的要塞，我重新修复了。我重建了荒废的城堡。我修复了古尔纳马和阿兰努什（Gurnama，Allanush）的要塞。"[13]希腊人认为这个地方是门农尼翁（Memnonium），说它是门农之父提托诺斯所建（Memnon，Tithonus），他曾经前往特洛伊帮助弗里吉亚的保卫者。[14]城堡的要塞只发现一道不坚固的围墙，每边连塔楼也没有。[15]

在埃兰最辉煌的时期，在北面、东面和南面，又出现了一些土

167

堆。它们也曾被大流士用于建筑宫廷。公元前521年末,他在苏萨建立了自己的宫廷。[16]然而,它们现在已经彻底变成了一堆废墟,不可能恢复其准确的模样。城堡东面土堆的东墙,在3000英尺正面的中央开辟了一条道路。道路两边各有一座坚固的要塞。在要塞的墙面(如果我们认为它与巴比伦城尼布甲尼撒的伊什塔尔门相似),精制的熟砖必定贴上了制作精美的、绘有高视阔步或蹲坐的狮子、飞牛、长着山羊角、狮前爪、狮尾、鹰爪而不是马蹄的格里芬。这里还发现了更小的彩釉砖。图案同样是野兽,还有雄狮猎杀金蹄白公牛的纹章图案。

各个大门的门扇是木制的,蒙上了青铜板,装饰了优雅的、带刺的玫瑰花形装饰品。它们靠包裹着青铜的门柱旋转。门柱安装在5英尺宽的石护套之中。在一个护套的下面,发现了一个4英寸高的大理石花瓶。这是奠基之物。同样的釉砖碎片绘有同样的野兽浮雕图案,使人们猜测在南墙、在城堡等地,还有其他的塔楼。

在城堡北面土堆上,我们只发现了一座建筑物。它的平面图现在有把握确定,它的年代也可以肯定。一件奠基物展示了一组纯粹的、阿契美尼德时期的小印章。但是,根据一件作为奠基物保存下来的文书,它确实是大流士下令制作的。而且,它还是仅有的一份写在泥板上的、字迹清晰可读的波斯楔形文字范本。其他类似的文书,都是用三种官方语言写成的,在整个居民点的所有地方、168 宫廷里、城堡里、御苑重要地区的地面上,甚至是东南角突出的所谓"城堡主塔"之下,都曾经发现过。

在进行了通常的介绍之后,大流士继续介绍建筑的详细情况和参加建筑的民族:

> 这就是我在苏萨建立的宫殿。它的材料来自远方。我把地基挖得很深,直到岩层。地基挖好之后,再用碎石填满。部分地基深60英尺,其他地基深30英尺。我在这个地基上建立起一座宫殿。凡是挖地基、填碎石、用砖模做泥砖之事,都是巴比伦人完成的。针叶松是从黎巴嫩山区运来的。亚述人把

它运到巴比伦之后，卡里亚人和爱奥尼亚人把它从巴比伦运到苏萨。柚木是从犍陀罗和卡尔马尼亚运来的。这儿使用的黄金是从萨迪斯和巴克特里亚运来的。宝石——青金石和红玉髓是从粟特运来的。绿松石是从花剌子模运来的。白银和铜是从埃及运来的。装饰宫墙的材料是从爱奥尼亚运来的。象牙是从埃塞俄比亚、印度和阿拉霍西亚运来的。石柱是从埃兰的阿比拉杜斯运来的。加工石料的工匠是爱奥尼亚人和萨迪斯人。制造金器的金匠是米底人和埃及人。那些镶嵌工是萨迪斯人和埃及人。那些烧砖（有图案——作者注）的是巴比伦人。那些装饰宫墙的是米底人和埃及人。在苏萨，已经下令要完成一个宏伟的工程。这个宏伟的工程已经完成了。愿阿胡拉马兹达保佑我，我的父亲希斯塔斯普和我的国家。[17]

这份铭文完成之时，希斯塔斯普仍然健在。因此，这座宫殿是其子在位早期建成的。铺设院子使用了大量的砖头——上面只有波斯文字，尽管仿效了巴比伦印章风格的图案——它证明宫殿的大部分，还有风格各异的建筑铭文，都是大流士的杰作。不幸的是，这里没有证据表明它们是在何处被发现的。而且，要用它们来确定建筑工程更准确的年代也是不可能的。我们可以指出的一点是，当圆柱基座的简短铭文将这座建筑称为有圆柱的哈迪什（hadish），或简称为哈迪什时，有人使用了一个异体字塔查拉（tachara）。[18]

宫殿废墟破坏非常严重。正如大流士告诉我们的，宫殿建成了巴比伦的式样，在一个人工高台之上。一个古代埃兰人的墓地被削平了，面积达 820×490 平方英尺。27 英尺深的、填满碎石的地基支撑着宫殿本身。在平面设计上，大流士遵循亚述和巴比伦先驱者制定的原则。3 个庭院被许多泥砖的大厅和房间所环绕。但是，在按照罗盘针确定位置方面，指北系统被用来使各边与指南针的方位符合。因此，3 个庭院安排成从东到西。整个建筑被一堵生砖墙所围绕。

从东面开始，彩釉砖上不断出现不死军卫士的形象。他们守卫着我们进入政府庭院的道路。该庭院面积为 173（宽）×179.5（长）平方英尺，

169

铺着石灰砌的碎砖头路面。庭院北面有一组安置在基石之上、油漆好的圆木柱组成的柱廊。后面墙上的釉砖,描绘着飞牛,类似巴比伦伊什塔尔门上的图案。这里大概是国库,亚历山大及其继承人曾经从这里掠走了大量的贵重金属。

从东面的道路开始,一条宽阔的走廊直接通过宫殿轴线上稍微西北方的政府庭院,到达中央的庭院。该庭院面积为 106.5×118 平方英尺。当来访者进入庭院之后,在东北角可以看见在阿胡拉马兹达的太阳圆盘之下有两个相对而立、狮身、戴王冠、三只角、长胡子、头发下垂到颈部的斯芬克斯。斯芬克斯面孔向后,其突出的眼睛好像随时准备驱赶邪恶的力量。他们张开的翅膀被刻成优美的拱形。庭院北面两个狭长的接待室是典型的南方建筑结构,连接着一块空地。西面是铺设了路面的庭院,这个庭院环绕着一组柱廊。

一组小房间通向最大的私人庭院。该庭院面积为 91 英尺 10 英寸×112 英尺 2 英寸。这里铺有面积不到 1 平方英尺的小砖头。院子四周镶有釉砖护板,图案为飞翔的格里芬。连接在一起的前厅也铺着砖头,但更加私人化的部分铺着具有特色的、红赭色混合矿土。庭院北部是后宫。我们可以想象出尊贵的夫人们住在宫廷之中的何处。被 2 个长长的房间分离开的是 2 个大厅。较小的一个门朝北方,起居室在两端。较大的一个在西北角,门和起居室朝南。在穿过各种各样的小前厅之后,我们发现有 3 个入口通向私人庭院。整个后宫由于有一层混合土、一层砖、再加一层混合土,地面升高了 10 英寸(大概是后来修建的)。

私人庭院的南面,在飞牛、卫士和格里芬之后,是 2 个相似、相连的长房间,铺着砖头,上面盖着红赭色矿土。房间一直连着宫墙,比大厅更雄伟。面积为 30 英尺 3 英寸×110 英尺 10 英寸。在这两个房间南面是国王的寝宫。

宫殿群西北面是觐见室。觐见室通过大门进入。像其他的大门一样,木制的门扇镶着铜板,靠石柱旋转。宝座的基础可以看出是石头的,上面有常见的建筑铭文。阿帕丹类似波斯波利斯的形式,但毫无疑问早于它。圆柱的基座有钟形花冠,柱体上有凹槽。

垂直的涡旋纹直通背靠背跪着的公牛前下方。这种混合型柱头上放着横梁支撑房顶。红色涂料的余迹证明公牛的眼睛曾经着色。觐见室面积为 192.75 平方英尺。屋顶由 6 列、每组 6 根粗大的圆柱支撑着。在觐见室东面和西面，有 2 列、每组 6 根更粗的圆柱组成的柱廊。在北面和西面平台之下，凉亭的遗迹证明这里是乐园或御花园的遗址。[19] 它用附近的河水灌溉，由西北角的塔楼警卫。

现在，苏萨是一个混乱的废墟堆，其本来的平面设计图已经难以复原。[20] 宫殿本身很少使用石料，阿帕丹的石料也很少保存。黄金被亚历山大掠夺走了，偷盗废旧物品的把柏木料也偷走了。只有下面的泥砖大部分保留下来了。

171

但是，就算《以斯帖记》描绘的五光十色的空中花园已经倒塌，还是可以用这些碎片来复原其全盛时期的石膏彩釉砖。我们虽然不知道它们出自何处，但我们至少可以把这些图案拼接起来。从这些图案中，我们可以对那些色彩缤纷的东西形成某种观念。它曾经使希腊的使节们惊叹不已，并且充分认识到伟大的王的财富与力量。"大流士王这样说，我建立的东西，以前从来没有。靠阿胡拉马兹达之助，我完成了它……靠阿胡拉马兹达之佑，愿我所做的壮丽无比。"[21]

不过，说到底苏萨毕竟是外国领土上的一座异己的城市。在它的身后有另一个民族古代君主统治的悠久历史。不久，大流士就厌倦了苏萨的酷热、泥砖建筑和异国的情调。他开始怀念自己故乡的都城，那是他自己的根基。

原注

1 有关菲鲁扎巴德、加兹温和萨勒马斯地区阿契美尼德时期建筑的资料需要确认。

2 F. H. Weissbach, *Babylonische Miszellen*（1903），No. X；参见 R. Koldewey, *Mitheilungen der deutsche Orient-Gessellschaft*, III（1899），8；*Excavations at Babylon*（1914），p. 166。

3 Koldewey, *Excavations at Babylon*, pp. 127 ff.；Ctes. IN Diod. ii. 8.

4 Strabo. xv. 3. 4.

5 Dur Yakin, Olmstead, *History of Assyria*（1923），pp. 255－256；Aginis,

Arr. *Ind.* 42. 4；参见 Strabo. xv. 3. 5；Ampe，Herod. vi. 20；Aple，
Plin. Vi. 134；参见 Andreas，"Aginis，" *PW*，Vol. I（1893），cols. 810
ff. ；J. D. Morgan，G. Jequier, and G. Lampre，*Recherches archeologiques*
（"Mem. ，" Vol. I［1900］），pp. 1 ff。

6 Strabo. xv. 3. 11.

7 *Ibid.* 10.

8 W. K. Loftus，*Travels and Researches in Chaldaea and Susiana*（1857），
pp. 290 ff. ；De Morgan et al. ，*op. cit.* ，pp. 28 ff.

9 Herod. i. 188. 参见 Strabo. xv. 3. 4。

10 Olmstead，*op. cit.* ，pp. 291，437 - 438，480；Dan. 8：2，16；Strabo. xv.
3. 4；Arr. *Anab.* vii. 7；Ind. 42；Plin. vi. 99；Ptol. vi. 3. 2.

11 Strabo. xv. 3. 2.

12 Geroge. G. Cameron，*The History of Iran*（1936）.

13 Weissbach，*ZDMG*，XC（1937），80 ff. ；*ZA*，XLIV（1938），150 ff. ；
Herzfeld，*Altpersche Inschriften*（1938），No. 7；J. M. Unvala，in A. U.
Pope（ed），*A Survey of Persian Art*，I，341 - 342.

14 Herod. v. 54；vii. 151.

15 Contrast Marcel Dieulafoy，*L'Acropole de Suse*（1893），pp. 117 ff. ，with
J. de Morgan *et al.* ，*Recherches Archeologigues*（1900），p. 88.

16 Herod. iii. 129.

17 V. Scheil，*Inscriptions des Achemenides a' Suse*（"Mem. ，" Vol. XXI
［1929］），pp. 3 ff. ，16 ff. ；*Actes juridiques susiens：Inscriptions des
Achemenides*（"Men. ，" Vol. XXIV［1933］），pp. 105 ff. ；Melanges
epigraphiques（"Mem. ，" Vol. XXVIII［1939］），pp. 33 ff. ；R. G. Kent，
"Old Persian Inscriptions，" *JAOS*，LI（1931），193 ff. ；"The Record of
Darius's Palace at Susa，" *ibid.* ，LIII（1933），1 ff. ；"More Old Persian
Inscriptions，" *ibid.* ，LIV（1934），34 ff. ；e. Herzfeld，"Die Magna Charta
von Susa，" *Arch. Mitth.* ，III（1931），29 ff. ；Altpersische Inschriften，
pp. 13 ff. ；W. Brandenstein，"Die neues Achameniden Inschriften，"
WZKM，XXXIX（1932），7 ff. ；Unvala，*op. cit.* ，p. 339.

18 比较 Scheil，*Inscriptions des Achemenides a' Susa*，pp. 38 ff. 、Kent，"Old
Persian Inscriptions，" *op. cit.* ，pp. 213 - 214、Scheil，*op. cit.* ，p. 81 和
Kent，*op. cit.* ，p. 225。

19 Esther. 1：5；7：7.

20 R. de Mecquenem，in Pope，*Survey*，I. 321 ff.

21 Susa column base，Scheil，*Inscriptions de Achemenides a'Sus*，pp. 44 ff. ；
Herzfeld，*Altpersische Insschriften*，pp. 21 - 22.

阿巴丹的台阶

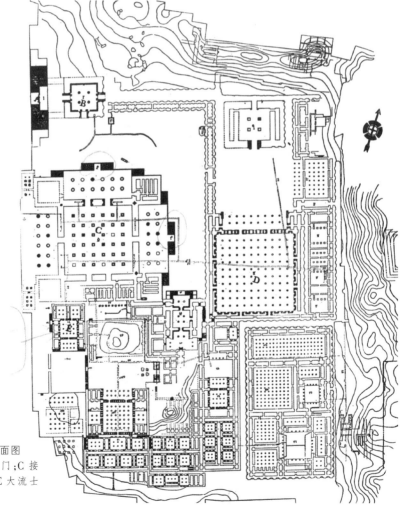

波斯波利斯平面图
A 大台阶;B 万国门;C 接
见厅;D 金銮殿;E 大流士
一世的宫殿

波斯波利斯,被亚历山大士兵故意毁坏的希腊艺术家雕刻女性雕像,发现时雕像手臂在室内,身躯被扔在室外,头部不见踪影。这表明亚历山大对希腊文化并不是像古人所说的那样热诚

从万国门东门看波斯波利斯宫廷区,东门瑞兽保存完整,经常出现在各种学术著作之中,使人误以为它是正门

波斯波利斯宫廷复原图,这是当时世界上最宏伟的宫廷

波斯波利斯遗址航拍图,宫廷后为善心山

狮子撕咬公牛徽章。阿巴丹台阶浮雕

波斯波利斯大台阶,进入波斯波利斯的主要通道,共111级。大台阶之后是进入波斯波利斯宫廷区的大门万国门,旅客可在此稍事休息,再进入宫廷区参观。万国门共有三个门:西门(即图中正对大台阶之门)瑞兽雕像已坏;南门为通往宫廷区的道路;东门瑞兽雕像保存完整,常出现在各种著作之中

守卫宫廷的不死军士兵,波斯波利斯浮雕

万国门的柱廊,柱廊之间即通往阿巴丹和其他宫殿的道路

第十三章　波斯波利斯

新都的地址

帕萨迦达雄辩地说明这是一个篡位的王朝，以及大流士为自己的都城寻找新址的原因。由蜿蜒的峡谷流出的米底河，有一段 25 英里长的河水灌溉着帕萨迦达平原。一条从岩石中挖出来的道路，通向另一个辽阔的平原。这个平原流淌着另一条更大的河，阿拉斯河（Araxes）。[1] 它灌溉着肥沃的土地，直到最后化为小溪消失在波斯西南部的大盐湖之中。在东面岩石的边缘上有两个土墩，下面隐藏着史前村落的遗址。它们已经被证明是更古老的居住地。[2] 在北面的一片悬崖上，可以看见一个石刻。根据某些东西，可以确定其年代大概是在 2000 年前。两位敬神者站在坐着的蛇神之前，蛇神背后有一名侍从，敬神者背后则有一位坐着的、戴雉堞形王冠的女性。[3]

在米底河拐向东北角之前，河谷是开阔的。在这个安全的地方，彩陶碎片证明这里存在又一个史前人类的居住地。看来是大流士发现了斯塔赫拉城堡，即中世纪著名的都城伊斯塔赫尔的原址。一堵厚实的、以岩石砌成的城墙把山丘和城堡之间的开阔地连在一起，形成了一道"城门"。旅行者到了这里，必须在保卫城门的塔楼之下的入口处交纳通行费。马车和役畜可以使用中间的双行道，它的木质房顶由一根横梁和许多柱头支撑着。步行者可以使用两边低矮石过梁之下的人行道。[4] 比伊

斯塔赫尔更早的古城,很少有遗物保存下来。其中最重要的是
一根有凹槽的圆柱,它没有基石,但还有双牛柱顶,现在被一座主
麻大清真寺用作建筑材料。的确,传说这里曾经是一座前伊斯兰
时期的火祠。圆柱高 25 英尺 7 英寸,比波斯波利斯现存圆柱中的
任何一根都短很多。其他旅行者提到过公牛柱顶、钟形基石、壁
龛、大量加工过的大石料、精美的石制花瓶,所有一切都具有阿契
美尼德时期的特征。[5]

从这个口子开始,左边的山丘向南延伸,再转回来。大约在南
面 3 英里处,一个突出的山嘴避开了城市。一片孤立的山岩向北
方和西北方、南方和东南方延伸,在善心山脚下形成了一个天然的
平台。国王决定就在这里建立王宫。像这个国家一样,这组新的
宫殿群也被称为波斯(Parsa)。古代希腊人称它为"波斯人的城市"
或者"波斯"(Persai)。后代作家沿用诗人埃斯库罗斯深思熟虑的
误译波斯普托利斯(Perseptolis,意为"城市的毁灭者")。我们和他
们一样,也把这个地方称为波斯波利斯(Persepolis)。[6]

都城的建筑

在位初期的叛乱被镇压之后,平台上的工程就开始了。沿着平
台设计的界线,正面 500 码,进深 1/3 不到,岩石被削成陡坡,沿着
地基还有一道壕堑。沿着这条界线,当地黑灰色的石灰石被切割
成巨大的石料,建成了主要城堡的城墙。虽然这些石料是仔细切
割而成的多边形,足以砌成坚固的城墙。它们仍然被细心地打磨、
砌成一层一层、十分整齐的城墙。石料砌在一起,不用铅或铁制的
燕尾钳固定。这是爱琴海东部和小亚细亚西部各地 6 世纪后期常
见的、同一类型的筑墙技术。[7]

对于从北面来的访问者而言,新都仅仅是一道高高的、单调沉
闷的石墙。其上还有另一道 60 英尺高的泥砖墙。南面同样的泥
砖墙完全遮挡了世俗的宫殿建筑。从西面来的访问者要幸运一
点。在这里,有一片开阔地不需要城墙。由于切割好的岩石和高

大的石墙使平台高出平原 50 英尺，从这片地区远远地就可以看到有塔楼的宫殿。

在平台北面、西面和南面脚下，兴建了一个居民点。它不是像斯塔赫拉那样真正的城市，而只是孤零零的、有圆柱基石的贵族豪宅群。豪宅周围是受到监视的随从和工人们的泥砖小屋。几处薄墙的遗迹，暗示这个居民点可能是一座不坚固的要塞。[8]

在平台东面，沿着善心山脚下，有一道泥砖的城墙。为了阻挡斜坡高处滑下的泥石，最初在石砾上建了一道薄薄的、泥土抹面的泥砖防护墙。后来又挖了一条深沟，收集由半山腰流下来的水源，将其送入一条巨大的水渠。水渠在原生岩石上挖成，宽 4 英尺，深 6、7 英尺，上面盖着未打磨的粗糙大石板。要塞主轴由许多塔楼警卫着。塔楼面积为 60 平方英尺，坚固的粗石墙心外面砌上了整齐的泥砖墙。塔楼之间以一道幕墙连接在一起，墙厚 33 英尺，高 60 英尺。

正对着这道墙的背面，是卫士居住的、设计不规则的小房间。大量青铜与铁的箭矢、铁矛头、刀身、青铜与铁的盔甲碎片，足以证明塔楼的用处。青铜马嚼表明这里还驻扎着骑兵。但是，著名的万人不死军营房生活并不豪华。卫生设施非常原始，只有很少的砖砌排污沟通向营房中 20 英尺宽的、弯弯曲曲的街道。因此，可以想象地面很难迅速清扫。由于经常铺路或偶尔的整修，路面在不断的增高。这里没有发现家具的影子。士兵们必定是睡在地面上，昂贵的盔甲必定是堆在地上或挂在墙上。但是，不死军有充足的饮料。这一点已经被陶器所证明。这里发现有巨大的、长长的、插入地面的尖底酒缸，以及更直接使用的矮酒缸、三叶草纹饰的有边酒罐、军用扁水壶、直接用来饮用液体的碗。杯子看来似乎是多余的。城堡建立了第三道城墙才完工。这也是一道泥砖墙，沿善心山顶部而建。[9]

大约在公元前 513 年，在城墙南面一块巨大的岩石上，为这座城堡铭刻了一份铭文：

　　众神之首、伟大的神阿胡拉马兹达立大流士为王，赐予他
王国。靠阿胡拉马兹达之佑，大流士成了国王。

　　大流士王说：阿胡拉马兹达已经将波斯这个国家赐予我，
这是一个美丽的、兵强马壮的国家。靠阿胡拉马兹达和我、大
流士王之佑，这个国家从不害怕任何敌人。

　　大流士王说：愿阿胡拉马兹达和其他所有的神帮助我，愿
阿胡拉马兹达保佑这个国家免遭敌对的游牧部落、恶人和说谎
者的危害，让他们——不论是敌对的游牧部落、恶人，还是说谎
者再也不能袭击这个国家！我这样向阿胡拉马兹达和其他所
有的神祈求，愿阿胡拉马兹达和其他所有的神满足我的祈求。

　　我是大流士，伟大的王、众王之王、这辽阔大地之王、希斯
塔斯普之子、阿契美尼德王族人。

　　大流士王说：靠阿胡拉马兹达之佑，这就是我和波斯军队
占领的地区，他们臣服我，向我交纳贡赋。（下为行省名单，波
斯不再包括在内，阿萨加达［Asagarta］和印度行省已经加入，
因此，其年代大致可以确定——作者注）如果你认为"我不害怕
任何敌人，"那么，波斯军队就将保护这个国家。如果波斯军
队得到保护，那么，长期的繁荣就不会遭到破坏，而会降临给
这个家族。

　　铭文的波斯文本到此为止。而在埃兰文本中，大流士增加了如
下内容：

　　至于这里所建立的要塞，先前是没有的。靠阿胡拉马兹达
之佑，我建立了这些要塞。阿胡拉马兹达命令必须建立这些要
塞……因此我建立了。我建立的要塞是安全的、美丽的和令人
满意的，正如我所希望建立的那样。

　　铭文以阿卡德文结尾。其中大部分是熟悉的语句，但是在被征
服地区的名单之中我们读到了"波斯、米底、其他语言的其他地区、

山区和平原地区、苦河（Bitter River、波斯湾——作者注）这边的地区、苦河那边的地区、沙漠这边的地区、沙漠那边的地区"。[10]

176　　　只有从西边才能进入宫殿围墙之内。入口处是 2 层回转的阶梯，建在突出的棱堡下面平台之中。阶梯有雉堞形女儿墙防卫，宽 23 英尺。111 级台阶，每级踏板高 4 英寸。非常适合骑马者从宽阔的阶梯登上平台。在平台上，有特权的访问者可以下马，被引到一个坚固的、岩石凿成的大水池边。在那里，他可以直接洗浴，换上白色的衬衫。这是他被伟大的王接见之前必须做的事情。[11]

　　地下的水管连接着平台上各种建筑，证明整个宏伟建筑设计出自一位不知名的天才建筑师的设想。[12]这个设计没有完全竣工，大流士统治早期仅仅是刚刚开头。幸运的是保存在北面城墙塔楼内的同时期档案被发现了，这使我们可以更多地了解宫廷建筑活动的情况。最早的泥板文书年代从在位第 10 年（公元前 512）持续到第 28 年（公元前 494），但绝大多数出自在位第 19—25 年之间。这证明从公元前 503—公元前 497 年是大规模施工时期。[13]

王家档案馆

　　使我们感到惊奇的是，波斯波利斯档案馆出土的泥板文书中，没有一份是用书写王家铭文的波斯楔形文字写成的。从这个惊人的事实之中，我们只能得出一个结论，波斯文字纯粹是人造的。于是，我们也就明白了为什么波斯文本通常总是与埃兰和阿卡德文本在一起出现。

　　绝大多数泥板文书都是用埃兰文字写成的。幸运的是，我们早就能够把王室铭文的埃兰文本和更早释读成功的波斯、阿卡德文本进行比较，也就可以发现阿契美尼德时期使用的埃兰文字的字母符号。还有少量更早的档案出自苏萨的地下。这些铭文资料，

177　加上更古老的王室铭文，已经被收入一部词典卡片目录之中。[14]我们只要认识那些常用的波斯语外来词汇，释读波斯波利斯档案馆泥板文书的工作就容易得多了。

这些埃兰文书是如何做成的,只是由于一封偶尔发现的信件才得以搞清楚。其中最有趣的,可能是有一处提到了大流士的女儿:"对贵族首领阿里恩纳(Arriena)说:法尔纳塞斯(Pharnaces)说,'大流士王已经给我命令,将属于朕地产上的100头绵羊赐给朕的女儿阿提斯通(Artystone)'。现在,法尔纳塞斯下令,'按照大流士王给我的命令,我这样命令你,你立刻按照国王的命令,送给国王的女儿100头绵羊'。第16年阿杜卡尼什月(公元前506年4月——作者注)。命令翻译之后,那皮尔苏卡书写。"[15]

这个新发现的大流士的女儿,与居鲁士之女、大流士宠爱的王后阿里斯通同名。[16]她是阿萨美斯和戈布里亚斯的亲妹妹。其中有一个人在薛西斯进攻希腊时,率领着阿拉伯人、埃塞俄比亚人和其他的卡帕多西亚人。[17]她这时大概16岁,这些赏赐可能是嫁妆。[18]

更有趣的是信件提到的做法:命令是由大流士口头下达的。它再由法尔纳塞斯口头传达。然后再由翻译口译。在这以后,命令才由一位官方的埃兰语书吏记录下来。为了使它更具有法律效力,还要盖上印玺。我们可以回想一下,正是在大流士自传之中,他告诉我们自传是当着他的面被写下来,并且读给他听过的。[19]

在这个档案馆的其他埃兰文书中,少数账单是实物,诸如油料和各个城市送来的绵羊。它们存放在商店的管理者手中。但是,大多数账单是发给各种工人队伍工头报酬的记录。其中最奇怪的是亚述人被用来建筑平台。一般来说,报酬是实物,如多少粮食、多少面粉、多少油料、多少葡萄酒或啤酒。账单是按月或几个月来计算的。有时候,有些埃兰人的名字被保留下来。但是,采用波斯月名是一种趋势,按照常规使用置闰的方法。

就我们所看到的报酬而言,这些工人所得到的报酬,如果说不比巴比伦同样的工人更好的话,也算是还好的。但是,报酬差别太大,特别是在男女之间、男青年与女青年之间更是如此。还有不少账单是建筑工地所用驴马发放饲料的记录。大多数工人是埃兰人的名字,如书吏就是埃兰人。监督人员是波斯人,其中少数是高级官吏。在晚期文书中,这些人之中最重要的是司库。

虽然泥板文书大多数是埃兰文字的,但高级官吏使用的是其他文字。至少,有一份文件使用的是当时爱奥尼亚的希腊文字。尽管自居鲁士早期开始,阿拉米文字就被官方用来书写国王的诏令。但是,它用来书写泥板文书效果很差,因为墨水在泥板上容易褪色。大约有 500 件三语泥板文书证明了阿拉米文字使用广泛。根据泥板外形推测,它们是一些普通的标签。但是,它们确实使我们知道了,阿拉米字母被同时代书吏用来书写诏令,是在《以斯拉记》之中。

许多这种泥板文书起了练习簿的作用,使书吏学会了进行初步的计算。其他文书除了印章,什么也没有。实际上,每一块泥板文书都有印章,通常是高级官吏的印章,偶尔还有阿拉米文题铭。一旦这些资料都被收集起来,并且出版之后,我们就将有一个现成的、可以使用的、完整的博物馆来展出阿契美尼德时期的新艺术。

大流士建筑物的铭文和浮雕

但是,这个特殊的档案馆,同样不能说清哪些建筑物是按照大流士的命令建立起来的问题,而只能证明工程是在公元前 512—公元前 494 年之间进行的,建筑活动高潮时期是公元前 503—公元前 497 年。于是,我们转而求助于这些建筑物上发现的铭文和浮雕,以便更准确地确定其年代,搞清不同建筑式样在建筑历史上的整体情况。

我们可能会猜想平台上最早的建筑物是第一组建筑——“国库”。[20] 这是用苏萨同样的泥砖建立的建筑物。跨过与不死军毗邻的街道,就可以看到高 37 英尺、厚 8 英尺的国库壮观的正面。为了避免枯燥单调,附近一道长长的院墙交替着设置了许多 4 级台阶的神龛和垂直的小门。国库正面的墙上和里面的墙上一样,抹179 上了绿色的涂料。有些门槛是熟砖或精心打磨的石料做的。在抹平的地面上,漆上了大流士宫廷常见的、特有的红色涂料。圆柱全部是木制的,安放在石制圆盘线脚上,下面有的用方形柱石垫起来了,有的没有。像帕萨迦达一样,木质的柱心常常用石膏包裹起来,并漆上鲜艳的蓝色、红色和白色的菱形图案。同样颜色的玫瑰花形图案装饰着某些大门。方梁支撑着苇席或干燥的木棍,其上是碾平的泥房顶。光线看来只能从房顶下狭小的窗户里射进来。[21]当大流士用岩石建造的宫殿还在施工时,这里大概是他居住的地方。

从雄伟的台阶登上平台之后,获准觐见伟大的王的宾客,被引导走过一堆今后将用于建筑物的石料,前往东南面另一个双回转阶梯。他的眼睛首先看到的是中央建筑物的正面,在坚固的雉堞之下,在玫瑰花形图案边框之中,有一块王家建筑铭文。像平台上这个区域其他铭文一样,它至今还留着一块空白的地方。这是因为大流士在铭文写成之前已经去世,其子觉得没有必要追忆其父的荣耀所致。在中央建筑物正面的两边,4名不死军向不存在的王室铭文致敬,长矛以死板的姿态放在脚边。所有的人都带着有凹槽的帽子,穿着长袍,左手拿着8字形盾牌。在玫瑰花图案之上,紧接着雉堞之下,两个小的有翼斯芬克斯举着右手致敬。在每个斯芬克斯之后,有一组传统的植物花饰,把一组衣着华丽的官员即"七人和他们的家属"隔开。[22]他们大概正要穿过宏伟的三座门前去参观宴会厅。

我们一登上台阶,就可以看见波斯波利斯第一个典型的纹章性标志。雄狮撕咬直立的公牛的后腿。这种经常重复的、天然完美的画面,与琐罗亚斯德教爱护神牛的教导,形成了强烈的对比。在正面的拐角处,还有多列传统的棕榈叶。

在两个台阶的外边,场面的顺序正好相反:棕榈叶、雄狮、公牛、一个狭小的空间有一篇铭文,然后是不死军。在这里,后者是轮流的:或者是同样的服饰,带着箭袋、弓箭;或者是戴着高高的圆帽子、穿着紧身束腰外衣、裤子。波斯短剑悬在腰间的腰带上,制作粗糙的弓套挂在左肩上。阶梯东面和西面附近还有更多单调的、重复的不死军雕像。

在两个阶梯两边的台阶上,高高兴兴等待参加盛大游行的贵族

180

或者是一个一个,或者两人一组。每边共有 76 人。我们登上东台
阶之后,在我们的右边可以看见头戴高高的、有凹槽帽子的、身穿
长袍的贵族,雕像显得比不死军更细致。左边的这些人戴着高高
的圆帽,帽子有时略微向前倾斜,脖子扭向后面。紧身束腰外衣垂
到膝盖,并且在腰间用有结的带子束紧,再加上合适的紧身裤子、
尖头靴子,配成了全套的服饰。在这套服饰之外,少数人还穿着一
件长及踝关节的、有花边的长袍,一边的袖子空着。这就是礼服,
因为其他的长袍是有袖子的。还有人戴着大项圈或小项圈,这更
是荣誉的象征。[23] 大多数人是没有武器的。但是,少数人挂着弓套,
还有人挂着箭袋和短剑,或者只有短剑。

我们的艺术家不但对生活具有敏锐的、强烈的感觉,还有某种
强烈的幽默感。有些人有明确的模式,其他人则捕捉到极富特色
的姿态。身穿礼服的那些人,一只手高举显眼的花边,规规矩矩的
向前行进。老年官员喘着气在爬台阶,一只脚踩在下面的台阶上,
一只手支在膝盖上帮助爬台阶。有人拍拍前面的人的手臂或肩
膀,请他停下来聊一会儿。别人却不理会这个请求。有人激动得
团团转,有人比较沉着,风度翩翩。一些人左手抓着粗糙的弓套,
不让它摇摇摆摆。另外一些人在做和前面同伴相同的事情。宾客
们和朋友们手牵手,站在后面一排。游行者偶尔下意识地理一理
自己的胡须,看看胡须是否还保留着"固定的波浪形"鬈曲。另外
一些人动手动脚地扯同伴的胡须。所有的人手上都拿着新年庆典
活动使用的鲜花。一些人笨手笨脚紧攥着花束,另外一些人以各
种欣赏的姿态亲吻着香花。有人拿着一个巨大的苹果,他附近的
伙伴扭过身子,盯着这个稀罕的好东西。

富有想象力和欢乐一般是起作用的。严格的、精密的审慎也必
181 须执行。设计者对这个不规则的空间充满了渴望,甚至求助于特
殊的经验。在每块大石料的天篷底下,一组大脑袋的人排成一条
直线,他们的帽子触及天篷。由于阶梯的高低不一,这些人的身高
也不一样,身材常常有些变形。前面 3 组每组 4 人。第一人是身穿
长礼服的高个子官员,第二人身穿紧身束腰外衣,个子同样高,但

他抬起脚走到了下个台阶,他的左腿好像短一点。第三个人显然是矮子。当他正在转过身去看绘画中最前面的一名士兵的时候,踩到了第四个人的脚。这个人也是矮子,几乎被前面的人遮住了。在下面第 3 组人之中,第二人身穿长礼服。在最后第四个阶梯上,第 3 组与第 4 组不同。第 4 组前面 3 人没有重复的侧面像,并且交替使用攀登和行走的人物来造成一种韵律。在阶梯平台的角落里,一个戴项圈的弄臣回头看着正在走上来的官员。此后,再没有因为台阶高低不一造成的身高不一问题。有一组是 5 人,第三人身穿礼服,最后两人外形重复。

经过详细的检查,富有想象力的设计和没有完成的部分形成鲜明的对照,这是非常明显的。除了变形的脚、大腿和肩膀之外,我们注意到手臂没有腕关节,直接与手相连,不能转动。拇指和其他指节也没有区别开来。除此之外,也没有尝试更加细致地表现出手的特征。丑陋的络腮胡子与八字胡子带着素描式的鬈曲。还有透过长袖露出按照固定模式雕刻出来的手臂。礼服的衣褶直到两边的手,中间的衬衫露出圆形的褶纹。用带子系紧的皮靴高及踝关节。花茎和花萼连接不正确,花萼被描绘成圆的,甚至方的,有时填满了雕刻的花纹。波斯的雕刻家还没有使图案和姿态标准化。技术精湛的优秀"古典"艺术,还是后来才有的。至少,没有迹象证明阿契美尼德时期的雕刻艺术在工艺方面最后衰落了。[24]

登上阶梯顶部,两个阶梯在这里合在一起。几个弄臣经过几列不死军面前。所有不死军士兵都穿着长礼服,戴着有凹槽的帽子,笔直地站立着,显示出他们是一支纪律严明的军队。一个小队拿着盾牌,另一个小队没有拿盾牌。宾客们现在走到了宏伟的三座门建筑。北面的门廊像南面的门廊一样,是由 2 根庄重、细长的圆柱支撑着。圆柱的下半部有凹槽,上面是连续的离瓣叶芽,几组 4 个垂直螺旋一组的装饰,柱顶前面有 2 头跪着的、背靠背的人首公牛。在门廊附近有座椅,供攀登劳累的宾客休息。

在阿胡拉马兹达的雕刻之下,大流士手持权杖和莲花,亲自出门迎接宾客和检阅不死军。2 名小随从跟在后面,举着金伞替他遮挡阳光，[25] 拿着苍蝇拍和餐巾。这些亚述的习俗是专门供国王使用的。在他的身后是巨大的三座门。它的房顶由 4 根高大的圆柱支撑着。南面门廊的西边，是随从居住的房屋。

再往南走，有一个小阶梯。阶梯外站着身穿长礼服的不死军。他们在一级一级的台阶上排成行，手持长及脚下的长矛，身背箭袋和弓。阶梯内墙的浮雕表明，他们的目的就是保卫宴会厅。使用这个阶梯的都是仆人，他们或者穿着长礼服，或者穿着紧身束腰外衣。一组人戴着围脖和卷曲的头饰，宽宽的带子系在下颌下。另一组人戴着风帽连防寒头巾，也直到下颌。一个人的胳膊下夹着一只活着的小山羊，小羊的前腿被紧紧地捆住，表示出无言的抗议。另外一个人胳膊下夹着一只羊羔。我们注意到挂在肩上的一个大皮酒囊。当时，珍贵的饮料使用敞口碗慢慢地饮用。熟食保温则放入紧密的、严实的"保温罩"之下。这些新奇的见闻，必定会让那些行动慢慢吞吞的客人也加快步伐。

正如宏伟的阶梯两边的浮雕一样，设计是富有想象力的，但对细节问题没有给予足够的重视。眼睛很大，占据了整个前额。眼皮很厚，嘴巴是直的，手掌大而难看，很不得体。[26]

从当时的文学作品中，我们对这类王家"酒宴"有了更多的认识。[27] 最重要的酒宴是国王的生日宴会。那一天，国王要为自己举行涂油仪式，将礼物送给自己的波斯同胞。[28] 据说在这种场合，他的客人可能有 15000 人之多，宴会花费达 400 塔兰特。[29] 这些被邀请与国王一起用餐的人，大多数只能在外面空场上吃饭。但是，更加受宠的少数人可以在室内国王的前面用餐。即使这样，国王也是在一个单独的、用围屏隔开的房间，自己一个人用餐。"白色的、绿色的和蓝色的帐篷，以上好的亚麻绳和紫色绳系住。"[30] 通过围屏，他可以看见他还没有看见的东西。只有在公共节日之中，大家才可以在大厅中与国王一起用膳。

在国王举行"酒宴"的时候，[31] 贵族们先是单独用膳，然后由太监召集在一起，来到国王面前饮酒。他们"坐在蓝的、白的、黑的和红的石头路面上"，[32] 国王则倚在金腿的睡椅上，[33] 在试食官员检查

183

安全之后，[34] 国王的饮料由宫廷高级官吏、[35] 持杯太监用金杯送上。[36] 贵族们饮用的是比较普通的葡萄酒。他们的主子则喜欢位于大马士革以北、[37] 卡律邦（Calybon）阳光充足的斜坡上出产的葡萄酿制的上等葡萄酒。[38] 宴会结束之后，国王的内侍负责把已经醉醺醺的主子扶上床去休息。[39]

一般来说，国王早餐和主餐都是单独用膳，偶尔也和王后、王子们一起用餐。在用主餐的时候，有歌姬来为他唱歌或演奏里拉助兴。一人领唱，其他人合唱。[40] 宫廷中每天宰几千头家畜。菜单里有马、骆驼、牛、驴、鹿、阿拉伯的鸵鸟、鹅和鸡。摆在宾客前面的少量东西，如果他没有吃，可以拿回家去。这不是奢侈，因为大多数食物要赏赐给在院子里侍候的不死军卫士和轻装兵。对于出席国王早餐的贵族而言，这种做法也是一种最高的荣誉。以后，他们也可以用同样的方式来款待自己的客人。他们可以把所有的食物放在宴席上，在用餐过后，负责宴席的官员把剩余的食物分给奴隶和仆人，以酬谢他们的服务。[41]

同时，大流士也在可以鸟瞰平原的地方建立了自己长期的住宅。住宅建立在单独的平台上，不像波斯波利斯大多数建筑，它面朝南方，以便吸收冬天的阳光，2 列 4 个石柱基仍然保存着，清楚地指明了圆柱的位置。它们支撑着一个门廊。从门廊后面的矮墙，大流士可以尽览从丘陵直到远处平原的美景。每个墙角上都有坚固的壁角柱，它的路垩证明这里原来有屋梁。在门口，在三重门框内的三重羽毛装饰凹弧饰和卵镖形模制装饰之下，有 2 位巨大的神祇守卫着。在泥砖墙内有坚固的石壁龛，也是在凹弧形饰模制之下，并且装饰着小块的铭文。在每一边有 2 个高大、优雅的窗户。大厅入口处可以看见坐在华盖之下的大流士。在这里，华盖取代了阿胡拉马兹达的象征。

3 列每行 4 根圆柱支撑着方形中央大厅的屋顶。在东边的大门上，有国王正在用刀杀死跃起的雄狮的浮雕。对面是他正在和一头狮首、鹰爪、蝎尾怪兽作战的浮雕。在这堵墙的边门上，有他正在和公牛作战的浮雕。东面和西面有许多狭长的私人房间。在房间里的狭窄的走廊侧墙上,可以看到国王正在紧张地猎杀幼狮的浮雕。而巴比伦的吉尔伽美什则是抓住了幼狮之后,正准备杀掉。

更加私密的房间在北面,有 2 个门可以让我们进入这个地方。门的侧墙上有国王手持权杖、鲜花,随从拿着苍蝇拍和餐巾的场面。浮雕显示了这些小而舒适的房间的用途。在一堵墙的浮雕上,有一名非常漂亮、紧张的年轻人,他短而鬈曲的头发用一根宽带子系紧,耳朵上有耳环。他一只手拿着一个细长的雪花石香水瓶,另一只手上搭着一条餐巾。正对着这幅浮雕,对面门上是一个拿着火盆和水桶的男子的浮雕。这是宫廷里最优雅的地方,人们把它称为现代的"镜厅",这是名副其实的。

在公牛浮雕门对面,是一个同样狭窄的门,有 2 名高大的不死军守卫着。这个门有一个小阶梯通往西院墙之上的下一层。南面的浮雕和铭文都不是大流士,而是其子的。至此,我们已经参观完了大流士在波斯波利斯平台上的所有建筑物。[42]

原注

1 Strabo. xv. 3. 6.

2 Alexander Langsdorff and Donald E. McCown, *Tall-i-Bakun A*, *Season of 1932* (1942);参见 E. Herzfeld, *Iranische Denkmaler*, Vol. I A (1932); *Iran in the Ancient East* (1941), pp. 9 ff.。

3 Herzfeld, *Archaeological History of Iran* (1935), p. 5 and Pi. IV;年代见 N. C. Debevoise, "Rock Reliefs of Ancient Iran," *JNES*, I (1942),80。

4 E. N. Flandin and P. Coste, *Voyage en Perse* (1851), pp. 70 - 71; *Atlas* (1843 - 1854); C. F. M. Texier, *Description de l'Armenie, de la Perse, et de la Mesopotamie* (1852), PI. 137; R. Ker Porter, *Travels* (1821 - 1822), I, 515.

5 Flandin and Coste, *op. cit.*, p. 70 and PI. 58; Herzfeld, *Iran in the Ancient East* (1941), p. 276; Erich F. Schmidt, *The Treasury of Persepolis and Other Discoveries in the Homeland of the Achaemenians* (1939), pp. 105 ff.

6 波斯,见 Xerxes Gate Ins. 3;波斯,见 Xen. *Cyrop*. viii. 7. 1 ff.; Beross., Frag. 56(S);波斯人的城市,见 Aeschyl. *Pers*. 157;波斯波利斯,见 *Ibid*.

65。以下描述在波斯波利斯当地写成,后经芝加哥大学东方研究所伊朗田野考古队队长 E. F. 施米特博士和副队长 D. E. 麦科恩博士审阅,准确的版本正在由施米特博士准备。

7　参见 Robert Scranton, *Greek Walls* (1941), pp. 71,73,78,167。

8　Schmidt, *op. cit.*, p. 6.

9　*Ibid.*, pp. 7 ff., 15,85 ff.

10　F. H. Weissbach, *Keilinschriften der Achameniden* (1911), pp. 80-87.

11　Poseidon, Frag. 68(J).

12　Herzfeld, *Iran in the Ancient East*, p. 224.

13　George G. Cameron, "Darius' Daughter and the Persepolis Inscriptions," *JNES*, I. (1924), 214 ff.; Richard T. Hallock, "Darius I the King of the Persepolis Tablets," *JNES*, I (1942), 230 ff.

14　在波斯波利斯档案馆被发现之前,卡梅伦已经编辑了这样一本字典。

15　Cameron, *op. cit.*, p. 216.

16　Herod. vii. 69,72;参见 iii. 88。

17　参见 pp. 242 ff。

18　Cameron, *op. cit.*, p. 218。由于母女同名现象不多见,我们猜测她可能是大流士之女阿托左斯特雷的误写。她在公元前 492 年前不久嫁给了马多尼奥斯(Herod. vi. 43)。

19　*Beh.* §70.

20　帕萨迦达和波斯波利斯的国库,见 Arr. *Anab.* iii. 18。

21　Schmidt, *op. cit.*, pp. 16 ff.

22　Herod. iii. 77,84,118.

23　*Ibid.* 113.

24　最后两段根据 C. M. 奥姆斯特德论文《波斯阿契美尼德王朝艺术风格发展研究》打印稿写成。见 C. M. Olmstead, "*Studies in the Stylistic Development of Persian Achaemenid Art*," (1936), pp. 4 ff。

25　Plut. *Themistocl.* 16. 2.

26　C. M. Olmstead, *op. cit.*, pp. 47-48.

27　Esther. 5:6.

28　Herod. ix. 110.

29　Deinon, Frag. 19(M); Athen. iv. 146C.

30　Esther. 1:6.

31　Esther. 5:6;1:5 ff.

32　Esther. 1:6.

33　Esther. 1:6; Duris, *Hist.* vii, Frag. 5(J).

34　Esther. 1:7.

35 Herod. iii. 34,77; Xen. *Hell.* vii. 1. 38; Neh. 1:11.

36 Phylarch. , Frag. 43(J); Suid. *s. v.* "Edeatroi ".

37 Strabo. xv. 3. 22.

38 Poseidon. , Frag. 68(J).

39 Diod. xi. 69. 1; Plut. *Reg. imp. apophtheg.* 173D.

40 Musicians, Parnades (Athen. xiii. 608A); Suid. *s. v.* "mousourgoi ".

41 Heracleides of Cumae, *Pers.* ii (*FHG*, II, 96).

42 Inscriptions, Weissbach, *op. cit.* , 80 ff; J. M. Unvala, in A. U. Pope (ed), *A Survey of Persian Art* , I, 371.

大流士时期的金币，正面为弓箭手图案，希腊人称其为"弓箭手"，它是波斯用来收买希腊政客的重要工具

古波斯官方为巴比伦制定的标准权器，重120卡沙,发现于波斯波利斯宫廷

古波斯时期的青铜狮权,发现于苏萨

第十四章　唯利是图的国王

伟大的故事家希罗多德告诉我们,居鲁士和冈比西斯都没有向被征服民族征收固定的贡赋,只满足于能收取礼物就行。但是,大流士却确定了贡赋和其他税收的数量。因此,他被称为"唯利是图的人"。[1]像历史学家许多显然毫无意义的轶事一样,只有现代发现的事实,才能提供准确的解释。根据大流士的能力,他不仅是一位最伟大的立法家、行政管理专家,而且是一位杰出的理财专家。

度量衡的标准化

在古代众多的君主之中,我们发现很少有哪一位统治者能够如此透彻地理解一个成功的国家,必须依靠坚固的经济基础。他认为,第一个必要的条件就是度量衡的标准化。正如我们所见到的,[2]"国王的量器"(大约相当于现代 1 蒲式耳)早已顺利地取代了土地所有者各式各样的私制量器。到大流士在位晚年,这个转变过程已经接近完成。这是意义重大的事情。我们有一根官方的"国王的肘尺",这是一根标准的、18 英寸长的黑色石灰石材质的尺,并且刻上了大流士的名字和尊号以示权威。[3]有三位亚述国王:提格拉帕拉萨三世、撒缦以色五世和辛那克里布曾经制造过狮形铜权。铜权上用阿拉米文字刻着他们的名字和铜权重若干马纳(mana,或磅)。并且,铜权还刻上了铭文"国王的",以示其合法性。[4]在苏萨,发现了一个比这重得多的狮权。它紧靠着献给布兰奇代阿波罗神庙的巨大铜权。它有一个把手,以便把它放在天平中称量。但是，大铜权重达 465 磅，表明它必定有 7 塔兰特。[5]另一个狮权发现在赫勒斯滂的阿拜多斯，上面刻有阿拉米铭文"按照国王的总督之命准确制造"。它的重量表明，它使用的单位是埃维亚制的塔兰特。[6]

大流士还引进了一个新的重量单位，即卡沙（karsha）。在波斯波利斯国库、克尔曼和其他各地，一些造型美观优雅的铜权已经被发现。其外形为金字塔形，顶部整整齐齐被修光。从波斯波利斯国库发现的实物中，我们知道它的重量单位略少于 22 磅，等于 120 卡沙。阿卡德铭文告诉我们，它等于 20 马纳或者超重"磅"。[7]更早或更晚时期的大量铜权则是鸭形的。一个这种带灰色和浅红色的白色石灰石质石权，已经在国库中发现，重量约半卡沙。[8]它的重要意义从下面这一点可以见到，即在帝国遥远的边疆，埃及南部边界地区埃利潘蒂尼的犹太商人在偿还债务的时候，也是"根据国王的石权"。最小的重量单位是哈卢尔（hallur，豆），当时的巴比伦使用它。[9]10 哈卢尔等于 1/4 谢克尔，4 个 1/4 等于 1 谢克尔。10 谢克尔等于 1 卡沙。[10]

钱币的发展、大流士时期的标准化

不过，以一定重量的贵金属作为货币交换手段的方式早已经过时了。实际上，在帝国比较先进的地区，钱币已经不是新生事物。在那些地方，钱币已经使用了很长时间。在文字史最初的阶段，巴比伦早已告别了以物易物的阶段，进入了比较发达的经济阶段，创造了各种各样的奇迹。我们认为这些都是货币经济形成的必要条件。文字本身及其出现，特别是泥板文书给予我们各种最早的实物，使我们得以认识文字写成的标签牌，上面记录着许多最原始的象形文字，表明这是最早的簿记。

最早的交换单位是大麦的"计量单位"。当时，贵金属偶尔被用来作替代物。它们一般是称出重量，后来才有钱币。钱币的名称采用古代的重量单位。160 谢（she）合 1 西克卢（shiqlu），即我们更熟悉的《圣经》中的谢克尔（shekel）。60 西克卢合 1 马纳（mana），60 马纳合 1 比尔图（biltu）或 1 塔兰特。最大的单位塔兰特（talent）重量为 66 磅。因此，马纳比我们的 1 磅略重。至于 1 谢克尔重量的白银做成钱币，价值大约相当于现在的 1/4 美元。当然，我们要记住，古代 1 谢克尔的购买力要大许多倍。[11]

两千纪初期，锡伯尔太阳神庙的账目已经使用白银的"环形物"或"沙马什头"来记账。我们认为这就是最早的钱币。5 个世纪之后，埃及浮雕描绘的战利品或贡赋是有一定重量的银环。不久，亚述人在借贷重要的物品时使用白银，进行小规模贸易时使用铅。后来纯铜代替了铅。再后来，青铜又取代了纯铜。辛那克里布形容用青铜浇铸许多铜钱是件很容易的事情，他说："我做好了一个粘土模具，往里灌进青铜，以制造半谢克尔的小片。"小银片称为"伊什塔尔头"，在亚述帝国晚期农村借贷中经常提到。在阿舒尔城出土的有标记的银片之中，很可能可以找到它们。[12]

古典时代的希腊诗人歌颂沿着吕底亚都城萨迪斯流过的帕克托勒斯河盛产黄金。黄金从特穆卢斯山冲下来的时候，一直有人在寻找。但是，日益增长的劳动力费用使淘金不再是一件有利可图的事情。比较多的黄金用在宫廷的大门上。由非常廉价的奴隶劳动来处理。毫不奇怪的是，公元前 7 世纪初期，吕底亚国王已经开始铸造钱币。在那个时候，亚述国王还在以自己半谢克尔银片感到自豪，贵族们还在借贷"伊什塔尔头"。当时，把黄金和价值略低的白银进行分离的有效方法还没有发现。因此，最早的吕底亚铸币是天然的金银合金。在这种天然合金中，黄金成分只占 40%—60%。钱币正面有吕底亚的象征，一头怒吼的狮子的前半身。反面只有"铸印、正方形"字样。这是模具制作的标志。[13]

188　　希腊人向吕底亚人学会了制造钱币的技术。[14] 他们必定还学到了重量单位的名称。如比尔图译成塔兰特（Talanton），马纳译成明那，西克卢译成西格洛斯（siglos），而"伊什塔尔头"则译成斯泰特（stater）。最后这一个是吕底亚出现的单位，重量约 217 格令（1 格

令为 64.8 毫克），只是在斯泰特的 1/3、1/6、1/12、1/24、1/48 和
1/96 的形制上有些小变化。钱币显然是以巴比伦 60 进位制为基
础。因此，1/96 是最小的单位，其重量只有微不足道的 2 格令多
一点。

吕底亚末王克罗伊斯由于西方把他的名字作为百万富翁的通
用名词使用，因而被神化了。他拥有这样不朽的名声，是因为他进
行了一场重要的货币改革。吕底亚人早已掌握了新的提炼技术。
因此，克罗伊斯决定利用这种技术来制造金币和银币。由于斯泰
特现在是纯金的，对于仅仅是使用坚硬而又难以融化的天然金银
合金制造的金币而言，它的价值更高而重量却减轻了，大约只有
164 格令。钱币正面的图案现在改成狮子对公牛，宣布了改革的开
始。后来，还有更小的金币，名为 1/2 和 1/3 斯泰特。银斯泰特变
为每枚重 163 格令。但是，1/2 斯泰特更加通用，并且成为希腊的
西格洛斯。1/12 斯泰特则是奥波尔（obol）的前身，希腊人在算账
时用它来表示自己的收入。

克罗伊斯的金币、银币，在亚历山大军队发现波斯波利斯国库
时，意外地逃脱了洗劫。他被大流士放在阿巴丹的地基之中。[15] 这
样，它们证明了大流士自己的钱币的起源。希腊城邦基齐库斯、米
蒂利尼和福西亚，继续按照吕底亚的老传统用天然金银合金铸造
钱币。他们的颜色发白的"基齐塞尼斯"（cyzicenes）和新的、黄澄澄
的"大流士的斯泰特"，很容易识别出来。129 格令的大里克纯度为
23.25 开，即成色为 98% 的黄金。至于银币的单位，大流士喜欢
1/2斯泰特。对于谢克尔或西格洛斯，他保留了原先的重量 83 格
令。它们也是经过重新提纯的白银，成色超过 90%。更小的单位
有：1/3、1/4、1/6 和 1/12。金币按照"埃维亚"的标准。银币按照
巴比伦塔兰特计算，其重量等于 78"埃维亚"明那。20 西格洛斯等
于 1 大里克。因此，白银与黄金的比值是 13.1：1。[16]

大流士也为其继承者确定了钱币的式样。钱币的正面是瘦长　　189
的、有络腮胡子的国王，作半侧身、半蹲着姿态。他穿着国王的礼
服，略微低下的头上戴着战争王冠。他的右手握着枪，枪尖朝下，

枪托靠在右肩上。他左肩挎着箭囊,左手握着一张名为"弓箭手的"张开的弓。这种钱币常常用来贿赂希腊政要人物。晚期的钱币式样增加了一把出鞘的短剑。像吕底亚早期的钱币一样,背面只有一个铸印的正方形,这是银币所特有的压印标记。在作为贡赋收集的大量贵重金属中,只有少量是钱币,其余作为金属块储存起来了。[17]

钱币改革对帝国居民影响不大。在落后地区,贸易活动仍然是以物易物的方式。在尼罗河与底格里斯河的大农庄中,货币活动只反映在商业文书的术语之中。而且在绝大多数情况下,它仅仅是簿记。耕种土地的农民是否真正接触过钱币,那还是一件值得怀疑的事情。即使是在国王宫廷中工作的工匠,他们通常领取的报酬也是实物。但是,这些报酬却是以钱币的价格来计算的。

只有商人从改革中得到了好处。对于他们来说,价值标准的确定,钱币在流通过程中不变的重量和成色,都产生了真正的利润。同时,商业城市的统治者喜欢铸造他们自己的钱币,作为本地自治权的支柱。因此,大里克及其辅币的重要性就不在它们本身如何,而是为这些地方性的钱币确定了标准。我们发现这些地方性的钱币都是在商业中心,特别是在腓尼基和希腊的重要商业城市之中。但是,这些城市本身的历史也使我们非常感兴趣。对于它们的历史而言,自治城市的钱币极大地增添了新的、重要的意义。

与大流士钱币改革密切相关的是贵重金属的标准化。在大流士国库中,有一块被放错地方的泥板文书,这种事情是常常发生的。这是现存的、唯一的一块以阿卡德文字写成的泥板文书。它清楚地说明了改革的激烈性质,并且使人不禁联想到纳税人在这个过程中可能受到了不公正的待遇。

大流士在位第19—20年(公元前503—前502),有4个人向国库交纳他们的税收。显然,他们代表了他们被征税的一群人。他们交纳的钱币当然是市场通用的钱币。因此,这些钱币的成色虽然不一,但可以被商人所接受。我们当然希望纳税人在买卖的过程之中,在接受这些钱币之前,不论什么时候都能鉴别出钱币的成

190

色。但事情明摆着的是,纳税人无法鉴别成色的情况太多了。无论如何,国库没有按照面值接受这些钱币,而是要将它们提纯。我们的文书证明这些钱币被打折了。首先是缴纳赋税的钱币面值被抛在一边;然后是各种不同的钱币被降级,不管是白银还是纯银、二等的还是三等的银子;接下来是每 10 谢克尔银片被折成官银 1 卡沙。最后是从缴纳的整个税收中进行总的扣除。在泥板文书的底部,我们仍然可以看到书吏在进行计算的时候留下来的数字痕迹,并且可以看出他们的计算结果并不都是很准确的。

例如,公元前 502 年 12 月 30 日,居住在埃兰某个像苏萨这种城市里的商人首领图图(Tutu)的母亲因杜卡(Indukka)交纳了一笔相当可观的税银,共 14.833"磅"。可以想象它们全是白银,而且是她应该缴纳的第一笔税收。但是,白银被提纯之后,每 10 谢克尔白银的价值减少了 1/4 谢克尔。总共损失了 1/2 磅又 2 谢克尔。这些损失的银子都必须补足。第二次缴纳税银用的是次等银子,共 9"磅"又 53 谢克尔,折扣更厉害。每 10 谢克尔银片扣除 0.375 谢克尔。而在用三等的银子纳税的时候,共 5"磅"又 3 谢克尔,损失达 1/10。这样,在总共缴纳 29"磅"又 46 谢克尔银子之后,这位太太一共损失了 1"磅"又 24.25 谢克尔白银,或者说几乎损失了 5%的白银!"牧人之子"、米底人帕特米杜(Pattemidu)的损失同样惨重。他一共交纳了 42"磅"又 50 谢克尔白银。因此,倒霉的纳税人把大流士说成是"唯利是图的人",一点也用不着奇怪。[18]

不管规定的折扣有多么厉害,但劣质钱币被有效地驱逐出了市场。在这一点上,埃利潘蒂尼纸草文书具有特别重要的意义。在公元前 471 年,我们两次听到了新的钱币。在公元前 411 年,我们又听到了"提纯过的银子"。[19]除此之外,从这个时期保存下来的纸草文书之中,我们常常看到有纳税必须"按照国王的重量单位"的 191 规定,也看到"每 10 谢克尔银片"折扣为"0.5 谢克尔",或者"1 卡沙扣 0.5 谢克尔"的规定。同时,它也证明残存的钱币重量虽然准确,但成色显然不足。[20]

在有围墙的要塞中发现的大流士档案文书,最晚是大流士第28年。他在位第 30 年时,我们在他的国库中开始发现泥板文书。[21]文书用语的变化,为金融改革提供了进一步的证据:"你要这样说,巴拉德卡马说,交纳多少卡沙的银子,就有多少谢克尔银子,这样,在名义上……波斯。"同时,簿记使用的虽然是钱币的字眼,但报酬实际上却是食物和饮料。"绵羊和啤酒的价格是:1 头绵羊值 3 谢克尔,1 大罐啤酒值 1 谢克尔。"支付报酬的月份和在位年份都写清了,但国王的名字却被省略了。有时候,我们毫无疑问可以看到:"大流士王下令把东西发给他们。"泥板文书全部用埃兰文字写成,书吏的名字自然是埃兰人的名字。大多数印章是波斯字母,但有一颗印章是阿拉米字母。不过,印章的主人是地道的波斯人,名字开头的定语是阿尔塔神。[22]如果我们把付给这些宫廷劳动者的报酬与巴比伦普通的临时工相比,我们发现在波斯波利斯工地从事建筑工作并没占到便宜。

居民的变化

对于这个时期巴比伦堆积如山的泥板文书走马观花的考察,得出的印象是商业活动比较正常。而更加严密的审查证明,在这些反反复复重复的、枯燥单调的套话之中,已经可以感觉到出现了许多重要的变化。

即使是枯燥单调的半职业化证人的名单,也值得读一读。因为通过他们,我们可以了解居民变化的情况。在证人之中,我们看见许多大家庭代表人物的儿子和孙子们。在居鲁士时期,我们就开始认识这些家族了。我们有理由怀疑这些人之中的大多数被发现,是因为他们使用的母语是阿拉米语。至于后几代出现了更多的阿拉米名字,就更加引起了人们的怀疑。从公元前 8 世纪末起,在楔形泥板文书之中出现的阿拉米文"标签"证明,即使是书吏也认为阿拉米文字比复杂得多的阿卡德文字好认。在守旧的巴比伦,他们已经被迫使用了很长时间的阿卡德文字。至少,大流士在

192

位时期出现过一个这样的标签，[23] 还有一个人居然被称为"阿拉米人"。

自然，又有一个问题出现了："在这些阿拉米名字的人之中，有多少人是真正的犹太流放者？"泽巴比利（Zer-babili）是同时代、同名的犹太亲王所罗巴伯的亲属。他在我们的希伯来文献中也是这样称呼吗？很久以前，有人推测巴比伦最著名的银号埃吉比家族出身于犹太人。它的奠基人用希伯来语来称呼是雅各。同时，这个银号的首领是著名的马尔都克纳西拔。这是一个地道的、崇拜巴比伦主神马尔都克的巴比伦人的名字。更加奇怪的是在塞琉西王朝时期，这个家族第一次出现了"姓"和名连用的现象："希里克、他的姓是马尔都克纳西拔，伊丁纳之子、埃吉比家族之后。"[24] 其他文书提到希里克只有其阿拉米文的名字，尽管无疑是同一个人。不过，我们现在已经知道其父名叫伊提马尔都克巴拉图。那么，相当于希伯来名字拿单的伊丁纳，就一定是他的教名。

埃吉比家族的后裔拥有祈求马尔都克保佑的"姓"，这件事情并不能证明我们的解释错了。相反，它证明他们已经背叛了原来的宗教。还有一个势力强大的家族，其祖先名叫贝勒亚乌。这个名字是对异教徒的一种指责，它可以译为："我们的神耶赫维是唯一的真主（而不是靠不住的主马尔都克）"。而现在，他的后裔中却有人使用了祈求那波神保佑的名字！

较早时期的泥板文书没有提到伊朗人。大流士的统治使他们地位显赫。公元前 521 年，巴比伦附近有一栋"波斯人的房屋"。[25] 次年，米底人卡基亚来到了这座城市。[26] 公元前 508 年，波斯人帕塔姆在这里拥有了一栋房屋。[27] 公元前 505 年，乌杜纳图之子乌马达图、巴加达图之子阿尔塔班确实出现在巴比伦士师的银号之中。[28] 公元前 504 年，阿尔塔沙塔的女奴隶阿尔塔加图姆的耕地被出租了。[29] 公元前 501 年，希什希亚成了巴加萨鲁的管家，主人给他的正式头衔是 *ganzabar*，或者说是司库。这是一个典型的波斯语外来词汇。[30] 公元前 499 年，我们听到了米底人尼纳库的消息。[31] 公元前 496 年我们又听到了阿德拉塔之子巴吉努的消息。[32] 公元前 494

193

年,法尔纳塞斯之女甘比亚嫁给了阿拉米人泽鲁图。[33] 对比更早的泥板文书,证明伊朗移民确确实实进入了巴比伦地区。

在巴比伦地区,民族关系出现了不同的、新的紧张形势。有一个男子,他看起来似乎更愿意被人们简称为"埃及佬"。那些名字中表示崇拜阿舒尔神的人,必定是亚述人。乌巴祖之子沙姆是喀西特人。有一座城市名叫纳巴图,[34] 这是纳巴泰人(Nabataean)的居住区。另外一个地区名叫犍陀鲁伊图姆(Gandaruitum)。这使我们想起了犍陀罗,苏萨宫廷使用的柚木就是从那里来的。[35] 还有卡尔达克人(Kardaka)或库尔德人、卢克舒人(Lukshu)、伊纳胡德人(Inahud)和哈纳纳人(Hanana),他们都是为国王服兵役的外籍雇佣兵。[36]

经济生活的重大变化

帝国境内贸易突然开始兴隆。例如,马尔都克纳西拔借钱给两个"到处奔走的人"做买卖。不论他们在城里还是乡下赚到了银子,一半的利润归他所有。但是,他们必须共同为已经提供的资金承担连带的责任。此外,他们也不允许从事任何别的买卖。在我们的文书之中,当然是和埃兰做买卖的文书占了大部分。例如,库苏鲁由希里克(这人同样"姓"马尔都克纳西拔)负担费用,随同巴比伦"重要人物"贝勒拔伊丁的车夫带着 50 谢克尔白银前往埃兰做买卖。[37] 6 个人准备在公元前 505 年乘坐装满大麦的船只前往埃兰。25 磅羊毛已经委托给了他们。[38] 公元前 511 年,在书珊(苏萨)做成了债务文书。[39] 神庙地产日常收入的买卖,甚至是一天的一小部分,都使我们想起在股票交易过程中,为了保证世俗股份公司的安全而采取的同样方法。[40]

政府对国家经济生活日益加强的干涉是明显的。公元前 520 年,发给总督的信使海枣。4 年之后,在奴隶买卖一般保证条款之中,增添了另一条保证,禁止召集奴隶为国王服役。[41] 公元前 508 年,国王的货栈收购大麦。[42] 同年,用国王的肘尺丈量被出卖的土

地。[43]在出售大麦和海枣的时候，通常使用的是"国王的 1 皮（pi）量 194
器"，简称为"国王的量器"或"1 皮的量器"。公元前 497 年，博尔
西帕城那波神的节日庆典大道正式称为"神和国王的大道"。[44]国王
的阿拉米文书吏南纳泽伊布尼（Nana-zer-ibni）在出卖土地时，买主
一定要加入一条，这块被卖掉的耕地不是国王的财产，而是用银子
买来的土地。这笔买卖的证人之中有波斯人坎马卡之子希什希提
（Cammaka，Shishshiti）。[45]我们在许多地方都发现了使用大流士法
典的证据。[46]波斯人的贫困，只要用两个外地人出现在巴比伦城士
师的银号这一事实本身，就可以得到很好的说明。[47]

我们在关注货币改革重要意义的时候，发现了一个经常使用
的、新的不祥术语"1/8"。所谓的 1/8，就是王库在缴纳赋税时将扣
除钱币面值的 1/8。通常，我们听到："白银、降价、半谢克尔白
银"。[48]按照这种说法，"白银"是指根据国王的标准校正过重量的
钱币，但其成色和重量与国王造币厂的钱币很少是相等的。因此，
国家明确规定钱币必须符合"白银、法定货币"的标准。[49]或者必须
是"法定收支货币"。[50]但"白银"常常并不是"法定货币"。[51]在这种
情况下，我们发现了"差 1/4 谢克尔"的情况。[52]当然，在许多情况
下，我们见到的某些钱币是"白银"，而另外一些钱币是"银子、法定
货币"。[53]

只有在我们绘制出各种价格波动的曲线图之后，我们才能了解
政府干预商业活动的全部影响。它们可以说明在整个迦勒底时期
和阿契美尼德早期，物价水平是在慢慢地上涨。但是，大流士在位
初期，物价水平在经历了惊人的急剧跳跃之后，在阿契美尼德剩下
的时期，物价从此就稳定下来了。[54]它使我们不再怀疑这些本意良
好的"改革"，已经为即将到来的经济崩溃作出了自己的贡献。

原注

1 Herod. iii. 89.

2 参见 p. 78。

3 M. Dieulafoy, *L'Acropol de Suse*（1893），pp. 253 - 254.

4 *CIS*，Vol. II，NOS. i. ff.

5 G. Lampre，in *Recherches archeologiques*，III（"Mem.，" Vol. VIII ［1905］），175 ff,；M. C. Sontzo，in *ibid.*，IV（"Mem.，" Vol. XII ［1911］），38 - 39.

6 *CIS*，Vol. II. No. 108；参见 p. 158。

7 Erich F. Schmidt，*The Treasury of Persepolis and Other Discoveries in the Homeland of the Achaemenians*（1939），p. 62；earlier known weights，*Weissbach*，*Keilinschriften der Achameniden*（1911），pp. xxii - xxxiii，104 - 105.

8 Schmidt，*op. cit.*

9 J. P. Strassmaier，*Babylonische Texte：Darius*（1897），Nos. 119，173.

10 A. E. Cowley，*Aramaic Papyri of the Fifth Century B. C.*（1923），pp. xxx - xxxi.

11 Waldo H. Dubberstein，"Comparative Prices in Later Babylonia（625 B. C. - 400 B. C.）"，*AJSL*，LVI（1939），23.

12 Olmstead，*History of Assyria*（1923），pp. 321，537 - 538，563 ff.；参见 Dubberstein，*op. cit.*，p. 22。

13 Barclay V. Head，*Catalogue of the Greek Coins of Lydia*（1901）.

14 Herod. i. 94.

15 Schmidt，*op. cit.*，pp. 76 - 77.

16 Herod. iii. 89，95.

17 *Ibid.* iv. 166；vii. 28；G. F. Hill，*Greek Coins of Arabia*，*Mesopotamia*，*and Persia*（1922），pp. cxx ff.；E. Babelon，*Trait'e des monnaies*，II，Part I（1907），250 ff.；*ibid.*，II，Part II（1910），37 ff.；参见 K. Regling，*Klio*，XIV（1914），91 ff.；J. G. Milne，*JEA*，XXIV（1938），245 ff。

18 George. G. Cameron，*Persepolis Treasury Tablets*（1947）.

19 Cowley，*op. cit.*，Nos. 5 and 28.

20 E. g.，*ibid.*，No. 6（of 465）and No. 25（of 416）.

21 Cameron，"Darius' Daughter and the Persepolis Inscriptions，" *JNES*，I（1942），218.

22 Cameron，*Persepols Treasury Tablets*.

23 *VS*，IV，No. 143.

24 Louvre，XIII，No. 193.

25 *VS*，Vol. IV，No. 87.

26 Strassmaier，*op. cit.*，No. 51.

27 *Ibid.*，Nos. 379 and 410.

28　Louvre XIII，No. 193.

29　Strassmaier，*op. cit.* ，No. 476.

30　*Ibid.* ，Nos. 535,542,527.

31　*VS*，Vol. IV，No. 160.

32　*Ibid.* ，Vol. III，Nos. 138 – 139.

33　*Ibid.* ，Vol. V，No. 101.

34　*Ibid.* ，Vol. III，Nos. 170,172.

35　Strassmaierm *op. cit.* ，No. 379.

36　*BRM*，Vol. I，No. 71.

37　*Ibid.* ，No. 154;参见 No. 516。

38　*Ibid.* ，No. 442;参见 Nos. 569,577。

39　*VS*，Vol. IV，No. 134.

40　*Ibid.* ，Vol. V. No. 74.

41　Strassmaier，*op. cit.* ，No. 212.

42　*Ibid.* ，No. 25.

43　*Ibid.* ，No. 391;参见 p. 185。

44　*VS*，Vol. V，No. 96.

45　*Ibid.* ，Vol. VI，No. 171.

46　参见 pp. 119 – 134。

47　Louvre XIII，No. 193.

48　E. g. ，Strassmaier，*op. cit.* ，No. 181.

49　*VS*，Vol. V，No. 83.

50　*Ibid.* ，Vol. IV，No. 135.

51　Strassmaier，*op. cit.* ，No. 411.

52　*VS*，Vol. IV. No. 138.

53　Steassmaier，*op. cit.* ，No. 516.

54　现在,这些曲线图只有在与瓦尔多·H. 杜伯斯泰因有关的博士论文打
　　印稿《巴比伦地区的价格与利率(公元前 625—前 400)》中出现过。东方
　　研究所存档〔Waldo H. Dubberstein，"The Prices and Interest Rates in
　　Babylonia（625B. C. – 400B. C. ）"〕(1934)。

第十五章　众神之路

大流士和一神教

　　琐罗亚斯德是真正的一神教徒。对于他而言，阿胡拉马兹达确确实实、完完全全是唯一的、独一无二的神。如果阿胡拉马兹达说到善思、虔诚等等，那也仅仅是以抽象的措辞对人类天生的认知困难作出的让步。实际上，它们仅仅是唯一的、至高无上的神才具有的本质。歹瓦受到崇拜是因为阿胡拉马兹达的对手不是别的，而是一伙魔鬼。他以全部的、坚定的热情仇恨这些恶魔。

　　在信仰上，大流士同样是一神教徒。在他的许多国王铭文中，没有别的神，只有阿胡拉马兹达的名字被提到，几乎每隔一行就要颂扬伟大的造物主和立法者，谦卑地承认自己依靠神的帮助，或者祈求神保佑自己、自己的家庭和自己的所有业绩。他可能像自己伟大的导师一样，极端仇视信奉多神教的被征服民族信奉的恶魔。不过，琐罗亚斯德是一位先知，一生唯一的目标是使信徒皈依唯一真正的宗教。但是，大流士却担负着统治一个突然取得的帝国的重任，这个国家的大多数居民都是十足的多神教徒。出于国家利益的理由，可以证明他对被征服民族的神庙、他们之中势力强大的神庙祭司集团态度是不友好的。但是，他个人的感情是深藏不露的。他有时不得不在口头上承认被征服民族的信仰，偶尔也提到"阿胡拉马兹达和其他的神祇"。很可能，形容他口授笔录的东西是压低嗓子小声嘀咕，绝不是过分夸张。国王自传的埃兰文编者就非常清楚阿胡拉马兹达是"雅利安人的神","而异教徒的神是微不足道的"。[1]

祭祀阿胡拉马兹达的场所

尽管铭文中经常提到阿胡拉马兹达,尽管他有翼的人形雕像,或简化的形象经常翱翔在波斯波利斯、苏萨宫廷、贝希斯敦铭文和大流士王陵的上空。但是,我们对于他的祭祀仪式知之甚少。我们甚至无法肯定地说出他的祭祀场所在什么地方。在三座门和大流士私人区域之间有二三个露台遗址,被认为是与帕萨迦达保存较好的圣坛相同的露天圣坛。[2]在纳克西鲁斯泰姆的大流士王陵,浮雕表现了国王正在一个简约的火坛边献祭,而阿胡拉马兹达飞翔在他的头顶。这暗示着祭祀仪式可能在露天进行。希罗多德就干脆说,波斯人是没有神庙的。[3]

但是,阿胡拉马兹达和伊朗其他的神祇,他们与这个时期他们在希腊的同行宙斯、赫拉、雅典娜、阿波罗、赫利俄斯和阿尔忒弥斯一样,也是有神庙的。这座神庙在波斯波利斯平台西北方的平原上。其年代确定为最早属于后阿契美尼德时期。我们在南部的旷野之中,发现了一个非常类似的建筑。其结构表明它出自大流士或大流士之子时期。我们确信它就是用来进行祭祀活动的。一根圆柱上雕刻着呆板狮子的柱廊,经过一块空旷的地方,通向一座东、北和西面有柱廊的主要建筑,拐角处和圣坛背后有许多房间。从北面的柱廊透过大门往里看,穿过16根圆柱组成的第三、四列圆柱,可以看见一个火坛的基座。东面较低的地方有个院子,紧挨着东面的泥砖墙。院子南面是一堵有雉堞的女儿墙和楼梯,还有楼梯通往北方。[4]

在距苏萨东北方2.5英里的山下,也就是从前欧莱乌斯河河床的那一边,发现了另外一座神秘的建筑物。在穿过60平方英尺的院子之前,必须走过一条狭窄的、95英尺长、7英尺宽、墙上安放着神龛的走廊,才能进入两边的空地。院子尽头有一条宽大的阶梯,

196

通向一个 2 根圆柱的门廊和一个 4 根圆柱围起来的房间。由于建筑设计被认为是大流士所建,而且还有传说使人相信这是一个阿雅达拉(*ayadana*),即巴比伦语"众神的居所"。它据说被麻葛破坏过,但又被大流士修复了。[5]我们还可以将大流士在其陵墓附近建立的帕萨迦达火祠准确的复制品一起算上。[6]这样,我们就将波斯宗教在物质方面所有可能的建筑证据都介绍完了。

197

琐罗亚斯德"社团"的宗教

大流士深受琐罗亚斯德的影响。但是,他绝不是先知"社团"的成员。在先知的同伴仍然活着的时候,这个社团可能满足于以口头方式传播导师的学说,特别是其准确性看来可以得到符合学说的韵律保证的时候。但是,当先知的这些同伴一旦去世之后,当帝国的、官方的宗教活动背离了真正的宗教之后,追求异端的危险就出现了。而唯一可靠的保证就是,将先知现存的、真正的教义一字不改地以文字记录下来。随着琐罗亚斯德的《加太》越来越多地被当成圣歌来歌唱,对于歌词准确性的要求也越来越迫切了。这并不意味着《加太》要完全像《圣经》一样,阅读是琐罗亚斯德教徒的神圣职责。而是说由保管先知手稿的祭司书吏整理好少数文献之后,通过这些文献可以检验口述的宗教仪式是否准确。[7]

从这个古老的社团流传下来了三种主祷文:《阿胡拉韦里亚》(Ahuna Vairya)、《阿社木沃胡》(Ashem Vohu)和《艾里马伊什约》(Airyema Ishyo)。这是继《加太》之后最古老的琐罗亚斯德教文献。

正如他(阿胡拉马兹达——作者注)是最伟大的主一样,他(琐罗亚斯德)同样也是符合神圣的正义的审判者。他将一生的业绩献给了马兹达的善思和阿胡拉的王国。是他们立他为穷人的牧者。

正义是最高的善。愿他满足我们的期望,愿他一直满足我们的期望,最高正义的正义(救世主——作者注)。

让亲爱的教友们前来支持琐罗亚斯德的男女信徒,支持善思。不论何人得到珍贵的报酬,我祈求阿胡拉马兹达赐予他正义的、永恒的奖赏。[8]

琐罗亚斯德忠实的信徒仍然是贫穷和平凡的。这个社团可能并不指望得到世俗统治者的奖赏。其信徒更迫切地期望得到的报酬,就是琐罗亚斯德已经允诺的冥世的、永恒的幸福生活。

在其他的主祷文之中,对同样危险的情况也有准确的描写。它们使用的虽然是琐罗亚斯德创作《加太》时同样的语言,但先知的灵感现在早已消失得无影无踪,只剩下一堆平淡乏味的议论。

我们选择的是阿胡拉马兹达和美丽的正义。我们可以思想、说出和完成一切,都是最伟大的业绩。我们追求伟大业绩的报酬,母牛的安全和充足的饲料。不论我们是有教养的、还是没有教养的,不论是统治者、还是被统治者。严格地说,王国只属于最优秀的统治者。我们认为它属于阿胡拉马兹达和最高的正义(暗示不属于像大流士之流世俗的、伟大的王——作者注)。当男男女女都知道什么是正确的时候,他们就会热诚地实行正义。这样,他们就可以为自己和他人创造相互理解的局面。阿胡拉马兹达赐予你荣耀和赞美,为母牛准备了饲料。我们相信你是最好的,我们将为你劳动,尽力与别人相互理解。在正义的伙伴之中,在正义的社团之中,依靠所有通情达理的、生前享福、死后极乐的人。阿胡拉马兹达,这些人传播教义,认真思索我们所宣传的正义。然而,我们认定你、琐罗亚斯德是他们的命令者和导师。根据正义、善思和王国的意愿,阿胡拉将为你赞美加赞美,格言加格言,主祷文加主祷文。[9]

由于你的保护,马兹达阿胡拉想起了、满足了我们的请求,给予了这些报酬。马兹达阿胡拉,你的赏赐是为我们所属的社团而设立的。请赐予我们这些，不论是今世还是来世，使我们能够永远与你和正义为伴。马兹达阿胡拉，愿战士皈依正义，愿农夫成为永远忠实的、热忱的、可靠的伙伴，让他们甘心情愿成为你忠实的信徒！马兹达阿胡拉，以同样的方式使贵族，以同样的方式使农夫社团、使我们所属的世俗社团，以同样的方式使我们能够作为信徒，生活在正义和真理的王国。愿你满足我们的所求！[10]

我们把赞美诗、圣歌和主祷文献给阿胡拉马兹达和最高的正义，为他们祝圣。马兹达阿胡拉，愿我们能够永远生活在你美好的王国里。啊，最仁慈的神，愿优秀的统治者、无论是男人或女人，能够承担统治我们的责任，使我们能生活在生前享福、死后极乐的世界之中。与正义为伴的、仁慈的亚扎塔（Yazata，即成功之神——作者注），我们颂扬你。这样，你、最仁慈的神就可以使我们生活在生前享福、死后极乐的世界之中。我们可以为你服务，得到你长期的、永恒的支持。因为你，我们可以变得更加主动、更加强大。啊，最仁慈的神，你愿意按照我们的请求，继续长期支持我们吗？阿胡拉马兹达，我们——你的歌颂者和先知将大声呼唤。马兹达阿胡拉，我们将准备好，我们将取得自己应有的地位，为了你赐予社团的报酬。你将这些赐予我们，不论是今世还是来世，使我们能够永远与你和正义为伴。[11]

在希斯塔斯普担任小国的君主，甚至还可能在他成为总督之后，琐罗亚斯德的小"教会"在他的庇护下，曾经繁荣过。但是，在希斯塔斯普之子大流士成为整个帝国的君主之后，即使他还记得先知的某些教导，但他已经忘记了自己出生的这个社团。在这个被忽略的时期，上述被引用的主祷文已经编成。不过，就是在家庭中、贵族、士兵、农夫，更不用说那些属于世俗社团的皈依者对宗教仍然很冷淡。社团的首领灰心丧气，无法理解这种忽视。因为他们伟大的先知已经答应赐予他们今世和来世的某种赏赐。先知的衣钵已经传给他们,他们也已经公开表示期望履行自己的职责。不过,他们也期望允诺的报酬。最后,他们达到了自己所期望的最高顶点,较次要的亚扎塔(Yazata)成了伟大的王,对于他的崇拜仪式是非常直接的。但是,这个时间却不太恰当。因为琐罗亚斯德要在马兹达教的信仰胜利之前,就必须成为神祇。[12]

宗教与历法

即使大流士没有表示出自己对巴比伦神庙和神庙祭司集团的尊重,但他却不能忽略神庙祭司们有实用价值的学术成就的重要贡献。他从他们之中寻找书吏,这些人把他发布的口谕译成阿卡德语,并且帮他制定新的法典。他也从这些人之中选拔科学家,使他的历法变得更加准确。

在古代东方,科学绝不是宗教的敌人。相反,它还是在宗教的庇护之下成长起来的。占星学很早就使巴比伦祭司认识了天体,制定了一套术语。历法实行的是 8 年一个周期,后来改为 19 年一个周期,以便使它与基本上准确的太阴年和太阳年接近。公元前 747 年,这套历法被巴比伦王那波纳西尔采用。从此以后,19 年一个周期被确定下来了。稍后,亚述天文学家用纯科学的方法确定了日期。但是,真正科学的天文学基础,直到迦勒底时期才奠定。[13]

迦勒底天文观察可以用公元前 568 年制定的星历表来说明。"在每月的 18 日白昼,太白星在仙王座之上 2°55'",轩辕 14 是狮子座最亮的星。"第 8 日晚上的傍晚,辛神(月神——作者注)在北方天秤座之下 6°15'。""第 10 日,水星隐入大双子星座之后",与太阳一起落下了。"水星远离东方"。行星运动的方向早已准确地确定了度数和分数,并且指出了它与星座和天体的关系。[14]

公元前 577 年,贝勒沙伊布尼之子拉巴希(Bel-shar-ibani、Labashi)编成的一本教材,反映了更为先进的知识。"行星出现之后将回归原处。""辛神(月神——作者注)出现,27 日的时间将回归原处。"也就是说,月亮运行的周期是 27 天。"太白星出现,8 年后

它将回归原处。"也就是说,太白星在 8 年之后将回归原处。但是,
"你要减去你观察它的 4 天。"因此,准确的运行周期是 8 年差 4
天。"水星出现,6 个常年将回归原处。"由于水星是最难观察到的
星座,拉巴希也知道这是不太可靠的、粗糙的东西。因此,他又补
充说:"你将来可以搞清它将回归原处的时间,你将来可以搞清和
观察到它出现的时间。"他希望将来的天文学家更加成功。火星的
运行周期是 47 年差 12 天。土星的运行周期需要 59 年,但是,"你
每天都可以观察到它。"对于"天弓座的武器",即天狼星 27 年的运
行周期,他也发出了同样的告诫。不仅是所有行星的运行周期,还
有水星的运行周期,都以惊人的准确性被确定了。但是,天文学家
并不满足于他们的成功,还在努力设法使它们更为准确。[15] 另外,他
们还发明了"沙"(*sar*、即现代天文学家还在使用的沙罗周期),其周
期为 6585 天,或略多于 18 年。根据这个周期表,日食、月食的出
现,几乎准确地符合同样的常规。

　　巴比伦祭司并不满足于这些观察结果(尽管它们比望远镜出现
之前的任何观察都准确),他们使用 15 个世纪之前的、发达的、复
杂的数学方法,比他们现代的继承人更早就使他们的成果变得更
为精确。随后,他们的天文学泥板文书首先准确地制定了现代的
星期表。让我们以公元前 523 年的星期表为例来说明问题:首先,
每个月的表格非常严整。因为它只包括数字和几个表意符号。

尼桑努	1	DIR		30	SHI
ina	1	KAS			NA
MI	13	DIR	ina	9	ME
	13		2	30	SHU
MI	14	DIR	8	20	MI
	14		7	40	NA
	27	DIR	ina	16	

　　在解决这些略语的时候,把第二组数字视为乌什(*ush*),即 4

分,我们可以将其译为:"4 月 1 日,它圆了。"即这是一个间隔的时间。"从太阳下山之后到月亮下沉之间的 2 小时。在第一日月亮下沉之前 2 小时。第 13 日傍晚,在月亮升起到太阳下山之前的间隔时间为 36 分钟。在第 13 日白昼,从月亮下沉到太阳升起间隔时间为 10 分钟。在 14 日傍晚,从太阳下山到月亮升起间隔时间为 3 分 20 秒。在第 27 日白昼,间隔时间为 1 小时 4 分钟。"其他月份使用同样的泥板文书。我们可以看见阿达鲁月(2 月)的泥板文书记载着:13 SHU *u* NA *la ishu*。它可以译为:"在第 13 日白昼,没有日出或月沉。"即日出与月沉在同一个时间。这个月末,我们发现一组数字:26、23、27、12。这组神秘的数字表示我们的天文学家不知道最后一个月到底是 26 或 27 天,因此作出了两种不同的推算。

　　然后,他开始讨论行星:"(冈比西斯——作者注)七年,阿布月 22 日,朱庇特神(木星——作者注)出现在谢鲁阿(Sherua)之前。"我们的解释是木星和太阳一起落下,位于室女座的西方。"乌卢卢月 22 日,它在谢鲁阿后面出现了。"即木星偕日升,位于室女座的东方。"特贝图月 27 日,它仍然停留在天秤座之前,"即它已经到达其转折点。在这个观察不便的地方,它将停留 4 天或更长的时间。"第 7 年艾鲁月 25 日,它仍然停留在谢鲁阿的位置上,"这是在第二个转折点上。"乌卢卢月 4 日,它从天秤座后面进入"地球的背面,即它与太阳一起落下去了。 202

　　"第 8 年西马努月 10 日傍晚,太白星进入狮子座头部。西马努月 27 日早晨,它出现在巨蟹座的位置上。"太白星作为昏星消失,并在 16 天之后作为晨星再次出现。然后,它由所在的位置运动到天鱼座的尾部,作为晨星向着他作为昏星在驭夫座的位置前进。以同样的方式,我们看到了土星和火星(Shalbatanu)运动的情况。接下来,我们看到了月球的位置,多少肘尺和指长,在背面或前面,上面或下面,一颗值得留心的行星(古代认为月球是行星——译注)。最后,我们看到了日食、月食。"第 7 年杜祖月 12 日晚,在晚上过去 1 又 2/3 双小时(3 小时 20 分——作者注)之后,辛神发生月食,整个被吞没,消失的月轮出现在北方。"(以上月名由于释读的进步,有些与现在的读音已经不同了——译注)这块泥板文书,也许就是喜帕恰斯推断出这次月食的主要资料。[16]

大约在公元前5世纪初,巴比伦第一位伟大的天文学家出现了。他的名字被希腊人记住了。他就是月神庙祭司的后裔、巴拉图之子那波里曼尼(*Nabu-rimanni*),并且是公元前491年和公元前490年巴比伦两份重要文书的证人。斯特拉波称他为那波里亚努斯(*Naburianus*),并且给他一个当之无愧的称号——"数学家"。因为他的泥板文书建立在观察的基础上,但每个局部都是精心计算的结果。在一本塞琉西时期教科书的抄本之中,讲到了他的体系。该书目的旨在建立诸如有关计算月球的表格和日食、月食的表格。这些表格自塞琉西晚期到帕提亚早期仍然存在。[17]

那波里曼尼提出的问题是确定朔月和望月的准确日期。与此相连的是确定月食或日食。因此,出现了两种多少有些类似的表格。一种涉及月球的位置。另一种名为《第14日》,在望月的时候可以观察到月食。这些表格完整的时候,有17栏或18栏之多。

第一栏确定日期,日食或月食表格预先确定为"5个月"。在从中心点线向后运动,日食或月食最后经历5个月(不是通常的6个月)。第二栏以我们的1/4度为单位,描绘了月球表面正在变动的未必真实的直径。"分数"通常和60进位制6的级数混杂在一起。[18]这样,最小直径是1 57 47 57 46 40或29'26'',9与现代的29'30''相对照;最大直径是34'16'',2与现代的32'55''相对照;平均值为31'55'',5与现代的31'12'',5相对照。非常值得重视的是,那波里曼尼在如此早的时候就如此接近了真理。应当认识到这个事实,即他比托勒密、哥白尼,甚至开普勒在使用望远镜之前的计算都准确得多。这个表格是对先前的数字进行加减之后逐步制成的。一条直线表示加(tab)或减(lal),常数差额为0 2 45 55 33 20,以上升或下降的算术级数,对最大值或最小值进行加减。由于最大值在近地点,而最小值在远地点,我们通过计算可以发现那波里曼尼的近点月(当月球从近地点返回远地点并回归原处)的长度为

27 日 13 小时 18 分 31.9 秒。依靠本栏的帮助,远地点和近地点为进一步计算月球的运行提供了保证。

那波里曼尼表格第三栏以度数表明了朔月或望月在沿太阳运行路线的行星中的位置。日食和月食现在成了有规律的现象。在计算太阳运行的变化时,目前假定月球的运行是均衡不变的。我们从教科书中知道,当月球在天鱼座 13° 和室女座 27° 之间时,从一个望月到下一个望月,必须加上 30°。剩下的运行周期只有 28° 7'30''。这被认为比太阳运行的最大值要少几秒,比最小值又多几秒。粗略地说,作为一个近似值,这个假定的时间误差是很小的。它使真正的太阴年和太阳年同样是 19 年一周期,包括 12 个 12 个月的平年,7 个 13 个月的闰年。太阳和月球准确地回到日食、月食原来的位置,经过 236 年才产生 1° 的误差。

第四栏是根据第三栏计算出来的每天不同的长度。教科书说,当太阳在白羊座 10° 时,白天是 3 个单位、12 小时长。此后的分钟数则按照上升或下降的算术级数进行加减。最长的白天是 14 小时 24 分,比长的白天几乎长了 15 分钟,最短的白天是 9 小时 36 分,比短的白天短了 13 分钟多。但是,请不要忘记我们反复提醒的,巴比伦人没有使用望远镜或其他现代化工具。他们的时间长短是利用水钟测定的。他们也没有认识到折射的影响或在高高的寺塔上进行观察所产生的误差。他们没有看出微小的误差,这使他们观察的是日轮最上的边缘。他们使用齐克普(ziqpu)、一种可以滑动的直立木棍,发现了最短的阴影出现在夏至的正午,最长的阴影出现在冬至。通过反复地观察和计算,他们确定了一个平均值。他们知道各个季节不一般长短。他们的秋季仅仅短半小时,春季和夏季长半天,冬季几乎短 1 天。

那波里曼尼表格的第五栏确定了每年两个时期月球上下食的位置。教科书举例说:"假定上食在 3°52'11''39''',从(平均值)之中减去 1°58'45''42''',可以得到 1°53'25''57'''。实际上,它比 2°24' 少了 30'34''3''',从 1°53'25''57''' 减去 30'34''3''',可以得到上食为 1°22'51''54'''。因而,上食确定为 3°52'11''39'''。如果将 30'34''3'''

加进 1°58'45''42''',下食可以确定为 2°29'19''45'''。"这一栏是根据龙月(dragon's month)长 27.23039 天确定的。根据现代人计算,误差为 26 分钟。

在食栏中插入了另外一栏。由于天文学家发现按照沙罗周期预定的食在巴比伦并不是一定可以看见。他们极力想找出在指定的位置上,这条规律在什么度数发挥作用。对于观察食而言,他们指出的阴影长度的变化,与现代计算的结果几乎一致。当然,只有当月球在月食时不超过 1°44'24'' 的时候,缺陷才能被弥补。否则,他们认为不可能有月食。

205 现在,我们必须以近地点月为基础,确定月球运动与太阳的关系。因为日食取决于这种关系。我们从第二栏中已经知道月球视直径在接近地球时最大,这时月球的视运动也同样在增加。我们的教科书说:"辛神(每日——作者注)都在改变月相,必须加上或减去 42'。"其极限,近地点理想最大值确定为 15°56'54''22'''30''''。远地点最小值确定为 11°4'4''41'''15''''。再从这些数字之中减去或者加上 42'。当月球的直径采用第二栏中的数据 2 17 4 48 53 20 的时候,就可以确定月球每日的运动是 11°4'4''41'''15'''',也可以确定直径变化的每个单位。教科书给出的数据精确到了微小的单位,但在表格中它们被凑成了秒。

在近地点月的基础之上,太阳回归原处的运动正好是每月 30°,这种推测性的假设也被确定了。在这里,我们再次看到以算术级数调整变动中的月球视直径的努力。但是,它造成的误差已经大到难以接受的地步,必须用经验主义的方法来加以校正。第九栏将这个数据改正为黄道带的两半。因此,我们知道通过计算,每个月的平均值为 29 日 14 小时 44 分,大约多出了 1 小时 49 分 57 秒。

第十栏对日落的时差进行了更正。因此,诸如平太阳日、天文日仍然是从太阳下山算起。表格中有 6 个大月,6 个小月。每一段都是零。最大值、最小值和零都出现在季节变更时期。在这种历法制度中,季节变化发生在各个宫的 10°。最大值在天秤座 10°,最小值在白羊座 10°。日落时间最早为冬至日,最晚为夏至日。6 个大月白昼变长,6 小月白昼变短。

我们现在准备研究第十一栏。它对于前面 29 日长的月份注意较多,这就使我们可以计算出最长的和最短的朔望月。从第八栏指定行的预定数据中减去第九栏的数据,加上或者减去第十栏的数据,我们就得到了第十一栏的数据。当月球两次经过近地点时,我们找到最短的月份长 29 日 7 小时 17 分;当月球两次经过远地点时,我们找到最长的月份长 29 日 17 小时 13 分。

在第十二栏中提出了上述所有计算的终极目的。这就是朔月或是望月的准确数据,必须将那一栏同一行的数字加上前一栏前一行的数字,才能确定。在表格的正面有一组数字相连。这是以阿达鲁月去年最后一个月的朔月来确定今年第一个月的朔月。在背面的数字从尼桑努月到尼桑努月,这是以当年第一个望月来确定它的第一个朔月。接下来一栏确实观察到了朔月,根据这次观察,而不是根据从前计算出来的天文朔月,巴比伦人开始有了他们的月份。为了获得这个结果,他们观察了下弦月的细月最后一次出现在晨空的时间。在这些栏和教科书相应部分被专业天文学家出版并解释之前,我们并没有充分认识到那波里曼尼这部巨著的重要意义。[19]

尽管如此,我们愿意重视现代天文学家的报告。在月球—太阳的关系上,那波里曼尼的 9''.8 太小;在太阳交点关系上,4''.6 太大。在月球交点关系上,5''.2 太小,在月球难以达到的近地点上,超过部分仅为 19''.9。那波里曼尼的太阳近地点 3''.9 太小,其月球—太阳近地点 13''.7 也太小。[20]对于我们这些不是天文学家的人来说,如此精确的计算结果简直令人难以置信。因为专业的天文学家作出的贡献,他们的前辈在没有现代的有利条件,没有极其专业化的仪器和发达的数学知识的条件下,也能做出。

天文学是东方帮助西方健康成长的一门科学。这门科学最伟大的成就,是在本时期后期的东方取得的。我们所掌握的零星资料,使我们无法对本时期其他科学作出同样的描述。但是,它已经

206

253

足以证明在纯数学、植物学、医学和语法学方面，古代的知识不但没有被遗忘，而且在重要的方面有所发展。

希腊人接触东方文化

希腊一直受到东方的影响。从任何一种意义上来说，米诺斯时期的克里特都可以被认为是东方世界的成员。迈锡尼时期的希腊人，关系几乎同样密切。我们的证据并不局限于物质遗存，传说具有更大的说服力。底比斯城不是由埃及人、而是由腓尼基人卡德摩斯（Cadmus），用他本国的语言来说就是"东方人"建立的。是他把"卡德摩斯文字"，即字母文字带到了希腊。[21]伯罗奔尼撒得名于吕底亚人坦塔罗斯之子珀罗普斯。埃及人达那伊德斯到了阿尔戈斯。根据传世的故事，英雄人物出自东方的传说。坦塔罗斯之女尼俄柏（Tantalus、Niobe）是锡皮卢斯山下会流眼泪的石头；吕西亚人柏勒洛丰（Bellerophon）骑在飞马珀伽索斯（Pegasus）背上，与反对奥林匹亚诸神的吐火女怪，或怪兽特里丰（Chimera、Tryphon）作战。这头怪兽被囚禁在西利西亚的科里西亚（Corycia）洞穴之中。[22]

迈锡尼帝国最伟大的胜利，是征服了"弗里吉亚人的"特洛伊。在这个故事中，荷马以及组诗诗人创作了许多东方英雄的故事，诸如埃塞俄比亚人门农、亚马孙的战士。希腊人征服爱琴海东部之后，传说保留了他们如何娶当地女子为妻的故事。希腊人从自己的妻子那里学会了如何崇拜安纳托利亚的神祇，诸如以弗所的多乳房的阿耳忒弥斯，还有众神之母及其被阉割的阿提斯神。西顿的商人带着商品到爱琴海做买卖，也带来了这些商品的名称。他们还带来了装潢的方法，改变了陶器、金属器皿和仿造雕像的风格。

希腊黑暗时期的流浪者给荷马带来了一座伟大的、具有100座城门、数不清贵重金属和士兵的城市的消息。他们惊奇地把这座城市称为底比斯，仅次于维奥蒂亚（Boeotian）的首府。[23]腓尼基商人随身带来了自己崇拜阿多尼斯神（Adonis）的祭祀仪式。赫西奥德提到他们是福尼克斯(腓尼基人)之子。[24]没有一个腓尼基妇女比萨福(Sappho)还更热衷哀悼阿多尼斯："哀哉，阿多尼斯！""灭亡吧，基西拉岛，阿多尼斯是快乐的！我们能做什么？战斗、少女、你们的乳房，或撕扯你们的长袍！""为阿多尼斯逗留4个月而举哀。"[25]萨福穿腓尼基的长袍，也学会了腓尼基的祭祀仪式。

吕底亚的征服使爱奥尼亚移民和东方文化有了更密切的接触。他们的工匠吸收了吕底亚艺术的特色，他们的商人学会了铸造钱币的工艺。[26]作为自然的反应，色诺芬尼声称他的同胞科洛丰人(Colophonians)由于学会了吕底亚人奢侈享乐——使用油膏、头戴金首饰、身穿紫袍而堕落了。[27]而米利都人福西利德斯(Phocylides) 208竟敢于提出："一个有着可靠生活方式的小城邦，理应比无知的尼努斯(尼尼微——作者注)更强大。"[28]

还有其他的希腊人和埃及做买卖。例如，萨福的兄弟卡拉克苏斯(Charaxus)就长期居住在诺克拉提斯。[29]他们从埃及带回雕像之类的纪念品，并被希腊雕刻家用来仿造希腊古风时代的"阿波罗"雕像。还有些人充当埃及赛斯王朝国王的雇佣兵。在这里，他们崇拜埃及的神祇。有一位居住在三角洲地区的希腊人竖立了一座阿匹斯公牛的青铜雕像，其上铭文为："献给潘内皮(Panepi)，索西利德斯(Socylides)奉献。"[30]还有一些人为迦勒底君主服务。例如，为尼布甲尼撒服务的安提梅尼德斯(Antimenides)，他在阿什凯隆(Ascalon)附近杀死了一位巨人。其兄弟、诗人阿尔凯奥斯(Alcaeus)欢迎他从天涯海角返回家中。[31]还有比黄金更宝贵的东西，伴随着流浪者一起回到希腊。因此，希腊人的逻辑思维发端于爱奥尼亚，就用不着奇怪了。

东方科学与宗教对希腊的影响

我们许多古代的权威学者一直强调，希腊第一位哲学家、米利都人泰勒斯是腓尼基人的后裔。[32]这种说法的准确性虽然遭到怀疑，但泰勒斯作为吕底亚王阿利亚特和克罗伊斯的臣民，生活在最流行的东方思潮之中,这是确定无疑的。阿尔凯奥斯那位当雇佣兵的弟兄认为,有一条道路传播了迦勒底人最新发现的沙罗周期,沙罗周期的知识使爱奥尼亚哲学家有可能预言公元前585年5月28日的日食。[33]

其他作家声称泰勒斯曾经与埃及祭司一起学习,向他们学习了几何知识。当他在大金字塔阴影的边缘树立一根手杖时,他的新知识得到了运用。他用两个固定的三角形观察太阳的光线,证明金字塔最高点与木棍的长度有相同的关系。两者的阴影也是同样的关系。据说,阿马西斯王大为赞赏使用这种方法测量金字塔。[34]

泰勒斯是第一个使直角三角形与圆内接的希腊人。他还确定了太阳从一个至点到另一个至点的运动路线,因而确立了季节。但是,在这一点上,巴比伦人走在他的前面。他把一年分为365天,这比当时把一年分为360天准确得多。但是,在这一点上,两千多年以前的埃及人又比他捷足先登。他从迦勒底人那里必定还学会了日期的用法,这使他可以计算出太阳的大小是太阳运行周期的1/720。月球同样也是月球运行周期的1/720。他是第一位认识到小熊星座是对希腊人有用的人,因为几个世纪以来,腓尼基人一直就依靠它来为自己的船舶导航。[35]

自荷马以来,希腊文献充满了散文和故事之中的名字。关于他们的故事,我们几乎从孩提时代就已经耳熟能详。但是,到后来我们才知道它们大多是译自或借用巴比伦人对这些同样的星座的称呼。从乌尔第三王朝起,直到三千纪结束,巴比伦人已经掌握了大致8年一个周期的规律,在不规则地设置附加月的基础之上编制历法的方法。[36]公元前7世纪时,在巴比伦人已经采用了19年一个周期之后,希腊人仍然采用这种比较古老的周期,他们把它称为8年周期(octaeteris)。希腊人最初的目的是规范固定的宗教节日。同时,人们也认识到这种制度有许多需要改进之处。公元前6世纪末期,我们知道有一位改革者、特内多斯(Tenedos)的克莱奥斯特拉图斯(Cleostratus),他大概把周期扩大了一倍。因此,他制定的一年,长度有365.4375日。[37]

同时,萨摩斯的毕达哥拉斯(*Pythagoras*)及其最亲密的伙伴彻底与现行历法理念决裂了。毕达哥拉斯是泰勒斯这一代人之中第二位伟大的哲学家。据说,他也曾经游历过埃及和巴比伦。他游历过尼罗河大概没有问题。法老阿马西斯在位时期,他学习了埃及语,并且与赫利奥波利斯的奥努菲斯(Oenuphis)一起学习过。他是第一位确认昏星和晨星是同一颗星星的希腊人,而这个事实在1500年之前就已经被巴比伦人所熟知。要说这个以他的名字命名的理论是新理论,那只是对希腊人而言。[38]

毕达哥拉斯非常迷信数字的神秘魔力。因此,他决定把全新的周期建立在算术知识的基础上。59被认为是"吉利的"数字,因为它是素数。在这个原因之外,还要加上一个无可争辩的事实,那就是我们在计算每个朔望月的白昼和黑夜长度的时候,总数总是59。对于两位大师及其弟子而言,情况很显然,"近点年"在太阳回归它原先的准确位置之后,必定也同样是平太阳年的59倍。简单的乘法证明,这个59年等于每月59个白昼和黑夜的729个月,总共为43011个白昼和黑夜。因此,729代表$9 \times 9 \times 9$的神秘组合,似乎完全被证实是正确的。简单的除法同样证明了,必须进一步确保一年真正的长度是364.5日。[39]

诺克拉提斯的尼洛森努斯(Niloxenus)是游客泰勒斯的朋友和房东,梭伦在埃及的旅伴。[40]那时,梭伦本人靠做买卖为生,游历过埃及。他和赫利奥波利斯的普塞诺菲斯、赛斯的桑齐斯这些有学问的祭司(Psenophis、Sonchis)一起学习过,并且拜访过阿马西斯。[41]吹毛求疵的人可以怀疑泰勒斯和毕达哥拉斯去过埃及旅游。毕达哥拉斯去过巴比伦看来也不大可能。梭伦拜访克罗伊斯的故事则打上了希腊人说教的标记。但是,无论如何他们不能怀疑梭伦游历过埃及。因为我们有一首诗,在这首诗中,他告诉我们他是怎样生活在"靠近克诺珀斯角(cape of Cnopus)的尼罗河激流之中"。[42]

希腊思想家如果剽窃了东方的科学,通常连具体的感谢都没有。这就是他们在处理问题时的重要特点。巴比伦天文学家和埃

211

及用绳索丈量实物的人,以其对具体事物实事求是的研究、简单而实用的仪器、不重个人荣誉和发明专利的精神、经过漫长时期的资料积累——总而言之,他们坚持不断地使用高度发达的数学知识来解决他们的课题——使他们觉得自己很快就精通了现代同行科学家的知识。

对于希腊人而言,几乎所有的数字都有几分神秘的性质。毕达哥拉斯及其弟子则将其发展到了荒谬的顶点。柏拉图及其学园的成员几乎与他们不相上下。东方的科学几乎都成长在神庙庇护之下的学校中。即使它一直保留了实践的性质,但在东方的思想中,"实践的"需要就是阐述主神和有教养者之间的神秘关系。

东方的科学绝不怀疑神祇的存在。而希腊哲学从一开始起,即使不是完全彻底的无神论,那也是不可知论。东方学者满足于用古代风俗习惯反复地神化宇宙论,并且将开辟鸿蒙归功于自己本国的神祇。因此,希腊新的宗教、俄尔甫斯教(Orphism)所宣扬的宇宙论非常类似腓尼基人的宗教。相反,爱奥尼亚的思想家却不得不独自发现宇宙的构造。然而,就是他们在探索最早存在的物质时,也没有完全摆脱东方思想的影响。泰勒斯发现这些物质存在于水中。我们所熟知的最早的迷雾存在于圣经伊甸园的故事之中。他的同乡阿那克西曼德(Anaximander)把东方实用的发明创造介绍给了希腊人,这就是日晷仪、地图及天体图。但是,他在确定最早存在的物质时,他认为这就是"无限",直接出自巴比伦混沌时期的神祇提阿马特(Tiamat)之手。

在波斯征服之后不久,以弗所的赫拉克利特给了我们第一个暗示,希腊人已经与波斯宗教发生了接触。因为他将麻葛与夜行者、酒神的众女伴、酒神的祭司和传授神秘祭仪的祭司相提并论。[43]波斯的征服,并没有中断爱奥尼亚哲学的发展。米利都的阿那克西米尼(Anaximenes)、科洛丰的色诺芬尼(*Xenophanes*)和以弗所的赫拉克利特,就是波斯统治时期第一代著名的哲学家。安那克萨哥拉(*Anaxagoras*)则是第二代著名的哲学家。探索最早存在的物质仍然在继续。各种可能性都被提出来加以讨论。科学的发现一直

212

在进行并被采用。但是,爱奥尼亚哲学家走的是自己的道路,并且陷入了形而上学之中。[44]

希腊旅行家在东方

更多的、细心的旅行家深入到了东方的腹地。卡里安达的西拉克斯虽然是卡里亚人,但用希腊语创作了《印度旅行记》。[45]米利都的赫卡泰奥斯(*Hecataeus*)游历了波斯帝国,回到故乡后编成地名录,记载了他到过或者听说过的各个地方。不像早期的巴比伦泥板文书地名录,他偶尔还会加上一些历史学、人种学方面的议论。这两部著作现在都已经佚失。但是,希罗多德提供的许多信息,显然出自这两种资料。

从后代编辑者引用赫卡泰奥斯简要的摘录之中,我们发现了亚细亚内陆一些惊人的信息。如克纳(*Chna*,迦南)从前称为腓尼基,它的城市有加巴拉、西顿、杜拉、埃伽、京利莫特和腓尼卡塞。卡尼提斯和卡尔蒂提斯是叙利亚的大城市。卡马雷尼岛是阿拉伯人的岛屿,西列是波斯海中的一个岛屿。波斯的城市有帕里卡内、钱达纳塞和西塔塞,尽管我们知道最后一座城市实际上在巴比伦境内。希罗多德有关人种学的叙述更是领先一步:奇西亚人(*Cissaeans*,喀西特人)的服饰类似波斯人,米底是里海门附近的国家,希奥普人的穿着类似帕夫拉戈尼亚人,紧挨着戈尔迪亚人的是马提恩城,与马提恩人为邻的是莫斯奇的科尔基斯人,米西亚人住在阿拉斯河附近,卡坦尼亚人住在里海附近,希尔卡尼亚海周围是森林茂密的高山,山上生长着多刺的洋蓟,帕提亚(*Parthia*)东面居住着花喇子模人,他们占据着平原和山区,山上长满了树林、洋蓟、柳树和柽柳,他们的省会是花喇子模。赫卡泰奥斯的这些信息,很多出自西拉克斯的报告。赫卡泰奥斯从他那里还获得了有关犍陀罗地区的印度居民、犍陀里卡城、卡斯帕皮鲁斯人反对西徐亚人、印度的阿尔干特城(*Argante*)、印度河附近的卡拉提亚人(*Calatiae*)和欧匹伊人(*Opiae*)及其有城墙的省会、当时沙漠已经扩张到印度河边、印度河边也生长着洋蓟等信息。[46]

213

赫卡泰奥斯在游历过程中,访问了埃及的底比斯。他在那里有一次好奇的经历。他以希腊人典型的态度,企图以夸耀第16代神圣的祖先来使野蛮人对他感到钦佩。但是,祭司们领着他走进神庙,指着345座木质的高级祭司雕像对他说,每个雕像都是下一个雕像之子,每个人都是人的儿子,而不是神的儿子。赫卡泰奥斯这才开始认识到东方古代历史的悠久,站在那里说不出话来。[47]

原注

1 Beh. §62（Elamite）.

2 E. Herzfeld, *Iran in the Ancient East*（1941）, p. 231.

3 Herod. i. 131.

4 参见 Herzfeld, *op. cit.*, p. 231.

5 *Beh.* §. 14; M. Dieulafoy, *L'Achropole de Suse*（1893）, pp. 390, 410 ff.

6 Erich F. Schmidt, *The Treasury of Persepolis*（1939）, pp. 98 ff.

7 比较保存在官方记载(消息集成)中关于邪恶的亚历山大破坏导师手稿的传统说法,见 Dinkart, iv. 23（E. W. West, *Pahlavi Texts*, IV[1892], xxxi, 413）。

8 Yasna. 27:13-14;54:1.

9 Yasna. 35:3-10.

10 Yasna. 40.

11 Yasna. 41:1-6.

12 以上语录出自 Yasna Haptanghaiti, yasna. 35:3-41:6。尽管选集早已被认为是一个整体,称为《亚斯纳七章书》(Yasna. 41:8 和 42:1),尽管它使用的语言完全是《加太》使用的语言(即使后者是散文),它显然是混合物。《亚斯纳》36—39 描写的是埃斯库罗斯、希罗多德和色诺芬熟悉的、异教徒时代的雅利安人宗教。相反,《亚斯纳》35、40 和 41 描写的是当时的琐罗亚斯德教。其证据是《亚斯纳》35:9 明确地把琐罗亚斯德作为立法者和导师来祈求。有一种经常重复的说法是《亚斯纳七章书》没有提到琐罗亚斯德。这仅仅是因为在这一段文字中,他的名字被错误地删除了。

13 Olmstead, *History of Assyria*（1923）, pp. 588 ff., 与其论文相应的是 "Babylonian Astronomy-Historical Sketch," *AJSL*, LV（1938）, 113 ff.; 关于历法,见 R. A. Parker and W. H. Dubberstein, *Babylonian Chronology*, 626 B.C.-A.D. 45（1942）, pp. 1 ff. 基础的研究成果,见 F. X. Kugler, *Sternkunde und Sterndienst in Babel*（1907-　）。

14　E. F. Weidner, *Babyloniaca*, VI (1912), 130 ff.; Kugler, *op. cit.*, *Erganzungen*, p. 128.

15　Kugler, *op. cit.*, I, 45.

16　J. Strassmaier, *Kambyses* (1890), No. 400; Kugler, *op. cit.*, I, 61 ff.; Ptol. v. 14.

17　VS, Vol, Nos. 104 - 105; Strabo. xvi. 1. 6;参见 Olmstead, *JAOS*, XLVI (1926), 87; P. Schnabel, *Berossus* (1923), pp. 234 ff.; Kugler, *Die babylonische Mondrechnung* (1900), pp. 55 ff., 115 ff.

18　我们确实发现把分数变为十进位小数有助于计算,尽管十进位小数我们只能分解 2、5 和 10,以及连续小数,精明的巴比伦人用 60 进位制可以分解 3、4、6、8、12 和 15;诸如 9、16、18 之类的数字和类似的数字,可以将数字表混杂为一个系列进行分解。

19　详细的叙述,见 Olmstead, "Babylonian Astronomy-Historical Sketch," *op. cit.*, pp. 122 ff.

20　J. K. Fotheringham, *Quellen und Studien* (1933), B, II, 37 - 38.

21　Herd. V. 58.

22　关于散文作家的片断,见 F. Jacoby, *Fragmente der griechischen Historiker*, Vol. I (1923);参见 Apollodorus *Bibliatheca*。

23　*Iliad* ix. 383.

24　Hesiod. *Cat.* 21.

25　Sappho, Frags. 25,103,136 (Edmonds).

26　Xenophan., Frag. 9; Herod. i. 94.

27　Xenophan., Frag. 3.

28　Phocylid., Frag. 5.

29　Sappho., Frags. 35 ff.; Herod. ii. 135; Strabo. xvii. 1. 33; Athen. xiii. 596 B.

30　A. S. Murray, *Archaologischer Anzeiger*, XIV (1899), 205; w. Spiegelberg,,"The God Panepi," *JEA*, XII (1926), pp. 34 ff.

31　Alcaeus, Frags. 133 - 35; Strabo xiii. 2. 3.

32　Herod. i. 170; Duris, Frag. 74 (J); Democritus, Frag. 115a (Diels); Diog. Laert. i. 22;关于泰勒斯及其继承人,见 Thomas L. Heath, *Aristarchus of Samos* (1913), pp. 12 ff。

33　Herod. i. 74.

34　Plut. *Sept. sapient. conviv.* 147A. 有关这个学科分支对东方论述的最新论文,见 Thomas L. Heath, *A History of Greek Mathematics* (1921)——根据现在已知的发现,在巴比伦数学知识方面需要进行重要的更正。按照今天的观点,巴比伦数学方面巨大的优势已经被发现。在这样一部通史中,不能过多地讨论希腊作家承认的这种优势。关于某些最新的发现,见 F. Thureau-Dangin,*Textes mathematiques babyloniens*(1938),这部著作特别有价值是因为作者理解巴比伦思想发展的实际过程。各种论文,见 Otto Neugebauer, in *Quellen und Studien zur Geschichte der Mathematik*,*Astronomie*,*und Physik*(1931 -   ),对专家比较有用。关于书目和总结,见 L. C. Karpinki,"New Light on Babylonian Mathematics,"*AJSL*,LII(1936),73 ff。

35 Diod. Laert. i. 23 - 24,37 - 38;Plin. xxxvi. 82;Joseph. *Apion*. i. 14.

36 Kugler,*Sturnkunde*,II. ,362 ff. ,422 ff.

37 Censorin. xviii. 5;参见 J. K. Fotheringham,"Cleostratus,"*JHS*,XXIX (1919),176 ff。

38 Diog. Laert. viii. 3. 12. 14;Strabo. xiv. 1. 16;Plin. ii. 37;Joseph. *Apion*. i. 14;Plut. *De isid*. 354E.

39 Aetius. ii. 32. 2;Censorin. xviii. 8;xix. 2;见 Plato's *Republic*,558 A 的论述,729 如何与白昼、黑夜、月和年有关。

40 Plut. *Sept. sapient. conviv.* 146 E.

41 Hermippus, in Plut. *Solon*. 2. 4;参见 *Ibid*. 26. 1;*De isid*. 10;Herod. i. 30。

42 Solon. Frag. 28;Aristot. *Polit. Athen.* xi. 1.

43 Heracleit. ,Frag. 124(Jones).

44 资料收集,见 H. Diels and W. Kranz,*Die Fragmente der Vorsokratiker* (5th ed. ,1934 - 1937);迦勒底科学与希腊哲学之间的区别,见 Diodorus, ii. 29。

45 Herod. iv. 44.

46 Hecataeus, Frags, 271 - 299(J);Herod. iii. 98 ff.

47 Hecataeus, Frag, 300(J);Herod. ii. 143.

第十六章　薛西斯王储

挑选继承人

薛西斯即位不久之后,拆去了大流士在波斯波利斯所建国库的一部分,修建了后宫。在举行奠基典礼时,他将一块优质石灰石基石做成柠檬色芳香木柱的基石。严格地说,这块石料类似于一份泥板文书。因为他在石料上刻下了他自己的铭文,叙述其父是如何挑选他作为继承人的。

"薛西斯王说:我父是大流士。大流士之父是维什塔斯帕。维什塔斯帕之父是阿沙马。当我父靠阿胡拉马兹达之佑被立为这大地之王时,维什塔斯帕和阿沙马两人都还健在。"这是通常的套话。"大流士还有其他的儿子,靠阿胡拉马兹达之佑,我父大流士在其身后立我为至尊。当我父驾崩之后,靠阿胡拉马兹达之佑,我继承了我父的王位,成了国王。"[1]

以上所说绝对是合理的,但却不完全符合事实。根据波斯法律,当国王在对外战争中有生命危险时,就必须任命继承人。大流士的长子是阿托巴扎尼斯(Artobazanes),他在公元前507年就已经被确认为继承人,有一份当时的巴比伦文书提到"埃兰的王子"。[2]对他的继承权最不利的因素,可能是在他出生的时候大流士仍然是一介平民,没有预料到能够登上王位。其母是戈布里亚斯之女，一位默默无闻的平民。次子薛西斯（克沙亚尔沙，Khshayarsha）出生于王族之家，其母阿托萨是帝国奠基人之女。在东方，这是一个强有力的理由。而且，当两位王位继承人在后宫的支持者发生激烈争吵之后，出身高贵的妻子所生的次子最终被选为继承人，也就没有理由感到惊奇了。[3]

215

大流士仿照王后阿托萨之父居鲁士的榜样，其父曾经立冈比西斯"王子"作为自己在巴比伦的私人代表。公元前 498 年 10 月 23 日，我们听到"王子的"宫邸在巴比伦开始兴建的消息。不用怀疑，这就是我们已经描述过的、大流士在巴比伦城中心的宫廷。两年之后，从附近博尔西帕的一份商业文书中，我们得知"新的宫廷"已经竣工的消息。[4]这时，薛西斯刚刚 20 岁。

大流士在波斯波利斯的后续建筑

在后来的年代中，薛西斯的形象开始出现在波斯波利斯的艺术品之中。在三座门东边大门（这座门通往后来建成的后宫）边框的墙上，有 2 个浮雕。浮雕上方翱翔着有翼的阿胡拉马兹达，伸出象征权力的圆环赐予王储。其下是每个角上用细圆柱支撑的宝座上的华盖。12 瓣玫瑰花组成的行列再现了阿胡拉马兹达的象征，但这里没有人像浮雕。精美的流苏有待进一步加工。

大流士坐在宝座上，穿着威严的礼袍，准备举行朝觐仪式。他后面站着的是薛西斯。作为当然的继承人，他穿着同样豪华的服装，蓄着同样引人注目的、长长的、修剪成方形的胡子。因为这是描绘正式接见的场面，项圈、手镯和王冠都戴着。在浮雕中，他们的肖像一度曾经用黄金勾勒过。在他们下面，是放置宝座的平台。平台由组成帝国的各民族代表人物高举着。

大约在这些浮雕完成的同时，大流士完成了国库的第一次扩建工程。[5]四边的每一边都有柱廊，其顶部用放置在柱基上的木质圆柱支撑着。地面涂上了国王喜爱的浅红色。柱廊通向一个长方形庭院，整个

216 扩建工程围绕着庭院而建。庭院地面仅涂以粗糙的白灰泥。在西面

与东北面入口处旁边有许多圆雕塑像。它们很可能是豹或类似的猫科动物，在平台下随处可见它们正在舒展身体的姿态。但现在只能看见凹陷的部分。

相反，南面和东面柱廊展示了直立的浮雕，它们像帕萨迦达的浮雕一样，雕刻在边框之中，但表现手法高明得多。我们的目光立刻被中心的大流士和薛西斯的2座雕像所吸引。他们下面的平台使他们的身高超过了一般人，他们修长的身材显得比一般人更突出。这里没有试图解决雕像制作方法问题。每个人都长着特大的眼睛、引人注目的眉毛、长而突出的鼻子。宽大的嘴巴一半被低垂的八字胡子掩盖，胡子的末端优雅而鬈曲。但是，更多的人蓄着逐渐变尖的短胡子。大流士和薛西斯都蓄着长长的、精心鬈曲的、亚述式的胡子，胡子垂到胸部才修剪成方形。同样精心鬈曲的头发围绕着颈项，在高高的平顶王冠之下、正面的头发是鬈曲的。现在，这些雕像面部仍然保留着亚历山大时期马其顿人蓄意破坏的痕迹。

由于这是一次非正式的接见，没有使用黄金装饰品。父子两人都穿着普通但豪华的礼袍。优雅的、有褶纹的长袍一直垂到踝部，使人只能看见右腕上露出里面穿着贴身束腰外衣。他们的脚上都穿着有扣眼的靴子。在服饰的色彩组合方面，我们知道腓尼基的紫色在御用品中起重要作用。

大流士所坐的宝座没有什么特别之处，只是一把高靠背椅。人们曾经猜想它是银腿狮爪的纯金椅子。不过，可以转动的横档证明，它和亚述国王的宝座一样，只是一把贴金的椅子。国王笔挺地坐在椅子上，时间一长显然不舒服。因此，必须使用软垫和脚凳使其稍微舒服一点。脚凳的腿是牛腿、牛蹄状。大流士的右手紧紧握住细长的权杖，权杖长可及地，也是贴金的，装饰着宝石球形柄。他的左手紧紧握着一支有两瓣叶子的莲花。

安放宝座的平台加深了国王支持薛西斯的印象。他穿着完全一样的礼袍，戴着同样的王冠，蓄着同样的铲形胡须，手上也拿着一支莲花。雕像以这种方式证明了他自己所说的："我父大流士在 217

265

其身后立我为至尊。"但是,他毕竟只是王储,必须毕恭毕敬地站在其父的宝座之后。他右手伸向宝座,掌心张开,作出在位的国王通常向阿胡拉马兹达祈祷的姿态。

在宝座之前有两个结构复杂的金属香炉。高而有肋条的台座安着有凹槽的半球形顶部,支撑着香炉本身,香气穿过圆锥体顶部一层层小孔,一缕一缕地散发出来。一个细长的链子把砧形的塞子和台座顶部的鸭头状物连在一起。国王接见时要燃烧乳香(阿拉伯人每年进贡 66000 磅)。[6]更多的是强调在波斯,君主作为重要的人物比一般人更受尊敬。

一位屈身向着香炉,手掌放在嘴前的人,表明他正在进行每日的报告。这人就是哈扎尔帕特(Hazarapat),即希腊人所说的"千夫长"。他作为王家卫队的指挥官,是宫廷中最有权势的人物。[7]他可能来自紧邻南面的司令部,从南面国库东墙的大门可以进入不死军在和平时期居住的兵营。在附近房间中发现的镀金铁甲,很可能就是他的金铠甲。[8]已经损坏的马勒带着两边有孔的马衔铁、勒紧缰绳的金属环连着可能擦伤过他的马嘴的马嚼。他还管理着许多库房,库房中成千上万的物品充分说明了波斯处于战争状态。

在大流士上台第一年的起义之中,米底人塔赫马斯帕达(Tahmaspada)在大流士未来之前的时候,曾经率领过一支军队。他当时可能就是哈扎尔帕特。至少,这位官员在其主子穿上米底服装、系紧靴子、带上耳环之前,就已经表示了支持。他的腰上挂着短剑,领导着所有的高级官吏,并且成为被崇拜的对象。

在薛西斯后面站着持杯者,这个官职在阿契美尼德后期所起的作用,甚至比总司令更重要。他穿着长袍,靴子以带子和纽扣系紧。他的头饰离奇古怪,一条长披巾在下巴上围了 3 圈,然后围着头部成头巾的式样。一条短披巾下垂到脑后。另外一条几乎下垂到腰背部。虽然作了这样精心的遮掩,但是,他下巴上没有长胡子,这就足以表明他是一位宦官。他的左手叠在右臂上,右手紧握着官职的象征、环状的餐巾。

从大约是同时期刻成的大流士陵墓雕像中,我们知道了这位随从名叫阿斯帕查纳（Aspachana），希腊人称为阿斯帕西尼斯，[9] 负责替国王拿着战斧和弓囊。他的左肩挎着末端呈鸟头状的弓囊，左手拿着一条连接着三角形防护设备的链子。在国库的盔甲中，发现了一个同样的、装饰着两头北山羊腿的青铜防护设备。他的右手拿着西徐亚人的双面战斧（sagaris），一头是在张开的鸭嘴中含着一条鱼，另一头形如砧，但有分开的尖刺。斧柄是木质的，削成粗糙的三角形以利于手握。

他的右腿边是一把短剑，剑鞘吊在两根下垂的皮带上，皮带以玫瑰花结系牢。一个大铆钉使武器和一件饰以莲花的、突出的附加物固定在一起。剑柄为扁平椭圆形物，用两条水平槽以及正方形、三角形切口牢牢固定。剑身藏在西徐亚式的、装饰精美绝伦的剑鞘之中。剑身上部三分之一为弓形，刻有两头跃起扑击的格里芬。格里芬虽然背对背，但彼此怒目而视。其形状为鹰脸、人身、狮前爪、腿上有利爪。其余三分之二的地方刻有 9 头公北山羊，正在装饰精美的边缘上跳跃。剑尖有一个公牛头，牛角以简单的象征性手法绘成 9 朵花瓣的心形花。在公牛下面，是以简单的、象征性手法绘成的雄狮。为了防止摆动，长及膝部的剑鞘以编织的皮带固定住。

在薛西斯背后更远的地方，两名身穿长袍的不死军士兵以常规的立正姿态站立着，长矛立在脚尖之前。在对面的远处，浮雕尽头处有一名不死军士兵和一名穿着同样的长袍的侍从。侍从手提金属桶，为香炉增添珍贵的乳香。曾经覆盖整个场面的宝大锦华盖已经不复存在，只有华盖的支柱和流苏尚存。两个雕像基本相同，主要区别是一个重要人物的面部向着右边，另一个向着左边。[10]

庭院的东面、南面和北面是档案库。在东南面一个房间里曾经发现纸草文书和羊皮纸文书。它们都被参加一场惩罚性篝火晚会的亚历山大士兵焚烧过，这个房间的墙壁就是证据。今天，只有少量被烧焦的破布片残存在珍贵的文书之中。15 颗粘土印章仅仅保留了封蜡的痕迹，其中少数可以认为是大流士或者薛西斯之物。但是，这场大火在烧毁纸草文书和羊皮纸文书的同时，无意之中也

219

保护了更多本来不太重要的、写在没有焙烧的泥板上的文书,大火使它们变硬了。在一个极大的房间里发现了大量文书,就像它们当年被保存的时候一个样子。[11] 这个新的档案库始于公元前492年。[12]

庭院西部有一个大房间,房顶用9列、每列11根圆柱支撑。它可以称为展览馆。大量贵重、稀有的物品作为战利品涌入这个地方。因此,不久之后就需要扩建国库。第二个展览馆实际上占据了整个北面。第一个展览馆几乎是正方形建筑,第二个是狭长的建筑,每列20根圆柱,共有5列。每列的木质圆柱,都放置在圆形的柱脚圆盘脚线上,柱脚圆盘脚线又放置在正方形的底座上,二者都刻有工匠个人的记号。[13]

在绝大多数情况下,要确定这些残存物之中的哪一件最初放置在这个地区的什么地方是不可能的。由于亚历山大彻底的洗劫,已经没有大型贵重金属工艺品保存下来。许多刻有薛西斯名字的精美石器被蓄意打碎。但是,也有相当多的器皿幸运地被再次修复,其中包括从埃及运来的战争胜利纪念品。一个光滑细腻的雪花石酒杯,装饰着白色和浅灰色线条。杯子的小把手旁边刻着尼科王的标记。在一尊蓝色粘土雕像的基座上,出现了同一位国王更多的名字。阿马西斯王的名字,也出现在一个雪花石花瓶的底座和一件复合的雪花石器皿上。一个有黑白斑点的花岗岩酒杯,来自亚述最后一位伟大国王的御膳厅,酒杯的把柄为4头雄狮。杯上的铭文说明它曾经是亚述巴尼拔之物。同样的名字也出现在献祭的圆柱形印章,以及一件以玛瑙、缟玛瑙或缠丝玛瑙制的献祭的"眼石"上。另外一个圆柱形印章是早几个世纪在靠近幼发拉底河中游的苏希(Suhi)制成的。根据它们的造型,3头连在一起的青铜雄狮和2匹青铜奔马,可以确定是亚述的古物。[14]

埃及的司法改革

像巴比伦一样,埃及同样感到有必要进行改革。许多出自公元前513年的有趣纸草文书,把我们引入了事件发生地点的幕后,并且向我们展示了在尼罗河流域实行的"公平正义"的真实情况。那一年,某个雅赫摩西(Ahmosi)从普托雷斯(Ptores)来到托佐伊(Teuzoi)城,向神庙管理部门的首脑佐贝斯特丰克(Zeubestefonkh)提出严正声明:"请把自总督成为阿蒙神代言人之时起每年给我的祭司收入给我。"神庙首脑回答说:"正如你生命力旺盛一样,以生活在这里的阿蒙神起誓。尽管是收获月,阿蒙的粮仓中却没有粮食,阿蒙的钱柜中也没有银子。"因此支付祭司收入被改为只支付收入的利息。城里许多恶棍已经被投入监牢之中。"城里还有许多人与他们是一丘之貉,这难道是我们的过错?"当时,雅赫摩西想要打听,搞清城市是如何变成一片衰败的。但是,他能向谁去打听呢?他听说,神庙书吏佩特西是唯一能够说清真相的人。

但是,佩特西(Petesi)非常老于世故,不使用强迫手段是不会说真话的。考虑到后来发生的事件,我们不能责备他。这个倔强的书吏被人用暴力抓上了船,阿赫摩西在船上警告他:"由于你年事已高,行将就木,我已经禁止拷打你。"因为他已经想好了一个主意。船只到达州府之后,他就把这个倒霉的佩特西放在火热的太阳底下暴晒,直到佩特西发出哀号:"给我纸草卷,写出一切已经发生的事情!"雅赫摩西读完保证书并发誓说:"以弗雷神(Phre)起誓,我发现你是个正直的人。"他们两人在纸草文书上盖了印章,把它交给了总督。

虽然佩特西逃过了太阳暴晒的灾难,现在他却必须面对凶恶的祭司们的报复。他害怕这些人会杀了他。他大概也听说了大流士计划中的改革。但是,经验告诉他,即使是总督衙门也难免受贿。毫无疑问,在普科伊(Pkoip)带着雅赫摩西交给总督的同一份纸草文书返回之前,他并没有急急忙忙回家去。前任神庙首脑已经被因哈鲁(Ienharou)所取代。佐贝斯特丰克和佩特西、佩特西之子和4个兄弟一起被投入牢房。

在普肖节,托佐伊城所有的人都要喝啤酒。当警卫们睡着之后,佐贝斯特丰克逃跑了。这只能使其他犯人的情况更糟。因哈

221

鲁把佩特西的兄弟们押进神庙,其余的犯人遭到棍棒殴打。他们好像要死了,被扔进神庙门口附近一座古塔中,然后打算把古塔推倒埋住他们。但是,佩特西之子警告施刑者,他们不能不向总督和国王报告,就杀死 6 名祭司。这个威胁发挥了作用。所有的人都被释放回家。过了 3 个月,佩特西才恢复健康。

后来,他趁着黑夜乘装运木料的船只逃到都城。普科伊花了 7个月时间,设法阻止总督接见他。最后,佩特西受到塞姆图特弗纳赫特(Semtutefnakhte)的赏识,亲自带他前往总督衙门。被告被传讯了 4 次,但毫无结果。在第 5 次传讯时,他们竟敢毫不拖延。每人都挨了 50 鞭惩罚,所有人都被投入牢房。5 份祭司收入的贿赂在纸草文书上留下了充分的证据,它使塞姆图特弗纳赫特改变了心意,开始向总督求情,使他们获得释放。

接着,由于这些挫折而更加勇敢的佩特西请求恢复自己的神庙祭司收入。他提出这笔钱总数为阿蒙神庙和托佐伊城其余 16 位神祇代言人的 16 份收益。它们都是赏赐给他的先人的。但是,当其先人和普萨梅提科斯王一起前往叙利亚视察时,这些收益就失去了。总督命令他写清事情的经过。但是,受到唆使的塞姆图特弗纳赫特诱使他同意不用雅赫摩西的信件。在回家的途中,他听说自己的房子已经被烧毁的消息。他再次请求总督,被告再次被传唤到庭。由于使者接受了贿赂,只有因哈鲁一人出庭。尽管他否认有关火灾的所有传闻,他还是被打了五十多鞭,再次被投入牢房。

雅赫摩西失去了耐心,尖刻地质问佩特西:"你是不是想死在这些事情上?"为了躲避官司,雅赫摩西暗示这场官司将是没完没了的。在因哈鲁发誓他将解释清楚一切事情之后,佩特西和因哈鲁和解了。他再次被释放了。不过,因哈鲁并没有遵守自己的誓言。最后一次,佩特西送交了一个长长的请愿书,详细叙述了自己的家世,并引用了其先人两份很不确定的文书。他声称这些文书已经被祭司们涂改,并举出了符合目前情况的证据。[15] 我们不知道他最后是否打赢了这场官司。我们可能会怀疑他在这场官司中表

222

现为什么这样举止得当,因为我们只有他的一面之词。但是,我们已经看到了在埃及贿赂如何猖獗的鲜明例证。因此,需要有新的法典。

在公元前503年之前,书吏们按照大流士的命令,拟定了法律,并且将其写在纸草卷上。在埃及,这件工作花费的时间比巴比伦更长是显而易见的事。我们认为其原因是,这里没有类似《汉穆拉比法典》的法典可以作为整个工作的参照。而且,当时似乎也只汇编了王室法令。直到8年后的公元前495年之前,整个工作尚未最后完成。一份抄本是用亚述文字(现在称为阿契美尼德王朝办公厅官方阿拉米文字)写在纸草卷上的,另一份是用字母文字即希腊人所谓的"通俗文字"写成的。[16]因此,大流士可以被认为是埃及六位大立法家中的最后一位。[17]

为了说明这些法律,我们可以举出收集到的大量商业文书。一组有趣的文书涉及底比斯墓地河谷地区引水灌溉的私人事务。例如,普谢尼西与采南霍尔(Tsenenhor)签订了一份婚约。采南霍尔给了他普塔神庙钱库3块银子的现金作为嫁妆。如果他讨厌她或者遗弃作为妻子的她,则他必须归还上述银子和他所赚的所有收入的1/3,以及他在墓地水渠收入中的1/3。他必须以采南霍尔所生的女儿鲁鲁作为他将来可能出生的其他子女合伙人。这样,采南霍尔就确认了她以前的婚生子女的权利。

普谢尼西把在底比斯西部靠近王陵的半栋房屋的空地基给了其妻子。他想在这里盖房。但是在两年之后,我们发现他又把地基买回来了!社区另一个人写信给自己的妻子说:"作为妻子,我已经离弃了你,我已经离开了你,我不会向你提出土地要求。因为我已经告诉过你,你找到任何地方的男人都可以走。我永远也不会再出现在你的面前了。"这个档案库的其他文书涉及借贷谷物。如果借贷在收获之前没有还清,利息将自动增加。买卖牲口和奴隶,必须保证将来没有权利争执。还有买卖神庙祭司收入的文书、以私有土地交换底比斯阿蒙神庙地产上初熟果子的文书。[18]

说阿拉米语的犹太人商业殖民地埃利潘蒂尼出土的第一份文　223

书,时间为公元前 495 年。[19]它是司法改革的见证。两名妇女与第三者交换土地,他和她们一样,都得到王室法官和警卫司令的同意转让财产。转让的套话即证人誓词如下:"从此以后直到永远,我们不承认这份额是你的,我们宣布将不会把它给你。将来不论是兄弟或姊妹、儿子或女儿、亲属或外人,都不会承认你。如果任何人承认你享有你的份额,你就必须将我们已经给予你的总数为 5 卡拉什(Karash)的钱归还,这份额才是你的。"从这份文书之中,我们还发现大流士还进行了财政改革。[20]

这个犹太人殖民地还保留有大流士自传的阿拉米文纸草文书。毫无疑问,这是根据国王本人的命令,送给他们的一份官方抄本。它显然是用于收藏的,而且是一个通行的固定做法。因为当这个抄本用坏之后,又有第二个抄本已经写好,尽管在空白处还保留着原先纸草文书的模糊字迹。[21]

在埃及的建筑活动

大流士学习其先辈的榜样,尊重埃及的众神与神庙。哈马马特绿洲的大采石场、科普图斯与红海之间沙漠道路上的黑峡谷,由于历代所有著名统治者为寻求优质建筑材料所派出的考察队考察的结果,都得到了开采。他们在史前旅行者雕刻在岩石上的动物画像之上,加上了自己的雕刻或铭文。按照大流士的命令,这些采石场由全国各项工程的总指挥、建筑师赫努米布雷(Khnumibre)重新进行了考察。从阿马西斯王 44 年起,他与其父雅赫摩斯萨奈特(Ahmosa sa Neith)就在采石场工作。他在埃及国王统治时期所担任的职务,并没有给他造成损害。因为在公元前 496—公元前 492 年之间,他再次回到了采石场。他的官职照样提升,最后担任了众神的代言人、士兵的统帅和所有工艺的总指挥。涉及敏、何露斯、科普图斯的伊希斯、阿蒙、穆特、孔苏(Khonsu)、底比斯附近的哈波克拉特斯(Harpocrates)的资料,使人猜测某些神祇的神庙可能被这位建筑师重新修复了。[22]

南部绿洲作为沙漠贸易中心开始繁荣起来。这是因为刚刚引入了骆驼，而且还在这个干旱地区引进了伊朗高原长期使用的坎儿井灌溉系统的结果。在该地区的首府赫布特，早先有一座属于阿蒙神的小神庙。但是在公元前 490 年左右，大流士代之以非常精美的砂岩建筑。在这座神庙中，大流士作为赫布特主神阿蒙所喜爱的君主受到崇拜。在阿蒙神庙建筑的过程之中，大流士很自然地采用了本地的设计方案。但是，它没有了通常三进的圣所，只有一个至圣所。一种更复杂的式样从古老的纸草形柱头发展成基本的式样。在许多墙上的阴刻浮雕中，国王被描绘成正在向一群神祇献祭的形式，或者是由女神哈托尔及国王自己的"灵魂"陪伴着，正在向阿蒙、穆特和孔苏献祭。在墙上还有赞美诗，其中有从《亡灵书》中借用的表述词语。所有神祇都被简单地当成阿蒙神的表现形式来处理，这是正在形成中的宗教混合主义有力的证据。[23]

大流士也在布西里斯（Busiris）进行了工作，[24]并且在卡布（el-Kab）留下了自己名字的标记。[25]公元前 507 年和公元前 504 年，[26]他被称为埃德富（Edfu）的捐助人。在一根石柱上，刻着一个人正在向何露斯鹰和圣蛇下跪，请求他们赐予国王长寿。[27]

叛乱总督雅利安德斯

尽管大流士迫不及待地向祭司集团表达出自己的善意。但佩特西的故事足以表明总督衙门仍然免不了腐败作风，就连总督本人也牵扯在其中。希罗多德告诉我们，总督雅利安德斯被作为叛乱者处以死刑，尽管真正原因只是他仿造了大流士制造的钱币。像国王的金币以成色纯正闻名一样，雅利安德斯银币的美名同样经久不衰。然而在事实上，这种货币并不存在。确实，所有的事实都清楚明白地证明，阿契美尼德王朝统治时期，埃及本地人从事商业活动时只使用一定重量的金块。而根据官方制定的 1：13 的标准，也可以接受白银。但在埃及，银块的价值要高得多。因此，有人推测雅利安德斯的罪行是熔化了带有王像的贵重金属货币，把它作为银块出售以牟取暴利。因此,这可能是更严重的叛逆行为。[28]

公元前 511—公元前 492 年之间的某个时候,雅利安德斯被处以死刑,这个期间的总督是弗伦达特斯(Pherendates)。耶布(埃利潘蒂尼)的主神克努姆的祭司,曾经向他递交了根据大流士王的命令被选拔为各神庙负责人的一份祭司名单。其中,大部分人都被弗伦达特斯拒绝批准。有些人在任命之后逃走了,另外一些人则宣称他们担任同样的职务已经有很多年了。[29]

国王的铭文

一座宏伟的阿帕丹在苏萨竣工了。现在,大流士又计划在新都建筑另一座阿帕丹。这次,它将建立在更加坚固的石料之上。由于这些石料的使用,可能使波斯人发展出更加正统的石器加工艺术。在为这座建筑举行的奠基典礼上,大流士在墙角的石盒中放置了两块精美的、13 英寸见方的、写在金板和银板上的铭文。与前一次的行省名单相比,行省数目没有增加,但名称有所变化。爱奥尼亚仍然紧随萨迪斯之后,但"海那边的"被解释成了塞种。"海这边的"变成了耶檠那塔卡巴拉(Yauna takabara),巴比伦人把它称为"居民头戴盔甲的第二爱奥尼亚"。因为他们就是这样称呼希腊人的宽边帽佩塔索斯(petasos)的。[30]而且,大流士无可非议地、自豪地夸耀说:"这就是我所统治的王国,从居住在粟特那边的塞种直到埃塞俄比亚,从印度直到萨迪斯。最伟大的神阿胡拉马兹达把它赐给了我。"[31]有意思的是,大流士认为希腊的重要性根本不值一提。

正是这些希腊人告诉我们,大流士如何经常前往埃克巴坦那。在该城本身的遗址没有被发掘出来之前,我们只能依靠偶尔发现的实物来获得更多的信息。一块金板文书和一块银板文书,在最后关头从坩埚之中被抢救出来,提供了一份与大流士放置在波斯波利斯基石盒中的铭文类似的铭文。[32]这类建筑物更多的证据,在

226

前米底都城发现了。这是一份与其孙子有关的阿帕丹的奠基铭文。[33] 在城市北面高地上的奥尔万特（Aurvant）山斜坡，离开通往巴比伦古道有一段距离之处，大流士也下令将自己的铭文刻在岩石上。[34]

此外，他又下令削平了俯视凡湖东面大悬崖的岩石。在那里，古代哈尔迪亚诸王留下了许多用本国楔形文字雕刻的精美铭文。在他去世的时候，这个铭文还没有雕刻完。因此，其孝顺的儿子下令改正铭文中的遗漏。薛西斯也提到其父建立的许多壮丽的建筑。大概，它表明当时在铭文附近还有一座宫殿。[35] 希腊作家把加比（Gabae），即今伊斯法罕，还有位于卡尔马尼亚边界附近、波斯湾沿岸陶斯（Taoce）的其他宫殿也列入王宫名单之中。[36] 但是，人们并没有发现这些宫殿的踪迹。

准备对希腊开战

与此同时，进攻希腊的准备工作也在迅速地进行。正如大流士所说，马拉松对于至今为止一直进展顺利的、稳步前进的政策而言，只是一个暂时的挫折。他认为，最需要的就是由他自己亲自率领一支大军，到那时，剩下的城市国家就将崩溃，整个希腊世界就将并入正在扩张的波斯帝国之中来。由于他的将领们企图惩罚顽强的雅典人时遭到惨败，大流士下决心亲自领导这次报复性远征。

对于大流士而言，剩下的时间不多了。他匆匆忙忙地完成了阿帕丹北面道路旁的雕刻，然后又开始完成东面道路北端的雕刻。[37] 同时，他还在完成自己的宫殿。

王位继承毫无问题，因为薛西斯在公元前498年就已经被确立 227 为王储，并且出现在波斯波利斯的雕刻上，尽管没有提到他的名字。现在，时间已经充分确认了这一点。在中间宫殿大门的门框上，在其父雕像的对面，就是同样穿着国王服饰的薛西斯雕像。唯一不同的只是，在他的礼袍上有"大流士王之子薛西斯、阿契美尼德族人"的铭文[38]

准备进行希腊战争,当然就必须增加新的税收。公元前486年6月,某个巴比伦人对家人说,沙塔马克苏和管家那波加扎(Shatamaksu, Nabugaza)已经告诉他,根据国王的法律,他在运输大麦、小麦和芥末的时候,必须缴纳新的通行税。他正在出清巴比伦运河旁货栈中的所有货物。[39]

埃及起义与大流士逝世

大概在公元前488年,雅赫摩斯(Ahmose,即阿马西斯)将军为阿匹斯神牛举行了葬礼。[40]他把它送入木乃伊制作室进行处理之后,在弓箭手和精兵的护卫之下将其送往公墓之中的神牛墓地安葬了。雅赫摩斯没有睡觉,亲自守候了几个晚上,想方设法做各种善事。他表达了本地居民和居住在埃及的其他国家侨民内心对神牛的敬意。他还派出使节向上下埃及各个城市、州的统治者报信,使节们带回了这些统治者送给木乃伊制作室的礼物。[41]

尽管得到这样的恩典,埃及人仍然声称波斯波利斯、苏萨和埃克巴坦那是用埃及的财富建立起来的。[42]最晚不过公元前486年,波斯波利斯的宦官阿提亚瓦希(Atiyawahy)再次来到哈马马特采石场工作。[43]但是,在这一年的10月5日,赫努美马赫特(Khnumemakhet)给埃利潘蒂尼的弗伦达特斯写了一封令人心神不安的信件。奥索尔沃(Osorwer)——一个当地有名的人物,接受总督的命令带着犹太人警卫部队的司令阿尔塔班,坐船前往努比亚保护粮食安全。然而,当阿尔塔班下令船工将粮食卸在河边时,赫努美马赫特表示反对,要求总督命令阿尔塔班在船上安排警卫力量保护粮食,卸到岸上的粮食,不能多于赛伊尼的船只所能运走的数量。如果不采取措施,叛乱者将会趁黑夜的时机夺走粮食。他们早已在对岸扎营,并且胆大妄为,公然在大白天出来活动。[44]

埃及的许多文书,都以这种不祥的告诫结尾。到了下个月,埃及发生了起义。因为新的税收政策激起了当地居民的愤怒。公元前486年11月,正当大流士快要将起义镇压下去的时候,他自己却死了。他享年 64 岁，在位 36 年。[45] 幸运女神再度垂青欧罗巴的希腊人，赐予了他们意想不到的喘息机会。

在这之前的某个时候，大流士已经为自己修建好陵墓。[46] 在他所建立的新都东面平原的北端，被一座西南走向的、低矮山丘中的一片笔直陡峭的悬崖所封闭。有一位埃兰国王在这里留下了一幅浮雕。[47] 在这片悬崖之下，大流士已经用泥砖修建好一个正方形的神圣区域，这个区域内最重要的建筑就是一座火祠，它与居鲁士在帕萨迦达修建的火祠一模一样。[48]

由于某种原因，大流士没有采用居鲁士陵的安葬方式，而是回归到崖墓的安葬方式。其陵墓开凿在火祠东面不远的悬崖上，陵墓正面为希腊的十字形，宽 60 英尺、高 70 英尺。水平的过道象征着宫廷的柱廊。两头有壁柱，壁柱之间为 4 根细长的、没有凹槽的圆柱，放置在柱脚和高高的、半圆饰柱脚圆盘线脚上。圆柱顶端跪着的公牛支撑着凸出的横梁，然后是 4 根柱顶过梁，第三根有锯齿状装饰。大门的 3 根梁在旁边和顶上，并且安装了羽毛状飞檐。这个粗糙的通道实际上可以进入内室。大约在所谓大门的 2/5 高处，处理效果不好。我们猜想它最初是遮蔽物。

在上面的过道上，有一个雕刻精美的宝座。由帝国 30 位代表人物高举着。大流士在陵墓铭文中告诉我们："如果你想知道大流士统治的区域有多大？请看这些扶辇的雕像。这时，你就会知道了。这时，你就会明白波斯军威已经远达四荒。这时，你就会明白波斯军队正在远方打击敌人。"[49] 每个代表人物都曾经特地写明了身份。今天，只有少数人的名字被保存下来了。但是，我们仍然可以区别出波斯人、米底人、埃兰人、帕提亚人，还有尖顶盔西徐亚人，巴比伦人、亚述人和马卡人。[50]

宝座上边是进贡的场面。左边第三级台阶的最上面，站着的是大流士王。他身穿全套国王的礼袍，头戴王冠。他左手持弓，右手高举，掌心伸开作祈祷状。在右边，同样是第三级台阶上，火坛上圣火正在燃烧。其上空翱翔着阿胡拉马兹达。在他的旁边，火坛的那边，有一轮新月抱残月的图案。

12 名高级官吏，排成 3 列，一列高于一列，参与典礼仪式。除去一人之外，所有人都穿着和国王同样的礼袍。一边是 6 名没有武器的官吏高举右臂作祈祷状，左手平放在旁边。另一边是军官们双手紧握长矛，3 人一组的首领被称为是"高巴鲁瓦（戈布里亚斯）、帕提斯科里安人（Patischorian），大流士王的卫士"。另一位首领被称为是"阿斯帕查纳、为大流士王持战斧、弓囊者"。[51]

陵墓中央低矮的大门通向现在已经被破坏的陵墓墓室。在墓室里，有 4 个岩石做成的、已经被彻底破坏的石龛。每个石龛中有 3 具巨大的、雕刻精美的石棺。这是为大流士及其宠爱的王室成员准备的。但是，石棺上没有铭文进一步告诉我们，伟大的王到底是安葬在哪一具棺材之中。[52]

原注

1 E. Herzfeld, *A New Inscription of Xerxes from Persepolis* (1932); *Archaeologische Mittheilungen aus Iran*, IV (1932), 117 ff.; *Altpersische Inschriften* (1938), No. 15; R. G. Kent, *Language*, IX (1933), 35 ff.

2 J. P. Strassmaier, *Darius* (1897), No. 411.

3 Herod. vii. 2 - 3。无论如何，希罗多德确定后宫的斗争是在公元前 486 年埃及起义之后。参见 Ctes. 3, Epit. 51; Marmor Parium A, 49。

4 *VS*, Vol. III, No. 125; *BRM*, Vol. I, No. 81; R. Koldewey, *Excavations at Babylon* (1014), pp. 127 ff.

5 R. Carl Haines, in Erich F. Schmidt, *The Treasury of Persepolis* (1939), p. 17.

6 Herod. iii. 97.

7 F. Justi, "Der Chiliarch des Dareios," *ZDMG*, L, (1896), 695 ff.

8 参见在普拉蒂亚战争中，统帅马西斯特斯在紫袍之下穿着黄金鱼鳞甲。见 Herod. ix. 22. 24。

9 Naqsh-i-Rustam D; 参见 Herod. iii. 70。

10 Schmidt, *op. cit.*, pp. 20 ff.

11 *Ibid.*, pp. 33 ff.

12 G. G. Cameron, "Darius' Daughter and the Persepolis Inscriptions," *JNES*, I (1924), 215.

13 Schmidt, *op. cit.*, pp. 51 ff.

14 *Ibid.*, pp. 54 ff., 64 ff.

15 F. L. Griffith, *Catalogue of Demotic Papyri in the John Rylands Library*, III (1909), 60 ff.

16 W. Spiegelberg, *Die sogennante demotische Chronik* (1914), pp. 30 ff.

17 Diod. i. 95. 4 - 5.

18 Griffith, *op. cit.*, pp. 25 ff.；这个地区的其他纸草文书，见 W. Spiegelberg, *Die demotische Papyri Loeb* (1931)。

19 参见 p. 89。

20 A. E. Cowley, *Aramic Papyri of the Fifth Century B. C.* (1923), No. I.

21 *Ibid.*, pp. 248 ff.

22 J. Couyat and P. Montet, *Les Inscriptions du Ouadi Hammamat* (1912), Nos. 14, 18, 90 - 93, 134 - 135, 137, 186, 190, 193; G. Posener, *La premier domination Perse en Egypte* (1936), Nos. 11 - 23.

23 H. E. Winlock, *The Temple of Hibil in el Khargeb Oasis*, Vol. I; *The Excavations* (1941); H. Brugsch, *Reise nach den grossen Oase el Khargeb* (1876); S. Birch, *Transactions of the Society of Biblical Archaeology*, V (1887), 293 ff.

24 E. Naville, *Mound of the Jew* (1890), pp. 27 - 28.

25 Somers Clarke, "El Kab and Its Temples," *JEA*, VIII (1922), 27.

26 H. Brugsch, *Thesaurus inscriptionum Agyptiacarum*, III (1884), 538, 548 ff, 590; E. Chassinat, *Le Templed' Edfou*, VII (1932), 219, 248.

27 L. Borchart, *AZ*, XLIX (1911), 71.

28 Herod. iv. 166。关于所谓的雅利安德斯钱币，见 R. A. Parker, "Darius and His Egyptian Campaign," *AJSL*, LVIII (1941), 373, n. 5；有关解释见：J. G. Milne, "The Silver of Aryandes," *JEA*, XXIV (1938), 245 - 246。

29 W. Spiegelberg, "Drei demotische Schreiben aus den Korrespondenz des Pherendtes," *sPAW*, 1928, pp. 604 ff.；*Papyri Loeb*, No. I.

30 Darius, Naqsh-i-Rustam A3.

31 Herzfeld, *Altpersische Inschriften*, No. 6.

32 Sidney Smith, *JRAS*, 1926, pp. 533 ff; L. H. Gray, *JRAS*, 97 ff.；Carl D. Buck, *Language*, III (1927), 1 ff.；Weissbach, *ZA*, XXXVII (1927), 291 ff.；Kent, *JAOS*, LI (1931), 229 ff.；Herzfeld, *Archaologische Mittheilungen aus Iran*, II (1930), 115 ff.；*Altpersische Inschriften*, No. 6.

33 Herzfeld, *Altorentalische Studien Bruno Meissner ... gewidmet* (1928), pp. 85 ff.；Kent, *JAOS*, LI (1931), 231 - 232.

34 F. H. Weissbach, *Keilinschriften der Achameniden* (1911), pp.

100 - 101.

35 *Ibid.*, pp. 116 ff.

36 Strabo. xv. 3. 3; Arr. *Ind.* 39. 3; Ptrol. vi. 4. 2 - 3; viii. 21, 15; Dionys. Per. 1069.

37 C. O. Robbins 也是这种观点。

38 Herzfeld, *Altpersische Inschriften*, No. 18; 大流士雕像铭文, 见 Weissbach, *op. cit.*, pp. 80 ff。

39 参见 p. 76。

40 参见 Herod. iv. 167, 201 ff。

41 E. Chassinat, *Receuil de travaux*, XXIII (1901), 78; Possener, *op. cit.*, Nos. 6 - 7.

42 Diod. i. 46. 4.

43 Couyat and Montet, *op. cit.*, No. 146; Possener, *op. cit.*, No. 24.

44 Spiegelberg, *SPAW*, 1928, pp. 604 ff.

45 有关年代, 见 Cameron, *AJSL*, LXVIII (1941), 319; R. A. Parker and W. H. Dubberstein, *Babylonian Chronology*, 626 B. C. - A. D. 45 (1942), p. 14。

46 据说在视察陵墓时, 他的双亲被杀了。见 Ctes. *Pers.* xiii, Epit. 46。

47 Herzfeld, *Archaeological History of Iran* (1935), p. 6; 参见 N. C. Debevoise, "Rock Reliefs of Ancient Iran," *JNES*, I (1942), 80。

48 参见 p. 64; Schmidt, *op. cit.*, pp. 98 ff。

49 Naqsh-i-Rustam A4.

50 根据阿尔塔薛西斯三世陵墓铭文正确的抄本, 这个名单可以复原, 其他的雕像可以识别。见 A. W. Davis, "An Achaemenian Tomb-Inschription at Persepolis," *JRAS*, 1932, pp. 373 ff。

51 参见 p. 218。

52 参见 F. Sarre and E. Herzfeld, *Iranische Felsreliefs* (1910), pp. 14 ff。

第十七章　大王与军队

根据传说,薛西斯(公元前 486—前 465)是一个受宦官摆布的软弱君主。他被人们记住的,主要是他对欧罗巴的希腊疯狂的进攻。东方资料所描绘的,则是完全不同的角色。薛西斯继位时正是壮年,大约 35 岁,并且作为继承人在巴比伦担任副王,在繁重的行政工作中磨练了 12 年。因此,他在位时期坚持进行重要的行政改革。如果说大流士以其法律为阿契美尼德王朝开创了一个新的时期。薛西斯则标志着与过去的彻底决裂。

他在欧罗巴的这一次失败,对其臣民而言,并不像后代人对它那样重视。它已经被一系列的胜利所取代,包括收服其辽阔帝国境内先前两个富裕的而且最文明的民族,以及继续保持着对大部分希腊人的统治。在文化方面,情况也是一样。如果说其父的建筑师已经设计好新都波斯波利斯平台建筑的宏伟方案,薛西斯所做的则是将主要建筑完成,而且建立了其他的大多数建筑物。在他的领导之下,宫廷建筑方案进行了重要的修改。许多精美的雕刻要归功于他,这使得其父时期工匠不成熟的作品黯然失色。总而言之,我们经常赞美的波斯波利斯,并不是大流士而是其子的杰作。即使他不懂得经济力量已经损害了帝国的国力,他也不比古代其他君主更坏。

薛西斯登基

新国王第一个神圣的任务,就是将其父在苏萨的宫殿完工。那

231　里还有一些圆柱需要加工。[1] 一个有薛西斯铭文的雪花石瓶子，还有公元前 483 年初在苏萨签订，但却在巴比伦证词中发现的一份商业借贷文书，[2] 证明他早期居住在前一个都城，后来才回到自己挚爱的波斯波利斯。

　　薛西斯在位之初，发布了一份铭文庆祝自己的新权力，铭文第一部分非常类似其父铭文的式样：

　　　"最伟大的神是阿胡拉马兹达，他创造了这大地，他创造了人类，他创造了人类和平，他立薛西斯为王，众王之王、众主之主。"

　　　"我是薛西斯王，伟大的王、众王之王、万邦万民之王、这辽阔大地之王、大流士王之子、阿契美尼德族人、波斯人、波斯人之子、雅利安人、雅利安人之子。"

　　　"薛西斯王说，靠阿胡拉马兹达之佑，我成了波斯之外这些地区的国王。"

　　即使在其父陵墓的浮雕上，波斯人也是在最前面抬宝座的帝国代表人物，虽然铭文明确地把波斯排除在行省名单之外。在这一点上，薛西斯仿效了其父的榜样。"我统治他们，他们向我缴纳赋税，凡我对他们所下的命令，他们都执行。凡我所制定的法律，他们都坚决地遵守。"

　　这个行省名单表明，帝国东北部边界向前推进了。在阿米尔盖（Amirgaean）塞种和尖顶盔塞种之上又增加了东部的游牧部落，即阿拉斯河那边的达希（Dahae）行省。[3] 另一个新增的行省是山地部落阿考费卡（Akaufaka），位于今阿富汗喀布尔的北面。[4]

　　　"薛西斯王说，当我成为国王之时，上述行省之中有一个行省发生骚动。后来，阿胡拉马兹达帮助了我。靠阿胡拉马兹达之佑，我惩罚了这个地方，使它恢复了平静。"[5]

这个骚动的地区就是巴克特里亚。薛西斯继位时,其兄弟阿里亚美尼斯(Ariamenes)已经从行省出发前来争夺王位。阿里亚美尼斯被礼物和允诺他成为国内第二号人物所说服,亲手将王冠戴在薛西斯头上。此后,他一直忠心耿耿,并且作为海军总司令英勇地战死在萨拉米斯。[6]

薛西斯继续对我们说:"在这些地区之中,有一个地区先前崇拜歹瓦。后来,靠阿胡拉马兹达之佑,我捣毁了这个歹瓦社区,并宣布:你们今后不得崇拜歹瓦。凡是先前崇拜歹瓦的地方,我树立了对阿胡拉马兹达和神圣的阿尔塔崇拜。"显然,这个被提到的地区是伊朗边境地区,阿胡拉马兹达的至高无上地位在那里尚未被承认。因此,我们肯定可以将至今尚未征服的达希人看成是歹瓦的信徒。

"这里还有许多邪恶的事情,我使它改恶从善了。这就是我所做的一切,靠阿胡拉马兹达之佑,我完成了这一切。阿胡拉马兹达帮助我建立了我的功绩。"

宗 教 改 革

薛西斯强烈要求其继承人接受其个人重视神圣的阿尔塔宗教信仰方式。"你,后世之人,如果你希望:'愿我生前幸福,死后升天',就必须遵守阿胡拉马兹达所制定的法律。"这种法律也是阿胡拉马兹达授予其父大流士的。"崇拜阿胡拉马兹达及神圣的阿尔塔。凡遵守阿胡拉马兹达所制定的神圣法律,崇拜神圣的阿尔塔者,必生前享福,死后升天。"[7]为了使其子和继承人坚定这种信仰,他为其子取名为阿尔塔克沙特拉(Artakhshathra,即阿尔塔薛西斯),意为"阿尔塔的王国"。

因此,薛西斯正在叙述的是另一次宗教改革。他强调阿尔塔的重要性。琐罗亚斯德教徒的社团认为,他大致相当于正义之神。

同时,他向我们表明,歹瓦不再是古雅利安人所信仰的神祇,大多数已堕落到魔鬼的地步。但是,也有些神祇得到救赎,继续存在于官方的宗教之中。同时代的埃斯库罗斯、下一代的希罗多德、还有阿尔塔薛西斯二世在位时期的色诺芬和克特西亚斯为我们描述了这些神祇。他们介绍了许多重要的变化。这次改革大概还伴随着宗教仪式的改革。无论如何,在《亚斯纳七章书》中,保存了某些用《加太》韵文方言写成的祈祷词,它们与琐罗亚斯德教徒社团的祈祷词明显不同,而与同时期官方宗教的祈祷词却非常一致。[8]

大流士与薛西斯两人都赞美阿胡拉马兹达神:"他创造了这大地,他创造了那天空,他创造了人类,他创造了人类的幸福。"[9]赞美诗的作者崇拜阿胡拉马兹达,是因为他以至高无上的权力、无所不能的本领和杰出的工作,创造了母牛、正义。他创造了水和有用的植物,光明和大地,以及一切美好的东西。他和他还崇拜最神圣的、出自阿胡拉的名字,最令人愉快的马兹达、弗拉法希灵(Fravashis)、男女的灵魂、正义之神的信徒、最高的正义之神、最美的天使(Spenta Amesha)、善思、善国、善物、善报和善诚。[10]在琐罗亚斯德的思想中,这些古代神祇已经成了一位最高主神抽象无力的宣言。相反,他们保留了神祇最初太多的拟人化特征。同时,6位最重要的神祇被承认为天使(Amesha Spenta),有着他们各自的崇拜仪式。

在下面的祈祷词中,还保留了古代自然崇拜的更多特点:

我们崇拜这生养我们的大地、崇拜你的妻子,崇拜阿胡拉马兹达,他们由于正义而为尊者。由于他们热爱宗教、由于他们的活力、他们的独立、他们的虔诚,善报、善念、善名、善财将与他们在一起。我们崇拜水,喷射而出的水、浩浩荡荡的水、或涓涓细流。水出自阿胡拉,是阿胡拉神的。它可以作许多的善事,你可以涉水而过,可以游泳,[11]可以洗浴,这是两个世界的礼物。阿胡拉马兹达已经将这些名字赐予你,作为善良的赐予者,他创造了你,我们和他们一起向你祈祷,我们和他们一起向你祈求你的恩惠，我们和他们一起向你表示敬意，和他们一起感谢你。而你、水，我们真心赞美你是孕妇，你是像关心穷人，关心一切嗷嗷待哺之人的奶牛一样的母亲、你是最好和最美之人。下雨吧，你、最美之物。借助分配礼物的长臂者之助，你将提供有效的援助消除他们的灾难，你是给予生命的母亲！[12]

作为琐罗亚斯德严厉而冷漠的阿胡拉马兹达的替身、我们发现在东方众王之王的后宫之中，也充满了女神。

公牛的灵魂并不是阿胡拉马兹达的附属品。它是一个受到崇拜的独立物体，和它一起被崇拜的有家畜的灵魂（它们供养人类受到感激地承认），还有那些有益的野兽的灵魂。但赞美诗作者心中更重视的是义人的灵魂。他们早已具有优秀的品质，或者即将具有优秀的品质。还有在永恒的善恶相争中胜利者的灵魂。[13]

在献给阿胡拉马兹达的整个《亚斯纳》之中，阿塔尔（火）受到了特殊的崇拜：

> 由于这些火的作用，我们最先接近你、马兹达阿胡拉。由于你最神圣的精神，你已经使他受到了责问。愿这人高兴地接受这报酬、阿胡拉马兹达之火，愿他带着万分的高兴、万分的恭谦，接受这最伟大的神明裁判。作为阿胡拉马兹达之火，你使我们感到快乐。作为阿胡拉马兹达最神圣的精神，你使我们感到快乐。阿胡拉马兹达，你的名字最吉利，我们就这样接近你。我们和善思、仁慈的正义、行动与语言、教义一起接近了你。我们祈祷，并且承认对你所犯的罪行。马兹达阿胡拉，我们和一切善思、一切善行一起接近了你。

通过这些《亚斯纳》，我们发现了许多暗示，即它们已经进行了粗糙的修改，以便使它们与晚期琐罗亚斯德教的教义相符。但可以肯定的是，并不真正相信先知启示的人已经到了这种地步，他们可能会祈祷:"我们已经这样向你表达了我们的意愿,人类中最美的人,这神圣的光明、至高无上的太阳。"[14]因此,直到阿尔塔薛西斯二世在位之前,除了表示尊重太阳神的那些个人的名字之外,密特拉仍然没有得到官方的承认。

埃及的收复

埃及不声不响地被收复了。像通常一样,尼罗河的起义给耶路撒冷的犹太人造成了动荡局面。但动荡是否会演变成公开的起义,还是一个疑问。"这地的百姓"抓住了这个机会。现在,新移民真正的敌人在薛西斯即位之年,大约在公元前486年12月1日到公元前485年4月之间寄给国王一封信,控告了犹大,特别是耶路撒冷的居民。[15]我们可以猜想控告的细节是什么。尽管它对国王的思想没有起到任何影响。无论如何,国王在下一年结束之前,在前往尼罗河流域的途中去了巴勒斯坦。

235

公元前484年1月9日,埃及被收复了。哈马马特峡谷的采石工作,又由阿提亚瓦希和阿里乌尔塔回来领导,并且根据国王的命令提供了一定数量的建筑材料。[16]不过,许多神庙的财产被没收,对待本地人的态度更加严厉。显然,弗伦达特斯已经死于起义之中。因为薛西斯把埃及置于其兄弟阿契美尼斯总督的统治之下。[17]

至今为止,波斯历代君主都以自己是埃及本国人民的国王姿态,来讨好这个具有古老文明的民族。薛西斯彻底破坏了这种传统。这是他在位时期最重要的变化之一。埃及实行的新政策就是最好的说明。

由于大流士的慷慨,阿匹斯的祭司才能为公元前484年找到的神牛制作前所未有的、壮丽的黑色花岗石石棺。其外部磨得像玻璃一样光亮,棺盖是平的,但两边都有象征着石棺的弧形飞檐和柱脚圆盘脚线,在每边及一头还有护板。对面的一头则是房屋正面的造型,其下面中部有一扇拴着的小门。但铭文和装饰与华丽的石棺相反,比较粗糙。

在常见的许多头衔之后,接着是金字塔铭文的摘录。这些铭文在大约 2000 年之后还在用着。

> 啊,阿匹斯-俄赛里斯,有人将站在你的背后。你的兄弟将站在你的背后。他将站在你的背后,永远站在你的背后。你将永垂不朽。阿匹斯-俄赛里斯,在无穷无尽的时间里,你将永生。啊,阿匹斯-俄赛里斯,何露斯将解救你,送给你众神之心。不必悲伤。何露斯将把她的眼睛送给你,依靠它,你将当着 9 位神祇之面取得王冠。啊,阿匹斯-俄赛里斯,何露斯将打开你的眼睛,使你可以用它们看东西。索西斯已经与阿匹斯-俄赛里斯及其同伴的众神一起升上天空。阿匹斯-俄赛里斯,何露斯已经把众神交在你的手中。何露斯热爱其父如你。他不会允许你离去,他也不会离开你。愿你的生命有如象征生命的 T 形甲壳虫,愿你永远生活在布西里斯。阿匹斯-俄赛里斯,为了何露斯起来吧,因为他将使你成为神圣,他将使你升入天空。啊,阿匹斯-俄赛里斯,愿你恢复原来的模样,众神将使你的容貌更加美丽。[18]

236

当石棺正在制作的时候,大流士漫长的统治也行将结束。他的逝世,很有可能是在阿匹斯公牛去世之前。因此,有一块地方被空着,准备写其继承人的名字。后来,出现了埃及起义和再次被征服。薛西斯拒绝采用埃及的常规。作为报复手段,当公牛终于去世,并且安葬在事先准备好的石棺之中之后,愤怒的祭司们"忘记了"写上新君的名字。

巴比伦的衰落

不像埃及,巴比伦忠实地接受了大流士之子作为他们的国王。因为他们很久以来就已经熟悉这位副王。在商业文书之中,最后一次记载大流士之名与第一次记载薛西斯年号之间,间隔不到一个月。这是公元前 486 年 12 月 1 日。[19] 起初,本地书吏被允许使用通常的尊号"巴比伦王、各国之王"。但是,薛西斯即位之后不久,重新访问巴比伦,并进入了"贝利塔尼斯的陵墓"(Belitanes),[20] 我们必须把这个名字理解为马尔都克的埃萨吉拉神庙。这时,大概是出了什么乱子。因此,在返回埃克巴坦那的途中,薛西斯下达了一个令人不安的命令,改变自己的尊号。将"波斯王、米底王"加在"巴比伦王、各国之王"之前。拼写的不同,以及怀疑波斯、米底到底是城市或者农村,暴露出书吏们对这些地方很陌生。毫无疑问的是,其他的压制措施也随着尊号的改变一起实行了。但是,仅此一招已足以证明实行了新的政策。尽管"巴比伦王"的尊号仍然保留着,但它现在的地位在波斯、米底之下。人们可能会提出一个疑问,由于埃及刚刚发生的事情,巴比伦是否还能长期维持其先前有名无实的独立地位。

正当薛西斯还在埃克巴坦那时,传来了巴比伦发生了起义,总督佐皮鲁斯已经被杀死的消息。[21] 这次起义是由某个贝勒希曼尼(Bel-shimanni)领导的,他名义上是"巴比伦王"。根据公元前 482 年 8 月 10 日到 29 日迪尔巴特和博尔西帕的泥板文书,他可能还加上了"各国之王"的尊号。9 月 22 日,在博尔西帕,他被沙马什埃里巴(Shamash-eriba)所取代。10 月 20 日之前,沙马什埃里巴在巴比伦采用了同样的尊号。[22]

对于薛西斯而言,幸运的是其内弟、帝国最重要的将领迈加比佐斯(Megabyzus)是一位能干的人。他迅速出发前去进攻这座叛乱的城市,并且立刻攻下了这座城市。巴比伦受到严厉的惩罚。根据尼布甲尼撒命令修建的宏伟要塞被毁灭,彻底失去了作用。埃萨吉拉及其寺塔被毁坏,其他神庙同样遭到破坏。高 18 英尺、重 12 塔兰特(接近 800 磅)、纯金制造的贝勒马尔都克塑像被掠走,熔化成了金块。抗议亵渎神圣的神庙祭司被杀死。由于马尔都克不再存在,今后任何一次起义也不可能再通过在新年庆典活动时紧握贝勒的手而使自己的统治合法化。

商业巨头和市民的地产被没收,赐给了波斯人。巴比伦受到如此彻底的破坏，以至于他在位剩余的时间里，只有6块泥板文书流传至今。叙利亚从巴比伦之中被划出，成为一个完全单独的行省。巴比伦本身由于与亚述合并，丧失了自己的特色，并且从此负担着沉重的苛捐杂税。[23]

巴比伦与埃及一样，在整个统治时期没有建立官方的碑铭。从任何方面来说，唯一可以被认为是官方铭文的，只有三语印章和用四种文明语言刻在埃及精美雪花石花瓶上的、表示所有权的简短款识，这就是"伟大的王薛西斯"几个词。[24]

波斯军队的花名册

在镇压这些叛乱的过程中，大流士建立起来的强大军事机器变得更加强大。根据波斯本国人的资料，大概是佐皮鲁斯将军之孙佐皮鲁斯提供的，[25] 希罗多德得到了一份官方的花名册副本。[26] 它非常值得我们仔细研究，而且不仅仅是在军事方面。当我们把它与波斯波利斯雕像资料结合在一起的时候（这些雕像是为纪念出席新年庆典活动的被征服民族而雕刻的），我们就得到了一幅这个幅员辽阔的帝国地理学和民族学的珍贵图片。

238

不　死　军

军队的核心由波斯本族人组成。由于波斯人不需缴纳贡赋，[27] 所以他们必须缴纳血税。军队最重要的部分是由担任千夫长或总司令的希达尼斯（Hydarnes）之子希达尼斯直接指挥的、[28] 著名的禁卫军，即不死军。他们的得名是因为他们的人数绝不允许少于1万人以下。如果有人生病或者被杀，总有替补者来补充。他们不仅穿着华丽的金甲服饰，而且在行军的时候可以带着自己的情妇和仆人一起乘坐马车前进。同时，还有骆驼和其他驮畜专门运送食物。[29]

万名不死军包括由米底人、埃兰人和波斯人组成的若干分队。

苏萨彩色琉璃砖生动地描绘了埃兰人的形象。有些人肤色黝黑，几乎是黑的。其他人肤色较浅，所有人的武装和服饰都是一样的。头顶是光光的，头发以一根绿色的环形发带束紧。短短的络腮胡子卷成小圆圈，类似脑后的鬈发。胡子和鬈发的交会之处是一个显眼的金耳环。每个士兵都笔挺地站着，双手带着大而下垂的金手镯，紧紧握住安着银矛尖和银石榴状物体的山茱萸木长矛，长矛立在脚尖之前。这表明他们是万名不死军的成员。他们的左手上拿着弓，左肩上挂着箭囊。华丽的长袍盖住了整个躯干，一直从脖子到腕和踝关节，只留下皮靴上部裸露的部分可以让人看到。皮靴是有扣的或系带的，都有非常突出的鞋舌。

在箭囊、长袍和靴子中，完全对称的原则没有受到应有的重视。纺织品的图案和色调五彩缤纷。小块的皮革被切成新月形，用来装饰箭囊。它们在色调不同的棕色底色中，可能会呈现浅黄色或浅蓝色，或者在白色的底色中呈现棕色。所有的箭囊可能都是同样的图案，在狭长的三角形中，不同的色彩交替使用，或棕色和白色，或蓝色和白色。彩带和流苏从一个圆环中向下垂着。皮靴可能是黄色或蓝色的，而长袍是浅黄色或浅紫色。还有一件华丽的、丝绒般的、绿边白环的棕色披风披在胸前，遮住手臂，直到髋关节。更精美的长袍镶嵌着装饰品，白色或黄色的星星镶嵌在蓝色或深棕色圆环之中。或者是紧紧靠在一起的大正方形图案，或者是用棕色线条对半分开的图案，这些图案被缝在黄色或白色的衣服上。[30]

我们必然会想到，波斯波利斯的波斯、米底不死军士兵穿的也是同样色彩的衣服。那里有守卫着铭文、守卫着台阶的士兵，排成一行朝见君主的贵族，或者是戴着头盔或有褶的毡帽或倾斜的毡帽，立正姿态接受君主检阅的士兵。按照他们的世系，他们的衣服有波斯长袍、米底短上衣和裤子。他们的武器可能只有长矛或弓箭，或者两者都有，还可以加上弓囊。在这些人之中，我们发现有1000人手拿金石榴状物体，与其余的万名不死军有所区别，千夫长的称号就是由他们而来。[31]

239

行省的军队

波斯人组成的步兵，地位仅次于不死军。他们戴着宽松的毡帽、男头巾，穿着颜色不同的有袖束腰外衣，罩在铁制的鱼鳞甲之上，[32] 还有裤子。为了防身，他们还拿着柳条盾牌。一张长弓，箭囊中装满了红色的箭矢。一支短矛，一把短剑吊在臀部的腰带上，显得刺眼。他们的司令是王后阿梅斯特里斯的父亲奥塔内斯。[33]

各行省军队服从本省总督指挥。与大流士的行省名单相比，可以发现行省管理机构有些变化。每支部队分成 10 人一班、100 人一连、1000 人一团。如果有必要，还有 1 万人一旅。总共组成了 6 个兵团。分别由戈布里亚斯之子马多尼奥斯、阿尔塔班（Artabanus）之子特里坦泰克梅斯（Tritantaechmes）、奥塔内斯之子斯美尔多美尼斯（Smerdomenes）、大流士与阿托萨之子马西斯特斯（Masistes）、阿里祖斯（Arizus）之子格吉斯（Gergis），以及佐皮鲁斯之子迈加比佐斯指挥。后者刚刚收复了巴比伦。[34]

阿契美尼德王朝的司令官、米底人提格兰（Tigranes）的衣着、装备与波斯人相同。他实际上穿着波斯人的盔甲。奇西亚人是古代喀西特人的称号，现在被用来称呼埃兰人，他们由奥塔内斯之子阿纳菲斯（Anaphes）指挥。希罗多德告诉我们，他们除了用发带代替帽子之外，穿着如同米底人。在波斯波利斯，他们全副米底打扮，但圆帽很低，并且系着宽发带。两个人拿着张开的弓、短剑，后面的一个埃兰人赶着一头母狮向前走，母狮不顾拴着的皮带，回头看着两头被侍从抱着的幼狮是否安全。

东伊朗反映出各个行省开始联合。它引起了人们对这些边境地区出现衰落的怀疑。希尔卡尼亚人装备如同波斯人，他们已经从帕提亚之中分离出来了。这些精锐的士兵归梅加帕努斯（Megapanus）指挥。后来，他统治着巴比伦。现在，花剌子模代替希尔卡尼亚，与帕提亚结合在一起，归法尔纳塞斯之子阿尔塔巴祖斯（Artabazus）统治。粟特人由阿尔托伊斯（Artaeus）之子阿扎尼斯

240

（Azanes）指挥。犍陀罗人和达蒂卡人归阿尔塔班之子阿提菲乌斯（Artabanus、Artyphius）指挥。巴克特里亚人和尖顶盔塞种归国王之弟、大流士与阿托萨之子希斯塔斯普指挥。

像大多数伊朗人一样，巴克特里亚人也戴着与米底人非常类似的头巾，拿着藤制的弓和短矛。在波斯波利斯，我们看见他们几乎是完全相同的一群人：光秃的头上束着发带，鬈曲的八字胡子、短而尖的络腮胡子、极短的束腰外衣、灯笼裤子、矮帮靴子，组成了他们全套的服饰。有人牵着一头高大的巴克特里亚双峰骆驼，骆驼在其主人的头上好像发出哧哧的叫声。其他人拿着纺织品、杯子、碗，或者牵着马匹。阿里亚人归希达尼斯之子西萨姆尼斯指挥，他们拿着米底弓箭。

大流士提到塞种的三个行省，只有一个保留下来，并被并入了巴克特里亚。在波斯波利斯，他们的形象是戴着高高的尖顶帽、这种帽子使他们被人们称为"戴帽子的（塞种）"，并且因为脖子后的帽片和下巴边铲形络腮胡子下的系带显得更加奇特。但是，束腰短上衣、灯笼裤子、矮帮靴子、弓和弓囊、短剑、挂在皮带上的剑鞘，都是典型的伊朗式样。波斯波利斯还出现了双面战斧，[35]它由一名高级官吏拿着，显示出休息或实际上是还原准备状态的模样。一个人牵着一匹马，马鬃和马尾编成小辫状，马具有龙头、莲花状头饰和铃铛。另一个人拿着两个项圈，其他三个人拿的礼物是具有特色的长袍。萨兰盖人（Sarangians）穿着鲜艳的染色衣服、高及膝盖的厚底高靴，拿着米底弓箭和长矛。他们归梅加巴祖斯（Megabazus）之子弗伦达特斯指挥。

印度人少了一点军事装备的气氛。他们穿的是木棉衣服，唯一的武器是藤制的弓和带铁头的箭。在波斯波利斯，他们的首领束着发带，在脑后粗糙地打个结，扎紧挺直的长发，打褶的长袍罩在一边被缝上的束腰外衣之上，脚穿浅口便鞋。他的随从只有发带和一条围在腰部、围了一圈再扎在腰间的方巾。第一个人肩头的扁担挑着两个装着软膏瓶子的沉重筐子。第二个人牵着一头野驴，第三个人举着棍棒驱赶野驴。最后一个人高举着两把短剑。

241

他们的总督是阿尔塔巴特斯之子法尔纳扎特雷斯（Artabates, Pharnazathres）。他也指挥过东埃塞俄比亚人，他们的装备和印度人相同，但只戴着马的头皮做的头巾，拿着皮盾牌。乌提安人（Utians）和米西亚人（Mycians）归大流士之子阿萨美尼斯统治。帕里卡尼亚人归奥巴佐斯之子西罗米特雷斯统治。他们都像帕克泰人（Pactyans）。波斯湾和流放岛上的岛民像米底人一样，归巴吉乌斯之子马东特斯指挥。

如果说在东北边境地区遭到重大失败，在北部边境却得到了补偿。当地四分五裂的部落，显然比较容易组织起来。在亚美尼亚的北方和东方是阿拉罗蒂人（Alarodians，在亚述时期的乌拉尔图、圣经中的阿拉拉特保存着这个名字）和阿拉斯河流域的萨斯佩里人（Saspeiri），二者都归西罗米特雷斯（Siromitres）之子马西斯特斯统治。他们戴着木盔，拿着生牛皮小盾牌、短矛和短剑。这里还有希罗多德没有提到的卡尔杜奇人（Carduchi）或库尔德人（Kurds），他们在阿契美尼德王朝后期扮演了重要的角色。[36] 我们也听说那时雇佣兵称为卡达塞斯人（Cardaces）。但是，商业文书证明卡尔达克人（Kardak）的雇佣兵早在公元前 515 年就已经出现了。我们还知道当时有一位卡尔达克人卢克舒收到了购买绵羊、面粉、细盐、芥末、油料和上等椰枣酒的银子。这是第 7 年头 3 个月的全部给养。[37]

莫斯奇人（Moschi）和提巴雷尼人（Tibareni）走在后面，因为在他们还被称为穆什基人（Mushki）和塔巴尔人（Tabal）的年代，曾经与亚述人战斗过。现在，他们都归大流士与帕米斯之子阿里奥马杜斯（Ariomardus）指挥。诸如黑海南岸的麦克罗尼斯人和摩西诺伊西人归切拉斯米斯之子阿尔泰克特斯（Artayctes）指挥，后来成为赛斯托斯（Sestus）行省。他们都戴着木盔，拿着短矛和小盾牌。海最东边的科尔基斯人装备和阿拉罗蒂人一样。他们和马雷人（戴着草盔、拿着皮制小盾牌和投枪）一起归蒂斯佩斯之子弗伦达特斯指挥。里海游牧部落归阿尔塔班之子阿里奥马德斯统治，他们穿着皮外套，拿着弯刀和藤制的弓。而帕克泰人穿着皮革，拿

242

着本族的弓箭和短剑,他们归伊塔米特雷斯之子阿尔塔英特斯指挥。梅加西德鲁斯之子多图斯负责统治帕夫拉戈尼亚人和马提恩人,他们以头戴草盔、厚底高靴、小盾牌、短矛、投枪、短剑而闻名。行省数量之多、总督出身之高贵,暗示出行省军队在军事上的特性。

亚美尼亚人和弗里吉亚人归国王的女婿阿托克梅斯(Artochmes)指挥。在波斯波利斯,亚美尼亚人排在第二列队伍的前面。他们的服饰是典型的伊朗服饰。除了有三个弯曲突出的、脑后带宽布条和飘带的奇怪帽子之外。一个人牵着一匹亚美尼亚名马,另一个人拿着一个精美的、两个把手上刻着有翼格里芬的花瓶。大流士和阿提斯通之子戈布里亚斯指挥卡帕多西亚人、卡巴利安人(他们又称美奥尼亚人和拉索尼亚人),还有米利亚人(Milyans)。他们的无沿便帽是皮制的,他们的衣服是羊皮的。他们的弓是吕西亚人式的,矛是短的。我们可以把皮西迪亚人(Pisidians)看成是同样的。他们的青铜头盔装饰着公牛的角和耳朵,他们的生牛皮小盾牌、一对打狼的长矛和紫色的绑腿,使他们的模样显得非常特别。没有提到这些野蛮的山民归哪位总督统治。大概,他们是在自己本族的酋长统治下,专门从事掠夺活动。

萨迪斯包括吕底亚,其士兵的武器几乎全是希腊式的。密细亚的装备是头盔、小圆盾、木制的投枪、枪尖用火烧过以使其更加坚硬。先前的"第二爱奥尼亚"在行省名单中仅仅用"亚细亚的色雷斯人"(比希尼亚人)的名称提到。他们归阿尔塔班之子巴萨塞斯统治。他们头戴狐皮头巾,紧身上衣穿在杂色披风里面,脚穿鹿皮厚底高靴。他们拿着小盾牌、投枪和短剑。我们从其他的资料得知达西利乌姆行省继续存在着。

萨迪斯总督也负责全面监督第一爱奥尼亚,它包括埃奥利斯以及爱奥尼亚的希腊人。多利亚人、吕西亚人和潘菲利亚人(Pamphylians)看来作为爱奥尼亚的一部分,被归入到卡里亚人之中去了。它暗示着卡尔卡在行政上不再是一个单独的行省。在这个被扩大的爱奥尼亚之中,大多数人都是希腊式装备。但是,卡里亚人（在他们自己的王公蒂姆尼斯之子希斯提爱奥斯、希塞尔多姆斯之子皮格雷斯、坎多雷斯之子达马西赛姆斯统治之下）和吕西亚人（在科西卡斯之子西伯尼斯统治之下）还有大刀、羽毛装饰的山羊皮帽子、胸甲、山茱萸木制的弓和没有羽毛的箭。吕西亚人被征服之后，被置于他们本族王公的统治之下。其中有些王公——如西伯尼斯（Cybernis）——发行了不足吕底亚标准重量的钱币。[38]

西利西亚人继续由本族王公统治，他们的世袭称号是赛恩内西斯（Syennesis）。现在，统治他们的是奥罗美东之子赛恩内西斯。[39]西利西亚人穿着羊毛的束腰外衣，武器是 2 支投枪、埃及短剑和防身的头盔、生牛皮的盾牌，并且装备了一支重要的海军部队。在波斯波利斯，他们蓄着短络腮胡子、突出的头发精心地卷成小卷，一条狭长的带子在头上围成 4 个圈。朴素的短袖长袍长及膝盖，以 4 股带子的腰带在右边捆住。矮帮的靴子用纽扣在旁边扣紧。当时，代表团的首领穿着羊毛长袍，其他两人驱赶着富饶的西利西亚平原繁殖的优良品种的公羊前进。

在公元前 482 年起义之后，河西行省已经从巴比伦之中划出去了。它现在真正是在幼发拉底河的西部了。最重要的省是腓尼基，它的主要城市有西顿（归阿尼苏斯之子特特拉姆内斯图斯统治）、提尔（归希兰三世之子梅滕统治），还有阿瓦德（归阿格巴力之子马巴力统治）。[40]腓尼基的商业巨头认识到世界帝国公民身份的重要性，他们心甘情愿地派出代表团前去参加盛大的新年庆典活动。他们头上戴着奇怪的高帽子，用宽带子束紧，向后倾斜。耳后的丝带引起人们注意到突起的鬊发和短络腮胡子。在长及膝盖的、有褶纹的束腰外衣之上，一件旧披风斜斜地披在身上，露出了束腰外衣的边缘。靴子稍微有点尖头。一个腓尼基人拿着两个精美的花瓶，花瓶两个把手形如格里芬的头部，腹部有水平凹槽。后面一个人拿着 2 只低口碗。第三个人拿着两个大手镯。一个马夫，头巾低平、披风笔挺地罩在紧身上衣之上，牵着两匹牵引战车的马。腓尼基船只组成了舰队的核心，在 1200 条船只之中有 300 条三列桨战船。波斯海军就依靠他们。士兵的武器是投枪，防护装备是希腊式头盔、亚麻的铠甲、没有边的盾牌。但是,他们主要的进攻和防御力量,都有赖于他们驾驶船只的能力。腓尼基人比希腊人更可靠,他们的繁荣是前所未有的。

244 　　塞浦路斯和叙利亚的巴勒斯坦也包括在这个行省之中。建立单独的阿拉伯行省的努力被放弃了。但是,阿拉伯的骆驼骑手被吸收到保卫边境的骑兵队伍之中去了。他们的武器是长长的弯弓。在波斯波利斯,我们发现了阿拉伯人,他们穿着有褶纹、腰带和花边的长袍,他们送来了纺织品,一个年轻人牵着一匹阿拉伯骆驼。在军队组织中,他们与埃塞俄比亚人一样,都归大流士与阿提斯通之子阿萨美斯指挥。这些野蛮人在作战的时候要用颜料涂抹身体,一半是白色,一半是朱红。他们穿着狮子皮或豹皮外衣,武器是棕榈树干制成的 6 英尺长弓,石镞的箭。矛尖为锐利的羚羊角,或者是球形的大头棒。利比亚人裹着皮革,他们唯一的武器是用火烧硬的投枪,归奥里佐斯(Oarizus)之子马萨格斯(Massages)指挥。在波斯波利斯,头发鬈曲、没有胡子的尼格罗人(Negroes)穿着长袍、长统靴,牵着一匹按照透视比例缩小了的、奇怪的长颈鹿。不过,索马里沿岸的朋特要建立一个正常的行省,那是不可能的。

　　仅次于腓尼基人的是埃及人,他们要出 200 条三列桨战船。在波斯人的军事体系中,埃及人被认为是最重要的海军力量。大多数埃及水手穿着胸甲(波斯人向他们学会了胸甲)。[41]他们的武器是长剑。在这些装备之外,还有草盔、宽边凹盾、海战使用的长矛、巨大的长柄战斧。总督阿契美尼斯行使海军司令职责。[42]

埃及的雇佣兵殖民地

　　根据这份名单,我们可能会以为埃及只要提供海军就行了。幸运的是,希罗多德在很多地方都提到了陆军。[43]这支军队如果不完全是雇佣兵的话,它很可能是非常庞大的。因为当地埃及人不能培养优秀的军事人才,也不敢相信他们会替自己的主人作战。所以,一个幸运的偶然发现,使我们得到了这样一个非常奇特的、真正的雇佣兵居民点——

第一瀑布附近埃利潘蒂尼犹太居民点的档案资料。

初看起来,这些犹太人建立的是一个平常的、更确切地说是一个很普通的社区。他们和妻子、儿女生活在一起。可以想象,他们也有嫁娶离异这样的事情。他们买卖自己认为完全拥有的房屋和地产。他们的住宅聚集在本族的圣殿周围。他们在签订契约时引用通常的惯例,这些惯例在诉讼中具有重要的意义。

当时,埃及人仍然使用本族的通俗文字。但是,犹太人使用的不是希伯来文字,而是通用的阿拉米文字,即其波斯主子使用的官方语言。其文书格式,包括国王的年号,都更接近亚述而不是埃及的格式。他们不是公民,一般被称为"辛(Sin)要塞的阿拉米人"或"耶布(Yeb)要塞的阿拉米人"。个别士兵被称为"普通的地主",相当于托勒密时期的克列儒克(Cleruch)或军事移民。他们的组织带有军事性质,分成"百人队",被划入到"普通人"之列,总是归有波斯或巴比伦名字的官吏指挥。整个守备部队归"军队的首领"指挥,首领又归号称"统治者"(Fratarak)的州长指挥。在出现争执的时候,最后可以上诉到"我主"即总督那里,他偶尔会直接下达指示。争执可以由一般的法官解决,他们通常是由犹太人自己的高级官吏任命的。我们知道某个副州长(Sagan)和法官、州的书吏、书记员、国库会计、"耳目"或监察人员、"那些执行命令的人",以及一般警察都有关系。

245

他们的口粮由政府供给。公元前484年,两名耶布的犹太人承认收到了埃及船夫的55阿达布斯(Ardabs)大麦和蚕豆,这是两名"百人队"士兵的给养。每人获得2个容量单位多一点。他们心满意足了。他们将运送谷物,并且向"百人队"长官、王室长官和国库书吏缴纳利润。否则就将按照他们对神所发的誓言,罚款100卡拉什(karash)纯银。[44]大概,最能表明他们对其波斯主子忠心耿耿的突出证据是一件礼物,即精心保存的大流士自传副本。

其他军队与海军部队

当埃及人仍然可以信任之时,至少是水兵和步兵与巴比伦人是不一样的。在最近一次起义之后,作为一个单独的行省,巴比伦已经不复存在,并且被并入亚述之中。巴比伦军队和亚述军队混合在一起,以防再度发生起义,并且被称为迦勒底人。因为自公元前482年起,巴比伦的正式名字已经被官方禁止使用。这个扩大的行省由阿尔塔契斯(Artachaees)之子奥塔斯佩斯(Otaspes)统治,招募了一支庞大的陆军。希罗多德发现他们的青铜头盔非常奇特。他们穿着亚麻的胸铠,拿着盾牌。他们的武器有长矛、埃及式短剑、钉着铁钉的大头棒。[45]

塞浦路斯为海军装备了150艘船只。当地的国王,如切尔西斯之子戈尔古斯(Chersis、Gorgus)、提马哥拉斯之子蒂莫纳克斯(Timagoras、Timonax),戴着头巾,穿着束腰外衣。除此之外,塞浦路斯人在服饰和装备上完全是希腊式的。西利西亚人和潘菲利亚人各自提供了100条船,吕西亚人50条船,卡里亚人70条船。在希腊人之中,多利亚人提供了50条船,埃奥利斯人60条船,岛民只提供了17条船。但是,爱奥尼亚人和赫勒斯滂、朋特的希腊人各自提供了100条船。

这样,腓尼基人、埃及人、安纳托利亚人和希腊人提供的三列桨战船,建立了一支庞大的舰队,兵力为1200多条战船。此外,还有50桨、30桨或更小的船只用来作为运送人员和马匹的运输工具,总数达3000多条船。据估计,每条三列桨战船编制名额为200名水手。50桨船定员为80人。为了保护战船和防止叛逃,每船还载有30名波斯、米底或塞种的陆战队士兵。[46]四位海军司令分别是:埃及海军司令为阿契美尼斯、爱奥尼亚和卡里亚海军司令为大流士与戈布里亚斯之女所生之子阿里亚比格尼斯(Ariabignes),其余军队的海军司令为阿斯帕西尼斯之子普雷克萨斯佩斯(Aspathines、Prexaspes)、梅加巴特斯(Megabates)之子梅加巴祖斯。指挥整个庞大舰队的是国王之弟、先前的王位竞争者阿里亚美尼斯。[47]

这些民族大多还提供了骑兵。首先是波斯人、米底人、奇西亚人。除了那些头戴青铜与铁锻造的头盔者之外，还提供了同样装备的步兵。萨加尔提亚游牧部落只有短剑和皮套索。印度人习惯于组织骑兵，他们的贵族尚未丧失古代雅利安人乘马或野驴牵引的战车作战的遗风。利比亚人也使用战车。骑兵司令是达提斯（Datis）之子哈马米特拉斯（Harmamithras）和提撒乌斯（Tithaeus）。第三位将领是法尔努切斯（Pharnuches）。他没有参加远征希腊，因为他受了伤，所以不得不留在后方萨迪斯。

这样长的军队花名册，不一定就是枯燥无味的。它不仅包含了军队组织的珍贵资料，而且对大流士和薛西斯的行省名单作出了同样有价值的补充。奇特的民族、风俗习惯和服饰，出现在字里行间之中。普通的读者可能会对个别人物的名字感到厌烦。但是，这些名字提供了一份几乎完整的波斯官员名单，使我们在叙述的过程中更好地了解其中的大多数人。因而，它可以满足专家们的要求。最后，还有许多熟悉的名字、出自古老文明民族英雄人物的后裔、希腊人的朋友和敌人，以及圣经中的著名人物。 247

在这些将领的指挥之下，这支庞大的军队进入了许多和平的国家。辎重车走在前面，后面跟着半个步兵师。隔了一段距离之后是 1000 名精锐骑兵，接着是 1000 名精锐步兵。他们倒扛着的长矛，因为有金石榴而引人注目。紧随步兵之后是 10 匹米底尼萨平原的雄马。8 匹白色的骏马牵引着阿胡拉马兹达神的战车。车夫是步行的，因为没有人敢于坐在车夫的位子上。在这辆战车之后，是阿胡拉马兹达在地上的代理人——薛西斯的战车。薛西斯的车夫、奥塔内斯之子帕提拉姆菲斯（Patiramphes）站在主子身边。当薛西斯感到疲倦的时候，他会暂时换乘篷车。国王的随从由 1000 名精锐步兵组成的另外一团人保卫（他们的长矛有金石榴，不倒扛）。接着是另外 1000 名精锐骑兵，最后是 1 万名不死军。9000 名不死军拿着有银石榴的长矛，他们的外面是另外 1000 名拿着有金石榴长矛的不死军。在万名不死军之后，又是骑兵，然后是集结成密集战斗队形的另外半个步兵师。[48]

通常在远征敌国的时候，国王随身携带自己的供给和随从，取自苏萨科阿斯佩斯河的水被煮开之后，用银瓶装在骡车上运输，专门供国王一人使用。[49]高级官吏和不死军也随身携带自己的食物和奴仆，甚至还有情妇。不过，虽然有这些奢侈豪华的排场，大王投入战斗的军队仍然是一支可怕的军事力量。

原注

1 F. H. Weissbach, *Die Keilinschriften der Achameniden* (1911), pp. 114 - 115；V. Scheil, *Inscriptions des Achemenides a'Suse* ("Mem.,"Vol. XXI [1929]), pp. 81 ff；*Actes juridiques susiens；Inscriptions des Achemenides* ("Mem.,"Vol. XXIV[1933]), pp. 114 - 115；R. G. Kent, *JAOS*, LI (1931), pp. 193 ff；LIII (1933), 1 ff；LIV (1934), 34 ff；J. M. Unvala, in A. U. Pope (ed.), *A Survey of Persian Art*, I, 342 ff；参见 J. de Morgan, *Recherches archeologiques*, I(1900), 90。

2 M. Dieulafoy, *L'Acropole de Suse* (1893), Fig. 318；*VS*, Vol. IV, No. 191.

3 Strabo, vii. 3. 12；xi. 7. 1；8. 2；9. 2 - 3；中古达希斯坦在里海东部。

4 中古科希斯坦。

5 Xerxes, Daeva Inscription 1 - 4；E. Herzfeld, *Archaologische Mitteilungen aus Iran*, VIII (1937), 56 ff.；*Altperische Inschriften* (1938), 14；Kent, *Language*, XIII (1937), 292 ff.；*JAOS*, LVII (1938), 324 - 325ff.；Weissbach, *Symbolae Paulo Koschatae dedicatae* (1939), pp. 1938 ff.；Cameron, in Erich Schmidt, *The Treasury of Persepolis* (1939), pp. 12 ff.

6 Plut. *Reg. imp. Apophtheg*, 173B；*De amor. frat.* 488D ff.；Themistocl. 14. 3；这条资料明显是克特西亚斯的。

7 Xerxex, *Daeva*, 5 ff.

8 参见 p. 106。

9 参见 pp. 122,231。

10 Yasna 37；有意思的是，同样的祈祷词在《亚斯纳》5 之中也有，它不在《七亚斯纳》祈祷词之中。

11 对比 Herod. i. 138；波斯人不在河流中洗手。

12 Yasna 38.

13 Yasna 39.

14 Yasna 36.

15 Ezra 4∶4, 6；R. A. Parker, and W. H. Dubberstein, *Babylonian Chronology*, 626 *B. C. - A. D.* 45 (1942)，p. 14.

16 J. Couyat and P. Montet, *Les Inscriptions du Ouadi Hammamat* (1012)，Nos. 52, 74, 91, 39, 118；G. Posener, *La premiere domination Perse en Egypte* (1936)，p. 120.

17 Herod. vii. 7.

18 B. Gunn, *Annales du Service* XXVI (1926)，87 ff.

19 Parker and Dubberstein, *op. cit.*

20 Ctes. *Pers*. xiii, Epit. 52；Aelian. *Var hist*. xiii. 3.

21 Ctes. *Pers*. xiii, Epit. 53.

22 薛西斯的名录表资料、贝勒希曼尼、沙马什埃里巴以及年代问题的争论，见∶Cameron, "Darius and Xerxes in Babylonia," *AJSL*, LVIII (1941)，319 ff. ；Parker and Dubberstein, *op. cit.*, p. 15。

23 在这些古典资料中，克特西亚斯(*Pers*. Epit. 52-53)正确地认为起义在远征希腊之前。见 Plut. *Reg. imp. Apophtheg*. 173C；Diod. ii. 9. 4 ff. ；Strabo. xvi. 1. 5；Arr. *Anab*. vii. 16. 4；iii. 16. 2(确定毁坏日期在波斯战争之后)；Herod. i. 183；iii. 150. 他认为是大流士占领的，但把它归功于佐皮鲁斯。但是，它更可能是薛西斯在位时期的事情。关于巴比伦与亚述的合并，见∶Herod. iii. 92；vii. 63。

24 现已发表，见∶Posener, *op. cit.*, Nos. 43-47。

25 Herod. iii. 160.

26 *Ibid*. vii. 61 ff.

27 *Ibid*. iii. 97.

28 参见 p. 217。

29 Herod. vii. 83.

30 Dieulafoy, *op. cit.*, Pls. V-VII.

31 Herod. vii. 41.

32 借自埃及人(*Ibid*. i. 135)。

33 *Ibid*. vii. 61.

34 *Ibid*. 81-82.

35 马萨革泰人使用的，见∶Herod. i. 215。

36 Xen. *Anab*. iii. 5. 15；iv. 1 ff；v. 5. 17；Diod. xiv. 27；Strabo. xvi. 1. 24；Plin. vi. 44；在阿契美尼德王朝之后，"戈狄尼人"更为通用。

37 A. T. Clay, *BRM*, Vol. I. No. 71.

38 G. F. Hill, *Coins of Lycia* (1897)；E. Babelon, *Traite des monnaies*, II,

Part II (1910)，173 ff.

39   Herod. iii. 90；v. 118；vii. 98；Aeschyl. *Pers.* 326 - 327.

40   参见 Herod. viii. 67；西顿地位居前，其次为提尔。

41   *Ibid.* i. 135.

42   *Ibid.* vii. 236.

43   *Ibid.* iv. 167.

44   A. E. Cowley，*Aramaic Papyri of the Fifth Century B. C.* (1923)；参见 Olmstead，*History of Palestine and Syria* (1931)，pp. 598 ff。

45   Herod. vii. 63.

46   *Ibid.* 184.

47   Plut. *Themistocl.* 14. 3.

48   Herod. vii. 40 - 41，55.

49   *Ibid.* i. 188.

第十八章　败绩欧洲

薛西斯更感兴趣的是完成其父在波斯波利斯平台已经开始的宏伟建筑，而不是以其父所建立的可怕军事机器进行更多的冒险尝试。而且，命运也不允许他这样做。但是，他的表弟、新征服地区的总督、雄心勃勃的马多尼奥斯力劝他进行冒险。雅典流亡者堕落到充当早已声名狼藉的神谕传达者的地步。色萨利的许多小国王送来了他们的邀请信。终于，薛西斯勉强同意仿效其父的政策，远征西北边境地区。[1]

远征的准备

渡过爱琴海直接进攻失败了。在恢复先前稳步前进的政策上，薛西斯表现出自己的明智。军队得到了舰队的支持，整个海军——腓尼基的、埃及的、希腊的——都被用上了。还有一半的常备军——6个兵团中的3个兵团，每个兵团大约6万人。[2]

为了避免再次遭到圣山的海难事故，梅加巴祖斯之子布巴雷斯（Bubares）、阿尔托伊斯之子阿尔塔契斯奉命在地岬背后挖一条运河。这项任务花了3年功夫完成。当地居民在鞭子的驱赶下，被迫参加强制劳动。在水草地附近有一个市场，从亚细亚运来的粮食堆放在那里。各种军需物资被储藏到色雷斯沿岸战略要地。穿过半岛顶端狭长地带划了一条直线，需要挖一条1.5英里长的航道。每个民族都分到一份任务，只有腓尼基人具有丰富的经验，他们加宽了河道的上部，以防泥土坍塌下来。运河的宽度足以并排

249　通过 2 艘三列桨战船。今天,只能根据一些浅浅的湖泊来寻找运河的踪迹。[3]

军队从卡帕多西亚的集结地点克里塔拉(Critalla)渡过哈利斯河,穿过弗里吉亚,来到凯莱奈(Celaenae)。这里有迈安德河(Maeander)及其支流卡塔雷克特河(Catarrectes),这条河起源于市场所在地。这里也可以看到被阿波罗剥掉的森林之神玛息阿(Marsyas)之皮。接着,他们走过了安纳瓦和盐湖、科洛塞大城(在这里,利库斯河在地下潜行了 5/8 英里),还有西德拉拉,它有克罗伊斯为标明吕底亚边界所立的界碑。然后,军队渡过迈安德河,沿着卡拉特布斯(当地盛产小麦和柽柳蜂蜜),抵达萨迪斯。[4]

受到威胁的希腊人徒劳无功地企图组织一个有效的反波斯同盟。当然,他们都去了德尔斐请求神谕。阿波罗尽了最大的努力。斯巴达首先受到德马拉托斯(Demaratus)的警告,知道即将来临的敌人如宙斯一样强大,他可以打败公牛和狮子,毁灭城市,杀死他们的一位国王。[5]雅典得到的神谕更可怕:他们被质问为什么拖延时间,他们必须抛弃自己的家园和城市,逃到大地的尽头去。他们的城市将毁于战火,他们的要塞和神庙将被烧毁,血流成河。他们必须立刻就离开。使者们恳求更加有利的答复,他们被再次告知必须在敌人面前撤退,放弃他们的土地,但可以指望木墙。神圣的萨拉米斯将毁灭女人所生的儿子。地米斯托克利使雅典人相信,阿波罗以木墙暗示他们的舰队。[6]在被斯巴达大败之后,阿尔戈斯早就被怀疑勾引波斯人入侵。它建议采取武装中立的政策。[7]克里特人询问神谕所,如果帮助大陆的希腊人,是否能够取得胜利。神谕所直言不讳地告诉他们,当他们在特洛伊战争中帮助墨涅拉俄斯之时,就已经表明自己是世界上头号的傻瓜。[8]克基拉岛(Corcyra)的船只被恶风"阻滞了"。[9]锡拉库萨(Syracuse)的格洛(Gelo)几乎答应,如果让他担任最高指挥官,他就将派 3 条小船来观察战争的结果。[10]

同盟者对于这种冷淡感到灰心丧气,或者对于西方希腊人维护250　自己独立的做法感到更糟。但是,他们更害怕薛西斯的自信。当 3

名盟国间谍在萨迪斯被捕之后(公元前481年),薛西斯曾命令向他们展示全军的巨大兵力,然后把他们释放回国去报告消息。[11] 公元前480年春天,军队拔营,由萨迪斯经凯科斯河谷(Caicus)进入密细亚,然后沿着卡内(Cane)山边的阿塔尼乌斯(Atarneus),向左前往卡雷内(Carane),穿过西贝平原,沿着阿德腊米提安和安坦德罗斯(Antandrus),最后到达伊利乌姆(Ilium)。当时,著名的斯卡曼德河(Scamander)只能为军队提供一点儿水源。薛西斯爬上了普里阿摩司(Priam)的帕加马(Pergamum),并且向特洛伊的雅典娜献祭了1000头牛。同时,麻葛为在保卫特洛伊战争中牺牲的英灵奠酒。薛西斯以这种方式向世人宣布,在这场新的特洛伊战争之中,自己是东方的领导者。[12]

侵 入 欧 洲

军队从罗伊提翁、欧弗里尼翁和左边的古特洛伊(Dardanus)、右边的盖尔吉撒之间穿过,到达阿拜多斯。在阿拜多斯和赛斯托斯之间,腓尼基人和埃及人已经建成了以亚麻和纸草绳扎紧的两座桥梁。当它们被暴风摧毁之后,负责建造桥梁者被斩首。希腊人哈帕卢斯(Harpalus)用船造了一座新桥。船头、船尾用粗大的缆绳固定,留下一些缺口以便船只通过。船上铺着木板,然后是树枝、泥土。最后是一道围栏。[13]

聚集在科林斯地峡(Corinth)的伯罗奔尼撒同盟成员早已作出决定,地峡是唯一可以守得住的防线。同盟者受到色萨利人的请求,请求帮助守卫奥林波斯隘口。1万名重装兵、得到海军和色萨利骑兵的支援,保守派代表守卫着滕比谷(Tempe vale of)。正如人们所猜想的那样,他们发现色萨利普通民众是亲波斯的。马其顿的亚历山大忠实地为其波斯主子效力,劝说同盟者不要停留在那里被国王的军队踩躏。虽说薛西斯仍然在阿拜多斯,但同盟者过了几天就撤回了地峡。[14]

薛西斯坐在阿拜多斯附近小山上的白色石头宝座上,检阅他的军队。洒满桃金娘的桥上，点燃了敬神的香料。黎明时刻，国王用金杯进行奠酒，他面朝初升的太阳祈祷，并且将这个金杯、一个混酒钵和一把短剑投入大海之中。[15]

251 　　连续 7 天 7 夜，士兵们在皮鞭的驱赶之下，不断地从桥上走过。辎重则由另一座桥上通过。在舰队的支持下，士兵们沿着海边的道路分成三部分前进。沿途城市必须提供食物，每天一顿膳食花费 400 塔兰特。还在几个月之前，传令官就已经提前通知准备国王需要的粮食、家畜和家禽。只有薛西斯一人可以使用帐篷，其他人都是露宿。

　　第二次阅兵是在多里库斯（Doricus），它从远征西徐亚之后就被占领了，并且有军队守卫。现在，它归梅加多斯特斯（Megadostes）之子马斯卡梅斯（Mascames）统治。从多里库斯出发，三支军队齐头并进。第一支在马多尼奥斯和马西斯特斯指挥之下沿着海岸前进，保持与海军的联系。第二支在斯美尔多美尼斯和迈加比佐斯指挥之下，保卫薛西斯进入内地。第三支在特里坦泰克梅斯和格吉斯指挥之下，向腹地前进。从桥上渡过斯特里蒙河之后，麻葛向河流献祭了白马，祈求吉祥。在"九路"这个地方，用了 9 名儿童向冥神献祭。在修好运河之后，阿尔塔契斯去世了。军队到达阿坎图斯之后，在他的陵墓举行了奠酒。他的去世，可能与隐藏了 300 块大流士与薛西斯发行的金大里克有关。[16] 在塞尔马（Therma），薛西斯接见了已经放弃抵抗的色萨利、洛克里（Locri）和所有维奥蒂亚（Boeotia）派来奉献土和水的使者，只有普拉蒂亚（Plataea）和塞思皮艾（Thespiae）除外。因为情况非常明显，伯罗奔尼撒人无意在地峡以北进行顽强抵抗。[17]

　　波斯人似乎取得了真正的胜利。他们不仅控制了亚细亚和阿非利加所有的希腊人，将他们的船只并入波斯海军。而且，还有半数欧罗巴的希腊人早已表示臣服，剩下的、有待征服的只是几个顽强的伯罗奔尼撒国家。因为情况很明显，地峡以北的所有人已经表示屈服了。德尔斐的阿波罗是他们忠实的朋友。如果伯罗奔尼撒人一旦撤出地峡背后的话，那些被地米斯托克利领导下的民主

政治所排斥的雅典人，可能真的会背叛民主政治的保护者。有了
雅典的舰队，波斯人将会得到安全，地峡的长城将会被推倒，阿尔
戈斯将会公开暴露自己的真面目，斯巴达和科林斯之间将会出现
不和，每个孤军奋战的国家都将会被打败。[18]

德摩比利的相持

在重新向南方进军的时候，局势并没有变化。色雷斯的丧失，
使莱奥尼达斯率领 300 名斯巴达人和少数同盟者的军队来到了北
方的德摩比利（Thermopylae）。但是，有少数人大声宣布，已经计划
好的、没有希望取得胜利的小规模战斗，直到地峡的长城建好之
前，只能拖延，不能停止。[19] 德尔斐的阿波罗终于被爱国主义精神所
感动，发布神谕要希腊人向风祈祷，因为风将证明自己是最强大的
同盟者。[20]

同盟者的海军驻守在阿提密喜安（Artemisium）附近的阵地，但
他们一接到烽火信号，得知波斯军队已经逼近之后，便撤退到更加
狭窄的埃夫里普（Euripus）。庞大的舰队停泊在塞皮亚斯角
（Sepias）之外。黎明时分，从赫勒斯滂来的东风开始刮起来了，一
直刮了 3 天，毁坏了几百条战船、运输船和运粮船。同盟者的船只
返回了阿提密喜安。但是，即使是上天以消灭敌方如此多的战船
发出的吉兆，也无法激励莱奥尼达斯（Leonidas）。因为伯罗奔尼撒
人要求立即撤回地峡。只有福西亚人（Phocians）和洛克里人
（Locrians）的愤怒抗议激励了国王继续赢得身后的名声。[21] 薛西斯
到达之后，命令阿尔塔巴努斯指挥米底人和奇西亚人进攻驻守德
摩比利的一支小部队，但他们遭到严重的损失。希达尼斯指挥的
不死军，本领也高明不了多少。后来，山后的一条通道被泄露了。
黎明时分，不死军使福西亚卫兵大吃一惊。斯巴达人知道自己注
定要战死，便拼命保卫自己。在皮鞭驱赶下前来进攻的敌人，许多
人被践踏在地死了，或者被迫跳进大海。其中有大流士与其弟阿
尔塔尼斯之女弗拉塔贡（Phratagune）所生之子阿布罗科梅斯和希

佩兰德斯(Abrocomes、Hyperanthes)。最后,莱奥尼达斯被杀死了。希达尼斯攻下了斯巴达人的后方。底比斯人投降之后被烙上了烙印。前进的通道被打开了。[22]

同时,200 条船奉命沿着埃维亚岛迂回到同盟者后方去。这个秘密被出卖了,埃维亚人唆使地米斯托克利用贿赂,使首领们放弃撤退的打算。当负责掩护的舰队尚未到达之时,舰队决定在阿提密喜安再次进攻波斯人。同盟者损失了 30 条船,损坏的船只在晚上雷雨交加的时候被拖上岸来。这场雷雨也使负责掩护的舰队毁灭了。第二天,西利西亚人的船只沉没了。薛西斯下决心不惜一切代价渡过海峡。正午,整个波斯舰队以弧形的队形前进,埃及人俘虏了 5 条船。雅典的船只也有一半被损坏,傍晚时分,德摩比利被攻占的消息传来了,同盟者只好撤退了。

由于色萨利人的怂恿,福西亚被彻底毁灭了。波斯人友善地通过了马其顿人亚历山大牢固控制的维奥蒂亚。一支快速部队占领了通往德尔斐的道路,以答谢亲波斯的阿波罗神谕所,支持他的进一步努力。或者像神庙祭司后来夸张地、花言巧语地解释的那样,他们是要去抢劫神庙的库藏。正如阿波罗所说的那样,神将自己保护自己。他降下雷电,将两座悬崖扔到蛮族人头上。他们带着巨大的伤亡逃走了。在波斯人被打败之后,无论真相到底如何,反正德尔斐人就是这样说的。[23]

遭到底比斯人谴责的、听天由命的普拉蒂亚和塞思皮艾被薛西斯付之一炬。在渡过赫勒斯滂 4 个月之后,他终于进入了阿提卡。他发现这个地方也被抛弃了。因为同盟者的舰队已经前往萨拉米斯,平民也已经撤退。符合征兵年龄的男子,早已上了战船。只有少数狂热分子遵照阿波罗含糊不清的神谕,用木板在卫城筑起了栅栏。这道栅栏被阿雷奥帕古斯山射来的火箭所烧毁。他们拒绝了希庇亚斯支持者提出的条件。爬上悬崖之后,保卫者作为雅典娜神庙避难者被杀死了。在雅典流亡者和军队被允许祭奠之前,整个卫城就被烧毁了。[24]

萨拉米斯的挫败

巨大的舰队停泊在帕列隆,惊慌失措的情绪笼罩着同盟者。萨拉米斯成了真正的罗网。除了利害攸关的雅典人、埃伊纳人和迈加拉人之外,所有人都决定在这张大网还没有张开之前,趁早逃之夭夭。只有地米斯托克利害怕和整个雅典舰队一起离开,并且知道民主派的首领必须有能力利用自己所遇到的危险,推动斯巴达统帅欧里比亚德斯(Eurybiades)指挥即将到来的战斗。

在波斯人召开的会议上,只有哈利卡纳苏斯的女僭主阿尔特米西亚(Artemisia)一人反对直接进攻。胜利已经遥遥在望。同盟者一个接一个地撤退,斯巴达也已经屈服,每个人都带着欣喜之情,以各种方式表达此前被压抑的、强烈的亲波斯的观点。雅典船只的船员是平民,指挥是民主派首领,处处受到伯罗奔尼撒人奚落。地米斯托克利想要以正常的态度对待本派,但情况很清楚,伯罗奔尼撒人已经决意要抛弃危难中的雅典人不顾。在德摩比利之后,他们立刻重新开始修建地峡的长城。波斯人也认为在这里将会遇到最顽强的抵抗。正在会议召开的当晚,陆军开始向科林斯挺进。

地米斯托克利的家庭教师很快送来了令人期待的消息,说他是国王的朋友,并且希望国王能够取得成功。希腊人已经丧失了勇气,正准备逃走。国王不能让他们逃跑！各种各样的分歧已经出现,亲波斯派很快就将遭到国王的敌人攻击。薛西斯没有理由怀疑这个忠诚的声明。

信件和直接进攻的决定,两者都是错误的。因为薛西斯只要不采取任何行动,留下的少数同盟者就将撤离地峡。雅典人、迈加拉人和埃伊纳人就将被迫采取措施。由于他们的帮助,地峡就可以被侧翼包抄,这里剩下来的事情就是肃清残敌。

薛西斯的实际行动更为重要。地峡东面的出路已经被战船里外三层封锁了。埃及人、这些“沼泽地区的居民、战船上熟练的水手”,派出 200 条船只封锁了西面的出路,进攻同盟者的后方。现在,同盟者所有的海军都被包围起来了。他们将会因为给养消耗殆尽、互相指责而自动离开。他们将被迫投降,或者冲出包围圈。而当他们的舰队出来的时候,有许多机会可以击沉它们。根据当时的实际情况,波斯人完全有理由派遣他们的陆军和骑兵在地峡进行决战。

对于波斯而言,不幸的是薛西斯是一个喜欢画蛇添足的人。因为他一定要取得一个辉煌的胜利。因此,他下令直接进攻那些已经陷入重围、正准备为生存拼死一战的人。陆军在地峡中部的海岛普西塔利登陆,企图捕杀那些从沉船上逃命的人。阿里斯提得斯(Aristides)突围前来报告已经被彻底包围。同盟者海军准备好进行悲壮的战斗。

9月22日,在地峡附近的山脚下,薛西斯坐在银腿的宝座上,准备观看战争的场面。同盟者出现了,敌船起初是在倒桨,然后是雅典人发起了进攻。波斯人第一次进攻是成功的,因为爱奥尼亚人使斯巴达人遭到了沉重的失败。后来,雅典人冲破了封锁线,转而对侵略者发动进攻。这个巨大的舰队损失了1/3的船只——200条船。同盟者只损失了40条船。波斯水手有许多被淹死,因为只有少数人会游泳。在死者之中,有国王之弟、海军司令阿里亚比格尼斯(Ariabignes)。阿里斯提得斯带着重装兵渡海前往普西塔利,杀死了所有的波斯人,包括国王的3个侄子和外甥。

外交上的严重失误

孤立地说,萨拉米斯对于波斯人扩张边界是一个挫折,但也仅仅是如此而已。最近占领的领土并没有丧失,军队是完整无缺的,舰队仍然是强大的,只需要重新组织一下。毫无疑问,同盟者虽然被这个出乎意料的胜利所激励。但他们在人数上已经减少,明年将会看到他们被征服。

使萨拉米斯变得重要的并不是胜利本身,而是它对薛西斯内心的影响。虽然他和其他任何人都不需要对下令进攻而遭到的失败承担责任，因为当时只要封锁就能奏效。但是，他完全失去了理智，把被指控为胆小的腓尼基头领处决了。被虐待所激怒的腓尼基人回国了，随后是埃及人。这是公开的逃跑，而不是萨拉米斯的失败。这就使爱琴海对同盟者敞开了大门，使他们真的可以在下一年采取决定性的行动。

从真正的意义上来说，萨拉米斯确实是波斯人的幸事。由于这场大败而灰心丧气的薛西斯，急急忙忙回到了萨迪斯。他在那里一直呆到次年，为的是监视爱奥尼亚。指挥战争的直接责任，已经由不懂战争的国王转交给老练的马多尼奥斯。他只留下了一个由不死军、波斯、米底、巴克特里亚和印度人组成的兵团，一支几乎完全是伊朗人的军队，也是最优秀的军队。即使人数这样少，它在数量上仍然超过了同盟者的军队。这支部队还得到了希腊大陆一半军队的支持。第二支军队由法尔纳塞斯之子阿尔塔巴祖斯指挥，守卫着沿海漫长的道路，这是现在唯一可以运送给养的道路。第三支军队在提格兰指挥下，维护爱奥尼亚的稳定。[25]

256

波提迪亚（Potidaea）起义了，奥林索斯（Olynthus）威胁要仿效它的榜样。阿尔塔巴祖斯占领了奥林索斯，并将这片废墟转交给卡尔西迪亚人（Chalcidians）。波斯人的朋友在海水退潮的时候，领着波斯军队走到波提迪亚城墙下，但海潮不久就涨起来了，那些没有淹死的人也被船上的人杀死了。[26]

冬天，马多尼奥斯驻扎在色萨利的营房中，他派遣了一名外邦人代表、马其顿的亚历山大前往雅典，提出完全宽恕、重建被烧毁的神庙、归还领土、再加上任何想要得到的地方、作为自治的自由城市平等地结为盟友。这样宽宏大量的条件必定对比较贫穷的阶层产生了巨大的吸引力。因为对于他们而言，一场新的入侵只能意味着新的灾难，以及失去自己仅有的一点儿财产。

但是，现在民主派已经失去了控制权。地米斯托克利公然给伟大的王写信，鼓动他进攻萨拉米斯。不过，他坚称自己做的事情是秘密的，因为他已经得不到信任了。在他被流放之后，他再次声称自己一直以波斯人朋友的身份行事。这时，他已经得到了信任，并且得到了薛西斯之子阿尔塔薛西斯丰厚的赏赐！因此,这种对抗使保守派掌握了权力。在斯巴达人没有到来之前,他们一直迟迟不答复亚历山大。到处流传的神谕也发挥了作用。这个神谕说米底人和雅典人将把所有多利亚人驱逐出伯罗奔尼撒。受到这个神谕的威胁,斯巴达人派出了一名使节,指责雅典人由于帮助爱奥尼亚的叛乱者,在战争期间答应支持他们的平民,从而以一场注定要失败的远征开启了战争。雅典人拒绝了亚历山大的建议,并且再次通知斯巴达派出一支军队,以便在雅典遭到再次进攻之前,先进攻维奥蒂亚（Boeotia）。[27]

底比斯人向马多尼奥斯建议,他应当留在维奥蒂亚,使用贿赂希腊首领的手段把倔强的希腊人争取过来。这是一个建立在熟知自己本民族特性基础之上提出的合理建议。而马多尼奥斯的拒绝,则是波斯人愚昧无知造成的一系列重大错误中的又一个重大错误。在第一次入侵之后 10 个月,即 7 月份,雅典再次落入马多尼奥斯之手。由于伯罗奔尼撒人没有给予足够的援助,只能再次动员公民上船或前往萨拉米斯避难。马多尼奥斯再次提出建议,希望他带着军队亲自前来,可以使他的朋友能够强行完成此事。但是,一位民主派只是表达了自己的意见,就和妻子儿女一块被石头砸死了。不过,对马多尼奥斯来说,仍然存在着希望。像通常一样,斯巴达人正在"庆祝节日",地峡长城又已经完工,可以据守。他们竟愚蠢地认为这是防备雅典舰队的。甚至在萨拉米斯胜利之后,情况就已经很明白,斯巴达人无法理解,虽然有保守派存在,时局中最重要的因素将会推动雅典与波斯结盟。最后,在经过多次拖延之后,恍然大悟的雅典使节告诉斯巴达人,他们正在干的是什么事情。当使节们知道是一名泰耶阿人（Tegean）终于说服斯巴达人相信了自己真是愚蠢透顶,并且立即派出了军队时,他们感到非常惊奇。在这最后的关头,命运再一次夺走了波斯人的胜利。

阿尔戈斯人善意地将这个消息转告了马多尼奥斯。因此,他禁止洗劫阿提卡,满心希望斯巴达人只要拖延出兵,即使不是真的背弃盟友,那也将迫使雅典达成协议。在再次感到失望之后,他第二次放火烧毁雅典,撤回了维奥蒂亚,以底比斯为根据地,以保证给养。许多树木被砍伐,用来修筑一道栅栏,围住一块 1 平方英里的地区。马多尼奥斯就在那里等候着同盟者到来。

普拉蒂亚的失败

同盟者的军队通过阿提卡向前挺进,胆怯地在波斯人驻扎的阿索波斯(Asopus)对面的基塞龙山(Cithaeron)北坡驻扎下来。在马西斯提乌斯指挥下的骑兵中队,一个紧接一个冲向低处的、盟军防线中最薄弱一环的迈加拉人,希望能冲破山口,切断敌人的给养。雅典的增援部队也赶来了。马西斯提乌斯从他的马上摔下来被杀死,他的金马嚼、罩在金甲上的紫袍都被抢走了。[28]受到首战告捷的鼓舞,同盟者下到较低的山坡上,那里扎营比较平缓而且有水源。波斯人上前迎敌。双方的占卜者都预言自己如果采取防御战,就将赢得胜利。

这时,阿尔塔巴祖斯又向马多尼奥斯提议撤退和行贿。这位统帅再次愚蠢地拒绝了这个建议。同盟者早已陷入绝境,他们不断遭到骑兵的袭击,一支骑兵已经封锁了山口和返回伯罗奔尼撒的道路。急需的辎重车辆已经被缴获。食物不足的现象出现了。加尔加菲亚(Gargaphia)泉眼已经被堵塞,人们已经在遭受干渴的折磨。将领们已经决定晚上撤退。撤退行动搞得乱七八糟。大多数人迷了路。一名顽固的陆军将领拖延了斯巴达人撤退,他们在黎明时分已经陷于无法防守的困境。同盟者被允许安全地撤走。毫无疑问,这个同盟就将破裂了。雅典人就将作出让步,伯罗奔尼撒人就将撤回地峡,各个国家就可能一个接一个地被征服。

结束战争的时机,再次近在咫尺了,波斯统帅再次低估了撤退到山墙的希腊人的战斗力。将领们再次受到速胜和大胜的引诱,忘记了拖延战术的好处。

马多尼奥斯主观地认为撤退是一条道路,指挥他的杂乱无章的军队迅速前进。当他们开始和斯巴达人交手之后,波斯人用柳条

258

313

盾牌做成了一堵墙,从墙后连续不断地向对手发射轻箭。保萨尼阿斯(Pausanias)请求雅典人给予援助,但雅典人在前来援助的时候,遭到支持米底人的希腊人进攻。即使在泰耶阿人与紧随其后的斯巴达人攻破柳条墙之后,波斯人仍然继续战斗,赤手空拳折断敌人的长矛。他们没有防身的盔甲抵御大陆希腊人持续不断的攻击。这时,马多尼奥斯又犯下了他最后一个、也是让他致命的错误。他亲自带领 1000 名精锐士兵冲入战场,和他们一起战死在疆场。

波斯人失去首领之后,逃回有栅栏的营地。听说他们逃走之后,正在赫拉乌姆的希腊人一窝蜂似的冲上去抢夺战利品。科林斯人收买了斯巴达人,得到了安全。迈加拉人和菲利亚西安人(Philiasians)由底比斯骑兵带路,逃出了山口。波斯人在营地的塔楼抵抗斯巴达人,坚持了很长时间。雅典人来到之后,局势才发生了变化。但是,首先冲破柳条墙的是泰耶阿人,马多尼奥斯也成了他们的战利品。波斯人被毫不留情地杀光了。[29]保萨尼阿斯成了民

259 族英雄。绝没有一个人想到过,在下一年还没有过完之前,他就阴谋背叛希腊同胞,以换取充当波斯王女婿的荣华富贵。

大战之后,各国司令官作为本国代表在普拉蒂亚召开会议,建立了一个新的组织形式。保萨尼阿斯作为斯巴达人和这场大战的胜利者,理所当然地担任了主席。但是,提议这样做的却是雅典的阿里斯提得斯(Aristides)。原有的军事同盟关系继续存在,并且扩大为"希腊人共同斗争"的组织。缔约国代表提议在取得这个光辉胜利的周年之际,每年召开一次会议,将反对蛮族的斗争进行到底。通过了征集一支军队(由 10000 名重装兵、1000 名骑兵和 100条船组成)的决定,由所有同盟的希腊人提供。斯巴达人继续担任首领。[30]

就像以往各次战争一样,普拉蒂亚本身也不是一次决定性的战争。波斯军队只是遭到部分的打击。它的第二支部队甚至没有参加战斗。起码,如果投入一支新的军队,猛攻已经疲惫的同盟者,就能迅速将其驱往伯罗奔尼撒最南端。但是,阿尔塔巴祖斯撤退

了。欧罗巴战场的机会丧失了。原因是他已经收到了亚细亚传来的消息。[31]

米卡利的灾难

公元前479年春天,同盟者的一支舰队已经准备停当。雅典舰队由桑西普斯(Xanthippus)指挥。作为萨拉米斯的胜利者,地米斯托克利的名声并没有使他能够洗刷图谋叛国的怀疑,反而有助于保守的反动势力。起初,将领们害怕航行到比提洛岛更远的地方去,即使当萨摩斯的僭主提供了一个确实的机会时,情况也是如此。还有半支庞大的舰队随时可以供薛西斯使用。但是,舰队主要是由爱奥尼亚人组成的,他们的忠诚在萨拉米斯时已经严重地动摇。军队在库迈度过了冬天,现在正在巴吉乌斯之子马东特斯、阿尔塔契斯之子阿尔塔英特斯及其侄子伊塔米特雷斯率领下,冒险前往萨摩斯。[32]

同盟者鼓足勇气前往该岛之后,波斯人撤退了。一直心怀不满的腓尼基海军被允许回家了。其他人把自己的船只开到米卡利海峡岸上。在那里,他们建立了一道石头、树干做成的栅栏,在栅栏周围挖了一条很深的壕沟,并且得到附近由提格兰指挥的第三支军队的保护。同盟者追击过来,一名传令官号召爱奥尼亚人起义。萨摩斯人被疑心重重的波斯人解除了武装。因为对狄杜马(Didymaean)的阿波罗神庙库藏秘密被出卖给薛西斯而感到十分不满的米利都人,被波斯人借口守卫崎岖的山路而打发走了。公元前479年8月27日,同盟者发动了进攻。在进行了拼死的抵抗之后,雅典人打破了柳条墙。紧接着他们的飞速行动,敌人逃进了栅栏。这时,被波斯人征服的其他民族逃走了,爱奥尼亚人调转矛头进攻波斯人。波斯本族人几乎死得一个不剩,马东特斯、提格兰也和他们一起战死了。栅栏和船只都被烧毁了。[33]根据那些曾经出卖狄杜马阿波罗神庙的米利都人的请求,他们被安置到了粟特。他们在那里建立了一个新的布兰奇代,阿波罗神谕所被人遗

260

忘了。[34]

　　同盟者回到萨摩斯召开会议。伯罗奔尼撒人提议把爱奥尼亚人迁移到欧洲的希腊去,安置在那些支持米底的希腊人的土地上。雅典人反对这个建议。结果,萨摩斯人、希俄斯人(Chians)、莱斯沃斯人(Lesbians)和其他忠诚的岛民被吸收进了军事同盟。[35]

　　人们当时还没有认识到米卡利是一场决定性的战争。同盟者的舰队启程前往赫勒斯滂,探听是否有新的入侵消息,破坏桥梁。当他们发现桥梁已经被破坏之后,伯罗奔尼撒人回国了。但是,雅典人决意进攻由切拉斯米斯之子、总督阿尔泰克特斯和将军奥巴佐斯治理的赛斯托斯。围攻一直延续到冬季,饥荒迫使首领们出逃,希望与阿尔塔巴祖斯联合在一起。他的军队毫不停留,一直向前奔跑。因为爱奥尼亚现在已经被军队洗劫一空,他在拜占庭附近渡过了博斯普鲁斯。奥巴佐斯被色雷斯人抓住,拿去祭了色雷斯人的神。阿尔泰克特斯在洋河(Aegospotami)被俘,钉死在十字架上。因为他曾经没收了埃利乌斯(Elaeus)的普罗特西劳斯(Protesilaus)陵墓周围圣地献祭的财物和土地。随后,雅典人带着作为胜利纪念品的桥梁缆绳,也启航回国了(公元前479年)。[36]

261　　真正决定性的战争是在米卡利而不是普拉蒂亚。波斯人6支军队中的2支被彻底消灭了。第三支军队被迫撤出欧洲,驻守在政治上不稳定的西亚。同盟者确实可以声称诸神是帮助他们一边作战的。[37]波斯人失去了这场战争,这是因为他们反复地犯了许多严重的军事和外交错误,并且因为盟军指挥官的胆怯无能和心怀异志而遭到了失败。伟大的历史家修昔底德曾经提醒与他同时代的人即希波战争的下一代人说:"你们要知道,他的主要错误是蛮族人失败了。"[38]然而,不管过去取得了什么胜利,胜利都已经成为了过去。希波关系一个新的阶段又开始了。

原注

1 Herod. vii. 5 - 6.

2 参见 Olmstead, "Persia and the Greek Frontier Problem," *Classical*

Philology，XXXIV（1939），314 ff.；bibliography，*Cambridge Ancient History*，IV（1926），613ff。G. Rawlinson，*Herodotus*（1861 - 1864）特别重要；H. Delbruck，*Die Perserkriege und die Burgunderkriege*（1887）提供了军事方面的资料；G. B. Grundy，*The Great Persian War*（1901）提供了有关希腊、波斯当事人的资料。

3　Herod. vii. 22 ff.；Thuc. iv. 109.；Hellanicus. *Pers.* ii. 61《J》；T. Spratt，"Remarks on the Isthmus of Mount Athos," *Journal of the Royal Geographical Society*，XVII（1847），145 ff.

4　Herod. vii. 26 ff.

5　*Ibid.* 220,239.

6　*Ibid.* 139 ff.

7　*Ibid.* 148 ff.

8　*Ibid.* 169.

9　*Ibid.* 168.

10　*Ibid.* 153,157 - 158.

11　*Ibid.* 146 ff.

12　*Ibid.* 42 - 43；波斯人对特洛伊战争的解释，见 *Ibid.* i. 4 - 5。

13　*Ibid.* ii. 25,33 ff；Ctes. *Pers.* xiii. Epit 54.

14　Herod. vii. 172 ff.

15　*Ibid.* 44,54.

16　H. P. Borrell，*The Numismatic Chronicle*，VI（1843），153；G. F. Hill，*Coins of Arabia，Mesopotamia and Persia*（1922），p. cxxix.

17　Aeschyl. *Pers.* 65 ff.，722 ff.；Herod. vii. 55 ff.，100 ff.，174.

18　Herod. vii. 139。它表明"历史之父"真正认清了形势。参见 vii. 235；修昔底德表达了同样的观点。参见 i. 69.5 和 73.4。

19　Herod. vii. 175,202 ff.

20　*Ibid.* 178.

21　*Ibid.* 207.

22　Simonides 21（Edmonds）；Herod. vii. 175 ff.，201 ff.；Ctes. *Pers.* xiii. 54 - 55.

23　Simonides 12 ff.；Herod. viii. 1 ff.，*Pers* xiii Epit. 58.

24　Herod. viii. 40 ff.；Thuc. i. 18.2；阿耳忒弥斯的雕像从布劳隆被取出，见 Paus. viii. 46.3；诛戮暴君者哈莫狄奥斯和阿里斯托吉通在安特诺尔的雕像被薛西斯掠走，见 Paus. i. 8.5。

25　Simonides 91,163 ff.；Aeshyl. *Pers*，302 ff.；Herod. viii. 66 ff.，113，117,126；Thuc. i. 14.3；73 - 74；Ctes. *Pers.* xiii. Epit 57；Timotheus，*Persae*（Edmonds，№. 19）；188（J）；Diod. xi. 17 ff.；Plut. *Themistocl*，

12 ff; Aristodemus 1 (J).

26 Herod. viii. 126.

27 *Ibid.* 136,140 ff. ; ix. 8.

28 参见 Plut. *Aristid.* 14; Paus. i. 27. 1。

29 Simonides 92; Aeschyl. *Pers.* 800 ff. ; Herod. ix. 1 ff. ; Ctes. *Pers.* xiii. Epit. 56.

30 Plut. *Aristid.* 10. 6; 19. 8; 21. 1 - 2; Thuc. ii. 71. 2; iii. 68. 1; Dittenberger, *Syl3*, №. 835 A; cf. J. A. O. Larsen, "The Constitution of the Peloponnesian League," *CP.* XXVIII（1933）, 262 ff. ; " The Constitution and Original Purpose of the Delian League," *Harvard Studies in Classical Philology*, LI (1940), 176 ff.

31 Herod. ix. 66,89.

32 *Ibid.* viii. 130 ff.

33 *Ibid.* ix. 90 ff.

34 Strabo. xi. 11. 4; xiv. 1. 5; xvii. 1. 43; Curt. vii. 5. 28.

35 Herod. ix. 106.

36 *Ibid.* vii. 33,78; ix. 89,106,114 ff. ; Thuc. i. 89. 2; viii. 72. 3; Diod. xi. 34 ff. ; Paus. iii. 4. 6.

37 Herod. viii. 109.

38 Thuc. i. 69. 5.

第十九章　提洛同盟对波斯

保萨尼阿斯叛国

米卡利给人们提供了一种信心,即波斯的力量正在瓦解,帝国的崩溃就像它的形成一样迅速。在 6 个兵团中,已经有 3 个精锐兵团丧失了作战能力。其他兵团距离遥远,质量更差,很难指望他们经得住真正的对抗。如果现在战争进入敌国的领土,下一阶段主要是海军的行动。因为波斯庞大的舰队已经被打败,分散到各地悄悄地藏起来了,而希腊同盟海军则处于最强盛的时期。对于希腊同盟者来说,未来似乎是一片光明,而波斯人则是一片恐慌。[1]

波斯人自己将赫勒斯滂桥梁毁掉,终于使同盟海军总司令莱奥提基德斯(Leotychides)相信,战争确实已经结束了。公元前 479 年年底,他率领着整个伯罗奔尼撒海军舰队返回了斯巴达。国内的斯巴达当局对形势有不同的、更深谋远虑的看法。亚细亚的希腊人已经获得自由的允诺,为了履行庄严的誓言,同盟成员就必须准备继续战争。而且,同盟给斯巴达提供了一个极好的、超出了原先伯罗奔尼撒同盟许可的机会来增强自己的实力。同时,取得未来胜利所必须的海军指挥权,也决不允许落入对手雅典人的手中。他们在围攻赛斯托斯的过程中,已经表现出自己更乐意承担这项新任务。

公元前 478 年春天,希腊同盟海军新的总司令被选举出来了。初看起来,这位当选者是非常优秀的人物。在威望方面,没有其他人可以和保萨尼阿斯相比。他不仅是普拉蒂亚光荣的胜利者,他也得到了同样重要的希腊成员国会议管理官员的公认。而且,作为新的战争行动中所有同盟军的领袖,他是唯一可以完成解放任务的人物。他的成功就像普拉蒂亚一样伟大。塞浦路斯的希腊城市已经摆脱波斯占领军,获得了自由。在拜占庭,波萨尼亚斯等于就是幸运之神。

除了这些实实在在的成就之外,事态的发展很快就证明了,选择保萨尼阿斯是国内当局犯下的一个严重错误。因为他不满足于从前所有的光荣,企图统治整个希腊。而要想做到这一点,就只有求助于波斯帝国的财政与军事援助。因此,保萨尼阿斯早已准备好背叛他刚刚在普拉蒂亚解放出来的希腊人!他指望利用丰厚的嫁妆来进行贿赂活动,就与达西利乌姆总督梅加巴特斯之女订婚了。[2]很快,他的期望值变得更高了。一位沦为拜占庭囚徒的波斯王室成员被秘密遣返回国。这个斯巴达卖国贼答应,如果能赐婚国王之女给他,他就将迫使所有希腊人成为国王的奴仆。

为了奖赏阿尔塔巴祖斯成功地撤退回国,他取代梅加巴特斯,被赐予达西利乌姆行省。在这里,他建立了一个世袭总督的统治。他随身带着这样一封信:"薛西斯王这样对保萨尼阿斯说:由于你为我挽救了从拜占庭渡海的那些人,本王朝将赐予你奖赏,永远铭记。你的报告使我感到非常高兴。你要不分日夜,认真完成你对我许诺的事情,不论花费金子还是银子,不要因为金钱妨碍了手中军队的规模。我已经将阿尔塔巴祖斯——一个好人——派到你那儿去了。你和他一起,勇敢地执行我的任务和你自己的任务吧,不论哪件任务,两者都是令人愉快的、重要的。"[3]

对薛西斯而言,实行保萨尼阿斯野心勃勃的计划看来是不可能的。对于我们而言,根据后来发展的情况,它是否能够实现也是值得怀疑的。波斯君主从开始与希腊的国务活动家接触起,就看清了他们最突出的弱点是喜欢接受贿赂。现在,薛西斯已经遭到一连串毁灭性的失败。以帝国黄金为后援的波斯外交,就必须发挥作用了。这位希腊英雄将抓住机会使自己成为国王,看来是非常

符合常情的事情。他将收买陆军和海军，以打通登上宝座的道路。　264
这也证明提供巨额的补助是有道理的。如果他希望娶伟大的王之
女作为奖赏，哪应当如何充分利用薛西斯庞大后宫的一名成员来
帮忙呢？

作为未来的驸马，保萨尼阿斯根据国王的建议，行动更加无拘
无束。他穿上了米底人的裙子，用上了波斯的餐桌仪式，并且用米
底、埃及战俘组织了一支卫队。但是，薛西斯对希腊人其他的特点
却缺乏了解，这就是他们对自己城市国家的无限忠诚和为"自由"
献身的精神。而且，他对雅典和斯巴达之间日益加大的裂痕也缺
乏了解。

雅典的领导权

情况已经很清楚，保萨尼阿斯行将使刚刚被接受为联盟的成员
国变为其野心的牺牲品。雅典人已经承担起谴责他忠于帝国和接
受希腊同盟权力的责任。因此，爱奥尼亚人呼吁雅典人承担起已
经计划好的神圣战争的领导权，兑现自己有关自由的诺言。

雅典人对此作出了谨慎的回答，他们承诺将保护爱奥尼亚人，
但暂时回绝了关于领导权的建议。作为替代，阿里斯提得斯和西
门（Cimon）请求斯巴达召回和审判保萨尼阿斯。但等到斯巴达采
取行动的时候，危害已经造成了。公元前 478 年结束之前，提洛同
盟组成了。它没有取代早已或多或少成了挂名组织的希腊同盟，
而只是这个同盟框架之中的一个全新组织。

这个由阿里斯提得斯领导的新同盟，只包括爱琴海周边的那些
国家。他们的利益主要是沿海地区。他们的目的是洗雪波斯人进
攻之仇，将战争推进到敌人境内，直到亚细亚所有的希腊城市从蛮
族人统治之下获得解放为止。除了雅典之外，现在要求"领导权"
或新机构"执行官"地位的，还有萨摩斯、希俄斯和莱斯沃斯。他们
已经脱离波斯获得独立地位，现在获得了一致的公认。还有一些
亚细亚沿岸海岛也是一样，如大陆南面的米利都、阿拜多斯、基齐

265 库斯和北面的卡尔西登。但是,绝大多数大陆的城市仍然处于波斯人的统治之下。

虽然雅典拥有无可争辩的"领导权",每个城市仍然保留着"自主权"。没有成员国代表会议的正式批准,作为执行官的雅典不能采取行动。会议通常在提洛岛神圣的阿波罗神庙召开。至于拟议中的解放战争所需经费,则由这些国家"贡献",不论是出船还是出钱都行。金额由"公正的"阿里斯提得斯确定。征集到的款项(小国不需要提供船只)存放在同样神圣的提洛岛,由"希腊司库"管理。然而从一开始起,司库似乎就只有雅典公民才能够担任。成员国发誓同仇敌忾。攻守同盟从一开始起就计划是长期的,并且以庄严的仪式加以确定。从指挥官刚刚宣誓的各条船的神坛边,人们把铁锭投入大海,以表示同盟将持续到铁锭浮出海面为止。斯巴达没有表示反对。但是,他们在公元前477年春天把多西斯(Dorcis)派来接替被解职的保萨尼阿斯。当新同盟拒绝接受他作为总司令之后,斯巴达人没有提出异议,欣然把管理海军事务这项吃力不讨好的差事,转交给了他们的好朋友雅典人![4]

战 争 重 起

显然,国内的雅典人对他们现在承担的责任持同样的态度。继续进行战争的宣传也是需要的。公元前476年,在西门的支持下,弗里尼库(Phrynichus)演出了自己的悲剧《腓尼基妇女》。这是以不同的手法再现萨拉米斯的历史。我们注意到一些残存的片段:"这就是波斯人葬身的水晶宫","离开西顿人的城市和多雨的阿拉杜斯","抛弃西顿人的船只"。[5]在下一年,也就是在公元前475年,发生了一件十分重要的事情。西门获准率领同盟舰队前往埃翁(Eion),赶走在那里为城市提供粮食的色雷斯人。城市的城墙已经被斯特里蒙河水冲坏。不过,只要食物可以保证,博格斯266 (Boges)继续进行顽强的抵抗。后来,他杀死自己的家人,将他们的尸体火化,把他的金银投入河中。然后,他听任民众沦为奴隶,自己自杀了。[6]但是，马斯卡梅斯（*Mascames*）保住了波斯在欧洲最后一座要塞多里库斯（Doricus）。[7]

后来，雅典的兴趣又转向了加强提洛同盟，将其变成增强雅典势力的工具，或者保守派与自由派重新开始斗争的工具。甚至在公元前472年上演埃斯库罗斯赞美萨拉米斯胜利的悲剧《波斯人》的时候（有许多观众曾经参与萨拉米斯战斗），也不能重新唤醒人们的战争精神。在党派斗争中，人们并没有忘记地米斯托克利给薛西斯的信件。埃斯库罗斯可以花大量的笔墨来赞美这位伟大的民主派领袖。[8]但是，指责他支持米底人的声音依然不绝于耳。[9]第一次被召回斯巴达之后，保萨尼阿斯受到审判，被宣布无罪释放。后来，他又回到了拜占庭。公元前471年，他被驱逐出该城。这时，他的叛国罪行已经暴露了。他和地米斯托克利的关系已经公开。下一年，地米斯托克利本人也被放逐了。

在取得战胜民主派对手的胜利之后，西门在雅典成了权力无上的人物。公元前466年，在他的领导下，提洛同盟重新开始进行战争。而且，似乎是胜券在握。

宫 廷 阴 谋

薛西斯年轻时的美好前景没有实现。在欧洲冒险的失败，为宫廷阴谋开辟了道路，造成了各种各样的致命后果。在从米卡利撤退的途中，王弟马西斯特斯把失败的责任归咎于海军统帅阿尔塔英特斯，并且斥责他不如女人。对于一个波斯人而言，这是最严重的侮辱。阿尔塔英特斯跳起来要用鲜血洗刷侮辱，但被哈利卡纳苏斯人泽纳哥拉斯（Xenagoras）阻止了。由于挽救了这位王室成员的性命，他得到了统治整个西利西亚的奖赏。

不久，马西斯特斯就发现自己处于更大的危险之中。喜欢拈花惹草的薛西斯在萨迪斯的时候，喜欢上了自己弟弟的妻子。但她是一位贞节的妇女，拒绝了国王求爱。于是，国王将她的女儿阿尔塔英特赐给自己的长子大流士为妻，指望做母亲的将会因此而顺 267

323

从他。

宫廷回到苏萨之后,三心二意的薛西斯将感情从母亲身上转移到了女儿身上。阿尔塔英特的表现说明她更加顺从。薛西斯被她欺骗,送给这位命中注定要倒霉的姑娘一件豪华礼袍。这件礼袍是王后阿梅斯特里斯(Amestris)亲手缝制的。她因此愤怒了,归咎于女儿的母亲轻浮,请求马西斯特斯之妻出席新年宴会。到时,国王将赐予她所要求的一切礼物。这个不幸的女人被残酷地割掉了各种器官。马西斯特斯带领全家逃往巴克特里亚,企图起来造反。但是,在他还没有到达自己的行省之前,他就被人追上,全家都被杀死了。[10]

国王的惩罚证明是有传染性的。阿契美尼德王族成员、蒂斯佩斯(Teaspes)之子萨塔斯佩斯(Sataspes)侮辱了迈加比佐斯之子佐皮鲁斯之女。薛西斯下令将罪犯处以刺刑。但是,萨塔斯佩斯之母是大流士之妹,她说服其外甥用惩罚他重新率领腓尼基人环航非洲来代替死刑。萨塔斯佩斯乘船从埃及出发,向西经过赫拉克勒斯纪念柱(Pillars of Heracles),然后向南沿着西非沿岸,到达俾格米人(Pygmy)的土地。许多个月过去了,萨塔斯佩斯开始感到害怕,返回了宫廷。薛西斯不相信他说的,船只在航行中被暴力挡住了。他的返回,使国王失去了充当壮观的地理大发现保护人的机会。由于违反了国王的命令,因而执行了原先的惩罚。[11]

薛西斯的品质越来越蜕变了。波斯波利斯扩大了的但仍然人满为患的后宫继续讲叙着自己的故事。有一段时间,他仍然关心着波斯波利斯建筑的竣工。在他的统治临近结束之前,他已经处于禁卫军司令、希尔卡尼亚人阿尔塔班和内侍宦官阿斯帕米特雷斯(Aspamitres)的影响之下。[12]

欧里墨东的惨败

薛西斯品质的堕落,不可能不让欧罗巴的希腊人知道。公元前466年,随着地米斯托克利的障碍被清除,西门率领200条船只前往卡里亚。希腊城市轻而易举地被鼓动起来革命，并且接受了驻军。但是，那些使用两种语言的城市仍然效忠于波斯，必须使用武力来征服它们。例如，当西门开始围攻珀希利斯（Phasaelis）的时候，他们的老朋友希俄斯人就将信件绑在箭上射出去，劝说居民交纳 10 塔兰特，并参加争取解放的战争。

薛西斯从睡梦中惊醒过来之后，派遣戈布里亚斯之子阿里奥曼德斯（Ariomandes）率领一支军队前去抵御西门。弗伦达特斯率领陆军，薛西斯的私生子提思劳斯特斯（Tithraustess）率领腓尼基人、塞浦路斯人和西利西亚人的 200 条船只。由于等待从塞浦路斯来的腓尼基人的八十多条船只，阿里奥曼德斯放弃战斗，撤退到欧里墨东（Eurymedon）。这时，希腊人已经准备好追击，他再次退却。在仅仅作出了一些战争姿态之后，波斯人把船只拖上岸来，大多数水手就逃跑了。步兵乘船前来援助，西门让重装兵登陆。重装兵经过长时间战斗之后，占领了波斯人的营房。然后，他启航前去搜寻下落不明的 80 条船只。他发现这些船只仍然停在塞浦路斯的海布鲁斯（Hybrus）。该城遭到出其不意地攻击，所有船只和船员都被俘虏了（公元前 466 年）。下一年，西门只率领 4 条船只，就把得到色雷斯人支持的 13 条船只从切尔松尼斯赶走了。[13]

欧里墨东是决定性的。在希罗多德创作《历史》的时候，除了仍然在波斯手中的多里库斯之外，帝国已经丧失了欧洲。[14] 现在，亚细亚的大多数希腊人，还有许多卡里亚人和吕西亚人，一起都被吸收进了正在急剧扩大的提洛同盟之中来了。例如，当雅典人赐予埃利色雷人新宪法的时候，议员们被迫宣誓，不经雅典人民的同意，他们绝不接受那些逃往米底去的人回国。[15]

希腊对亚细亚的影响

在西伯尼斯（Cybernis）之后，那些孤立的词首字母或词首字母组合文字，并不能使我们辨认出每位吕西亚国王。他们发行的钱币上有真实的或神话中的动物，如斯芬克斯、吐火女怪、吕西亚英雄柏勒洛丰（Bellerrophon）的飞马、还有奇怪的三脚架（即连在一起的三条腿）图案。但是，对于同时代的国王，我们有他们的全拼音名字，其中有 15 个人的名字已经被辨认出来了。在提洛同盟中，吕西亚人由于得名于潘迪昂（Pandion）之子、雅典的英雄利库斯（Lycus）而感到洋洋自得。[16] 例如，雅典的影响经常出现在桑索斯和安提菲卢斯的钱币上。钱币正面有坐着的雅典娜和枭的图案。我们还见过戴头盔的阿瑞斯（Ares）、长着胡子和角的阿蒙图案的钱币。[17]

在哈雷加（Kharega）的统帅马拉赫（Marahe）的陵墓建筑之中，希腊影响尤为明显。主要的图案是拉着战车奔跑的、有羽毛装饰的 4 匹马。马拉赫全身甲胄，正准备刺死狮子。他的车夫戴着弗里吉亚人的帽子。我们再往上看，马拉赫引人注目的长发围绕着一块没有装饰的地方。他靠在躺椅上，鞋子放在一旁，手持酒杯。一名仆人站在躺椅脚边引见客人。马拉赫之妻穿着长及下巴的礼袍，坐在丈夫身后一把无靠背椅上，双脚放在踏凳上。马拉赫前面是他的幼子。一位穿着长及腰部的希腊长方形外衣的长者，正在给一位裸体的年轻运动员带上桂冠。这种裸体雕像，正是希腊化的象征。因为修昔底德曾经告诉过我们，甚至在他那个时代，亚细亚的野蛮人在进行拳击和摔跤比赛时，还只系着一条腰带。[18] 一位蓄短发和胡子的年轻人挥拳打向一位老者，老者在半途中还击。两个老人，一个被岁月累弯了腰，双手紧紧握住。另一个更老的人弯着腰，向坐在那里、牵着狗、拿着权杖的主子伸手求助。[19]

同样，希腊化的过程也在卡里亚迅速进行。曾经被毁灭的埃及赛斯王朝雇佣兵用于表达卡里亚方言的地方性字母，现在已经被上流社会的语言所采用。卡里安达的西拉克斯用希腊语写出了第一份有关印度的记载。[20] 哈利卡纳苏斯女僭主阿尔特米西亚之弟庇格瑞斯（Pigres），虽然是土生土长的卡里亚人。但是，他以一部严谨的著作展示了自己深厚的希腊文化功底。在作品中，荷马原作《伊利亚特》每个由六韵步组成的诗行都被忠实地翻译成了五韵步组成的诗行。许多学者甚至认为，普遍以为是属于荷马的作品《马尔吉特斯》(*Margites*)和《蛙鼠之战》,作者应当就是他。[21]　　　

东方对希腊的影响

同样,欧洲的希腊人也很熟悉东方。弗里尼库早就演出了自己创作的剧本《埃及人》。埃斯库罗斯加工了古代的传说,创作了最早的、有价值的东方故事。在他的剧本《请愿妇女》之中,那些少女从尼罗河七个河口美丽的沙洲——从紧挨着叙利亚的遥远牧场逃到了阿尔戈斯。她们带着西顿的亚麻面纱,好像是尼罗河的妇女或埃塞俄比亚附近骑骆驼的游牧者。伊俄在整个亚细亚、放牧羊群的弗里吉亚漫无目的地游荡。密细亚的托特拉斯(Teuthras)、吕底亚的山谷,翻越西利西亚的群山和潘菲利亚。她拜访过守护黄金的、独眼的阿里马斯皮(Arimaspi),拜访过居住在埃蒂欧普斯河(Aethiops)太阳水边的黑种人。她游历过大瀑布。从比布赖恩山脉(Bibline)发源的尼罗河,把神圣的水源送到了这里,疾病不能污染它的水源,直到卡诺布斯(Canobus)和孟斐斯城。圣牛伊帕夫斯(Epaphus)即希腊人所说的阿匹斯就生活在河边。而且,埃斯库罗斯知道纸草、鳄鱼和埃及的啤酒。他还听说过珀希斯(Phasis)是欧罗巴与亚细亚之间的分界线,香料出自叙利亚,有一个海名叫埃利色雷(Erythraean)。[22]

埃斯库罗斯的剧本《波斯人》,是同时代发生在萨拉米斯的故事,有更多的机会透露出新的信息。他提到了"波斯人的城市",虽然他不能完全肯定它与"苏萨人的城墙"、埃克巴坦那人的城墙,或者奇西亚人的城墙是否有所区别。繁荣的萨迪斯和巴比伦给他以深刻的印象。他可以列出正确的波斯王表。王母阿托萨既是波斯一位神的妻子,也是一位神的母亲。她的儿子薛西斯就是波斯人在地上的神、出生在苏萨的神。当她的丈夫去世之后,他又统治着冥界的众神。[23]我们现在还没有发现明确的证据,表明波斯人从祖辈起就接受了帝王崇拜仪式。

他还说到大地之神和死神祭奠的仪式:大地神用出自无疵母牛的乳、清澈的泉水、醇酒、蜂蜜、橄榄油祭奠,死神使用花冠祭奠。

阿托萨奉献祭品给地下众神并且为冥世的宫廷祭酒。同时,长者唱起了赞美诗,乞求亡灵的管理者仁慈地倾听他们的祈祷,乞求地下神圣的守护神——大地之神、赫耳墨斯(Hermes)和冥王,能够允许大流士的亡灵见到光明。[24] 品达(Pindar)知道神话传说中的珀希斯和尼罗河、巴比伦和宙斯·阿蒙的圣所,以及伊帕夫斯在埃及所建立的许多城市。他的歌曲像腓尼基的商品一样,传遍了四海。[25]

埃斯库罗斯断言,波斯人正在悔恨:"在整个亚细亚居住的那些人们,将不再归波斯人统治,也不再缴纳主人强迫他们缴纳的赋税,不再鞠躬屈膝表示敬意,因为国王的权力已经彻底毁灭了。"[26] 无论如何,这种自吹自擂仅仅符合希腊人居住地区的情况。在雅典,保守的、反波斯的势力达到了顶峰。提洛同盟进入了全盛时期。波斯对西方的影响显然已经结束。西蒙尼德斯(Simonides)创作了许多有关的诗歌,如《冈比西斯和大流士的王国》、《与薛西斯进行的海战》、《阿提密喜安和萨拉米斯海战》,当然还有许多在伟大的波斯战争中牺牲的英雄的墓志铭。兰普萨库斯(Lampsacus)的卡隆(Charon)撰写了《波斯史》。米利都的狄奥尼修斯(Dionysius)写出了《大流士之后的重大事件》的清单,似乎波斯的历史已经结束一样。但是,事实是不久之后,波斯就改变了整个希腊世界的政治面貌。

原注

1 关于下一个时期,见 M. L. W. Laistner, *History of the Greek World from 479 B. C. to 323 B. C.* (1936); *Cambridge Ancient History*, Vol. V (1927); E. Meyer, *Geschichte des Altertums*, Vol. IV (3d ed., 1939); K. J. Beloch, *Griechische Geschichte*, Vol. II (2ded., 1914 - 1916)。

2 Herod. v. 32.

3 Thuc. i. 129. 3;参见 Olmstead, "A Persian Letter in Thucydides," *AJSL*, XLIX (1933), 154。

4 Simonides, Frag. 131 (Edmonds); Herod. viii. 3; Thuc. i. 18. 2;75. 2; 77. 6;94 ff,128 ff; iii. 10. 4;11. 3 ff; v. 18. 5; vi. 82; Aristot. *Polit. Athen.* 23. 4 - 5; Duris *Hist.* xxii. Frag. 14 (J); Diod. xi. 44. 1; Just. ii. 15. 13 ff; Nepos *Paus.* 2 - 3; Plut. *Aristeid.* 23; *Cimon* 6. 2; Polyaen. i. 34. 2; Chrysermus Corinth. *Pers.* ii (*FHG*, IV, 361),参见 J. A. O.

Larsen 令人信服的研究："The Constitution and Original Purpose of the Delian League," *Harvard Studies in Classical Philology*, LI (1940), 175 ff.

5　Phrynichus, Frag. 8 ff (Nauck).

6　Herod. vii. 107,113; Thuc. i. 98.1; Ephor., Frag. 191 (J); Aeschin. Ctes. 183 ff.; Diod. xi. 60.1 – 2; Nepos. *Cimon* ii. 2; Plut. *Cimon* 7; *Paus.* viii. 8.9; Polyaen. vii. 24.

7　Herod. vii. 106.

8　Aeschyl. *Pers.* 355 ff.

9　Plut. *Themistocl.* 21.5.

10　Herod. ix. 107 ff.; 对照: Ctes. *Pers.* xiii. *Epit.* 59。

11　Herod. iv. 43.

12　Ctes. *Pers.* xiii. *Epit.* 60.

13　*IG* (ed. minor), Vol. i. Nos. 16 and 928; Thuc. i. 100.1; [Simonides] *Anthol. Palat.* vii. 258; Plato. *Menex.* 241 E; Lycurg. *Leocrat.* 72; Ephor., Frag. 191 (J); Callisthen., Frag. 15 (J); Diod. xi. 60 – 61; Nepos *Cimon* ii. 2; Plut. *Cimon* 12 ff.; Bell. Pacat. (Athen. vii. 349D); Paus. i. 29.14; x. 15.4; Front, *Strat.* ii. 9.10; iii. 2.5; Polyaen. i. 34.1; Arisid. *Panathen.* 246,276; Aristod. xi. 2. 参见 W. Peek in *Athenian Studies Presented to William Scott Ferguson* (1940), pp. 97 ff。

14　Herod. vii. 106.

15　*IG* (ed. minor), Vol. i. No. 10＝Dittenberger, *Syl*³, No. 41.

16　Herod. i. 173.

17　F. Babelon, *Traite des Monnaies* II, Part II (1910), 273 ff.

18　Thuc. i. 6.5.

19　Otto Benndorf and George Niemann, *Das Heroon von Gjolbaschi-Trysa* (1889), Fig. 41; *TAM*, Vol. I, No. 43.

20　参见 p.212。

21　Suid. s. v., "Pigres"; 参见 Plut. *De malig. Herod.* 43。

22　Phrynichus, Frags. 720 – 721 (Nauck); Aeschyl. *Suppl.*, 3 ff., 120 ff., 278 ff., 311., 315., 547 ff., 760., 953; *Prometh vinct.* 804 ff.; *Agamem.* 1312; Frags. 105 – 106,161,206.

23　Aeschyl. *Pers.* 157,634,644,691 ff.,711,857.

24　*Ibid.* 219 – 220,623 ff.

25　Pindar. *Isth.* ii. 41 ff.; vi. 23; *Paen.* iv. 13 ff.; *Nem.* x. 5; *Pyth.* ii. 68; iv. 16.

26　Aeschyl. *Pers.* 584 ff.

左：大流士宫殿的大门，
　　类似埃及神庙的大
　　门。波斯波利斯

右：大流士与飞狮搏斗，
　　体裁受两河流域雕
　　刻影响。波斯波利斯

左：国王与随从，大流
　　士宫殿浮雕

右：没有胡子的年轻人，
　　手持毛巾和香水瓶，
　　有人猜测他是宫廷
　　太监

阿胡拉马兹达神的象征,波斯波利斯浮雕

在埃及雕刻的大流士一世像,公元前510年左右,其衣服和底座上刻有古埃及、波斯、埃兰和巴比伦四种语言的铭文,雕像原置于埃及,埃及起义后移到苏萨

国王的车马及随从贵族,波斯波利斯

20世纪初期波斯波利斯遗址旁的牧民帐篷,这时的波斯波利斯仍然被人们称为鬼城

大流士花瓶,希腊瓶画之中的大流士宫廷场面

纳克希鲁斯塔姆火祠

大流士一世陵

帝国各地居民带着礼物前来进贡,阿巴丹台阶雕刻

大流士接见朝臣图,背后立者为王储薛西斯,其后为一名麻葛。大流士与薛西斯手中所持莲花,被认为受到埃及雕刻艺术的影响

第廿章　波斯波利斯的新年

我们知道,是大流士制定了波斯波利斯建筑的总体计划,但波斯波利斯却是薛西斯的劳动成果。确实,薛西斯在位最初8年主要致力于,并且亲身参加了战争和行政管理。但是,宫殿平台的建筑工程在公元前485年就已经重新恢复。在余下的13年时间里,他真正兴趣显然放在新都城的建设上,但并没有完全忽略帝国不管。

薛西斯档案

现在,除建筑物所保存的历史证据以及薛西斯下令书写的少数铭文之外,我们又可以加上大约200份埃兰泥板文书了。这些泥板文书是在档案库中发现的,和它们一起被发现的还有少量写着阿拉米文的石制器皿收藏品。少量类似的文书出自大流士时期,但最活跃的时期属于薛西斯在位最后3年期间。

这些文书是高级官员向司库(*ganzabara*)提交的要求发放平台工人报酬申请文书。报酬按月或几个月支付一次,通常使用银谢克尔和银片的术语来确定数量。实际上,我们清楚地知道,有时,这纯粹是为了簿记的需要。因为报酬通常是按照规定的价格发给葡萄酒或绵羊。因此,我们有可能将巴比伦与波斯波利斯的工资作一个比较,从而揭示当时的生活水平。同样使人们感兴趣的,还有官员的名字、工人所代表的民族、分配给他们的任务,甚至还有关于他们受雇于建筑工地的方案。[1]

在大流士最后的岁月中,现在担任司库正式官衔的巴拉德卡马(Baradkama),是一位重要的人物。公元前 483 年,阿斯帕西尼斯(Aspathines)向他报告需要付给 313 名工人 6 个月的工资,还有一次是付给 470 名工人 1 个月的工资。在后面这一次,有 66 人每人应得 1 谢克尔;112 人每人应得 3/4 谢克尔;292 人每人应得 1/2 谢克尔。显然,波斯波利斯的工人与巴比伦相比,报酬是微薄的。我们特别要牢牢记住,在波斯征服之后,粮食价格一直在暴涨,从来就没有稳定过。

我们知道有一个男人,他显然是从苏萨来到波斯波利斯熟练的工匠。我们还知道就在同年,在一个建筑工地工作的 201 名工人分别来自赫梯、埃及和爱奥尼亚。如果他们之中有希腊雕刻家的话,也没有迹象表明他们得到了过高的报酬。第二年,沙卡(Shakka)负责管理 34 名细木工人,他们用木料制作雕像。在这种情况下,就需要使用大流士的三语印章。公元前 480 年,沙卡付给波斯波利斯 2 名制造铁门的工匠 1 年的报酬。每人每月工资是 1.5 谢克尔。赫梯工人再次受雇于一个建筑工地。公元前 479 年,沙卡报告说有 28 名石雕的工人、大概是雕刻阿帕丹浮雕的工人,也同样在波斯波利斯从事木刻装饰工作。

直到公元前 479 年,一名"波斯佬"("the man of Parsa")继任巴拉德卡马的司库一职。他被要求给 11 名成年男木雕工支付报酬,规定的报酬(2/3、1/2 和 1/3 谢克尔)只相当于其总工资的1/3。公元前 476 年,沙卡手下有 18 名成年男石雕工和木雕工。公元前 473 年初,在公元前 480 年时还是下属的瓦胡什(Vahush),被提拔到司库的职位。而且,我们现在听到了"王库"的消息。阿尔塔塔克马(Artatakhma)手下有 20 名成年男子装饰青铜器。公元前 471 年,奇特拉瓦胡(Chithravahu)管理着国库的 238 名成年工人,其中 2 人是监工,每人工资高达 2 谢克尔。22 人每人应得 1 谢克尔。其他人每人 2/3、1/2 和 1/3 谢克尔。但有 159 人每人只得到 1/4 谢克尔。报酬最低的是儿童——他们当时从事的实际工作是东方的银匠工作。妇女看来好像可以挣到男性工匠的平均工资 1 谢克尔。这时，大流士的印章已经不再用来作为印鉴，新印章的铭文是："我是薛西斯，伟大的王。"

薛西斯在位最后 2 年（公元前 467—公元前 466），泥板文书增加了。建筑物仍然处于建筑的阶段。这时，波斯波利斯国库有一组工人，人数约有 1350 人之多。司库瓦胡什住在"城堡里"，城堡是与波斯波利斯轮流使用的另一个名字。在那里，他接到迈加比佐斯要求发放工资的请求，12 名成年男子每人 2.25 谢克尔。9 名少年每人 1.6667 谢克尔，另外 9 名每人 2.25 谢克尔。17 名妇女每人 1 谢克尔；17 名少女每人 0.67 谢克尔。

阿尔塔塔克马需要发钱给卡里亚金匠。监工报酬为 4.0625 谢克尔，26 人每人得到 2.25 谢克尔。正如现代东方一样，少年和妇女不仅做了大量的工作，而且他们的报酬也非常优厚。4 名少年每人 5/6 谢克尔，第 5 名少年获得 5/12 谢克尔。27 名妇女所得报酬远高于成年男性的平均水平，达到 1.6667 谢克尔，5 名熟练少女每人获得 1.25 谢克尔；4 名少女每人 0.8 谢克尔。另外 4 人每人 5/12 谢克尔。

阿尔塔塔克马是迈加比佐斯的上级。迈加比佐斯管理的 12 名少年每月获得 45.25 谢克尔（每人将近 4 谢克尔）。但是，这与监工相比微不足道。监工每月可以获得 7.25 谢克尔。弗伦达特斯也领导着和那些从事石刻以及装饰铁门、木门的工匠。但是，金匠的报酬高得离奇，银匠的报酬高于平均水平。而那些制作宏伟浮雕的工匠，却没有得到报酬或者只得到勉强能够糊口的工资，以便与巴比伦普通农民进行贸易。除非我们假设（正如我们有时必须假设）规定的报酬只不过是总工资的一部分。

阿帕丹的浮雕

大流士开始兴建波斯波利斯的阿帕丹。但是，在北面的雕刻完成之后不久，他就去世了。继续完成这个宏伟建筑的任务，留给了薛西斯。在这方面，他倾注了他所有的精力，从而创造出这座最宏伟的平台建筑。

为了进入平台的上层,在北面和东面修建了宏伟的台阶。在每一边,两个相对的台阶在中央汇合,同时,两个台阶再次在拐角的地方向后延伸。北面和东面的平台有292英尺的长度全部被浮雕覆盖,这些浮雕展示了波斯艺术的精华。北面的那些浮雕,参观者最初可以见到,可惜现在已经风化了。东面的浮雕,反向重复着图案。多亏有了土壤的保护,才使后者自遭到亚历山大肆无忌惮破坏以后,再也没有遭到破坏。最近的考古发掘,使得它们再次重现了原先所有的美貌。

在中央平台的下面,翱翔着阿胡拉马兹达的象征,但没有神的雕像。在两边棕榈树干之上,都有一个有翼、有爪的格里芬作崇拜状蹲伏着。在神圣的象征之上,本来应该有薛西斯的建筑铭文。两名不死军士兵持枪守卫着光秃的墙面。但在东面和北面的墙上,到处是赞美阿胡拉马兹达和国王的铭文。[2]在棕榈树干之间,在由台阶组成的三角形之中,嵌入了狮子用牙齿撕咬跃起公牛后腿的图案。柏树状的树木长着针叶、球果、松树的树皮,生长在外面的、位于玫瑰花状图案行列之间和雉堞之下的女墙上。

所有这些只是为主题服务的。一长列士兵、朝臣以及被征服的民族排着队伍,在新年庆典时前去朝见他们的主人。有一边由玫瑰花形物分成了3部分,排成三列。每部分最前面站着的都是一组盛装的不死军士兵:身穿长及踝关节的、下垂的长袍,长袍一边扎着,盖住了手臂,腰部以下衣褶很深,穿着系带的鞋子。长矛放在脚尖之前,他们全部以立正的姿态笔挺地站着,表明他们是一支纪律严明的军队,92名不死军士兵,每人的姿态都很超脱。

贵族和侍从形成了协调的对比。所有人都有迎宾官和持权杖者带领,[3]他们手持表明自己的职务的球形权杖,戴着金属项链或项圈。[4]一名持权杖者领着3名右手持鞭的侍从隔开人群。侍从左臂下面夹着叠好的华盖。还有白色的、绿色的、蓝色的帐篷,用上好的、紫色的亚麻绳子拴在大理石柱的银环上。[5]第四个人背着国王的金脚凳。[6]国王坐在宝座上可以搁脚。或在行军途中,他离开战车乘坐更舒适的篷车时,可以当踏脚。[7]这样做是必需的,因为有规定君主在宫殿外不能徒步行走。[8]

接下来一名迎宾官右手搁在左腕上,手持一根权杖,领着3名马夫。他们的一只手抚摸着尼萨小牡马的背部,[9]马匹的马具有圆形的马笼头、扁平有孔的珠子和一个小铃铛。第三名迎宾官在两辆空战车前。一辆是为看不见的阿胡拉马兹达准备的,[10]另一辆是为国王准备的。为神圣的白马[11]准备的马具很简单,一个马笼头和特别的金马嚼,[12]马笼头是镶金的,有时还配有套子。[13]一个像梳子的金属盘,使马鬃免于杂乱。马具的其他部分包括一条环绕马腹的箍带,还有前腿后的流苏。附加的装饰品还有,马额毛被修成了一朵盛开的莲花,脖子边的毛发被修剪成鬃毛。战车的大梁直接安在车轴上,车梁以一个形似裸体侏儒的栓子固定在车轮上。与亚述的实物相比,12根中间凸起的辐条,形成了一个不同寻常的数字。同时,车轮用大装饰钉钉上,能在地面提供牢固的支撑。车厢边缘刻有狮子行走图案,上面挂着国王的箭袋。在车尾,有一根皮带帮助国王上车。一根金属的扶手可以使他保持稳定的姿态。因为车厢直接放在轴心上,颠簸一定非常厉害。

米底和波斯朝臣交替出场,塞满了这些雕像的下面两列。少数人趾高气扬,大踏步前进。他们穿着鲜红的、深红的、紫色的长袍(偶尔有素静的灰色混杂其中)[14],戴着金耳环和金项圈[15],充分显示出自己的高贵身份。有时,有一个人一边走,一边转过半个身子来握住朋友的手。另一个人故作姿势,他的左手以漫不经心的、优雅的姿态,放在腰带上一柄粗壮短剑的剑柄上。这样,他就将下垂到手上的精致长袍,最完美地展示出来。同时,他正在察看左手举着的稀有之物,这是他打算献给国王的。他后面的人手上拿着春节里最合适的礼物——花朵,并且将一只手搭在一位花花公子的肩上以示赞许。前面有一位朝臣听到极度激动的消息,突然出乎意料地往回走,弓囊在腰带上摇摆着。

在中央台阶的对面,每个场面都用格式化的柏树隔开。不同的被征服民族组成了23个代表团,一起前来呈献每年给"国王的礼

276

物"。每个代表团都有一名迎宾官带路。他右手持节杖,左手紧握
代表团首领的手。每个代表团都穿着自己民族的服装。这一点,
277　希罗多德已经描述过。[16]他们带来了本民族最有名的产品、纺织品、
金属工艺品、花瓶,尤其是各种各样最大的、最最完美的动物,每种
动物举止都非常优美。

艺 术 传 统

这些浮雕表明,波斯艺术已达到了它的顶峰。它们既表现了艺
术的生命力,也暴露了它的弱点。但是,求全责备、苛责它的缺点,
那是非常不公正的。因为我们必须认识到,这些从事雕刻的人,报
酬微薄,只不过是一些工匠。他们从来就不是有真正艺术天赋的
人。为了对他们作出应有的、虽然是迟来的评价,我们必须详细考
察他们的工作。

与大流士三座门台阶浮雕相比,即使在阿帕丹早期的、粗糙的
北墙面,艺术出现了明显的进步。那种粗鲁的幽默感几乎荡然无
存。随之而来的是奇怪的、高大的、中等的、矮胖的形象交替出现。
表现人物攀爬的尝试被放弃了,大腿的长度不再有长短不一的现
象,人物不再重叠。更没有一个人踩在另一个人脚趾上。分组更
系统和精细,结构的细部更精确,衣纹的处理更熟练,整体效果使
人更满意。

北面和东面一样,是由优秀的设计师设计的。他们很可能在将
每个雕像分配给不同的雕匠之前,就已经划出了构图的大体轮廓。
但是,他们的名字被君主忽略了。因为他声称所有的荣誉都归于
自己。这个例子更好地说明了,古代的工匠是在如何困难的情况
下完成了壮观的作品。由于国王首先考虑使用建筑装饰队伍。因
此,这种装饰就不可避免要分成许多组来雕刻。各组的匀称调和,
就需要运用数学比例来获得。虽然不是极其机械地应用数学比
例,但还是失去了灵活性。

在保存不那么完好的北面,雕像时间更早,构图因此也不太精

细。在下面一列之中,雕像分成五六个人一组。在中间一列,除了一组是 5 人之外,每组是 3 人。不同组相同位置的人物之间没有关系。同一组的人物常常也互不接触,甚至不手牵手。人物很清瘦,而且被广阔的空间隔开。手臂的轮廓都在一个水平面上,即使肘部弯曲或者放在同伴肩上也一样。头饰都是正方形的,有时没有螺旋线条。衣纹通常是自然地成褶,下垂到手臂两边。更进一步的处理是——使袖子平整地盖住手臂,肘部做出 4 个流畅的衣褶,使下面的衬里清晰可见,并用一条刻线分开——这就使衣褶显现出来了。对头发和胡子的处理没有规律可循,一般的图案是带有手臂轮廓的侧面像,胡子几乎垂到项链部位。手镯很大,却没有装饰。手掌握紧时很小,张开时很大。

后来,某位大师制作的作品更为精致。这是东面台阶上一幅类似的贵族行进图。第一组有马匹、神和国王的战车,它们都是按照非常传统的方式制作的大型雕刻。因此,它足足占据了相当于下面一组 5 个人的空间。由于战车较小,马的宽度有 4 个人那么大,但第五幅图被前面的侍从占据。在中间一组,右边第 6 个人脸向后转,这就弥合了上面 2 辆大战车之间的空隙,而在下面一组则是第七个人向后转。第一组中间 4 个小人物中的第一个和最后一个,表明了下一组第一人和第六人的地位。因为有人拿着脚凳站在下一组的这些人之间。在下面两行队伍之中,有规律地重复着两个民族的风格。每隔同样的距离有人手牵着手,相同的人物都有箭袋,宽阔的肩膀表明相同的联系。直线与斜线形成对比。一位贵族正在闻着花香,或者拍拍同伴的肩膀。

在这样一个场景里,5 位不同的雕刻家留下了他们风格迥异的标记。一位艺术大师爱好曲线。他雕刻的人物都有修长的、曲线优雅的手指。一条曲线把手掌和手臂区别开来,另一条曲线用来表现下垂的袖子。衣褶完美而流畅,帽子的飘带有规定的长度。在侧着的头和正面的肩部之间,脖子上绑着一根绳子。利用衣褶来表现胸部的衣服。同时,络腮胡子的胡尖是参差不齐的,八字胡子的胡尖都上了蜡,粘在一起。耳朵周围有许多螺旋状的小鬈发。

278

339

我们的下一位艺术家喜好平面和直线。他的角度是尖、长和深。他雕刻的手，指头长得很不得体。浓密的短络腮胡子既有水平的，又有垂直的。络腮胡子与头发相交是杂乱的，飘带是平的，第三位艺术家喜欢雕刻瘦的人物，雕像的肩部、头部、衣服的下摆过于狭窄。整个轮廓用许多小曲线来勾勒出。他的花朵也是线形的，好像下摆的衣褶一样。他雕刻的手指又短又粗，脚很小。他的络腮胡子直挺挺地非常扎眼。第四位艺术家的人物，飘带又短又沉，朴素的手镯，有力的手臂，小脚。同时，他的衣褶是线形的，以此来表现胸部的衣服。他雕刻的手指优雅地弯曲着。在所有的人之中，最后一位是个拙劣的模仿者。他的人物头部过大，手指很短，花朵又短又粗。两个手镯体现不出一点独创性。

从装饰艺术的角度来说，东面的朝贡群体远不如北面的成功。北面的浮雕，在细节上有许多值得重视的经验。虽然人物比较纤细，也不那么写实。艺术大师趋向于在每一组之中再加上一个人物。无论如何，这对于学习服装的学生来说是有益的。在有效利用宽阔、朴素的平面上以及将垂线与整个场景准确地协调为一个流动整体方面，设计者是一位大师。他的设计要求每一组都要占据 10 个人的空间。每组用传统的柏树隔开。

在东面，设计者为类似的群体安排了 9 个人的空间，其中有三四个空间用于雕刻动物。没有作出努力来获得准确的间隙。在这些空隙中的每个雕像，都在上面的雕像之下。结果，由于杂乱的拥挤现象和后面光秃的墙面，彻底破坏了和谐的场面。由于行进的次序从北面看来是倒过来的，应当从右边来看人物。他们有的人垂直地拿着权杖，其他人斜拿着权杖。北面的人衣服很短，项链挂在肩膀上，没有下垂。在东边，代表团首领被雕刻成左肩在前，右肩在侧面，显出肩上的手臂很长。在北面，对衣服的处理也是这样的，虽然有肩膀，衣服的衣褶是笔挺的。

在对动物雕像的处理手法上，可以分辨出有两个主要的流派。一个流派雕刻的御马面向着嵌板，这些马来自亚美尼亚和朋特。还有阿拉伯骆驼、长颈鹿、羚羊和有角的公牛。另一个流派的代表作是西徐亚、卡帕多西亚马和印度驴。但是，也有许多动物反映出两种流派风格的结合。这些艺术品独有的特色是，第一个流派表现一簇从底部辐射出的额毛条纹和从前额一起垂下的长带。眼圈凹陷形成了小眼球，上眼睑搭着下眼睑。泪管上端要比下端大。眼睛周围形成很深的凹陷，从泪管有一条线一直到鼻子。耳朵与头部成直角。下巴上有曲线。深深的线条将脖子和头分开。双唇是严格地模仿的，嘴巴微微张开，马鼻上有鼻尖。两根线条将腿部内侧的肌肉组织分开，还有一条细线在外侧。身体又长又窄。它们的脚看上去似乎要飞腾。马鬃被精心修剪过。侍从的双脚清晰可见。

280

第二个流派雕刻的动物迥然不同。在西徐亚马的雕刻上，额发的线条从中间分开，带子在前面和额部分开。眼球很大，眼圈仅仅刻了一下。在泪管的对面是一个简单的点。一条粗短的线条取代了从泪管到鼻子凹陷的线条。一条笔直的线条将下巴和脖子隔开，一直延伸至鼻子的另一边。嘴唇没有立体感，嘴巴被迫张开或紧闭。鼻孔仅仅是条曲线，雕刻腿部肌肉根本没有使用线条，身体很大，脚很笨重。正如未经修剪的马鬃所显示的一样，这些马是干活的役畜。这个流派另一个独有的特征体现在侍从的脚后跟被动物的脚所遮住。由于身体差异而进行的修改，对于其他动物的处理方式，分成了一个或更多的的流派。

对阿契美尼德艺术最伟大遗址进行的细致分析证明，艺术品中千篇一律的场面是精心造成的幻觉。通过这种分析，我们已经可以找出单个的工匠，了解他个人独有的特征，看到他在解决自己所面临的艺术问题时，使用的各种不同方法。当伊朗所有的艺术品都进行了同样细心的分析之后，我们首先就必须准备对阿契美尼德古典雕刻优秀品质作出公正的评价，并且给予它在古代艺术史上应有的地位。[17]

阿帕丹接见大厅

现在,我们很不情愿地把目光从我们一直注视着的、阿契美尼
德艺术品最优秀的代表作上移开。我们跟着弓手侍卫,走上北面
的台阶,看看隐藏在高高的、有雉堞的女儿墙后面的东西到底是什
么。在我们的面前,是一条柱廊。两侧有泥砖建成方塔,泥砖被彩
釉砖组成的图案或铭文所覆盖。[18]在 30 英尺之外,矗立着 2 列 6 根
圆柱。圆柱直径虽然有 7 英尺,但它们的高度达 65 英尺之高。这
是人类制作的、最令人印象深刻的、纤细轻巧的圆柱。东面和西面
都有相似的柱廊。所有的柱廊都有装饰精美的钟形基座、朴素的
柱脚圆盘线脚、有凹槽的、逐渐变细的柱身、两个背对背跪着动物
的柱顶。两边的柱廊,这种柱型看来非常精致、朴素。西边是公牛
柱顶。东边是有角猫科动物的柱顶,前面的圆柱,柱身上半部装饰
有托座,还有非常有吸引力的双垂直螺旋纹装饰柱顶。跪着的动
物有青铜角,眼球上贴金叶饰。两根长横梁从跪着的动物之间穿
过,支撑着上横梁。上横梁有二三根横梁那么高,再往上可以认为
是椽子弯曲的末端。在它们之上,三四根横梁组成的檐板支撑住
夯实的泥屋顶。这样的屋顶可以使下面的房间保持凉爽。雉堞遮
住了屋顶上的金瓦和银瓦。

两个入口可以进入北面柱廊的内部。一个是东面的入口,一个
是西面的入口。6 列每列 6 根圆柱立在正方形的柱基和以同样的
石料做成的底座上,但又不像前面柱廊的底座。前面的柱廊支撑
着黎巴嫩香雪松做成的木板屋顶,使面积达 14500 平方英尺的接
见厅外表看起来就像是一片森林。

我们可以很有把握地复原许多现存的遗迹。但是,阿帕丹现在
已经成了一片废墟,在这片柱林之中,少数圆柱奇特的柱顶,依然
高傲地屹立在蓝天之下。自从被劫掠之后,一些残留的、过去贴在
光秃秃的泥砖墙之上的金片,[19]还有少量的金叶饰,所有这一切证
据,都不能不让人联想到这里过去是如何挥金如土的。由于马其

顿征服者的大规模破坏,许多工匠(我们从档案库泥板文书的记录中,已经知道发给他们的报酬是如何微薄)创作的木雕,[20] 已经化为炭柱和灰烬。按照希伯来文或希腊文的记载,许多华丽的帐篷已经仿造出来,并且加以复原。由于现代考古发掘的需要,几百名工人暂时取代了这座宫殿中曾经的人群。不久之后,平台将会再度恢复千年的沉寂。但是,我们重新读到了古代的资料,考察了浮雕,然后又登上了阿帕丹。当我们注视着落日余辉之中孤独的圆柱,眺望着这个平原时,无需太多的想象力,就可以想象我们就是古代有特权的宾客,正在等待薛西斯正式进入接见大厅。

国王的光辉

薛西斯绝大部分时间住在南面的宫殿之中,过着像神仙一样的隐居生活。[21] 那里有一条私人的通道,可以让他进入阿帕丹。他的头上戴着高高的王冠,[22] 王冠边上是梳理好的鬈发,盖住了前额,一直下垂到脖子边。有时他也会戴着垂直的头巾[23],头巾周围绑着头带。这是一条有白点的蓝色头带。[24] 他的耳环是黄金镶宝石的。[25]

如果我们在距离国王很近的地方站着,我们就会发现他的眼睛是凸出的。他的眉毛引人注目,他的鼻子略微弯曲,他的嘴唇厚实,八字胡子低垂、在唇边形成鬈曲。络腮胡子在他的腰部修理成方形,并且模仿亚述人水平排列的鬈发式样。他外面穿的礼袍是宽袖长袍,[26] 用昂贵的腓尼基紫色染成。[27] 礼袍很重,因为它绣上了象征着战鹰或魔鬼的黄金图案。[28] 根据传闻,礼袍价值 12000 塔兰特。[29] 至于紫色有白点的长袍,那是专供国王一人御用的。[30] 袍子下面露出的是镶有紫边的、白色或深红色[31]裤子。平底尖头靴是蓝色[32]或橘黄色的。[33] 金手镯和金项圈增强了效果。[34] 波斯短剑悬挂在黄金的腰带上,剑鞘据传是用一块贵重的宝石制成的。[35] 他的右手紧握着细长的、带球形物的黄金权杖,[36] 左手拿着一枝两片叶芽的莲花。

最后,我们将目光从闪光的形象移开。这个形象已经使我们的

282

283

确相信,我们看到的这个人,就是这辽阔大地的主人。我们注意到有两个侍从。他们穿着长袍和紫色的鞋子,但帽子较低。他们的胡子是弧形的,不是方形的。一个随从在国王头上撑着有弯曲伞骨和石榴状伞顶的华盖,这是从亚述人那里学来的。即使在远征时,华盖也和国王在一起。[37]另一个随从是内侍,[38]拿着餐巾和苍蝇拍。

国王坐在华盖下面的宝座上,华盖镶着宝石,并由黄金柱子支撑。玫瑰花组成了两条镶边,镶边上有怒狮子向神的象征致敬。整个镶边由于流苏的自重而下垂着。[39]宝座上可以转动的横档证明这个宝座是木质贴金的。不过,希腊人坚持认为整个宝座是贵金属制成的。宝座的脚是狮爪,踏在银质的圆球上。[40]宝座靠背是笔直的,没有扶手,但有软垫能够使人稍微舒适一点。国王的脚踏在脚凳上,脚凳的腿是牛蹄形的。当国王抬起右手臂伸出权杖时,就表明他同意接待。他里面穿的紧身短上衣,正好齐腰,宽大的长袖低垂着。外面是宽袖长袍,优雅的衣褶一直下垂到踝关节。

在国王进入大厅时,所有的人都必须下跪以示崇拜。[41]因为按照古代东方的习惯法,国王就是真正意义上的神。[42]在整个觐见过程中,双手必须放在袖子里,以防暗杀的威胁。[43]国王退朝之后,我们可以仔细观察宝座。但是,我们预先得到警告,坐在宝座上就是死罪。[44]甚至踩在国王行走的萨迪斯地毯上,也是被禁止的事情。[45]

大王的宫邸

薛西斯在位前期,他把所有精力都投入到建筑其父宏伟的阿帕丹。他住在距西南面大流士宫殿很近的地方。由于宫殿尚未全部竣工,儿子(薛西斯)必须在南面增建台阶,他自己的艺术家以自己独特的浮雕装饰了台阶。在封闭柱廊两端的巨大壁角柱上的铭文中,薛西斯甚至提到了宫殿是由其父大流士开始建造的。[46]

阿帕丹竣工之后,薛西斯改变了他的活动据点。一座新宫殿在更远的东面建立起来了,位于三座门、宴会大厅和他的国库之间。

284

这些建筑物北面是如此安排，以致它们看起来好像是有意地从西往东，阶梯式地把房屋一层一层建上去。在大流士宏伟的三座门之中，有一个侧门通向台阶，可以进入新建筑物的主厅。在东西两边是狭长的房间。北面有一条 1 列 4 根圆柱的露天柱廊，似乎可以进入公共服务区，但事实上只能通向一个像走廊一样的房间。前面提到的连接三座门和这个地区的台阶，通向一条狭长的走廊。参观者走过这条走廊，回到了走廊东面的一个小院子，然后可以进入更东面主要的房间，房顶由 2 根圆柱支撑着，饰有倾斜的壁龛，与国库外墙的壁龛非常相似。[47]

庭院的南面，是进入正殿的入口。在壁角柱之间，有 2 列每列 4 根木圆柱；再往后走是警卫室，警卫室的门框边正好可以看见 2 名不死军士兵。穿过国王在阳伞下的相似图案，参观者就进入了像森林一样的大厅，这是因为它有 3 列、每列 4 根圆柱。大厅周围环绕着 10 个石龛。穿过大门，可以进入左右两边狭长的房间。大门上有国王与狮子、或者是蝎尾怪兽搏斗的图案。右侧不合常规地设置了一扇门，门上可以看到国王和手持苍蝇拍、餐巾的侍从。这扇门可以进入一个狭窄的房间，这是宫廷执行公务的地方。虽然雕像在风格和内容上显得与大流士宫殿类似的浮雕相近，但没有一个雕像有题铭。大流士宫殿与这座建筑的平面设计也非常相似。薛西斯从这座宫殿拿走了一个人造天青石球形门拉手。拉手的铭文说明它是为"大流士的宫殿"而制造的，他的儿子制造了一个完全相同的把手，但刻上了自己名字。[48]

往西走是后来的国库，一条街道把它和薛西斯为飞扬跋扈的王后阿梅斯特里斯而建的后宫隔开。被太监警卫室严密包围的是一列供王妃居住的 6 个套房。每套包括一个很小的厅堂，房顶由 4 根高高的圆柱支撑。卧室小得连住一个人也感到令人窒息。更多的同样面积和特点的套房使后宫向西延伸。在那里的墙基上，有一个地方刻着建筑物原始高度的标记。

285

"万国门"

当我们考察波斯波利斯建筑的总体设计时,基础改变的原因是明显的:薛西斯已经制定了一个比其父的阿帕丹更加雄伟的建筑计划。按照大流士原来的设计,参观者登上平台的台阶之后,马上向右转,然后走上北面的台阶来到阿帕丹。薛西斯完成了这个计划。但是他的艺术家的作品是如此优秀,以致只有东面台阶的浮雕才值得人们重视。

至今为止,平台北面和西北面部分还没有被利用。薛西斯充实了这块空地的大部分。在平台台阶的轴线正中,他建造了一座宏伟的大门。大门每边宽82英尺,高40英尺,有一个侧门朝向阿帕丹。参观者经过的入口,每边都有巨大的公牛,公牛高20英尺,有一半是凸出在石墙之外。牛身上写着:"我是薛西斯,伟大的王、众王之王、各省万民之王、这辽阔大地之王。靠阿胡拉马兹达之佑,我建造了这座万国门。在波斯,我和我的父王建立了许多其他雄伟的建筑。那些雄伟的建筑都建成了,这都是靠阿胡拉马兹达保佑。"[49]

在4根有垂直螺旋饰和公牛柱顶的长圆柱之下,有身份的宾客可以坐在墙边的长凳上等待着召见。北面中部,有一个踏脚凳和一个可能刻着王室标志以示崇敬的基座。然后,他将会被人领着向正东前进,通过2个人首飞牛雕像。这些公牛类似稍微小一点的亚述雕像,具有神力的三种象征:饰有玫瑰花的羽状高冠;长长的、鬈曲的方形络腮胡子;躯体装饰着羽毛、曲线形向上高扬的翅膀。宾客继续向正东前进,可以到达一扇小门,这扇门可惜现在已经倒塌。

百 柱 大 厅

从这里,参观者向南就进入了一座巨大的新建筑。它始建于薛

286

西斯晚年,这就是我们现在所说的"百柱大厅"。在北面接见厅前有一条柱廊,2列8根高柱,柱顶为双人首公牛。两边的壁角柱由一个巨大公牛前半部组成。对每个躯体部分,都按照纯建筑方式进行了处理。但是,使我们惊讶的是,牛首证明波斯艺术家已经懂得如何使雕像的组成部分变得更加精致。而一直以来,我们曾经认为那是希腊人的发明。由于使用这种精致的改进,每个牛首都稍微转向参观者。当他在经过牛首之间时,每前进一步都会看到每个部分不同的、但又有韵律的轮廓。更严密地观察表明,这种精致的改进是审慎的。如果把一条铅垂线从牛顶垂下,就会看到左右两边不完全一样。这是因为牛头稍微有点向一边倾斜,外面的细部雕刻不像里面的那样精心。这一点偶尔路过的人也很容易看出。[50]

通往壁角柱后墙角警卫室的道路,受到了比公牛更严密的保护。按照现代人的想法,它起码是受到了2名不死军士兵的保护。我们可以通过2扇大门中的任何一扇进入大厅。因为大厅四边每边都有2扇门。只有几道粗砖的短墙被搞成了挖空的墙壁,有44扇门窗和许多拥挤在一起的、储放物品的石龛。这些圆柱共有10列,每列10根,因此,这个建筑才有了它现在的名字。它们与阿帕丹的圆柱相似,但是略小一些,挤得更紧些。北面和南面门口有朝觐图。国王坐在华盖和有翼圆盘之下的宝座上。2名侍从在后面,贵族在前面,北面有5列卫兵。卫兵中波斯人和米底人相间。面对一条狭窄的、通向其主子之处的小路。但在南面,他们被28名次要的人员所取代。在偏门的门框上,国王的衣服下摆束得很高,被描绘成用金匕首[51]去刺张牙舞爪跃起的怪兽——公牛、狮子、鹰爪、有翼的狮子和狮头、蝎尾的魔鬼。所有的雕像都是薛西斯流派训练有素的艺术家的作品,体现了阿契美尼德古典艺术的精华。他们非常重视微小的细部,以及他们得心应手的精细加工技术,不能不使我们感到高兴,但是,它也许有点太圆熟,因而丧失了创造力。我们可以预见到迅速到来的衰退。

在波斯艺术的发展过程中,薛西斯后宫的雕像属于"百柱大厅"、大流士和薛西斯年轻时修建的阿帕丹之间的过渡阶段。反过来,它们也解释了为什么觐见大厅西南角和后宫西北角实际上是用台阶连在一起,因为这使国王进出更方便。当我们将觐见大厅和阿帕丹平面设计图进行比较时,另一个显著的事实又出现了,虽然总体设计十分相同,但两者仍然有一些非常重要的不同。只有一条道路通向北面的觐见大厅。同时,对壁角柱、柱顶和圆柱的处理方式也不相同。在其他边上柱廊的位置上,只有一些有狭窄走廊的房间。大厅的圆柱小而挤得更紧。一个新的现象就是大量使用石龛,将粗砖的利用减少到最低限度。最令人吃惊的是,觐见大厅使用的浮雕,至今被认为只适合于寝宫。[52]

薛西斯最后的宫殿

独特的平面设计图和浮雕风格证明,薛西斯为自己修建的最后寝宫在平台的最高处。它的年代同样被确定为其在位晚年。几乎是在后宫正西方向。一段台阶通向上面一间有 4 根圆柱的门房,它是进入一个狭长的、较高的院子的入口。院子西头是一个向下的楼梯间,可以到达大流士宫殿南面的庭院。台阶很长,连接着新宫殿的西北角。台阶上的铭文宣称正是薛西斯兴建了这座宫殿。[53]但是,浮雕描绘的宴会厅侍从、浮雕的风格,清楚地表明了它们的年代比较晚。为了给宫殿供水,在南面挖了一条地下涵洞。贯穿院子和宫殿的轴心,连接着大流士宫殿的水管。

宫殿南面是一条孤立的柱廊。在壁角柱之间有 2 列每列 12 根圆柱。壁角柱上有跟台阶相同的铭文。在北面有两扇通向正方形主厅的门,门框上雕刻着华盖之下的国王。大厅的地面是原生的岩石。房顶由 6 列、每列 6 根圆柱支撑着。石头的窗形物镶着侍从进奉食物的图案,窗背面是侍从进奉巨角塔尔羊的图案。大厅东面和西面有一扇门通向一间有 4 根圆柱的卧室。像大流士的宫殿一样,房间的用途已经由门框上年轻人的雕像所表明。有人捧着香炉,有人提着桶,有人拿着餐巾。有人拿着香水瓶。在卧室的北

288

面和南面总共有 12 个房间,它们虽然与卧室不能相比,但也是十分舒服的小天地。在大部分宫廷浮雕,甚至在国王的衣褶上,我们都能看到相同的、重复的铭文。[54]沿着南墙边有一条狭长的通道,一度有石栏杆保护着,它可以看到平原上美丽的风景。在道路的两头,一段狭窄的台阶陡直通向下层的地面,也就是后宫西面的房间。

　　大流士也许可以把挑选地址,修建巨大的围墙,制定总体计划的功劳全部归于自己。主要的建筑都已经开工,但他只好让其子来完成这些建筑。薛西斯是波斯波利斯的伟大建筑者,对设计进行重大修改的任务,也落在他的身上。他在位时期,阿契美尼德艺术达到了它的古典发展阶段。但是,他的计划太野心勃勃。他在位晚年,工程放慢了。他没有等到百柱大厅或他的宫殿完全竣工,就去世了。[55]

原注

1　承蒙 G. G.. 卡梅伦教授允许本人使用其已经出版的《波斯波利斯国库铭文》原文的译文初稿。

2　Xerxes, *Persepolis* b; F. H. Weissbach, *Die Keilinschriften der Achameniden* (1911), pp. 108 ff.; E. Herzfeld, *Altpersiscbe Inscbriften* (1938), No. 13; Unavala, in A. U. Pope (ed.), *A Survey of Persian Art*, I, 342.

3　Herod. iii. 84; Xen. *Cyrop*. viii. 4. 2;参见 F. Justi, *ZDMG*, L (1896), 660 ff。

4　Herod. viii. 113.

5　Esther 1:6.

6　Herod. viii. 41.

7　*Ibid*. iii. 146.

8　Athen. xii. 514C.

9　参见 pp. 25 and 30。

10　宙斯神的战车,见 Herod. viii. 115.

11　*Ibid*. i. 189.

12　*Ibid*. ix. 20.

13　Xen. *Cyrop*. viii. 3. 16.

14 *Ibid*. 3.

15 Herod. ix. 80；Xen. *Anab*. i. 2. 27.

16 参见 pp. 239 – 246。

17 这部分的内容，以及对阿契美尼德雕像的其他分析，均依据 C. M. 奥姆斯特德的《阿契美尼德王时期波斯艺术风格的发展》，见 "*Studies in the Stylistic Development of Persian Achaemenid Art*"（1936），pp. 20 ff。

18 Herzfeld，*op. cit*，No. 16.

19 Aeschyl. *Pers*. 1959；Philostrat. *Imag*. ii. 32.

20 Aelian. *Var. hist*. xiv. 12.

21 Just. i. 1. 9.

22 波斯语的 *Kbsbatram*，希伯来语的 *kether*，《以斯帖记》中的王后，6：8，参见 1：11；2：17；希腊语的 *kitaris*。Plut. *Artox*；*kidaris*，Arr，*Anab*. iv. 7. 4；Curt. iii. 3. 19；both forms，Pollux vii. 58。

23 Aeschyl. *Pers*. 668；通常限于贵族有点低的帽子，见 Xen. *Cyrop*. viii. 3. 13；*Anab*. ii. 5. 23；Aristophan. *Aves* 461 – 462。

24 Xen. *Cyrop*. viii. 3. 13；Curt. iii. 3；Dio. xxxvi. 35.

25 Arr. *Anab*. vi. 29.

26 Xen. *Cyrop*. i. 3. 2；viii. 3. 13；*Anab*. i. 5. 8；Diod. xvii. . 77. 5；Strabo xv. 3. 19；Plut. *Alex*. 51.

27 Xen. *Cyrop*. viii. 3. 13；Just xii. 3. 9.

28 Curt. iii. 3. 8 ff. ；Philostrat. *Imag*. ii. 32.

29 Plut. *Artox*. 24. 6.

30 Xen. *Cyrop*. i. 3. 2；国王的蓝白色服饰，见 Esther 8：15。

31 Xen. *Cyrop*. i. 3. 2.

32 *Ibid*. viii. 3. 11.

33 Aeschyl. *Pers*. 661.

34 Xen. *Cyrop*. i. 3. 2；Arr. *Anab*. vi. 29.

35 Curt. iii. . 3

36 Xen. Cyrop. viii. 7. 13；Esther 4：11；5：2；8：4.

37 Plut. Themistocl. 16. 2.

38 Diod. xi. 69. 1；Plut. *Reg. imp. apophtheg*. 173 E.

39 Chares of Mitylene，in Athen. xii 514 C；Plut. *Alex*. 37.

40 Xen. *Hell*. i. 5. 3；Demosthen. *Adv. Timocr*. 741；Chares of Mitylene，*loc. cit*；Philostrat. *Imag*. ii. 32.

41 Herod. vii. 136；Just. vi. 2；Plut. *Artox*. 22；Aelian. *Var. hist*. i. 21.

42 Calvin W. McEwan，*The Oriental Origin of Hellenistic Kingship*（1934），pp. 17 ff.

43　Xen. *Cyrop.* viii. 3. 10.

44　Herod. vii. 16；Curt. viii. 4. 17；Valer. Max. v. 1；Front. *Strat.* iv. 6. 3.

45　Chares of Mitylene，*loc. cit.*

46　Xerxes，*Persepolis* C，Weissbach，*op. cit*，pp. 110 ff. ；Unvala，*op. cit.* ，I，342.

47　Erich F. Schmidt，*The Treasury of Persepolis and Other Discoveries in the Homeland of the Achaememians* (1939)，pp. 89. ff.

48　Herzfeld，*op. cit.* ，Nos. 10 - 11.

49　Xerxes，*Persepolis* A，Weissbach，*op. cit*，pp. 106 ff. ；Unvala，*op. cit.* ，I，342 - 343.

50　在东方研究所伊朗艺术馆的公牛头刚一安装上去之后，C. M. 奥姆斯特德就观察到这种精巧的改进。

51　Herod. ix. 80.

52　薛西斯为这座建筑物进行了奠基，其子建筑并完成了它。在新发现的阿尔塔薛西斯一世铭文中已经说明了这一点。见 Herzfeld，*op. cit.* No. 22；雕像的风格表明薛西斯在建筑中起了很大的作用。

53　Xerxes，*Persepolis db*，Weissbach，*op. cit*，pp. 112 ff.

54　Xerxes，*Persepolis e*；Weissbach，*op. cit*，pp. 114 - 115.

55　Artaxerxes I，Persepolis inscriptions，Herzfeld，*op. cit.* Nos. 22 - 23；Weissbach，*op. cit*，pp. 120 - 121.

第廿一章　苛捐杂税及其后果

地米斯托克利的逃亡

欧里墨东是雅典反波斯胜利的顶峰,也是雅典保守派统治的胜利。公元前470年,西门战胜他的强大对手之后,地米斯托克利就逃到阿尔戈斯去了,他在那里继续执行反斯巴达的政策。由于受到斯巴达和雅典掌权的亲斯巴达派追杀,他必须逃命。不论是对是错,他被政敌控告为亲米底人。他决定利用这种控告寻找一个安全的避难所。看来,只有在伟大的王保护之下的地方,才是唯一安全的地方。

在经历了一系列惊心动魄的冒险之后,他终于逃到了以弗所。由于仍然害怕被暗杀,他伪装成一名被护送的波斯贵妇,藏在帐篷里被带到苏萨。在那里,他结交了掌权的千夫长或者禁卫军长官阿尔塔班。但是,正当他潜心学习波斯语言和风俗时,一场宫廷革命发生了。

阿尔塔薛西斯一世的登基

公元前465年将近结束之时,[1] 薛西斯在自己的卧室被暗杀了。为首的阴谋分子是阿尔塔班,他得到了另一个宠臣、宦官管家阿斯帕米特雷斯(Aspamitres)和佐皮鲁斯之子、驸马迈加比佐斯的支持。迈加比佐斯憎恨薛西斯,因为薛西斯对他控告其妻阿米提

352

斯（Amytis）是淫妇拒绝采取行动。薛西斯被埋葬在一个早就挖好的坟墓里。坟墓在其父之墓东侧，是从悬崖上挖进去的岩石墓穴。虽然没有铭文，但修得十分精致。

薛西斯的继承者理应是他的长子大流士，但大流士有正当的理由痛恨他父亲，因为薛西斯诱奸了他的妻子阿尔塔英特（Artaynte），[2]阿尔塔班毫不费力地劝说 18 岁的阿尔塔薛西斯以叛逆罪杀死了大流士。不久之后，阿尔塔班与新君发生了争吵，企图杀掉阿尔塔薛西斯。阿尔塔班现在想自己篡夺王位，但是，他被自己的同谋者迈加比佐斯出卖了，因为迈加比佐斯不希望看到这个王朝被取代。

虽然阿尔塔班居然做出伤害阿尔塔薛西斯的行为，但他在随后的混战中丧命。阿斯帕米特雷斯死于一种叫"沉舟"的惨无人道的刑罚。在后来的一次战斗中，阿尔塔班幸存的 3 个儿子都死了，迈加比佐斯也受了重伤。经过阿米提斯的兄弟阿尔塔薛西斯和姐姐罗多贡（Rhodogune）以及他们的母亲阿梅斯特里斯的调解，迈加比佐斯不提他曾控告其妻不贞洁，与阿米提斯和解了。他被科斯岛（Cos）的御医阿波罗尼德斯（Apollonides）的医术治好。薛西斯的另一个儿子希斯塔斯皮斯（Hystaspis）在巴克特里亚发动叛乱，第一次战斗不分胜负。在第二次战斗中，一阵强风正好横扫敌方阵地，阿尔塔薛西斯因此赢得胜利。[3]

地米斯托克利的到来

禁卫军新长官罗克桑尼斯（Roxanes）是地米斯托克利私人的仇敌。地米斯托克利不顾他的反对，在国王的一次单独接见之中，运用自己新学到的波斯语知识赢得了国王的好感。阿尔塔薛西斯相信他声称自己曾真诚地向薛西斯传送信息，并相信了他关于未来的许多许诺。他被赐予"王友"这个光荣的头衔，还有某些附属希腊城市的统治权。那些城市的税收也归他所有，作为他的俸禄。马格内西亚（Magnesia）付给他 50 个塔兰特购买食物，米乌斯

（Myus）给他提供鱼，兰普萨库斯提供名酒，珀科特（Percote）和老赛普西斯（Scepsis）提供床铺和布料。弗里吉亚的总督埃皮克西斯（Epixyes）企图在狮头（Lion's Head）这个地方暗杀他。但是，地米斯托克利安全抵达赛普西斯，他在马格内西亚定居之后，娶了一位波斯贵妇。他把自己的女儿献给狄杜马（Didymene）的众神之母作女祭司。正如居民长期记得的那样，各个城市制定了节日。他在马格内西亚以自己的名字铸造钱币，钱币上有阿波罗的裸体立像。这就是大流士从前崇拜的神。[4]

希罗多德的贡赋名单

阿尔塔薛西斯基本上遵循了他父亲的管理政策。在巴比伦，他仅仅是"各国之王"，但巴比伦的伊什塔尔（Ishtar）受到立碑赞扬。在公元前462年之前，贝勒马尔都克的祭司看来已经恢复了原先的职位，他们的土地也有一部分归还了。[5]阿尔塔薛西斯的少量埃及文铭文，使用了一个椭圆形符号来书写他的名字。但是，在许多刻着4种文字的花瓶上，他加上了"伟大的法老"的称号。[6]

与大流士公布的6份行省名单相比，薛西斯的行省名单、他的军队花名册和希罗多德[7]的官方贡赋名单表明，行政管理机构发生了重要的变化。像居鲁士统治时期一样，20个行省再次出现了。但是，由于合并了某些独立的行省，大流士的庞大数字现在已经减少了。这个过程在薛西斯的军队花名册之中，早已经出现了。但是，它在阿尔塔薛西斯的贡赋名单上加速了。这使人再次想到领土的真正丧失。

东部的行省

波斯不再纳税已经很久了。巨大的米底行省，现在包括帕里卡尼亚人（Paricani，即希尔卡尼亚人）和"直帽子的居民"（即尖顶盔塞种），纳税450塔兰特。还要向国王交纳10万头绵羊、5万匹尼萨马的饲料。苏萨和奇西亚人缴纳 300 塔兰特。亚美尼亚和帕克泰卡（Pactyica）直到黑海地区缴纳 400 塔兰特。该行省每年送 2 万匹尼萨马驹给国王庆祝密特拉节。[8] 马提恩人（Matieni）、萨斯佩雷斯人（Saspeires）[9]，以及阿拉罗蒂人（Alarodians）缴纳白银 200 塔兰特，莫斯奇人（Moschians）、提尔巴雷尼人（Tibarenians）、麦克罗尼斯人（Macrones），摩西诺伊西人（Mosynoeci）和马雷人（Mares）缴纳 300 塔兰特，科尔基斯人（Colchians）每 5 年奉献童男童女各百名作为"礼物"，他们是土耳其时代切尔克斯人（Circassian）俊男靓女的祖先。

　　在这个地区，薛西斯军队花名册显示出的波斯统治巩固，进一步发展。由其父在东伊朗开始的各个行省合并，由儿子在相反的方向继续实行。里海居民（The Caspians）、保西凯人（Pausicae）、潘提马蒂（Pantimathi）、达里提人（Daritae）缴纳 200 塔兰特，塞种人（the Sacae）和里海游牧部落居民（Caspii）缴纳 250 塔兰特，帕提亚人（the Parthian）、花剌子模人（Chorasmians）、粟特人（Sogdians）、阿里亚人缴纳 300 塔兰特。如果不是这条边界实际上已经丧失，大流士的 4 个行省被合并成 1 个行省，这反映出征税出现了严重的困难。以前的 3 个行省再次合并成 1 个行省，包括萨加尔提亚人（Sagartians）、萨兰盖人（Sarangians）、萨马尼亚人（Thamaneans）、乌提安人（Utians）、米西亚人（Mycians）和波斯湾的流放者岛。这个辽阔的地区缴纳 600 塔兰特。名单上没有阿拉霍西亚（Arachosia），又是值得怀疑的一个原因。就萨塔吉迪亚人（Sattagydians）、犍陀罗人、达蒂卡人（Dadicae）和阿帕里泰人（Aparytae）的情况而言，两个行省合并后，贡赋是 170 塔兰特。巴克特里亚直到埃格利人（Aegli）贡赋是 360 塔兰特。不洁的沙漠精灵崇拜者帕里卡尼亚人、佩里卡（Pairika）和亚细亚的埃塞俄比亚人也名列其中，缴纳难以置信的 400 塔兰特。

　　犍陀罗人作为向波斯人缴纳赋税的被征服民族，最后一次出现在阿尔塔薛西斯的名单之中。[10] 虽然直到印度古典时代，这个地区继续称为犍陀罗。然而，印度行省（Hindush）的印度人仍保持着对

292

最后一位大流士的忠诚。他承认他们的忠诚和作战能力,把他们放在仅次于保护他本人的千人不死军的地位。[11]与西方的充分接触持续到5世纪末,所以希罗多德能够宣称,在人数上,印度人比希腊人所知道的任何民族都要多。[12]印度人缴纳给波斯君主的贡赋最重(360塔兰特金砂),[13]波斯军队也使用印度犬。[14]在希罗多德那个时代,有4个巴比伦村庄给印度犬供应食物。[15]他注意到作战方式的变化,已经从印度史诗赞美的雅利安人驱车作战演变成车、骑混合作战。公元前480年,印度军队已经由骑兵和步兵组成。[16]希罗多德讲述了一个令人惊奇的大蚂蚁故事,它们在沙漠里挖掘黄金,迫使那些企图盗窃黄金者不得不逃命。[17]但是,他对住在波斯领土之外的印度部落知之甚少。他听说印度人不杀害任何有生命的东西,[18]还听说奇怪的棉花树,有人用棉花织成自己的衣服。[19]然而,希罗多德没有提到印度行省的主要城市塔克西拉(Taxila),它正在迅速取代犍陀罗先前的省会珀塞拉(Peucela)的地位。

293

巴 比 伦

在最后一次叛乱之后,巴比伦就和亚述合并在一起,从而失去了自己的身份。在帝国境内,它缴纳的白银最多(1000塔兰特),还有羞辱性的"礼物"——进奉500名充任宦官的少年。巴比伦由于土地肥沃和靠近苏萨,在当时陆地长途运输食物几乎不可能的情况下,为宫廷提供每年4个月供应的沉重负担,就落到了它的身上。希罗多德告诉我们,在他那个时代,阿尔塔班之子特里坦泰克梅斯(Tritantaechmes)统治这个地方,该地每天给他1阿塔巴银子。农民还必须供养他的军马、800匹牡马、1600匹母马。由于为他供应印度犬的食物,4个大村庄被豁免了一切贡赋。

希罗多德还讲了一个故事,以前巴比伦人拍卖年轻的妇女,从拍卖长得漂亮的姑娘得到的收入之中,拿出钱给长相丑陋的姑娘提供嫁妆。这个故事可能不足为信。但他的说法并非如此。本地人为了避免让自己的女儿受到虐待,并使她们不致被带到外地的城市去，就把他们的女儿献出来作高级娼妓。因为自从被波斯人征服以来，普通百姓已经受到主人残酷的虐待，家庭也遭到了严重的破坏。[20]

河西省和埃及

在一代人之前，河西省已经与巴比伦分开。现在除了巴勒斯坦—叙利亚外，还包括塞浦路斯，他们每年的贡赋固定为350塔兰特。[21]利比亚包括昔兰尼（Cyrene）和巴尔卡（Barca），曾不止一次与埃及合并。扩大的行省每年缴纳700塔兰特税收，再加上缴纳出租摩里斯湖（Moeris Lake）渔场的利润，还有为孟斐斯白城卫戍部队和埃利潘蒂尼的犹太人雇佣兵提供12万容量的谷物。边远的埃塞俄比亚人每隔3年献礼一次：数量为2科尼塞斯（choenices）天然黄金、200块乌木、5名少年和20支象牙。

阿 拉 比 亚

阿拉比亚行省早就停止纳税，每年奉献1000塔兰特乳香。希罗多德告诉我们，乳香树由翼蛇和蝰蛇保护着。这些蛇只有燃烧安息香才能驱走。没药很容易获得，但是，下等的肉桂长在浅浅的湖水里，受到像蝙蝠一样的动物保护。人们全身和眼睛裹着皮革，才能避开这种动物的威胁。桂皮（腓尼基的）是由巨鸟（后代传说的大鹏）运到悬崖上泥巢中的干支组成；阿拉伯人为鸟准备了许多大肉块让它们带走。但是，这些肉块的重量压碎了鸟巢，掉下来的桂皮就可以被收集起来。劳丹胶来源于公山羊的胡子。有两个品种的绵羊，一个品种的尾长有18英寸宽，另一个品种的羊尾有54英寸长。牧羊人把车系在绵羊的尾巴下面，就可以拖着车子前进。[22]

我们从当地的记载中知道，在这些旅行者的海外奇谈中只有一点儿真实性，但这也是纳巴泰商人精心编造出来以吓唬外国人的故事,因为这些人可能妒忌纳巴泰人控制了与阿拉比亚西南部有利可图的香料贸易。18世纪时,字母文字已经出现在西奈半岛。当时,一些本地人使用在埃及早已形成的、不完善的辅音字母来书写外国人的名字和单词,以及本族的语言;本地的名字则使用象形符号书写。辅音的音值根据截头表音法分配。[23]但是,我们自己的字母则是由腓尼基字母演变发展而来的。8世纪时,另一种字母出现在红海沿岸所罗门时代的以旬迦别港(Ezion Geber);到6世纪中叶,阿拉伯北部沙漠富裕的代丹(Dedan)居民,将这种发达的西奈文字形式用于阿拉伯北部方言的粗糙涂鸦。一幅这样的涂鸦为我们留下了一位代丹国王的名字。[24]在幼发拉底河中游、这条河流入巴比伦平原之前的安纳(Ana),发现了一枚圆柱形印章,证明了这个方向的贸易和巴比伦对阿拉伯文化的影响。[25]一个甲虫形雕饰上刻有代丹铭文"阿达德是伟大的",表明它与埃及有相同的关系。[26]还有一些其他的涂鸦,绝大部分出自代丹,即现在的埃尔乌拉(El Ula)。[27]

与西奈原始字母更接近的、时间大概相同的,是所谓萨姆迪克(Thammudic)古代文字,在特马(Tema)附近,已经发现了这种文字的简短记录。我们发现了许多家庭组织,如"他的名字是 伊本·法吉"(Ibn Fagi),"他的标志,伊本·法吉","他为他取名为萨姆拉法"(Samrafa);"亚克弗里尔(Yakfuril)已经给了他标志"。"他为吉尔弗(Gilf)之子比亚塔尔(Biathar)得了相思病",这是没有预料到的。"他在萨姆达(Samda)的旁边扎营了。""布斯拉特(Busrat)之子拉希米尔(Rahimil)在代丹扎营",还有"商队",它见证了沙漠地区的贸易。[28]

其他文字使宗教情况更清楚些。"哈弗拉兹(Hafraz)之子纳米尔(Naamil),安拉(Allah)是应该赞美的",它向我们介绍穆罕默德之前1000年穆斯林的神。萨姆达(Samda)在他的名字中赞扬了萨姆神(Sam),即特马著名石刻介绍的萨尔姆神(Salm);他受到批驳说:"萨尔姆神是卑贱的神","萨尔姆神是邪恶的神"。也许,这种部落神祇之间的对立,是纳米尔坚持应该赞美安拉的原因。[29]

295

据希罗多德所说,阿拉伯的神只有奥罗塔尔特(Orotalt)相当于狄俄尼索斯,阿利拉特(Alilat)相当于阿弗洛狄忒(Aphrodite)。信徒们把自己的头发,鬓角修剪得与神一样。他们的誓言对朋友和同部落的人都有约束力,第三者(即中间人)用锋利的石头划破第二根手指,用双方的长袍片蘸血涂在他们之间的 7 块石头上,向两位神祇祈求保佑。[30]

大概在这个世纪结束之前,代丹国王就已经在本国被利希亚(Lihyan)的国王所取代。在海格拉(Hegra)附近发现了一些用早期字母形式写成的铭文。典型的铭文是"阿布德马纳(Abdmanat)是值得信赖的,愿神赐予他长寿和好运"。"愿工匠们兴旺"。"巴力萨明(Baalsamin)已经为岩石献祭。因此禁止妇女攀爬岩石——女祭司巴西亚尼(Bahiani)"。[31]"哈迪鲁(Hadiru)之子尼朗(Niran),在沙哈尔(Shahar)之子基善(Gashm)和代丹省长阿卜杜(Abd)时代刻下了他的名字"。这个年代可以准确地确定,因为这位阿拉伯人基善(Geshm)是尼希米的对手。[32]

小亚细亚的行省

西利西亚再次由土著的赛恩内西斯统治,它独特的地位表现在贡赋上。在 500 塔兰特之中,有 140 塔兰特可以留在本地用于支付当地的骑兵卫队。一年 360 天,每天必须进贡 1 匹白马作为额外的"礼物"。波赛底乌姆(Poseidium)位于西利西亚和叙利亚的边界之间。据说由安菲亚鲁斯(Amphiarus)之子安菲罗库斯(Amphilochus)创建。在古代,西利西亚当地的神与希腊的神是有关系的。[33]

卡帕多西亚和它的"叙利亚人"合并在一起了,就像马里安迪尼亚人(Mariandynians)、帕夫拉戈尼亚人(Paphlagonian)、亚洲的色雷斯人(Thraians)或比希尼亚人(Bithynians)与赫拉斯滂的希腊人合并在一起一样。希腊人熟悉的前第二爱奥尼亚,即达西利乌姆(Dascyleium)和这个大行省一起,缴纳 360 塔兰特贡赋。爱奥尼亚

296

359

本身还包括马格内西亚和埃奥利斯的（Aeolian）希腊人，还有卡里亚人（Carians）、吕西亚人（Lycians）、米利亚人（Milyans）和潘菲利亚人（Pamphylians），他们不再组成卡尔卡（Karka）行省。扩大的行政单位必须缴纳 400 塔兰特，然而，对萨迪斯（Sardis）行省来说，500 塔兰特不算太多。因为它现在除了吕底亚人外，又增加了密细亚人（Mysians）、拉索尼亚人（Lasonians）、卡巴利安人（Cabalians）和希格尼亚人（Hygenians）。

据希罗多德所说，吕底亚人、卡里亚人、考努斯人（Caunians）和密细亚人都讲同一种语言，[34] 但并不使用同一种字母。在希腊人从腓尼基人那里借用字母后不久，到至少 8 世纪中叶，弗里吉亚人（Phrygians）反过来又借用了东部希腊人的字母。亚述人萨尔贡（Sargon）的对手、[35] 点石成金的弥达斯（Midas）在卡帕多西亚的蒂亚纳（Tyana）、在米达斯城的陵墓上，都留下了自己的铭文。由于他的语言属于印欧语系，相似的发音就很容易用相似的字母来表示，后来，潘菲利亚人又借用西方字母来表达自己的高加索（Caucasian）语言。[36]

其他三个讲高加索语言的民族遵循了不同的原则，他们借用了大致适合他们发音的字母。但他们使用或发明了一些新的字母。增加了更多的元音字母，或增加了鼻音和鼻音化的元音，这使得他们的语言更加丰富。卡里亚人首先使用的这些字母，我们知道绝大多数是从为埃及第 26 王朝服务的雇佣兵刻画的名字、一些钱币的铭文以及阿契美尼德早期的正式铭文之中而来的。[37]

297　　　吕底亚人从罗德岛人（Rhodes）那里借用或采用了 26 个字母。在本地国王统治时期的花瓶和建筑物上有简短的铭文，但所有较长的铭文都是阿契美尼德时期的。一份出自萨迪斯，写于阿尔塔薛西斯二世时期的双语铭文是用阿拉米文和吕底亚文写成的，有助于我们的释读工作。但是，我们不能由此断定这些铭文可以顺利地释读出来。[38] 29 个字母的吕西亚字母与吕底亚字母有许多共同点。但是，只有最初的字母或者钱币上国王名字的组合字母才能证明它们很早就被使用了。在目前已知的 150 份铭文之中，有些真正的铭文可以确定为公元前 5 世纪下半叶或公元前 4 世纪所写。[39]

所有这些铭文还处在释读阶段。它们的重要价值，也许可以从简短的双语铭文，即希腊语和吕底亚语、希腊语和吕西亚语、希腊语和阿拉米语，或者是希腊语和伊朗语名字的译文之中看出来。这些铭文确定了一些单词的意义，并且使人能够看清语言的结构。尽管与印欧语系非常相似，但实际上可以肯定，我们正在讨论的高加索语言，可能就是哈尔迪亚语（Haldian）和真正的赫梯语的远亲，其证据是大规模地使用鼻音和鼻音化的元音。在将外国人的名字音译时，在确定某些发音的中间音值时，是译成 b 还是 p、d 还是 t、g 还是 k 时，出现了困难。更加明显的是在文法方面，如果它可以称为文法的话。在文法中，我们感觉到缺少了变音。也没有了性的区别，只有动物名词和非动物名词的区别，也和我们通过动词来表达熟悉的语气和时态有很大的区别。[40]

希罗多德曾经说到属于这个民族群体的考努斯人的古怪风俗，他们是公认的善于在开怀畅饮中寻找乐趣的人。男人、女人、儿童都有不同的群体。那时，还可以看到一种奇特的仪式。他们全副甲胄驱赶异邦的宗教活动，用剑刺向天空，迫使异邦的神离开他们的边界。[41]

灾难性的税收

根据希罗多德的估计，从各行省源源不断流入的白银总数约 9880 埃维亚（Euboeic）塔兰特，[42] 大概相当于 7600 巴比伦塔兰特。 298 他估计黄金和白银的比率是 1∶13，印度的金沙相当于 4680 埃维亚塔兰特，每年收入总数为 14560 埃维亚塔兰特。我国金价现在的变化，增加了古代换算的难度，也就不可能用现代术语去计算总数。但是，如果我们说它比相当于 2 千万美元的购买力还多几倍。那么，我们对波斯君主的财富可能会有一些概念。

这笔巨大的财富，只有很少的一部分能回到行省。习惯上，人们把金银熔化,倒在坛子里,然后把坛子打破,把金银块储存起来。只有一小部分用于铸造货币。通常用于收买外国的士兵和政治家。因此,尽管贵金属不断地被开采出来,但帝国仍然很快耗尽了自己的金银。当时的巴比伦文献,清楚地见证了贵金属使用逐渐地减少。借贷虽然可以使商业得以暂时地维持。但是,用现金纳税的严格规定,迫使越来越多的地主向高利贷者借贷。他们借贷需要抵押品,即土地或奴隶的实际使用权。如果不能赎回,这种使用权就丧失了。由于高利贷者囤积稀有的铸币,借贷加速了通货膨胀,快速上涨的物价使局势变得更加无法忍受。

从巴比伦被毁灭之后残存的少量文件中隐约可见,薛西斯强制实施的激烈改革,根据阿尔塔薛西斯在位时期的更多文书看来,显得更加严厉和苛刻。有史以来第一次,市民依据弓地占有权占有的大部分土地,现在掌握在波斯人手中。但是,我们有时也听到以前的地主还拥有"份地"。法官的陪审员大部分改由波斯人组成。新官员大量涌现(通常是波斯语官衔),官员们取波斯人的名字(虽然父辈可能有标准的巴比伦人名字),下级官吏是奴隶的现象十分常见。巴比伦真的成了多种语言混杂的地方,伊朗人、埃及人、阿拉米人和希伯来人的名字是常见的。我们最感兴趣的,自然就是重要的犹太人殖民地,但其他种族群体定居在"提尔人之家","辛梅里安人(Cimmerians)之家"等等之中。最重要的变化莫过于新官员征收的新税。在波斯波利斯,我们看到被统治民族在新年庆典活动中带着他们献给大流士和薛西斯的礼物,组成了令人耀眼的行进队伍。巴比伦文献反映的是这种场面的反面,在其他难以承担的重税之外,再加上"献给王宫的礼物"被认为是理所当然的,也没有解释它是否包括在贡赋总数之内。我们还可以看到,弓地持有者以 40% 的年利率借钱交税和"礼物",这是汉穆拉比以来标准20% 的两倍。他们向尼普尔城的穆拉树(Murashu)家族之流的高利贷者借钱。我们正巧掌握着他们的档案。与此同时,抵押的土地由高利贷者以对他们有利的方式耕种,直到原先的主人彻底失去土地所有权为止。当另外一些土地由于没能缴税而收归国家的时候,它们实际上被贪官污吏出租给了这些高利贷者。但是,这仅仅限于本地人,波斯籍的土地所有者被免除这种灾难性的税收。在整个阿契美尼德时期,到处充满了被压迫、被征服民族革命的事件,是不可避免的结果。

帝国的干线

有一段时间,高效的政府和军队仍然可以镇压那些不满的行省。在这种镇压体系之中,最有效的因素之一就是它的情报部门。波斯人把情报称为 *angareion*——通过情报部门,消息能迅速传遍整个帝国。每个信使白天骑马,晚上休息。他的接替者则骑上另一匹马出发。信使们不论白天黑夜、不论天气如何,都能使首都与帝国最遥远的地方保持着联系。[43]

他们沿着最繁忙的道路行走——我们几乎叫不出这些道路的名字。至少,亚述人曾经在靠近城市的地方修建了道路和路碑。[44]但是,没有证据表明,在维持官员与朝廷的联系方面,波斯人仿效了亚述人的做法。根据另一份官方文献,希罗多德为我们描述了御道:御道上没有强盗。晚上有很好的停留之处(驿站),驿站上有健壮的马。像色诺芬(Xenophon),就在他的远征(anabasis)和不幸的撤退(katabasis)过程中,使用了稍微偏南的道路进行类似的旅行。又如查拉克斯人伊西多尔(Isidore of Charax)的《帕提亚驿站》和后来罗马人的《旅行指南》之中的路线一样,都是使用驿站(stathmoi),也使用帕勒桑(parasang)来计算从一个驿站到下一个驿站的距离。根据希罗多德估计,1 帕勒桑为 30 斯塔德(stades)或 2.5 英里。实际上,它类似于现代的法萨克(farsakh),相当于步行 1 小时的距离。他估计平均每天行程为 150 斯塔德,或不少于 19 英里。这大概不是夸大之词。

从萨迪斯出发,沿着与爱琴海岸相连的道路,穿过吕底亚和弗里吉亚到哈利斯河(Halys River),有 20 个驿站,94.5 帕勒桑(236英里),这非常接近实际距离。在渡河之前,有一座坚固的要塞守

300

卫着峡谷。显然，从前的桥梁[45]已经听任其倒塌不用。

　　从哈利斯河出发，这条道路在穿过卡帕多西亚时绕了个大圈。它证明了一个历史事实，这条道路的中枢曾经是赫梯的都城，并通向西利西亚的边境，有两个要塞守卫着两道峡谷。这里很显然是在描述西利西亚门。但是，道路的里程为 104 帕勒桑零 28 斯塔德或 260 英里——这是不大可能的。这里的地形并不比前面的难走，因此实际距离大约只有一半。据希罗多德所说，穿过西利西亚的路程只有 15.5 帕勒桑零 3 斯塔德或 38 英里——这不是从好走的西利西亚到阿马努斯门（Amanus Gates）平原的准确距离。

　　我们本来以为道路将要穿过北叙利亚和美索不达米亚（Mesopotamia），但却穿过了幼发拉底河边西利西亚和亚美尼亚的边界。这是不可能的事情，因为西利西亚从未延伸到幼发拉底河边。它被整个前托罗斯山（Antitaurus）将其与幼发拉底河隔开了。但是，现在我们意识到出现了什么问题，希罗多德大概是从马扎卡（Mazaca）即后来卡帕多西亚的凯撒里亚（Caesarea），沿着通向南方道路的这条交叉路而行，这也是小居鲁士走过的道路，并且沿着这条道路继续走到阿马努斯门。然后他又返回在梅里特内（Melitene）后边穿越幼发拉底河的主要道路。它是两条线路的连接点，距离长达 260 英里。[46]

　　御道穿越亚美尼亚西南部只有 15 个驿站，56.5 帕勒桑。到达埃拉齐斯哈普特（Elaziz-Harput）之后，再向南越过屏障山脉，通过 2 个高山隘口，就是白雪茫茫的戈尔吉湖（Lake Goljik）的美丽风景。要塞就在主要的山口上。

　　接下来就是穿过马提恩的漫长道路，有 34 个驿站，137 帕勒桑。需要渡过 4 条河流。前 3 条河流叫"底格里斯河"（Tigris），一条是发源于亚美尼亚的西底格里斯河，它从岩缝中流出。穿过荒凉的地方，经过屏障山脉然后到达阿米达迪亚巴克尔（Amida-Diyarbekir）。在那里，道路穿过河流。从这里起，道路沿着北岸通向西底格里斯河与东底格里斯河的交汇之处。东底格里斯河的源头在凡湖（Lake Van）西南的马提恩，第三条"底格里斯河"是上扎卜河（the Upper Zab），它丰富的水源很可能被匆匆路过的旅行者误

301

认为是另外一条支流。在埃尔比勒城（Arbela），道路要穿过这条河。这座城市一度是亚述的首府，接下来要穿过的是金德斯河（迪亚拉河，Gyndes、Diyala）。然后，道路穿过奇西亚人（Cissian）的土地，有 11 个驿站，42.5 帕勒桑，将旅行者带到了科阿斯佩斯河（Choaspes）和苏萨的门农（Memnonian）宫。[47]

到这里，希罗多德结束了关于这条道路的描述。后来，克特西亚斯描述了从以弗所到巴克特里亚和印度的东西路线。[48]但是，那条路线已经不复存在。色诺芬描绘了穿过小亚细亚东南部的重要支线，它折向西利西亚之后，直穿北叙利亚。然后向南沿着幼发拉底河抵达巴比伦，再穿过平原到达苏萨。[49]最后，我们还要加上向南延伸的道路，即古代东方穿过叙利亚和巴勒斯坦到埃及的大道。[50]现在，我们已经考察完了波斯帝国的主要干线，它对贸易和统治同样是重要的。

原注

1　R. A. Parker and W. H. Dubberstein, *Babylonian Chronology，626 B. C.—A. D. 45* (1942), p. 15.

2　Herod. ix. 108.

3　Ctes. *Pers.*, Epit. 59 - 62；Aristot. *Polit.* v. 8. 14；Deinon, Frag. 21 (M)；Duris, Frag. 8 (J)；Diod. xi. 69；Just. iii. 1；Nepos *De reg.* i. 4 - 5；Aelian. *Var. hist.* xiii. 3.

4　*IG*, Vol. I, No. 432；Charon Lampscen., *Hell.*, Frag. 11 (J)；Herod. viii. 109 - 110；Thuc. i. 135 ff.；Isocr. *Panegyr.* 154；Ephor., Frags. 189 ff (J)；Theopomp., Frags. 86 - 87 (J)；Aristot. *Polit. Athen.* 10. 5；25. 3；Neanthes, Frag. 17 (J)；Diod. xi. 54 ff.；Nepos *Themistocl.* 8 ff.；Strabo xiii. 1. 12；xiv. 1. 10, 40；Plut. *Themistocl*；16. 27 ff.；*Fort. Alex.* 328 F；Athen. i. 29 F；xii. 533 D；Paus. i. 26. 4；*Possis Hist. magnes.* (FHF, IV, 483)；Amm. xxii. 8. 4；F. Babelon, *Traite des monnaies*, II, Part II (1910), 74 ff.

5　*MDOG*, XXXII (1906), 5；J. N. Strassmaier, *Actes du buitieme congres international des orientalistes* (1889), II, Sec. I B (1893), 279 ff., No. 24.

6　J. Couyat and P. Montet, *Les Inscriptions du Ouadi Hammamat* (1921), pp. 61, 89；M. Borchardt, *AZ*, XLIX (1911), 74 ff.

7　*Ibid.* iii. 89 ff.

8　Strabo xi. 13. 7 - 8；14. 9.

9 参见 Herod. iv. 37。

10 *Ibid.* iii. 91.

11 Arr. *Anab.* iii. 11. 5.

12 Herod. iii. 94; v. 3.

13 *Ibid.* iii. 94.

14 *Ibid.* i. 192.

15 *Ibid.* vii. 187.

16 *Ibid.* 86. viii. 113.

17 *Ibid.* iii. 98,102,104 - 105.

18 *Ibid.* 100.

19 *Ibid.* 106.

20 *Ibid.* i. 192,196.

21 公元前 462 年,我们听说对河省的总督是贝勒苏努。见 Strassmaier, *op. cit.* ,No. 25。

22 Herod. iii. 107 ff.

23 参见 Olmstead, *History of Palestine and Syria* (1931), pp. 90 ff。

24 A. J. Janssen and R. Savignac, *Mission archeologique en Arabie* (hereinafter cited as *JS*) (1902 - 1922), No. 138.

25 W. H. Ward, *Seal Cylinders of Western Asia* (1910), Figs. 768, 1207, 1211; D. H. Muller, *Epigraphische Denkmaler aus Arabien* ("Denkschriften der Kaiserlichen Akademie der Wissenschaften," Phil. -hist. Klasse Vol. XXXVII[Wien, 1889]), Pl. V.

26 M. S. R. Cohen, *Documents sudarabiques* (1934), Nos. 34 - 35; a gem, Muller, *op. cit.* , Pl. V, No. 20.

27 H. Grimme, *OLZ*, XXXV (1932), 753 ff. ; F. V. Winnett, *A Study of the Libyanite and Thammudic Inscriptions* (1937), pp. 10 - 11,49 - 50.

28 *JS*, Nos. 577,573,376,495,561,517,513,580.

29 *Ibid.* Nos. 450,519,546,548;参见 Winnett, *op. cit.* , pp. 18 ff. ,50。

30 Herod. iii. 8.

31 *JS*, Nos. 8,264,319,64; Winnett, *op. cit.* , pp. 11 ff. JS, Nos. 8,264,319, 64; Wimmett, *op. cit.* , pp. 11 ff.

32 *JS*, No. 349; Neh. 2:19.

33 Herod. iii. 91; Myriandic Gulf, Herod. iv. 38.

34 Ibid. i. 171 - 172.

35 Olmstead, *History of Assyria* (1923), pp. 221 ff. , 422.

36 V. E. Gardthausen, "Kleinasiatische Alphabete," *PW*, XI (1921), 601 - 612; W. Brandenstein, "Kleinasiatische Ursprachen," *PW*, Supplementband, VI,

(1935)，165－181.

37 A. H. Sayce，*Transactions of the Society of Biblical Archaeology*，IX (1893)，112 ff.；*Proceedings of the Society of Biblical Archaeology*，XVII (1895)，39 ff.；F. Bork，*Arcbiv fur Orientforscbung*，VII (1931)，14 ff.；J. Friedrich，*Kleinasiatiscbe Sprachdenkmaler*（1932），pp. 90 ff.；W. Brandenstein，"Karische Sprache," *PW*，Supplementband，VI，（1935），140－146.

38 现由 W. H. Buckler，*Sardis*，Vol. VI，part 2（1916－1924)汇编成集。

39 现由 E. Kalinka，*Tituli Asiae Minoris*，Vol. I：*Tituli Lyciae Lingua Lycia conscripti*（1901）.汇编成集。

40 A. Torp，*Lykische Beitrage*（1898－1901）；T. Kluge，*Die Lykische Inscbriften*（1910）；F. Bork，*Skizze des Lukischen*（1926）；G. Deeters，"Lykia," *PW*，XXVI，2282 ff.

41 Herod. i. 172.

42 *Ibid.* iii. 95；the manuscripts read 9，540.

43 *Ibid.* viii. 98；Xen. *Cyrop.* viii. 6.17－18.

44 Olmstead，*History of Assyria*，pp. 271，334，556.

45 Herod. i. 75.

46 在后来的旅行指南之中，完全不知道把这两条可供选择的道路合并成了一条道路。

47 Herod. v. 52－53.

48 Ctes. *Pers.*，Epit. 94.

49 Xen. *Anab.* i.

50 Olmstead，*History of Palestine and Syria*，pp. 43 ff.

犍陀罗的进贡者,波斯波利斯浮雕

西利西亚的进贡者,波斯波利斯浮雕

西徐亚的进贡者

吕底亚的进贡者

阿拉霍希亚的的进贡者,波斯波利斯浮雕

亚美尼亚的进贡者,波斯波利斯浮雕

帕提亚的进贡者,波斯波利斯浮雕

印度进贡者,筐子之中挑着的是金砂。波斯波利斯浮雕

第廿二章　外交的胜利

雅典的西门和
佩内克莱斯（Pericles）

自从欧里墨东的伟大胜利之后，西门成了雅典政策公认的指导者。当斯巴达的希洛人（helots）爆发起义的时候，他根据普拉蒂亚（Plataea）战争同盟的条款，说服雅典人派遣一支部队前去支持斯巴达。他认为，尽管有他自己帮助组建的提洛同盟，希腊同盟仍然存在。但是在斯巴达，有些人却不这么认为。雅典提供的援助被傲慢地拒绝了，雅典军队被打发回家。在这种情况下，斯巴达和雅典之间日益增长的不信任，就不可避免发展到了极点。在斯巴达本国，前面的战争同盟被废除，也引起了争论。公元前462年，斯巴达与色萨利（Thessaly）和阿尔戈斯缔结了新的同盟。而二者在反对"蛮族"的战争中，都是以亲波斯出名的。

西门仍坚持与斯巴达友好的政策，他的权势垮台了。他领导的保守派丧失了统治地位。厄菲阿尔特（Ephialtes）使得民主派掌握了权力。公元前461年春天，西门被放逐，标志着他们取得了胜利。但是，这并不意味着雅典准备回到民主派与"蛮族帝国"传统的友好态度。

佩内克莱斯在国内政策上是十足的民主派。其内心既是贵族，又是帝国主义者。提洛同盟实际上（不是理论上），已变成了雅典帝国。雅典无情地镇压了退出同盟的第一次企图。佩内克莱斯不得不担心阿尔塔薛西斯收复那些现在向雅典进贡的亚细亚希腊城市的行动。因为波斯从来没有正式承认过丧失了这些城市。

在厄菲阿尔特掌权的短暂时间里,一支由他亲自领导的雅典舰队向东航行,搜寻强大的波斯舰队,但却徒劳无功。佩内克莱斯效仿他的做法,于是,反对"蛮族"的战争重新恢复了。提洛同盟成立的最初目的,曾经被认为是正当的。然而,继续违背民主派的传统政策,对这位伟大的民主派领袖来说是个严重的错误。毫无疑问,如果事实上有一个希腊事业("Greek Cause")存在,那就是指提洛同盟。不管它有什么过失,它是反对波斯帝国主义唯一有效的平衡力量。但是,苛捐杂税正在给民族主义带来新的刺激,它必将激起整个帝国发生新的起义。残存的希腊民族主义,也仅仅局限于个别的城市国家。即使在这里,对于政党的忠诚也超过了对于城邦的忠诚,特别是在反对党受到压制的时候。在此之前,雅典的臣民大都已经觉得不满。他的对手总能高呼"为自由而战"的虚伪口号。实际上,这种自由只是反民主派、反雅典领导权的个别城市国家的自由。这种局面是以金钱为后盾的波斯外交造成的。

303

埃及的起义

既然在苏萨的谈判已经失败,佩内克莱斯纠集了一支 200 艘船只的舰队,打算入侵塞浦路斯,重新发起战争。在他们启航之前,有一个骚扰波斯的绝佳机会。普萨梅提科斯(Psammetichus)之子因赫鲁(Ienheru)或伊纳鲁斯(Inarus),可能是古代赛斯王族的成员,他曾拥有对法罗斯(Pharos)以北、从马雷亚(Mareia)起的利比亚人的不稳固的王权。在哈马马特采石场一块标明阿尔塔薛西斯年代的铭文做成后不久,[1] 传来了巴克特里亚人起义的消息。伊纳鲁斯得到另一个王位觊觎者、赛斯城的阿米尔泰乌斯(Amyrtaeus)帮助,[2] 驱逐了可恶的税务官,纠集了许多雇佣兵,整个埃及很快都起义了。接着,伊纳鲁斯向雅典请求支援(公元前 460 年)。

与埃及的同盟,提供了免遭从俄罗斯南部穿过危险的赫勒斯滂长途运输而遭受损失的谷物供应。因此,预定派往塞浦路斯作战的船只,就被调往埃及去支援起义者了。总督阿契美尼斯在帕普雷米斯(Papremis)拼死作战中阵亡,他的尸体以充满嘲弄的方式送到了国王的外甥那里。孟斐斯被毫不费力地攻克了,但白城仍然掌握在波斯人和忠于王室的当地居民手中(公元前459年)[3]。

304　　　在起义期间,埃利潘蒂尼的一名犹太雇佣军觉得有必要商谈借款之事。由于这些犹太人不受当地人欢迎,所以借款的条件很苛刻。每月必须从国库发给借款者的薪水直接扣除高得惊人的利息。如果不及时支付,利息将加到借款中。唯一的让步是,根据本金支付的所有利息和分期偿还的款项,都必须写收据。作为埃及自由的新象征,货币被废除了,不再使用国王的衡器英石(stone),而是使用普塔(Ptah)的衡器,通货贬值——1谢克尔使用了正常数量钱币基础金属的10倍或2倍——这是起义的新国家财政基础不巩固的、不乐观的证据。[4]

以斯拉在犹大的工作

在埃及起义之时,雅典人又袭击了腓尼基。[5]在犹大,我们称为玛拉基(Malachi)的一位匿名先知,正在宣扬“主的日子”将要到来,号召公开起义。[6]于是,犹大危险的局势又成为人们关注的焦点。就在这时,以斯拉向朝廷提交了犹太人重新组织的计划,引起了阿尔塔薛西斯的高度重视。

以斯拉在官僚统治集团中拥有双重职务。他既是祭司、本民族公认的宗教领袖、巴比伦犹太人、后期“流放者首领”(“head of the exile”)的先驱。同时,他还是精通天上神的律法的文士。或者,我们可以把他说成是在犹太人社区中对国王负责的犹太人事务国务卿。[7]但是,他关心的是贫弱的耶路撒冷被真正殖民化的问题。他的主要意图是向巴勒斯坦犹太人介绍新的法律书籍中已经阐明,但尚未被人们接受的摩西律法(Torah)。

巴比伦犹太人通常是富有的市民,与本地人相比,人们相信他们是忠诚的。他们之中有些人已经担任了次要的行政职务。波斯对各个民族的宗教采取宽容的态度，但坚持他们的宗教仪式必须由负责任的领袖精心组织。而且，宗教不应成为起义计划的伪装。巴比伦犹太社区领袖负责管理社区新的法律书籍。有意思的是，律法（data）就像国王的法律。人们期望社区首领忠于自己权威的来源——国王的法律，也忠于犹太教制定的习惯法。

305

作为国家官员，以斯拉被授予了不同寻常的特权：

> 众王之王阿尔塔薛西斯，达于祭司以斯拉、通达天上神律法的文士云云，（现在转入正题——作者注）我已制定一道谕旨，住在我国中的以色列人、祭司、利未人、凡甘心上耶路撒冷去的，我降旨准他们与你同去。王与七个谋士既然差你去，照你手中神的律法书，察问犹太人和耶路撒冷的景况；又带金银，就是王和谋士甘心献给耶路撒冷以色列神的，并带你在巴比伦全省所得的金银和百姓，祭司乐意献给耶路撒冷他们神殿的礼物。所以你当用这金银，急速买公牛、公绵羊、绵羊羔（符合宗教规定的纯洁），和同献的素祭奠祭之物，献在耶路撒冷你们神殿的坛上。剩下的金银，你和你的弟兄看着怎样好，就怎样用，总要遵着你们神的旨意。所交给你的神殿中使用的器皿，你要交在耶路撒冷神面前。你神殿里，若再有需用的经费，你可以从王的府库里支取。我阿尔塔薛西斯王又降旨与河西的一切库官，说：通达天上神律法的文士祭司以斯拉，无论向你们要什么，你们要速速地备办，就是银子直到100塔兰特，麦子100科斯（kors），酒100巴斯（baths），油100巴斯，盐不计其数，也要给他。凡天上之神所吩咐的，当为天上神的殿详细办理，为何使愤怒临到王和王众子的国呢？
>
> 我又晓谕你们，至于祭司、利未人以及这神殿的仆人，不可叫他们进贡、交课、纳税〔这些新的税在巴比伦当时的文献中经常提及——作者注〕。以斯拉啊，要照着你神赐你的智慧，将所有明白你神律法的人立为士师、审判官、治理河西省的百

姓。使他们教训一切不明白神律法的人。凡不遵行你神律法和王命令的人，就当速速定他的罪，或治死，或充军，或抄家，或囚禁。[8]

306　以斯拉在引用阿拉米语所写法令原文之后，转而用神圣的希伯来语来表达他的感情："耶和华，我们列祖的神是应当称颂的，因他使王起这心意修饰耶路撒冷耶和华的殿，又在王和谋士并大能的权势人物面前施恩于我。"他继续说，因神的手使我坚强，他从犹太社区召聚首领，随他一起出发。他们在亚哈瓦河（Ahava）聚集，在那里住了3日，那里没有利未人，必须从迦西斐亚（Casiphia）召集代表，这是我们第一次提到后来的首都泰西封城（Ctesiphon）。宣告禁食，以祈祷道路平坦。以斯拉天真地解释道："要求国王拨步兵和骑兵帮助我们抵抗路上的仇敌，我本以为羞耻，因为我们曾对王说：'我们神施恩的手，必帮助一切寻求他的，但他的能力和忿怒必攻击一切离弃他的。'"[9]

公元前458年4月19日，扩大了的一批人离开了亚哈瓦河，神的手的确保佑他们，救他们脱离仇敌和路上埋伏之人的手。8月4日，疲劳的旅程结束。[10] 4天以后，以斯拉像细心的行政官员一样，称了金银和器皿，交到当地祭司的手中。[11]

到10月2日，以斯拉呈献了新的律法书。当然，律法书是用古希伯来语写成的，因为所有宗教法律都是大立法家摩西编定的。同样的是，以斯拉的大部分听众并不完全理解这些法律，因为他们讲的是通用阿拉米语。因此，在向巴勒斯坦犹太人介绍新的律法书之初，就开始进行将其翻译成本地语言的工作。当然，摩西的原话是用神的语言来朗诵，但译本却是口语的。我们可以肯定的是，从一开始，阿拉米语抄本就是为了给翻译者提供帮助和为了保证翻译的准确性而准备的。[12]

宣读和翻译工作日复一日，直到任务完成。以斯拉伟大的工作307 也完成了。从此，摩西律法就作为权威的律法书而被接受。它的影响不可能被夸大。不管我们揣测谁是律法书的作者。事实上，在几个世纪之中，有许多人曾经为此做出了贡献。以斯拉理所当然被认为是犹太教的第二位奠基人，其地位仅次于摩西本人。他没有成功地阻止先知们长期的活动，他们关于即将到来的民族王国梦想反复地变幻着。但是，他的确为拯救犹太教的安全政策指明了一条道路——放弃民族主义的希望，服从外国的政治统治，忠于现政权，完全接受犹太人作为神的道德法守护者独一无二的地位。对全世界来讲，幸运的是后代人一般都遵循了他的指导原则；少数反对派一再打出民族独立的旗号，不过是徒然增加了犹太同胞的苦难。

以斯拉介绍律法的伟大工作完成了。剩下来的工作仅是具体的执行。在必要的改革中，最紧迫的就是消灭异族通婚现象，这也是世世代代对犹太教最大的威胁。"圣洁的种子和这地的民女混杂"，在男人占多数的社区尚可得到宽恕。但是，如果上流社会是罪魁祸首，那就不可原谅。他们出了一个通告敦促人们在耶路撒冷聚集，凡不到者就被抄家，使他离开被掳归回之人的会。公元前458年10月19日，众人在大雨中聚集，原则上同意与外邦女子离异，10月30日开始对每个个案进行仔细检查，直到公元前457年3月27日检查才结束。[13]

然后，以斯拉返回了巴比伦，据说他是在那里去世的，在那里，至今仍然可以见到他的所谓坟墓。律法书虽然已被接受，但异族通婚问题依然存在。耶路撒冷大祭司以利亚实（Eliashib）就公然藐视改革。[14]虽然他的儿子约哈难（Jehohanan）已经改变立场，同意以斯拉的观点。[15]因为接受了异族通婚，以斯拉的对手就从律法书本身有关的历史部分寻求证据，其中一位对手从一个完美的、精心向人们说教的故事中，找到了摩押人妇女路得（Ruth）成为希伯来伟大国王大卫（David）的女祖先的事例。[16]

波斯在埃及的成功

与此同时，阿尔塔薛西斯派遣忠实可靠的梅加巴祖斯到斯巴达去对付雅典的军队(公元前 458 年)。他的钱被接受,在以斯拉结束改革二三个月之后,这笔钱便用来在塔纳格拉(Tanagra)打败了雅典,尽管两个月后俄诺非塔(Oenophyta)恢复了雅典的威望。以斯拉成功地保持了犹大的稳定,使阿尔塔巴祖斯和叙利亚新任总督迈加比佐斯征集的庞大军队安全通过了边界。公元前 456 年,伊纳鲁斯在一次大战中受伤,雅典人从孟斐斯被赶到靠近帕普雷米斯(Papremis)附近三角洲的大岛普罗索皮提斯(Prosopitis)。他们被封锁在这里达一年半之久,当形成这个岛屿的、连接尼罗河两条支流的运河被抽干时,雅典人放火烧了自己的战船。少数人逃到昔兰尼,剩余的幸存者在得到迈加比佐斯许诺保证安全回国之后,就投降了,连伊纳鲁斯也投降了,因为他们相信波斯人重诺讲信。一个只有一平方英里的小岛埃尔博(Elbo),成了阿米尔泰乌斯袭击三角洲沼泽地区的唯一基地。伊纳鲁斯之子,塔尼拉斯(Thanyras)和阿米尔泰乌斯之子波西里斯(Pausiris)被正式任命接替他们父亲的职务,成了小诸侯。

新任总督阿萨美斯(Arsames)带着一支由腓尼基战船和陆军组成的庞大军队来到埃及。雅典派出了卡里提米德斯(Charitimides)率领的 50 艘三列桨战船舰队。这个无能的指挥官不知道雅典人的抵抗已经失败,指挥舰队在尼罗河口进港。阿萨美斯率领联军进攻,只有少数人逃脱了灭亡的命运。迈加比佐斯带着伊纳鲁斯和希腊将军凯旋而归,回到苏萨。残酷的王太后阿梅斯特里斯要求处死他们,但她的女婿迈加比佐斯指出他要履行他的誓言,战俘暂时得到解救(公元前 454 年)。[17]

雅 典 帝 国

正在胜利巅峰的雅典,遭遇了一场毁灭性的打击。雅典人现在的沮丧,正如他们过去的高兴一样。随着波斯人最近的胜利,地中海东部再一次成为腓尼基人的内湖。仅仅根据一个谣言说腓尼基海军将要到来,惊慌失措的雅典人就急急忙忙将同盟金库从容易遭到攻击的提洛岛转移到雅典卫城以保安全。这次转移标志着由平等国家组成的提洛同盟，最后的伪装已经被脱去。贡赋清单说明雅典帝国已经形成。这份珍贵的清单，有助于历史学家确定帝国的形成始于公元前 454 年夏天。[18]

雅典因为战争已经精疲力竭。当它赐给埃利色雷人一部宪法时，议员必须宣誓绝不接纳那些站在米底一边的人。米利都恢复了它与波斯的同盟。埃文特斯（Evanthes）将萨拉米斯输给了一个腓尼基人。他在自己的钱币上交替使用塞浦路斯同源语和希腊语字母，来表达本地的语言。腓尼基人西德基米尔克（Sidqimilk）统治了拉佩图斯（Lapethus）。在这场大战结束之后不久，巴力米尔克一世（Baalmilk）成了基提翁的国王。他的钱币采用提尔的麦勒卡特（Melqart）的裸体像图案，披着狮皮，拿着弓。钱币反面是咆哮的蹲狮和他自己的名字。依靠波斯的帮助，巴力米尔克进攻了伊达利乌姆，但被击败。该国的国王斯塔西塞浦路斯（Stasicyprus）尊重奥纳西塞浦路斯（Onasicyprus）之子奥纳西卢斯（Onasilus）医生及其兄弟，因为他们在与米底的战争中护理过伤员。[19]

公元前 451 年初，西门结束了 10 年的放逐回国。在他的影响下，与阿尔戈斯的条约被废除，并与斯巴达签订了休战协定。雅典正在转向保守。可以预料，更积极的反波斯的政策即将出现。皮松纳克斯（Pythonax）之子阿斯米乌斯（Arthmius）是外邦人代表（proxenos），雅典官方在卡帕多西亚泽莱亚地区（Zeleia）的朋友。他带着大量金钱被派到希腊，抵消这个党派的影响。被激怒的雅典人投票表决，认定他是"可耻的人、雅典人民及其盟友的敌人，也是他自己和家庭的敌人，因为他把金子从米底带到伯罗奔尼撒"。雅典卫城有一个青铜盘刻有这个决议，下个世纪的演说家经常查阅和引用它。[20]

在保守派取得这样的胜利之后，公元前 450 年初重新开始战争理所当然地被表决通过，并授权西门指挥战争。60 艘战船被派给阿米尔泰乌斯，他仍然在埃及沼泽地区坚持抵抗。其余 200 艘三列桨战船决定随西门一道前往塞浦路斯。在那里，西门发现该岛由于有 300 艘腓尼基战船，并且得到迈加比佐斯率领的西利西亚军队的支持,仍然保持着对阿尔塔巴祖斯忠诚。虽然西门的军队在数量上明显不利,但他仍然毫不迟疑地发动了进攻,并占领了马里翁(Marium)。当无法得到供给时,基提翁被包围,西门战死。公元前449年,包围被解除了。当陆海联合攻击被击退时,雅典人挽回了自尊。但是,远征军还是回国了。在回国途中,他们又和支援阿米尔泰乌斯的军队会合了。雅典人撤退之后,巴力米尔克之子阿兹巴力(Azbaal)终于征服了伊达利乌姆。作为基提翁胜利的象征,阿兹巴力将其父亲钱币上反抗之狮的图案,换成了腓尼基胜利之狮吞噬希腊雄鹿的图案。[21]

"卡利亚斯和约"

由于一贯反波斯的西门已经去世,对签订和约的建议就没有了重要的反对意见。事件的客观推理最后使佩内克莱斯确信,依靠早已出现瓦解危险迹象的提洛同盟,绝不是拥有着巨大资源的"蛮族帝国"的对手。两个帝国开始意识到,与斯巴达及其伯罗奔尼撒同盟是他们共同的敌人这样一个不容置疑的事实相比,边界冲突是次要的问题。为避免它的干涉,形成持久和平符合双方共同利益,这将使边界冲突的可能性降到最低限度。

公元前449年初,由卡利亚斯率领的使团被派到苏萨。就在这个时候,雅典的盟友、阿尔戈斯的使团也来到了。毫无疑问,这是精心设计的"意外事件"。阿尔戈斯人(Argives)提醒阿尔塔薛西斯注意从前他们与其父王的友谊,并询问这种友谊是否仍然维持着,或者,他现在是不是把他们当成了敌人。他们再次得到保证:"友谊当然存在! 我认为没有比阿尔戈斯更好的朋友!"[22]

我们可以肯定,正是由于阿尔戈斯人的帮助,卡利亚斯和他一伙的使节才和阿尔塔薛西斯达成了和约,这个和约后来被希腊人称为卡利亚斯和约。为了达成这份体现政治家聪明才能的杰作,双方都作出了让步。条约本身建立在维持原状的基础(*status quo ante bellum*)之上。波斯第一次承认放弃小亚细亚已经处于雅典帝国管理之下的希腊城市。作为回报,雅典放弃了"解放"那些属于大王的城市的要求。

这绝不是意味着残酷无情地让这些希腊城市听天由命。当然,那些雅典统治的城市享有"自治权",这是得到提洛同盟章程保证的,也从未被正式否认过。虽然雅典天生喜欢这种由本国民主政府实行的"自治权",但也有许多保守的例子。所以,雅典处于极为有利的地位,要求波斯同样给予其希腊附属国相似的"自治权"。为了确保它不会受到野心勃勃的总督威胁。阿尔塔薛西斯额外加上了一条附属条款,即从海岸线到内地 3 天路程之内的地方,不允许征收行省税收。在提洛同盟之中,每个签约国缴纳的"贡献"数量,都已经由被选为"领导"的大国来确定。当同盟演变成帝国之后,"贡献"就变成"贡赋"。各个国家缴纳的数额也增加了。那些仍然在波斯君主统治之下的城市幸运得多,阿尔塔薛西斯许诺他们的贡赋仍维持两代人以前,即几乎被遗忘的爱奥尼亚叛乱之后所缴纳的税收。鉴于波斯统治之下的希腊各邦已经繁荣起来了,这些贡赋仅仅是名义上的税收。

为避免将来的争端,签约的双方采纳了国务活动家在两国边界领土建立非军事区的方案。最近对当时废墟进行的考古挖掘表明,禁止越过防御区的命令执行得多么彻底。因此,这些城市是多么繁荣。常规军队不能越过哈利斯河向西行。如我们所看到的,行省的税收也是在远离海岸的地方征收。大舰队被允许解散,这有点意味着从今以后,它的活动仅限于地中海东部的法塞利斯(Phaselis)、尼苏斯河(the Nessus River)、基亚尼岩(The Cyanaean Rocks)和恰尔多尼亚岛(Chaledonian)。我们还可以肯定,条约也以同样的方式限制了雅典的海军。更重要的是,雅典明确宣布了放弃将来支持埃及或利比亚的叛乱。[23]

在埃及与河西省的外交

由于这个条约的保护,阿尔塔薛西斯解决了埃及问题。公元前

449 年和公元前 448 年建筑用的石料,都是从哈马马特采石场运来的。阿萨美斯被召回朝,跟他一起来的有伊纳鲁斯和被俘的希腊军官。王太后阿梅斯特里斯不断要求惩罚这些战俘。有 5 年时间,阿尔塔薛西斯拒绝了她的要求。后来,伊纳鲁斯被判处刺刑,50 名希腊将军被砍了头。阿尔塔薛西斯的一个圆柱形印章,描绘了仍然戴着埃及双王冠的叛乱者被杀,被绑着的希腊人等待惩罚的情景。后来,塔尼拉斯被授予他父亲的领地。[24]

由于王太后的阴谋诡计,迈加比佐斯的誓言落了空,他回到自己的河西省发动起义。[25]其子佐皮鲁斯和阿提菲乌斯(Artyphius)勇敢地协助其父。埃及人乌西里斯(Usiris)奉命率领大军前去讨伐。双方主帅决战之际,乌西里斯用长矛刺中对方腿部,自己的腿部和臂部也受了伤。双方跌落马下,但迈加比佐斯保护了乌里西斯,下令饶他一命。战胜者和战败者结为知心好友,当国王要求送回他的将军时,乌西里斯被送回去了。

第二支军队在国王之弟、巴比伦总督、阿尔塔里乌斯(Artarius)之子梅诺斯塔尼斯(Menostanes)率领之下前去镇压。梅诺斯塔尼斯运气不佳,在一场不可避免的决战中,只有他一人肩部和头部受伤,只好带领军队大败而归。由于这两次辉煌的胜利,迈加比佐斯的荣誉得到了满足,阿尔塔里乌斯认为,建议他表示恢复忠诚的时刻到了。迈加比佐斯表明了自己的真实意愿,前提是他仍然留在自己的行省。王后阿梅斯特里斯和最受宠的、最有权势的年方 20 的太监、帕夫拉戈尼亚人阿托克萨雷斯(Artoxares)也一起加入请求。在她的建议下,阿尔塔里乌斯本人,总督夫人阿米提斯(Amytis),阿托克萨雷斯以及乌西里斯之子佩提西斯(Petisis)突然一起去拜访迈加比佐斯,在多次劝说和许下许多诺言之后,迈加比佐斯去见国王,得到了宽恕。但是这幕悲喜剧绝不意味着已经结束。[26]

313

尼希米的工作

以斯拉所有的努力都没有能够使少数狂热分子相信,服从新实行的法律足以替代民族独立。受到迈加比佐斯成功挑战王室权威的刺激，一些急性子的人修复了耶路撒冷城墙，再次企图准备发动起义。犹大处于撒马利亚（Samaria）的直接管理之下；撒马利亚总督利宏（Rehum）通过他的秘书伸帅（Shimshai）向国王发出报警。起初，他们打招呼提醒阿尔塔薛西斯，河西省被亚述国王亚述巴尼拔驱逐出乌鲁克（Uruk）、巴比伦和苏萨，安置在撒马利亚和该省其他城市的原巴比伦人和埃兰人，他们是忠诚的。他们前来告发："王该知道，从王那里上到我们这里的犹太人［以斯拉的伙伴——作者注］，已经到耶路撒冷重建这反叛恶劣的城，筑立根基，建造城墙。如今王该知道，他们若建造这城，城墙完毕，就不再与王进贡、交课、纳税，终久王必受亏损。我们既食御盐，不忍见王吃亏，因此奏告于王。请王考察先王的实录，必在其上查知这城是反叛的城，于列王和各省有害，自古以来，其中常有悖逆的事，因此这城曾被拆毁。我们谨奏王知，这城若再建造，城墙完毕，河西之地王就无份了。"

阿尔塔薛西斯答复道："你们所上的本，已经明读在我面前。我已命人考查，得知此城古来果然背叛列王，其中常有反叛悖逆的事。从前耶路撒冷也有大君王统管河西全地，仍旧给他们进贡、交课、纳税。现在你们要出告示，命这些人停工，使这城不得建造，等我降旨。你们当谨慎以免王受亏损。"收到王谕，耶路撒冷重建工程被迫停止了。[27]

犹太人在当地也有朋友。通过波斯官员米特利达（Mithredath）的帮助。他别（Tabeel）从当地档案库弄到了上述两封信的副本，以及居鲁士和大流士早期法令的副本。这样，他证明了这座城市的重新安顿、圣殿的重建，是根据帝国的创立者和他伟大的继承者的命令行事。他还证明犹太人的权利问题早已提出，并且由大流士根据居鲁士早期诏令，以有利于犹太人的方式解决了。这些古代神圣的希伯来文献用新的阿拉米语字母（在犹大使用得仍很少）重新抄录，合并到向阿尔塔薛西斯提出的正式恳求中；恳求本身是用王室办公厅的官方阿拉米文书写的。[28]

由于利宏控制着官方驿道，信件只能通过一个私人代表团转交

314

给苏萨。代表团为首的是哈迦利亚（Hacaliah）之子哈拿尼（Hanani），他是阿尔塔薛西斯的持杯人、有重要影响的人物尼希米的兄弟。代表团在公元前446年12月17日和公元前445年1月14日之间的某日到达。尼希米必定已经怀疑到他的同胞正在打算做什么，因为他立刻问起耶路撒冷和犹太人的情况，不管是有关那些逃脱了尼布甲尼撒流放命运的剩民，还是现在已经回来的流放者。使他震惊的是，人们告诉他犹大省被掳归回的人遭了大难，耶路撒冷的城墙已经被拆毁，城门也被烧毁。

显然国王不在城里，因为直到公元前445年4月13日的新年盛宴，才要求尼希米服务。有3个月的上帝恩宠，在此期间他可以哭泣和哀诉，也可以禁食和祈祷。他的传记告诉了我们这些祷词。它们还向我们指出，尼希米只是把祈祷作为行动的前奏。当我们发现他在祈祷结束时希望主将使这个早已明确的计划获得成功，并且使他在王面前蒙恩时，我们一点也不感到奇怪。

从他担任国王的持杯人职务，获准伺候后宫来看，我们可以确定尼希米是个宦官。除了极其张扬的直率语言之外，其传记揭示了宦官的许多细微之处。乍一看，他别的信显然不会是这样，因为它要求断然撤销国王的命令，这是朝中前所未闻的事情。这需要更秘密的手段。在新年宴会上，尼希米满面愁容，战战兢兢地（因为他的计划很危险）出现在国王面前。阿尔塔薛西斯关切地询问其亲信是何原因面带愁容。尼希米有礼貌地回答："愿王万岁！"然后，他鼓足勇气，继续说道："我列祖坟墓所在的那城荒凉，城门被火焚烧，我岂能面无愁容呢？"

"你想要什么？"国王突然反问他。

尼希米更害怕了，急忙默祷天上的神，回答道："仆人若在王眼前蒙恩，王若喜欢，求王差遣我往犹大，到我列祖坟墓所在的那城去，我好重新建造。"

尼希米的祈祷得到了回报，因为他精心策划了接近国王的方法。这时，持杯人劝国王开怀畅饮的葡萄酒必定发挥作用了。而且王后——毫无疑问是事先安排好的——也坐在她丈夫旁边。幸运的是，微醉的国王并没将尼希米列祖所在的犹大城市等同于耶路撒冷。因为他刚刚下令拆毁它的城墙。他提出的唯一问题是，其亲信要去多长时间；日期定下来之后，也就同意了。尼希米赶紧说道："王若喜欢，求王赐我诏书，通知河西省的省长允许我经过，直到犹大；又赐诏书，通知管理王家园林的亚萨（Asaph），使他给我木料，作属殿［在后来安东尼亚（Antonia）塔的位置——作者注］营楼之门、城墙与我自己房屋使用的横梁。"这些请求以这样似乎无关痛痒的方式提出，又一次得到了允许。

尼希米不失时机赶紧出发。他的信念不及以斯拉，更喜欢王室骑兵护送。由于迈加比佐斯已离开叙利亚与国王重归于好，尼希米毫不费力就到了河西省的省长那里，将王的诏书交给他们。他们中的两个人，他在撒马利亚的直接上司、和伦人（Horonite）叁巴拉（Sanballat）以及他的同僚、亚扪人（Ammon）多比雅（Tobiah）马上流露出敌意。尼希米告诉我们："他们听见有人来为以色列人求好处就甚恼怒。"他们可能讨论了利宏提出的理由仍然有效，但是，起义总督的投诚，已经排除了直接使用武力的争论。国王的直接命令必须服从。他们内部有人会抱怨自己的忠言由于后宫阴谋而被忽视。但是，他们除了采取阻碍政策之外，别无他法。尼希米的对手很快又多了一位阿拉伯人、沙哈尔（Sahar）之子基善（Gashm），我们已经提到过他是代丹的省长。[29] 耶路撒冷的复兴，对其臣民与海岸贸易是个真正的威胁；因为同样的原因，亚实突（Ashdod）的居民也站在反犹太人阵营一边。

在耶路撒冷内部，对于拟议中重建的可行性也有分歧。大祭司以利亚实自己担任了工程的领导。尼希米列出了许多仿效以利亚实榜样的、杰出犹太人的名字。然而，许多重要的市民给多比雅通风报信工程进展情况。当然，许多先知也很热心，因为他们自然地把尼希米的活动看成是起义的前奏。一些人已经在宣传："在犹大有王。"其他人提醒尼希米小心提防官员，其中有女先知挪亚底（Noadiah）和先知示玛雅（Shemaiah），他们催促尼希米加固神庙以防围攻。但是，这位前持杯者对起义的可能性不存在幻想；他很生

316

气地宣布所谓起义的准备,是叁巴拉厚颜无耻编造出来的。至于躲到神殿里的提议,"像我这样的人,岂要逃跑呢?像我这样的人,岂能进入殿里保全性命呢?"他宣称发现叁巴拉和多比雅已经收买了示玛雅。当他的长官邀请他去商议时,尼希米粗暴地回答他太忙了。他还宣称害怕叁巴拉的攻击,并让他的工人边做工边备战。公元前445年10月2日,城墙修完,门也安好了。接着是为城墙完毕举行落成仪式,尼希米完成了伟业。[30]

重建工作只花了52天时间。显然城墙并没有像我们想象的那样被彻底拆毁,修复也是以最快的速度进行的,这也就不可能注意到美观问题或者是精湛的工艺。尼希米传记迷人的热情和天真有趣的自我欣赏,并不能使我们忽略这样一个事实:叁巴拉和他的同僚初看起来言之有理。但是,城墙已经完工,犹太人现在有了安全的避难所。修复的速度也很快,尼希米保存了流放前城市的平面图,这一点直到耶稣死后几年都没有根本的变化。还有一件事要归功于他:他仔细描绘了耶路撒冷城的地形;由于它的帮助,我们可以更好地了解当年耶稣时代圣城的情况。[31]

"历史之父"在雅典

同年(公元前445年),希罗多德来到了雅典。他最初的《周游世界》,已经演变成欧罗巴希腊人成功打败波斯侵略者的伟大战争长篇历史。他在周游波斯帝国后,参观了欧洲战场,最终到达雅典。因为亚细亚的城市在外邦雅典人和波斯人统治下已经衰落,雅典很快成为启蒙的中心。他写的雅典如何在几乎没有外援的情况下击退大流士和薛西斯军队的故事,最受欢迎。由于忽视卡利亚斯签订的非正式和约,波斯和雅典再次任其自流,一步一步走向战争。公元前445年,希罗多德当众朗诵了他的历史,得到公众的奖励。[32]

原注

1 J. Couyat and P. Montet，*Les Inscription du Ouadi Hammamat*（1912），No. 89.

2 赛斯的阿敏泰乌斯二世大概是他的孙子。

3 Herod. iii. 12，15；vii. 7；Thuc. i. 104；Ctes. *Pers.*，Epit. 63；Plato *Menex.* 241 E；Diod. xi. 71. 3 ff. ；74. 1 ff. ；Plut. *Themistocl.* 31. 3.

4 A. E. Cowley，*Aramaic Papyri of the Fifth Century B. C.*（1923），No. 11.

5 *IG*，I，433（929）.

6 参见 Olmstead，*History of Palestine and Syria*（1931），pp. 581 ff。

7 Ezra 7：12；H. H. Schaeder，*Esra der Schreiber*（1930），pp. 39 ff.

8 Ezra 7：12 - 26.

9 Ezra 7：27 - 28；8；15，17，21 - 23.

10 Ezra 7：9；8；31 - 32.

11 Ezra 8：31 - 34.

12 Nehemiah，chap. 8；参见特别是 vs. 8。

13 Ezra，chaps. 9 - 10；Olmstead，*op. cit.*，pp. 583 ff.

14 Neh. 13：4.

15 Ezra 10：6.

16 Olmstead，*op. cit.*，p. 636.

17 Herod. ii. 41，140，165；iii. 15，160；Thuc. i. 109 - 110；Ctes. *Pers.*，Epit. 64 ff. ；Isoc. *De pace* 86；Diod. xi. 74. 5 - 6；75；77.

18 B. D. Meritt，H. T. Wade-Gery，and M. F. McGregor，*The Athenian Tribute Lists*，Vol. I（1939）.

19 Plut. *Pericl.* 12；Aristid. 25. 2；*IG*，I，9（10）；22a（22）；E. Babelon，*Traite des monnaies*，II，Part II（1910），695 ff. ，822 - 823，731 ff. ，766 ff. ；H. Collitz，*Samnlung der griechischen Dialektinschriften*，Vol. I（1884），No. 60.

20 Demosthen. *Philip.* iii. 41 ff. ；*De fals. leg.* 271；Aeschin. *Ctes.* 258；Deinarch. *Aristogeiton* 24 - 25；Plut. *Themistocl.* 6. 3.

21 Thuc. i. 112；Isocr. *De pace* 86；Plato *Menex.* 241 E；Aristodem. ，Frag. 13（J）；Diod. xi. 62；xii. 3 - 4；Nepos *Cimon* 3. 4；Plut. *Cimon* 18；*Pericl.* 10. 4；7；［Simonides］*Anthol. palat.* vii. 296；Babelon，*op. cit.* ，pp. 739 - 740.

22 Herod. vii. 151.

23 *Ibid.* vi. 42；i. 155 ff. ；vii. 151；Thuc. iii. 33. 2；viii. 5. 5；Craterus，Frags. 75 - 76（J）；Aristodem. ，Frag. 13. 2（J）；Diod. xii. 4. 5；Plut.

Cimon 13. 4 ff. ; *Pericl.* 17. 1; *Paus.* i. 8. 2; Suid. s. v. "Kimon". 这个条约经常为公元前 4 世纪的雅典演说家引用,同时代人泰奥彭波斯(Theopompus)宣称它是不可信的,他的看法几乎被近代学者一致接受,韦德-格里(Wade-Gery)就这个条约的真实性,它的条款,它后来的变迁,发表了令人信服的论述。参见 Isocr. *Panegyr.* 118,120; Areop. 80; *Panathen.* 59; Demosthen. *De fals. leg.* 273; Lycurg. *Leocr.* 73, Theopompus, Frags. 153–154(J),H. T. Wade-Gery,"The peace of Kallias,"in *Athenian Studies Presented to William Scott Ferguson*(1940),pp. 121 ff。

24 Couyat-Montet,*op. cit.*,Nos. 61 and 89;Herod. iii. 15;Thuc. i. 110. 3;Ctes. *Pers.*,Epit. 66–67;C. Lenormant,*Gazette archeologique*,1887,p. 185.

25 Ctes. *Pers.*,Epit. 68.

26 *Ibid.*,Epit. 68–70.

27 Ezra 4:8–23.

28 Ezra 4:7–23;5:3–6:15;参见 H. H. Schaeder,*Iranische Beitrage*,I(1930),212 ff。

29 参见 p. 295。

30 Neh. 1:1–7:5;12:31–43;Olmstead,*op. cit.*,pp. 588 ff.

31 Olmstead,*Jesus in the Light of History*(1942),pp. 56 ff.

32 Diyllus,Frag. 3(J).

第廿三章　东方的故事和传奇

希罗多德的旅行

希罗多德是"历史之父"。他出生的哈利卡纳斯是半个卡里亚人的城市。在卡里亚的贵族之中，他的名字很常见。因此，他如果没有一点卡里亚血缘的话，那倒是很奇怪的事。确实，他和安纳托利亚人（Anatolian）很投契。

他和其叔、诗人帕尼亚西斯（Panyasis）一起被僭主利格达米斯（Lygdamis）放逐，在萨摩司岛（Samos）避难。虽然利格达米斯得到雅典的赞赏，[1]希罗多德后来还是帮助将其赶走了。他利用波斯臣民的有利身份，大概是依靠经商的支持，游历了整个帝国。最后，他决定写一个比赫卡泰奥斯（Hecataeus）更好的《周游世界》。

赫卡泰奥斯曾经游历过埃及。这个有着古老知识的国度曾经给予这位爱奥尼亚哲学家许多的教益。希罗多德将循着赫卡泰奥斯的足迹游历。当雅典军队正在支持伊纳鲁斯叛乱（公元前459—前456）的时候，他似乎已经到了那里，并且立刻就受到了深刻的影响。他告诉我们，没有一个国家有这么多奇异的景观。尼罗河三角洲古代希腊人的殖民地诺克拉提斯，当然就成了他的基地。有一个刻着其名字的花瓶至今尚存，证明他曾经到那里旅行过。[2]他调查了从沿海的赛斯直到第一个瀑布以下埃利潘蒂尼的每个地方。例如，孟斐斯的祭司告诉他一个似乎是荒诞不经的故事之后，他就到了赫利奥波利斯（Heliopolis）和底比斯去检验这些故事的真实性。

　　他说过埃及是尼罗河的礼物。他知道三角洲是如何形成的。证据便是著名的黑土和尼罗河悬崖的海贝壳。虽然他把它们的形成归于历史时代。没有人能解释每年使埃及变成一片海洋泛滥的原因。只有赛斯神圣的雅典娜(奈特女神)圣库的记账员自称能描述尼罗河的起源。他声称,在赛伊尼(Syene)和埃利潘蒂尼之间的无底喷泉是其发源地。从泉水之中,一条河流流向埃及,另一条流向埃塞俄比亚。希罗多德不太确定他是不是开在玩笑。但是,如果他在底比斯旅游时观察得更仔细点。他应该发现瀑布神起源的画像。[3]

　　他非常仔细地注意到那些常常与希腊人正好相反的、奇特的服装、饮食、风俗习惯以及宗教。他考察了像河马和鳄鱼以及凤凰这样奇怪的动物,尽管仅仅是从图画之中。专业医生是新生事物。宗教也特别吸引他。他参观了所有能进入的神庙,观看了所有向公众开放的典礼。他还观看了布巴斯提斯城(Bubastis)大呼小叫的船夫和船妇、赛斯的灯火节、帕普雷米斯(Papremis)的神庙之争。很自然地,他将埃及的诸神等同于希腊的诸神。但是,伊希斯(Isis)、何露斯、俄赛里斯是如此奇特,以致他必须给他们真实的名字。他告诉我们他已经小心地防止秘密的宗教仪式泄密。他给我们一种不合情理的印象,好像他是一位新入教的教徒。他听说过神谕、占卜和星象。他令人毛骨悚然地、详细地描述了制作动物和人的木乃伊的过程,以及带着木乃伊去参加节日活动。

　　面对伟大历史提供的强有力证据,希罗多德无法再夸耀希腊人优越于蛮族。让他惊讶的是,他发现埃及人实际上把所有不能讲他们语言的人,也都称为"蛮族"。而且,他对此却无法提出抗议!他的导游发现他是一个热情的、通常又易于轻信的听众。很可能,埃及人臭名昭著的幽默感,并不等于歪曲事实。

　　他们向希罗多德证明了埃及是所有文明之母。埃及人最先命名了 12 个神,希腊人就是从埃及人那里借用了这些神的名字。他们根据星球的运动,最先发明了太阳历,把每年分成 12 个月,每个

月 30 天。再增加 5 天使它与季节一致。希罗多德承认这比希腊人
每隔一年加上 1 个闰月要优越得多。使这位访问埃及的人感到满
意的还有,埃及人证明了他们自己是最先建立祭坛、神像、神庙和
雕刻的民族。宗教礼仪、节日、秘密的宗教仪式、信仰不死,所有这
些都能在埃及找到其源头。出乎意料的是,底比斯的祭司给他们
这位谦卑的崇拜者,也重新上了给喜欢自吹自擂的赫卡泰奥斯同
样的一课,领着他参观了他们直接祖先的 345 个木雕像。

320

　　希罗多德已经准备接受赫利奥波利斯的祭司们有关埃及历史
的事实。最初,诸神统治着埃及,诸神中最后一位是俄赛里斯之子
何露斯。他废黜了邪恶的堤丰(Typhon)。美恩(即我国读者熟悉
的埃及国王美尼斯——译者注)是人类第一位君主,他使尼罗河改
道流向已经建成的孟斐斯和该城的赫菲斯托斯(Hephaestus、即普
塔)神庙。接着,祭司从一份纸草卷中(类似现存的都灵纸草文
书),读出了 350 位国王的名字。这些国王中的最后一位国王留下
了不朽的杰作,修建了摩里斯湖和金字塔。

　　塞索斯特里斯(Sesostris)征服了整个亚细亚,还有西徐亚和色
雷斯。他在巴勒斯坦和爱奥尼亚留下了遗迹,希罗多德虔诚地参
观过这些遗迹。正如科尔基斯人(Colchians)和埃及人回忆的那样,
塞索斯特里斯的一些士兵在科尔基斯(Colchis)建立了殖民地。塞
索斯特里斯在回国途中,利用俘虏挖了许多运河。从此以后,任何
人就无法使用马和战车了。他还把土地分成面积相等的地产,从
中收取地租。结果,几何艺术发展起来了。巴比伦人没有出来反
驳这些荒谬的说法,但是,希罗多德坚持认为,至少日晷仪、圭表以
及一天 12 小时是起源于巴比伦的。

　　他还询问了有关特洛伊战争的情况,答案就在附近。当帕里斯
(Paris)带着被偷走的美女海伦(Helen)来到之后,又霸占了这位美
丽的太太时,塞索斯特里斯的孙子普洛透斯(Proteus)驱逐了帕里
斯。因此,当特洛伊人告诉希腊侵略者,他们并没偷走海伦时,他
们认为正义在自己这边。事实上,当城市被占领时,人们并没有找
到海伦。因此,墨涅拉俄斯(Menelaus)启航去埃及,在那里找回了

389

自己的妻子。欧里庇德斯（Euripides）将这个故事扩展为戏剧《海伦》。

在雷姆普西尼图斯〔Rhampsinitus，即拉美西斯（Ramses）〕时代，出现了一个聪明的小偷的故事。当齐阿普斯（Cheops）强迫臣民建造了第一座大金字塔，齐福林（Chephren）建造了第二座金字塔的时候，优良的政府和繁荣已经变成了压迫。第三座金字塔的建筑者米塞里努斯（Mycerinus），是个比较仁慈的人。然后，埃及遭到了埃塞俄比亚的萨巴库斯（Sabacus）侵略。由于老鼠咬坏了侵略者的弓弦，塞托斯〔Sethos，塞提（Seti）〕逃脱了阿拉伯人和亚述国王辛那克里布（Sennacharibus、Sennacherib）的进攻。[4]

这种奇特的、真假参半的编年体故事，奠定了未来的希腊东方史学家的风格。它对后来各种将希腊和东方传奇结合起来的影响，特别明显。希罗多德的朋友索福克勒斯（Sophocles）在自己的作品中，几乎一字不改地引用了这位历史学家的说法：在埃及，妇女和男人的工作颠倒了。他也知道埃及的木乃伊。[5]

然后，希罗多德乘船到了提尔（Tyre），他对那里的赫拉克勒斯〔Heracles，即巴力麦勒卡特（Baalmelqart）〕神庙、还有神庙中的绿玻璃柱感到很惊奇。他听说是腓尼基人发明了字母表，而且还听说巴勒斯坦叙利亚某些民族实行奇怪的割礼仪式。巴比伦给他的印象就没有这么深刻，虽然他参观了巴比伦的贝勒（Bel）神庙雄伟遗迹，并且听说贝勒神的金像被薛西斯掳走了。他听到著名女王塞米拉米斯和尼托克里斯的故事。为向米利塔女神（Mylitta，伊什塔尔的别名）表示敬意而进行神圣卖淫，深深地震撼了他。他也看见了在苛捐杂税的沉重压迫之下，一度富裕的地区出现了可怕的衰败迹象。

东方故事的传播者
——希罗多德

历史之父希罗多德也是古代最伟大的故事家。无论是古代还是现代的评论家,都忽略了他经常讲的"他们是这样说的,但我并不相信他们说的话"。他们硬说他的"饶舌"——对读者来讲,这也是他最令人喜欢的特点——贬低他作为历史学家的可信度。年复一年,古代东方的新发现已经证明是这些评论家,而不是这位历史学家错了。而且,希罗多德已经懂得的道理,他的后继者虽然也搞清楚了,但却要迟钝得多——对我们来讲,个别人物的精彩故事,即使这个人在现实生活中从未存在过,也比堆积许多枯燥乏味的、重复老套的事实更能说明外国人的心理。

近年来,即使人们对这一重要原则已经有了真正的认识,我们仍然不敢肯定在这些"未经核实的"故事中,我们能找到世界文学史之中一些尚未解决的、最重要问题的证据。希腊传奇历史有许多东方的故事。它们是诗人和剧作家效仿的对象。从整体上来讲,它们是西方人讲的东方故事,而不是真正的东方故事。正是希罗多德,第一次广泛地讲述了真正的东方故事,并且在把东方的故事和传奇传播到西方、传播给我们的过程中发挥了重要的作用。

在波斯征服之前,爱奥尼亚的希腊人就已经被并入吕底亚帝国之内。安纳托利亚的故事开始家喻户晓。诚然,我们熟悉的克罗伊斯的故事不属于这个系列。它们集中体现了希腊人众所周知的虚构故事,用以证明东方暴君都是邪恶和愚蠢的。但是,盖吉兹(Gyges)怎样被迫建立一个新王朝的故事,希腊人是无论如何想不出来的。坎多雷斯(Candaules)的妻子在发现丈夫让亲信看其裸体时的愤怒。她坚持看到她裸体的人只能有一个人活下来,这完全符合东方人对伤风败俗裸体的反感。[6] 322

在残忍的安纳托利亚系列故事之中,有克罗伊斯之子阿蒂斯(Atys)之死的故事。克洛伊斯在梦中得到警告,他的儿子注定要被铁矛刺死。国王采取一切预防措施。最后阿蒂斯劝说他的父亲允许他到密细亚的奥林波斯山(Olympus)去捕捉猪怪。阿蒂斯很偶然地被最好的朋友阿德拉斯图斯(Adrastus)刺死。阿德拉斯图斯是弗里吉亚国王戈尔迪亚斯之子。他是克罗伊斯接纳的一个逃犯,而且为他洗净了兄弟相残的罪恶。吕底亚国王没有责备阿德拉斯图斯。他终于承认神的教导,人是不能逃脱其宿命的。[7]

另一个系列故事是伊朗的。一个出色的例子就是迪奥塞斯(Deioces)的故事。他在真实的历史中是一个小村庄的首领,被亚述国王萨尔贡俘虏并被放逐到叙利亚。[8]然而,根据当地的传说,他是一个聪明的人。有一段时间,他在同部落人中间执行正义。当他同部落的人都已习惯了接受他的裁判时,他不愿意继续裁判。因为他觉得没有报酬是在浪费时间。结果是当然的,他们便推举他为米底国王来继续他的裁判。然而,他搬到埃克巴坦那一个孤立的地方,别人不能接近他。[9]另一个典型的故事是居鲁士的母亲曼戴恩(Mandane)的故事。她梦见从她的子宫长出一根葡萄蔓,这根葡萄蔓遮住了整个亚细亚。[10]关于居鲁士的梦,就在他死于马萨革泰人(Massagetae)女王之手之前,他看到大流士的肩上长出了翅膀,一只翅膀遮住了亚细亚,另一只翅膀遮住了欧罗巴。这是最早向我们指明"令人敬畏的王室灵光"信仰。后来,伊朗的君主经常把它作为征兆,王室灵光落到谁的身上,谁不久就将成为国王。[11]一个不同的故事解释了大流士意外地获得王位的原因,据说是因为其马夫奥巴雷斯(Oebares)用聪明方法使他的牡马最先嘶鸣。[12]

323　　巴比伦的故事是关于女王塞米拉米斯和尼托克里斯的[13],后代作者对前者的故事叙述得更为详尽。另一个广受欢迎的故事,是关于奢侈的暴君萨丹纳帕路斯(Sardanapalus)的故事。它第一次出现在希罗多德的书里。[14]这个故事起源于亚述,因为萨丹纳帕路斯的故事是由亚述纳西拔(公元前885—公元前860)和亚述巴尼拔(公元前669—公元前633)两位国王的故事组合而成的。

真正的埃及民间传说,保存在一位聪明的小偷的故事之中,他成功地与国王雷姆普西尼图斯(Rhampsinitus)的女儿结了婚。[15]在过了2350年之后,一位远离沙漠的人,仍然能够从一个目不识丁的/愚笨的赶骆驼人嘴中听到这个故事的现代变种。希罗多德告诉我们,他从孟斐斯的赫菲斯托斯神庙(Hephasestus)祭司们那里,了解到国王普萨梅提科斯(Psammetichus)是如何发现最早的语言是什么语言的。办法是把两个婴儿交给牧羊人抚养,不准教他们,让他们自己学着说话。结果发现最早的语言是弗里吉亚语![16] 他从祭司那里大概还听到了一个更典型的故事。当时埃及被 12 位国王即赛斯王朝之前的地方小统治者瓜分，一个神谕告诉他们，他们当中在赫菲斯托斯神庙中用青铜杯行灌奠之礼那个人将会成为全埃及的国王。节日的最后一天，主持仪式的祭司只拿出 11 个金杯。普萨梅提科斯只得用他自己的青铜头盔灌奠。11 位同行的国王承认神谕无意中实现了。但尽管如此，他们还是把他赶到沼泽中去了。普萨梅提科斯去布陀（Buto）向勒托女神（Leto）祈求神谕，他被告知当他看到青铜人从大海中出现的时候，第一个神谕就能实现了。穿着青铜盔甲的爱奥尼亚人和卡里亚人来到之后，就大肆劫掠。他们被招募到普萨梅提科斯的军队作为雇佣兵。因为有他们的帮助，他使自己成了全埃及的统治者和赛斯王朝的奠基者。[17] 当地的故事讲的都是同一个混乱的时期。在希罗多德的许多优点之中，最重要的就是将东方的故事传播到了西方。

阿伊卡（Ahiqar）的智慧

大约在这个时期，有一个广受欢迎的故事被埃利潘蒂尼雇佣军殖民地抄录下来了。这个故事有着牢固的、真实的基础。公元前 698 年，一个叫阿西亚卡（Ahiaqar）的人是亚述巴哈尔扎城（Barhalza）的第二长官。同时，有一封信中提到他也是比特辛伊布尼（Bitsin-ibni）城的官员。[18] 毫无疑问，他就是故事中阿伊卡的原型，一位"智慧和敏捷的书吏"。他在阿拉米语版故事中的言辞，受到这些犹太移民珍惜。他是全亚述的顾问和国王辛那克里布的掌印官。国王对他言听计从。辛那克里布死后，其子以撒哈顿（Esarhaddon）继任国王。由于阿伊卡没有子嗣，就收养了外甥纳丁（Nadin）为子，并培养他做自己的接班人。果然，在公元前 671 年的一份商业文书中，出现了书吏纳丁的名字，他还为以撒哈顿和亚述巴尼拔写了许多公文。[19] 纳丁装出聪明和仁慈的样子。在国王和朝臣面前，他与阿伊卡坐在宫殿的门口。阿伊卡让纳丁走到国王

324

393

面前,并教他怎样回答国王提出的每一个问题。以撒哈顿很喜爱他,就说:"阿伊卡万岁!"当他这样讲时,阿伊卡就鞠躬和敬礼。由于年纪大了,阿伊卡请求让纳丁将来做他的接班人。

但是,纳丁却对国王说:"这个老头收买人心,图谋造反。"以撒哈顿勃然大怒,他传来了他父亲的长官之一、吃过其父苦头的那波苏米斯昆(Nabu-sum-iskun);此人还以辛那克里布的持缰人出名,并给国王写了几封信。[20]以撒哈顿命令那波苏米斯昆找到阿伊卡并杀掉他。因此,那波苏米斯昆骑上了他的快马,找到了正在葡萄园里散步的阿伊卡。见此情景,那波苏米斯昆因痛惜而撕裂自己的衣服。

阿伊卡承认他很害怕。但是,他提醒那波苏米斯昆,当辛那克里布生气并想找到、杀掉他的时候,他是怎样不应被处死又是怎样被救的。当时,是阿伊卡把他藏在自己的房子里,并宣布罪犯已经被杀死。许多天以后,他把那波苏米斯昆带到辛那克里布面前,并在国王面前为他洗清了罪过。国王不但没有伤害他,而且很高兴。因为那波苏米斯昆还活着。现在,他要求那波苏米斯昆为他做同样的事。以撒哈顿国王是仁慈的。他将怀念阿伊卡,并希望得到他的忠告。让一个阉奴代替他去死吧。后来,等到以撒哈顿怀念阿伊卡,并且希望得到他的忠告的时候,他将会悲伤并对长官和朝臣说:"如果你们找到阿伊卡,我将赏赐给你们像沙子那样多得数不清的财富。"

纸草文书上的故事在这里中断了。但是,从后来的许多版本中,我们知道每件事都正如预料一样的发生了。以撒哈顿表达了他想要得到阿伊卡忠告的愿望。那波苏米斯昆带来了被认为已经死去的官员,他现在讲出了实情。纳丁失宠了,被移交其舅惩罚。对邪恶的纳丁惩罚是严厉的:他必须每天聆听其舅冗长的箴言。

在每种版本之中,这些箴言都是不同的。直到《阿伊卡的智慧》有了固定的目录,成为用阿拉米语、叙利亚语、阿拉伯语、亚美尼亚语、埃塞俄比亚语所写的世界上最优秀的文学作品之后。德谟克利特引用过它,伊索也使用过它。我们现存的《多比传》

325

（Tobit）版本，也模仿了它。《新约》到处充满了它智慧的语言，拿撒勒（Nazareth）的耶稣谦虚地使用过它。[21]

　　埃利潘蒂尼的纸草文书只保存了一小部分箴言。毫无疑问，在其他地方还可以看到更多的"原作"。但在纸草文书中发现的这些，绝大部分至少是更早的巴比伦智慧文学的译本。因为故事是亚述语的，箴言也必定是亚述语的：

　　　　什么东西比葡萄酒挤出的泡沫更坚固？有教养的儿子摆脱了桎梏，就会兴旺。如果你不能使儿子远离邪恶，就不能阻止他被打。我儿，如果我惩罚你，你并不会死。如果我让你随心所欲，你就难以活命。殴打一个奴隶、指责一个女仆，就是教训了所有的奴隶。

　　　　一头驴子因为恐惧狮子的袭击，抛掉了它的重担，不愿再驮。它将在同伴面前蒙受耻辱，它将担负的就不再是它的重担，而是一头骆驼的重担。

　　　　有两种人是好人，但沙马什喜欢的是第三种人：喝酒的人、酿酒的人，听到消息但不泄露的人。

　　　　智慧对众神也是弥足珍贵的。它永远属于王国；它在天上也受到珍重。因为神圣的主也赞扬过它。

　　　　管住你的嘴巴，不要让它毁了你。要严防你的嘴巴，听到的事情要严密地藏在心中。因为语言像小鸟。一旦人们把它放出去，就不可能再抓回来。严守你嘴中的秘密。而后向你的兄弟提出有益的忠告。因为战争胜于口舌之争。

　　　　不要隐瞒国王的命令，让语言治愈你的兄弟。国王的语言虽然温和，但比双刃剑更锋利和有力。瞧，你遇到了严重的问题；朝见国王时不要迟到，他的愤怒比雷电更迅速。要注意你自己。不要让国王对你的言辞大发雷霆，否则你就将难逃末日了。在国王眼中，凡命令你完成之事，就是十万火急之事，必须赶快去做。不要穿丧服，藏起你的手，因为国王的话带着内心的愤怒。

326

荆棘与石榴树对话：荆棘对石榴树说："对于摘果实的人来说，你那么多的荆棘有什么好处呢。"石榴树回答荆棘说："对于采摘你的人来说，你全身都是荆棘。"人类中的义人，所有见到他的人都请求他帮助。邪恶之人的房子在暴雨中就应该倒塌。在风平浪静时，应该把它的门拆掉。因为他们掠夺了义人。

我抬起眼睛注视着你。我的心给了你。你曾经瞧不起它的智慧。如果邪恶的人夺走了你的外衣。让他夺走好了，然后去找沙马什。他会拿走他的并且还给你。

有人对野驴说："你让我骑，我就养你。"野驴回答说："留着你的牧场和马鞍吧，我不想被你骑。"在选择光脚与穿鞋的时候。不要让鹅卵石刺痛了你的脚。不要让富人说："我富有，我光荣。"

不要带阿拉伯人去看海，也不要带西顿人去看沙漠，因为他们的工作场所是不同的。谁踩出的葡萄酒谁品尝。谁是装葡萄酒的谁爱惜。

我儿，你有没有借智力和大麦。这些东西既可以吃，也可以传给你和孩子们。不要向恶人借沉重的贷款。如果你借了，你还不清贷款。你的灵魂就休想安宁。贫困时贷款高兴。还贷的东西满屋子。

你所听到的一切，都可以用你的耳朵来检验。一个人的美德在于诚实，一个人的丑恶在于撒谎。撒谎者最初能坐上王位。但谎言最终又会推翻他，谎言将唾弃他。撒谎者缩着脖子，就像南方的娘们藏着脸，爷们诅咒一样。

不要轻视你的运气。不要追求那些不属于你的伟大业绩。不要积聚财富，也不要自命不凡。凡不以父母之名为荣者，不要让他见到太阳，因为他是一个恶人。

我的亲生儿子出卖我的家人。我能跟陌生人说些什么呢？有一个反对我的恶意的证人，谁能为我辩护？我自己的家人发出了愤怒之声。我将和谁一起努力操劳？不要在朋友面前泄露你的秘密,不要在他们面前轻率地评价你的名声。

　　遇到一个比你地位高的人,争论时不要发脾气。遇到比你强的贵族,不要争斗,因为他会夺走你的财产,并入他自己的财产之中。瞧,小小老百姓与强者争斗,都是这种下场。

　　不要过分狡猾,也不要泯灭你的智慧。不要随心所欲,以免它吞没了你。不要充满仇恨,以免它唾弃你。我儿,如果你得到高升。在神面前要表示卑微,神将使高傲的人卑微,使卑微的人高升。

　　一个品德高尚和心地善良的人,就像一个强者使用的强弓。如果一个人不和神在一起,他怎能靠自己的力量得救呢?[22]

原注

1　Dittenberger,*Sylloge inscriptionum Graecarum*(2d ed.,1898),No. 10.

2　D. G. Hogarth, H. L. Lorimer, and C. C. Edgar, "Naukratis, 1903," *Journal of Hellenic Studies*,XXV(1905),116.

3　Harold H. Nelson,*Reliefs and Inscriptions at Karnak*,Vol. II(1936),Pl. 80c;参见 *ibid.*,I,ix.

4　Herodotus,Book ii。

5　Sophocl.*Oedipus Col*. 337 ff.;Frag. 646(Nauck).

6　Herod. i. 8 ff.

7　*Ibid*. 34 ff.

8　Olmstead,*History of Assyria*(1923),pp. 20,9,243 ff.,636.

9　Herod. i. 96 ff.

10　*Ibid*. 107 ff.

11　*Ibid*. 209.

12　*Ibid*. iii. 85.

13　*Ibid*. i. 184 ff.

14　*Ibid*. ii. 150.

15　*Ibid*. 121 ff.

16　*Ibid*. 2.

17　*Ibid*. 147,151-152.

18　C. H. W. Johns,*Assyrian Deeds and Documents*,Vol. I(1898),Nos. 468,251;Leroy Waterman,*Royal Correspondence of the Assyrian*

Empire, II (1930), 258 – 259.

19 Johns, *op. cit.* , Nos. 60, 368; Waterman, *op. cit.* , I (1930), 274 – 275; II, 36 ff. , 274.

20 Johns, *op. cit.* , No. 253; Waterman, op. cit. , I, 296 – 297; II, 44 ff. , 参见 Olmstead, "Intertestamental Studies," *JAOS*, LVI (1936), 243。

21 Olmstead, *Jesus in the Light of History* (1942), pp. 11, 16 – 17, 103, 150, 166.

22 F. C. Conybeare, J. R. Harris, and A. S. Lewis, *The Story of Ahikar* (1898); also in R. H. Charles, *The Apocrypha and Pseudepigrapha of the Old Testament* (1913), pp. 715 ff.

第廿四章　神学之外的科学

雅典抵制新科学

东方的新科学在雅典受欢迎的程度,比不久之后这座城市向爱奥尼亚美女塔尔盖利亚(Thargelia)及其妓女姐妹表示的欢迎大为逊色。巴比伦的日晷仪和一日 12 小时制,既是实用的,又是守恒的。斯巴达允许阿那克西米尼(Anaximenes)在其首都建立了一座日晷仪。[1] 当他的弟子安那克萨哥拉(Anaxagoras)离开波斯的克拉佐曼纳去雅典游历时,正是佩内克莱斯统治之下的雅典声名大振之时。

在雅典,安那克萨哥拉传授的是,理性使得迄今为止混沌不清的所有事物变得秩序井然,宇宙是由同质的微小粒子组成的。然而,当他转向天体研究的时候,他宣称天体在一个旋转的苍穹中运动。那里的天极最初是直接架空的。然后,他开始解释银河、彗星、流星、气象学、风、雷、闪电。他已经涉入了一个更危险的领域。他进而宣布月球从太阳那里接收光线。月球上有山、溪谷,甚至民居。太阳是一块比伯罗奔尼撒地区略大的炽热金属团。这对于深受迷信思想支配的雅典人来说,实在是太过分了。这个时候,正是希罗多德在雅典大受欢迎,得到公众承认的时候。安那克萨哥拉因为教授天文学、不敬神和亲波斯而被传讯,不得不亡命海外。[2]

巴比伦历法的修订

正当雅典宣布研究天文学违法的时候,东方仍然在使其科学成果更加精确。在制定实用的日历方面,自那波纳西尔(Nabu-nasir)时代起(公元前 747 年),巴比伦就发明了 19 年一周期的好方法。最初,巴比伦科学家对 29 日和 30 日的"大"、"小"月份大致的交替很满意。他们通过在 19 年一周期之内加入 7 个附加月的方法,使其历法符合太阳年的周期。反复的实验表明,最晚在公元前 443 年,7 个闰月最实际的安排是在周期的第 3、第 6、第 8、第 11、第 14、第 19 年的结尾增加 6 日,作为第 2 个阿达鲁月(Addaru),这个月以 3 月的新月初现开始,结束于 4 月。只有在第 17 年,设置传统的第 2 个乌卢卢月(Ululu),以 9 月的新月初现开始,并且将一年分成两个相等的部分。[3]

从第三王朝起。埃及人已经知道一年有 365 日。早在第一王朝,天文学家似乎已开始注意到埃及的民用年违反天狼星的偕日升。天狼星是"太阴年的开始"。在这之前,他们已经确定,必须加上若干小时和若干分钟来保证太阳年的真正长度。这时,他们已经估计出多余的时间为一日的 1/3。虽然 19 年一周期在实际操作的时候很笨拙。但是,它的结果肯定更加精确得多。

那波里曼尼(Naburimanni)的计算是如此的精确,以致我们没有理由期望一两代人里再有任何显著的进步。事实上,似乎只有很少的天文学文献来自于紧接其后的时期。人们通过现代的计算,可以确定到公元前 425 年的时期,那只是那波里曼尼系统在实际运用之中的一个例子。它完全是一本现代的"日历",具有用先进的计算方式得出的数据表和表格的形式。

水平线将每个月分开。水平线与形成两栏的垂线交叉。在两栏之中,左边一栏表明前面月份的长度——29 或者 30 日——这样,就确定了下一个朔月出现的时间。接下来,我们也就知道望月出现的日期,要么是 14 日,要么是 15 日。接着,又指明了下弦月在天空最后出现的日期。右边一栏给出了 5 个真正的行星和天狼星在偕日升时"发光前进"或者在这个周期结束时"进入"地下,在他们的周期结束时最后的降落。

这些计算结果,每一个都结果与日期相符合。有证据表明,甚至早期巴比伦天文学家也有行星周期运动的精确时间表。将秋分放在 9 月 27 日,同样是正确的。然而,夏至放在 6 月 29 日,在时间 上太晚。10 月 23 日的日食在巴比伦看不到,因为它出现在日落之后。这位天文学家也知道这一点。但是,出于完整性的考虑,他把它算进去了。并且,他不厌其烦地重复自己的计算。另一方面,月食在巴比伦可以完整地观察到。根据现代的计算结果,它开始于 18 点 36 分(巴比伦当地时间)。然而,用巴比伦的数据减去现代的数据,其时间只早 4 分钟![4]

即使在这普通的"日历"之中,行星上升和下降的计算结果被确定之后,我们仍然没有编出一部更先进的教科书,能够为我们确定白昼的长短,即行星神运动的周期。月球运动的周期是 684 年,这是一个相对容易计算的结果,木星(Jupiter)的长周期为 344 年。事实上,木星在 344 年里巡回 29 周加上 4°33′。但是,太阳在 344 年的巡回周数要少 19′。这是一个令人惊奇的好现象。虽然 12 年的周期更好,但 83 年的周期更精确;其较短周期是 63 个月 10 日。金星(Venus)有不同的周期:7 日;大约 14 日;大约 21 日;63 个月 20 日。但是,经过更精细的计算,还可以得到 6400 年的大周期。火星的短周期为 65 个月,长周期为 284 年。我们的天文学家也认识到这个行星亮度的变化。但是,其大周期比通常的 79 年周期更精确。例如,如果我们从 284 儒略年中减去 2 天,太阳将成为 284 周期加 11″,火星将成为 141 周期加 1°22′。为了获得土星(Saturn)的大周期,我们的天文学家用 10×59 年作为一周期,扣除多余的 1°13′,其明显的误差达 38′,这个误差绝不会损害古代科学家的名声。因为现代的天文学家计算结果表明,在木星的干扰影响之下,这颗行星在 930 年的时间里,只能在其平均值正负 49′10″之中发生变化。[5]

雅典恢复与埃及天文学的联系

爱奥尼亚起义、它在伟大的波斯战争之中的继续和提洛同盟的反击,割断了波斯各个被占领地区的联系。雅典对埃及叛乱的支持,再次打开了通向尼罗河的道路。公元前459年之后不久,希俄斯人、毕达哥拉斯的信徒奥诺皮德斯(Oenopides)、[6]安那克萨哥拉同时代的年轻人、众多访问埃及的人之一,碰巧遇上了洪水。他依靠第一手知识的证据,逐渐形成了洪水起因的古怪理论。[7]在那里,他和几何学家一起研究,并解决了一些他认为将对天文学有用的问题。阿那克西曼德第一次使希腊人注意黄道是倾斜的这样一个奇怪的事实。[8]奥诺皮德斯继续进行论证。但是,他关于银河代表太阳以前被烧毁的路径残迹的设想,从来没有被人们接受过。[9]

奥诺皮德斯的历法改革

无论如何,奥诺皮德斯是因为其历法改革而出名的。毫无疑问,他接受了其导师极其完美的、符合逻辑的历法。他在埃及的访问使他认识到,埃及的天文学家知识更丰富。根据他们的理论,一年的长度不是364.5日,而是365又1/3日。作为一个忠诚的毕达哥拉斯信徒,奥诺皮德斯面临着必须证明其教派的信仰与最新科学成果完全一致的问题。

这个新的神圣周期的基础,是一个推理的数字59。这个美妙的数字必须保留,如果奥诺皮德斯接受一年真正的长度是365.3728日的话——其余数几乎超过了一日的1/3。也就是8小时57分钟。这样,59年的周期就可以利用,虽然是损害了更为准确的$9 \times 9 \times 9$(其结果是729月)。后来,这些月数在周期中就变成了730月,每月增加到59.0602昼夜,昼夜加在一起总共是43114日。[10]

这种折衷的方法并不成功,学者们并不重视这种恢复毕达哥拉斯"大年"的努力。但是,许多哲学家(像柏拉图)仍然尊敬它。如果不是在公元前456年,奥诺皮德斯把他的"大年"刻在铜板上,当人们从四面八方聚集起来见证更为令人激动的奥林匹克运动会的时候,让那些有阅读能力的希腊人考察它的话,[11]修改后的历法,也许被遗忘得更快。

<h1 style="text-align:center">阿夫季拉（Abdera）的
德谟克利特</h1>

那些使奥诺皮德斯了解埃及的同样原因，也使一位更伟大的科学家、阿夫季拉的德谟克利特[12]了解了埃及。多年的游历，使他走遍了黎凡特（Levant）所有更文明的国家。后来，他在《环海周航纪》（*Circumnavigation of the Ocean*）总结了他的旅行。像其他书一样，这本书也遗失了。但是，我们可以从他的论文题目（论文目录保存下来了）之中追踪他旅行的路线，[13]德谟克利特在旅行中所学的东西，奠定了其许多出版物的基础。

一篇"弗里吉亚论文"显示了他对小亚细亚内地的知识。通过5年的研究，可能是公元前459年之后，他和埃及的祭司[14]（他们是几何学家和天文学家）一起，在数学和天文学研究中留下了他们的许多印记。如果不是旅行的话，《论麦罗埃人》（麦罗埃是当时埃塞俄比亚的首都），反映了这个尼罗河上游极为遥远国家的一些有趣的东西。

在所谓的"卡利亚斯和约"之后若干年里，对于这位阿夫季拉的市民、雅典帝国的成员来说，在对手波斯帝国各地自由旅行是有可能的。德谟克利特抓住这个机会。从埃及来到了巴比伦。这时，原先用于表示民族的术语"迦勒底人"，已经专门用来表示智者。在这个世纪里，它特别用来表示天文学家。[15]因此，德谟克利特在《占星术论文》之中总结了自己的调查结果。另一篇论文的题目为《论巴比伦人的神圣文字》（*On the sacred writings of those in Babylon*）。[16]当然，他使用这个术语，指的不是埃及的象形文字，而是巴比伦的楔形文字。

德谟克利特是否真的能阅读泥板文书原文？他是否能够辨认出理解泥板文书所必需数字和少数表意符号专用字母？现代杰出科学家认为所有这些都是必须的。或者，他使用的是译文吗？

332

诸如此类的问题,已经超越了我们的科学史范围。德谟克利特在一块碑上——这里指的是楔形文字泥板文书——看到了智者阿伊卡的箴言。我们可以引用一些属于阿伊卡和德谟克利特的著名箴言:"狗尾巴给他带来食物,狗爪子给他带来石头,不要让你的邻居踩你的脚后跟,以免他日后踩着你的脖子。不要太甜蜜,以免你被人吃掉。不要太苦涩,以免你被人唾弃。被脚绊倒比被言语绊倒要好。猪和一位绅士去洗澡;当它出门看见一个泥潭的时候,就跳进去打滚了。"[17] 这些是比较容易读懂的楔形文字原文的智者箴言,还是他更熟悉的埃利潘蒂尼犹太人的阿拉米语手抄本?或者是他早已知道的弗里吉亚奴隶伊索寓言之中阿伊卡某些箴言的混合物呢?最后,我们还要问一句:现存的引文是否属于《弗里吉亚论文》呢?[18]

德谟克利特从巴比伦来到了波斯,在那里,他学到了足够多的宗教习俗,写成了一篇《论麻葛》的论文。在那里,他还打听过有关印度的情况(有人甚至说他曾经到过印度旅行,但这是绝不可能的事情)。但是,与半个世纪之后的克特西亚斯不同,德谟克利特没有轻信他所听到的那些难以置信的故事。[19]

德谟克利特是第一位亲自到巴比伦游历过的希腊著名科学家。当我们考察同时代用楔形文字写成的科学文献时,从其现存的残篇和著作目录之中,人们可以知道他在这个尚未开发的领域所取得的科学成果是多么巨大。我们不期望在他的伦理学、心理学和音乐著作中发现巴比伦影响的痕迹。当我们看到一组以《物理学》为标题的论文,还有其老师留基伯的《大宇宙论》(the Great Diacosmus)之后,就再也找不到什么了。

冠名为《数学》的一组论文看起来更有希望,如果我们知道名为《几何图形》、《算术》、《几何学》、《论无理数的量值和立方体》和《圆周、球体的相切和切线》这些部分的内容,我们就可以将埃及人和巴比伦人的贡献区分出来。我们完全可以肯定的是,他是第一个对希腊人公布如下定理的,即圆锥形的体积是等底等高圆柱体体积的 $1/3$。这条定理对棱柱体也适用。他还知道一个圆锥体两个紧邻的水平截面面积的比例关系。[20]

相反,他的天文学论文,只能用巴比伦泥板文书的术语来解释。他从四门学问开始,星图学、地理学、极地学和放射线学,即描绘天地、极地和光线的学问或者气象学。第一次描绘了星空、不同星座中的恒星、少数最亮的星星及名字。巴比伦天文学家已经把凹状的天体表面分成三个同心区域:"安努之路",极点之上的天神,"众星可以看见极点,但永远不会停留",而是围绕着极点旋转;"恩利尔之路",大气之神,希腊人称为黄道,后来称为黄道带;"埃阿之路",海洋之神,他在天体海洋的深处。与我们几乎完全依据维特鲁威(Vitruvius)而恢复"星座图"一起,出现了若干"平面星球图",这些星球图袭用巴比伦术语,描绘了许多人物和动物形象,它们代表着星座。

当然,德谟克利特是从描述"安努之路"开始的:

> 马车已经停住了,车后是牧夫座(Driver),不远处就是室女座(Virgin)。室女座右肩上有一颗非常耀眼的星,即处女座(Protrugetes);更为璀璨的星是角宿一(Spica)。他对面是另一颗星,即大角星(Arcturus),位于牧夫座的膝盖之间。从战车的头部,在双子座(Twins)的脚对面,战车立在金牛座的角尖上。同样,在左角尖上,御夫座(Charioteer)的脚上是御夫座的孩子(Kids)。白羊座(Ram)在室女座的左肩。在金牛座和白羊座之上是英仙座(Perseus)。他的右脚支撑着昴角星,他的左边是白羊座的头部。他的右手靠在仙后座(Cassiopeia)上,他的左手支撑着金牛座上面美杜莎(Medusa)的头部,把它放在仙女座(Andromeda)脚下。
>
> 双鱼座在仙女座之外,与仙女座腹部高度相齐,与飞马座(Horse)背部一样高。其腹部有一颗非常亮的星星切断了仙女座的头部。仙女座的右手放在仙后座的上面,左手放在北鱼座上。宝瓶座(Water Carrier)在天马座头部上方。马蹄碰到宝瓶座的膝盖。仙后座在两者之间。魔蝎座(Capricorn)上面是天鹰座(Eagle)和海豚座(Dolphin)。他们旁边是天箭座

（Arrow）。天箭座旁边是天鹅座（Swan），它的右翼碰到仙王座（Cepheus）的右手和王杖。他的左翼靠在仙后座上。天马座的脚被天鹅座的尾部遮住了。

再上面是射手座（Archer），天蝎座和天秤座（Scorpion, Scales）。巨蛇座（Serpent）的舌尖触到了王冕座（Crown），在他的中间，蛇夫座（Serpent Holder）紧紧抓住巨蛇座。他的左脚踩着天蝎座的前额。在蛇夫座的头部旁边不远处，是武仙座（Kneeling Man）的头部。他们的头部很容易被认出，因为他们用引人注目的星星标出来了。

武仙座的脚部靠在巨蛇座上，战车就停在巨蛇座的羊群之中。海豚座朦朦胧胧地在他们之间游泳。天鹅座嘴部对面是天琴座。在牧夫座和武仙座的双肩之间是王冕座。

335　　德谟克利特越过"恩利尔之路"最近天极的天空，再度回归到"安努之路"。

在北部区域，是战车和大犬座（Dog）的尾巴，两者从头到尾被描绘出来。它们的尾部之间据说是天体的最高点。巨蛇座伸长，它有一颗北极星在战车顶端周围闪耀着。因为在它旁边的是天龙座（巨蛇座的另一个名字，或更为原始的名字——作者注），缠绕着他的头。事实上，在大犬座尾部顶端周围是其羊群，它们一直到了底部。它们扭在一起，并且从大犬座的头部倒回到战车。在大犬座的尾部上面是仙王座的脚部，最高点的星星在白羊座上方形成等边的三角座。然而，许多属于小战车和仙后座的星星混杂在一起。

（正如我们所说的北半部的天球，而他却说成是"东方的右边"一样），德谟克利特在描述了黄道带和战车之间的星座的位置之后，转而描述"东南方左边的星座"了。

在魔蝎座下面延伸的是南鱼座，指向海怪的尾部。在上面，南鱼座指向射手座，这个空间是空着的。天坛座（Altar）在天蝎座刺的下面，半人马座的前部挨着天平座和天蝎座，他手持野兽。室女座、狮子座和巨蟹座（Lion，Crab）被长蛇座（Hydra）包围，长蛇在蠕动中延伸成一列星星。在巨蟹座的地域，它举起其嘴，对着狮子座，它的中部支撑着巨蟹座（Crater），朝着室女座的手部，在乌鸦座中举起了自己的尾巴。在其肩部之上的星星亮度是相同的。

在其腹部更低的部分，在尾部下面是半人马座（Centaur）。靠着巨爵座（Cup）和狮子座的是南船座，它的船首模糊，但是可以看见桅杆和船舵周围的东西是突出的。船和船尾与大犬座尾部的顶端相联。双子座在与长蛇座头部相反方向的小犬座之后，因为大犬座是跟着小犬座的。猎户座（Orion）从这边延伸到那边，被金牛座的蹄压着，他用左手抓住它，另一只手举起大棒朝向双子座。

在猎户座的脚下，是大犬座、常常跟着天兔座（Hare）。白羊座和双鱼座之下是伸展的海怪，其鬃毛是稀疏混杂的星星，以带状的方式排列，朝向双鱼座；众多扭成一团的蛇有时能触及海怪鬃毛的顶部。银河向前流动，河水发源于猎户座左脚下的喷泉，流过宝瓶座旁边的河水，流入南鱼座的头部和海怪的尾部之间。[21]

在这种情况之下，德谟克利特抛弃了巴比伦三个区域的划分法，而是把地球分成北半球和南半球。大概一些附属的成果也应归功于他。他已经解释了希腊人用肉眼能够观察到的星座的升降。它们被分为两组，位于黄道的左边和右边，南面及北面，并且用星星标出来了。[22] 然后，它们被划分进了北半球和南半球；这是暗指南极与北极。正如战车围绕北极旋转，从不停止也不在地球之下行走一样——不因为换季进入地下，正如巴比伦人解释的那样——在假设的南极周围必定有其他星座在旋转。但是，由于地球倾斜的趋向，它们必定一直隐藏着，我们看不见。它们既不在地平

336

线之上发光前进,也不升起在地球之上。其真正原因是,地球干预和阻碍了我们对其外形的观察。有一个事实可以证明这个假设是正确的:老人星,这是希腊人在国内看不见的一颗星星,德谟克利特在埃及三角洲地区却可以亲眼目睹它闪耀发光。而商人们早已经报道过,它在遥远的南方更为明亮。[23]

这本显然翻译得非常完美的小册子,实际上是一本带有插图的《平面星座图》手册。如果我们想知道它们最初的巴比伦原本像什么,我们只需考察塞琉西时代类似的泥板文书。有一块泥板文书这样描述:"立在水星之前的室女座",在神的星座标志之前,一个稍微健壮的妇人手中拿着谷穗。[24]我们没有证实《地理学》和《放射线学》内容的证据。其"原因"不管是"天体的"、"大气的",还是"地球的",都可能是希腊人的观点。但是,巴比伦的原则,即气象学和地理学是天文学不可分割的组成部分,已经得到非常清楚的阐明。德谟克利特的继承者、欧克特蒙(Euctemon)和欧多克索斯(Eudoxus)写了大量关于气象学的书,后者的体系在阿拉托斯(Aratus)的诗歌中仍然保存着。我们在诗歌的主要部分已经发现了它。阿拉托斯在描写天空时,把欧多克索斯的作品改写成了诗歌。德谟克利特则将其作为基本的资料。气象学的附录,同样有可能是真实的。

337　　　我们已经肯定知道《极地学》的内容,大部分一定能够在以上的译文之中找到。从其他地方,我们知道天体围绕地球的轴心旋转。北极离地球很远,位于战车群星背后,恰好在这个天球的顶端。假设的南极在地球下端、在南部地区。我们也知道日晷通过阴影可以确定季节。[25]这是可以滑动的直立木棍,最初用作粗糙的经纬仪,确定建筑的南北朝向,后来又用来确定星球的地平纬度。更晚出现的术语齐克普(ziqpu),字面意思是"极",它与"光柱"截然不同。齐克普后来成为天空之中那个理论支点的名称。后来接近于天龙座的主星,天体系统被发现是围绕着"极"旋转的。

《水钟的争论》必定与各种滴漏计时器计算时间的方法有关。在埃及,水量通过内部标记的升降水平刻度来测量。在巴比伦,溢出的水量用谢克尔来称重量,1塔兰特代表1日24小时。这就引起了年代学的问题。一篇名为《大年》的论文,或简单些说是《天文学》的论文,被制成了表格,类似奥诺皮德斯在奥林匹亚建立的铜表一样的泥板文书。有一件后来的实物幸运地保存下来了,使我们知道它就像我们自己的日历一样。它同样预测太阳、月亮和其他行星的运动,并且包含了天气预测。在公元前425年以前很久,以楔形文字写成的类似历法就已经被计算出来了。后来,报道这些数据的作者误解了它们。但是,德谟克利特毫无疑问是将19年一周期最早介绍给希腊的第一人。[26]

为了核对这个周期本身,德谟克利特必须了解太阳、月亮和其他行星运动的时间关系。在另一本高级教科书《行星论》之中,介绍了这种知识。正如我们所见到的,它一开始,就把对星座的描述明确地归功于德谟克利特。维特鲁威叙述了太阳是如何穿过星座漫游,月复一月,白昼的长度和时间是如何变长和缩短的。

当他进入白羊座,并穿过第八部分的时候,他带来了春分。当他继续前进到金牛座尾部和昴星团(Pleiades)时,金牛座的前半部分显眼了。当他运动到北部的时候,快速通过的空间超过了天体的一半。在昴星团升起的时候,他从金牛座进入了双子座。他到了地球更高的位置之上,拉长了白昼的长度。当他进入巨蟹座时,就离开了双子座。巨蟹座占据天空的空间最小(这充分证明了他是在讲星座,而不是讲黄道十二宫相同的空间迹象——作者注)。当他进入第八部分时,他完成了夏至的时间。他继续前进,穿过了狮子座头部和胸部。狮子座后来有一部分属于巨蟹座。从狮子座的胸部和巨蟹座的边界继续往前走,缩短了白昼的长度与其轨道的长度。太阳走过了狮子座剩余的部分,回到他在双子座时的同一路线(运动的速度——作者注)。然后,他穿过狮子座到室女座。前进到室女座长袍的下摆。他缩短了巡回路线,使得其路线长度与金牛座相等。他穿过室女座下摆之后继续前进。下摆占据了天秤座的前半部分。在天秤座的第八部分,他完成了秋分。这部分的路线与

338

它在白羊座的星座巡回路线相等。

　　然而,当太阳进入天蝎座的时候,在昴星团下沉之地向南前进,他就缩短了白昼的长度。他从天蝎座出来前行,进入了射手座的腿部。他飞过每日很短的路程。当他从射手座腿部开始出来时(这是属于摩蝎座的一部分——作者注),他在第八部分飞过了天空最短的地区,他穿过摩蝎座,进入宝瓶座,增加了白昼的长度,并且使射手座巡回路线相等。他从宝瓶座出来之后,进入双鱼座。当西风吹起之时,走完了等于摩蝎座的巡回路线。这样,太阳在他围绕星座的漫游中,在预定的时间使白昼的长度和时间拉长和缩短了。[27]

　　同时代巴比伦天文学家,没有人不知道这里所讲的知识。因此,我们引用维特鲁威的话来说明这些都是出自德谟克利特,是正确的做法。

　　《天体现象的起因》[28]并没有引用我们所用的术语;我们必须按照字义翻译,行星"发光前进",也就是它们的偕日升。[29]维特鲁威必定在自己的著作之中引用了这部著作或《论行星》的最后部分。我们可以想象它是从德谟克利特的著作翻译而来的。

339　　如果把某些毫无疑问是后来的思想删除,我们最初读到的十二星座,是用图像表示在天体中部的横切面圆周之上,并且倾向南部、即黄道十二宫。这些星座中的六个永远在地球之上。同时,星座不停地从东向西旋转。行星——月亮、水星、金星、太阳、火星、木星和土星——每一个都有自己的轨道,在天体中的运行方向正好相反,从西向东漫游。

　　最后是确定周期,七大行星的"大年"。月亮在走过天空的巡回路线之后,回到她原来出发的星座,需要28日1小时多一点,正好是1个太阴月。太阳穿越一个星座的空间需要1个太阳月的时间,当他回到他开始出发的那个星座时,正好是1年的长度。根据这一点可以明白,月亮在12个太阳月内通过自己的轨道13次。而太阳在同样多的月内只有1次。

　　水星和金星围绕太阳光线中心旋转。它们在回去的旅程中速度放缓,并且耽搁了。也由于它们的轨道,它们在各个星座区域的轨道交点也耽搁了。

以金星为例,这一点尤为公认,因为紧跟着太阳,在太阳落山之后,它在天空中发光前进,而且更为明亮,被称作"昏星"。但是,在其他时间,它在太阳的前面运行。天明之前升起,被称为启明星。因为这个原因,有时它们在同一个星座里耽搁几天(巴比伦人把这称作"行星停留之地")。有时,它们进入另一个星座很快。因此,由于它们在每个星座里漫游的日数不一样,它们必须通过加速运动来弥补他们在前面耽搁的全部时间。

水星沿着自己在天体中的路线迅速地飞翔,通过各个区域,在第360日通过所有的星座,到达它先前开始沿着自己的路线运转的那个星座。它的路线非常平均,每个星座花费的时间都是30日。

金星在30日穿过某些星座的空间。在某些星座,它停留的时间达到40日之久。当他在交点时,它准确地弥补了由于耽搁而失去的时间。因此,它在第485日走完了天体的整个巡回路线,到达了那个他开始第一次出发旅行的星座。

许多同样的行话告诉我们,火星的周期是683日,木星是11年313日。土星29年160日左右。这些行星运转轨道高于太阳的路线,特别是当它们进入了太阳所在的三角座的时候,它们不是前进,而是倒退和停留,直到同一个太阳转到另一星座为止。 ³⁴⁰

木星横切火星和土星之间的轨道,沿着一条比火星长,但比土星短的路线前进。其他的行星由于远离天体的最高点,有一条离地球最近的轨道。它们看起来运行得更快,因为它们都横切了一个小轨道。更经常的是在它上面的行星之下经过或穿过。[30]

我们所阅读过的一切,都能在那波里曼尼及其直接继承者的著作之中找到。因此,没有理由否认德谟克利特的话有点相像这些人的。这些知识被德谟克利特传给了欧克特蒙、默冬和欧多克索斯。从他们那里,这些知识又传给了那些有作品被保存下来的作者——阿拉托斯(Aratus)、格米努斯(Geminus)、西塞罗(Cicero)、维特鲁威、普林尼(Pliny)和其他许多的后来人。因此,在这些后来的作家中,我们发现了与那波里曼尼及其弟子教科书一致的资料。如果略去希腊化时代更先进的研究成果不算,我们就有足够的理由把这些资料的原型归功于德谟克利特、希腊科学家之中第一位将巴比伦的发明成果介绍给自己同胞的人。

在《大宇宙论》之中,留基伯已经奠定了原子论的原理。他更伟大的学生则发展了他的理论,并且使其更为准确。德谟克利特认为,"我们大家都了解的人类,实际上只是原子和空虚的存在。他们不仅组成了动物的本源,而且组成了所有复合物的本源"。原子可以想象为各种不同的物质:固体的、不可分的、不可变的、没有思想的物质,在体积和数量上是无限的。它们充斥着整个宇宙,无论是漩涡,还是一个不确定范围的真空。它们既没有顶部,也没有底部和中部。既没有中心,也没有边缘。这些原子运动的形式,既相互碰撞,也互相结合。在这个过程之中,产生了现存的所有物体。这个过程是没有起点的,因为它是一个永恒的运动。

这样,火、水、空气和土形成了,这些物质应当被认为是复合物,而不是元素。乌有可以存在,但不能组成任何东西,也不能变成乌有;这是现代能量守恒定律的第一次论述。具有生命与灭亡的天体,其数量可能是无限的。太阳、月亮、精神(德谟克利特等同于理性),所有这一切都只是原子的集合体。需要就是创造性漩涡的别名。哲学家研究的实际结果是质朴的稳定。[31]

除了希腊的哲学家,没有一个人能够创造出一个如此貌似完美的理论。我们还必须立即补充的是,如果没有巴比伦人的初步劳动,就没有一位希腊哲学家能够创造出这种理论。巴比伦不仅为理论家提供了正确知识的坚实基础,还提供了许多必要术语。希腊人和东方人在巴比伦土地上的第一次共同工作。合作的结果是产生了一个大部分被现代科学家所接受的理论。

德谟克利特作为一位同行的学者,在东方受到欢迎。巴比伦知识宝库的大门,是慷慨地敞开的。在国内,他已经享有杰出的、在后来者之中经久不衰的声誉。在一次意味深长的葬礼演说之中,佩内克莱斯充分地表达了他对独自抵挡了波斯侵略者的雅典的历

341

史、对她的民主制度、她的帝国、她的经济繁荣、她的文学和以不朽的帕台农神庙为首的艺术的自豪感。他夸耀雅典是希腊的学校，因为这个城市对世界是开放的。因此，外国人享有各种求学的便利条件。德谟克利特收到了这个邀请，决定去参观这所新的学校。但是，他发现反对科学的偏见仍然很强烈。事实上，佩内克莱斯明显地觉得雅典本身已经不再需要学习什么了。德谟克利特说："我来到了雅典，但是没有一个人认识我。"[32]

后期的雅典天文学家

接下来一位重要的天文学家，是名叫欧克特蒙的雅典人。他像德谟克利特一样，将气象学和地理学结合在他的天文学理论之中。他依据行星位置的变化进行自己的观察。依靠季节的长度进行计算。但是对科学家来讲，雅典是这样一块不毛之地。公元前436年，欧克特蒙离开了雅典，成为安菲波利斯（Amphipolis）的移民。[33]

当然，德谟克利特的日历表在雅典也毫无名声。一位名叫费努斯（Phaeinus）的客籍民首先使默冬注意到19年周期的特殊优点。[34]欧克特蒙将自己计算出的行星变化和季节的长度交给其同胞去使用。后者大概应当对默冬将新年置于夏至，而不是像巴比伦一样设置在春季负责。他也没有以19年体系的第17个周期，即阿尔塔薛西斯一世在位第22年（公元前443年4月22日）作为开始。但是，在第12年（似乎出现了笔误，应当是第21年——译注）的夏至，默冬使用日晷观察到在阿普索伊德斯（Apseudes）担任执政官时，雅典出现了第13个斯奇洛弗里昂月（Scirophorion）。这是在公元前432年6月28日发现的。默冬的周期包括235个月，110个小月（或者每月29日）和125个大月（或每月30日）。每年的长度是365又5/19天。超出部分略多于1/4天，更确切些说是0.2632日。这个数字比奥诺皮德斯从埃及老师所学到的更为近似，但仍然长了30'11''；它与那波里曼尼的计算结果不可同日而语。公元前492年，那波里曼尼的计算结果只多6'22''。

342

默冬从未见到自己的日历付诸实用。聪明而浅薄的阿里斯托芬在喜剧《云》(公元前 423 年)和轻浮的、爱挖苦人的《鸟》之中(公元前 414 年),嘲弄了默冬。后来,弗里尼库(Phrynichus)在《孤独者》之中,又对默冬进行了嘲讽。这就是雅典人的普遍态度。他们的历法也没有进行改革。[35]

原注

1 Plin. ii. 187;参见 Herod. ii. 109。

2 Diog. Lacrt. ii. 6 ff. *De superstit*. 169 f; P*pericl*. 32.

3 泥板文书由 R. A. Parker and W. H. Dubberstein 提供,见 *Babylonian Chronology*,*626 B. C. - A. D. 45* (1942),Pl. I。它只有一次例外;公元前 385 年的第二个阿达鲁月是本周期第二年而不是第三年的阿达鲁月。这个变化发生在公元前 481 -前 463 年周期之后,但可以确定是在公元前 462 年。

4 F. X. Kugler, *Sternkunde und Sterndienst in Babel*, *Erganzungen*, II (1914),233 ff.

5 Kugler, *Sternkunde und Sterndienst in Babel*, *Erganzungen*,I (1907),48 ff。公元前 387 -前 379 年的泥板文书是否抄写自原文,这一点早有怀疑。

6 H. Diels and W. Kranz, *Die Fragmente der Vorsokratiker* (5th ed. , 1934 - 1937),I, 393 ff. ;参见. Plato *Amator*. 132A。

7 Diod. i. 41. 1 ff. ; 98. 3.

8 Plin. ii. 31; Aetius ii. 25. 1.

9 Oenopid. , Frag. 10 (Diels and Kranz); Aristot. *Meteorol*. i. 8; Diod. i. 98. 2; Macrob. i. 17. 31; Theon Smyrn. p. 198. 14 (Hiller); Aetius ii. 12. 2.

10 Censorin. xix. 2;参见 H. Y. Wade-Gery, *Cambridge Ancient History*,III (1925),762 ff。

11 Aelian. *Var. bist*. x. 7;参见 K. von Fritz, "Oinopides," *PW*, XVIII (1937),2258 ff。

12 T. L. Heath, *Aristarcbus of Samos* (1913),p. 121,他完全误解,并奇怪地贬低德谟克利特在科学上的重要地位。

13 Diog. Laert. ix. 46 ff.

14 Diod. i. 98. 3; Clem. Alex. *Strom*. i. 69.

15 Herod. i. 181.

16 Clem. Alex. *Strom*. i. 69；ii. 130.

17 参见 R. H. Charles, *The Apocrypha and Pseudographa of the Old Testament* (1913)，II, 716 - 717。

18 参见 pp. 323 ff。

19 Megasthenes，in Strabo xv. 1. 38.

20 Archimedes, fragment published by J. L. Heiberg, "Eine neue Archimedes-Handschrift," *Hermes*, XLII (1907), 425 ff.

21 Vitruv. ix. 4. 1 - 5. 3；这一部分明显是属于德谟克利特的。否则，根据内容和论述，我们将把它归之于欧克多索斯 (Eudoxus) 和阿拉托斯 (Aratus) 的体系。

22 *Ibid*. 3. 3.

23 *Ibid*. 5. 4.

24 F. Thureau-Dangin，*Tabletees d'Uruk* (1922)，No. 12.

25 Vitruv. ix. 1. 1 - 2.

26 Censorin. xviii. 8；一个周期的年数——82 年——肯定是错误的，但是闰月数——28 个月——等于卡利普斯采用的 19 年一周期的月数 4x7 个月，其月数与德谟克利特的月数相同。

27 Vitruv. ix. 2. 4 - 3. 3.

28 Ptol. *Syntax*. 93D.

29 参见 Olmstead, "The Chronology of Jesus' Life," *Anglican Theological Review*, XXIV (1942), 24 - 25。

30 Vitruv. ix. 1. 1 - 11. 14；参见 ix. *praef*. 2。

31 Sext. Empir. *Pry*. ii. 23 - 24；Cic. *De fin*. i. 17；Diod. Laert. ix. 44 - 45.

32 Thuc. ii. 39，41；Democritus, Frag. 116.

33 Callippus, in Simplic. *De coelo*, P. 497, 20 (Heib.)；[Theophrast.] *De sign*. Geminus viii. 50；Vitruv. ix. 6；Column. Ix. 12；Ptol. *Syntax*. iii. 1；Amm. xxvi. 1. 8；Pap. Eudem. P. 301W.；Avien. 47 ff.

34 Diels and Kranz，*op. cit.*，I, 41.

35 Aristophan. *Nub*. 616；*Av*. 992 ff.；Phrynich., Frag. 21 (Kock)；[Theophrast.] *De sign*. 4；Philochor., Frag. 99 (FHG, I, 100)；Geminus viii. 50；Diod. ii. 47. 6；xii. 36. 2；xx. 36. 2 - 3；Vitruv. ix. 6. 3；Plut. *Alcibiad*. ii. 4；Ptol. *Syntax*. iii. 2；Aelian. *Var. bist*. X. 7；Censorin. xviii. 8；Schol. Aristophan. *Av*. 997；Schol. Arat. 752；H. Dlels, *Abbandlungen der preussischen Akademie der Wissensbaften* (Berlin,) 1904, p. 93；Dessau, *Ibid.*, p. 267；Heath, *op. cit.*, p. 294；W. Kubitschek, "Meton" *PW*, VIII (1932), 1458 ff.

第廿五章　离间与征服

波斯雅典战争再起

希罗多德在雅典受到热情的接待,这公开表明到公元前445年时,佩内克莱斯再次转而支持反波斯的立场。就在同年,他与斯巴达签订了30年和约。根据和约,他放弃了雅典占有的土地,以换取后方的安全。为了准备与波斯再战,他重新恢复了在埃及的冒险活动,接受了利比亚叛乱者普萨梅提科斯提供的黄金和45000蒲式耳谷物的礼物。[1]更具有挑衅性的行为是,他在沿着前波斯帝国的各个行省——卡里亚、爱奥尼亚、赫勒斯滂和各个岛屿——的边界线上,在那些继续保持着忠诚的国家之中建立了雅典的贡赋区。他以这种方式清楚地表明,佩内克莱斯决不准备退让。[2]由于吕西亚的分离,波斯遇到威胁。

一直是寡头政治的萨摩斯和民主政治的米利都之间的纷争,导致了后者被击败。米利都向雅典求助。公元前441年末,佩内克莱斯进行了一次远征,把该岛改组为民主政体。被驱逐的寡头们转而向希斯塔斯普之子、萨迪斯总督皮苏特尼斯(Pissuthnes)求助。他允许他们雇佣700名雇佣军收复了该岛,雅典的卫戍部队被移交给总督。然而在公元前439年春,当腓尼基许诺的海上援助没有到来时,佩内克莱斯又收回了萨摩斯。和约已经被公开撕毁了。公元前440年末,波斯夺回了加尔加拉(Gargara)、赛普西斯、塞布伦(Cebren)、西泽莱亚(the Western Zeleia)和阿斯塔库斯

（Astacus）。接着，整个卡里亚内陆以及沿海大部分地区被夺回了。以至于公元前 440 年进贡名单上的 49 座城市，在两年之后只剩下了 12 座城市。卡里亚地区和爱奥尼亚也被合并在一起了。[3]

佩内克莱斯在黑海弥补了损失。阿米苏斯（Amisus）作为第二 344 个比雷埃乌斯（Piraeus）被殖民。锡诺普的僭主蒂梅西勒斯（Timesileus）被驱逐出去。这里也成了一个殖民地（公元前 438）。一支卫戍部队驻扎在阿斯塔库斯，以保护希腊人免遭半独立的比希尼亚最有名的国王多达尔苏斯（Doedalsus）的进攻（公元前435）。[4]

迈加比佐斯

迈加比佐斯在有趣但有时充满危险的生涯之中，又遇到了一次危机。在一次狩猎的时候，他将阿尔塔薛西斯从猛扑过来的狮子口中救了下来。国王非但没有表示感谢，反而记起臣民在国王面前杀死野兽违例处死的禁令。[5]国王下令将其斩首，后宫再次帮了他的忙，他被改判流放到波斯湾的希尔太岛（Cyrtae）。[6]阿托克萨雷斯（Artoxares）因胆敢为迈加比佐斯辩护被流放到亚美尼亚。同时，佐皮鲁斯效法其父，公开发难反对国王。公元前 441 年，佐皮鲁斯访问雅典，[7]他在那里可能遇到了希罗多德，并且可能向希罗多德提供了某些波斯故事和官方文件。这位历史学家利用这些资料美化了自己的著作。因为其父母曾经努力保护在埃及被俘的雅典人，他在雅典受到热烈欢迎。佐皮鲁斯在雅典分舰队的帮助下（虽然这意味着公开的战争行动），进攻了考努斯（Caunus）。非常有意思的是，居民表示自己愿意臣服，但不接受他们的雅典盟友。佐皮鲁斯拒绝了他们的条件，开始攻城。当他爬上城墙时，被一块石头击中头部，立即毙命。杀死他的考努斯人亚西德（Alcides），被阿梅斯特里斯钉在十字架上处死，以惩罚他杀死其外孙。[8]

希尔太岛 5 年可怕的、炎热的流放生活，足以证明迈加比佐斯的忠诚。他借口自己已经成为可怕的、不可接触的麻风病患者，平安无事地回到了苏萨和他妻子身边。后宫最后一次为他的案件辩护。阿尔塔薛西斯终于原谅了他,并允许他同桌用膳。迈加比佐斯76岁时去世,并且得到其主子真诚的哀悼,这出悲喜剧终于谢幕了。阿米提斯继续生活着,并且成了希腊医生阿波罗尼德斯(Apollonides)的情妇。一时的良心冲动,使她向母亲承认了自己的罪恶。愤慨的阿梅斯特里斯告诉王儿,其姐已经玷污了王室的血统。阿尔塔薛西斯将惩罚犯人的的权利交给了阿梅斯特里斯。她把阿波罗尼德斯禁锢了两个月,然后下令活埋了他。就在同一天,阿米提斯也死了。[9]

犹大危机

尼希米担任犹大省长12年,他似乎已经被国王遗忘了。公元前433年,一场危机爆发了。在犹大,苛捐杂税产生了我们在巴比伦已经看到的同样有害的恶果。这些犹太人及其妻子痛苦的呼声,也是波斯帝国所有民族的呐喊。

城市无产阶级大声呼号:"我们和儿女人口众多,要得粮食度命。"农民宣称:"我们典了田地、葡萄园、房屋,要得粮食度饥。"人们以为经济情况较好的土地占有者,情况实际上更糟糕:"我们已经借钱给王纳税,我们的身体与我们弟兄的身体一样。我们的儿女与他们的儿女一般。现在,我们将要使我们的儿女为奴,我们的女儿已有为奴婢的,我们不能赎回他们,因为我们的田地和葡萄园,已经归了别人。"

人们完全忽略了痛苦的潜在原因,大家把所有的责任都归咎于富裕的犹太同胞。事实上,他们只不过是利用了现成的机会而已。尼希米也持这样的看法,他一点也不怀疑真正的罪魁祸首是官僚机构,因为他自己就是靠官僚机构的苛捐杂税生活的。因此,他召集商人,发泄了自己了对他们的愤怒。在一次不讨人喜欢的、自以为是的演说之中,他告诉他们(商人)说,他已经竭尽全力赎回了那些被卖给外国人的犹太同胞。他将银钱粮食借给百姓,而不要银行家索要的、可恶的利息。就在那一天,他坚持他们必须归还原主抵押的土地、葡萄园、橄榄园和他们不正当占有的房屋,以及他们已经索取的、出借银子、谷物、新酒和橄榄油规定的 1% 利息。按照这位尖刻的省长的要求,他们必须当场改正。他们只能许诺同意,虽然他们十分清楚,如果根据他的要求,合同都无效的话,合法的商业活动就必须停止。很显然,尼希米并没有太认真对待这个诺言,因为他马上就召集祭司,强迫商人起誓。他在誓言后又额外加上有力的诅咒。听得众人未作思索,便赞美了耶和华。

346

尼希米继续说,以前的省长加重百姓的负担,从百姓那里索要40 谢克尔的粮食和酒,就是他们的仆人也像主子一样行事。他和他的同僚在他 12 年省长任期之内,从来没有吃省长的俸禄。相反,每天除了从外邦来的犹太人以外,在他席上吃饭的有 150 位犹太人、平民和贵族。为了证明这一点,他还提供了数据:每次要宰 1头公牛、6 头肥羊;还有飞禽。每 10 日 1 次,预备各种酒。"虽然如此,我并不要省长的俸禄,因为百姓服役甚重。"有些官员天真地以为,国家的开支是以某种神秘的方式从空气之中,而不是从百姓的口袋之中取得的,尼希米就是其中的一个。[10]

如果商人不敢公开反驳省长,他们还可以到更高的官员那里去控诉。因为他们理解无论是国家还是官僚机构的开支都取自于税收。尼希米表现出对上层分子之中某些个人的憎恨,其中包括以前的支持者、高级祭司以利亚实。[11]这使人联想到可能是通过以利亚实这条路子,使控诉到达了朝廷。但是,他在公元前 433 年末尼希米试图改革之前,就被阿尔塔薛西斯召回宫廷去了。[12]

希 腊 内 战

尽管有三十年和约,雅典和斯巴达关系的裂痕还是迅速扩大了。波斯政府向民主派的首都派去了塔尔盖利亚(Thargelia,公认的大美人)和一伙名妓。她们受到政治首领们的热烈欢迎。波斯国王因此迅速掌握了雅典最核心的机密。[13]虽然不是没有预兆,伯罗奔尼撒战争还是在公元前 431 年突然爆发了。波斯西北边界的整个形势因此彻底改变,因为一场震撼整个希腊世界的自相残杀的内战——斯巴达的口号是为被雅典征服的民族的"自由"而战——为国王提供了并非预料之外中的巨大利益。

就在同一年,欧里庇德斯上演了他的剧本《美狄亚》。在剧中,伊阿宋(Jason)厚颜无耻地告诉其妻子,她通过暂时的婚姻,得到的东西要比付出的更多!她住在希腊,一个并非野蛮之地的地方。她生活在法治之下,而不是暴力统治之下。她现在是全希腊人知名人物,拥有住在边远地区所没有的光荣。[14] 这对争取波斯的援助,绝不是一种好的宣传。瘟疫从埃塞俄比亚袭击了埃及。接着又袭击了雅典和波斯帝国大部分地区,许多人死亡。由于苛捐杂税,早已混乱不堪的经济生活,现在更加混乱了。[15]

法尔纳巴佐斯(Pharnabazus)一世之子法纳塞斯(Pharnaces),现在是赫勒斯滂的弗里吉亚世袭总督。在其首府达西利乌姆附近的林达库斯(Rhyndacus)地区,有其父亲时期留下来的、重要的纪念碑浮雕。一些 7 英尺高的普罗科尼西亚(Proconessian)大理石板,显然是朝向一个露天祭坛,一半的高度为光滑的边缘,装饰着卵形镖花边。整个图案形成一幅又低又窄的、略微下沉的镶板。镶板上的人物在低处、为浅浮雕。

一行被俘妇女被放在骡子上,骡子的鬃毛剪短并编成辫子。骡子唯一的遮盖物是绣花的鞍褥,妇女坐在有鞍褥的鞍座上并不舒服。被上衣(sakkos)盖着的头发,在脸颊周围呈波浪形,刺绣的长方形外衣作为面纱罩在她们头上,类似希腊短袖内衣的衬衣束在腰间部位。每隔一个妇女,前面就有一个马夫在行走。他头戴防风帽,身穿及膝长袍,手持某种笔直的大东西。妇女后面是骑着马的护卫,马鬃修剪过,尾巴剪短,末端打了结。他们骑在鞍垫上,双脚挺直向前。在开袖皮斗篷之下,皮衣由里向外翻着,露出了头发,可以看见他们的束腰外衣、裤子、随意挂着的短剑和鞋子。铭文的字迹太模糊,不能为献辞提供证据。这种风格和手法主要是伊朗的,建立在希腊先辈的

347

420

基础上。只有卵形镖和看来是爱奥尼亚的铭文,明确地证明了希腊各地的亲密关系。[16]

伯罗奔尼撒人向法纳塞斯求助,在他们的使节去朝见国王的途 348 中,他向使节尼科拉斯(Nicolas)和阿内里斯图斯(Aneristus)许诺给予援助。但是,在他们还没有得到他的保护之前,就因为行凶而被赫勒斯滂的色雷斯国王西塔尔塞斯(Sitalces)俘获,移交给了雅典人。

斯巴达人继续努力,但是阿尔塔薛西斯更喜欢看到希腊人相互毁灭。他对小亚细亚西南私掠船熟视无睹。他们特别希望掠夺从腓尼基和珀希利斯到比雷埃夫斯(Piraeus)的商船。索福克勒斯(Sophocles)曾经在雅典看到一位西顿行商,伊昂(Ion)的埃及亚麻布斗篷,亚该乌斯(Achaeus)的埃及油膏和比布鲁斯饮料、克拉提诺斯(Cratinus)的门德斯(Mendes)葡萄酒。后者还提到去塞种部落的旅行者和从叙利亚带回了长袍的西顿人。现在,配备了索器的船帆和纸莎草是从埃及进口的,还要进口叙利亚的乳香、弗里吉亚的软膏、用来揉巴旦杏的帕夫拉戈尼亚橡子、杏仁、海枣和腓尼基上等的小麦粉。赫尔米普斯(Hermippus)如此自豪地唱道,运输不再安全。弗雷克拉特斯(Pherecrates)表示,即使是他的朋友去埃及旅行,他也害怕这种冒险。还有一件事对国王来讲也非常有利。卡里亚人和吕西亚人已经傲慢地拒绝向雅典进贡。[17]

吕西亚的世袭君主

吕西亚现在完全了解世界事务。它的城市,每个都在小山谷里或高耸在岩石上,自命为希腊文化,却又被一位世袭君主和当地的元老院统治着。他们的陵墓用希腊建筑细部来装饰,在墓石中仍然保留有表明它们起源于木质结构的证据。我们已经拥有一位利米拉的(Limyra)世袭君主塞达赖亚(Sedareia)时代保存下来的双语铭文。其斯泰特上有山羊和格里芬图案。铭文反映了最简单的墓志铭套话:"这个纪念碑为帕梅纳(Parmena)之子塞达赖亚,为他自己及其妻子、儿子波比莱亚(Pobealaia)而建。"[18]铭文通常很长。然而，要进行准确的解释，并不一定很有把握；受到刑罚的外国人是不许将死者葬在坟墓中的，因此，墓志铭的套话也各不相同，如付给市议员、国库、祭司、安葬机构多少阿达和谢克尔等等。

349

钱币的铭文变得更长，也更常见。科普尔雷(Koprlle)留给我们大量钱币，证明了他的重要性。钱币铭文表明他在桑索斯和马拉米拉(Marra-Myra)铸造钱币。钱币类型表明在其他诸如泰勒梅苏斯(Telmessus)和利米拉这样的城市也铸造了钱币。这些钱币完全没有雅典特色，证明它不再是雅典的臣属。通常，吕西亚的"城徽"、三脚架图案在钱币背面。钱币正面是各种象征的完美结合：埃及何露斯的眼睛，海豚、山羊、飞鹰、凶猛的野猪，站着或斜倚的马、骡子、哺育小牛的母牛。东方的影响体现在本地的翼马，珀伽索斯(Pegasus)、斯芬克斯、狮子(经常有翼，甚至有角)、裸体有翼神灵之中。波斯的影响，可以从模仿波斯波利斯的城徽、狮子撕咬公牛、有翼和角的人首飞牛，最主要的是公牛柱头或公牛和马的柱头看出。然而，有翼狮子的圆形盾牌、戴头盔的阿瑞斯、肩上有公羊的赫尔墨斯、裸体的赫拉克勒斯、阿波罗和宙斯·阿蒙，这些都表明了希腊的影响不容忽视。[19]

哈雷是阿帕科或哈尔帕戈斯(Arppakho、Harpagus)之子，这是一个正统的米底名字，它可以证明他有部分伊朗血统。哈尔帕戈斯似乎没有掌过权，因为哈雷很明显是从他的外祖父哈雷加(Kharega)和他的岳父科普尔雷那里继承的王位。他在桑索斯和特拉瓦特罗斯(Tlawa-Tlos)制造钱币。正面图案通常为戴头盔的雅典娜，其头盔曾有橄榄枝。与她为伴的是她的象征猫头鹰，反面通常是君主本人的半身雕像。长而鬈曲的胡子，有绶带的头巾和象征胜利的橄榄枝王冠。比较稀有的钱币种类是雅典娜骑着海豚、公牛(有时有翼、甚至人首)、鹰、斗鸡盾牌的图案。[20]

对雅典娜的尊敬并不意味着哈雷亲雅典。他在桑索斯给我们留下了一块长约250行的铭文。我们从许多地方可以猜测出吕西亚语的意思，特别是他讲到他的盟国的时候。其兄弟特尔贝内梅

（Trbbeneme）也许是泽莫（Zemo）的同僚，因为在他们的钱币上，他们单独或一起使用了狮子面具和三脚架图案。后来，特尔贝内梅与瓦德布（Wadb）联合起来，他的儿子克罗斯特（Krostte）在利米拉建造了一个陵墓。阿尔本内（Arbbene）在塔拉巴泰勒梅苏斯（Talaba-Telmessus）的钱币有戴头盔的雅典娜或穿狮皮的赫拉克勒斯图案。他的名字用卡里亚字母缩写为"Er"。梅特拉普塔 350（Methrapta）就是波斯人米特罗巴特斯（Mitrobates），其钱币有狮子面具、三脚架、比较稀有的紫螺和阿波罗图案。阿罗瓦忒亚斯（Arowateiase）出现的也是狮子面具、三脚架、偶尔也有戴头盔的雅典娜图案。哈雷称他为 *Sttrakba*，即希腊语的将军（*strategos*）。像埃塔（Eta）一样，他在泰勒梅苏斯的钱币有海豚和三脚架图案。阿罗瓦忒亚斯是哈雷的亲属。最后一位盟友看来也来自泰勒梅苏斯，他就是塔斯雷维比（Tathrhewaebe），他的象征是公猪头（有时在盾牌上），一只或两只斗鸡的盾牌图案，或雅典娜头像，但反面都是三脚架图案。在介绍了这一长列世袭君主的名单、他们的奇怪名字和钱币的款式之后，我们也为叙事体历史和文化史增添了新的有趣篇章。[21]

扎加巴（Zagaba）及其士兵，埃特雷托美纳（Etretomena）及其士兵，普塔拉帕塔拉（Pttara-Patara）及其元老院都集中在一起，特尔贝内梅彻底击败了这支军队和梅勒山得拉（Melesantra）。作为桑索斯的王子和吕西亚人的首领，哈雷率领着特拉瓦（特罗斯）和塔比达（Tarbeda）的士兵，他彻底击败这支军队和瓦克萨普德梅（Wakhssapddeme）。像哈拉克拉（Harakla，赫拉克勒斯）和哈克拉扎〔Hakhlaza，即阿基利斯（Achilles）〕一样，他表现出自己是一位杰出的王子和总司令。我们看到了雅典的梅勒山得（Melesander，即梅勒山得拉）在用武力从吕西亚人那里征募贡赋时被杀的当地记载（公元前 430 年）。两年之后，利西克莱斯（Lysicles）因为同样的差事被卡里亚人所杀。与这些同样事件相联的是，吕西亚将军伊兹拉扎（Izraza）在特罗斯（Tlos）建立了自己的金字塔。在底座上，伊兹拉扎被描绘成身披骑兵斗篷与另一位装束相同的骑手作战。

在第二幅浮雕中,他步行战斗,当他将长矛刺向一位落马骑手时,他的衣服保护着他的左臂。第三幅浮雕描绘的是两名用圆形盾牌保护的重装步兵在战斗。第四幅是进攻小山上的要塞。[22]

尼希米的改革

公元前433年末,尼希米从耶路撒冷被召回。在12年时间里,他担任着犹大省长这个累人的职务。那曾经赢得多情的阿尔塔薛西斯欢心的年轻美貌,已经成了人老珠黄。但是,他仍然有玩弄阴谋诡计的本事。过了若干天之后——确切的日期难以肯定——他再次请求国王允许他回到了耶路撒冷。高级祭司以利亚实不再是他的朋友。以利亚实已经与多比雅(Tobiah)讲和,并在神庙的庭院里分配给他一个住所。尼希米喜欢直截了当,立即把多比雅的一切家具从屋里抛了出去,吩咐人洁净这屋子,将神殿的器皿、素祭、乳香又放到以前存放的位置。

他发现利未人和歌唱的人已经回到他们自己的田地去了。因为神庙的财政收入没给他们一份。人们尖锐地斥责这些应该负责的官员:"为何离弃神殿呢?"利未人和歌唱的人照旧供职。谷物的十分之一,新酒和油被送入库房——到了这时,尼希米已经忘记他对农民的关心,任命诚实的司库监督分配。

那些日子,尼希米见在安息日还在榨酒,把禾捆驮在驴上搬运,又把葡萄酒、葡萄和无花果带入城内。提尔的侨民还在出卖他们的商品,特别是鱼。尼希米命令在安息日之前的黎明关门,直到这个神圣的日子结束才开门。有叫卖的小贩在城外住宿。尼希米亲自以逮捕他们相威胁,警告他们离开。他们在安息日再也不来了。

他把注意力转到异族通婚的问题上,这个问题也曾经困扰过以斯拉。犹太人娶了亚实突(Ashdod)、亚扪和摩押女子为妻。他们的儿女说的不再是犹太语言,而是其母亲的语言。尼希米以他特有的气魄斥责这些父亲,诅咒他们,打了他们几个人。拔掉他们的头发,使他们起誓支持改革。

以利亚实和多比雅的友谊由于联姻而巩固。以利亚实之孙、耶和耶大(Jehoiada)之子玛拿西(Manasseh)和叁巴拉之女尼卡索(Nicaso)结了婚,尼希米将他驱逐出去,他投奔了叁巴拉。叁巴拉在格里奇姆山(Mount Gerizim)为他建了一座神殿。在很长的时间内,新神殿一直与耶路撒冷旧神殿保持着密切的联系。[23]

最后,尼希米说他将如何洁净人们,使他们远离一切外邦人。为祭司和利未人排定班次,使其各司其职。按照季节献柴和初熟的果实。[24]所有这些和更多的做法,都得到祭司、利未人和84名百姓首领以庄严的条约批准。当然,省长的签名在签约者名单的最前面,而以利亚实的签名很自然地不见了。[25]尼希米希望教会组织能够如他的城墙一样坚固。他想回到苏萨。因为阿尔塔薛西斯去世的消息显然已经传到了。他适当地结束自己的叙述:"神啊,求你纪念我,施恩于我。"[26]

艺术的新发展

如果我们相信硬币所提供的证据,阿尔塔薛西斯不是真正的阿契美尼德族人。与其父和祖父帅气挺直的鼻子相比,他的鼻子短而弯曲、容貌粗陋、胡子杂乱。[27]他在位前期,完成了其父波斯波利斯的百柱大厅。[28]其父训练有素的工匠仍可使用。留待完成的雕刻,其技巧代表了古典艺术发展的最高水平。[29]然而,值得一提的是,风格出现了明显的变化。薛西斯引进了古典雕刻的不朽形式,类似于奥林匹亚的宙斯神庙的艺术。这种形式局限于并且依赖于巨大的建筑物。在阿尔塔薛西斯统治时期,菲迪亚斯(Pheidias)和他的同事领导了雅典帕台农(Parthenon)神庙的装饰工作。波斯波利斯的雕刻家完成了百柱大厅。按照这种新的风格,人物不太大,在比例上更接近真人。在三维上更独立于建筑背景,由于细部和技术的完美,其组合更加浑然一体。[30]

公元前461年,阿尔塔薛西斯搬到了苏萨,[31]在他漫长统治的绝大部分时间里,他一直住在那里。但没有进行建筑活动。到他垂暮之年,薛西斯及其子曾经接见过许多希腊使节的宫殿被大火夷为平地,再也没有重建。[32] 在这次大灾难之后,阿尔塔薛西斯回到了波斯波利斯,将大流士以前的宫殿作为他的寝宫。其父薛西斯建成这座宫殿之后,看来只要稍加修缮便可以居住。现今在宫殿南面院墙边发现的、散乱的浮雕碎片,是用来说明阿尔塔薛西斯一世铭文的,[33] 它们证明艺术家已经以一种精致和优雅的新艺术取代了早期雄伟的风格。迄今为止,这里还有一组从薛西斯的阿帕丹进贡行进队伍复制而来的浮雕,以成行的圆花饰做边框。但是,这里没有安置针叶树的空间,用以分开每组人物。这里人物的尺寸和重要性更小。距离更大——这是雅典卫城厄瑞克忒翁庙(Erechtheum)一种成熟的旨趣。

在这个铭文以及百柱大厅发现的原文之上,我们还可以加上少量刻在雪花石花瓶以及刻在埃克巴坦那奠酒银碗的铭文"为宫殿而作",[34] 这个工作就算完成了。这样,我们就把阿尔塔薛西斯统治时期所有现存铭文的证据都收集齐全了。

在他的统治快要结束之前,阿尔塔薛西斯看来已经回到苏萨,等待着自己寿终正寝。然而,他被埋葬在纳克西鲁斯泰姆(Naqsh-i-Rustam)。其陵墓在其父和祖父陵墓的西边,像其父薛西斯的陵墓一样,其陵墓也没有铭文。

希腊的政策和喜剧

在他去世之前,阿尔塔薛西斯就已经对希腊内战失去了兴趣。公元前430年,皮苏特尼斯(Pissuthnes)提供的雇佣军去解放雅典控制的诺蒂翁(Notium)的科洛丰港时,他没有提出抗议。公元前427年,雅典在当地重建霸权的时候,他也没采取任何行动,因为它很快又归顺了波斯。如果他听到弗雷克拉特斯(Pherecrates)已经在其戏剧里讽刺波斯人,并将前所未闻的奢侈品给穷人,他很可能会微笑。或者,当他听到公元前426年阿里斯托芬著名的《巴比伦人》，是由从帝国回来的或扣押在萨摩斯的奴隶合唱队，或将从国王那里回来的使节领上舞台，他也可能会微笑。公元前425年，小亚细亚北岸塞拉索斯（Cerasus）和特拉佩祖斯（Trapezus）的丧失，对波斯来讲是更严重的威胁。因为就在那一年，欧里庇德斯得意洋洋地宣布，亚细亚正在像奴隶一样侍候欧罗巴。[35]

在秋天，行将就木的国王派阿尔塔弗雷尼斯（Artaphernes）前去给斯巴达人传达其愤怒的指责，他不明白斯巴达人想要做什么。因为来到宫廷的许多使节，没有两个人说的话是相同的。如果他们能够说清楚问题，他们可以派使节随阿尔塔弗雷尼斯一起来苏萨。信使在埃翁（Eion）被人截住，用亚述语（阿拉米语）写成的信件被译成了希腊语。阿尔塔弗雷尼斯被送回，但这次陪同他来的是雅典使节，阿里斯托芬在其剧本《阿哈奈人》（Acharnians）之中，再次将国王的使节搬上舞台，并且嘲弄性地模仿了希罗多德的风格。雅典人的期望很高，但是，当使节在以弗所得知阿尔塔薛西斯去世的消息之后，便沮丧地回国了。[36]

354

原注

1　Philochorus, Frag. 90；Cratinus, Frag. 73；Plut. *Pericl.* 37. 3.

2　B. D. Meritt, "Studies in the Athenian Tribute Lists," *AJA*, XXIX (1925),292 ff. ；M. N. Tod, *Greek Historical Inscriptions* (1933)，p. 54；*Cambridge Ancient History*，Vol. V (1927)，Map 2 opp. p. 33. 这些地区完全形成，看来最早是在公元前443—公元前442年。

3　Thuc. i. 115 ff. ；Isocr. *De permut.* 111；Ephor. 194 - 95（J）；Duris 66 - 67（J）；Diod. xii. 27 - 28；Nepos. *Timoth.* 1；Plut. *Pericl.* 25 ff. ；Aelian. *Var. hist.* ii. 9；参见 A. B. West, *Classical Philology*，XX (1925),224 - 225。

4　*IG*（ed. minor），I，No. 944；Theopomp.，Frag. 389（J）；Strabo xii. 3. 14；Diod. xii. 34. 5；Memnon xx. 1；App. *Mithr.* 8. 83；Arr. *Peripl.* 15. 3；Plut. *Pericl.* 20；*Cimon* 13. 4.

5　Ctes. *Pers.* xvii, Epit. 71.

6　流放岛，见 Herod. iii. 93；vii. 80；Ctes.，*Pers.*，Frag. 31。

7　Herod. iii. 160.

8　Ctes. *Pers.* xvii, Epit. 71,74.

9 Ctes. *Pers.*, Epit. 72 – 73.

10 Nehemiah, chap. 5.

11 Neh. 13:4 ff.

12 Neh. 13:6.

13 Plut. *Pericl.* 24. 2; Athen. xiii. 608 – 609.

14 Eurip. *Medea* 534 ff.

15 Thuc. ii. 48. 1.

16 E. Herzfeld, *Am Ter von Asien* (1920), pp. 24 ff., Pls. XII – XIII.

17 Herod. vii. 137; Thuc. i. 82; ii. 7. 1; 67; 69; Sophocles, Frag. 823 (Nauck²); Ion, Frag. 40 (Nauck²); Achaeus, Frags. 5, 41 (Nauck²); Cratinus, Frags. 183, 207 – 208 (Kock); Hermippus, Frags. 63, 82 (Kock); Pherecrates, Frag. 11 (Kock).

18 *TAM*, Vol. I, No. 117' E. Babelon, *Traite des monnaies*, II, Part II (1910), 227 – 228.

19 Babelon, *op. cit.*, pp. 223 ff.

20 *Ibid.*, pp. 265 ff.

21 *Ibid.*, pp. 3. 7 ff., 325 ff., 283 ff., 315 ff., 307 ff., 213 ff., 257 ff.; *TAM*, Vol. I, Nos. 128, 135.

22 *TAM*, Vol. I, Nos. 44 and 24; Thuc. ii. 69; iii. 19; Paus. i. 29. 7

23 Neh. 13:4 – 29; Joseph. *Ant.* xi. 302 ff.

24 Neh. 13:30 – 31.

25 Neh. 9:38 – 10:39.

26 Neh. 13:31b;关于尼希米,参见 Olmstead, *History of Palestine and Syria* (1931), pp. 588 ff。

27 Babelon, *op. cit.*, pp. 43 ff.; G. F. Hill, *Greek Coins of Arabia, Mesopotamia, and Persia* (1922), pp. 153 ff. Babelon, *op. cit.*, pp. 43 ff.; G. F. Hill, *Greek Coins of Arabia, Mesopotamia, and Persia* (1922), pp. 153 ff.

28 George G. Cameron, *Persepolis Treasury Tablets* (1947).

29 阿尔塔薛西斯一世铭文(Herzfeld, *Altpersische Inschriften* [1938], No. 22),证明其雕刻位于百柱大厅东南角。

30 Cleta Margaret Olmstead 也是这种观点。

31 Herod. vii. 151.

32 Susa inscription of Artaxerxes II (F. H. Weissbach, *Die Keilinscbriften der Acbameniden* [1911], pp. 122 – 123).

33 *Ibid.*, pp. 120 – 121; Herzfeld, *op. cit.*, Nos. 20 – 21; J. M. Unvala, in A. U. Pope (ed.), *A Survey of Persian Art*, I, 343.

34 Weissbach, *op. cit.*, pp. 120 - 121; Herzfeld, *op. cit.*, No. 23; *Archaologische Mittheilungen aus Iran*, VII（1935），1 ff.; VIII（1937），8 ff.

35 Thuc. iii. 31, 34; Aristot. *Rhet.* iii. 2. 15; Pherecrat., Frags. 126 ff.（Kock）; Aristophan., Frags. 64 ff.（Kock）; Eurip. *Hecuba* 481 - 482.

36 Thuc. iv. 50; Damastes, Frag. 8（J）; Aristophon. Achar. 61 ff., 647 ff.

第廿六章　对斯巴达有利的决定

大流士二世奥科斯（Ochus）登基

在高龄的王太后阿梅斯特里斯死后不久，阿尔塔薛西斯和达马斯皮亚（Damaspia）在公元前 424 年末同一天去世。[1] 他们的儿子薛西斯二世，至少被苏萨承认为继承者。薛西斯二世仅统治了 45 天，他在节日饮宴醉酒沉睡时被人杀死。凶手是阿尔塔薛西斯和巴比伦王妃阿洛古梅（Alogume）之子塞西迪亚努斯（Secydianus），他得到其父的亲信、宦官法尔纳西亚斯（Pharnacyas）的帮助。前君主最有权势的朝臣巴勾拉祖斯（Bagorazus）用一辆骡车将阿尔塔薛西斯夫妇和薛西斯二世的尸体拉到波斯波利斯，埋葬在纳克希鲁斯泰姆悬崖薛西斯陵墓的西边、早已为阿尔塔薛西斯准备好的陵墓里。巴勾拉祖斯一回来，就被新国王下令用石头砸死。据新国王宣布，其罪名是未经准许就埋葬了王室成员的遗体。巴勾拉祖斯以前的对手梅诺斯塔尼斯（Menostanes）成了新的千夫长。

阿尔塔薛西斯另一个儿子奥科斯也是巴比伦王妃所生。其母亲名叫科斯马提德恩（Cosmartidene），这是个正统的阿卡德名字，意为是埃多姆人（Edomite）的神“科斯所赐予的女儿”。阿尔塔薛西斯使他与同父异母的妹妹、第三位巴比伦王妃安德里亚（Andria）所生的帕里萨提斯（Parysatis）成婚。并且任命他为希尔卡尼亚总督，后来，他去了巴比伦。

塞西迪亚努斯多次强令奥科斯到苏萨来。奥科斯多次答应遵命，但一直想方设法拖延时间，直到他召集了一支军队，并宣布自立为王之时。他成功地赢得了骑兵司令阿尔巴里乌斯（Arbarius）、埃及总督阿萨美斯和不久前被放逐到亚美尼亚的宦官头目阿托克萨雷斯的支持。公元前 423 年 2 月 13 日，奥科斯得到巴比伦的承认，号称大流士。[2]

虽然大流士和帕里萨提斯有一半巴比伦血统，但这并不表明巴比伦行省因此能得到什么好处。相反，臭名昭著的、贪婪的贷款者穆拉树（Murashu）商行首领恩利尔纳丁舒姆（Enlil-nadin-shum）匆忙赶到巴比伦欢迎新国王，以确保维护穆拉树后裔的特权地位。2月 13 日，他在靠近埃萨吉拉（Esagila）遗址的贝勒堡，租了一个符合他这种身份的人居住的住所。他的房东有一个正统的巴比伦名字阿普拉（Apla）。但是，房东的父亲却是埃及人哈马齐斯（Harmachis）。直到国王离开，他为这个房子共付了 1.5 磅银子的高昂租金。显然，这个临时首都过于拥挤。不幸的是，对于恩利尔纳丁舒姆来说，他没有意识到这种拥挤预示着大流士立即就前往苏萨去了。11 天之后，我们发现他已经回到尼普尔，为了弥补自己的损失，他向 2 名贫穷的妇女索取了比正常利息高 2 倍的利息。[3]

如果恩利尔纳丁舒姆没有向国王表示忠诚的话，他必定已经"见到了"国王的高级官员。因为在大流士二世（公元前 423—公元前 404）元年，穆拉树的后裔继续在兼并弓地，其规模之大史无前例。在随后的岁月中，商行继续攫取最早受地者拥有的、残存的王室土地。

大流士来到苏萨之后，发现军队——尽管有王位篡夺者的慷慨捐赠——由于塞西迪亚努斯谋杀了合法统治者薛西斯二世和军队喜爱的巴勾拉祖斯，完全持敌对态度。梅诺斯塔尼斯（Menostanes）警告其主子提防新的王位觊觎者。但是，在帕里萨提斯的建议下，奥科斯诱使塞西迪亚努斯接受瓜分帝国的建议。大流士二世很快就撕毁了庄严的保证，逮捕了在位仅六个半月的塞西迪亚努斯。他受到了严厉的惩罚，在强迫他吃下许多食物和饮料之后，他被吊在一根横梁上，下面放着火盆，当他被吊死之后，就掉到这个火盆里。[4]

　　阿托克萨雷斯从亚美尼亚回到苏萨,迎合大流士伪善的声明,为这位王位觊觎者戴上了王冠。另一位王位觊觎者、他的亲兄弟阿西特斯(Arsites)得到迈加比佐斯的庶子阿提菲乌斯(Artyphius)支持。在取得两次胜利之后,由于阿西特斯不再供养阿提菲乌斯的希腊雇佣军,大流士的将军阿尔塔叙拉斯(Artasyras)收买了这支军队,叛乱者被迫有条件投降。帕里萨提斯劝说其丈夫,在抓住阿西特斯之前,毁约是不明智之举。当他被抓住之后,所有追随塞西迪亚努斯的人都被烧死。因为法尔纳西亚斯也是谋杀薛西斯的凶手,他被下令用石头砸死,梅诺斯塔尼斯也被判处死刑。但在被执行更残忍的刑罚之前,他以自杀的方式结束了自己的生命。[5]

　　大流士现在可以合法地宣称自己是薛西斯的复仇者了。他的钱币侧身像表现了他的眼睛、类似亚美尼亚人凸出的鼻子,丰满的脸颊、长长的络腮胡子。官复原职的宦官阿托克萨雷斯势力很大,就如同阿提巴扎尼斯(Artibarzanes)和阿索乌斯(Athous)一样。但是,真正的主人还是其妻和妹妹帕里萨提斯。在他即位前,她给他生了一个女儿阿梅斯特里斯和一个儿子阿萨息斯(Arsaces)。后来,又有过 13 个子女。其中只有居鲁士、阿托斯特斯(Artostes)和乌克森德拉斯(Oxendras)活了下来。像通常发生的事情一样,母亲最宠爱的不是真正的长子阿萨息斯,而是居鲁士——由于他是大流士称王之后出生的长子,她给他起了帝国建立者的名字。[6]

希腊人之间的和平

　　公元前 424 年夏天,雅典人拉马科斯(Lamachus)企图趁着内部混乱之际,进攻本都的赫拉克利亚(Pontic Heracleia),但是,当执行封锁任务的舰队在抛锚之后,却被一场完全预想不到的狂风毁灭,这个企图破产了。[7]在阿里斯托芬的一部喜剧中,他讲到米底人和国王策划的反希腊阴谋。公元前 423 年,演说家安多西德斯(Andocides)之舅埃皮利科斯(Epilychus)率领雅典使节去见大流

357

士,并且签订了友好条约,按照条约规定,与卡利亚斯(Callias)达成的非正式协定被恢复了。阿里斯托芬由此知道在埃克巴坦那有一种纺织品服装(kaunakes)非常昂贵。[8]公元前422年,达西利乌姆总督法尔纳塞斯将爱琴海边的阿特拉米提安(Atramytteium)赐给被忘恩负义的雅典人赶走的那些提洛人。[9]公元前421年,阿里斯托芬指控宙斯企图使希腊向米底人投降,并宣称连太阳和月亮都阴谋把希腊出卖给野蛮人,因为野蛮人只向这些神献祭。[10]但是在3月间,尼西亚斯(Nicias)和约结束了希腊人之间的大内战。

国王对埃及和巴比伦的统治

大流士效法其前任干预犹太人宗教活动的榜样。通过总督阿萨美斯,由某个哈纳尼亚(Hananiah)在埃利潘蒂尼向雇佣军宣布,根据以斯拉最近在犹大实施的律法书,国王在公元前419年发布了法令,强迫遵守逾越节庆祝活动。这个法令为宗教带来了新的利益,并使当地的亚胡(Yahu)神殿募集大量基金成为可能。[11]

2年以后(公元前417),尼普尔城穆拉树后裔的商行突然无影无踪了。后来,任命了一名为波斯官员服务的奴隶作为商行的主要代理人。我们推测王室税务督察肯定视察过这里,收回了失去的王室土地,惩罚了实际占有者。此后,只有少量有关牧地的文献,它们无声地见证了由于借贷者的贪婪和官僚机构灾难性的税收,土地已不能耕种了。

希腊内战重起、提萨费尼斯的权力

由于尼西亚斯和约的签订,同样是灾难性的希腊人同族相残的斗争,表面上好像已经风平浪静了,就在公元前415年,欧里庇德斯还能够回忆帕拉斯雅典娜(Pallas)怎样以弗里吉亚军队的统帅权诱惑帕里斯(Paris)打败了希腊。赫拉许诺他成为亚细亚和欧罗巴的僭主,但一切都徒劳无益。[12]由于疯狂的远征西西里,雅典本身破坏了不稳定的和平。这次远征大大地削弱了它的力量,以至于公元前413年战争再起。但是,雅典仍然统治着爱琴海。只有波斯的援助,能够使斯巴达及其同盟者获得胜利。幸亏希腊政治家目光短浅,那时已经四分五裂的帝国正在经历一场新的革命风暴,但是,波斯统治者依靠榨取被统治民族黄金支持的娴熟外交政策,使波斯成了对希腊发号施令的专横角色。

萨迪斯总督皮苏特尼斯(Pissuthnes)首先发动革命(公元前413)。提萨费尼斯、斯皮特里达特斯(Spithridates)和帕米西斯(Parmises)被派去镇压起义。对希腊人来说,这场革命的重要性超越了地区性的意义,因为它使希达尼斯(Hydarnes)之子提萨费尼斯走上了舞台。他是波斯培养出来的最能干、最不讲道德的外交家。他被授权监察整个半岛之后,立刻证明了对自己的任命是正确的。他用一些城镇的礼物收买了雅典人利孔(Lycon)率领的雇佣军。皮苏特尼斯被迫投降了。由于相信他不会被杀的诺言,他与俘获者一起前往苏萨。大流士不顾已经同意的条件,下令以叛乱者身份处置皮苏特尼斯,他与前辈一样被烧成了灰烬。其私生子阿莫尔格斯(Amorges)得到雅典人帮助,据守在卡里亚海岸。这种极端严重的侮辱,使国王决定支持斯巴达反对雅典人。[13]

现在,要求那些被雅典鼓动起来革命的希腊城市交纳他们曾经交纳过的贡赋,看来正是时机。波斯从未承认过放弃这些城市。萨迪斯现任总督提萨费尼斯已经收到命令,送交应付欠款。与正在革命的莱斯沃斯人、希俄斯人和埃利色雷人派往斯巴达的使节一起,他也派出了自己的代表,并允诺供养斯巴达可能派遣到亚细亚的这支军队。他的宿敌法尔纳巴佐斯,刚刚继承了其父法尔纳塞斯[14]达西利乌姆世袭总督的职位。他寻求通过自己宫廷中的迈加拉和基齐库斯流亡者来劝说斯巴达人命令其舰队前往赫勒斯滂,鼓动那里被雅典统治的民族起而造反。作为答复,斯巴达人允诺法尔纳巴佐斯说,以后他们会进行远征。但是,他们的舰队首先必须前往希俄斯去,拜访那里反雅典起义的首领(公元前413)。[15]

为了报答这种帮助,提萨费尼斯派遣其副手斯塔吉斯(Stages)

率领军队进攻泰奥斯（Teos）。米利都发生叛乱，正当欧里庇德斯宣称除了一个蛮族之外，其他蛮族都是奴隶，他们不可能与希腊人有关系之时，克拉佐曼纳、泰奥斯、列别多斯（Lebedos）、以弗所、福西亚和昔兰尼接受了波斯驻军，全部付清了拖欠的税收。斯巴达人卡尔西德乌斯使斯巴达在拉克代蒙人（Lacedemonians）及其同盟者与国王及提萨费尼斯之间签订了条约。如果说过去曾经有一个"希腊人的事业"的话，它现在已经被彻底地出卖了："凡是国王现在所占领的一切土地和城市，以及国王的祖先过去所占领的一切土地和城市，都应当归国王所有。凡是过去缴纳给雅典人的贡金以及其他一切东西。国王、拉克代蒙人及其同盟者应阻止雅典人征收。而且，国王、拉克代蒙人及其同盟者应当共同向雅典人开战。非得双方同意，不得终止战争。凡叛变国王的人，斯巴达人及其同盟者都应当把他们当作敌人看待；凡叛变斯巴达人及其同盟者的人，国王也应当同样把他们当作敌人看待。"[16]

为执行这个条约，提萨费尼斯摧毁了泰奥斯的城墙，但在米利都被击败。秋季，爱阿苏斯（Iassus）被伯罗奔尼撒人突袭攻下。这座城市连同叛乱者阿莫尔格斯被交给提萨费尼斯，他欢迎其雇佣军为行省效力。[17] 桑索斯的哈雷说他曾经参加在切尔松尼斯（Chersonese）镇压爱奥尼亚人、爱阿苏斯的士兵，以及他怎样帮助塔库（Tarqu）神的人民征服军队和阿莫尔格斯。在波斯王子和斯巴达人征服雅典人之后——这些人已经征服了这支外国军队，希达尼斯〔即韦德尔纳（Wedrnna）〕之子提萨费尼斯、奥塔内斯和阿里亚拉姆尼斯下令体面地埋葬死者。在一份不确定的上下文之中，我们听到了关于大流士和阿尔塔薛西斯，两位雇佣军将军斯巴雷达（Sbareda）和索吉尼斯（Sogenes）以及斯巴达人的消息。

在桑索斯靠近剧场的圣域之中竖立了一根圆柱，详细记载了这次胜利和死者安葬的光荣。柱顶上曾经有浮雕描绘这位王子的英勇事迹，他为这根圆柱举行了落成典礼。绝大部分记载用吕西亚语写成的，但结尾是用古代方言写成的神的咒语。韵文的结构很明显。

360

435

韵文中间是一首阿提卡的希腊语诗歌。它的字母正处于由古阿提卡字母向爱奥尼亚字母过渡的阶段(表示年代的方式不同)。这首诗歌是引用和怀旧的大杂烩。第一行抄袭的是一首诗歌,估计是西蒙尼德斯(Simonides)为纪念欧里墨东的伟大胜利、实际上是为歌颂西门在塞浦路斯的最后功绩而作;然后又从赫西奥德和索福克勒斯的《特拉奇尼人》(Trachinians)之中摘录了一些东西来凑数。我们的译本至少跟原文相同:

> 自从欧罗巴和亚细亚被海洋隔开,
> 吕西亚人从来没有建立这样的石碑。
> 献给圣域之中市场的 12 位神祇,
> 这是对征服和战争最活生生的回忆。

> 哈尔帕戈斯(Harpagus)之子科洛伊斯(Krois),
> 十八般武艺样样精通,
> 他和城市的毁灭者雅典娜一起,
> 用双手与同年龄的吕西亚人相争。
> 他洗劫了许多城市要塞,
> 将君主的财产给了他的亲戚。

361

> 因此,永生的神,感激地记住了他的公正,
> 他一天杀了 7 名重装兵。阿卡迪亚的(Arcadian)勇士,
> 他为众神之王宙斯建立纪念碑,
> 他以最美丽的作品,为卡里亚人赢得了荣誉。[18]

　　曾经被斯巴达放逐的亚西比德(Alcibiades),希望被雅典召回,却成了提萨费尼斯的顾问。他的建议与总督的信念一致,即利用一方反对另一方,最符合国王的利益。斯巴达狂妄地向以前进贡给雅典的亚细亚希腊城市征收贡赋。这直接违背了米利都条约,并且为波斯树立了一个危险的先例。作为替代物,提萨费尼斯自

己承担起供养斯巴达舰队的重担，并增加了一个月的工资。[19]

米利都条约就这样失效了。不满的斯巴达人又与大流士王、国王的儿子、总督通过谈判签订了第二份条约：条约规定"斯巴达人及其同盟者不得对现在属于大流士国王的或过去属于他父王和他祖父的国家和城市作战，或对这些地方有任何损害。斯巴达人或他们的同盟者不得向这些城市征收贡税。大流士国王或国王的任何臣民也不得进攻斯巴达人或其同盟者，或对他们有任何损害。如果斯巴达人或其同盟者需要国王的帮助，或者，如果国王需要斯巴达人或其同盟者的帮助，可以采取双方协定的任何步骤行之。联合对雅典人作战和订立和约时，必须双方联合参加。因国王的请求而来到国王境内的军队，所需要的一切费用都应由国王支付。签订此协定的国家之中，如有任何一方进攻国王的领土，则他国应当采取一切措施制止这种进攻以保护国王。"国王也作了同样的许诺。[20]

提萨费尼斯利用这种古代"预支租借法"，使斯巴达人不再要求交纳贡赋。很快地，他支付舰队军饷的热情就消失了。由于连普通海员每天 3 奥波尔薪水也要拖欠，纪律受到了严重的破坏。[21]一个特别委员会到达尼多斯（Cnidus），他们是不久之前被提萨费尼斯劝说而自愿臣服的。[22]委员会的首领利查斯（Lichas）谴责这两个条约，建议另订一个条约。他的政府绝不会批准这样一个耻辱的、承认波斯对各岛和科林斯地峡（Corinthian Isthmus）北部的欧罗巴希腊拥有主权要求的条约。由于他们把希腊城市交给波斯帝国，这样一个条约将使斯巴达人声称他们是解放者显得荒谬可笑。他个人也不愿付出如此沉重代价来换取财政资助。自然，提萨费尼斯断定：当亚西比德宣称斯巴达打算解放亚洲城市是真话的时候，他怒气冲冲地离开了谈判会场。[23]

雅典保守派代表也与提萨费尼斯发生了联系，他们受到鼓动在国内策划发动革命。他们希望亚西比德能充当中介。然而，当正式使节会见总督时，亚西比德作为他的代表提出这样一些不可能实现的要求——放弃爱奥尼亚和各岛——谈判因此破裂了。[24]

362

437

斯巴达已经得到教训。公元前411年春，一年之内的第三个条约签订了。它的开头是："大流士在位第13年"。拉克代蒙监察官处于第二位。纪年方式的改变本身表明，斯巴达承认她的地位次于波斯帝国。协议在迈安德平原签订。参加签约的不仅有提萨费尼斯，王室秘书希拉米尼斯（Hieramenes），还有法尔纳塞斯之子法尔纳巴佐斯及其兄弟。国王的事务优先于拉克代蒙人及其同盟者。国王在亚细亚的领土将归国王所有。国王认为，他对自己的领土可以采取任何适当的措施（由于这个条约排除了欧罗巴希腊和各岛而遭到利查斯的反对，但更加明确的是条约把亚细亚所有的希腊人放弃给了国王）。直到国王的舰队到达之前，提萨费尼斯同意支付伯罗奔尼撒现有舰队所有的支出。此后，由他们自己选择，他们可以继续保留自己的舰队，自己负担费用。他们也可以向总督借贷他们需要的东西，在冲突结束时作为战争债务偿还。[25]

腓尼基人的舰队，多年来第一次像支军事力量——他们保留了147只军舰——但必须继续向盟国支付非正式的款项。法尔纳巴佐斯捎信说，他将是更令人满意的军需官，船只被派遣到了他的海岸。米利都的情况令人十分气愤，他们占领了提萨费尼斯为了保卫国土而建立的要塞。与此同时，尼多斯也驱逐了波斯驻军。一名米利都使节前往斯巴达抗议提萨费尼斯与暂时被雅典召回的亚西比德的友谊。作为防御措施，总督也派了一个会讲希腊语的卡里亚人高利特斯（Gaulites）前往。

363　　当这名米利都特使到达斯巴达时，米利都抒情诗人蒂莫特乌斯（Timotheus）正在雅典。他在雅典上演《波斯人》的时间，几乎肯定是在公元前410年盛大的泛雅典娜节上。[26]他将萨拉米斯海战胜利作为主题，这个主题已经被埃斯库罗斯用于舞台的宣传。他狡黠地挖苦他的私敌、他的同胞正在抗议的斯巴达人。他以地米斯托克利的口气自豪地夸耀："愿阿瑞斯作主！希腊绝不担心黄金！"——尖刻地指责条约允诺给斯巴达人但又因为拖欠而落空的补助金。[27]对战争的叙述以建立胜利纪念碑、高唱胜利的"凯歌"和舞者欢乐的合唱而结束。这种令人激动的场面使雅典人情不自禁,难怪他们在诗人比赛中投票给这位诗人,使他赢得了胜利。[28]萨摩斯的科里洛斯(Choerilus)在史诗《波斯人》之中,也颂扬了萨拉米斯。雅典人通过了法律,规定在泛雅典娜节上,这首诗歌应与荷马史诗一起当众吟诵。[29]

现在,腓尼基人到达了阿斯彭杜斯(Aspendus)。他们的到来使提萨费尼斯得以免除继续支付补助金。到了夏季的时候,被其行动彻底抛弃的、少量残余的伯罗奔尼撒舰队效法其同伴,加入了其对手的阵营。他的骑兵司令阿萨息斯背信弃义杀戮定居在阿特拉米提安(Atramytteium)的提洛岛流亡者首领,但情况并未因此好转。由于被苛捐杂税所激怒,由于害怕争吵会导致相似的命运,安坦德罗斯人(Antandrians)将波斯驻军从他们的卫城驱逐出去。他们的镇压活动正好给提萨费尼斯提供了一个监视对手的借口。因此,他去了赫勒斯滂。[30]

后宫的阴谋

提萨费尼斯解释舰队拒绝继续向西前进的原因,是由于船只数量太少。真正的原因是大流士在靠近家门口的地方,又出现了更大的麻烦。首先是米底人的革命,虽然它很快就被镇压了。[31]接下来是阿托克萨雷斯,因为自己拥立国王有功而傲慢自大,决意自立为王。尽管他是宦官,却娶了妻子,并天真地认为自己只要戴上胡须,就被认为是个男人了。他还向妻子下达了许多伪造的命令。他妻子无法接受,及时地揭露了阴谋。帕里萨提斯命令将其逮捕,这位自封的拥立者死了。[32]

后果更严重的是特里托伊克美斯(Teriteuchmes)的阴谋。他由于与公主阿梅斯特里斯结婚而获得其父希达尼斯的希尔卡尼亚行省。但是,特里托伊克美斯仍然爱着自己同父异母的妹妹罗克桑娜(Roxana),因为她美丽而且具有巾帼气质。妻子地位如此之高,以致无法离婚,特里托伊克美斯与300名同伙商定,把公主装到一个袋子里,大家用剑刺死她,一起承担谋反的罪责。大流士写信给

364

总督的侍卫乌迪亚斯特斯（Udiastes），说服他杀掉自己的主人，公主得救了。对于企图谋杀公主的人，帕里萨提斯进行了残酷的报复。罗克桑娜被砍成碎块。阿萨息斯为他的妻子、也是这位叛乱者的姐姐斯塔泰拉（Stateira）求全性命。最后他说服了母后，虽然大流士二世警告帕里萨提斯会为她的仁慈后悔。这位叛乱者的母亲，兄弟米特罗斯特斯（Mitrostes）和赫利库斯（Helicus）以及余下的姐妹都被残酷地处死了。尽管帕里萨提斯并不掩饰她的仇恨，其兄弟提萨费尼斯由于外交方面的显著功绩，暂时被特赦。特里托伊克美斯的一个儿子幸存下来，乌迪亚斯特斯之子米特拉达特斯还将扎里斯（Zaris）城交给了他。[33]

埃及犹太雇佣军的申诉

另一个希达尼斯——阿拉米语名字为维达纳格（Vidarnag）——公元前 420 年曾是赛伊尼军队总司令。公元前 416 年至公元前 411 年间，他被提拔到统治者的位置，或者是达马丁某地省长的官职。公元前 410 年 7 月，当总督阿萨美斯回到国王身边之后，希达尼斯抓住机会发动叛乱。他得到了克努布神的（Khnub）祭司和埃及各个阶层的支持。现在，叛乱由他的儿子和继承人内法扬（Nephayan）指挥。

显然，这是由于允诺摧毁犹太人的神殿，才获得了埃及人的支持。因为神殿用动物作献祭，伤害了民众的感情。内法扬领着埃及人和其他各个阶层进入神殿，把神殿夷为平地。石柱被打碎，5个石门被拆毁，神殿的大门（它的铰链用铜裹着）以及雪松的屋顶被烧毁，神殿的金银器皿被抢劫一空。

犹太长老兴高采烈地讲述叛乱是怎样迅速被镇压的。他们和妻子儿女全都穿上了丧服，进行斋戒，并向天上的神祈祷。因为神曾经许诺他们将看到希达尼斯遭报应。狗撕破了他腿上的短裤。他获得的所有财富都被毁灭。所有破坏神殿的人都被处死了。

但这并不能达到修复神殿的目的。甚至在叛乱被镇压之前，耶多尼亚及其同僚就已经向巴勒斯坦当局求助。在尼希米的犹大省长之职被巴勾希斯接替的同时,尼希米的对手以利亚实也被其子耶和耶大接替。在他担任高级祭司后不久,又被其子约哈难(Johanan)继任。[34]一封寄给省长、高级祭司及其同僚(在耶路撒冷的祭司们)的信件,由阿南尼(Anani)的兄弟奥斯塔内斯(Ostanes)和犹太贵族们签名作了双重保证。很自然,这封信没有得到回复。因为对手的神殿被毁,只能赢得他们的喝彩。

因此,在公元前 407 年 11 月 25 日,第二封信又发出去了。这次是给巴勾希斯一个人的,都是一些常见的、十分美好的祝愿:"天上的神一直眷顾老爷的健康,他已经在大流士王及其廷臣之前不只上千次赐予你恩惠。愿神赐予你长寿、幸福、兴旺。"接着,耶多尼亚与同行的祭司讲述了被袭击的经过,他们追溯父辈在波斯人侵之前是如何在耶布要塞建立神殿的。当冈比西斯进入埃及之后,他毁坏了有当地神祇所有的神殿,他们自己的神殿又是如何毫发未损。

但是,自从他们的神殿被毁 3 年多来,他们身着丧服,进行斋戒。他们没有涂油,没有喝酒。他们的妻子也好像成了寡妇。由于当地人不允许修复神殿,他们向巴勾希斯求助:"愿你看在你在埃及的祝福者和朋友的分上,请你就耶布的要塞的亚胡(Yahu)神殿写一封信给有关的人员,让它修建得跟以前一样。他们将为你向亚胡神的祭坛提供素祭熏香和牺牲。而且,我们、我们的妻儿老小和所有在这里的犹太人,都将一直为你祈祷。如果神殿被重建,这将是你为亚胡神和天上的神所作的一件功德,它比一个人向神献祭,燔祭 1000 塔兰特的功德还要大得多。"

但是,他们并不完全相信祈祷的效果。因为提到"就黄金而言,我们已经送出,并且指明了用途"。他们还送了另一封信给仍然是撒马利亚总督的叁巴拉之子德莱亚(Delaiah)和谢莱米亚(Shelemiah)。[35]

没有正式的答复,信使带回了口头指示,他向那些焦急等待的犹太同胞报告说:"巴勾希斯和德莱亚的备忘录如下:他们对我说:

'把这个给你们在埃及的人的指示,报告给阿萨美斯。有关天上神的祭坛之事……在原地方重建跟从前一样的神殿,让他们可以像从前一样献上素祭、熏香给祭坛。'[36]

阿萨美斯回来处理日益增长的不满情绪。实行和解政策是必需的。信使宣称,另一位总督下属的官员巴勾希斯和德莱亚,已经竭力推动重建犹太人的神殿,但并没得到书面支持。而且,这不关他们的事情。在当地处于一种激动的状态之下,进行这种重建肯定是危险的事情。作为必然的结果,阿萨美斯什么事情也没有做。

犹太人毫不留意正在酝酿中的风暴,继续坚持写信,耶多尼亚和社区的其他四位领袖送了另一封信给一个高级官员。大概是底比斯地方的省长。他们语气是谦卑的:如果他们的神殿修复得跟以前一样,他们许诺不再献祭绵羊、牛和山羊,只献乳香、素祭和奠祭,即使有这些限制,他们还将给主的神殿付一定数量的钱和 1000 阿达布斯大麦。[37] 当他们出现在底比斯城门口递交请愿书时,被逮捕入狱。直到付给副省长 120 克拉辛(kerashin)赎金才被释放。他们还被剥夺了在耶布的统治权。这时,他们仍然希望:"愿你们的房子和子女平安,直到上帝允诺我们看到自己的愿望实现。"[38]

367

塞浦路斯的麻烦

埃及和阿拉伯对腓尼基的威胁,继续存在着。塞浦路斯的局势更为严重。大约在公元前 425 年,巴力米尔克一世之孙、阿兹巴力(Azbaal)之子巴力米尔克(Baalmilk)二世成了基提翁和伊达利乌姆国王。这时,腓尼基的流亡者阿布德蒙(Abdemon)以基提翁为基地,占领了萨拉米斯,并谋杀了在位的僭主。他企图抓住前王室成员埃瓦戈拉斯(Evagoras),但失败了。埃瓦戈拉斯带领 50 个人,逃到了索利(Soli)。过了一段时间之后,埃瓦戈拉斯夺回了萨拉米斯(公元前 411 年)。由于家门口的一大堆麻烦的困扰,甚至在埃瓦戈拉斯将粮食送给敌国雅典,并被授予雅典公民权的时候,大流士也没有作出努力来驱逐他。[39]

波斯在希腊战争中的胜利:小居鲁士

所有这些叛乱都严重妨碍了希腊战争的行动。公元前411年秋天,伯罗奔尼撒海军从阿拜多斯败退,法尔纳巴佐斯不得不亲自前去援救他们。他们被雇佣为海岸警卫队,每人得到一件衣服、两个月的薪水。从伊达山(Ida)征集的钱和木料被用来在安坦德罗斯建造新船只。由于这些开支,铸造了使用总督头像、船首以及基齐库斯标志装饰的新斯泰特。当地杰出的希腊艺术家雕刻的、威风凛凛的法尔纳巴佐斯总督头像、他的肖像以及那些后来的总督肖像——提萨费尼斯、斯皮特里达特斯、奥托弗拉达特斯(Autophradates)和达塔梅斯(Datames)——其精美程度如果不说超越了希腊化早期艺术家创作的精美钱币肖像水平,至少也可以与之不相伯仲。[40]

提萨费尼斯抵达赫勒斯滂之后,亚西比德前来拜访其以前的朋友,但被逮捕。他被送往萨迪斯。在囚禁一个月之后,他得以逃脱。他解散了伯罗奔尼撒舰队,迫使法尔纳巴佐斯撤出基齐库斯。[41]

当锡拉库萨舰队的寡头将军们被国内政变罢免之后,法尔纳巴佐斯为雇佣军和船只提供了进行重建的资金。提萨费尼斯被控支持萨索斯(Thasos)的反斯巴达革命(公元前410年)。公元前409年春天,雅典人发动了强大的攻势,思拉西鲁斯(Thrasyllus)击败米利都人,占领了科洛丰,烧毁了吕底亚成熟的庄稼。提萨费尼斯不能再依靠斯巴达人。他集中了自己行省的军队,斯塔吉斯领导的分队进攻了一支保护粮秣的骑兵,并将他们赶回海岸边。这一次,总督得到足够的援军,帮助以弗所人打退了雅典人的进攻。然而,雅典人在阿拜多斯附近再次打败了法尔纳巴佐斯。[42]

公元前415年,演说家安多西德斯被迫流亡。他虽然是寡头政治的支持者,但他为本国民主派的舰队提供了装备,从而为公元前410年夺取基齐库斯的胜利提供了宝贵的援助。在公元前409年

368

1月至公元前408年9月的饥荒时期,他出现在雅典公民大会上,呼吁恢复原状。他告诉人们,他已经挫败了一个阻止从塞浦路斯运送粮食的阴谋,并宣布14艘运粮船即将开进比雷埃夫斯,还有更多的船只跟在后面。[43]但是,对于他的呼吁,雅典人并不准备响应。

公元前416年,比希尼亚人已变得如此强大,以致拜占庭和卡尔西登(Chalcedon)的市民必须以野蛮地蹂躏自己的国土,来阻止他们的突然袭击。这时,亚西比德强迫他们接受了一个条约。根据条约,他们放弃了卡尔西登人(Chalcedonians)委托给他们的财产。条约签订之后,他又在卡尔西登当地投资了。法尔纳巴佐斯想方设法解围。在失败之后,他接受了休战,直到他能够护送雅典使节去朝见国王。[44]戈尔吉亚斯(Gorgias)在奥林匹亚当着从整个希腊世界聚集而来的人群之面,发表了强有力的演说,反对与世世代代的仇敌结盟,但时机并不适合(公元前408)。[45]

雅典和阿尔戈斯(Argive)使节在基齐库斯遇到了从斯巴达和锡拉库萨来的对手。他们都在戈尔迪乌姆(Gordium)过冬。公元前407年春,他们再度启程。不料又遇到第二个前去控诉提萨费尼斯的斯巴达特使。雅典人及其同伴也许可以期望能受到良好的接待。因为朝廷觉得这些总督的希腊政策已经失败。而且,提萨费尼斯作为叛乱者特里托伊克美斯的兄弟,遭到喜欢玩弄诡计的帕里萨提斯忌恨。

369　　　大流士在位初期,国王和帕里萨提斯的长子阿萨息斯就被立为王储。并且在巴比伦有他的官邸。然而,阿萨息斯使其妻斯塔泰拉免于家族灭亡的命运之后,其母就开始反对他,转而宠爱其弟居鲁士。[46]

这时,庞大的波斯军队正在西边作战。如果小居鲁士成为他们的司令官,他将处于使斯巴达赢得战争的地位,因此可以获得他们的感激。在竞争王位的道路上,他将理所当然地获得世界上最优秀的职业士兵支持。为了提拔她最喜爱的儿子,帕里萨提斯不顾国家利益,抛弃了提萨费尼斯和法尔纳巴佐斯所实行的、极其明智的"分而治之"政策。

小居鲁士最多刚满 16 岁,就被任命为吕底亚、大弗里吉亚和卡帕多启亚总督,从此以后,提萨费尼斯被限制在卡里亚。更重要的是,他接受了一道密令:"我任命居鲁士为在卡斯托卢斯(Castolus)集结的所有军队的卡拉诺斯(Karanos)。"换言之,居鲁士成了小亚细亚所有波斯军队的总司令。

斯巴达新统帅来山得(Lysander)匆忙赶到萨迪斯控告提萨费尼斯的行为。他得到保证:居鲁士已经得到支持斯巴达的特别命令,为此目的拨出 5000 塔兰特援助。这些金钱用完了,居鲁士还将继续援助。他将解囊相助,必要的时候,甚至可以卖掉自己的金银宝座。每只船每月能得到 30 明那(minas)。每个水手每天能得到 4 个奥波尔军饷。而且预先发一个月的薪水。当提萨费尼斯提出回到以前分而治之的政策时,受到居鲁士的斥责。他试图引见雅典使节更无法成功。但雅典人继续取得胜利,克拉佐曼纳丧失给了亚西比德,思拉西鲁斯包围了福西亚和库迈(公元前 407年)。[47]

来山得的继任者卡利克拉提达斯(Callicratidas)来到萨迪斯,要求更多的薪水。他为接见等了两天,但居鲁士忙于狂饮。他在启程前往以弗所时,诅咒那些将财富的力量教给敌人,并使他们傲慢无礼的人应当对此负责。在回程中,他发誓将竭力调解好战的希腊人,阻止他们争取援助来相互残杀,要让他们再次认真考虑蛮族带来的危害。

370

卡利克拉提达斯在米蒂利尼岛(Mitylene)打败科农之后,居鲁士的确给他增加了资金,但是,斯巴达海军司令拒绝送给私人的所有礼物,宣称他对官方的友谊十分满意。卡利克拉提达斯在阿吉纽西群岛(Arginusae)丧命。仍然怀念朋友的居鲁士利用这次灾难,通过其使节要求来山得在公元前 406 年末回来。其父确定的津贴早已被超过,但来山得还是得到了更多的礼物。[48]

年轻的王子制造了一件麻烦事,他处死了王姐两个儿子奥托波伊萨塞斯(Autoboesaces)和米特劳乌斯(Mitraeus),因为他们在小居鲁士面前没有把手藏在衣袖里。这样的做法是国王才能享有的尊敬,国王的秘书希拉米尼斯向大流士报告说这是谋反的征兆。此时,大流士二世已经病入膏肓,便利用这个借口把小居鲁士召回朝中。动身之前,小居鲁士将他准备好的所有金钱和他私人领地上各城市的贡赋全部给了来山得。亚细亚的希腊城市对来山得评价是如此之高,以致以弗所在阿耳忒弥斯(Artemis)的圣域之中为他建立了雕像。[49]

欧里庇德斯为马其顿人上演了他的《酒神的祭司》(Baccbants)。在剧中,他讲述了狄俄尼索斯与一群希腊人和蛮族,如何在叙利亚乳香的香烟缭绕之中,以弗里吉亚长笛的音乐来庆祝大母神西贝尔(Cybele)的节日。他还讲述了神怎样离开特穆卢斯山(Tmolus)、吕底亚的要塞、盛产黄金的吕底亚和弗里吉亚之地、炎热的波斯地区、可怕的米底地区、阿拉比亚福地(Arabia)和亚细亚,前往他在希腊底比斯的新家。在他的《伊菲革涅亚在奥利斯》之中(Iphigenia at Aulis),他断言只有希腊人统治蛮族而不是蛮族统治希腊人,才是合理的。[50]然而,就是在那年(公元前405年),得到小居鲁士资助的斯巴达人赢得了洋河战役,封锁了通向俄罗斯运输粮食的海峡。第二年(公元前404年),为饥饿所苦的雅典人被迫投降。[51]波斯利用其外交手段和金钱,赢得了第二场希腊战争。

原注

1 Ctes. *Pers*. xvii, Epit. 74; R.A. Parker and W. H Dubberstein, *Babylonian Chronology*, *626 B. C. - A. D. 45* (1942), pp. 15 - 16.

2 Ctes. Pers. xviii, Epit. 75 - 79; Parker and Dubberstein, *op. cit.*, p. 16.

3 A. T. Clay, B E, Vol. IX, No. 108; Vol. X, Nos. 1 ff.

4 Ctes. *Pers*. xviii, Epit. 77,79; Valer. Max. ix. 2. 6.

5 Ctes. *Pers*. xviii, Epit. 78,80 - 82; Diod. xiii. 64. 1;71. 1; Paus. vi. 5. 7.

6 Ctes. *Pers*. xviii, Epit. 80, Frag. 32 (Plut. Artox. 1).

7 Thuc. iv. 75. 2; Diod. xii. 72. 4; Just. xvi. 3. 9 ff.

8 *IG* (ed. minor), II, No. 8; Dittenberger, Syl., No. 118; Andoc. *De pace*

29；Aristophan. *Equites* 478；*Vesp*. 1137 ff.；Leucon *Presbeis*，in T. Kock（ed.），*Cimicirum Atticorum fragmenta*，I（1880），703.

9　Thuc. V，1；Diod. xii. 73.

10　Aristophan. *Pax* 107 ff.

11　A. E. Cowley，*Aramaic Papyri of the Fifth Century B. C.*（1923），Nos. 21 - 22；Olmstead，*History of Palestine and Syria*（1931），pp. 604 - 605.

12　Eurip. *Troad*. 925 ff.

13　Thuc. viii. 5. 5；19. 2；54. 3；Andoc. *De pace* 29；Ctes. *Pers*. xviii，Epit. 83.

14　公元前 414 年还活着（Aristophan *Aves* 1028）。

15　Thuc. viii. 5. 4 - 5；6. 1 ff.；8. 1 - 2；Diod. xiii. 36. 5；Plut. *Alcibiad*. 24. 1.

16　Eurip. *Helen* 276，440；Thuc. viii. 16. 3；17 - 18；Plato *Menex*. 243B.

17　Thuc. viii. 20. 2；25 ff.；36. 1；54. 3.

18　*TAM*，Vol. I，No. 44；S. Bugge，*Festschrift fur O. Benndorf*（1898），pp. 231 ff.

19　Thuc. viii. 29. 1；45 ff.；参见 54. 3；Plut. *Alcibiad*. 24. 3。

20　Thuc. viii. 37.

21　*Ibid*. 45. 2；参见 29。

22　*Ibid*. 35. 1.

23　*Ibid*. 39. 1；43. 3 - 4；Diod. xiii. 37. 4 - 5；Plut. *Alcibiad*. 25. 1.

24　Thuc. viii. 47 ff.；Nepos *Alcibiad*. 5. 2 - 3；Plut. *Alcibiad*. 25. 3 ff.

25　Thuc. viii. 57 - 58.

26　S. E. Bassett，"The Place and Date of the First Performance of the Persians of Timotheus，" *Classical Philology*，XXVI（1931），153 ff.

27　Timotheus，Frag. 17（Edomeds）；Thuc. viii. 37；45. 2.

28　见 Bassett，*op. cit.*，p. 158.

29　Suid.，*s. v.* "Choirilos"；参见 Bethe，"Choirilos，" *PW*，III（1899），2359 ff。

30　Thuc. viii. 78；80. 1；81. 3；84. 4；85；87；99；108；Isocr. *De bigis* 18；Theopomp.，Frag. 9（J）；Plut. *Alcibiad*. 26. 6 - 7.

31　Xen. Hell. i. 2. 19.

32　Ctes. *Pers*. xviii，Epit. 84.

33　Ctes. *Pers*. xviii，Epit. 85 - 87；Plut. *Artox*. 2.

34　Neh. 12：22 - 23，在 12：11 之中，误称为约拿丹；参见 Joseph. *Ant*. xi. 297。

35　Cowley, *op. cit.*, No. 30（No. 31 是另一个复制品）。

36　*Ibid.*, No. 32.

37　*Ibid.*, No. 33；参见 Olmstead, *op. cit.*, pp. 605 - 606。

38　Cowley, *op. cit.*, No. 34.

39　Diod. xiii. 46. 6；xiv. 98. ；Andocid, *De reditu* 20 - 21；Isocr. *Evagoras* 19. 26 ff. ；*Nicocl.* 28；[Lys.] *Andoc.* 27 - 28；Theopomp. , Frag. 103. 2（J）；*IG*, Vol. I, No. 64(113).

40　E. Babelon, *Traite des monnaies*, II, Part II（1910）,390 - 391；参见 F. Imhoof-Blumer, *Portratkopfe auf antiken munzen*（1885）, Taf. III, Nos. 1 - 5。

41　Xen. *Hell.* i. 1. 6,9 ff. ；19. 24 - 25；Plut. *Alcibiad.* 27 ff.

42　Xen. *Hell.* i. 1. 31 ff. ；2. 4 ff. , 16；Diod. xiii. 64. 1；Plut. *Alcibiad.* 29. 1.

43　Andocid. *De reditu* 10. 21 - 22.

44　Xen. *Hell.* i. 3；Diod. xiii. 66；Plut. *Alcibiad.* 29. 1 ff.

45　Gorgias, Frags. 7 - 8（Diels）；Aristot. *Rhet.* iii. 14. 2f；Plut. *Coni praec.* 43（144B - C）；Clem. Alex. *Stromat.* i. 51；Philostrat. *Vit. sophist.* i. 9. 2；17. 4.

46　Ctes. *Pers.* xviii, Epit. 80；Xen. *Anab.* i. 1；Plut. *Artox.* 2.

47　Thuc. ii. 55. 12；Xen. *Hell.* i. 4. 1 ff. ；5. 1 ff. ；*Anab.* i. 1. 2；9. 7；Diod. xiii. 70. 3；Plut. *Lysand.* 4.

48　Xen. *Hell.* i. 6. 6 ff. , 18；ii. 1. 7, 11；Diod. xiii. 104. 3, 6；Plut. *Lysand.* 6 ff. ；*Apophtheg. Lac.* 222C ff.

49　Xen. *Hell.* ii. 1. 8 - 9, 13 - 14；3. 8；Diod. xiii. 104. 4；Plut. *Lysand.* 9；Paus. vi. 3. 15.

50　Eurip. *Baccbae* 13 ff. ；55；78 ff. ；127 - 128；144；I*phig. Aul.* 1400 - 1401.

51　Xen. *Hell.* ii. 1. 21 ff. ；2.

第廿七章　独裁者对希腊

阿尔塔薛西斯二世即位

波斯赢得了与欧罗巴希腊人进行的第二次伟大战争的胜利。它通过向斯巴达提供金钱援助,有效地控制了和平。在喜剧《米底人》之中,泰奥彭波斯(Theopompus)已经充分认识到伯罗奔尼撒战争为波斯人提供了机会。[1]但是,这种援助是无视波斯最明智外交家的警告而给予的。而且,事实很快证明了提萨费尼斯和法尔纳巴佐斯是正确的。斯巴达觉得没有必要再忠诚于帝国,对小居鲁士也只有适度的感激。但是,即使它给王位觊觎者提供少量的援助,也能使帝国的重要地区暴露在希腊进攻之前,有可能引起使帝国分崩离析的起义,也将使帝国的这些弱点暴露无遗。这些弱点一直被希腊政治家所忽视,却被希腊政论家所清楚地认识到,它们最终使帝国毁于腓力和亚历山大之手。

小居鲁士在米底的萨姆尼里亚(Thamneria)见到其父。他去那里是为了镇压伊朗人之中最有活力的卡杜西亚人起义。起义还未被镇压,大流士已经病危,回到其母在巴比伦的官邸。公元前404年3月,他死在那里。[2]他是安葬在纳克希鲁斯泰姆的四位国王之中的最后一位。

阿萨息斯上台后,使用了其祖父之名阿尔塔薛西斯。希腊人在他的名字之上加上了门农,意为"明智"。他的第一个公开行动,就是下令处死乌迪亚斯特斯。这个叛逆的侍卫杀害了其主人特里托伊克美斯。他受到了严厉的惩罚,被割掉了舌根。其子米特拉达特斯公开诅咒其父乌迪亚斯特斯,并保全了特里托伊克美斯之子的扎里斯城。虽然后者很快就被愤怒的王太后毒死。因为忠诚,米特拉达特斯获得其父的行省。

由于王后斯塔泰拉坚决要求惩罚乌迪亚斯特斯,王太后对此大发雷霆。报复的机会很快就来到了。根据传统,新王登基庆典要在古都帕萨迦达的阿娜希塔神庙举行。神庙祭司要为新国王穿上先王居鲁士的礼服。在这个仪式之后,他要吃无花果小面包,咀嚼松类植物,喝一杯酸奶。仪式正要开始之际,提萨费尼斯带来一位麻葛——小居鲁士的新任导师。他告发说小居鲁士企图趁阿尔塔薛西斯二世脱下自己的长袍,换上帝国奠基人的长袍之际刺杀国王。埋伏在神庙壁龛里的小居鲁士被抓住了,他显然罪责难逃。愤怒的阿尔塔薛西斯打算处死这位企图谋杀自己的罪犯。显而易见,这个阴谋是王太后幕后策划的。这个坏得出奇的母亲利用儿子对亲生母亲通常的尊重之情,不仅使她的宠儿得到了赦免,而且劝说阿尔塔薛西斯二世允许他返回了自己的行省。[3]

小居鲁士造反

小居鲁士在公元前 403 年夏回到行省之后,不但没有感激之情,反而立即着手准备夺取王位。斯巴达放弃了对原先属于提萨费尼斯行省爱奥尼亚诸城的控制之后,除了提萨费尼斯已经控制的、驱逐了贵族寡头的米利都外,小居鲁士将它们全部争取过来了。这些流放者被法尔纳巴佐斯所接纳,每人得到 1 个金斯泰特,并被安置在克劳达(Clauda)。居鲁士以送还流亡者为借口,征募了一支军队包围了米利都。

在雅典失败之后,亚西比德已经学会了波斯语,穿上了波斯服装,以讨好法尔纳巴佐斯。在这方面,他获得了成功,被赐予一座在格里内乌姆的弗里吉亚要塞、每年 50 塔兰特的补助。他发现斯巴达将不再准备与国王而是要与王位觊觎者践约之后,要求安全前往阿尔塔薛西斯之处，打算把消息告诉他。来山得威胁说，如果不杀掉亚西比德，就废除条约。因此，这个狡猾的雅典人丢了性命（公元前 402 年），他被埋葬在辛纳达（Synnada）和梅特罗波利斯（Metropolis）之间的梅利萨（Melissa）。[4] 阿尔塔薛西斯二世没得到警告，法尔纳巴佐斯也可以被看作叛乱者。

小居鲁士统帅的波斯军队增加了 1.3 万名。他们是由于伯罗奔尼撒战争结束而没有了薪水的、爱冒险的希腊雇佣兵。公元前401 年春，小居鲁士开始向东方进发。他不敢将自己的真实目的告诉希腊人。起初，他假装是征讨野蛮的皮西迪亚人，因他们一直是和平与安全的威胁者。接下来，又是镇压叛乱的西利西亚僭主。第二个目标因为动员运载斯巴达步兵小分队的波斯和伯罗奔尼撒联合舰队离开海岸而显得可信。西利西亚的赛恩内西斯派其王后和一个儿子及一些军队前往小居鲁士那里。派另一个儿子前去见国王，向国王保证其父真正忠诚，并将在王位觊觎者背后发动起义。每次向内陆前进，都意味着多疑的雇佣军提出新的要求。这些要求因为获得了大里克而得到满足。在大里克上，半希腊式样的居鲁士的形象是没有胡子，其鼻子笔直但略微朝上，戴着没有尖角的王冠，穿着粗糙原料做成的米底长袍。钱币反面是纯希腊的压印有胡子和角的潘神（Pan）面具。[5]

自然，希腊人只颂扬小居鲁士的品质。而对于雅典人色诺芬来说，小居鲁士最伟大之处是他帮助毁灭了其祖先的帝国。从波斯的立场来看，小居鲁士就是一个最无耻的卖国贼。他和宿敌希腊人一起进攻帝国，而且是在帝国极端困难之时发动了进攻。在附近，卡杜西亚人仍然在叛乱。比这个威胁更严重的是，埃及人也跟着他们一起造反了。

埃 及 起 义

公元前 405 年，在第二位阿米尔泰乌斯（大概是第一位的孙子）领导下，三角洲地区爆发了起义。他在位时期的 6 年被年代学

374 家归入出自赛斯的第 28 王朝;本土的年代史家说到"他在位时期的法律"。起义迅速蔓延到尼罗河上游;在凯尔奈克,蒙图(Montu)神庙向南扩建了一座大门。埃利潘蒂尼的犹太雇佣军尽管声明自己忠于波斯,并且在上次流产的起义期间尝够了埃及祭司的苦头,还是被迫改变了他们的忠诚。根据其档案库一份时间最晚的纸草文书(写于阿姆尔提斯 15 年 7 月 25 日),耶布要塞阿拉米人那波库杜里(Nabu-kudurri)的士兵、沙罗姆(Shallom)之子米拿现(Menahem)许诺付给其妻、萨姆亚(Samuah)之女萨卢阿(Sallua)2 谢克尔——这是银子,还有 1 斯泰特;如果他不在 5 天之内付出,钱数就将翻倍。斯泰特作为交换单位使用,证明在即将到来的埃及独立期间,希腊的影响稳定上升;在强烈的民族主义君主统治下,殖民地的命运几乎不可能是幸福的。[6]

库那克萨战役和万人行军

叙利亚总督阿布罗科马斯(Abrocomas)已经调集了一支大军,准备前去重新征服埃及。居鲁士出现之后,阿布罗科马斯退却了,尼罗河流域获得了长期的喘息。入侵者沿着幼发拉底河而下,行军到距离巴比伦只有 60 英里的库那克萨(Cunaxa),没有遇到顽强的抵抗。大量变节者纷纷出城,希望因为第一个迎接未来的胜利者而得到奖赏。阿尔塔巴里马斯打算效仿这些人的榜样,但被察觉并被扔进大火中烧死。受到这些变节行动的鼓舞,小居鲁士准备迎战其兄率领的庞大军队,阿布罗科马斯现在也与其兄联兵一起。公元前 401 年 9 月 3 日,进行了一场决定性的战争。由于克里尔库斯娴熟的指挥,雇佣军打败了右翼的对手。希腊指挥官曾建议居鲁士不需要暴露自己,但当他看见对面的兄弟时,忘记了警告,愤怒地向其兄冲过去。他虽然杀伤了阿尔塔薛西斯,但自己却被杀死了。

阿尔塔薛西斯亲自使小居鲁士的尸体四分五裂,还命令割下居鲁士的首级和一只手,这对幸存者是个重大的打击。因为他将它们到处展示,以证明自己取得了胜利。帕里萨提斯已经名声扫地。因为在居鲁士回到自己的行省,征募军队准备入侵时,萨提巴赞尼斯(Satibarzanes)指控奥龙特斯与王太后有染。御医克特西亚斯坚持认为控告是毫无根据的。但是,阿尔塔薛西斯显然并不这么想,因为奥龙特斯被处死了。

听到入侵已经失败,她心爱的儿子已经死亡的消息,帕里萨提斯急忙前往巴比伦。经过多次争论之后,她说服倔强的儿子交出了小居鲁士遗体的残余部分。最后,它们在苏萨得到体面的埋葬。剩下来的事情就是复仇,悲痛的王太后迅速实现了目的。巴加帕特斯(Bagapates)被割下首级,虽然他是奉王命行事。但是,帕里萨提斯掷骰子赢了他,王太后命令将他活剥并钉死在十字架上,他只能软弱地屈服。她将据说是杀害小居鲁士的卡里亚人折磨至死。总督米特拉达特斯醉酒时自夸曾经鞭打过尸体,受到了同样严厉的惩罚。[7]

提萨费尼斯已经进宫。他的警告都已证明是正确的。国王需要他的帮助以解决最迫切的问题——帝国心脏大量训练有素的希腊军队。梅农(Menon)因为小居鲁士公开偏爱克利尔科斯而不满。他很容易就被争取过来了。应普通士兵的要求,包括多疑的克利尔科斯等将领被劝诱去见提萨费尼斯。很快,他们就被戴上镣铐,送到巴比伦。在那里,阿尔塔薛西斯伤后复原。克特西亚斯竭尽全力帮助克利尔科斯,帕里萨提斯竭力想放了他,但是,她为朋友所做的事情,没有她对敌人所做的那样成功。斯塔泰拉的主张占了上风。除了变节分子梅农之外,所有的人都被杀死了。帕里萨提斯只能命令宦官在克利尔科斯坟墓周围暗地里种上棕榈树,以示纪念。

缺乏纪律的希腊人使他们的将军送掉了性命。军队对这次灾难的反应,最能体现自由人的自律。新的领导被选举出来了。这支失败的雇佣军服从新领导的命令,在亚美尼亚寒冷的冬天,一直向北前进。公元前400年春,万人大军到达了期盼已久的特拉佩祖斯海边。

这次长征成就非凡。后来的演说家从来就没有停止过颂扬,而且反复引用万人远征来证明庞大的波斯帝国是多么容易被摧毁。但是,对于黑海北岸的城市来说,要应付这些衣衫褴褛、喜欢争吵和寻衅闹事的雇佣军,这些从希腊世界各个角落来的流氓无赖,以及他们无休无止的食物供给要求,绝不是一件浪漫的事情。他们并没有因为英勇的功绩得到期望的那种承认和理所当然的奖励,他们总是被迫从一座惊慌的城市前往下一座城市。[8]

阿里亚尤斯(Ariaeus)追随小居鲁士入侵,参与库那克萨大战。小居鲁士死后,他被赐予空缺的"王位"。但他拒绝了。他在逮捕希腊将领的过程之中扮演了重要的角色。作为奖赏,他得到了大弗里吉亚行省。[9]

第二年(公元前400年),在苏萨的一次平常宴会中,王太后鸩杀了王后,从而结束了控制软弱国王的斗争。阿尔塔薛西斯非常恐惧,将帕里萨提斯驱逐到其出生地巴比伦。但由于斯塔泰拉去世,他必须依靠某个强有力的人物,帕里萨提斯很快又回到宫廷中。[10]

波斯与斯巴达之战

虽然大流士二世给了斯巴达5000多塔兰特的援助,帮助斯巴达赢得了对雅典战争的胜利。[11]但是,它对大流士二世合法继承人的报答,却是卑鄙的忘恩负义。斯巴达海军迫使倔强的赛恩内西斯公开背叛。阿尔塔薛西斯发现有必要将西利西亚王国变成一个普通行省。西利西亚军队也参与了王位觊觎者的入侵,并参加了库那克萨大战。这场战争对王位觊觎者不利,小居鲁士甚至丢了性命,但这并不是希腊雇佣军首领、斯巴达人克利尔科斯的过错。当克利尔科斯被判死罪,当阿尔塔薛西斯将其叛逆视为公开的宣战的时候,斯巴达政府的抱怨是不公正的。

公元前400年春,完全得到澄清的提萨费尼斯重新出现在西部边界。他现在是小居鲁士的继任者、安纳托利亚的总督。自然,他的第一个行动就是要求爱奥尼亚诸城承认其最高统治者的地位。他们由于害怕因为支持小居鲁士而受到惩罚,因此拒绝承认他的要求,并且向斯巴达求助。斯巴达下令这些城市不要理会他。斯巴达以这种举动公开表现出极端的忘恩负义。但是,万人远征和他们挑战伟大的王的消息,已经众所周知。这使斯巴达无法抵御他们取得相同功绩的诱惑。

提萨费尼斯的还击是围攻库迈。秋季,蒂布龙(Thibron)来了,表示打算解放亚细亚。因为万人大军过着不稳定的生活,依靠威胁匆匆路过的、不情愿的城市获取食物。他们为了自己与比希尼亚人和法尔纳巴佐斯的臣民而战,期望能抢劫到战利品,或者因援助帕迦马僭主而获得报酬。雇佣军态度的改变是意味深长的。公元前399年春,他们合并到了蒂布龙的军队一起,成为报酬优厚的雇佣军。

有了这支久经沙场的军队,蒂布龙敢于作为总督的对手阵前相见。波斯以前统治的民族被争取过来了。埃奥利斯驻军司令亚历山大放弃了自己统治的地区。一些由于先人曾经支持过波斯而被放逐的欧罗巴希腊人,也被争取过来了。斯巴达人德马拉托斯(Demaratus)之孙欧里斯特尼斯(Eurysthenes)统治着帕迦马。在薛西斯远征失败后,就把这里赐给了德马拉托斯。从那时起,他就发行了有雅典娜、阿波罗和自己肖像的钱币。他自己留着胡子,戴着波斯头巾。其弟普罗克莱斯(Procles)跟随小居鲁士参加了这次失败的远征,因此也成了造反者。他逃跑过,援助过色诺芬,现在统治着托特拉尼亚(Teuthrania)和哈利萨纳(Halisarna)。其钱币有阿波罗肖像和其年轻时的头像,足与其兄戴头巾的肖像媲美。在普拉蒂亚大战之后,埃雷特里亚(Eretria)的贡吉卢斯(Gongylus)曾经是保萨尼阿斯企图背叛希腊的中间人。这件事情失败之后,他来到亚细亚,获得了新老甘布里翁(Gambreium)、米利纳(Myrina)和格里内乌姆。现在,其后裔后戈尔吉昂(Gorgion)统治着新老甘布里翁,其兄弟统治着其他地方。这两个地方的钱币上都有阿波罗或阿耳忒弥斯肖像。所谓埃及的拉里萨(Larisa),据说是由于居鲁士大帝在那里安置被俘的埃及人而得名,拉里萨抵抗住了围攻。秋季,德西利达斯(Dercylidas)取代了蒂布龙,蒂布龙被盟友指控允许自己的军队抢劫盟国而受到罚款,并且被放逐。在公元前399年那年,其对手催促雅典演说家、保守派安多西德斯回到他在塞浦路斯的流亡地。他确信他将在那里得到大片良田。[12]

新司令与提萨费尼斯签了停战协定之后,前去进攻法尔纳巴佐斯。他与法尔纳巴佐斯吵过架。埃奥利斯部分属于古特洛伊人(Dardanian)泽尼斯(Zenis)。泽尼斯死后,他的遗孀曼尼亚以丰厚的礼物从法尔纳巴佐斯手中取得了行省,并因缴纳贡赋迅速而著名。在希腊雇佣军的帮助下,她占领了拉里萨、哈马克西图斯(Hamaxitus)和科洛内。她从战车上视察战斗。她参加了法尔纳巴佐斯的远征,进攻不断袭击王室土地的密细亚人和皮西迪亚人。她甚至还享有特别顾问的荣誉。40岁时,这位非凡的妇人被其女婿米狄亚斯(Meidias)所杀,他还杀死了她17岁的儿子,夺取了她的珍宝城赛普西斯和格吉斯(Gergis)。其他城市拒绝接受篡位者,当米狄亚斯呈献礼物给总督时,这些礼物被拒绝接受,并且警告他会因谋杀了总督的朋友而遭到报复。

378

德西利达斯来得正是时候,他在一天之内受到拉里萨、哈马克西图斯和科洛内的欢迎。尼安德里亚(Neandria)、伊利乌姆(Ilium)和科西利翁(Cocylium)也紧随其后表示欢迎。因为曼尼亚被暗杀之后,他们的希腊驻军受到虐待。塞布伦开始有驻军,米狄亚斯提出了与德西利达斯结盟的条件,他同意了允许希腊人自治的条件。篡位者的军队从赛普西斯被驱出。斯巴达司令官向当地卫城的雅典娜献祭,并将城市的控制权交还给了该城市民。在格吉斯,他强迫米狄亚斯打开城门。雇佣军被并入他的军队。依靠曼尼亚的财富,他可以支付8000名士兵一年的薪水。[13]

随着冬季的来临,德西利达斯让法尔纳巴佐斯选择要战争还是要和平。法尔纳巴佐斯由于担心弗里吉亚的地产受到威胁,急急忙忙地签订了停战协定。于是,这支军队立刻向一直对波斯和希腊同样仇视的比希尼亚进军。法尔纳巴佐斯没有抗议,劫掠该城正符合他们的心意。春季，又签订一个停战协定，法尔纳巴佐斯马上觐见国王，要求恢复海战。[14]

在使这座岛屿希腊化的政策之中，埃瓦戈拉斯已经在塞浦路斯接纳了希腊逃亡者。在洋河战役之后，他又欢迎了被击败的雅典司令科农。[15] 公元前399年，他开始与希腊医生克特西亚斯联系。克特西亚斯在收到阿布莱特的（Abuletes）来信之后，回信主张与塞浦路斯王子安那克萨哥拉和解。书信来往越来越多。科农向埃瓦戈拉斯提出他想要见国王。科农写信给克特西亚斯，支持他的朋友，埃瓦戈拉斯同意付清长期的欠款。通过克特西亚斯及其同僚、埃及门德斯的波利克里托斯医生（Polycritus）、克里特岛舞蹈大师芝诺（Zeno）的斡旋——请注意有多少希腊人在朝廷供职——接下来，科农反复致信阿尔塔薛西斯本人，要求指挥波斯舰队。毫无疑问，埃瓦戈拉斯向萨提巴赞尼斯行贿，也是为了同样的目的。克特西亚斯向国王宣读了科农的信件，并且为他说好话。

公元前398年，法尔纳巴佐斯进宫觐见，力陈同样政策。他得到500塔兰特建造新船只。他受命在塞浦路斯建船，船只建好之后，归科农和总督联合指挥。雅典人兴高采烈地为科农送来了必需的水兵和武器。[16]

与此同时，爱奥尼亚的使节催促斯巴达进攻提萨费尼斯的司令部所在地卡里亚。如果他能深切地感受到战争的痛苦，他也许会被说服给予他们的城市独立。相应地，德西利达斯也接到向卡里亚进军的命令，舰队将给予他援助。为了对付这种威胁，法尔纳巴佐斯从朝廷赶回，拜见已经被授予最高指挥权的提萨费尼斯，并答应作为他的下属与他一起忠诚工作。

为了给雇佣军支付军饷，提萨费尼斯在行省发行了罗得岛标准的钱币，艺术家刻画出了其坚毅面容、突出的鹰钩鼻、紧闭的嘴唇、下巴、小胡子和短络腮胡子。他戴着头巾和王冠，从头到脖子、从脸颊到下巴都佩着带饰。钱币反面是国王的弓箭手、西顿三列桨战船图案和希腊铭文"国王的"。

为了保卫卡里亚要塞以防突袭，两位总督袭击了不设防的爱奥尼亚,德西利达斯急忙防御,他错误地认为两位总督正在去以弗所的路上,当他正在漫不经心地行军时,前面墓地中突然出现波斯斥候。总督已经调集了他们的军队——持白色盾牌的卡里亚人、波斯人、希腊雇佣军、大量的骑兵——他们排成战斗队列径直穿过特拉莱斯(Tralleis)附近的道路。德西利达斯的爱奥尼亚和岛民部队吓得胆战心惊。一些人把自己的武器扔在迈安德河谷地(Maeander Valley)茂密而高大的树林之中,另外一些人已经准备逃跑。法尔纳巴佐斯主张立即进攻。但其上司对万人大军的战斗素质记忆犹新,建议进行会谈。斯巴达要求希腊城市获得自由,总督们则要求军队、斯巴达军事统治者以及驻军司令从亚细亚城市撤走。双方领导借口必须征求自己的上司同意,于是约定休战一年。

医生和历史学家克特西亚斯

当斯巴达使节仍被扣留在苏萨的时候(这样做是为了防止造船的消息走漏风声),克特西亚斯来到塞浦路斯,向埃瓦戈拉斯递交了国王的亲笔敕令(公元前 398 年)。公元前 397 年春,他带着国王的另一封诏令来到斯巴达,这封诏令使真正的形势进一步模糊。[17]

克特西亚斯没有再回去担任御医。相反,他回到故乡尼多斯(Cnidus),写下了他在宫廷 17 年生涯中的所见所闻。他声称自己的《波斯史》是依据王室羊皮文书写成的。[18]实际上,这本书是他从帕里萨提斯和其他波斯友人那里搜集来的宫廷流言蜚语。对上个世纪发生的重大事件,克特西亚斯给了我们许多信息,否则我们真正会失掉这些信息。尽管我们惋惜他没有充分利用机会。对于波斯的起源,他使用了本地的铭文,他不像希罗多德那样,而且一直想做得比希罗多德更好。相反,他的《亚述史》是荒诞的罗曼史。其主角是塞米拉米斯女王。除了明智而审慎的犹豫之外,他讲故事的能力对其继承者产生了深刻的影响。希腊人传递的古代东方历史知识,更多地要归功于克特西亚斯,而不是希罗多德[19]。

同样，克特西亚斯写了《论亚洲的贡赋》，[20] 这是对经济史的重大贡献，它的佚失是不可挽回的损失。他撰写了《周游世界》，然而，人们最能记住他的是，他出版了有关印度的著作。这是将从印度参观者那里得来的真实信息和他在宫廷中搜集的故事奇妙地结合在一起，再加上丰富想象力的一部著作。它虽然不能完全使人们信服，但吸引了那些渴望获得这片遥远而神秘的土地更多知识的人。[21]

印度的间接知识

后来的编辑者节录的、他们认为克特西亚斯荒诞故事的精华部分没提到印度行省伟大的城市塔克西拉，这事也许并不奇怪。[22] 这座城市只是在阿契美尼德后期取代了原来的首府犍陀罗和珀塞拉的地位。当亚历山大来到这里的时候，塔克西拉已是印度河（Indus）和希达斯佩斯之间，[23] 即印度行省肥沃地区的最富裕和最繁荣的城市。克特西亚斯不至于忘记提到它。正是他详细描述了印度河，介绍了希达斯佩斯河。[24]

覆盖在塔克西拉前希腊居留地废墟上的土墩，已得到确认和挖掘。[25] 少量阿契美尼德时期的物品也已经被发现，但大多是间接的知识。例如，有一份佛教徒阿育王在位时期的铭文（他几乎紧接着大流士三世之后），是用公元前 4 世纪后期精美的阿拉米文写成的，并且显示出与当时王室办公厅使用过的阿拉米、波斯套话，是同样的混合体。它还证明了后来流行的佉卢文（Kharoshthi）起源于阿拉米字母。[26]

在代表阿契美尼德晚期和马其顿早期阶段的第二层，发现了大量窖藏钱币。1 枚用旧了的大里克，可以证明当地与波斯本土的持续关系。还有 1000 多枚有孔银币，说明了本土最早钱币的种类，从平均略重于 2 格令的小硬币（也许是模仿吕底亚的钱币），到切割进口银片做成的长方形、椭圆形弯曲银条，或多角形、正方形、圆形的真正钱币。单是它们的重量就可以证明它们与波斯的关系，因为它们代表着 1/4、1/2 和 2 谢克尔银币。[27] 从塔克西拉的统治者到亚历山大时期，银币都是这样的特征。[28]

人们认为在阿契美尼德时期，伊朗的元素影响了本地的艺术。但是，考古发掘不能证明这一点。[29] 在那个时期，在印度行省以外的印度许多地区，正在发生将要深刻影响整个国家的伟大宗教运动。在波斯崩溃之后，佛教的胜利推迟了一些年。但在塔克西拉，亚历山大碰到的布拉奇曼尼斯（Brachmanes），是一名真正的耆那教式的禁欲主义者。[30]

斯巴达的第二次特洛伊战争

公元前 397—396 年冬季，一位刚从腓尼基来的锡拉库萨人到了斯巴达，他说自己看到了一支 300 艘船集合在一起的舰队——科农的梦想已经变成了现实。它造成的恐慌是如此巨大，以至于来山得能够说服五长官命令阿格西劳斯王亲自率兵去援助亚细亚。

阿格西劳斯的期望值过高。作为阿伽门农第二，他将发动第二次远征东方的特洛伊战争。但是，如果说自从居鲁士征服以来，波斯的军队已经衰败，以帝国黄金为后援的波斯外交并没有衰败。当阿格西劳斯在奥利斯（Aulis）举行第二次献祭，以开始自己的盛大远征时，维奥蒂亚人以武力阻止了仪式的进行。

公元前 396 年初夏，阿格西劳斯在亚细亚的表现不值得称道。他到以弗所之后，接受了提萨费尼斯休战 3 个月的请求，总督发誓，他保证通过谈判签订一个和约。依据和约，亚细亚的希腊城市将得到独立。而这位头脑简单的斯巴达人，竟然相信了他的话。来山得取得了更大的胜利，在赫勒斯滂，他争取到了法尔纳巴佐斯的下属斯皮特里达特斯，此人的女儿已与国王年轻的儿子订婚，他的上司正计划用武力抓捕他。

然而，提萨费尼斯与其主子"商议"的，只不过是请求派遣更多的军队。年初，科农带着由埃瓦戈拉斯提供的 40 艘三列桨战船组成的第一特遣舰队,从西利西亚启航到达考努斯(Caunus),他在那里被封锁,直到被阿尔塔弗雷尼斯(Artaphrenes)和法尔纳巴佐斯救出来。现在,科农的舰队有了80艘船,已经有可能使罗德岛人脱离斯巴达人。

受到这些胜利和新援军到来的鼓舞,提萨费尼斯改变了腔调,命令阿格西劳斯马上离开亚细亚。这位斯巴达人命令在前往卡里亚沿途的城市提供市场;提萨费尼斯认为再度入侵卡利亚即将发生,在那里准备好了防御。但是阿格西劳斯忽然转向弗里吉亚,占领了几座属于法尔纳巴佐斯的城镇。在达西利乌姆附近,骑兵发生的小规模冲突,使军队撤退到海岸边;只有依靠被俘的士兵在两边组成最新式的保护墙,才能阻止法尔纳巴佐斯军队的进攻。[31]

由于小居鲁士对波斯本土的入侵和由此引起的斯巴达战争,埃及才得以保持独立。第28王朝的唯一代表阿米尔泰乌斯,被来自门德斯的王位觊觎者奈菲乌尔图(Naifaiurtu、尼斐里提斯)所取代,他开创了第29王朝。他得到全埃及的承认。在基色(Gezer)发现的、刻有其名字的一块石板和一个圣甲虫,表明他已经将埃及的统治扩张到了巴勒斯坦。小居鲁士舰队的司令、埃及人塔莫斯(Tamos)在大灾难之后逃回国。他因他的财富被门德斯的普萨梅提科斯(Psammetichus、希腊人称其为尼斐里提斯)所杀。

思穆伊斯(Thmouis)献祭的场面展示了非凡精致的雕刻艺术和第30王朝精湛艺术的先兆。他在位第二年,尼斐里提斯安葬了阿匹斯公牛,他在阿斯里比斯(Athribis)奉献了一个巨大的花岗岩神殿。在底比斯修复了著名的图特摩斯三世(ThutmoseIII)的一座小神庙。当埃及人可以征收自己的税收时,这一切都证明埃及恢复了繁荣,证明国王夸耀他是普塔和俄赛里斯心爱的人是真实的。既然阿尔塔薛西斯已经为雅典人科农建造了船只,对尼斐里提斯来说,与波斯之敌斯巴达结盟就是有利的。他送给他们的财物是100艘船和50万容量的谷物。但是他不知道罗得岛已被科农占领。科农截获了全部的财物。[32]

公元前396—公元前395冬天,科农说服法尔纳巴佐斯派遣罗

384

得岛人蒂莫克拉特斯(Timocrates)用 50 塔兰特金钱建立反斯巴达的欧罗巴同盟。底比斯人、阿尔戈斯人和科林斯人接受了礼物,但雅典人不需要新的补贴。[33] 阿格西劳斯在以弗所度过了冬天。春天,他开始威胁吕底亚。因为怀疑诡计,当国王穿过一片已经被军队洗劫一空的土地,再也无法掠夺到更多的东西时,提萨费尼斯再次准备保卫卡里亚。在接近萨迪斯的赫尔姆斯平原(Hermus Plain),波斯骑兵因为步兵未赶上,遭到惨败。兵营连同总督的资金,以及阿格西劳斯后来展示给惊讶的希腊人看的骆驼,都落入了胜利者手中。提萨费尼斯退到城中,然后小心谨慎地尾随敌人。士兵溃不成军,在他们返回普里恩的途中肆意抢劫。[34]

就在这一段时间,帕里萨提斯已经稳固地恢复了对其子的影响力。她已经策划好杀死她所憎恨的那个家族最后一位幸存者。至今为止,提萨费尼斯一直得到主人的信任。国王深知是他如何挽救了王位和自己的性命。但是,去年的惨败使得所有感激之情都一笔勾销了。帕里萨提斯说服其子宣布提萨费尼斯为叛乱者。王家禁卫军长官提思劳斯特斯(Tithraustes)受命负责边界战争。在科洛塞(Colossae)建立了小亚细亚司令部。大弗里吉亚的总督阿里亚尤斯奉命传召叛乱的宠臣。提萨费尼斯在凯莱奈(Celaenae)被斩首,首级被送给国王。帕里萨提斯虽然报了私仇,可以死而无憾。但是,波斯却失去了一位最能干的外交家。[35]

弗里吉亚的反击

385   提思劳斯特斯粗鲁地命令阿格西劳斯回国。因为他们共同的敌人提萨费尼斯已经受到惩罚。国王已经同意允许希腊城市自治,只要他们缴纳古时的税收。阿格西劳斯回复除非他接到国内的指示,否则不可能从命。在等待指示的时候,这位斯巴达人可能蹂躏了法尔纳巴佐斯的土地。提思劳斯特斯撤回了先前的命令,同意了支付 30 塔兰特礼物的建议。双方签订了 8 个月的停战协定。在此期间之内,阿格西劳斯许诺不虐待吕底亚人,军队进入了赫勒斯滂的弗里吉亚。

但是,双方都是在逢场作戏。最初,法尔纳巴佐斯对科农迫切要求的财政支持,曾经多次置之不理。现在,他从提萨费尼斯被充公的财产之中,给了科农 220 塔兰特。希腊盟友暂时由波斯支付薪水。提思劳斯特斯已完成指定给他的任务。年底,他回到以前的职位,留下阿里亚尤斯和帕西弗尼斯(Pasiphernes)作为将军,并拨出 700 塔兰特用于进一步的金钱外交。结果,亚细亚的希腊城市再次有驻军。因为塞浦路斯雇佣军的叛乱,科农处于极端危险之中,但最终成功镇压他们。科农为解决资金短缺造成的严重困难,决定向阿尔塔薛西斯求助。他从考努斯航行到西利西亚。越过塔布萨库斯(Thapsacus)、幼发拉底河沿河而下来到巴比伦冬宫。在那里,已经回宫的提思劳斯特斯负责接待他,他受到国王的高度赞扬,得到了他所需要的全部金钱,获得了海军作战的决定权(公元前 395 年)。[36]

与此同时,公元前 395 年春,阿格西劳斯越过法尔纳巴佐斯行省的边界凯科斯河(Caicus),要求密细亚人与侵略者合作。那些拒绝合作的人发现,他们的土地遭到了破坏。但是,当他在奥林匹斯山崎岖的道路上前进时,当地人攻击了他的后卫部队。为了安全进入大弗里吉亚,他不得不签订了一个新协议。在桑加里乌斯(Sangarius),他遇到了现在的盟友斯皮特里达特斯。弗里吉亚最强大的一个村庄狮头,抵抗住了进攻。当我们看到它现代的城市阿菲永·卡拉·希萨尔(Afyon Kara Hissar)即“黑色的城堡”时,我们丝毫不会感到奇怪,因为它耸立在平原上一座孤立的火山岩之上。老弗里吉亚的首府戈尔迪乌姆,由于拉塔梅斯(Rathames)建造的要塞而得以保全,抵抗住了 6 天的围攻。后来,斯皮特里达特斯将军队带到帕夫拉戈尼亚,在那里与奥提斯(Otys)王结盟。奥提斯是科里拉斯(Corylas)的继承者。科里拉斯曾经违背国王要他亲自前往苏萨的命令。自公元前 400 年以后,他实际上就独立了。阿格西劳斯从奥提斯那里获得了 1000 名骑兵和 2000 名轻装兵。他还负责安排了年轻的国王与斯皮特里达特斯女儿和谐美满的

386

婚姻。

冬天来了,阿格西劳斯决定撤退。作为惩罚,他在西乌斯用 10 天时间劫掠密细亚人。然后,他穿过赫勒斯滂的弗里吉亚,取道"米利都长城",沿林达库斯河谷而下,来到达西利乌姆湖的冬季兵营。那里有一座保护总督官邸的要塞,官邸中有一幅当时的、有趣的浮雕。

在一个窗户(或三角形壁龛)和突出的装饰前,站着两位祭司,一个留胡子的老者与其年轻的同道。两人的穿戴都是束腰外衣、皮斗篷和引人注目的长裤。每人都有防风帽,帽耳可以遮住嘴部,以防人的呼吸污染圣火。他们左手持圣树枝束,右手举起作祷告状。即将被献祭的动物、一头公羊和一头公牛将头伸出它们被关的围栏之外。在波斯波利斯,是不可能看见这样的场面的。它说明公元前 4 世纪所建立的宗教,正如我们在当时的《亚什特》即《亚斯纳七章书》和散文阿维斯陀的其他的《亚斯纳》那里发现的一样,表现出了与希腊的联系。这在窗户的形式、侧身像描绘准确的眼睛、不规则的衣纹的刻画,以透视法描绘的、消失在背景中的交聚线条之中表现得非常明显。[37]

这里的园林到处充满了可供捕猎的野兽。在附近的奥德里西斯河(Odryses)有各种各样的鱼儿,可供捕猎的飞禽很多,各个村庄还能供应足够的谷物。

这个不折不扣的"天堂"唯一的缺点是,外出征集给养的人员经常被骑兵和滚刀战车所截击。例如,有一次,斯皮特里达特斯在卡韦大村庄遭遇了敌人,赫利皮达斯(Herippidas)天亮时占领了营地,劫掠颇多。法尔纳巴佐斯唯恐被包围,像流浪者到处逃窜,躲藏在自己扎营的地方。后来,赫利皮达斯犯了一个错误,剥夺了斯皮特里达特斯和帕夫拉戈尼亚人分享战利品的权力。整个军队离开营地前往萨迪斯。他们觉得在那里与阿里亚尤斯一起更安全。阿里亚尤斯本身已经背叛伟大的王。失去帕夫拉戈尼亚人之后,局势改变了。通过共同的朋友、基齐库斯的阿波罗法尼斯(Apollophanes),国王和总督见面了,阿格西劳斯同意撤出法尔纳

387

巴佐斯的行省。[38]

斯巴达领导权的结束

公元前 394 年春，阿格西劳斯与提思劳斯特斯的停战协定废止，他按照许诺的那样撤退了。他在西贝平原（the plain of Thebe）的雅典娜·阿斯提雷内神庙扎营，征募新兵。正当他计划深入半岛侵略，直达卡帕多西亚之时，突然被召回国。

阿格西劳斯亲眼看见了波斯统治的松散、总督的不忠、本地人要求恢复独立。他无法利用自己的知识，是因为在很久以前波斯人就已经发现了希腊人更为致命的弱点。阿格西劳斯用斯巴达人直言不讳的措辞，直率地宣布自己是被国王的万名弓箭手逐出亚细亚的。但是，他指的不是万名不死军，而是有弓箭手国王肖像的钱币！

过去所有的一切证明，浪费了大量生命和金钱的解放战争，只不过是短暂地熟悉了陌生的土地和人们。研究希腊事务的学者完全有理由迅速翻过这毫无启发性的一章。对研究波斯帝国的历史学家来说，这一章也是毫无启发性的。但在事实上，每个章节有关的希腊资料，有助于我们了解当时的东方。我们已经无法再得到楔形文字的商业文献，正是希腊资料解释了停止书写商业文献的原因。因为在漫长的战争和频繁的起义之中，广袤的土地已经荒芜、财产已经被掠夺一空。

斯巴达在欧罗巴的敌人非常高兴地接受了蒂莫克拉特斯带来的 50 塔兰特，并将其用于战争。这位立志要成为阿伽门农的人，必须先回到科罗尼（Coronea）去夺取毫无意义的胜利，然后等待斯巴达帝国的衰落。得到波斯金钱大力支持的科农到达海岸之后，与法尔纳巴佐斯联合在一起。公元前 394 年 8 月，由腓尼基和希腊人装备的船只粉碎了斯巴达海军，并将他们赶出尼多斯，为波斯夺回了制海权。著名的"尼多斯狮子墓"标志着这次胜利。阿格西劳斯留下的驻军没有发挥一点作用。科农和法尔纳巴佐斯的舰队

388

准备走遍各地,将亚细亚城市从斯巴达"解放者"手中"解放"出来,建立民主政府。这样,在经过长时间的关系中断之后,雅典和波斯恢复了正常的友好关系。只有阿拜多斯和赛斯托斯,一直抵抗到年底才失败。[39]

法尔纳巴佐斯和科农从亚细亚转而前往欧罗巴。在萨拉米斯黎明前的黑暗之中,当波斯军队到达科林斯地峡之时,正是雅典舰队迫使波斯军队撤退了。但是,在过了 87 年之后,在雅典人的指引之下,波斯舰队第一次蹂躏了拉科尼亚(Laconia)。波斯驻军从基西拉岛(Cythera)附近的岛屿,威胁着伯罗奔尼撒。法尔纳巴佐斯给聚集在科林斯的盟国以金钱,然后回国了。同时,科农用总督提供的 50 塔兰特和水手们的劳动力,重建了雅典长城。亚细亚的希腊城市又和雅典联合在一起,雅典的帝国梦又开始复活了。[40]

波斯政策的转变

在万人大军撤退期间,蒂里巴佐斯是西亚美尼亚的总督,并与他们签订了一个危险的协议。他的光荣职责就是颂扬其主人国王。公元前 392 年,他被提拔到萨迪斯总督这个艰巨的岗位上,指挥边境战争。两个代表团前来拜会他。一是以斯巴达人安塔尔西德斯为首的代表团,另一个是以雅典人科农为首的代表团。与此同时,还有底比斯、科林斯和阿尔戈斯派来的使节。蒂里巴佐斯宣读了国王愿意赐予的和约。其重要条款是希腊人放弃亚细亚。安塔尔西德斯声称,如果让岛民和欧罗巴的希腊保持独立的话,斯巴达乐意放弃亚细亚。斯巴达立场这种 180 度的大转变,彻底暴露了它以前宣扬"解放"的伪善。雅典人坚定地回答他们绝不接受这样的和约,听任生活在亚细亚的希腊人服从国王的统治。蒂里巴佐斯十分清楚这个回答暗含要求重新恢复一个竞争的雅典帝国,因此把科农作为反对波斯的罪犯关押起来。他私下里给安塔尔西德斯金钱建立斯巴达海军,作为一种平衡的手段。[41]

公元前 392—前 391 年冬天,斯巴达召集从雅典、底比斯、科林

389

斯和阿尔戈斯来的代表,进行会谈。斯巴达人提出了许多建议,雅典演说家安多西德斯支持这些建议。作为保守派,他以沉默的方式轻松地回避了放弃亚细亚希腊城市的问题。在萨迪斯,他的雅典同胞断然反对利姆诺斯(Lemnos)、伊姆布罗斯(Imbros)和希罗斯(Scyros)也包含在独立的岛屿之内。在已经提出的草案之中,这三个岛屿指明解除一般的自治统治,分配给雅典。雅典因此才对条约感到满意。安多西德斯辩解,雅典还没有强大到足以用其自己的资源赢回以前的帝国。它只有通过波斯的帮助才可以做到这些,即使雅典将来能打败斯巴达——"但我们没有力量那样做——假设我们那样做了,我们也会思考,我们会不会遭到'蛮族'的惩罚。"虽然雅典已经使国王与斯巴达作战。波斯已经支持科农在海上打败它们,消灭了他们的海上霸权。然而,斯巴达仍然愿意作出让步,推进和谈。使节们被说服,同意已经提出的草案。但是,在他们回国之后,雅典代表团遭到谴责,并被放逐出国。安多西德斯也在被放逐者之列。[42]

　　然而,蒂里巴佐斯的政策对阿尔塔薛西斯没有吸引力。冬季,总督回到朝廷禀报工作,再也没回来。阿格西劳斯不共戴天的敌人斯特鲁撒斯(Struthas)取代他,担任了爱奥尼亚总督的职务。这个行省现在已与萨迪斯明确分开。斯特鲁撒斯曾经担任米利都和米乌斯(Myus)边界争端的仲裁人,他以此证明自己是雅典的好朋友。斯巴达迅速重启战争。蒂布龙回来了,他从以弗所、普里恩、留科弗里斯和阿基利安,洗劫了仍然忠于国王的地区。这些袭击都没有应有的防御措施。当蒂布龙沉迷于早餐后的扔铁饼消遣时,斯特鲁撒斯趁其不备抓住了他,并且将其杀死。他的军队实际上也已经被波斯骑兵摧毁。但蒂布龙的继任者迪弗里达斯(Diphridas)太平无事地统治着那些接受斯巴达赐予"解放"的城市,由于提格兰(Tigranes)及其妻(斯特鲁撒斯之女)的赎金(公元前391年),他获得了资金以雇佣新的雇佣军。[43]

　　斯特鲁撒斯一到,科农就被默许逃往塞浦路斯,不久就死在当地。他的失宠改变了其保护人埃瓦戈拉斯的地位。他因此公开宣

布叛乱，并发行了有古代塞浦路斯文字的"国王欧瓦戈罗
（Euwagoro）"金币。此外，钱币上还有留胡子的赫拉克勒斯，他的
头上披着狮子皮，在他的名字上有一头公山羊。该岛绝大部分在
他的统治之下，幸存下来的其他城市、阿马苏斯（Amathus）、索利和
基提翁则向阿尔塔薛西斯求助。

尽管雅典是波斯名义上的朋友（通过斯特鲁撒斯），但仍然命
令其船只帮助叛乱者。正在与帝国作战的斯巴达，在半路上拦截
了舰队（公元前 390 年）。色诺芬恰如其分地观察到，双方的所作
所为，都违反了自己最大的利益。这只是这个阶段的战争之中，许
多奇怪矛盾的又一个例子。巴力拉姆（Baalram）王子之子米尔克亚
顿（Milkyaton），也许是巴力米尔克之子巴力拉姆的叔叔，是我们所
知的基提翁最后一位国王。他仿效埃瓦戈拉斯铸造了金币，以这
种心照不宣的方式宣布了独立。以这种方式获得的独立，不经过
战争就得不到保证。这可以由他在伊达利乌姆献给雷舒普美卡尔
神（Reshup-Mekal）的金板铭文"因为他听到了雷舒普美卡尔神的声
音"，以及一座雕像的铭文"因为他的帮助，他战胜了外来者及其援
助者"之中，可以得到证明。[44]

大约在同一时间，斯特鲁撒斯来到这里，行政机构重新进行了
更大规模的改组。他成为单独的爱奥尼亚行省总督，卡里亚在本
地王子的统治下自治。该家族很长时间在辛戴（Cindya）首屈一指。
摩索拉斯之子皮克索达鲁斯（Pixodarus）与西利西亚国王赛恩内西
斯之女结婚。伊德里乌斯（Idrieus）成了阿格西劳斯的朋友。大约
公元前 391 年，其子赫卡通努斯（Hecatomnos）定居在米拉萨
（Mylasa），被任命为卡里亚总督。像爱奥尼亚一样，卡里亚再次从
萨迪斯行省之中分离出去。赫卡通努斯的钱币有本地拉布拉翁达
（Labraunda）的宙斯肖像，留着胡子，戴着桂冠，穿着长袍，左肩上
有披风，左手持一根长权杖，右肩扛着刻有神的名字的拉布里斯
（*labrys*）或双面战斧。神及其特征是卡里亚人的，但形象是希腊式
的。铭文（可以辨认出是总督）也是希腊文字。因为卡里亚字母和
语言看来已经停止使用。其他钱币上有一头狮子和传统的米利都

391

玫瑰，这表明赫卡通努斯也统治着米利都。[45]

吕西亚的奥托弗拉达特斯

奥托弗拉达特斯成为面积缩小了的萨迪斯行省总督。有其缩写名字的钱币证明，兰普萨库斯和库迈也属于他的行省。正当他召集地方法官进行商谈时，以弗所被占领。[46]但是，有一个最奇怪的事实是，吕西亚处于其势力范围之内。

吕西亚的君主们继续发行自己的钱币。大约在公元前400年，斯盆塔扎（Sppntaza）使用母牛哺乳小牛、雅典娜头或披着狮皮的赫拉克勒斯图案。在泰勒梅苏斯，有其前妻之子塔维纳齐（Tawenazee）的记载。达纳瓦拉（Ddanawala）最初使用戴头盔的雅典娜和披着狮皮的赫勒克勒斯图案。后来，他在钱币背面使用戴橄榄王冠的雅典娜肖像，同时将自己戴着头巾、留着长胡子的肖像放在钱币正面。希罗马（Heroma）描绘的雅典娜和赫勒克勒斯戴着有翼的帽子。他以哈姆普拉马（Hmprama）的名义，在桑索斯为自己和侄子雅赫卡德（Ahqqade）修建了陵墓。在菲利斯（Phelles）有瓦塔普罗达塔（Wataprodata）的统帅姆拉克萨（Mrakesa）之子斯贝卡泽里（Sbekazeree）的陵墓。正是从他的身上，我们有些费劲地认出萨迪斯的总督奥托弗拉达特斯！[47]

无疑，吕西亚当时最重要的纪念碑是奥托弗拉达特斯下令在桑索斯为"特里梅拉人民的军队首领"佩亚瓦（Paiawa）修建的华丽的石棺。根据吕西亚字母写成的铭文，可以确定底部的场面是用不朽的纪念碑展现"佩亚瓦的生平"。

在底座上，佩亚瓦的长盾牌放在大腿旁，他骑着马践踏一名落马的敌人，进攻三名希腊重装步兵。希腊重装步兵都戴着有顶饰的头盔。但一个人没有穿内衣，其他两人穿着贴身长袍，第四个人也没有穿内衣，急忙来援救他们，三名骑兵紧跟在将军后面。石棺正前面描绘的是战斗胜利的场面。佩亚瓦依在他的长枪上，总督高举右手为自己的朋友戴上象征胜利的王冠。还有两名蓄着长发、长胡子的侍从，正在观看这个重要的场面。他

392　们身着长及膝盖的宽大长袍。大腿上有铠甲，小腿上有胫甲，斗篷披在肩后。接下来，展现在我们面前的是两个戴王冠和坐着的斯芬克斯（我们必须想象苏萨釉砖的颜色）。两个坐着的男人和一个坐着的女人——佩亚瓦的妻子。她穿着贴身的宽大长袍，外面的长袍盖着膝盖。一个裸体的年轻人是佩亚瓦的儿子。这群人的最后一个人是坐着的、没有胡须的长头发男子。他的左臂、肩膀、下身盖着大长袍。但其余部分没有遮盖。搁在脚凳上的脚和高举的权杖，表明他是佩瓦亚的父王。

奥托弗拉达特斯本人的雕像在底座的另一边。他戴着表示官职的头巾，穿着贴身宽大长袍，斗篷没有遮住手臂。他的右腰上挂着短剑，他的右手捋着胡子（就跟波斯波利斯的雕像一样），他的左手放在腰部。他面前是送葬的队伍，以一个拿着用于祭奠仪式酒碗的人作为代表。已死的佩亚瓦描绘得就像活人一样。其年轻的儿子挂着一根棍子，走在人群的最后。在反面，我们看到了狩猎的场面。一个仆人把一条猎狗放开，其他人纵马猎取鹿、正在扑来的野猪和后腿站着的熊。

石棺圆顶作品的构思达到了艺术的顶峰。在两个伸出舌头、朝外站着的狮子之后有一辆由四匹奔腾的烈马拉着的四轮辐战车。御者极力伸出身子策马前进，但全副甲胄的佩亚瓦从战车上跌落下来了。尽管雕塑很精彩，但纪念碑不可能以象征失败的记录而结束。所以，"短马鬃"的顶部，我们看到了最后的复仇——一名骑兵长在杀戮一名跌倒在其脚下的敌人。另一名骑兵正在追击逃跑的敌人。一名离他们最近的敌人举手投降。

奥托弗拉达特斯委托了一名优秀的艺术家来进行装饰。这名艺术家也许是希腊人，即使他不是希腊人的话，也一定从希腊获得了灵感。对我们而言，这幅吕西亚贵族生活的画卷，其重要性就在于，它表明了他的生活早已经非常希腊化了。[48]

雅典的阴谋

奥托弗拉达特斯受命镇压埃瓦戈拉斯的起义。卡里亚总督赫卡通努斯负责以舰队支持他。两人都没有取得任何成功。不久，这位卡里亚人就秘密地资助起义。雅典人的阴谋便公开了。思拉西鲁斯沿着小亚细亚西南海岸航行，他从"朋友"那里筹钱。抢劫掠夺那些拒绝"捐助"的人。最后，他在欧里墨东河口抛锚。在强迫阿斯彭杜斯人付清钱款之后，他又放纵士兵抢劫他们。愤怒的阿斯彭杜斯人在夜间把他杀死在自己的帐篷里，真是罪有应得。与此同时，虽然迪弗里达斯仍然负责懒散的军队，斯巴达任命安那克西比乌斯（Anaxibius）为阿拜多斯统治者。并允许他征募外籍军团。依靠外籍军团，他从法纳巴佐斯手里重新夺回了埃奥利斯的城市。但是，他自己也中了著名的轻装兵领袖伊菲克拉特斯（Iphicrates）设下的埋伏（公元前389年）。

第二年，雅典派出了另一名职业军人查布里亚斯，公开援助埃瓦戈拉斯。阿马苏斯和索利被占领。雅典人德莫尼库斯（Demonicus）取代米尔克亚顿成为基提翁的国王。他发行的钱币上有其自己腓尼基字母的希腊名字，并用其故乡战斗的雅典娜，取代了当地的麦勒卡特肖像。恶贯满盈的雅典，还与埃及缔结了同盟。[49]

"在米底人之后的第二位统治者是法老尼斐里提斯，由于其所作所为很明智，其子被允许继承他的位置"。这是天启文学编者的解释。他在位6年之后（公元前399—前393），被埋葬在孟斐斯一个美丽的黑色花岗岩石棺里，棺材上刻满了他名下的巫沙布提俑（ushabuti）。"经过不长的时间之后"——在公元前393—前392年——他的儿子穆特斯（Muthes）"由于在位期间所犯下的许多罪行被废黜了。因为他摒弃了法律。在他还活着的时候，他们给他立了一位继承人。在米底人之后的第四位统治者是普塞穆特（Psemut）。他不是一位好统治者，不按神的道行事。因此，他获准成为统治者的时间不长"。他在位期间（公元前392—前391），开始在公羊大道南边建立一座小神殿，从河边直达凯尔奈克院墙。虽然行色匆匆的旅游者常常忽略，但站在左右两边的院墙上可以看到阿蒙神船上祭祀的香火。[50]

但是,"在米底人之后的第五个统治者,王冠之主哈科里斯(Hacoris),由于他对神庙非常慷慨,被蒙恩完成其统治。"他的慷慨可以由考古发掘得到证明。图拉和纳萨拉(Nasara)的记录表明,他为修建神庙使用了多少石料。凯尔奈克的神庙竣工了,尽管哈科里斯凿掉了普塞穆特的名字,并用红漆写上了自己的名字。米底内特哈布(Medinet Habu)的图特摩斯(Thutmose)神庙增加了一个房间。神庙的多柱大厅变成了一个庭院。埃尔卡卜(El kab)的塞贝克(Sebek)神庙多柱大厅重建了。一个巨大的玄武岩神庙和一个石碑,用于纪念大赫拉克利奥波利斯(Heracleopolis Magna)神得到了赏赐的土地。布巴斯提斯(Bubastis)、赫利奥波利斯(Heliopolis)和米底内特哈布因为他的雕像而增辉。一个特别精致的玄武岩斯芬克斯使孟斐斯增光。[51]

这些证据表明,尽管这样尊重神庙,哈科里斯(公元前391—前378)不是埃及血统,而是利比亚人。这也许能够解释,外国的首领雷德尼布(Redet-neb)之子塞特赫伊尔迪斯(Setekh-irdis),为什么重修了荒芜的阿蒙神谕所。因为在利比亚的希腊人心目中,阿蒙神已取代了底比斯。[52]

哈科里斯效法阿马西斯,他正确地认为叙利亚和塞浦路斯是埃及最主要的前哨基地。他在西顿北部埃什蒙(Eshmun)神庙的铭文证明了他在腓尼基公认的影响。现在,他的地位由于埃瓦戈拉斯和雅典的同盟而得到了加强。

"安塔尔西德斯和约"
——"国王的和约"

雅典与像哈科里斯和埃瓦戈拉斯这样危险叛乱者的结盟,即使是对懒散的阿尔塔薛西斯来说,也是欺人过甚。他决定投向对方的营垒。为了消除可能的反对意见,法尔纳巴佐斯被召回朝廷。他因为战功赫赫,获得与公主阿帕美(Apame)结婚的赏赐(公元前

387 年）。阿里奥巴尔赞（Ariobarzanes）取代他成了达西利乌姆总督。蒂里巴佐斯取代奥托弗拉达特斯和斯特鲁撒斯。

由于蒂里巴佐斯的返回，斯巴达得到了暗示。众所周知，被任命为舰队司令的安塔尔西德斯是千夫长的朋友。他的朋友亲自护送他从以弗所去苏萨觐见国王。在千夫长的随行人员之中，还有雅典使团，但其成员没有法定资格。喜剧诗人柏拉图，在《使者》中直言不讳地指责埃皮克拉特斯和福尔米修斯接受国王贿赂，并且与后宫有染。不管是什么原因，雅典使团失败了。阿尔塔薛西斯强调，如果雅典人拒绝所提出的条件，他就要援助安塔尔西德斯。蒂里巴佐斯和安塔尔西德斯消灭了赫勒斯滂的雅典守军，新任总督的几支海军舰队与斯巴达和锡拉库萨的舰队共同行动，以实施威胁。雅典因此遭受饥荒的威胁，这座傲慢的城市被迫屈服，伯罗奔尼撒战争结束了。[53]

395

蒂里巴佐斯宣布，他已经作好准备，向所有愿意接受条约的人公布国王的决定。公元前 386 年初，希腊各城邦代表急急忙忙在萨迪斯集中。卫队司令展示了国王的玉玺，并宣读了简略的法令：

> "阿尔塔薛西斯王认为，所有亚细亚的城市，连同塞浦路斯和克拉佐曼纳属于阿尔塔薛西斯是合乎正义的。希腊其他城市，除利姆诺斯、伊姆布罗斯岛、希罗斯像昔时一样由雅典统治之外，无论大小一律自治。凡不接受该和约者，朕将与朕的支持者一起，从陆路和海路，以舰队和金钱进攻他们。"[54]

现代的历史学家以安塔尔西德斯命名该条约以纪念他，这是令人怀疑的。随着对条约更加深入地研究，古典学家通常把它叫做"国王的和约"，没有一个同时代的人会否认，这个条约是口授的。"国王亚哈随鲁〔（Ahasuerus），《以斯帖记》的犹太作者如是说——作者注〕使旱地地和海岛的人都进贡。"[55]

人口众多和富庶的亚细亚希腊城市，没有表示一句抗议，就屈服于一个君主、一个被诗人和演说家极力诽谤的"蛮族"君主的统治。所有"解放"的伪装都被抛得一干二净。雅典作为唯一被提到名字的欧罗巴国家,也蒙上了不好的名声,因为它为了一己的私利,破坏了自治的普遍原则。而在斯巴达举行的一次失败的会议上,这个原则已经得到公认。雅典真诚的朋友埃瓦戈拉斯被卑鄙地出卖给了它的敌人。希腊最近几年取得的胜利,已经毫无意义。更糟糕的是,欧罗巴的希腊人承认了波斯有权干涉纯粹是欧罗巴的事务。对于不久的将来,这将是一个危险的先例。阿尔塔薛西斯现在可以夸耀,在大流士和薛西斯失败的地方,他成功了!

原注

1 T. Kock (ed.), *Comicorum Atticorum fragmenta*, I (1880), 740 - 741.

2 Xen. *Anab.* i. 1.2; *Hell.* i. 2. 19; Ctes. *Pers.* xix, Epit. 88; Plut. *Artox.* 2.2; Aelian. *Var. hist.* iii. 20; xiii. 8. 9;至于日期(公元前404年4月之前)参见 R. A. Parker and W. H. Dubberstein, *Babylonian Chronology, 626 B. C. - A. D. 45* (1942), p. 16; R.G. Kent, "An Inscription of Darius II," *JNES*, I (1942), 421 ff.;苏萨铭文也是他的,见 V. Scheil, *Inscriptions des Achemenides a Suse* ("Men.," Vol. XXI [1929]), pp. 40 - 41, 82 - 83。

3 Xen. *Anab.* i. 1.3; Ctes. *Pers.* xix, epit. 88; Just. v. 11. 3 - 4; Plut. *Artox.* 3; *Reg. imp. apophtheg.* 173E - 174A.

4 Xen. *Anab.* i. 4. 2,6 ff.; 9.9; Isocr. *De bigis* 40; Ephor. 70 (J); Diod. xiv. 11. 1 ff.; Nepos *Alcibiad.* 9 ff.; Just. v8. 13 - 14; Plut. *Alcibiad.* 37,39; Polyaen. vii. 18. 2; Ovid. *Ibis* 633 - 34; Athen. xii. 535D; xiii. 574 E - F.

5 E. Babelon, *Traite des monnaies*, II, Part II (1910), 52 - 53; G. F. Hill, *Greek Coins of Arabia, Mesopotamia, and Persia* (1922), p. 156.

6 R. Lepsius, *AZ*, X - II (1874), 78; Demotic Chronicle, III, 18 - 19; IV, 1; A. E. Cowley, *Aramaic Papyri of the Fifth Century B. C.* (1923), No. 35; Xen. *Anab.* i. 8.9; ii. 1. 14; 5. 13; Isocr. *Philip.* 101; Diod. xiii. 46;参见 P. Cloche, "La Grece et l'Egypte de 405 a' 342/I avant J. - C.," *Revue egyptologique*, I (new ser., 1919), 210 ff.

7 Xen. *Anab.* i; *Hell.* iii. 1 - 2; Themistogenes and Sophaenetus in F. Jacoby (ed.), *Die Fragmente der griechischen Historiker*, II B, 522 - 523, Nos. 108 - 109; Ctes. *Pers.* xx, Epit. 88 - 90, Frags. 33 - 35; Isocr. *Panegyr.* 146; Hellanicus, Frag. 184 (J); Marmor Parium A, 66;

Diod. xiv. 12. 7 - 8；Just. v. 11. 5 ff. ；Plut. *Artox*. 4 ff.

8　Xen. *Anab*. ii - vii；Ctes. *Pers*. xxi, Epit. 91 - 93 Frags. 36 - 40；Plut.
　　Artox. 18 ff.

9　Xen. Anab. i. 8. 5；9. 31；ii. 1. 3 ff. ；2. 1 ff. ；4. 1 ff. ；5. 27 ff. ；*Oecon*.
　　4. 19；Diod. xiv. 22. 5；24. 1；26. 3，5 ff. ；80. 8；Plut. *Artox*.
　　11. 1；18. 1.

10　tes *Pers*. xxi, Epit. 92；Plut. *Artox*. 19.

11　Andoc. *De pace* 29；Isocr. *De pace* 97.

12　Xen. *Anab*. ii. 1. 3；5. 11；vi. 4. 24；vii. 6. 1；8. 17，24；*Hell*. iii. 1. 3
　　ff. ；*Cyrop*. vii. 1. 45；Andoc. *De myster*. 4；Isocr. *Panegyr*. 144；
　　Ephor. 71（J）；Diod. xiv. 35 ff. ；Polyaen. ii. 19；vi. 10；Athen.
　　xi. 500C.

13　Xen. *Hell*. iii. 1. 10 ff. ；Isocr. *Panegyr*. 144；Diod. xiv. 38. 2 - 3；
　　Polyaen. ii. 6；viii. 54.

14　Xen. *Hell*. iii. 2. 1 ff. ；Diod. xiv. 38. 3.

15　Andocid. *De myster*. 4；*De redit*. 21；［Lysias］*Contra Andoc*. 28，44；
　　Isocr. *Evag*. 51 ff. ；［PLut. ］Andocid. 834E.

16　*Hell. Oxyrhync*. ii. 1；Xen. *Hell*. ii. 1. 28；Ctes. *Pers*. xxii, Epit. 94，
　　Frag. 44；Isocr. *Evag*. 56 ff. ；Aristot. *Rhet*. ii. 23. 12；Diod. xiii. 106.
　　6；xiv. 39. 1 ff. ；Nepos *Conon* 2 ff. ；Just. vi. 1. 4 ff. ；2. 11 ff. ；Plut.
　　Lysand. 11. 5；*Artox*. 21；Paus. i. 3. 2；iii. 9. 2.

17　Xen. *Hell*. iii. 2. 12 ff. ；Ctes. *Pers*. xxiii, Epit. 94 - 95，Frag. 45；
　　Isocr. *Panegyr*. 144；Diod. ii. 32. 4；xiv. 39. 3 ff. ；46. 6.

18　Ctes. *Pers*. ，Epit. 30；Diod. ii. 32. 4.

19　流散遗稿最好的版本是吉尔摩的，见 Jhon Gilmore, *The Fragments of the*
　　Persika of Ktesias（1888）。

20　Athen. x. 442B.

21　J. W. McCrindle, *Ancient India as Described by Ktesias*（1882）.

22　关于塔克西拉（Takkasila、Takhsila、Takhssila）的地理位置，本地资料见
　　V. S. Sukthankar, *Archaeological Survey of India*，Reports，1914 -
　　1915，II，36 ff。

23　Arr. *Anab*. v. 3；fertility, Strabo xv. 1. 28；参见 Plut. *Alex*. 59；Plin.
　　vi. 23。

24　Ctes. *Ind*.

25　John Marshall, *A Guide to Taxila*（3d ed. ，1936）.

26　L. D. Barnett, "An Aramaic Inscription from Taxila," *JRAS*, 1915, pp.
　　340 - 341；A. E. Cowley, "The First Aramaic Inscription from India,"

JRAS, 1915, pp. 342 ff. ; F. C. Andreas, "Erklarung der aramaischen Inschrift von Taxila," *Nachichten* ... *Gottingen*, 1932, pp. 6 ff. ; E. Herzfeld, *Epigraphia Indica*, XIX (1928), 350 ff.

27 E. H. C. Walsh, *Punch-marked Coins from Taxila* ("Mem. Arch. Survey of India," No. 59 [1939]).

28 Arr. *Anab.* v. 3. 5

29 Marshall, *op. cit.*, pp. 26 - 27.

30 Aristobulus, in Strabo xv. 1. 61; Onesicritus, in Strabo xv. 1. 63 ff. ; Megasthenes, in Arr. *Anab.* vii. 2. 2 ff. ; Plut. *Alex.* 8.

31 *Hell. Oxyrhync.* ii. 1; iv; Xen. *Anab.* vi. 5. 7; *Hell.* iii. 4, 1 ff. ; vii. 1. 34; *Ages.* i. 6 ff. ; Isocr. *Panegyr.* 42; *Philip.* 64, 86 - 87; *Epist.* ix. 11 ff. ; Isaeus *Hagn.* 8; Philochor., in Didymus *On Demosthen.* (ed. H. Diels and W. Schubart [1904]), vii. 35 ff. ; Diod. xiv. 39. 4; 79. 4 ff. ; Nepos. *Ages.* 2 - 3; Front. *Strat.* i. 4. 2; Plut. *Ages.* 6; *Lysand.* 23 - 24, 27; *Apophtheg. Lac.* 209A; Paus. iii. 9. 1 ff. ; vi. 7. 6; Polyaen. ii. 1. 8 - 9, 16.

32 R. A. S. Macalister, *Excavations of Grzer*, II (1912), 313; Alan Rowe, *Catalogue of Egyptian Scarabs* (1936), pp. 230 - 241; C. C. Edgar, *AS*, XIII (1914), 278; R. Lepsius, *Denkmaler* (1849 - 1913), III, 284 b, c; E. Revillout, *Notice des papyrus demotiques* (1896), pp. 469 - 470; G. Maspero, *Receuil de travaux* VI (1885), 20; A. Wiedemann, *Proceedings of the Society of Biblical Archaeology*, VII (1885), 111; Diod. xiv. 35. 3 ff. ; 79. 4; Just. vi. 2. 1 - 2.

33 *Hell. Oxyrhync.* ii. 2. 5; xiii. 1; Polyaen. i. 48. 3; Xen. *Hell.* iii. 5. 1 - 2; v. 2. 35, 错误地归罪于蒂思劳斯特斯; Plut. *Ages.* 15; *Lysand.* 27; *Artox.* 20; *Apophtheg. Lac.* 40; Paus. iii. 9. 8; iv. 17. 5。

34 Xen. *Hell.* iii. 4, 21 ff. ; Hell. *Oxyrhync.* vi ff. ; Diod. xiv. 80; Nepos *Ages.* 3. 4 ff. ; Plut. *Ages.* 10; *Apophtheg. Lac.* 209C; Paus. iii. 9. 6.

35 Xen. *Hell.* iii. 4, 25; Diod. xiv. 80; Nepos *Conon* 3; Plut. *Ages.* 10; *Artox.* 23; Polyaen. vii. 16. 1.

36 *Hell. Oxyrhync.* vii; xiv ff. ; Xen. *Hell.* iii. 4, 25 ff. ; iv. 1. 27; 3. 11; Isocr. *Panegyr.* 127, 153 - 154; Theopomp., Frag. 321 (J); Diod. xiv. 81 - 84 ff. ; Nepos *Conon* 2 ff. ; Just. vi. 2. 11 ff. ; Plut. *Ages.* 10; *Artox.* 23; Paus. iii. 9. 2, 7; Polyaen. i. 38. 3.

37 E. Herzfeld, *Am Tor von Asien* (1920), pp. 24 ff. and Pl. XIV; 参见 Th. Macridy, "Reliefs greco-perses de la region de Dascylion," *Bulletin de correspondance bellenique*, XXXVII (1913), 340 ff. ; R. W. Rogers, *A*

History of Ancient Persia（1929），Fig. 38.

38　Xen *Anab.* v. 6. 8；vi. 1. 2；*Hell.* iv. 1. 1 ff. ；*Hell. Oxyrhync.* xvi - xvii；Iscor. *Panegyr.* 144；Theopomp. ，Frag. 21 （J）；Plut. *Ages.* 11 - 12.

39　Xen. *Hell.* iv. 1. 41；2. 2 ff. ；3. 1，10 ff. ；8. 1 ff. ；Andoc. *De pace* 22；Lys. *Aristophan.* 28；Iscor. *Panegyr.* 119，142，154；*Philip.* 56 ff. ；*Epist.* viii. 8；Philochor. ，in Didym. vii. 39 ff. ；Diod. xiv. 83 - 84；97. 3 - 4；Nepos *Conon* 4. 1 ff. ；Just. vi. 2. 16；3；Plut. *Ages.* 15. 6；17；*Artox.* 20. 3 - 4；21；Dio Chrys. xiii. 26；Paus. iv. 17. 5；vi. 3. 16；viii. 52. 4；Polyaen. i. 48. 3 ff. ；ii. 1. 24.

40　*IG*，Vol. II，Nos. 5（7），10b（20）；830 ff. （1656 ff. ）；Dittenberger，*Syl.* ³, Nos. 124 ff. ；Xen. *Hell.* iv. 8. 7 ff. ；Andoc. *De pace*；Lys. *Aristophan.* 39 ff. ；Isocr. *Panegyr.* 119，142；*Evag.* 57；*Philip.* 62 ff. ；*Epist.* viii. 8；Plato *Menex.* 245AB；Demosthen. *Lept.* 68；Philochor. ，in Didym. viii. 51 ff. ；Nepos *Conon* 1. 1；4. 5；Diod. xiv. 84. 3 ff. ；85. 2；Just. vi. 5. 6 ff. ；Plut. *Ages.* 23；*Apothpheg. Lac.* 213B；Paus. i. 2. 2；3. 2.

41　Xen. *Hell.* iv. 8. 12 ff. ；v. 1. 28；Lys. *Aristophan.* 39 ff. ；Isocr. *Panegyr.* 154；Philochor. ，in Didym. vii. 19 ff. ；Diod. xiv. 85. 4；xv. 43. 5；Nepos *Conon* 5. 3 - 4；Plut. *Apophtheg. Lac.* 213B.

42　Andoc. *De pace*；Philochor. ，in Didym. vii. 23 ff.

43　Dittenberger，*Syl.* ³, No. 134；Xen. *Hell.* iv. 8. 17 ff. ；Diod. xiv. 99；Polyaen vi. 10.

44　Xen. *Hell.* iv. 8. 24；Lys. *Aristophan.* 21 ff. ；Ephor. ，Frag. 76 （J）；Theopomp. ，Frag. 103. 4 （J）；Diod. xiv. 98. 2 - 3；Babelon，*op. cit.* ，pp. 706 ff. ；W. Landau，*Mittheilungen der Vorderasiatischen Gesellschaft*，1904，Part 5，pp. 64 ff. ；*CIS*，Vol. I，Nos. 90 - 91；参见 *ibid.* ，Nos. 13，17 - 18，39，77，83 - 84.

45　Herod. v. 118；Isocr. *Panegyr.* 162；Diod. xiv. 98. 3；Strabo xiv. 2. 17，23；Vitruv. ii. 8. 11；Plut. *Ages.* 13；Babelon，*op. cit.* ，pp. 141 ff.

46　Babelon，*op. cit.* ，pp. 120 ff. ；Polyaen vii. 27. 2.

47　*TAM*，Vol. I，Nos. 3，36 - 37，61；Babelon，*op. cit.* ，pp. 291 ff. ，299 ff.

48　*TAM*，Vol. I，No. 40；Charles Fellows，*A Journal Written during an Excursion in Asia Minor* （1839），pp. 228 ff. ；*An Account of Discoveries in Lycia* （1841），pp. 165 ff. ，490 ff. ；O. Benndorf and G. Niemann，*Das Heroon von Gjolbaschi-Trysa* （1889），Fig. 40.

49 Xen. *Hell.* iv. 8. 30, 33 ff. ; v. 1. 10; Aristophan. *Plut.* 178; Lys. *Aristophan.* 21 ff. ; Isocr. *Panegyr.* 161 - 162 ff; *Evagor.* 60 ff. ; Demosthen. *Lept.* 76; Diod. xiv. 98. 3;110. 5; xv. 2 - 3; Nepos *Chabr.* 2. 2; *Thrasybul.* 4. 3; Front. *Strat.* i. 4. 7; ii. 5. 42; Polyaen. iii. 9. 33,44; Babelon, *op. cit.* , pp. 754 ff.

50 Demotic Chronicle, III, 20 ff. ; IV, 3 - 4, 6 - 7; Mariette, *RT*, IX (1887),19; Loret, *RT*, IV (1883),110; Daressy, *AS*, XVIII (1919), 37 ff.

51 Demotic Chronicle, IV, 9 - 10; to the lists of W. M. F. Petrie, *History of Egypt* (3d ed. , 1925), III, 374 - 375, add Capart, *AS*, XXXVII (1937),8.

52 E. Revillout, *Revue egyptologique*, VIII (1910),32; G. Steindorff, *AZ*, LXLX (1933),21.

53 Xen. *Hell.* v. 1. 6,25 ff. ; *Ages.* 3. 3; Lys. *Adv. Frumentar.* 14; Plato Comicus, *Presbeis* (Kock, pp. 119 - 120); Diod. xiv. 110; Hegesander Delphus, *FHG*, IV, 414; Plut. *Pelop* 30; *Artox.* 21; Polyaen. ii. 24; Aelian. *Var. hist.* xiv. 39; Athen. ii. 48E.

54 Xen. *Hell.* v. 1. 31; vi. 1. 30 ff. ; Plato *Menex.* 245B - C; Isocr. *Evag.* 60 - 61; *Panegyr.* 123, 137, 141, 179 - 180; *Plat.* 10; Theopomp. , Frag. 103,5 (J); Demosthen. *Aristocrat.* 140; Polyb. i. 6. 2; vi. 49. 5; Diod. xiv. 10. 3 - 4; Just. vi. 6. 1 ff. ; Plut. *Ages.* 23. 3; *Artox.* 21. 4 - 5; *Apophtheg. Lac.* 213B; Aristid. ii. 370.

55 Esther 10:1; Olmstead, *History of Palestine and Syria* (1931), pp. 611 ff.

第廿八章　最后的埃及帝国

希腊化的开始

非常奇怪的是，对于被抛弃的亚细亚希腊人而言，"国王的和约"反倒成了一件绝对的好事。欧罗巴的希腊人虽然享有昙花一现的光荣，但和约的条款使斯巴达和雅典帝国彻底瓦解了。佩内克莱斯的黄金时代已经一去不复返。所谓的民主在雅典继续存在，但是越来越使人丧失信心。持续不断的战争破坏了由于过度耕作耗尽肥力的土壤，并且正在使自由民彻底消灭。我们已经看见的、在波斯帝国起同样作用的因素，使他们的情况更加恶化。佩内克莱斯统治雅典帝国的时候，希腊大陆以精美的陶瓶装着的葡萄酒和橄榄油，出口给外国的"蛮族"，随之输入许多奢侈品——黄金的杯子和珠宝、纺织品，甚至日常生活用品。现在，"蛮族"自己种植葡萄和橄榄树，生产花瓶、宝石和其他奢侈品。希腊人的贸易衰落了，已经很少有东西可以交换生存必需的谷物和原材料。[1]更加混乱的是，从巴比伦引进的银行惯例，正如在巴比伦一样，大银行家都是外邦人，他们是来自本国或塞浦路斯的腓尼基人。雅典到处住着外国人。公元前355年，色诺芬提到了吕底亚人、弗里吉亚人、叙利亚人和其他各种蛮族。[2]到这个时期结束的时候，在比雷埃夫斯有个固定的腓尼基殖民地。那里有一块碑铭是用腓尼基和希腊两种文字写成的。随着自由农的消灭，城市里挤满了混乱的、饥寒交迫的无产阶级。许多国家破产了，能够平衡预算的人就是最成功的管理者。

亚细亚的希腊城市发现，至少可以部分补偿波斯的税收。持续不断的"解放"战争造成的蹂躏结束了。广袤的波斯帝国各地，再次恢复了贸易机会。希腊居民中不稳定的分子，被吸收进"蛮族"的军队充当雇佣军。波斯人与其对手埃及人雇佣的人数一样多。他们带回国的薪俸和战利品，有助于无形贸易的平衡。

如果对形势的认识过于乐观，那将是一个错误。苛捐杂税仍然使本地人感到不堪重负，并且迫使他们不断地起义。埃及、塞浦路斯部分地区，有时还有腓尼基和叙利亚都保持着独立地位。叛乱的总督蹂躏着帝国，并且见证了波斯帝国行政机构的衰落。饥寒交迫的无产阶级发动的阶级战争，通常都被暴君残酷地镇压下去了。

但是，从大量发行的、制造精美的钱币之中，可以感受到亚细亚的希腊城市重新恢复繁荣的迹象。虽然经济福利通常仅限于上层阶级享有，但它使新的文化有可能发展。从同时代作者保存下来的著作片段之中，可以朦朦胧胧地想象出一种内容完全不同的、爱奥尼亚文学新的迸发。铭文数量引人注目的增加、富丽堂皇的建筑物废墟，显示了繁荣是怎样转化成建筑和艺术的。我们所说的希腊化文明的起源已经很明显，东方希腊化的道路已经铺平，马其顿统治者只是更大规模地继续推进了这个过程。

对于研究东西方融合的这种趋势和东方的反抗而言，没有一个地方比最后的埃及帝国更恰当的了。在这个极不寻常的时期，在所有被记录下来的奇怪事情之中，最奇怪的是阿尔塔薛西斯对希腊外交的胜利。这种胜利正是在波斯帝国内部统治受到成功挑战的时期取得的。签订和约是为了解决埃及问题，这已经是一个公开的秘密。根据条款，塞浦路斯依法被转让给波斯。对阿尔塔薛西斯而言，通过武力获取叛乱者的土地又是另一回事。

犹大的困扰；在埃及的失败

根据和约，雅典不能再援助埃瓦戈拉斯，甚至是查布里亚斯借款也不行。和约之中没有关于埃及的条款，因此阿科里斯（Achoris）招降了查布里亚斯。由他指挥的希腊雇佣军是花大钱招募来的。同盟者有心怀不满的卡里亚人赫卡通努斯、巴尔卡（Barca）的希腊人和叛乱多年的皮西迪亚人。[3]

法尔纳巴佐斯、蒂思劳斯特斯和总督阿布罗科马斯在叙利亚集合了一支大军，终于可以继续进行被小居鲁士在公元前401年破坏的重新征服计划。在阿尔塔薛西斯即位后不久，犹大省长巴勾希斯与大祭司约哈难发生了争吵，结果许诺把职位转交给约哈难的兄弟约书亚（Jeshua）。当约哈难在圣殿里杀了约书亚之后，双方拥护者之间的公开战争结束了。但是，巴勾希斯决定进入圣殿的院子着手调查。他在遭到保护圣地的犹太人攻击之后，直言不讳地质问道："难道我还比不上那个被杀死在圣殿里的人的尸体更纯洁吗？"他继续进入圣殿。埃利潘蒂尼的犹太人写信给他，请求他帮助修建圣殿。在回信中，巴勾希斯建议，如果他们放弃动物献祭的惯例，这个事情可能会容易多了；对于耶路撒冷更重要的圣殿，他不敢提出这么过分的要求。但是，他至少可以通过对每天祭祀用的每头羊羔征收50德拉克马的高额税收，来使自己的良心得到安慰。

很有可能，约哈难因谋杀其兄弟受到了惩罚。因为不久以后，我们发现其子贾杜阿（Jaddua）当上了大祭司。叁巴拉的女婿玛拿西（Manasseh）现在是格里奇姆山一个与其匹敌的神庙首领，他对犹太人的团结是一个严重的威胁。由于那些与异邦通婚的人——祭司和平民一样——已经转向支持叁巴拉，他送给他们金钱和土地，以补偿他们的损失。耶路撒冷的长老命令玛拿西或者与其外邦妻子离婚，或者放弃正积极行使的祭司职务。在这个问题上，他们得到了贾杜阿的支持。由于玛拿西在贾杜阿的管辖权限之外，革除其祭司职务并没有产生实际效果。贾杜阿担任大祭司一直到大流士三世时期，本人享尽长期平静的统治。[4]

在埃及，查布里亚斯忙于改组本地陆军和海军；在译员的指挥下，埃及水手按照希腊战术，接受划船机械的训练。建造在尼罗河支流培琉喜阿姆（Pelusiac）和塞波尼斯（Serbonian）沼泽地之间的防御工事，在罗马时代以"查布里亚斯的栅栏"而著称，而在三角洲地区，人们记得它叫"卡布里亚斯村"。

阿科里斯祈求东方之神索普德（Sopd）的保护，这位阿拉伯神祇保卫着通往亚细亚的道路。战争持续了 3 年（公元前 385—前383），但侵略者最后被赶出埃及去了。为了证明他对巴勒斯坦和腓尼基南部的控制，阿科里斯在西顿北部埃什蒙神庙留下了许多铭文，还留下了一座用从遥远的赛伊尼运到阿什凯隆（Ascalon）的、光滑的灰色花岗岩做成的祭坛。与此同时，埃瓦戈拉斯突然袭击，占领了提尔，夺得了腓尼基北部大片地区和西利西亚。[5]

叛乱者埃瓦戈拉斯

尽管欧罗巴的希腊人抛弃了埃瓦戈拉斯，他的形势仍然很好。除了与阿科里斯和与一位我们不能确定的阿拉伯国王结盟外，提尔装备了 20 艘三列桨战船，塞浦路斯人准备了 70 艘三列桨战船。他能够召集 6000 名雇佣军和许多援军，赫卡通努斯秘密资助他金钱，以期更多的回报。蒂里巴佐斯已经集合了 300 艘船，他用拨给他的 2000 塔兰特军费，在塔尔苏斯（Tarsus）、索利、马尔卢斯（Marlus）和伊苏斯铸造了大量的钱币；钱币上有希腊铭文，还有他自己的半身像和赫拉克勒斯头像。在那些有阿拉米文的"蒂里巴佐"钱币上，他刻上了"塔尔苏斯之神"（Baal Tarz）。古安纳托利亚著名的神祇桑东（Sandon），此时已经表现出完全希腊化了，蓄着胡须，半裸，倚着权杖，右手伸向一只鹰。然而，在钱币反面是阿胡拉马兹达肖像。但是，他也已经希腊化了，留着胡子，裸体，手持荷花，用花环为总督加冕。军队在阿罗安达斯（Aroandas）的领导下。他是"国王的眼睛"阿尔塔叙拉斯（Artasyras）之子，通常被称为巴克特拉人奥龙特斯（Orontes）。由于娶了阿尔塔薛西斯之女罗多贡（Rodogune），因此被赐予亚美尼亚行省。[6]

从福西亚到库迈——以弗所暂时独立——阿罗安达斯突袭了

西利西亚,但不久又被彻底收复了。然后,他的军队被运往塞浦路斯,夺取了基提翁。米尔克亚顿重新当上了基提翁和伊达利乌姆国王。借助与其友好的海盗之力,埃瓦戈拉斯力图切断波斯的食物供应。在那里,突然发生了爱奥尼亚雇佣军的兵变。但是,小居鲁士的舰队司令塔莫斯之子格洛斯(Glos)提供的西利西亚士兵,将兵变镇压下去了。带着海军的 200 艘船(50 艘来自阿科里斯),埃瓦戈拉斯猛烈进攻敌人,将他们赶出萨拉米斯,只是靠格洛斯的战术能力,才得以反败为胜(公元前 381 年)。

萨拉米斯从陆地和海上都被包围了。埃瓦戈拉斯带着 10 艘船连夜趁黑逃走了,并且在埃及获得了另外的资金。但这些并不足以解决问题,埃瓦戈拉斯最后不得不请求和谈。当时已经从苏萨返回的蒂里巴佐斯表示,如果他放弃其他城市,缴纳贡赋,并且像奴隶一样服从主人的命令,就可以允许他保留萨拉米斯王的地位。埃瓦戈拉斯同意作为国王向国王投降,但他不承认自己是奴隶,蒂里巴佐斯收回了他的提议(公元前 380 年)。[7]

当战争继续拖延下去的时候,伊索克拉底在奥林匹克发表了《庆会词》(Panegyric)(公元前 380 年)。他号召组织希腊人讨伐波斯,重新恢复万人大军胜利的长征,并预言这是一场轻而易举的胜利。他为希腊主义者埃瓦戈拉斯有一支由希腊雇佣军组成的军队和一支几乎全是爱奥尼亚人的舰队,还处于危险境地的耻辱感到悲哀。他坚持,一旦签订了和约,雅典就会忘记她对希腊敌人的仇恨。但是,她对波斯毫无感激之情,即使是在她接受来自帝国的恩惠之时。他漫长的一生都在不断地反对"蛮族"——他不承认他们是人类,并且认为他们是如此低下,以至于一般的诚实都是不必要的——伊索克拉底不是狭隘的排他主义的倡导者;他以先知般的眼光,赞扬雅典人是其他人的老师。因为正是雅典带来了希腊人这个名字,它不再包含种族的意义,而是指文化的内涵。只有那些共享希腊文化的人、而不仅是具有共同祖先的人,才可以被称为希腊人。[8]

因为没人听,他讲得太快。伊索克拉底刚刚赞扬过的雅典,当法尔纳巴佐斯一抱怨查布里亚斯在埃及的出现违反了"国王的和约"的时候（公元前 379 年），就卑鄙地命令受到死刑威胁的查布里亚斯回国。埃瓦戈拉斯的得救，不是希腊人援助的功劳，而是由于波斯人的争执。阿罗安达斯妒忌蒂里巴佐斯受到士兵欢迎，就控告他阴谋叛乱；罪名是当他可以突袭占领萨拉米斯时，他满足于和斯巴达人缔结私人同盟。他还派人去德尔斐祈求神谕，询问计划之中的起义能否取得胜利。他用礼物赢得了雇佣军的支持。这些

401 控告听起来像是那些反对小居鲁士虚假控告的翻版，但阿尔塔薛西斯却受了欺骗；他下令将蒂里巴佐斯戴上镣铐，押解到朝廷来。奥托弗拉达特斯被派回萨迪斯，阿罗安达斯成为塞浦路斯军队的司令。他打仗比不上前任那么成功。不久，他被迫接受了埃瓦戈拉斯的投降条件，这些条件正是蒂里巴佐斯曾经拒绝过的条件（公元前 379 年）。格洛斯由于其岳父蒂里巴佐斯失宠而妥协，撤退到他占领的爱奥尼亚，与阿科里斯结盟，并试图争取斯巴达人的支持。[9]

卡杜西亚起义

与此同时，卡杜西亚人公开发动起义，他们的突然袭击是如此危险，以致阿尔塔薛西斯必须亲自上阵。他的出现，徒然增加了外来者在多雾山区的困难。由于荒无人烟的地区缺乏食物，士兵们被迫杀掉自己的牲口。只是由于被告蒂里巴佐斯的外交才能，军队才得以获救。他说服两个各自扎营的卡杜西亚国王，分别签订了和约。在经历巨大的苦难和损失之后，波斯人回家了，甚至国王都得徒步行走。由于害怕这次灾难影响公众的想法，阿尔塔薛西斯处死了许多被怀疑为不满的贵族。但是，蒂里巴佐斯被宣布无罪，阿罗安达斯不再在国王的朋友之列。格洛斯因为造反而丧失性命，显然是在与奥托弗拉达斯特作战的时候。他的军队集合在莱夫卡（Leucae），暂时由一个叫塔科斯的人率领。后来，塔科斯也被杀死了（公元前 378 年）。[10]

在从卡杜西亚地区撤回的途中，卡里亚人卡米萨雷斯（Camisares）一命呜呼了。其子达塔梅斯继承了他的行省。在紧挨着卡帕多西亚的西利西亚那部分地区，当时居住着被希腊人称为白叙利亚人（Syrian White）的居民。他的第一个功绩就是将奥托弗拉达斯特被占领营地之中的某些叛乱者驱赶出去了，大概是格洛斯和塔科斯。他母亲一方的表兄赛乌斯（Thyus）在帕夫拉戈尼亚长期保持独立；达塔梅斯试图赢得他的忠诚，好不容易才逃脱了性命。阿里奥巴尔赞（Ariobarzanes）拒绝达西利乌姆进一步的帮助，但是，达塔梅斯最终抓获了赛乌斯，将他及其家族送给了国王。[11]

埃及第 30 王朝的兴起

402

根据埃及的记载，阿科里斯"被废黜是因为他抛弃法律，也不尊重其兄弟；在米底人之后的第六位统治者，尼斐里提斯二世不是好君主"；"他们抛弃其父时的法律，并且罪恶就降临到其子身上"。4 个月之后，尼斐里提斯二世被奈赫特内贝夫所杀，希腊人称其为尼克坦内波（Nectanebo）一世；他据称是尼斐里提斯一世之子，但事实上他是杰多尔（Djedhor）将军之子。这样，埃及最后一个独立王朝，也是许多世纪里最强大的王朝，出自塞布努特（Thebnute）或塞本尼图斯（Sebennitus）的第 30 王朝，就开始了。[12]

奈赫特内贝夫（公元前 378—前 360）[13]马上宣布他的纲领：他将成为强大的国王，他将像铜墙铁壁一样保护埃及，双手灵活的、短弯刀的君主，将挖出那些无耻者的心，施恩于那些忠于他的人，他们在白天也可以睡觉，因为他们的内心充满了国王的善行。他照顾神庙的利益，凡神庙之事，必询问祭司；他使神庙的祭坛堆满了香料，他制造了许多神庙器皿，他准备增加所有的东西。大山告诉他山里有什么，大海献出了海里所产的东西，沙漠奉献给他香料。有一段时间，豪华的古代礼仪，随着经济的真正繁荣，重新又恢复了。

国王在赛斯的宫殿加冕,亲自前往奈特女神的神庙。他出现在戴着红色王冠的女神面前,奠酒祭祀他的父亲、永恒的俄赛里斯神。他宣布一项法令:"让他们缴纳金、银、木料和木匠的木材,以及从爱奥尼亚海来的其他一切物品的什一税,所有的一切都要纳税给亨特(Hent)城的国库,还有金、银以及安努(Anu)河岸边诺克拉提斯所产物品的什一税,他们是为国库征收什一税,永远给我母奈特神的奉献物。除了以前的东西之外,让他们奉献1头公牛、1只鹅、5坛葡萄酒,作为每日固定的奉献物。其余的给我母奈特女神的仓库,因为她是海洋之神,她是给予他们支持的人。让他们把这些东西刻在即将建立在诺克拉提斯的方尖碑上。"

403

换句话说,这个法令对所有商品,不管是进口的或国内的,制成品或原材料,征收新的什一税。黑色花岗岩上的铭文雕刻得很精美。铭文右边站着的是戴白色王冠的国王,他正在将花瓶献给坐着的、戴白色王冠的奈特女神;铭文左边是戴着角、球和羽毛的奈赫特内贝夫,正在将鹰首围巾献给奈特女神。[14]

在奈赫特内贝夫和巴赫比特(Bahbit)祭司昂诺弗雷(Onnophre)之子、[15]维齐尔霍塞斯(Horsiese)仁慈的统治下,埃及出现了新的繁荣。从尼罗河谷地的这头到那头,许多建筑物巨大轮廓上都曾刻上了其王名的符号;在上埃及,至今仍然存在着宏伟建筑物废墟。但是,只有通过散落在各地的大量碎片,才能窥见三角洲地区豪华装饰的一斑——所有的这一切,都是经历了岁月和人类蹂躏而幸存下来的遗迹。

他在位第一年,修复了何露斯在伊德富(Edfu)的神庙。他在位第三年,他在哈马马特河谷采石,并向敏女神、普塔神、何露斯神、伊希斯女神致敬。在同一年及下一年,他的工人在图拉采石;第六年和第九年,他们在阿马尔纳(Amarna)附近采石。

他在位第16年,在科普图斯(Coptos)建筑了一道城墙和一个精美的城门。另一个同样精美的大门是为南方的神庙所建。他为科普图斯的敏女神,从哈马马特河谷运来绿色角砾岩修建了神殿。尽管神庙用闻香木制成的、贴金的两扇大门已无影无踪,我们还可以领略到它的精美。

菲莱（Philae）岛早期建筑物之一，现在常常被阿苏安（Assuan）大坝蓄水所淹没的，是一个小而精美的神庙，它的圆柱上有花卉的柱顶或叉铃。屏风上绘着正在献祭的奈赫特内贝夫像。第一个塔式门柱上刻有他的雕像。门廊表明属于他母亲、菲莱的女神伊希斯，她在阿巴顿（Abaton）得到尊崇。它也是为森梅特（Senmet）的哈托尔（Hathor）女神而建。

他扩大了尼黑布（Nekhab、即埃尔卡卜）的神殿，并用国王敬奉其保护神奈赫贝特女神（Nekhbet）的浮雕装饰了东门。他在米底内特哈布（Medinet Habu）最大的神庙的庭院中修建了一个小门，在神庙内部用有花蕾的柱顶和石屏风建起簇柱。他用尼罗河水位测量标尺来测量每个季节尼罗河水的高度。在凯尔奈克宏伟的塔式门柱上，可以看到他向阿蒙神和穆特女神献祭的场面。他修复了图特摩斯和孔苏（Khonsu）的神庙。在登德拉（Dendera），他为当地的神修建了产房。阿拜多斯有一个神庙和一个灰色的花岗岩神殿，赫尔莫波利斯（Hermopolis）有个祭坛，莱托波利斯（Letopolis）有个异常精美的绿色角砾岩石棺，达曼胡尔（Damanhur）有个黑色的花岗岩神殿，马斯库塔（Maskhuta）有一个叉铃。[16]

奈赫特内贝夫在这些地方和其他地方的建筑物，仍然栩栩如生。在真正地欣赏它们超凡的艺术之前，需要对雕像和浮雕进行充分的研究。赛斯时期的艺术家曾经向帝国时期寻找灵感，第30王朝的艺术家在中王国的艺术之中找到了真正纯洁的来源。如果与更古老的雕刻相比，他们的雕像缺乏某种解剖学的正确性，这里有的是更伟大的自然主义、精巧和气魄，证明它是充满活力的艺术。残缺不全的浮雕，表明了同样精巧的手法。[17]这种艺术在刻有其名字的、庄严的红色花岗岩狮子上，达到了顶峰。[18]在西亚艺术很早就受到希腊深刻影响的时候，埃及却完全没有受到外国的影响。[19]这个纯粹的本土艺术繁荣的最后时期，是埃及漫长历史之中的最伟大时期之一。

404

487

第二雅典同盟

由于埃瓦戈拉斯不再碍事,法尔纳巴佐斯着手准备第二次入侵埃及。作为第一步,雅典人伊菲克拉斯特被雇为希腊雇佣军首领(公元前379年)。这一切对雅典很有利,它小心谨慎地遵守"国王的和约"的条款,即使是在其精神遭到亵渎的时候。例如,在公元前383年与希俄斯缔约的时候,雅典明确地承认了国王、雅典人、斯巴达人和其他希腊人已经宣誓遵守的协定。[20]

第二年(公元前378年),雅典组织了第二雅典同盟,同盟明确地把国王的臣民排除在可接纳的成员之外。这个战争同盟首先是反对斯巴达的,重点放在"自由"和"自治"上。那些使人想起来就反感的、前雅典帝国的错误做法,现在都小心地避免了。现有的成员之中包括了底比斯,他们全是正式的盟友,而不是臣属。"进贡"这个词也不再使用了。所有盟国不要交太多的"捐献",它们都留在自己手中。盟国的事务由他们自己的"盟国共同委员会"来决定,雅典在委员会里没有表决权。被正式承认为"领袖"的国家庄重承诺,将不再有雅典贫民克列儒克的殖民地,也不再有雅典的"监督者",不再有驻军,对领袖提出司法诉讼被禁止了;在死刑的威胁下,任何违背章程的修改企图都被禁止了。

然而,这个新的联盟绝不是完美无缺的。雅典仍然掌握着执行权力,还有不言而喻的所有控制权。"盟国共同委员会"是在雅典开会,因此容易受到当地压力的影响。每次表决必须既由雅典公民大会,又由"共同委员会"来进行。最糟糕的是,每个国家不论其财富或人口多寡,都只有一票表决权。随着成员国数量的增加,雅典作为执行者,通过其控制的较小的、数量众多的国家来操纵共同委员会,终归是一件越来越容易的事情。[21]

亚细亚的解体

在这种情况下，雅典逐步侵犯仍然留在同盟内的这些成员国的主权，就是不可避免的事情了。同样不可避免的是，新同盟必将步老提洛同盟的后尘，并且敌视波斯。但是在目前，雅典仍然与伟大的王保持着友好关系。亚细亚的解体过程，已经非常明显了。当多达尔苏斯（Doedalsus）被博泰拉斯（Boteiras）所继承，后者又被巴斯（Bas，公元前377—前327）所继承的时候，比希尼亚仍然保持着独立。赫卡通努斯成了卡里亚真正的、而不是名义上的君主，并且毫无问题地将王位传给了其长子摩索拉斯（公元前377—前353）。[22]

米底人阿通帕拉（Artompara，即阿尔特巴雷斯）在泰勒梅苏斯发行有雅典娜或赫拉克勒斯头像的钱币，或代之以他自己蓄着波斯胡须、戴着头巾和头饰肖像的钱币。他的对手是利米拉君主，他的希腊倾向可以从他的雅典名字帕雷克拉（Parekla）或佩内克莱斯之中表现出来。其钱币上有狮子和三脚架、赫耳墨斯（Hermes）、发光的阿波罗，或长着山羊角潘神的图案。在与泰勒梅苏斯人的战争中，他把他们封锁在他们的城市中，迫使他们达成和约。[23]

从吕西亚铭文之中，我们可以读到双方的叙述。达普斯马（Dapssmma）在皮纳拉（Pinara）精心地建造了一座独立的坟墓，他和阿尔特巴雷斯（Artembares）一起统帅吕西亚的军队。但是，他父亲帕德拉马（Padrama）的陵墓在桑索斯。在利米拉，蔡阿（Zzaiaa）的后裔泰伯萨莱（Taborssale）有一座2层的岩石墓，埋葬着其养子洛桑特拉（Losantra，即来山得）和佩内克莱斯的部将孔塔波拉（Khntabora）。在附近的岩石上，有10名士兵正在作战的浮雕；下面是陈述当泰伯萨莱和佩内克莱斯打败阿尔特巴雷斯及其军队之后，创作了这些雕像。其他3个人，其名字用怪异的吕西亚文拼写，也声称是佩内克莱斯的将军，第四个是他的大臣。此外，佩内克莱斯俘获了雇佣军首领、米利都人卡里美尼斯（Charimenes），当

406

他逃往珀希利斯（Phasaelis）时，不但击败了他，而且占领了城市。在泰勒梅苏斯举行了文明的竞赛活动，以庆祝他的胜利。[24]

第二次入侵埃及

公元前374年，阿尔塔薛西斯又把一个条约强加给希腊人。年轻的锡拉库萨人狄奥尼修斯与阿尔塔薛西斯签订了和约。[25]埃瓦戈拉斯投降后，一直太平无事。但是在公元前374年，他和其子普尼塔哥拉斯（Pnytagoras）被宦官暗杀了。虽然另一个儿子尼科克莱斯（Nicocles）随后继承了王位，但国家已经动荡，国库已经空虚，他还必须迎合阿尔塔薛西斯的欢心。不过，他还有能力支付大量钱币——20塔兰特，为雅典娜和阿弗洛狄忒装修。后来，这笔钱据说给了伊索克拉底，为其父写颂词用。[26]

自公元前379年以来，法尔纳巴佐斯一直在征募希腊雇佣军，准备远征埃及。为了支付他们的薪水，他经常发行钱币，由希腊艺术家设计的钱币通常仿照西利西亚钱币原型，仿造在某种程度上是成功的。然而，钱币上的阿拉米铭文"法尔纳巴祖"（Pharnabazu）、"基利克"（Kilik）、"希利克"（Hilik）和"巴力塔兹"（Baal Tarz）写错了，以致很难看出他们是否意味着"法尔纳巴佐斯"、"西利西亚"和"塔尔苏斯（Tarsus）的君主"。当时的神祇式样，后来成了标准形象：半裸体，坐在无靠背的宝座上，脚部精心雕刻，手持末端有三叉戟或雄鹰的权杖。有时，希腊雕刻师不适当地用锡拉库萨的阿瑞托萨（Arethusa）仙女来取代塔尔苏斯神。有许多理由可以推断，头戴羽盔的士兵是希腊雇佣军，他们就是以这种钱币来支付军饷的。在纳吉杜斯（Nagidus）的冲压钱币上，只有希腊语的城市名字和阿弗洛狄忒。她留着长发，全副武装、坐在装饰着斯芬克斯的宝座上，闻着一支荷花。同时，她托着一只很小的茶托。钱币反面的阿拉米文字靠近希腊人的头像。[27]

大约是供应出现了许多困难，有很多人死在军营之中——伊塞奥斯（Isaeus）提到一名雅典雇佣军在埃斯（Ace）丢了性命。伊菲克拉特斯必须镇压两位叛乱将军。腓尼基人并不友好。最后,在公元前373年夏天,法尔纳巴佐斯召集了300艘三列桨战船、1.2万名希腊人和一支东方人组成的庞大军队。

陆军发现尼罗河七个出口已经堵塞,壕沟环绕的堡垒保护着河口。海军无法从苏伊士地峡攻克培留喜阿姆河口,只好让3000名步兵在门德斯河口登陆,占领港口。伊菲克拉特斯从俘虏那里打听到孟斐斯驻军力量薄弱,主张舰队沿尼罗河而上,在本地人集合他们的军队之前,进攻首都。对于老迈年高的法尔纳巴佐斯来讲,这实在太冒险了,他决定等待他的全部军队到来。伊菲克拉特斯表示反对,提出率领现有军队发动攻击。但是,这时法尔纳巴佐斯开始怀疑他的真诚,并再次拒绝了他的建议。

由于行动迟缓,埃及人恢复了勇气,孟斐斯驻军充足,侵略者受到袭击,损失惨重。夏天到了,洪水也随之而来。法尔纳巴佐斯无法控制上涨的洪水,撤回了亚细亚。因为惨败,指挥官相互指责。伊菲克拉特斯想起了科农被关押的事情,贿赂了一名船长,在夜里将他从营地偷运出来了。11月,他回到了雅典。[28]

奈赫特内贝夫(Nekhtenebef)将他的胜利归功于阿拉伯省的神、东方的雄鹰索普德神,认为是他毁灭了门图(Mentu)和芬库(Fenku,两者均为亚细亚古地名)。国王在索普德神庙修建了一个精美的黑色花岗岩神龛,其铭文代表了埃及人对战争的说法。当然,细节问题有点模糊。但在铭文中,我们可以读到奈赫特内贝夫来了,杀死了魔鬼阿波皮斯(Apopis)。男女众神在他的圣殿欢呼,因为他用翅膀束缚了敌人。东方的国家欢呼,是因为他杀死了他的敌人,他是善神,非常勇敢的神,赶走了敌人。他是精明能干的神,为埃及而镇压了各省的叛乱。他将亚细亚人踩在脚下。他将"蛮族"击倒在他的脚下。他的手勇敢地在豪内布(Haunebu)(这个术语以前用于恐惧大海的人,但现在却轻蔑地用于他们以前的盟友希腊人!)首领之中挥舞。[29]

另一个"国王的和约"

由于伊菲克拉特斯逃跑了,法尔纳巴佐斯将留下的空缺职务给了更年轻的职业兵、科农之子蒂莫特乌斯。他刚刚把雅典军队指挥权丧失给了回国的伊菲克拉特斯,因此很高兴地接受了这个职务,在6个月之内便踏上去东方的道路(公元前372年5月)。他在东方一直呆到公元前367年。但是,我们没有找到其任何特别行动的线索。[30]

公元前371年,阿尔塔薛西斯又将另一个"国王的和约"强加给欧罗巴的希腊。多年之后,德莫斯特内斯(Demosthenes)恳求国王和所有希腊人承认雅典人拥有色雷斯的切尔松尼斯和安菲波利斯(Amphipolis)。这次是底比斯拒绝接受这些条款。同年,伊巴美浓达(Epaminondas)由于留克特拉(Leuctra)的胜利,一劳永逸地粉碎了斯巴达的霸权,并且使底比斯成了欧罗巴希腊的霸主。菲雷(Pherae)的伊阿宋已经统一了色萨利(Thessaly),并正在计划征服波斯。因为万人长征使实现这个计划看来似乎是轻而易举。然而,在他的估计之中,他忽略了国王"万名弓箭手"的威力。公元前370年底以前,他被暗杀身亡。[31]

法尔纳巴佐斯高龄去世,蒂莫特乌斯回到雅典。作为占领赛乌斯(Thyus)的奖赏,达塔梅斯成为他的继任者,负责即将到来的对埃及的远征。他招募了新的雇佣军,制造了新的钱币,以支付雇佣军的军饷。

在阿拉米铭文中,他被称为塔丹姆(Tadanmu)。它大概更接近于原始卡里亚语,而不是更熟悉的希腊语读音。他的钱币大多使用法尔纳巴佐斯的样式,尤其是有纹章的希腊士兵。巴力塔兹(Baal Tarz)在有雉堞环绕的要塞内部,其宝座下有一朵荷花,左手拿着一根谷穗和一串葡萄,象征着军队的给养。达塔梅斯坐在宝座上,脚部精心装饰,他的弓放在前面,双手抓住一支箭,他的头上戴着以丝带系紧的王冠,身着束腰外衣和裤子,双臂戴着臂铠。还有更强大的保护者,这就是翱翔在空中的、有翼的阿胡拉马兹达。

409

另一个图案是在一座有半圆形尖顶的平顶神庙之中，香炉前站着安努神（Anu），留着胡子，裸着身子，伸出食指在指挥。在他的前面是半裸的达塔梅斯高举着一只手，手掌向着脸表示尊敬。

达塔梅斯在出发去尼罗河之前，必须回国与另一个叛乱者作战。这时，阿斯皮斯（Aspis）占领了森林密布的卡陶尼亚地区（Cataonia）。他利用自己占领的许多要塞，蹂躏周边地区，抢劫去见国王的使节。达塔梅斯带了一支小部队来到西利西亚。日夜兼程越过托罗斯山脉（Taurus），说服阿斯皮斯投降，并允许他向国王之子密特里达特斯（Mithridates）投降。[32]

公元前 368 年，在斯巴达人欧西克莱斯（Euthycles）访问苏萨之后，阿尔塔薛西斯又作了一次努力，企图将一个全面的和约强加给希腊人。为了进行必要的外交收买活动，总督阿里奥巴尔赞派其下属、阿拜多斯人腓力斯库斯（Philiscus）带了大量金钱去德尔斐。通过已经回国的蒂莫特乌斯，雅典人授予阿里奥巴尔赞和腓力斯库斯公民权，并颂扬锡拉库萨的狄奥尼修斯，因为他帮助达成了"国王的和约"。其余的欧罗巴各国都同意条款。但是，基齐库斯的狄奥墨得斯（Diomedes）企图贿赂伊巴美浓达没有成功。底比斯再次拒绝妥协。在返回亚细亚的途中，腓力斯库斯把他雇来支援的 2000 名雇佣军丢下不管，在这些人之中还有曾经是战无不胜的斯巴达人！奥林匹克拳击、摔跤比赛三次获胜者、米利都的阿斯提亚纳克斯（Astyanax），受邀去见阿里奥巴尔赞。为了满足虚荣心，他在盛宴上吃光了为客人准备的所有食物。[33]

公元前 367 年，为了抗议阿里奥巴尔赞的行动，派洛皮德（Pelopidas）率领底比斯代表团来到苏萨。其他代表团由阿尔戈斯、阿卡迪亚和伊利斯（Elis）人组成。但是，安塔尔西德斯（和他一起的是斯巴达及其现在的盟友雅典）现在已经失宠。有人提醒阿尔塔薛西斯，其父给了斯巴达人所有的援助之后，他们是怎样支持其叛乱的弟弟，接着又侵犯亚细亚的。这明显是在暗示，阿里奥巴尔赞正在像小居鲁士一样，为自己谋私利。相反，底比斯一直亲波斯，在普拉蒂亚战役之中真正和波斯站在一起作战。这一点得到

410

雅典使节提马哥拉斯(Timagoras)的证实。在被问到派洛皮德想要什么时,他宣称麦西尼(Messene)应当脱离斯巴达独立,雅典人必须让他们的军舰呆在港内。这时,另一个使节大声高呼:"宙斯在上,雅典人啊,现在是你去找别的朋友,而不是找国王的时候到了"。在王室秘书翻译完之后,阿尔塔薛西斯补充说:"如果雅典人知道还有比这个更公正的事情,让他们到国王这里来说明。"谈判最后以失败告终。安塔尔西德斯在回国途中自杀,提马哥拉斯被控歌颂国王,接受国王 40 塔兰特贿赂,被判处死刑。[34]

阿尔塔薛西斯解决了伊利斯控诉阿卡迪亚的边界争端。在阿卡迪亚的使节安条克向他们的万人报告说国王的确有大群面包师、厨师、持杯人和搬运工。但是,他打量了他们所有的人,却没有发现一个善于作战的人。至于著名的金色悬铃木树,它并不能遮住飞蝗。听完他的报告之后,阿卡迪亚人感到不那么恐慌了。

当阿尔塔薛西斯最终与雅典绝交时,波斯帝国的威望跌到了最411 低点。现在,轮到底比斯企图实施最新的"国王的和约"。在要求批准和约的会议上,波斯代表出示国王的玉玺并宣读了阿尔塔薛西斯的决定。尽管有底比斯人的压力,他们的盟友表示,他们非常满意以前的条款,拒绝发新誓(公元前 367 年)。[35]

在公元前 370—前 358 年之间,西顿国王斯特拉托(Strato)促使雅典使节尽其所能,给了该城 10 塔兰特。他得到官方授予的外邦代表的荣誉。他的臣民得到了更多好处,西顿人被免除了外邦人居民所交的税收。阿布达什塔特(Abdashtart),在国内称斯特拉托,认为自己是真正的希腊人。他与埃瓦戈拉斯之子尼科克莱斯争夺奢华的名声。他从伯罗奔尼撒进口娼妓,从爱奥尼亚进口音乐家,举行希腊式的比赛。一个神圣的使团将提尔和西顿的雕像献给提洛岛的阿波罗神,雕像铭文是用腓尼基文和希腊语写成的。

当地钱币的希腊化程度小一些。大约在公元前 475 年,一位不知名的国王采用了一种款式的钱币,上有西顿的一帆或四帆战船、波斯伟大的王坐在战车上的图案。到公元前 5 世纪结束,不能确认缩写腓尼基名字的其他国王放弃了船帆，但保留了船桅，因为现在战船是用桨推进的，它停泊在有雉堞的城墙和塔楼环绕的城市基地之中。在波达什塔特（Bodashtart）的钱币上，城墙消失了，战舰在迎着惊涛骇浪前进。在钱币的反面，一位埃及国王跟着国王的四轮战车徒步前进，上身作半倾斜的姿势，穿着埃及短裙，戴着高高的白色王冠，左手拿着一个陶酒坛，右手举着权杖，权杖一端是一个张大嘴的有角动物。阿布达什塔特严格地遵循同样的款式。但是，在奈赫特内贝夫坚决拒绝被占领之后，埃及的款式被放弃了。[36]

波斯领导人的背叛

正当达塔梅斯继续动员军队重新进攻奈赫特内贝夫的时候，他听到其仇敌正在苏萨策划反对他的阴谋。不断出现的宫廷阴谋使 不幸的阿尔塔薛西斯面临着又一个叛乱。达塔梅斯把军队交给马格内西亚人曼德罗克雷斯（Mandrocles）负责之后，就急忙赶往卡帕多西亚，并占领了帕夫拉戈尼亚。

波斯的衰弱及挑战中央权威的叛乱，给各地人民创造了有利的机会。当达塔梅斯派遣一支军队讨伐抢劫成性的皮西迪亚人时，其子阿西戴乌斯（Arsidaeus）被杀死。其岳父、帕夫拉戈尼亚人密特罗巴赞尼斯（Mithrobazanes）向同一支皮西迪亚人投降了。他派出的军队遭到突袭，在经过拼命屠杀之后，营地被占领了。

他的另一个儿子塞萨姆斯［Sesamus，又名西西纳斯（Sissynas）］，受命进攻附近海岸的锡诺普。市民们请求其父援助，他向他们保证说，他真正需要的是借用一些工匠。得到工匠的支持，他开始建造船只，但用这些船来包围他们自己的城市。居民们把妇女也武装起来，让她们站在城墙上，以示他们防卫坚固。当禁止围攻的王谕到达时，达塔梅斯在王谕前毕恭毕敬，就好像见到国王本人一样，并且为这个好消息和大喜事举行了献祭。包围暂时解除了，但总督很快就回来占领了锡诺普，使之成为其首府。现在,他的钱币上出现了锡诺普女神和老鹰抓海豚的图案。后来,阿米苏斯(Amisus)也安全了。

当达塔梅斯的雇佣军要求支付拖欠的军饷时,他袭击了附近一座富裕的本地神殿,大概是本都的科马纳(Comana),用骆驼和驴子运走了价值 30 塔兰特的器皿。他向雇佣军展示了这些战利品。但是,总督宣布,这些金属必须运到阿米苏斯去制造钱币。因为阿米苏斯非常遥远,前进的道路全是崎岖的小路。在他们知道怎样被欺骗之前,他得以使这支军队整个冬天都保持着安静。他的另一个精明的举措是私人控制着雇佣的工匠。随军小贩的利润也都归他自己所有。

西西纳斯向国王投降,并且提供了其父真正造反的第一手证据。他的同僚、总督奥托弗拉达特斯(Autophradates)受命镇压叛乱。达塔梅斯无法及时召集军队占领西利西亚门的森林地带。他占据了一个能封锁峡谷,而自己又没有危险的位置。小冲突频频不断。有一次,他丢下自己固定的营地,渡过一条河流逃跑了。最后,奥托弗拉达特斯被迫同意停战,前提是派使节去见国王。达塔梅斯撤退到弗里吉亚地区。但是,皮西迪亚人已占领了中间的几道关口,他只好用假装撤退的办法,才在夜间占领了这些关口。[37]

413

奥托弗拉达特斯被迫向达塔梅斯提出停战,因为他又面临着另一场起义。朝廷早已怀疑上了阿里奥巴尔赞,因为他在公元前 368年为提拟议中的"国王的和约"作准备时,与雅典和斯巴达有一些可疑行动。法尔纳巴佐斯和公主阿帕美所生之子阿尔塔巴祖斯,这时已经长大成人。阿尔塔薛西斯命令阿里奥巴尔赞将达西利乌姆世袭行省移交给合适的继承人。阿里奥巴尔赞像达塔梅斯一样,也造反了(公元前 367 年)。

通过阿格西劳斯,斯巴达已与埃及王储塔科斯(Tachos)成为了朋友,为了进一步反对阿尔塔薛西斯。斯巴达派阿格西劳斯前往阿里奥巴尔赞那里,名义上是使节,但实际上是雇佣军首领。雅典给蒂莫特乌斯 30 艘船和 8000 名雇佣军,以支持阿里奥巴尔赞,但明确指示他不得违背与国王的和约。他们发现,奥托弗拉达特斯已将阿里奥巴尔赞从行省大部分地区驱逐出去。从陆地和从阿德腊米提安（Adrammyttium）海上包围了他。阿里奥巴尔赞命其驻军司令普特利昂（Pteleon）装作背叛附近的岛屿。当王家舰队等待投降的时候，阿里奥巴尔赞把城市防卫需要的给养和雇佣军送入了城里。这时，奥托弗拉达特斯说服卡里亚总督摩索拉斯（公元前377—前353）从陆地包围阿索斯（Assos）。同时，色雷斯人科提斯（Cotyst）也包围了赛斯托斯（Sestos）。阿格西劳斯一到，科提斯和奥托弗拉达特斯就撤退了，摩索拉斯不但夺取了他的船只，还给了这位斯巴达人金钱。阿格西劳斯绕开兰普萨库斯，首先切断了其盟友的联系，在经过长时间的围攻之后，占领了福西亚。[38]

当蒂莫特乌斯发现阿里奥巴尔赞已经公开起义之后，他前往萨摩斯。这一年，在当地遭到 10 个月的严密围攻之后，他把它从总督提格兰（Tigranes）派遣的驻军司令塞普洛西米斯（Cyprothemis）手中解放出来了。雅典在当地建立了一个殖民地。蒂莫特乌斯因为这些微不足道的功劳得到的奖励是，他将赛斯托斯和克利托特（Crithote）送给雅典的礼物，送给了阿里奥巴尔赞。但是，阿格西劳斯得到报酬是现金。与此同时，阿尔塔巴祖斯依靠罗德岛人门托和门农（他娶了他们的姐姐）率领的雇佣军，仍控制着特洛阿德（Troad）。卡里亚人派了使节到朝廷去控诉摩索拉斯。但是，国王仍相信其"总督"的忠诚，惩罚了控诉者（公元前 366 年）。[39]

赫拉克利亚（Heracleia）以拥有 6000 名有公民权的公民、一支40 艘船组成的海军而自豪，正在作为黑海沿岸最重要的希腊城市脱颖而出。但是，本地血统的村民和农民却没有公民权，富人和穷人之间因此出现了分歧。在随后的动乱中，阿里奥巴尔赞之子密特里达特斯（Mithridates）占领了赫拉克利亚，然后按照波斯人通常的做法，支持民主制。元老院向蒂莫特乌斯求助，后来又向伊巴美浓达寻求支持，以对付平民。

他们的要求没有得到答复，绝望的元老院召来一个纠集了一支雇佣军的流亡公民克利尔科斯。一开始，他假装是密特里达特斯的驻军司令进行统治。但波斯人到达之后，在等待移交城市的时

414

候,他被关押起来,并且被迫支付了高额的赎金。因此,克利尔科斯宣布他是民主制真正的保护者。事实上,他实行的是僭主统治(公元前363—前352),有60名元老死于严刑拷打,奴隶被授予公民权,贵族妇女被迫与奴隶结婚。我们被告知,有许多人被乌头碱毒死,幸存者吃芸香解毒。

很快,蒂伊翁(Tieium)和切鲁斯(Cierus)被迫承认他是僭主。帕夫拉戈尼亚大部分地区接受了他的统治。他对波斯宫廷的态度是正确的,阿尔塔薛西斯二世和三世都接受了他的使节。克利尔科斯建立了一座图书馆和赞助文学。因为他是柏拉图和伊索克拉底的学生。后者与其子蒂莫特乌斯通过信。但是,尽管自认为崇尚文化,克利尔科斯实行的是残酷统治。在东方王权神授观念影响下,他宣布自己是宙斯的儿子,并命名其子为"雷电"。克利尔科斯是一个象征和不祥之兆。他是利用日益增长的经济困难(这些困难反过来又造成了社会的不满),使自己成为城市僭主的一群冒险家之中的第一人。[40]

415　　小亚细亚的总督一个接一个造反,严重地威胁了帝国的完整,甚至君主自身的安全。阿罗安达斯(Aroandas)由于对从亚美尼亚总督降级到密细亚副总督感到不满,加入了造反的队伍,使形势变得极端危险(公元前353年)。他接受了总督联盟首领的职务之后,以制造金斯泰特(只属于合法君主的权利)来挑战阿尔塔薛西斯的统治。兰普萨库斯的钱币有珀伽索斯(Pegasus)、雅典娜、宙斯的肖像;密细亚的奇斯塞人(Cisthenes)的钱币有奔驰的骑兵;科洛丰的钱币有七弦琴和希腊单词"国王"!在克拉佐曼纳的钱币之中,他坦率地承认得到雇佣军的支持:其钱币图案为在盾牌保护之下的重装兵单膝跪地,拿着长矛正准备迎接敌人的进攻,正如查布里亚斯教给其士兵的一样。依靠雇佣兵的支持,他占领了帕迦马。

摩索拉斯也在叛乱的总督之中。他得到伟大的王缴纳贡赋的命令,他利用这个机会大肆聚敛钱财。他对其臣民之中最富裕的少数支持者透露,他绝不会缴纳贡赋。他提醒说,他们允诺的东西,比他们实际上打算缴纳的要多。这样,他利用人类天生的争强好胜心,使一些人缴纳了比他们原来打算缴纳的东西多得多。

米拉萨(Mylasa)是一座没有城墙的城市。有一天,摩索拉斯召集居民宣布,伟大的王正在向他推进。如果他们想使自己的钱财免遭劫掠的话,他们就必须给他钱修建一道城墙。一旦这笔钱安安稳稳地进了他的钱库之后,他们又被告知,神不允许在那时建筑城墙。摩索拉斯只是在玩弄手腕,这位叛乱的总督不可能期望得到真正的援助。

公元前362年,他们的首领阿罗安达斯在叙利亚出现,得到本地叛乱者的欢迎。吕西亚人、皮西迪亚人、潘菲利亚人和西利西亚人起而效尤。奥托弗拉达特斯发现自己被迫参加了叛乱,阿尔塔巴祖斯被关押。埃及保留了其独立地位。但是,在腓尼基钱币上有埃及国王卑躬屈膝,跟着伟大的王的四轮战车徒步行走的图案!他的一半税收因为阿尔塔薛西斯而丧失。下一步将是奈赫特内贝夫和阿罗安达斯军队的联合,共同侵略美索不达米亚,然后前往苏萨去厮杀。[41]

在他的统治开始之时,阿尔塔薛西斯赢得了波斯最伟大的外交胜利。他将"国王的和约"反复强加给欧罗巴的希腊,欧罗巴的希腊不再向他对亚细亚希腊城市的主权提出挑战。但是,在四分之一个世纪过去之后,其王位和生命都危在旦夕。阿契美尼德帝国由于缺乏内在的凝聚力,看来好像要解体一样。

416

原注

1 参见 M. Rostovtzeff, *Social and Economic History of the Hellenistic World* (1941), I, 90 ff.。

2 参见 Demosthen. *Meid.* 165, 175;(Demosthen). *Adv. Phorm.* 6; *Lacrit.* 1,38,20,32; Xen. *Devectigal.* ii. 3。

3 Isocr. *Panegyr.* 162; Theopomp. , Frag. 103. 1 and 13 (J); Demosthen. *Lept.* 76; Diod. xv. 29. 2; Nepos *Chabr.* 3; Just. vi. 6. 3.

4 Joseph. *Ant.* xi. 297 ff. ; Neh. 12;11,22.

5 Isocr. *Panegyr.* 140; *Evagor.* 62; Diod. xv. 2. 4; Strabo xvi. 2. 33; xvii. 1. 22; Plin. v. 68; Polyaen. iii. 11. 7; Alan Rowe, *Catalogue of Egyptian Scarabs* (1936), pp. 295 – 296.

6 Plut. *Artox.* 12. 1；27. 4；参见 Xen. *Anab.* ii. 4. 8；iii. 4. 13；5. 17；iv. 3. 4；Trog. X；Ins. of Antiochus of Commagene, W. Dittenberger, *Orientis Graeci inscriptiones selectae* (1905)，Nos. 311 - 312；E. Babelon, *Traite des monnaies*, II, Part II (1910)，379 ff.。

7 Isocr. *Panegyr.* 134 - 135；Theopomp. , Frag. 103. 6，9 (J)；Diod. xv. 2 ff. ；8；xii. 20；Polyaen. vii. 20；*CIS*, Vol. I, Nos. 10 - 11。

8 Isocr. *Panegyr.* 50，141，157.

9 Plato Comicus, Frag. 184 (Kock)；Aeneas Tact. xxxi. 35；Theopomp. , Frag. 103：9 ff. (J)；Nepos *Chabr.* 3. 1；Diod. xv. 8 ff；29. 3；Trogus ix - x；Polyaen. vii. 14. 1；Plut. *De superstit.* 168E.

10 Diod. xv. 3；8. 4；10 - 11；18. 1 - 2；19. 1；Nepos *Datam.* 1. 2；2. 1；Trog. x；Plut. *Artox.* 24 - 25；*Reg. imp. Apophtheg.* 174A；Aristid. xvi. 257.

11 Theopomp. , Frag. 179 (J)；Diod. xv. 91. 2；Nepos *Datam.* 1 ff. ；Athen. iv. 144F；x. . 415D；Aelian. *Var. hist.* i. 27.

12 Demotic Chronicle, IV, 4 - 5, 10 ff. ；K. Sethe in *Urkunden des aegyptischen Altertums*, ed. G. Steindorff, II (1904)，26；Theopomp. , Frag. 103. 10 (J).

13 在位共 19 年(Demotic Chronicle, IV, 14)，但在前一行是 16 年；曼内托认为是 18 年。

14 G. Maspero, in E. Grebaut, *Le Musee egyptien*, L (1900)，44 ff. ；A. Erman and E. Wilcken, *AZ*, XXXVIII (1900)，127 ff. ；K. Sethe, *AZ*, XXXIX (1901)，121 ff. ；G. Posener, *AS*, XXXIV (1934)，141 ff. ；米特拉西纳与此类似，见 B. Gunn, *AS*, XXVII (1927)，222 ff.。

15 W. Spiegelberg, *AZ*, LXIV (1929)，88 ff.

16 W. M. F. Petrie 列出了一个令人印象深刻的名单，见 *History of Egypt* (3d ed. , 1925)，III, 378 ff. ；还可以加上 Legrain 的名单，见 *AS*, VI (1905)，122 - 123；R. Weill, *AS*, XI (1911)，110 ff. ；G. Daressy, *AS*, XIX (1919)，136 ff. ；H. Gauthier, *AS*, XXIII (1923, 171 ff. ；J. Capatrt, *AS*, XXXVII (1937)，6。

17 W. Spiegelberg, *AZ*, LXV (1930)，102 ff.

18 F. W. von Bissing, *Denkmaler*, Pl. 74.

19 参见 Margaret Murray, *Ancient Egypt*, VIII (1928)，105 ff. ；H. Schafer, *Von aegyptische Kunst* (2d ed. , 1922)。

20 Dittenberger, *Sylloge inscriptonum Graecarum* (3d ed. , 1915)，No. 142.

21 *IG*, Vol. II, No. 17(43)；Dittenberger, *Syl.* ³, No. 47；Diod. xv. 28. 3；F. H. Marshall, *The Second Athenian Confederacy* (1905).

22 Memnon xx. 1 - 2; Isocr. *Panegyr.* 161 - 162.

23 *TAM*, Vol. I, No. 29; Babelon, *op. cit.*, pp. 285 ff., 329 ff.; Theopomp., Frag. 103. 17 (J).

24 *TAM*, Vol. I, Nos. 11, 48 - 49, 103 - 104, 67, 83, 132 ff.; *CIG*, Vol. III, No. 4198; Polyaen. v. 42.

25 Isocr. *Plat.* 5, 10, 14, 17; *De permut.* 110; 参见 Xen. *Hell.* vi. 2. 1; Philochor., in Didym. *Halon.* 64; Ephor., Frag. 211 (J); Diod. xv. 38. 1 - 2; Nepos *Timoth.* 2; Plut. *Artox.* 22。

26 Isocr. *Evagoras* 71; *Nicocles* 31, 34; Theopomp., Frag. 103. 12 (J); Aristot. *Polit.* v. 8. 10; Diod. xv. 47. 7 - 8; Plut. *Vit. Isocr.* 838A; Aelian. *Var. hist.* vii. 2; Babelon, *op. cti.*, pp. 711 ff.

27 Babelon, *op. cit.*, pp. 390 ff.

28 Isaeus *Nicostrat.* 7; Polyb. xxxviii. 6. 2; Diod. xv. 29. 1 ff.; 38. 1; 41 ff.; Trog. x; Nepos *Iphicrat.* 2. 4; Plut. *Artox.* 24. 1; Polyaen. iii. 9, 25, 38, 56, 59, 63.

29 E. Naville, *The Shrine of Saft el Henneb and the Land of Goshen* (1887), pp. 6 ff.

30 [Demosthen.] *Timoth.* 25 ff., 60; Diod. xv. 47. 3; Nepos *Timoth.* 4. 2 ff.; *Chabr.* 12. 3 - 4; Athen. xii. 532B; 参见 Xen. *Hell.* vi. 2. 13。

31 Xen. *Hell.* vi. 3. 12 ff.; 4. 31; 5. 2 - 3; 参见 1. 12; Isocr. *Philip.* 119 - 120; Demosthen. *Philip.* iii. 16; Dionys. Halicarnas. *De Lys.* 12; Plut. *Ages.* 28。

32 Babelon, *op. cit.*, pp. 405 ff.; Nepos *Datam.* 3. 5; 4 ff.; Polyaen. vii. 21. 2, 5.

33 *IG*, Vol. II, No. 52 (103) Dittenberger, *Syl.* [3], No. 163; Xen. *Hell.* vii. 1. 27, 33; Demosthen. *Aristocrat.* 141, 202; Diod. xv. 70. 2; Nepos *Epaminond.* 4; Plut. *Reg. imp. apophtheg.* 193C; Theodorus, in Athen. x. 413A ff. (*FHG*, IV, 513).

34 Xen *Hell.* vii. I. 33 ff.; Isocr. *Archidam.* 27; Demosthen. *De fals. leg.* 31, 137, 191; Diod. xv. 81. 3; Nepos *Pelopid.* 4; Plut. *Pelopid.* 30; *Artox.* 22. 3 - 4; Athen. ii. 48D - E, 251B.

35 Xen. *Hell.* vii. 1. 38 ff.; 4. 2 ff.; Diod. xv. 76. 3; *IG*, Vol. IV, No. 556.

36 *IG*, Vol. II, No. 86; *CIS*, Vol. II, No. 114; Theopomp., Frag. 114 (J); Aelian. *Var. hist.* vii. 2; Athen. xii. 513A; Babelon, *op. cit.*, pp. 547 ff., 595 ff.

37 Aeneas *Tact.* xl. 4 - 5; [Aristot.] *Oeconom.* ii. 2. 24; Diod. xv. 91. 2 -

3; xxxi. 19. 2; Trog. x, Nepos *Datam.* 4 ff. ; Front. *Strat.* i. 4. 5; ii.
7. 9; Polyaen. vii. 21. 1 - 2, 4 ff. ; 27. 1; 28. 2; Babelon, *op. cit.* ,
p. 415.

38　Xen. *Ages.* ii. 26 - 27; Demosthen. *Rhod.* 9; Diod. xv. 90. 3; Nepos
Ages. 6; Trog. x; Polyaen. ii. 1. 16, 26; vii. 21. 6; 26.

39　Dittenberger, *Syl.* [3] , Nos. 167 ff. ; Isocr. *De permut.* 108, 111 - 112;
Demosthen. *Rhod.* ; 9; *Aristocrat.* 154, 157; Hermippus [Demosthen.]
Halon. 29; Demosthen. *De fals. leg.* 137, 253; Aeschin. i. 53;
[Aristot.] *Oeconom.* ii. 2. 23; Diod. xv. 90. 3; Nepos *Timoth.* 1. 2 - 3;
Ages. 7. 2; Trog. x; polyaen. iii. 10. 5, 9 - 10.

40　Isocr. *Epist.* vii. 12; Theopomp. , Frags. 28, 181 (J); Polyb. xxxviii.
6. 2; Diod. xv. 81. 4 - 5; Memnon i; xx. 1; Plut. *Alex. fort.* 338B;
Polyaen. ii. 30.

41　W. Dittenberger, *Orientis Graeci inscriptiones selectae* (1905), No. 264;
Hermippus [Demosthen.] *Halon.* 31; [Aristot.] *Oeconom.* ii. 2. 13 - 14;
Diod. xv. 90. 3; 91. 1; Trog. x; Polyaen. vii. 14. 2 - 3.

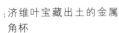
济维叶宝藏出土的金属
角杯

波斯国王善于豪饮,因此
酒器制作工艺特别精
湛。这个乌浒河宝藏出
土银制镶金角杯,其下
部为鹰首羊角有翼狮腿
瑞兽,局部镶金

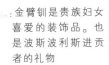
金臂钏是贵族妇女
喜爱的装饰品。也
是波斯波利斯进贡
者的礼物

这是一个古波斯时
期黄金制成的角
杯。对照《圣经·以
斯帖记》,可以想象
阿契美尼德王室日
常生活是如何的奢
华

左:阿契美尼德时期的金碗,在波斯波利斯进贡者的手中,有类
　　似的礼物。该文物出自俄国西伯利亚古代西徐亚人居住的
　　地区

右:阿契美尼德时期的吕底亚银瓶,反映出吕底亚王国富裕的
　　传说有一定依据

第廿九章　短暂的复苏

埃及威胁的消除

波斯似乎就要瓦解为几个组成部分。帝国能够享有一个短暂的统一时期，并不是这位衰老波斯君主的功劳，而是整个一系列十分意外的事件的结果。

首先是奈赫特内贝夫（公元前 360 年）的去世，他被安葬在孟斐斯的一个绿色角砾岩石棺里。这是该王朝最精湛的艺术品之一。[1]他死后，其子杰多尔（公元前 361—前 359，希腊人称其为塔科斯或塔奥斯）登上了王位。他早已与雅典人、斯巴达人双方保持着友好关系，这是形势转变的一个重要因素。[2]

与此同时，公元前 362 年夏，亲波斯的底比斯在曼丁尼亚（Mantineia）给斯巴达以毁灭性打击。国王派遣的新使节安排了另一项全面和约。[3]斯巴达接受了通常的、反对者的地位。但令人厌恶的雅典，却因为国王承认其对安菲波利斯的主权而被收买了。[4]阿格西劳斯迫不及待要对波斯人发动又一次攻击。公元前 360 年底，他出现在三角洲，并公开宣布他已经准备好了援助他的朋友塔科斯。

查布里亚斯担任雅典将军一年的任期已经结束。不幸的是，结果他又被召回到他从前活动的地区。雅典没有因为新的、有利的"国王的和约"而完全和解，禁止他离开雅典。因此，查布里亚斯才能够招募 1 万多名雇佣军。塔科斯聚集了一支本国的庞大军队和一支拥有 120 艘三列桨战船的常规海军。那些不忠总督的代表、里奥米特雷斯（Reomithres）又增加了 50 多艘船只，还有 500 塔兰特礼物。[5]

公元前 359 年春，一支强大的军队集结起来了。但是，这支军队的弱点也不容忽视。在赛斯王朝时期，从本地人和雇佣军第一次接触开始，双方之间一直就不和。当时的喜剧作家反映了希腊人是如何轻视埃及人的。例如，欧布洛斯（Eubulus）让其主角对门德斯人的宙斯发誓——他喝醉了！小克拉提诺斯（Cratinus）嘲笑埃及人索查雷斯（Sochares）和帕米雷斯（Paamyles）。蒂莫克莱斯在他的《埃及人》剧本中轻蔑地问道："一只鹃或一条狗能有什么帮助？如果那些违抗他们的人不立即受到惩罚，他就可能被祭坛的一只猫伤害吗？"安那克桑德里德（Anaxandrides）告诉本地人："当你们的盟友，对我来说真是受不了；我们的风俗习惯截然不同。你们崇拜牛，我把它献祭给神。对你们来讲，鳗鲡是强大的神；对我们来讲，它是非常可口的食物；你们不吃猪肉，我却喜爱吃；你们崇拜母狗，当它吃我最喜爱的食物的时候，我就会打它；我们的祭司身体健全，你们却阉割他；如果你们看到一只猫受到折磨，你们会忧伤，而我可能很喜欢杀猫和剥猫皮；对你们来讲，田鼠是强壮的，但对我来讲却不是！"如此公开地歧视本地宗教，不能不激起仇恨。[6]

更糟糕的是，所有希腊雇佣军都要求以钱币支付军饷。自从赛斯王朝诸王雇佣希腊和卡里亚雇佣军以来，埃及在货币经济上进步很小。因为自那时起，由于波斯行政机构不断使贵重金属流出，抑制了这股潮流本来的任何动力。

聪明但肆无忌惮的查布里亚斯制定了一个新计划。根据他的建议，塔科斯告诉祭司们，他们中的大多数人必须被解聘，因为军费开支将强迫某些神庙关闭。自然，为了保持神庙开放，每个神庙都给他贿赂。塔科斯在从每个神庙搜刮到大量金钱之后，发布了新的命令：作为恩典，每个神庙获准保留岁入的 1/10，其余的 9/10 作为强迫贷款。政府允诺，保证在战争结束时偿还。在以前的税收之上，塔科斯又增加了房屋税、人头税、每阿塔巴谷物买卖双方都要缴纳1奥波尔税收。其父赐予赛斯的奈特女神对海上进口货物、制造业和一般工业征收什一税的权利，都转归国王所有。

419　　私人拥有的所有金银都被征用。贵金属用来制造钱币以支付雇佣军的军饷。有一枚以希腊字母刻着塔奥（Tao）的名字、戴头盔的雅典娜与其猫头鹰图案的大里克保存至今。那些不假思索就交出了自己的钱财被"推荐"去见君主的人，还以为君主们会用当地税收补偿他们。查布里亚斯另一个高超的诡计就是为120艘船征募水手。但只有60艘船需要水手。其余60艘船的水手受命为第一批被招募者提供2个月的给养。如果他们不这样做，他们就不能免除现役。甚至在马其顿人征服前，本地人已经预感到，国家财政由一群聪明而年轻的希腊人来管理，将意味着什么。[7]

塔科斯公开宣布他已被塞本尼图斯（Sebennytus）的奥努里斯（Onuris）立为国王。但是，埃及很少享受到征集金钱的乐趣，即使是神的建筑物也一样。其父为凯尔奈克的孔苏（Khonsu）神庙增添了几个景点。而塔科斯声称他为神庙进行的装饰则有：建筑施工、雕塑，在吉萨（Gizah）、门扎拉湖（Lake Menzalah）、阿斯里比斯（Athribis）和迈泰里耶（Matariya）的浮雕。[8]但是，这只是对"改革"进行的微小补偿。这些改革使祭司、商人和平民同样疏远了。如果这还不够的话，在领导者之间也出现了许多分歧。埃及人鄙视头脑简单的阿格西劳斯，他作为一位老人和斯巴达人，要求指挥整个军队，甚至坚持要求国王应留在埃及。塔科斯则另有打算。他宣布自己将亲自远征亚细亚。阿格西劳斯将指挥雇佣军，查布里亚斯指挥舰队。但当地军队则由国王之侄奈赫特哈尔希比（Nekht-har-hebi）指挥。人们用了许多礼物才平息了这位斯巴达人的怒火。[9]

一个与造反总督合作的详细计划被制定出来了。塔科斯渡过地峡，并且夺得除巴勒斯坦和腓尼基少数要塞之外的所有要塞。然后，他准备与叙利亚的阿罗安达斯联合，共同进攻美索不达米亚。达塔梅斯率领一支先锋部队，渡过了幼发拉底河。情况如此
420　紧急，以至于老迈的阿尔塔薛西斯不得不亲自负责防卫。国王的

小儿子奥科斯试图守住腓尼基。但根本不能对抗希腊雇佣军的进攻。这个帝国看来注定要灭亡了。

多亏塔科斯的兄弟、一个不知名的埃及人挽救了波斯。他留在埃及当摄政，利用人们对税收"改革"的普遍仇恨，宣布其子奈赫特哈尔希比为王。奈赫特哈尔希比（公元前 359—前 340）在其父鼓动之下，在叙利亚宣布起义。令人厌恶的改革始作俑者查布里亚斯难以指望得到宽恕，逃往雅典去了。公元前 357 年，他被选为将军。由于支持外国的"金融家"，塔科斯同样受到牵连，他在西顿向奥科斯投降。在仅仅统治了一年之后，他由阿拉比亚被押到苏萨，受到了阿尔塔薛西斯的热情接待。在对手查布里亚斯失败之后，阿格西劳斯很高兴，他将其日后的忠诚问题交给了本国五长官讨论。在得到全部权力之后，他公开宣布支持叛乱。[10]

叛乱在新营房爆发，那里有了叛乱的榜样，坚决反对希腊人及其压迫统治的封建首领，拒绝服从奈赫特哈尔希比，选择了一位门德斯的王子做他们的国王。奈赫特哈尔希比必须离开他在亚细亚征服的土地和结盟的总督，返回埃及。他很快就被正规的封锁工事包围在塔尼斯（Tanis）。但是，阿格西劳斯以夜袭击退了围攻者，叛乱瓦解了。他的任务也完成了。这个斯巴达人启程回国了。公元前 358 年初，他死在归国途中。阿尔塔薛西斯派塔科斯回去做附属国王，但他也在途中死于痢疾。[11]

总督起义的瓦解

多亏这两次致命的起义，阿尔塔薛西斯才能毫无恐惧进攻达塔梅斯。由于国王庞大的军队前进缓慢、供应的重重困难，才使得叛乱者使用把战车连在一起减弱水流的办法，重新渡过了幼发拉底河。阿罗安达斯被埃及的盟友抛弃之后，用出卖其他同伙叛乱者的办法，获得了和解。他得到的奖赏是保留自己的行省，再加上对爱琴海岸的全面监督权。虽然自己的妻儿留在埃及作为人质，里奥米特雷斯（Reomithres）仍然带着塔科斯给他的船和金钱，启航前

421

往赫尔姆斯的莱夫卡，他俘获了许多叛乱者，并把他们送往国王之处。帝国的危险突然消失了，就如同它突然的出现一样。[12]

奥托弗拉达特斯释放了俘虏阿尔塔巴祖斯，并且与他取得了和解。门托（Mentor）和门农所招募的雇佣军已落入冒险家卡里德莫斯（Charidemus）的手中，他与他们一起占领了赛普西斯和塞布伦，并与重新恢复官职的阿罗安达斯发生战斗。一名被收买的奴隶领着30名雇佣军乔装俘虏混入伊利乌姆。另一位冒险家、正在为伟大的王作战的伊姆布罗斯（Imbrus）人雅典诺多罗斯（Athenodorus）知道了这个阴谋。他趁混乱向前推进，但他的士兵并不知道口令，因此被察觉和驱逐。雅典诺多罗斯在阿塔尼乌斯被著名的雅典人福基翁击败。但是，当他强迫雇佣军发誓要么征服要么战死时，他赢得了第二场战争。

阿尔塔巴祖斯前去讨伐卡里德姆斯。后者正在玩弄手腕向那些"受保护的"城市索要士兵的军饷。在第一次"捐献"之后，这些城市宣称他们已经没钱了。卡里德姆斯采用了一个非常有效的阴谋诡计。由于他正在用卫兵保护自己的财产转移。他欺骗说，如果他们希望把他们的金钱和贵重物品转移到一个更安全的地方，他愿意提供同样的保护。一旦被护送的东西到了外面，他就拿走他需要的东西，归还剩下的东西。另一个更高明的诡计是宣布市民如果拥有武器必须罚款。当市民们认定他并不打算强制执行这个规定的时候，他突然挨家挨户搜查，得到了一大笔钱。他最后被阿尔塔巴祖斯包围，但当后者的女婿为他求情时，他被默许在年终以前的休战期间逃跑。[13]

其他地方出现了相似的暴君。腓力斯库斯（Philiscus）得到阿里奥巴尔赞军队的援助，占领了兰普萨库斯和其他的希腊城市，阉割自由民少年，虐待妇女。但是，他很快就被谋杀了。其继承者阿斯提亚纳克斯（Astyanax）因为忽略了阅读一封揭露阴谋的信，也被杀死了。皮托（Pytho）得到盟友的帮助，用装满酒坛的运货车堵住城门，占领了其故乡克拉佐曼纳城。阿拜多斯富人和穷人之间的斗争，使伊菲亚德斯成为僭主。当装满柴的车使城门着

422

火，使市民们分散之后，帕里翁（Parium）也加入了僭主政治。银行家欧布洛斯使自己成为阿塔尼乌斯和阿索斯的僭主，成功地抵抗了奥托弗拉达特斯对阿塔尼乌斯的围攻。[14] 阿里奥巴尔赞被自己的亲生儿子阿尔塔巴祖斯出卖，钉死在十字架上。阿尔塔巴祖斯获得帕夫拉戈尼亚之后，又侵略卡帕多西亚。有一次，达塔梅斯在阿斯彭杜斯遭到他的一名士兵背信弃义的进攻，他命令下属穿着他的外衣，无情地让这个人去送死，自己才得以逃脱。他在经历了许多类似的阴谋之后，最终在一次号召总督继续造反的会上为密特里达特斯所杀。其子西西纳斯（Sysinas）获得其父的行省。他以阿拉米语名字阿卜杜·苏辛在锡诺普制造钱币，钱币的款式为其父的仙女和鹰图案。在波斯波利斯，曾经发现了几枚这样的钱币。[15]

阿尔塔薛西斯的建筑

尽管发生了多次起义，阿尔塔薛西斯还是活到了其漫长的、比较成功的统治的终点。他将大量财富用于建筑活动。他在位早期，修复了大流士一世在苏萨的宫殿。该宫殿毁于阿尔塔薛西斯一世最后岁月的大火之中。甚至到现在，人们还能识别出其修复活动。在阿帕丹，它们可以从精致的、灰色石灰岩圆柱的柱基三语铭文之中看出。巨大的公牛柱头体现了当时雕刻的理念。其他的铭文充满语法错误，暴露了文学风格的衰退。在整个宫殿区域，到处都可以见到这样的铭文。

要确定正对着阿帕丹西南宫殿的年代，我们必须依赖砖头。与大流士一世华丽的、彩色釉砖形成最鲜明对比的是，阿尔塔薛西斯二世的彩色釉砖的釉色更柔和、颜色也不那么美。现在它的外观不但华丽，而且釉面鲜明的颜色，与生砖和烧制精美的熟砖柔和的玫瑰色或灰色基调的对比很吸引人。

最能体现这种艺术的，是西边正式的小觐见室。环绕着觐见室的墙（和西门），是古典柱式的顶部。其上有一条狮子饰带，在泥砖

423

墙上方大约 80 英尺,下面的墙也是泥砖砌成的。许多破碎的狮子像已经被修复。它们再次张开着大口,粗短的尖尾巴扬在空中,大步地行走。所有的砖都是同一模型,但通过颜色变化来体现多样性。巨大的、未完成的主体部分可能是绿色或蓝色的,鬃毛是棕色或绿色的,但是,躯体绝大部分是白色的。装饰是淡绿色、暗棕色、浅黄色或白色,所有的都置于深翠蓝色的背景之中。在门口,顶部一行开放的雉堞作为饰带。在饰带下面,是一条圆花饰边,两边为三角形,连接着荷花的蓓蕾,还有凸出的框架。

阿尔塔薛西斯还修复了要塞,包括围墙东南面坚固的棱堡,还有铺石的道路和高墙之内的整个道路系统,以便环行。"阿尔塔薛西斯王说:靠阿胡拉马兹达之佑,这是我所建的宫殿(hadish),它是我毕生静居的好地方。愿阿胡拉马兹达、阿娜希塔和密特拉保护我和我的宫殿免遭任何危害。"把一位女神和一位男神加在大流士认为独一无二的神一起,暗示着在宗教方面有了重要的变化。这座宫殿就是《以斯帖记》的犹太作者所描绘的宫殿。这也是伟大的王的宫殿。在那里,阿尔塔薛西斯曾经口述了国王与希腊人的和约。[16]

得到这组三位一体神的帮助,阿尔塔薛西斯在埃克巴坦那建造一座新的阿帕丹和许多雕刻。[17] 在他一生大部分时间里,他似乎并没有在波斯波利斯建筑什么。但是,正是在他去世之前,他开始了一个创新。他的四位伟大前辈,已经在纳克西鲁斯泰姆为他们自己的陵墓挑选了最好的位置。很明显,他的陵墓开凿在波斯波利斯平台东南的山崖上。陵墓正面通常有的十字架,下面部分被省略了。柱顶上的梁有一列狮子,其处理方法艺术性之强,真正有非常强烈的吸引力。薛西斯、阿尔塔薛西斯一世和大流士二世在纳克西鲁斯泰姆的陵墓没有铭文。阿尔塔薛西斯二世回到了大流士一世的做法,只是不真实地复制了被统治民族的名字,还有他们抬着那位强有力的前辈宝座的雕像。[18]

424

阿尔塔薛西斯三世登基

阿尔塔薛西斯二世有 360 位王妃，民用年每天一位，共给他生了 115 个儿子。然而，只有 3 个儿子——大流士、阿里亚拉特斯（Ariarathes）或阿里亚斯佩斯（Ariaspes）和奥科斯——是王后斯塔泰拉所生。根据古老的习惯，当他父亲前往卡杜西亚进行战争的时候，长子大流士成了摄政王。阿尔塔薛西斯回来之后，活的时间太长。蒂里巴佐斯说服大流士参与有国王的 50 个儿子参加的阴谋活动。这个阴谋被一名宦官出卖了，大流士在王宫内的寝室被捕。在国王不在的情况下，王室法官审讯了大流士，并且作出书面判决。他被处以死刑。阿里亚斯佩斯很善良，受到大家的爱戴。通过宦官和宠臣的工作。奥科斯使阿里亚斯佩斯相信其父王正生他的气。阿里亚斯佩斯便服毒自杀了。阿萨美斯，一个以智慧而闻名的私生子，现在正得到父亲宠爱。在奥科斯的煽动下，他被蒂里巴佐斯之子阿尔塔帕特斯（Artapates）所杀，年迈的阿尔塔薛西斯悲伤而死（公元前 358 年）。[19]

奥科斯早已显示出其残忍的个性。作为阿尔塔薛西斯三世，他被认为是阿契美尼德王朝君主之中最残忍的君主。其钱币上的肖像是短而直的鼻子、短发、长而尖的胡子。其阴郁的表情，的确与其残忍的名声不相符合。[20] 他一即位，立刻就将其所有的亲属、不分男女老幼都杀光了。

他的第一个正式行动，似乎是再次努力镇压仍在叛乱的卡杜西亚人，这个努力成功了。从今往后，在阿契美尼德王朝的军队里，可以发现大批卡杜西亚军队的人。[21] 不久以后，他命令小亚细亚的总督解散雇佣军。阿尔塔巴祖斯因此起义，奥科斯命令在弗里吉亚集合一支 2 万人的军队。叛乱者向雅典求助，雅典政府经过认真考虑，使用自己的雇佣军来满足所请求的援助。公元前 380 年，伊索克拉底曾经鼓吹在雅典的领导下，远征野蛮的波斯人。[22] 但是自从那一年之后，他的热情已冷却。现在，他警觉地注意到蛮族变得不友善了。"至于国王为什么反对我们，他在来信中已经说得非常清楚了。"[23]

一位希腊化的东方统治者：
卡里亚的摩索拉斯

卡里亚的摩索拉斯已经得到宽恕，因为他的所作所为还算不上背叛行为。在总督大起义失败之后，他迅速开始把自己的行省扩张成事实上的独立王国。哈利卡纳苏斯、爱阿苏斯和尼多斯早已归他所有。然而，摩索拉斯还企图占领控制着哈利卡纳苏斯港入口的科斯岛。但是，他失败了。尽管埃基图斯（Aegyptus）极力使它背叛，米利都仍然保持着自由。以弗所成功地打退了敌人。但是，这种抵抗可能被人利用了。以弗所人希罗菲特斯（Herophytes）伪装将要进攻，摩索拉斯招募拉特姆斯的（Latmus）300 名赫拉克利亚市民到皮基拉（Pygela）充当警卫。当居民倾巢而出欢迎他到来的时候，他趁机占领了这座空城。吕底亚大部分地区落入了他的手中。在总督起义之后，居住在吕西亚的佩内克莱斯就销声匿迹了，摩索拉斯占领了他的地方。[24]

与此同时，德莫斯特内斯抗议雅典虐待盟国："任何人都可以购买三列桨战船司令官职位，也可以启航去抢劫，劫掠所有的人。他为自己捞好处。但你们市民却要付出代价。你们是唯一的，如果没有传令官的权标，就不能到任何地方去的民族。因为这些人扣押着人质，并且煽动报复。如果一个人敢于直面这种形势，他就会发现这些三列桨战船启航，并不是为了你们的利益，而是危害了你们的利益。"[25]

他的警告并没引起重视。公元前 356 年秋，盟国造反了。摩索拉斯利用社会战争的机会，使罗德岛、希俄斯、科斯岛、埃利色雷和拜占庭分离出去，成立了以他为首的新同盟。希俄斯的钱币把摩索拉斯描绘成赫拉克勒斯，这标志着其神化过程的开始。[26]

摩索拉斯不只为将来树立了一个先例，他还是彻底希腊化的东方统治者最典型的范例。他娶了妹妹阿尔特米西亚为妻，[27] 这是托勒密王室兄妹为婚的先河。他所有的官方铭文都是用希腊语写的。甚至用吕西亚语写的铭文,他也要把希腊语加在本国语言一起。其钱币图案和铭文同样也是希腊式的。他摆出希腊文化庇护人的样子。例如,著名的希腊演说家埃斯奇尼斯(Aeschines)和著名的数学家、天文学家欧多克索斯(Eudoxus)都曾经在其宫廷短暂作客。喜剧作家泰奥彭波斯描述过他的行为。作为其希腊化观点的有力证据,其钱币图案把拉布拉翁达(Labraunda)古老的宙斯像从正面最显眼的位置移走,放到了反面以讨好阿波罗。[28]

　　希腊化时代最突出的特征就是许多小城镇联合成一个大城市。摩索拉斯将他的首都从米拉萨迁到 12 小时路程距离的哈利卡纳苏斯,在佩达斯的 8 座城市之中,只有米拉萨和门杜斯(Myndus)保持了自己独立的身份。佩达斯本身是许多神祇居住的著名地方,泰勒梅苏斯、埃乌拉利翁(Euralion)、梅丹萨(Medamsa)、锡布德(Sibde)和西安吉拉(西安杰拉、Theangela-Syangela)的人口被减少,以充实已经扩大的首都人口(公元前 362 年)。

　　哈利卡纳苏斯天生防备坚固,并拥有一个优良的港口和一个极好的市场。从海面上看过去,城市就像一个大剧院倚在平台上,它的舞台就是港口,港口之后是市场。在曲线的中央是一条宽阔的街道。阿尔特米西亚在其夫去世之后,在城市中心建立了著名的摩索拉斯陵墓。城市的最高点是阿瑞斯神庙和一个巨大的、大理石赫耳墨斯头像的方形石柱。一般认为它是莱奥卡雷斯(Leochares)所作,但也有人认为是蒂莫特乌斯所作。往右走是阿弗洛狄忒和赫耳墨斯神庙,靠近本区的萨尔马西斯(Salmacis)泉,据说它曾经使阿弗洛狄忒生病。往左走是根据总督自己的设计而建造的宫殿,由烧砖和拉毛粉饰建成,在后代看来有玻璃的半透明感,贴面是普罗科尼西亚的(Proconnesus)大理石。只有从宫殿才能看见高高的悬崖之下有一个秘密的港口。[29]

　　所有这些建筑都需要花费金钱。摩索拉斯经常陷入财政困难,他以自己那个时期的方式解决了这些困难。他的省长孔达卢斯(Condalus)到全国旅行,当他收到羊、猪、牛的礼物时,他会注明赠予人的名字和日期,然后把这些动物送还,要求他们为他保管到他

427

回来。后来,他会要回这些动物,还要征收产品税!倒在御道上的树木,或树木伸到路上,都要被当作木材出卖。当一名雇佣兵去世的时候,摩索拉斯要索取 1 个银币费用,才允许尸体出城。顺便提一句,这也是一种非常好的控制手段,以防长官冒领已经去世的士兵的军饷。吕西亚人留长发,摩索拉斯发布命令,好像是国王需要头发制作假流苏,因此需要强征人头税,以便向希腊人购买头发![30]

希腊和叛乱者
阿尔塔巴祖斯的联盟

根据摩索拉斯与其盟友所要的诡计,雅典人自然认为他是奥科斯的代理人。当他们以武力夺回这些岛屿的企图失败之后,不得不开始和平谈判。伊索克拉底只能建议接受他本人在公元前 380 年断然谴责的"国王的和约"条款。[31]但政府并不这么认为,其领导人利用对波斯日益增长的不满情绪,建议接受叛乱者阿尔塔巴祖斯为援助雅典而提供的慷慨军饷。一时谣言四起,阿尔塔薛西斯将成为第二个薛西斯,他正在策划使希腊人再次奴役他们的希腊同胞。谣言制造者甚至知道,运输收买希腊雇佣军黄金的 1.2 万峰骆驼已经在路上。不过,正如在薛西斯时代一样,蛮族将再次被轻而易举地击败。但是在这一次,波斯将被永远毁灭。

公元前 354 年,德莫斯特内斯在公民大会以其首次演说回应了这个提议。某些演说家曾经鼓吹征战蛮族,德莫斯特内斯非常乐意承认,"国王是希腊人的共同敌人",但雅典不能单独发动反对国王的战争。特别是当某些希腊人还在和他交朋友的时候。如果他们确信国王实际上并不友好——德莫斯特内斯暗示他怀疑摩索拉斯是不是真的是奥科斯的代理人——其他国家也可以加入。但是,如果雅典在这件事情明确之前,就开始发动反对国王的战争。国王将会收买他们,他们将会接受贿赂,反对国王的战争将会变得非常困难。因为,尽管雅典有更好的士兵,但国王有更多的金钱。许多希腊人会与埃及人或阿罗安达斯作战。但是,他们不会与希腊

428

同胞作战。雅典也不能为国王提供机会，让他以希腊人的保护者自居。[32]

亲波斯的感情并不要求体现在争论的常识之中。这次演讲仍然失败了，雅典与叛乱者结盟了。年底，卡雷斯（Chares）被派去支持叛乱者。弗里吉亚遭到侵略，赢得了对国王军队的一次巨大胜利。忠诚的总督们和小提思劳斯特斯的土地遭到蹂躏。卡雷斯写信回国说，这场战争是第二次马拉松战役。

然而，阿罗安达斯在与王家军队的第一场战争中就失败了。他撤退到特穆卢斯山，在那里建立一个坚固的营地。晚上，他带着挑选的骑兵出击，破坏萨迪斯路上敌军的供应。同时，他预先通知被包围的人，他如何安排分散的军队，使两支军队同时进攻包围者，彻底击败了他们。在库迈，他以1万希腊人击退了奥托弗拉达特斯领导的1万名骑兵。接着，他又进攻了以弗所。他用希腊武器武装当地人，通过翻译给希腊将领发布命令，吓走了到这时对希腊雇佣军还相当崇拜的奥托弗拉达特斯。[33]

奥科斯命令一支300艘船的舰队集合，以对付对手雅典。他还公开以战争相威胁，命令雅典人召回卡雷斯。德莫斯特内斯的主张是正确的。卡雷斯被禁止再为叛乱的总督作战。在离开前，他撮合阿尔塔巴祖斯和提思劳斯特斯缔结了和约，然后撤到海岸边。他的奖赏是西盖翁（Sigeium）和兰普萨库斯献给雅典的礼物。雅典不得不与以前的盟国签约，承认失去了自己以前海上帝国最后的残余部分（公元前353年）。由于雅典已经被迫改变立场，德莫斯特内斯正享受在法庭打赢私人官司的愉悦。派去见摩索拉斯的使节安德罗蒂翁（Androtion）和两名随从，俘获了一艘诺克拉提斯的埃及船只，这艘船只被雅典法庭作为正常的战利品没收了。因为埃及正在起义反对伟大的王，而雅典现在是波斯的朋友。[34]

公元前355年的惨败之后，底比斯接替雅典，成了阿尔塔巴祖斯的盟友，派出了最好的将军帕姆美尼斯（Pammenes）和5000名士兵去帮助他。国王的总督在两次大战中连遭失败。在第一次战争中，他看到波斯右翼兵力最强，因此在对面部署了相对弱的兵力，

429

这些人受命一遭到攻击便撤退到崎岖的森林地带。然后,帕姆美尼斯用自己最优秀的骑兵和步兵包围了敌人的右翼,打败了整支部队(公元前 354 年)。然而,阿尔塔巴祖斯怀疑这位底比斯人与忠于国王的人秘密签订了条约,因为他的同胞一直是亲波斯的。帕姆美尼斯被控用礼物和谷物收买士兵的人心,在将指挥权交给总督的兄弟俄克喜特拉斯(Oxythras)之后,他回国了(公元前 353年)。

阿罗安达斯造反成功了。但是,失去底比斯人支持的阿尔塔巴祖斯是如此软弱。不久,他就不得不寻求马其顿腓力(公元前 355—前 336)的庇护。腓力这位刚刚崛起的、众望所归的远征波斯的领袖,身边还有许多逃亡者——如埃及总督的代理人西森尼斯(Sissenes),埃及人米纳皮斯(Minapis)。公元前 353 年,摩索拉斯去世,由其妹和妻子阿尔特米西亚继任卡里亚统治者。但是,他的兄弟伊德里乌斯(Idrieus)已经成为总督。第二年,本都赫拉克利亚的克利尔科斯被谋杀。由于其子蒂莫特乌斯尚未成年,其叔萨提鲁斯(Satyrus)担任了 7 年(公元前 332—前 345)的摄政。[35] 由于这些类似的变故,进攻埃及的战场终于被打扫干净了。

原注

1 G. Daressy, *Receuil de travaux*, X (1888), 142; *Annales du Service*, IV (1903), 105 ff.

2 Plut. *Ages.* 37.

3 在 Diod. xv. 90.3 之中的资料,确定塔科斯签订和约是在公元前 360 年; 参见 J. A. O. Larsen, *Classical Philology*, XXXIV (1939), 377。

4 Demosthen. *De fals. leg.* 137, 253; Hegesippus [Demosthen.] *Halon* 29.

5 Xen. *Ages.* ii. 28 – 29; *Cyrop.* viii. 8. 4; Theopomp., Frags. 106 ff., 263 (J); Diod. xv. 91. 1; 92. 2; Nepos *Ages.* 8; *Chabr.* 2. 1. 3; Plut. *Ages.* 36. 3; 37; Paus. iii. 10. 2; Athen. ix. 384A; xv. 676D; xiv. 616D - E.

6 Eubulus, Frag. 126 (Kock); Cratinus, Frag. 2 (Kock); Timocles, Frag. 1 (Kock); Alexandrides, Frag. 39 (Kock).

7 〔Aristot.〕*Oeconom.* ii. 2. 25, 37；Polyaen. iii. 11. 5；参见 W. Schur, *Klio*，XX（1926），281 ff.

8 U. Bouriant，*RT*，XI（1889），153 ff. ；G. Daressy，*RT*，XVI（1894），127；*AS*，XVII（1917），42；C. C. Edgar，*AS*，VIII（1913），277；W. Spiegelberg，*AZ*，LXV（1930），102 ff.

9 Xen. *Ages.* ii. 30；Theopomp. , Frags. 106 - 107（J）；Diod. xv. 92. 2 - 3；Nepos *Ages.* 8. 2 ff. ；*Chabr.* 2. 3；Plut. *Ages.* 34 ff. ；*Apophtheg. Lac.* 214D.

10 Demotic Chronicle，IV，16；Xen. *Ages.* ii. 30；Isocr. *Philip.* 118, 160；Theopomp. , Frag. 108（J）；Diod. xv. 92. 3 ff. ；xiv. 48；Trog. x；Plut. *Ages.* 37；Lyceas of Naucratis，*Aegyptica*（*FHG*，IV，441）；Syncell. 486. 奈赫特哈尔希比在位时间官方认为起自公元前 359 年 11 月 21 日，实际日期可能稍微晚一些。

11 Demotic Chronicle IV，16 ff. ；Satrap Stele of Ptolemy I，K. Sethe in *Urkunden des aegyptischen Altertums*，ed. G. Steindorff，II（1904），17；Xen. *Ages.* ii. 30 - 31；Diod. xv. 93. 2 ff. ；Nepos. *Ages.* 8. 6 - 7；Plut. Ages. 38 f. ；*Reg. imp. apophtheg.* 191C - D；*Apophtheg. Lac.* 214 - 215；Pans. xxx. 10. 2；Polyaen. ii. 1；22. 31；iii. 11. 7；13. 14；Lyceas of Naucratis，*Aegyptica*（*FHG*，IV，441）.

12 Xen. *Ages.* ii. 30 - 31；*Cyrop.* viii. 8. 4；Theopomp. , Frag. 47（J）；Diod. xv. 91. 1；92. 1；Nepos *Datam.* 9；Polyaen. vii. 21. 3.

13 Aeneas *Tact.* xxiv, 3 ff. ；Demosthen. *Aristocrat.* 154 ff.（cf. 202）；〔Aristot.〕*Oeconom.* ii. 2. 30；Diod. xv. 91；Plut. *Sertor.* i. 3；Polyaen. iii. 14；v. 21.

14 Aeneas *Tact.* xxxvii. 5 ff. ；xxxi. 33；Demosthen. *Aristocrat.* 141 - 142；Aristot. *Polit.* ii. 4. 10；v. 5. 5. 9；Callisthen. , Frag. 4（J）；Strabo xiii. 1. 57.

15 Xen. *Cyrop.* viii. 8. 4；Demosthen. *Aristocrat.* 155；Aristot. *Polit.* v. 8. 15；Diod. xv. 91. 2. , 7；xvii. 17；Nepos *Datam.* 10 - 11；Polyaen. vii. 29. 1；Valer. Max. iv. 11. 2；E. Babelon，*Traite des monnaies*，II，Part II（1910），423 ff. ；Erich Schmidt，*The Treasury of Persepolis and Other Discoveries in the Homeland of the Achaemenians*（1939），pp. 75 - 77.

16 W. K. Loftus，*Travels and Researches in Chaldaea and Susiana*（1857），pp. 343 ff. , 352 ff. , 364 ff. , M. Dieulafoy，*L'Acropole de Suse*（1893），pp. 87, 137, 326, 429；V. Scheil，*Inscriptions des Archmenides a Suse*（"Mem. ," Vol. XXI〔1929〕），pp. 91 ff. ；*Actes juridiques susiens*（"Mem. ," Vol. XXIV〔1933〕），pp. 126 - 127；W. Brandenstein,

WZKM, XXXIX (1932),88 ff. ; R. G. Kent, *JAOS*, LI (1931),228 - 229; J. M. Unvala, in A. U. Pope (ed.), *A Survey of Persian Art*, I, 344.

17 F. H. Weissbach, *Die Keilinschriften der Achameiniden* (1911), pp. 122 ff.

18 A. W. Davis, "An Achaemenian tomb-Inscription at Persepolis," *Journal of the Royal Asiatic Society*, 1932, pp. 373 ff. ; E. Herzfeld, *Altpersische Inschriften* (1938), No. 24.

19 Diod. xv. 93. 1; Just. x. 1 - 2; Plut. *Artox.* 26 ff. ; *De frat. amor.* 480D; Aelian. *Var. hist.* ix. 42; xii. 1; Marmor Parium A, 77.

20 Babelon, *op. cit.* , pp. 55 ff.

21 Diod. xvii. 6. 1; Just. x. 3. 2 ff. ; Arr. *Anab.* iii. 8. 5; 11. 3;19. 3; Curt. iv. 12. 12;14. 3.

22 参见 p. 400。

23 Isocrat. *Areop.* 10. 81(日期见 Werner Jaeger, *Athenian Studies Presented to William Scott Ferguson* [1940], pp. 409 ff.); Diod. xvi. 22. 1;34. 1 - 2; Just. x. 3. 1; Curt. x. 5. 23; Polyaen. vii. 17.

24 Dittenberger, *Syl.* , Nos. 167 ff. ; *TAM*, Vol. I, No. 45; Aristot. *Polit.* v. 2. 5; Polyaen. vi. 8; vii. 23. 2; Lucian. *Dial. mort.* 24.

25 Demosthen. *Steph. trierarch.* 13 - 14.

26 Dittenberger, *Syl.* [3] , No. 168; Demosthen. *Rhod.* 3,27; *De pace* 25; Diod. xvi. 7. 3; G. F. Hill, in *Anatolian Studies Presented to William Mitchell Ramsay* (1923), pp. 207 ff.

27 Theopomp. , Frags. 297,299 (J); Diod. xvi. 36. 2; Strabo xiv. 2. 17.

28 Theopomp. , Frag. 48 (Kock); Diod. Laert. viii. 87; Philostrat. *Vit. Sophist.* i. 482; Babelon, *op. cit.* , pp. 146 ff.

29 Vitruv. ii. 8. 10 ff. ; Callisthen. , Frag. 25 (J); Diod. xv. 90. 3; Strabo xiii. 1. 59; Plin. v. 107; xxxvi. 77; Gell. x. 18. 2; Lucian. *Dial. mort.* 24.

30 [Aristot.] *Oeconom.* ii. 2. 13 ff. ; Polyaen. vii. 23. 1.

31 Isocr. *De pace* 10.

32 Demosthen. *Symmor.* 31;参见 Paul Cloche, *Demosthenes et la fin de la democratie athenienna* (1937); Werner Jaeger, *Demosthenes* (1938); A. Schaefer, *Demosthenes und seine Zeit* (2d ed. , 1885)。

33 Demosthen. *Philip.* i. 24; Diod. xvi. 22. 1;34. 1; Plut. *Arat.* 16. 3; Polyaen. vii. 14. 2 ff. ; 27; Pap. Rainer, F. Jacoby, *Die Fragmente der griechischen Historiker*, II A (1926), p. 505.

34　Demosthen. *Timocrat.* 11；Theopomp. *Philip.* xiii，Frag. 105（J），xlv；
Athen. xii. 532B ff.；Diod. xvi. 22. 2；34. 1；Nepos. *Chabr.* 3. 4；Arr.
Anab. i. 12. 1；Schol. Demosthen. *Olymp.* iii. 31；*Philip.* i. 19.

35　Dittenberger，*Syl.* ^{2}，No. 573；Diod. xv. 81. 4；xvi. 34. 1 - 2；36. 2 - 3；
xx. 77. 1；Just. xvi. 5. 12 ff.；Memmon ii；Front. *Strat.* ii. 3. 3；
Polyaen. v. 16. 2；vii. 33. 2；Curt. iii. 7. 11；vi. 4. 25.

第卅章　收复尼罗河

埃及艺术最后的繁荣

由于大规模的建筑活动,奈赫特哈尔希比赢得了祭司们的尊敬。图拉铭文证明,开采石料的工作几乎在持续不断地进行。阿拜多斯背后圣山被运走的石料是如此之多,以致到这位国王在位第 5 年,他不得不颁布法令,禁止再进行任何开采工作。第一大瀑布以下美丽的红色花岗岩,被运输到了整个三角洲谷地,它在那里特别受欢迎。今天,这个地区到处布满了红色和黑色石灰石碎片。它们的表面打磨光滑,刻满了浮雕和铭文。建筑的遗迹证明,这些巨大的神庙建筑,足以与第 18 王朝的神庙媲美。

这些众多的建筑物,只留下了一些残迹。但是,即使是这些残迹,要详细描叙也太多了。首都塞本尼图斯(Sebennytus)以一座片岩神殿而自豪。布巴斯提斯(Bubastis)可以炫耀的有一个巨大的石英岩大厅、众多红色和黑色花岗岩神殿、一座有魔法铭文和神像的黑色片岩雕像。巴赫比特(Bahbit)大概是国王的出生地,有一座巨大的伊希斯神庙。珀尔贝索斯(Pharbaethus)巨大的石顶棚证明了其他被毁的神庙规模宏伟。在比勒拜斯(Bilbeis)受到崇拜的巴斯特神(Bast),有一座神庙和一座黑色花岗岩神殿。赫利奥波利斯的透特神(Thoth)有两座方尖碑。在泰勒马斯库塔(Tell Maskhuta)发现了一根蓝色石灰石圆柱,上面有向阿图姆神(Atum)献祭的场面,柱子一边镶上了薄金片。

古都孟斐斯建立了两个新的方尖碑。这位国王在位第二年,他为活着的阿匹斯修建了一座神庙。他告诉人们,他赐予了这位神多少黄金、熏香和啤酒。过了 2 年,这头阿匹斯公牛被非常隆重地安葬了。8 年之后,这头公牛再次被隆重安葬。图纳(Tuna)建立了一座玫瑰色花岗岩神殿。米特拉希纳(Mit Rahina)也有一座建筑物。埃纳西亚(Ehnasya)建立了一座红色花岗岩神殿。科普图斯(Coptos)有一座褐色花岗岩方尖碑。阿拜多斯保存了许多雕像,其艺术水平几乎与第 18 王朝雕刻家最优秀的作品不相上下。

在凯尔奈克,其王名符号虚假地声称这扇门是阿米尔泰乌斯二世给蒙图(Montu)神庙修建的。但是,孔苏和穆特的神庙都修复了。伊德富因一座花岗岩神殿而欣喜,它是如此美丽,以致到托勒密时期还在继续使用。埃尔卡卜神庙增建了檐口。克努姆(Khnum)在埃利潘蒂尼有一座神庙。人们必须走遍整个尼罗河谷地,才能了解这些最后突然出现的埃及本土建筑,是如何使整个国家生色的。

431

在西部沙漠之外,情况也是一样。在这个大绿洲建立了一个新的塔门入口。[1]在亚历山大不久将要访问的著名阿蒙神殿,绿洲王公温阿蒙(Wen Amon)为奈赫特哈尔希比建立了峡谷神庙乌玛贝达(Ummabeda)。"他使众神安心休息,并制订了本国法律。"[2]

我们对所有这些建筑的花费一无所知,至少,埃及看起来是繁荣的。而且,税收用于当地建筑,总比送入遥远的外国君主的国库要好得多。奈赫特哈尔希比理应得到绿色角砾岩石棺。石棺上面描绘有杜阿特(Duat)的 12 个部分和拉神(Ra)70 种化身中的 37 种,即使他命中注定就不能使用它作为安息之所。[3]

其他证据表明,对古代文学的兴趣恢复了。从他在位时期起,著名的《亡灵书》的抄本出现了。一座当时的石碑,以魔法文书和解说性的插图而著名。[4]

杰多尔及其家族在阿拜多斯的陵墓,说明了当时的丧葬习俗。杰多尔于奥科斯开始最后一次入侵时逝世。他是一位新人,因为其父母没有任何头衔。但是,他为自己滥加了许多荣誉,如世袭王公、唯一被爱的朋友、下埃及的监督者、土地巡视员，国王因他的智慧而在土地监督者之中立他为大，立他为富裕的上下埃及之主，立他为书吏首领，让他处理官场的任何事情，他的双耳倾听何露斯的真理。当他在位第 15 年去世的时候，西部（大墓地）的王室书吏通过塞勒（Selle）驻军司令——公元前 344 年国王正在小亚细亚边界作战的最好证据——规定，这位书吏的首领在阴间应成为神，他们将为他所希望的永恒生活作好一切准备。与其一起埋葬的矮神也叫杰多尔，这位神曾经在永恒的节日那天跳舞、曾经在孟斐斯的塞拉比尤姆（Serapeum）阿匹斯公牛逝世日跳舞，曾经在希罗波利斯（Hieropolis）的圣湖边跳舞。[5]

432

哈利卡纳苏斯的
摩索拉斯陵墓

尼罗河下游沿岸接连不断的神庙，反映了纯粹的本国艺术最壮丽的光辉。而阿尔特米西亚在哈利卡纳苏斯为纪念其兄弟和丈夫而建立的巨大建筑物，则预示着即将到来的希腊化文明的第二阶段。它的建筑师先是萨提鲁斯，后来是皮西亚斯（Pytheas），此人写了一本关于陵墓建筑的书籍。在形式上，它是小亚细亚西南部老式的独立陵墓，在正方形的底座上，有三层建筑。顶端是摩索拉斯的驷乘凯旋战车。正是陵墓的第二部分，使哈利卡纳苏斯的摩索拉斯陵墓成为世界古代七大奇迹之一。陵墓的名字后来成了一个通用名词。因为在其圆柱状门廊中，有当时公认的、最著名的雕刻家雕刻的雕像。斯科帕斯（Scopas）负责东面，布里亚克西斯（Bryaxis）负责北面，莱奥卡雷斯（Leochares）负责西面，蒂莫特乌斯（Timotheus）负责南面。

庆祝陵墓落成典礼的比赛会，同样是完全希腊化的。珀希利斯的狄奥德克特斯（Theodectes）上演了以已故君主名字命名的悲剧。为了表彰为这位伟大的逝者而创作的悼词，举办了竞赛活动。有人说历史学家泰奥彭波斯获得了奖赏，也有人说埃利色雷的诺克拉特斯获得了奖赏。[6]

第一次埃及战争的失败

与此同时，奥科斯正在建立一支庞大的军队，决心努力征服埃及。由于寄希望于未来的雇佣军，他送给底比斯人一笔财政补助，以结束他们与腓尼基人进行的神圣战争。奈赫特哈尔希比也获得了一支由雅典人丢番图（Diophantus）、斯巴达人拉米乌斯（Lamius）和加斯特龙（Gastron）领导的新雇佣军。起初，奥科斯成功地占领了腓尼基。西顿的斯特拉托因为与埃及的同盟而遭殃。波斯人一到，他就决心自杀。但是，希腊的奢侈生活已经使他丧失了自杀的勇气。他的妻子预见到他将面临更悲惨的命运。坦尼斯（Tennes）被任命到他的地区。在他的钱币上，表现的是他卑躬屈膝地跟在其主子的四轮战车后面徒步行走。

征服埃及没有这么简单，我们听说过一个插曲——加斯特龙是怎样让希腊人和本地人交换武器，以致波斯人能战胜希腊人，但却在希腊武装的本地人面前逃跑了。经过一年的战争之后（公元前351—前350），奥科斯终于不得不撤退了。奈赫特哈尔希比在首都建立了一座他自己的雕像，他站在代表何露斯神的一只巨鹰的两腿之间。雕像的铭文自豪地夸耀他是埃及的保护人，他赶走了外邦人，并毁坏了9条船。[7]

哈利卡纳苏斯的
阿尔特米西亚

虽然作为卡里亚总督，伊德里乌斯可以垄断铸币权。但是，阿尔特米西亚本人是事实上的君主，并得到同时代人的承认。她的统治充满活力。这次，当全城的市民蜂拥而出去迎接王后、陪同的宦官、宫女、风笛手和击钹者，列队前往城外一英里的众神之母小树林的时候，埋伏的军队再次占领了拉特姆斯山的赫拉克利亚。[8]

一个女人的即位,似乎给罗德岛人提供了不仅是赢回他们自由的机会,还有占领哈利卡纳苏斯本身的机会,他们向不久前的敌人雅典求助。德莫斯特内斯接受了他们的请求。在奥科斯撤退之后不久,演说家出现在公民大会上,表达了他对人们迫不及待地为埃及而与波斯作战,却害怕支持罗德岛而感到的惊讶。他预言,既然国王占领埃及已经失败,阿尔特米西亚也不可能袭击罗德岛。

德莫斯特内斯可以嘲笑那些为了埃及而迫不及待与波斯作战的人。但是,亚里士多德的看法却不一样。作为典型的、合乎逻辑的范例,他引用了一个论点:"人们必须准备反抗伟大的王,不允许他占领埃及。因为大流士和薛西斯在占领埃及之前,不会进攻希腊。因此,如果伟大的王占领了埃及,他就将进攻希腊。"这个论点完全揭露了上述演说中潜在的、没有前提的推论。

更要命的是,德莫斯特内斯不了解这个阿尔特米西亚。当过于自信的罗德岛人抵达哈利卡纳苏斯时,她命令居民假装投降。正当罗德岛人上岸后,忙于劫掠市场的时候,秘密港口的人工水道中出现了卡里亚人埋伏的舰队。罗德岛人的空船被俘获,从滨海区城墙进入市场地带的入侵者被消灭。阿尔特米西亚率领卡里亚人用象征着胜利的花环装扮船只,向罗德岛驶去,并且在秘密被发现之前获准进入了罗德岛港口。领头的市民被处决,阿尔特米西亚建立了两座雕像:一座是她自己的,另一座是烙上了奴隶标记的罗德岛。[9]

西顿人的叛乱

奥科斯的失败,引起了大规模的造反。西顿作为入侵埃及的司令部,结果遭到了士兵野蛮的侵害。现在,坦尼斯终于可以惩罚冒犯者,赶走驻军,放火焚烧了骑兵为新的进攻而屯积的储备物资;他还砍倒了宫殿附近东面斜坡上"天堂"的树木,当地宫殿公牛柱顶雕刻残部仍然保存至今。[10]

作为同盟的首都,阿卡迪亚人近来建立了一座新城迈加洛波利

434

斯（Megalopolis），它有一个供代表们聚会的、令人惊讶的现代化的同盟区域。在更早的时候，腓尼基城市阿瓦德（Arvad）、西顿和提尔已经联合三个小村庄〔亚述人所熟知的马哈拉塔（Mahalata）、迈萨（Maisa）和恺撒（Kaisa）〕，建立了希腊人称为特里波利斯（Tripolis）的阿塔尔城（Athar）。代表们也在这里开会——三个主要城市各出 100 名代表——他们组成了腓尼基共同理事会或最高审议会议；显然，腓尼基人早已采用了希腊语名词"公会"。因此，后来犹太人也使用了这个术语。

　　现在，代表们在特里波利斯开会，投票决定整个腓尼基发动起义。由于西顿人拥有巨额财富，他们召集了许多三列桨战船，并且雇请了相当数量的雇佣军。尼科克莱斯在附近的萨拉米斯被杀，大概是其兄弟和继任者埃瓦戈拉斯二世（Evagoras II）所为。埃瓦 435 戈拉斯发行了四年的钱币，钱币上有自己腓尼基语名字的缩写。其图案包括军舰和星星、伟大的王与狮子搏斗或伟大的王乘着战车，前面是光着脑袋的埃瓦戈拉斯。后来，这个家族的另一名成员普尼塔哥拉斯（Pnytagoras）将他驱逐出去。他逃到了卡里亚去避难。岛上的九位国王效仿腓尼基的榜样，宣布自己独立。西利西亚部分地区也参加了起义。[11]

马其顿的腓力

　　阿罗安达斯仍然在叛乱。迟至公元前 349 年，由于雅典与他签订一个有利的商业条约，他被雅典授予了公民权，还得到一顶金王冠。阿索斯（Assos）的欧布洛斯有个名叫赫尔美俄斯（Hermeios）的宦官，他曾经被派到雅典，师从柏拉图和亚里士多德学习哲学。他回国后恩将仇报，杀死主子，夺取了王位。腓力之子亚历山大的家庭教师亚里士多德并不认为在其宫廷中寻求殷勤是可耻之事，还与这位宦官僭主的侄女结了婚。另一名哲学家泽诺克拉特斯（Xenocrates）也来到这里分享僭主的恩惠。[12]

　　公元前 346 年初，希腊大陆战争因为菲洛克拉特斯（Philocrates）

和约的签订而停止了。腓力被认为是希腊杰出的人物。伊索克拉底急忙发表他的《上腓力书》(Philippus)。在文章之中,他号召马其顿国王乘征服希腊大陆之际,领导期待已久的进攻蛮族的战争。他宣称这时正是一个好机会。埃及还没有被征服,塞浦路斯、腓尼基、西利西亚正在造反。现在,既然阿尔特米西亚已死,伊德里乌斯(公元前350—前344)也可能会放弃其可疑的忠诚,他是大陆上最幸运的人。此外,看到亚细亚在物质上比欧罗巴要好,看到蛮族比希腊人更繁荣,这种耻辱也使这位政论家感到有点痛苦。[13]

436　　有一段时间,伊德里乌斯的确对欧罗巴的希腊人很友好。正是那一年,即从德尔斐不再遭受腓尼基人劫掠、更容易接受外部世界礼物的第一年,米利都人用帕罗斯雕刻家萨提鲁斯雕刻的、他们的君主伊德里乌斯与其姐、妻子阿达(Ada)的铜像向波锡奥斯的(Pythian)阿波罗神献祭。[14]他们的形象和名字与泰耶阿(Tegea)的拉布拉翁达(Labraunda)武装的宙斯浮雕像放在一起。[15]

　　实际上,腓力也在考虑联合欧罗巴希腊反对共同敌人的严肃问题。但是,他在取得国内巩固的统一之前,对宣传远征非常敏感。不过,他明确地表示,当他在奥林匹亚建造纪念自己的建筑物腓力乌姆(Philippeium)的时候,他心中已经有所考虑。为了装饰它,他调集了所有在卡里亚获得高工资的著名艺术家。这个损失使伊德里乌斯感到不愉快。

　　不像伊索克拉底,安德罗蒂翁(Androtion)并不信任这位卡里亚人。作为波斯的臣民,他就像是一条挣脱了锁链的狗。正如狗会进攻和咬人一样,伊德里乌斯挣脱了锁链之后,也是很危险的。安德罗蒂翁是正确的,在年前,伊德里乌斯作出了回答,不是腓力的诱惑——正如伊索克拉底所期待的——而是其主子的命令。他亲自为奥科斯送去了40艘卡里亚三列桨战船和8000名由雅典人福西亚领导的雇佣军。因此,现在双方都有雅典的将军了!有一段时间,叛乱的塞浦路斯太平无事。由于期待丰富的战利品,雇佣军的数量很快翻了一倍。安提法奈斯(Antiphanes)的剧本《士兵》的主人公就是典型:他夸耀在整个战争期间他在塞浦路斯过的是什么样的生活,他在帕福斯(Paphos)又过着什么样的奢侈生活。[16]

重新征服腓尼基

公元前 345 年初,奥科斯在巴比伦集中了一支庞大的军队进攻西顿。为安全起见,市民将他们的资金送到国外,在城市周围挖了三条渠和修建了城墙。一百多艘船舰集合在一起,不仅有三列桨战船,还有新发明的五列桨大木船。然而,门托和坦尼斯密谋出卖城市。当他们把市民一批接一批送出城时,所有人都被等候着的波斯人杀了。但当坦尼斯跑去接受他期望的奖赏时,他发现只有对被遗弃的叛徒的惩罚。

被出卖的市民烧毁了自己的船只,把家人关在自己的屋子里一起放火烧死。奥科斯只好将废墟卖给投机者,他们给他许多塔兰特,以获得搜寻被熔化金银的权利。巴比伦有一块泥板文书摘要地写道:"奥科斯(他的名字是阿尔塔薛西斯)14 年 10 月,国王在西顿俘获的战俘来到巴比伦和苏萨。那月 13 日(公元前 345 年 10 月 24 日——作者注),少数战俘士兵来到巴比伦。16 日,被国王送到巴比伦的许多妇女,在那天进入了国王的宫廷。"[17]泥板文书栩栩如生地反映了在古代的流放制度之下,妇女所遭受的痛苦;妇女进宫不是一种荣耀,而是充当奴隶。

然后,腓尼基被移交给马扎乌斯(Mazaeus),并与西利西亚合并。从此以后,马扎乌斯用亚细亚的雄狮或雄性大动物吞食希腊牡鹿的图案,取代了西利西亚钱币早期的图案:两道有雉堞的城墙,每边各有 4 座塔楼,被解释为西利西亚门,但它们更可能代表塔尔苏斯城本身;钱币铭文为:"马兹代(Mazdai)统治阿巴尔·纳哈拉(Abar Nahara)和希利克(Hilik)"。阿拉米铭文的钱币是在塔尔苏斯、伊苏斯(Issue)和马卢斯(Mallus)发行的。但马卢斯的钱币上还有希腊语铭文。从第 16 年(公元前 345 年)起至统治结束为止,马扎乌斯在西顿的钱币上使用了以前本地国王的军舰图案。[18]

437

527

埃及末代帝国的终结

奥科斯的使节出现在希腊各个主要的城邦,请求派出雇佣军。雅典和斯巴达的将军早已在埃及,拒绝支持。但是,雅典宣布它希望与国王维持和约——它规定禁止国王攻打希腊的城市。因此,它有资格拒绝援助。然而,底比斯派出拉克拉特斯(Lacrates)率领的1000名士兵,阿尔戈斯派出尼科斯特拉图斯(Nicostratus)率领的3000名士兵,而来自亚细亚希腊城市的6000多名士兵,则由叛徒门托率领(公元前344年)。[19] 波斯人由"七人集团"之一的后代、当时的爱奥尼亚和吕底亚总督罗萨塞斯(Rosaces),还有阿里斯塔赞尼斯(Aristazanes)指挥。宦官首领巴戈阿斯(Bagoas)担任总司令,而奥科斯自己亲自指挥这支巨大的军队。

438 在巴拉特拉(Barathra)沼泽损失相当部分军队之后,国王到达培留喜阿姆(Pelusium),发现菲洛丰(Philophon)统领1.5万名希腊士兵在那里驻守。在第一天的战斗中,没有办法用武力夺取这座堡垒。于是,奥科斯将进攻的部队分成几部分:一部分由拉克拉特斯和罗萨塞斯指挥,留下来围攻边境要塞;第二部分由尼科斯特拉图斯和阿里斯塔赞尼斯指挥,主力部队继续由门托和巴戈阿斯指挥。为抵抗他们,奈赫特哈尔希比召集了2万希腊人(几乎与利比亚人数量相等),以及6万本地人;在尼罗河还有一支帆船组成的大舰队,舰队的阿拉伯桨手用绳索固定在船上。

这种防御像过去一样坚固,本来应该能够抵御入侵者。但一切都是徒劳,因为雇佣军的司令——雅典人丢番图和斯巴达人拉米乌斯(Lamius)——无法使人们听从他们提议的战术。与他们建议的立即进攻相反,奈赫特哈尔希比决定等待即将到来的洪水。他自以为是地认为,一旦水位上升,就会迫使敌人从洪水泛滥的三角洲地区撤退。

这种自以为是的原因,出自战神奥努里斯(Onuris)允诺他本人将拯救受到威胁的埃及。这个许诺,可以从保存至今的、后来的希腊文译本纸草文书民间故事之中找到某些遗迹。文书告诉我们。他在位第 16 年 3 月 21 日到 22 日晚上,是个月圆之夜。居住在孟斐斯的国王尼克坦内波(Nectanebo)举行了献祭,并恳求众神向他明示未来。现代天文学年表证明,在奈赫特哈尔希比统治的这一年,可以在公元前 343 年的 7 月 5 日观测到法尔毛蒂月(Pharmouthi)的望月;因此,我们获得的不仅是这个特殊事件的日期,实际上还获得找到了公元前 4 世纪埃及独立期间整个年代学的关键。[20]

在解答赐予其安全的托梦时,民间故事说,尼克坦内波看见了一艘纸草船——翻译者解释说,埃及语称纸草船为龙普斯(Romps)——停泊在孟斐斯。船上有一个巨大的宝座,坐在上边的是丰产之神和众女神可敬的恩人伊希斯女神;所有的神都伫立在她的左右手边和脚下。一位身高 20 腕尺的神,站在中间;他的埃及名字是奥努里斯,但是在希腊语中解释为马尔斯(战神)。他拍着肚皮,说了如下的话:

"至于我,你,伊希斯,众神之女王,拥有最高的权力,统治着宇宙众神,并养活了众神。请怜悯我,并听我说吧!正如你所命令的一样,我无可指责地守卫着国家,并且为萨马乌斯国王尼克坦内波做了所需的一切,但是,他忽略了我的神庙,背离了我的戒律。我离开了我的神庙。因为主要领导的邪恶,在名为弗索〔Pherso,又作Pershu,意为"舒神(Shu)的宫殿"〕的至圣所之中,所有的作品都是半成品。"女神没有回答。

尼克坦内波觉醒之后,急忙召唤大祭司和来自内陆塞本尼图斯的奥努里斯神的预言家,——公元前 343 年 7 月 6 日,塞本尼图斯仍然为埃及所有。他们报告说,情况绝不像梦中所暗示的那样绝望;除了在石墙刻上神圣文字、即象形文字之外,所有的事情都完成了。

因此,我们显然已经重新收集到这个真正的梦,或奥努里斯答应援助埃及的神谕。但是,现在的版本已经预见到即将来临的灾难。我们现在就进入了纯粹的民间传说的领域。国王匆匆忙忙下

529

令召集那些善于雕刻神圣文字的人。他们来到朝廷之后,被问到谁能最快完成任务。阿弗罗蒂托波利斯(Aphroditopolis)的埃尔盖乌斯(Ergaeus)之子佩特修斯(Ptesius)站起来,谦虚地宣称他能在几天内完成任务。他的同伴一致同意他说的是实话。因为全国没有一个人的技术能与他媲美。因此,尼克坦内波给佩特修斯许多钱,他出发前往塞本尼图斯去了。

佩特修斯是个天生的酒鬼。因此,他决定在坐下来好好工作之前,先要享受享受一点乐趣。这时,发生了一件事情。他在神庙南面闲逛的时候,碰巧邂逅了香料制造商的女儿,一位他至今为止所见到过的最美的姑娘——故事说到这里,这位接受抄写任务的助理抄写员变得不耐烦了。他没有满足我们对这位雕刻家这一段罗曼史进一步发展的强烈好奇心。而只是为故事的主人公画了一幅漫画,以自娱自乐。[21]

440　民间故事是否将本地战神的厌恶和他由此拒绝保护埃及,单纯归咎于雕刻家不幸的风流韵事和没有按时完成象形文字,我们无从分辨。但是,毫无疑问的是,奈赫特哈尔希比因为等待洪水到来而坐失良机,却是致命的原因。在救命的洪水到达之前,尼科斯特拉图斯率领80艘三列桨战船已经到达了埃及后方。克利尼亚斯(Cleinias)袭击了这支部队的侧翼,但被击毙。跟他一起战死的还有5000名希腊人,奈赫特哈尔希比放弃了三角洲,撤退到孟斐斯。门托许诺培留喜阿姆被遗弃的守军,如果他们放弃战斗,可以体面地投降。如果他们继续抵抗,就会遭到西顿的命运。在投降问题上,埃及人与希腊人互相打起来了。但是,雇佣军认为他们对逃跑的军需官已经没有义务,立刻接受了慷慨的投降条件。

波斯人和希腊人为了争夺战利品发生了战斗。在洗劫布巴斯提斯时,雇佣军居然敢关押巴戈阿斯本人。只是由于门托的亲自干预,巴戈阿斯才被救了出来。但是,各个城市一个接一个达成协议。奈赫特哈尔希比满载着所有能拿走的财富,沿着尼罗河而上,逃到埃塞俄比亚寻求庇护去了。最后的埃及帝国结束了。下尼罗河不再由自己本族的主人统治了。

埃及雇佣的希腊雇佣军得到饶恕，并被遣送回国了。而波斯雇佣的希腊雇佣军则得到丰厚的奖赏。巴戈阿斯成了丞相，门托受命监管爱琴海沿岸。由于近一个世纪的起义，埃及受到了严厉的惩罚，各地的城墙被摧毁，神庙被洗劫。奥科斯亲手刺伤神圣的阿匹斯公牛。作为恶毒的嘲笑，他用一头驴代替阿匹斯公牛，命令本地人崇拜。门德斯同样神圣的公羊也被杀死了。在被抢劫的神庙物品之中，包括宗教圣书。巴戈阿斯后来让祭司以昂贵的价格买回去了。公元前 343 年年底，奥科斯回到波斯，他把随自己一起被带走的埃及重要人物，作为流放者安置在波斯。弗伦达特斯（Pherendates）留在埃及做总督。[22]

本地人仍然拒绝承认奥科斯为合法的国王。在埃塞俄比亚避难的奈赫特哈尔希比仍然保持着对上埃及的控制。他在位第 18年（即公元前 341 年），在伊德富仍然得到承认，他赐予当地的何露斯神土地。他的合法性后来得到托勒密王朝的承认。[23] 在这些名叫托勒密的人统治之下，同样编写了所谓的世俗体编年史，编年史认为奈赫特哈尔希比统治了 18 年。[24]

441

然而，有些本地贵族并不以为人们普遍憎恨的外国人服务为耻。例如，大赫拉克利奥波利斯的塞姆图特弗纳赫特（Semtu-tefnakht）得到当地神祇希里谢弗（Heryshef）允许进入宫殿。他为奈赫特哈尔希比服务，他的话很讨善神的心即国王喜欢。但是，当希里谢弗通过奥科斯战胜奈赫特哈尔希比而显示他已经收回对埃及的保护时，塞姆图特弗纳赫特又与新君主交好了。希里谢弗在大众面前情绪振奋，他得到赛特（Setet，亚细亚的古称）统治者真心的喜爱——他的王室朋友对这位变节者的赞美令人作呕。他被提到其叔奈赫特赫内布的地位，提高到上下埃及塞赫迈特（Sekhmet）祭司首领的地位。[25]

公元前 339 年，在波斯征服不到四年之后，佩托西里斯（Petosiris）成为赫尔莫波利斯（Hermopolis）最重要家族的领袖。他也与当时的当权者交好了，但是，在马其顿的腓力阿里戴乌斯（Phillip Arrhidaeus）统治期间，他开始写作，大量揭露波斯的暴政：

"作为透特神的管理者,我度过了七年。管理他的动产,没出现任何错误。尽管外国的国王统治着埃及。因为埃及内部发生的斗争,南部一片混乱,北部发生起义,没有一个人能够安居乐业。人们旅行时都心怀恐惧。神殿里已经没有什么东西值得拥有它的人去处理。祭司逃之夭夭,对所发生的事情一无所知。在这七年期间,我履行了克努纳(Khnuna)的主人透特神的管理者的职责;外国人统治着埃及。当外国人统治着埃及的时候,我把透特神庙每件事情都处理得很好。因为自从外国人来入侵埃及之后,(神庙里——作者注)就没有工作可做了。"[26]

米内安人在历史上的地位

在阿拉比亚西南出土的一份铭文之中,提到米底人和埃及人之间的这场战争,并最终解决了米内安文献记载的、长期存在争论的古代人类问题。[27]大约在公元前 4 世纪初,当《历代志》的犹太作者用修订的历史书中的梅尼姆(Meinim)取代北阿拉比亚古代部落名称的时候[28],起源于西奈(Sinai)的北阿拉比亚字母首次出现在阿拉比亚西南部。早在公元前 8 世纪初,楔形文献就讲到萨巴(Saba)的许多国王曾经向亚述的君主"进贡"。[29]但是,当地的碑铭为他们辩护之时,半岛的这个角落已经被米内安人统治着。用他们本地的方言来说,这个国家称为马因(Main),人民称为马因翁(Mainum)。他们的首都是加尔纳乌(Qarnawu),但亚提尔(Yathil)是第二首都。由于他们在萨巴北部的位置,控制了通往地中海的北部贸易的大动脉。地中海沿岸最东边是哈德拉毛(Hadhramaut),那里使用着不同的方言和略有区别的书面文字。由于原始的北阿拉比亚涂鸦已经被阿拉比亚西南的语言所采用,这些如此美观的字母过了一段时间之后,不得不消失了。西南文字与北部文字差别是如此之大,以致它被认为是一种独立的语言,而不是一种方言。

文化水平的差异,同样是巨大的。因为米内安人不仅是游牧民族,而且是高度发达的农耕民族。他们生活的基础是农业。阿拉

442

比亚西南部有非常肥沃的土地。但是，要不是有最精细的灌溉系统，人口将会缩减。那里已经有相当大的城市，有宏伟的建筑，有坚固的城墙防御。我们将详细地描述它们的建筑。我们对神庙了解一些，对它们的神和宗教仪式知道得更多一些。那里也有一种复杂的土地所有权制度，在沙漠绿洲还有奴隶和非自由民。

他们起源于游牧民族，这从他们非常关注宗谱、血统、家庭和部落关系之中，可以清楚地看出。通过他们宗谱的叙述和某些历史事件的对比，有可能非常详细地讲清自公元前 4 世纪以来错综复杂的政治关系。[30]

大约在公元前 400 年或稍早一些，我们开始熟悉马因第一位著名国王伊利亚法·亚提（Ilyafa Yathi）。[31] 按照通常的习惯，他后来与其子阿比亚达·亚提（Abiyada Yathi）一起共治。在他们共治时期，亚德卡里尔（Yadhkaril）建立了一座自己的城镇亚夫什（Yafush），它有上部建筑、明亮的庭院、木料和毛石做成的平台，并且向诸神进行了献祭。麦阿德卡利卜（Maadkarib）和他的儿子哈马塔特（Hamathat）在亚提尔也献祭了类似的祭品。君主麦阿德卡利卜·赖丹（Maadkarib Raidan）和哈里芒的国王豪塔拉塔特（Hawtarathat）向马塔布纳提安（Matabnatyan）献祭了一座熏香的祭坛。[32]

当阿比亚达独自统治时，他与现在的哈德拉毛的国王麦阿德卡利卜建立了合作关系。这种合作关系事实上是一种臣属联盟，它可由以下事实证明，即麦阿德卡利卜在米内安首都建立了一块碑铭，但他却使用了哈德拉毛本国特有的文字和方言。他在铭文中讲到，为了向阿特塔尔·杜·卡布蒂姆神（Athtar dhu Qabdim）求取神谕，他如何为一座塔举行圣化活动，这座塔是其叔、萨迪齐尔（Sadiqil）之子沙哈鲁姆·阿伦（Shahharum Allan）、哈德拉毛的国王所建。在他的身上，我们可以看到一位与伊利亚法·亚提同时代的独立老者。

阿比亚达的其他铭文使人们可以深入了解米内安的行政管理机构。加布散（Gabsan）部落哈达尔（Hadhar）家族的阿米卡里布之子阿尔曼（Alman），是马因国王阿比亚达·亚提的朋友。他发誓曾经建造，并且向阿特塔尔·杜·卡布蒂姆神、瓦德（Wadd）和尼卡胡姆（Nikarhum）神献祭了一座完整的建筑物、加尔纳乌城墙 6 座塔楼的支柱和 6 道相连的幕墙。它们的位置已经确定：在拉姆萨乌（Ramsawu）地区运河的附近，从"灵魂的审问者之子"（某种宗教会议）建立的塔楼通向进城"三岔路口"。阿尔曼完成了这座建筑，用木料和毛石做成屋顶，并且完成了城墙内斜坡的抹面工作。这是用阿特塔尔·杜·卡布蒂姆神的税务收入、还有阿尔曼自己追加的资金建成的。

许多的燔祭献了给瓦德。牺牲在神庙的前院被宰杀，献给瓦德和阿特塔尔·杜·卡布蒂姆神作祭品。原因是阿比亚达·亚提通过马因大议会授予了阿尔曼行政管理权，为他的神、他的部落保护人、他的国王和他的部落管理战争与和平时期规定的事情。而且，国王根据马因的法律，还将一块面积为 47×14 平方肘尺，可以从王室纺织厂取得收益、取得粮食的土地交给他管理。

根据罗盘确定的方位和灌溉渠道，土地的地界被仔细划定了。并且，所有的一切都记载在古代的书面公文之中。崭露头角的阿特塔尔神（Athtar），由阿特塔尔·杜·卡布蒂姆、瓦德和尼卡胡姆构成的三联神，马因和亚提尔所有的神、国王、马因和亚提尔部落都发了誓。只要大地还存在着，只要诸神还保护着一切，任何人想要改变建筑和坚固的铭文，都将遭到反对。[33]

但是，最重要的铭文，那是亚凡（Yafan）家族哈马塔特之子阿米萨迪克（Ammisadiq），还有达夫甘（Dhafgan）家族瓦利克（Walig）之子萨阿德在位时期的铭文。他们担任着穆斯兰（Musran）和马安·穆斯兰（Maan Musran）的卡比尔之职——这是代丹附近的埃及地区，而且是因为米内安人而出名的北部城镇。他们的势力正在向北稳步扩张，已经在代丹显示出来了。在那里，利希亚人（Lihyanian）晚期的涂鸦已经表现出米内安文字的痕迹。[34]不久之后，米内安文字就在绿洲占据了优势。

阿米萨迪克和萨阿德打算向阿特塔尔·杜·卡布蒂姆神献祭

444

连接城墙上两座塔楼的一条名叫塔卢姆（Tanum）的长廊。长廊正面用木料和打磨的石头进行了装饰，外墙以粗石建成。对我们来讲，更有趣的是本文的作者还说出了理由：在一次去密徐篱（Misr）、阿舒尔（Ashur）和伊布尔·纳哈兰（Ibr Naharan）旅行时——我们从这些地名之中毫不困难地认出了埃及、亚述和河西省——他们的神阿特塔尔·杜·卡布蒂姆神、瓦德和纳卡胡姆（Nakarhum），拯救了他们的神。并且，在萨巴和哈弗兰（Khawlan）袭击他们、他们的财产和骆驼的时候，为他们指引过道路。这件事发生在马因到拉格马图姆（Ragmatum）的途中，在米底人（Madhay）和埃及作战的期间，这场战争是阿尔塔薛西斯二世或三世多次发动的进攻之一。时间不可能晚于公元前 343 年，而且还可能早得多。至少，我们现在可以确定这个古老的马因王朝的年代是在半个世纪以内。[35]

他们的神给他们的回报是，使加尔纳乌城市的土地恢复和平和幸福。阿特塔尔神表明他很满意他们的祭品，两位卡比尔和马安穆斯兰将他们的商品和商业文献置于诸神和国王的保护之下。阿米萨迪克又进行了一次类似的旅行，返回时安然无恙。两位卡比尔再次帮助建筑城墙。他们还说到他们修建房屋和城镇，打井和修筑私人水池。[36]

按照通常的习惯，阿比亚达·亚提在位末期与其子瓦卡希尔·里亚姆（Waqahil Riyam）共治。阿米萨迪克旅行时的同伴萨阿德（Saad）两次担任马安穆斯兰的卡比尔之职，当国王和马因议事会在大议事会上将规定给神、部落保护人、国王的税收交给他管理的时候，他和其子从他的税收之中，向阿特塔尔·杜·卡布蒂姆神捐献了一条长廊。当两位国王在亚提尔城建立自己的宫殿亚古尔（Yagur）时，他们自己也捐献了一条长廊。[37]

如果这次著名的冒险活动发生在埃及独立的最后一年，然后才是亚历山大入侵波斯。更有可能的是，我们必须把该王朝已经确定了准确世系的其他君主置于他的年代之前。在一定的时候，瓦卡希尔是一人统治。[38]然后是与其子赫夫恩萨迪克（Hufnsadiq）共治。[39]赫夫恩萨迪克也曾经一人统治。[40]后来又与伊利亚法·亚夫

445

什(Ilyafa Yafush)共治。[41]他的单独统治[42]结束了这部首尾相连的历史。该王朝后来诸王虽然可以确定,但他们的商人所见的埃及,已经处于托勒密诸王统治之下了。

原注

1 H. E. Winlock, *The Temple of Hibis in el Khargeh Oasis*, Vol. I; *The Excavations* (1941), pp. 26 ff.

2 W. F. M. Petrie, *History of Egypt* (3d ed. , 1925), III, 378 ff. ; H. Junker, *Mitteilungen des deutschen Instituts fur Agyptische Altertumskunde*, I (1930),30 ff.

3 E. A. W. Budge, *Egyptian Sculptures* (1941), Pl. xliv.

4 V. S. Golenishchev, *Metternich Stele* (1877).

5 W. Spiegeberg, *AZ*, LXIV (1929),76 ff.

6 Theopomp. , Frags. 297,299 (J); *Cic. Tuscul.* iii. 75; Vitruv. *praef.* 12 - 13; ii. 8. 10; Strabo xiv. 2. 16 - 17; Mart. i. 1; Plut. *Vit. X Orat.* 838B; Valer. Max. iv. 16. I; Gell. x. 18. 3; Quintill. iii. 6. 3; Plin. xxxvi. 30; Paus. viii. 16. 4; Polyaen. vii. 23; Lucian. *Dial. mort.* 24; *Necyon.* 17; Porphyr. in Euseb. *Praep. Evangel.* x 3; Hieron. *Adv. Jovin.* i. 44; Suidas, *s. vv.* "Theodectes," "Isocrates"; C. T. Newton, *A History of Discovery at Halicarnassus* (1862); reconstruction, M. Rostovtzeff, *A History of the Ancient World*, Vol. I; *The Orient and Greece* (1926), Pl. LXXXVI, 1.

7 Isocr. *Philip.* 101; *Epist.* viii. 8; Diod. xvi. 40. 1 ff. ; 46. 4; 48. 1 ff. ; Trog. x; Front. *Strat.* ii. 3. 13; Polyaen. ii. 16; Hieron. *Adv. Jovin.* i. 45; Oros. iii. 7. 8; P. Tresson, "Sur deux monuments egyptiens inedit," *Kemi*, IV (1931),126 ff. ; E. Babelon, *Traite des monnaies*, II, Part II (1910),575 ff.

8 Polyaen. viii. 53. 4.

9 Demosthen. *Rhod.* 3 - 4,11; Aristot. *Rhet.* ii. 20. 3 - 4; Vitruv. ii. 8. 14 - 15.

10 G. Contenau, "Deuxieme mission archeologique a Sidon," *Syria*, IV (1923), 276 ff.

11 Theopomp. , Frag. 114 (J), Athen. xii. 531D - E; Isocr. *Philip.* 102; Diod. xvi. 40. 5;41 - 42;46. 1; Babelon, *op. cit.* , pp. 715 ff. , 589 ff.

12 *IG.* , Vol. II (ed. minor), No. 207; Isocr. *Philip.* 102 - 103,132; Demosthen. *Philip.* iv. 32; *Cherson.* 30; Plato *Epist.* vi; Anaximenes

［Demosthen.］*Epist. Philip.* 6；Strabo xiii. 1. 57；Diog. Laert. v. 3 ff. ；Didym. vi. 6. 1；Suid. *s. v.* "Aristoteles." Pergamum returned to king by Aroandas，Dittenberger，*Orientis Graecae inscriptiones selectae*，No. 264.

13 Isocr. *Philip.*

14 Th. Homolle，"Inscriptions de Delphes，" *BCH*，XXIII（1899），385 ff. ；*IG*，Vol. V. Part 2，No. 89；参见 Vitruv. vii. *praef.* 12。

15 P. Foucart，*Monuments Piot*，XVIII（1910），145 ff.

16 Aristot. *Rhet.* iii. 4. 3；Antiphan.，Frag. 202（Kock）；Diod. xvi. 42；46. 1 ff. ；Polyaen. viii. 53. 4.

17 S. Smith，*Babylonian Historical Texts*（1924），pp. 148 ff.

18 Diod. xvi. 43 ff. ；Trog. x；Joseph. *Ant.* xi. 297；Babelon，*op. cit.*，pp. 443 ff. and 581 ff.

19 *IG*，Vol. IV，No. 556；Isocr. *Panathen.* 159；Anaximen.［Demosthen.］*Epist. Philip.* 6；Diod. xvi. 44. 1 ff. ；Didym. viii. 5 ff. ，18 ff.

20 J. G. Smyly，*Archiv fur Papyrusforschung*，V（1909 – 1913），417；S. Witkowski，*ibid.*，p. 573；E. Bickermann，*La Chronologie de la XXX Dynastie*（"Institut Francais d'Archeologie Orientale du Caite，Mem.，" Vol. LXVI［1935–1938］），pp. 77 ff.

21 U. Wilken，*Melange Nicole*（1905），pp. 579 ff. ；G. Maspero，*Popular Stories*（1915），pp. 285 ff.

22 *IG*（ed. minor），No. 356；Theopomp.，Frag. 368（J）；Diod. xvi. 46 ff. ；Trog. x；Front. *Strat.* ii. 5. 6；Aelian. *Var. hist.* iv. 8；vi. 8；据普鲁塔克所说，直到他那个时代埃及人依然称呼奥科斯为"刀剑"，见 Plutarch，*De isid.* 353。

23 H. K. Brugsch，*Thesaurus*，III，549；贝克曼校正了日期，见 Bickermann，*op. cit.*，p. 82。

24 Demotic Chronicle，IV，18.

25 Naples（Pompeii）Stele；latest discussion，P. Tresson，*Bulletin de L'Institut Francais du Caire*，XXX（1931），361 ff. ；参见 A. Erman，*AZ*，XXXI（1893），91 ff.

26 G. Lefebvre，*Le Tombeau de Petosiris*（1924），I，3 ff.

27 企图把米内安人置于 2 千纪的幻想，最后被温尼特所破灭，见 F. V. Winnett，*Bulletin of American Schools of Oriental Research*，LXXIII（1939），3 ff。

28 I Chron. 4；41；II Chron. 26；7；Ezra 2；50；Neh. 7；52.

29 Olmstead，*History of Assyria*（1923），pp. 189，200，211，310，379.

30 阿拉比亚南部铭文最后的选集是 *CIS*，Vol. IV；然而它们是作为 *RES*

（《闪族文化研究杂志》）从 *Repertoire d'epigraphie semitique* （1900 –
1938）一书之中引用的,这是一套比较完整的丛书,有校对过的原文、翻
译和注释。

31 *RES*，Nos. 3012,3022.

32 *RES*，Nos. 2789, 2942, 3459.

33 *RES*，Nos. 2775,3012,3022,2774;其他铭文有,*RES*，Nos. 2808,2944,
2959,2971bis 和 3006。

34 Winnett, *op. cit.*, p. 6.

35 参见 Olmstead，*History of Palestine and Syria*（1931），p. 619。

36 *RES*，Nos. 3022,3012.

37 *RES*，Nos. 3535 and 2962;其他来自共同在位时期的献祭,*RES*，Nos.
2929,2952,3013。

38 *RES*，No. 3055;大概是一人在位,见 *RES*，Nos. 3005 和 3033。

39 *RES*，Nos. 3039, 3049 – 3050,3052.

40 *RES*，No 2886.

41 *RES*，No 2762.

42 *RES*，No 2982.

第卅一章　科学与伪科学

苏格拉底、柏拉图
和东方科学

苏格拉底曾经是安那克萨哥拉的弟子阿基劳斯（Archelaus）的学生。[1]他早年对天文学和物理学表现出浓厚的兴趣。公元前423年，在阿里斯托芬著名喜剧《云》之中受到挖苦的，正是这位苏格拉底。甚至在他正式和公开地宣布放弃自己的主张之后，这位大哲学家仍然因为不信祖神而被梅勒图斯（Meletus）控告，被判处死刑。梅勒图斯宣称，他研究的东西，是在空中和地下有什么——德谟克利特已经写了《论冥世之物》——而他却说太阳是一块石头，月亮是一堆土。他说的这些东西，就像安那克萨哥拉安书中讲的一样，充斥着同样拙劣的废话。[2]

我们绝对不要为苏格拉底在垂老之年彻底改变观点而感到遗憾。要不然，欧罗巴人的思想将会贫乏得更加无法估量。但是，对于科学而言，其后果是灾难性的。直到现在，爱奥尼亚哲学家及其继承人所精通的科学，明显地表现在精于考虑自己的利益，而不是自己的方法。现在，苏格拉底毅然向所有科学的观点挑战，这就开创了一个冲突的时代，这个时代不是科学和神学，而是科学和哲学互相冲突的时代。

他不再认为研究天文学，了解天体、行星和彗星运行的路线，它们与地球的距离和它们运转的周期有任何用处。确实，苏格拉底没有想到捍卫正统观念会走得这么远，必须宣布研究上帝不打算让人类知道的是什么，以及安那克萨克拉愚蠢地企图解释众神的机制，都是不虔诚的行为。[3]

在这种反科学的氛围下，柏拉图成了年迈的苏格拉底的弟子。柏拉图作为哲学家，是一名真正的、最伟大的哲学家。他又是华丽文风的大师。但是，这样一位天才很少会屈就科学所要求的、缺乏想象力的劳动。而且，不像他的老师，柏拉图深受毕达哥拉斯学说的影响。根据这个学派的传统，数字拥有一种神秘的和半科学的价值，这一点在天体和运动的时间划分上表现尤为明显。

当然，我们要想在柏拉图那里寻找严肃的、东方科学的痕迹，只能是枉费心机。充其量，我们有时可以看到一些天文学的术语。如果一位当时的巴比伦祭司天文学家，同时也是最复杂的天体数学家，读过了柏拉图的最新文章《论宇宙》，他有时可能会表示赞同，但更常见的是令人惊奇的反对。他本该认可苏格拉底和柏拉图反无神论者的信仰，承认天体就是众神，值得他们为之举行崇拜仪式。他本该坚决反对苏格拉底认为解释众神的机制是其虔诚的责任。像同时代所有学者一样，他本该接受他生活的地球处于宇宙中心位置。这是一个无需证明的事实。但是，他可能不会接受进一步的陈述，即地球是个完美的球体。他明白事理，不相信行星轨道形成一个完美的圆周，因为他自己的观察和计算已经证明，至少太阳（大概还有月亮和其他行星）是在一个略微扁平的椭圆形轨道中运行的。

天体可以提供各种预兆。许多泥板文书（这是供那些能够解读精心设计的密码文字的人使用的）提供了证明，占星术是一门科学，它是天文学一个固有的组成部分。泥板文书还给了我们"计时的工具"。但是，东方人惊奇地发现，这些后期的希腊哲学家是如此落后于时代，仍然认为一年的长度只有 360 天。柏拉图仍然没有认识到晨星仅仅是金星作为昏星的另一种表现形式。他也不知道它在以地球为中心的行星中的顺序——月亮、太阳、晨星、赫耳墨斯、火星、木星、土星——这个顺序不符合他所观察的，并且与其他经过计算的星历表进行过核对的星历表所提供的证据。

在解决了某些难题后,我们东方的学者又发现柏拉图以无法理解的"同样的圈和其他的圈"进行对角线横切,指的仅仅是人们熟悉的黄道圈和赤道圈。如果正像他所说的,行星轨道等于太阳的轨道,只是方向相反。因此,太阳、月亮、赫耳墨斯、晨星通常会不会互相赶超,并且互相超越呢? 当他读到这段话的时候,他可能会摇头:"这些同样的神运行,他们并排而来。他们回到轨道的方式和他们接近的方式相同,众神在他们的汇合之处面对面的相遇——这是他最终能理解的术语——他们相互之间按照什么顺序走过,我们在什么时候看不见他们,他们在什么时候再次出现。对于那些不能计算他们运动轨道的人,以及那些能够计算的人,他将赐予他们——恐怖和即将到来的预兆——宣布这些相同的运动没有可见的模式,所有这一切都是浪费时间。"我们的科学家可能还必须解释许多难题,因为他可以参考许多有用的教科书和泥板文书。但是,当他为尚未证实的解释而冥思苦想之时,正如从柏拉图时代以来许多古代和现代评论家也曾经问过的问题一样,他肯定问过自己,当这位伟大的哲学家敢于冒险进入天文学这个困难的领域时,他是否有点力所不及。[4]

幸运的是,还有更好的原因可以解释东方学者为什么会反复地阅读柏拉图的著作。在他的老师被定罪后,雅典在名誉上的污点从来没有洗刷掉。柏拉图去了埃及。在那里,他以卖橄榄油来支付自己的开支。他利用机会拜访了那些解释神意者——在其他人心目之中,这毫无疑问是指占星家。[5]当他讲述梭伦正式拜访赛斯宫廷之中的阿马西斯王的时候,他也许正在想他自己的经历,这个宫廷是由奈特女神(希腊人称其为雅典娜)在埃及尼罗河三角洲分岔口之处所建。梭伦与赫卡泰奥斯一样,很快就在底比斯表现出自己的骄傲自大,自以为是地解释了希腊的宇宙进化论。然而,一位与底比斯下一代祭司一样能干的祭司,敢于压下这位野蛮人的气焰。他的批评只有一句话:"梭伦啊,梭伦! 你们希腊人到底是孩子,没有一个老成的!"然后,他责备梭伦:"你们没有古老的信仰和科学。"[6]

面对其他文化声称自己超乎寻常古老这样的断言,柏拉图像他以前的赫卡泰奥斯和希罗多德一样,表现得惊人的谦恭。他重复他的老师的话:诺克拉提斯本地的古神特乌思(它的象征是朱鹮),发明了算术、几何学、天文学、还有跳棋和骰子的游戏,更不要说文字了。那时,塔姆斯(Thamus)是所有埃及人的国王,他住在上埃及的一座大城市中,希腊人称这座城市为埃及的底比斯。特乌思向他炫耀自己的发明,并要求让其他埃及人都知道这些发明。每个发明都受到了表扬或谴责,直到国王看到文字,他对特乌思宣称,文字将会毁灭他们的记忆力。[7]

根据埃及人自己的说法,从万物存在之始,他们就已经研究了万物的本源。他们是首先使用占卜和医药的民族,也是首先使用盾牌和头盔的民族。[8]埃及所有的曲调——柏拉图对音乐很感兴趣——据说都是伊希斯自己创作的。自从她那个时代起,所有的姿势和曲调都被确定下来,并且公布在神庙里,画家和雕刻家不得作任何改动。一万年的雕刻——柏拉图坚持认为他说的这些是指文字——它们的确与今天的雕刻完全一样。[9]

他了解埃及的防腐技术和等级制度的划分,尼罗河和皇家沼泽保存鱼的方法,当地人用食物和牺牲品驱赶陌生人的习惯,埃及儿童用他们的文字来学习数学的方法。在详细地叙述这些奇怪的事情之后,我们就会发现,柏拉图让费德鲁斯(Phaedrus)指责苏格拉底虚构埃及人的故事一点也不奇怪。然而,其最终的评价表明,柏拉图仍然是一位清醒地记载有关蛮族故事的希腊人。他说,在埃及人和腓尼基人之中,教育只能培养出流氓而不是智者。[10]

希罗多德已经留下了埃及人关于特洛伊战争及其起因的说法。柏拉图却知道一个不同的原因:特洛伊人依靠亚述的力量开始战争,这一点在他们的君主尼努斯统治时很明显。因为特洛伊是亚述帝国的一部分。特洛伊人当时的恐惧,就如同柏拉图时代的希腊人惧怕波斯国王一样。[11]

在他早年游历的时候,柏拉图本来打算拜访麻葛。但是,由于

449

斯巴达人在亚细亚发动的解放战争，使他无法成行。[12] 不过，他至少可以与雅典的波斯游客交谈。或者，他还可能已经读过德谟克利特关于麻葛习俗的论文。他最早的著作《亚西比德一世》，以阿尔塔薛西斯一世时期（关于国王在位的时间，他正确地确定为薛西斯的遗孀、王太后阿梅斯特里斯时期）为背景，表明他对波斯的风俗习惯和宗教相当了解。他告诉我们，波斯君主是阿契美尼斯的后代。作为一个希腊人，柏拉图把阿契美尼斯说成是宙斯之子珀修斯的儿子。他了解一些有关波斯行政机构的知识。他还谈到一片肥沃的土地、面积为一天行程那么广阔，这片地被称为"王后的腰带"。另一片土地被称为"王后的面纱"，还有更多相似的地名。

450

正如希罗多德以及自己同时代的色诺芬一样[13]，柏拉图对波斯教育也产生了兴趣。7 岁时，王太子就得到许多马匹，训练骑马和狩猎。14 岁时，他有 4 个宫廷教师，最智慧的教他奥罗马斯德斯（Oromasdes）之子琐罗亚斯德的《麻葛》，这是对神的崇拜，也是王者的事务。最公正的教师教王太子终生讲真话，最温和的老师教他学会自制，而最勇敢的老师则训练他无畏。[14]

柏拉图对东方宗教的兴趣不如对埃及和波斯宗教兴趣那样浓厚。昔兰尼的狄奥多鲁斯（Theodorus）以他自己的神阿蒙神发誓。对于建立或重组一个城市，阿蒙神谕的重要性被认为仅次于德尔斐和多多纳（Dodona）。柏拉图听说过仲夏在阿多尼斯神（Adonis）的花园里播种，各种各样的植物在 8 天之后就会出现。他也知道希腊人，特别是那些生活在蛮族统治之下的希腊人，从蛮族那里学习了许多单词。[15] 柏拉图确实对东方科学不感兴趣，但他到过东方，而且知道不少东西。这种影响是否很深刻呢？有一些人认为，柏拉图隐隐约约的二元论思想，就来自琐罗亚斯德所宣扬的善与恶的永恒冲突。

医学的进步

荷马已经听说过埃及的医学。[16] 希罗多德对埃及的专科医师感到惊奇。在这个期间,希波克拉底(Hippocrates)开始在希腊创立医学科学。他的故乡科斯岛长期是阿斯克勒皮亚迪(Asclepiadae),即医生职业协会的总部。该协会得到医神阿斯克勒皮俄斯(Asclepius)的庇护。希波克拉底是柏拉图的同时代人。不久,他就被认为是古代最伟大的医生。[17]一些以他的名字编写的著作,已经确定并非出自这位大师之手。但是,它们确实是出自他的学派和他那个世纪。[18]把它们与古代东方医学文献进行对比,还是有启发意义的。

一篇至少是 15 个世纪以前的埃及外科论文,以其冷静地分析那些毫无疑问可以治愈的、可能治愈的和毫无治愈希望的病例,使我们感到吃惊。[19]在希波克拉底的论文《流行病》之中,可以发现同样冷静的分析。另一篇论文《外科学》,无论是在形式还是在内容上,都使我们想到了埃及的前辈。但是,就绝大部分而言,东方和希腊在治疗方面的不同,明显地大于相同。

东方这时尚不知道保健学,[20]主要依赖于药物和器械。这些器械有许多是那些尚在使用的器械粗糙的原型。同时,巴比伦药物的名字也出现在后代的文献之中,直到现代药典被煤焦油的衍生物所取代为止。我们印象特别深刻的是,在公元前 4 世纪的论文之中,几乎完全没有提到药物、器械,也不强调养生法。

巴比伦医药论文按照他们自己的逻辑方式来描述各种疾病,这就是按照躯体从头到脚的部位顺序来描述。这种实用的方法遭到希波克拉底的嘲笑,他喜欢自己希腊的逻辑方式。最终,东方的医生求助于魔法。但是,他们使我们意识到,有时使用魔法是因为它具有心理效果,就像现代的医生也许会给年轻人使用面包丸一样。即使在阿斯克勒皮俄斯的保护下,就希波克拉底的论文而言,希腊医学已经与超自然的力量决裂了。

也许,这些古代希腊医学著作之中最古怪的一篇是《论空气、水和空间》。作者不管是不是希波克拉底,却重谈了亚细亚人和欧罗巴人之间的差别。他把这些差别解释为是由于气候的差异而造成的。然而,他是一个诚实的人。例如,他承认制度也是起作用的因素。虽然生活在政治制度之下的人们是驯服的，但那些为自己劳动的、自由的亚细亚人是所有人之中最好战的人。[21]

天文学的发现

当我们在研究之中涉及公元前 4 世纪巴比伦的天文学时，各个行星更详细的星历表已经是众所周知了。我们可以举出下面一份文书为例："阿尔苏，又称即阿尔塔克萨楚（即阿尔塔薛西斯二世——作者注）王在位第 27 年（公元前 387——作者注），马卢巴巴（木星——作者注）出现。直到乌马苏，又称阿尔塔克萨楚（即阿尔塔薛西斯三世——作者注）王在位第 13 年末（公元前 345——作者注）。泥板文书和木板文书的抄本，节日里的观察，基米尔……之子……制作，给马尔都克帕齐德泽（Marduk-paqid-zer）准备的泥板文书。"

一段典型的文字写道："第 20 年（公元前 385 年——作者注）5 月 14 日，它出现在马尔马卢（Mulmullu）星座的头上。6 月 2 日夜，黎明时，它在木板 2 肘尺 6 指之上的位置。大约在 9 月 10 日，他在固定的位置、1 又 2/3 肘尺的位置。它在御夫座北面金牛座之后静止不动。11 月 8 日，它最后一次出现。15 日晚，他回到木板 1 肘尺 20 指之上。1 月 1 日（公元前 384 年——作者注），它一直停止在西方不动，一直在木板正面 1 肘尺 8 指长的位置。10 日，它开始返回。2 月 10 日黄昏，它回到木板之上 1 又 2/3 肘尺的位置，4 月 17 日夜，黄昏，它在御夫座的金牛座之下 2 肘尺的位置。第 21 年 5 月 14 日，它进入了御夫座之后。"[22] 行星表以同样的方式追踪每个天体，通过其沿着黄道运行的周期，从它在偕日而升光芒初露之时，到它在朔望时期停止不动时的位置，然后是沉没的位置和进入地下的位置。它在黄道上每个运动点都标明了行星的肘尺和指长。这些行星至今仍然是一群天体，而没有退化成黄道带上简单的标志。

公元前 379 年的一块泥板文书记录了更多的数据，使我们可以

452

确定行星沿着黄道运行的情况。"10月25日,月亮出现了。在太阳落山前58分钟,出现了朔月。26日夜,安努(火星——作者注)回来,位于西方库(Ku)星座第一颗星之下。月神辛在库星座头部之下2肘尺10指的位置。5日夜,初夜之时,辛在飞鱼座之前。7日晚,辛的中间被羊圈包围,安努站在中间。"这里,我们开始有了第一个气象观察的混合例子。正如我们已经知道的,气象学对巴比伦来讲仅是天文学的一个分支。占星术的成分也存在着:行星红色的晕(红色是悲痛和死亡的颜色)预示着"统治家族的国王和国王之子有危险",特别预示着"大地被迷雾笼罩"。

"9日夜,日落前38分钟的黄昏,辛在木板后面2/3肘尺的位置。同日,黎明后18分钟,月亮落下。11日,马卢巴巴星在天蝎座出现。在东方,它出现了46分钟,12日夜,黎明,辛在双子座之下和之后1肘尺的位置。13日夜,黎明,它在狮子座头部之上2/3肘尺的位置,有卷云。15日夜,黎明,辛在仙王座(轩辕14,我们称为狮子座的一等星——作者注)之后1又1/2肘尺的位置。有卷云。17日夜,黎明,辛在土星之上2.5肘尺的位置。它一直停在东方不动。17日,早晨,发光的金牛座(水星——作者注)出现在射手座的位置。17日,安努仍然在西方固定的位置。19日夜,黎明,辛在室女座1又2/3肘尺的位置。21日夜,黎明,辛在天蝎座卡布卢星之前2肘尺的位置,在金星之前3肘尺的位置进入。"

这不是计算而是观察,它证明了已经使用气象学来为实用的占星术服务,提到国王之子表明,科学仍然局限在预测人们的忠诚,个人的星相可以决定未来。这些记载非常接近德谟克利特所翻译的那些东西。这些形式简单、而且不那么准确的泥板文书,必定是有实用价值的。这里还有一个革新。我们的天文学家记录着在10月,15卡芝麻卖了1谢克尔。而在11月,52.5卡大麦卖了同样的价钱。[23]

杰出的天文学家
西丹努斯（西德纳斯）

这样的观测和计算，为巴比伦最伟大的天文学家西丹努斯（希腊人熟知的西德纳斯）铺平了道路。[24]在天文学的领域之中，他的体系建立在公元前 379 年或公元前 373 年。[25]我们有充足的理由相信，公元前 367 年对 19 年一周期进行的微小修改，应当归功于他。这个周期一直在反复地修改，一个周期代替一个周期，一直使用到公元 45 年！[26]公元前 145 年在锡伯尔（很可能是他的家乡）的一份"西丹努斯朔月运行表"抄本，使我们能够得以观察他的体系。[27]

454

西丹努斯制作的第一栏，可以确定太阳从一个新的朔望月到下一个朔望月位置的变化。采用增加或减少 18' 的方法，日数在算术级数的最大值为 30°1'59''，最小值为 28°10'39''40'''。根据这个表格，我们又制作了下面一栏，以确定月亮在黄道十二宫的位置。例如，沙巴图（Shabatu）在飞鱼座的 21°17'58''20'''。从第一表格之中为下个月，即阿达鲁月加上数值 28°57'17''58'''，结果是 50°15'16''18'''。月亮出现在下一宫，减去 30°，月亮就停在公羊座的 20°15'16''18'''。

那波里曼尼将季节的转折点设置在每宫的 10°。西丹努斯将其设置在每宫的 8°15'。它与黄道本身向西部后退运动得出的准确结果 3°14' 偏差较大。于是，人们又进行了一些修改，稍后 8°15' 再次修正为 8°0'30''。这种修改不足之处在于，它很难反驳这个论点，即这些修正只是基于我们对所谓分点岁差现象的模糊认识而作出的。无需指出的是，西丹努斯不像喜帕恰斯（Hipparchus，对他来讲，发现总是可信的）。他对于现象真正的起因，有一点儿怀疑。

其他泥板文书表明，远地点随着最慢的可见运动，停在射手座 20°的位置，近地点随着最快的运动，停在双子座 20°的位置，位置偏差约 10°。对西丹努斯而言，月亮运行的路线就是一个准确的圆周，它沿着圆周以均加速运动达到最大值，然后减速到最小值。这栏的平均值为 29°6'19''20''',被 29°.53059413(西丹努斯的平均朔望月)所除,得出太阳每天后退值为 59'8'9'''36''''47''''',比那波里曼尼的数值准确了 1'''18'''',比今天的计算少 1'''25''''9''''',误差不到弧的 1/30 秒。这对绝大多数非天文学家来说已经足够精确。

接着,这栏又确定了恒星年的数值为 365 日 6 小时 13 分 43.4 秒——它比那波里曼尼接近了 1.5 分。但是,它比现在仍然长了 4 分 32.65 秒。近点年从近地点或远地点来回的数值是 365 日 6 小时 25 分 46 秒。根据现代天文学家的观点,这完全准确。太阳每日最大的运动值是 1°1'19''.56,只少 0.34 秒。他每日运动值最少为 56'56''.7,或 14'',只少 0.8 秒,他的恒星月数值为 27 日 7 小时 43 分 14 秒,多出了 3 秒。他的月恒星运动值是 13°10'34''51'''3''''.6,少了 1'''6。最终的误差是一千万分之一。只有通过这些数据,我们才能正确地评价这位杰出的天才超凡的数学能力。

第三栏以 4 小时 4 分 4 秒为单位,确定了 1 日的长度,春分被设置在白羊座的 8°15',那时,白昼是 3 个单位或 12 小时的长度。在以后每度上,我们加上 36,或 2 分 24 秒。在新年那一天,即尼桑努月(Nisannu)1 日,月亮是在金牛座的 0°52'45''38'''。日的长度是 3 14 或 12 小时 56 分。我们继续给各个级数乘以 36,直到 10°15'。然后,再乘以 24,把结果与 3 14 相加,我们就得到 3 26。在 12 个周期之中,如果每宫开始于 8°15',则 36,24,12 的数列为正数,12,24,36 的数列为负数;如果 36,24,12 的数列为负数,则 12,24,36 的数列为正数。那波里曼尼体系运行数值就是 8,24,40。

第四栏,现在要求确定半夜的长度。因为西丹努斯已经放弃以多变的日落作为民用日的开始,而是把午夜作为他的天文日的开始。第三栏的数字减去 6(巴比伦等于 24 小时),结果减半。例如,阿达鲁月 1 日,日的长度就是 2 56,6 减去 2 56 等于 3 4,减半就是 1 32 或 6 小时 8 分,这就是是从日落到午夜的时间长度。

第五栏确定了朔月和望月的位置,因为西丹努斯已经发现月球运行的路线越接近黄道,食的可能性就越大。他必定知道这个周期。在这个周期之后,月球将回到同一交点,即所谓的天龙座月。在这个表上,数字从零开始变动,当月球在交点穿过黄道时。它向上或向下运动,数字也向上或向下变动,最大值为 9 52 15,4°56'7''。它或者是正数,或者是负数。通常的差额是 3 52 40。当然,从零点发出的上升或下降的数列,数值并不相等。在零点之后,正规的阳历是 0 52 30,而不是 3 52 30。计算表明,5458 个朔望月等于 5923 个天龙座月。因此,西丹努斯的天龙座月是 27 日 5 小时 5 分 35.81 秒——跟现在的正好一样。

第六栏确定了太阳每日的运动。当近地点最大值为 15°16'35''、远 456
地点最小值为 11°5'5'' 的时候,正常的差额是 0 36。这表明平均值为 13°10'35''。但是,有一位希腊人显然使用了一本佚书,[28] 该书确定的迦勒底数值更加准确,为 13°10'34''51'''3''''.6。它只少了 1'''38''''.4。在研究最大值和最小值的时候,我们发现 251 个朔望月等于 269 个近点月。

第七栏记载的总数,我们必须增加 29,才能确定最长和最短的朔望月差额为 22 30,最大值为 4 29 27 5,最小值为 1 52 34 35。这使西丹努斯的朔望月为 29 日 12 小时 44 分 3.3333 秒。近点月为 27 日 13 小时 18 分 34.7 秒——比现代短 1.9 秒。

这栏认为太阳的运动是恒定不变的,但接下来为太阳的近点月运动而修正了朔望月的长度。在近地点的最大值为 21,或 1 小时 24 分。这时,太阳运动更快,月球要花更长的时间才能进入和太阳的合点。因此,十二宫的 6 个月为正数。当反向运动稳定的时候,同样数值的最小值在远地点。随着十二宫的运动,出现了正负值。我们就必须在这栏的前一行中加上或者减去一个数值,使下栏可以确保该栏的朔望月修正值,符合第七栏假定太阳恒定不变运动情况下的数值。最大值现在是正数或负数 32 28,或 2 小时 9 分 52 秒,它允许由于太阳 4 小时 19 分 44 秒运动的变化使朔望月出现可能的二均差。

两个合点或冲之间真正的间隔出现在第十栏。该栏从第七栏的增减之中获得了第九栏的数据。该栏最后一行加上前一栏下一行的数据。第十一栏获得了天文学朔月的数据。由于第七栏确定了正确的朔望月，但不是近点月的运行路线，或月的长度，第九栏并没有非常严格地遵循太阳不规则的路线。计算出来的数值和我们确定的数值差 0.5 到 2.5 小时。这也可以解释为什么在预测食的时候会出现误差。

还有 6 栏，从来没有任何天文学家认真研究过，计算真正的朔月，实际上一直是根据新月的出现来确定天文月的。[29] 因此，我们认为西丹努斯的体系仍然是个未完成的体系。而且，我们的计算都是建立在泥板文书粗略的近似值基础之上。由于西丹努斯的教科书不像那波里曼尼的，没有保存下来。一份希腊人的摘录证明了它非常准确。而且，即使他没有进行更多的理论说明，他的声望也是可靠的。

如果那波里曼尼准确的计算令人惊奇的话，西丹努斯的准确性就几乎令人难以置信。月亮与太阳的关系仅为 1'' 以上，太阳交点为 0''.5；月亮交点为 1''.5；月亮—月亮的近地点为 9''.7；太阳的二分点为 15''。太阳近地点的二分点为 18''。太阳—太阳的近地点为 3'' 不到。如果把他与现代天文学家相比，就能看出他的真正伟大之处。研究阴历最著名的天文学家汉森（Hansen）在 1857 年确定了太阳和月球每年的运动值为 0''.3 多。西丹努斯的误差超过了 3 倍。1887 年，奥波尔泽（Oppolzer）确定了一个标准。我们经常会使用他的标准以确定古代食的时间。现在认为，他的太阳交点运动值每年为 0''.7 太小。西丹努斯实际上更接近实际，尽管他的误差 0''.5 也还是太大。因此，这样的准确性是在没有现代天文台拥有的望远镜、钟表和无数的机械设备，也没有我们现在发达的数学条件下取得的，它看来似乎难以置信，直到我们恢复了西丹努斯处理过的一长串经过仔细观察的食和其他天文学现象，才知道它对现在的天文学家更有实用价值。[30]

457

欧几里德的先驱
——尼多斯的欧多克索斯

尼多斯的欧多克索斯作为一名医生开始了他的生涯。他到过雅典，并且曾经拜柏拉图为师，他跟随老师从埃及返回之后，已经自称是一名哲学家。后来，欧多克索斯得到阿格西劳斯给国王奈赫特哈尔希比的一封引荐信，在这位法老即位之后，他立刻去了埃及。[31] 在孟斐斯的乔努菲斯（Chonuphis）庇护之下，他剃掉了胡须和眉毛，在那里度过了 16 个月的时间。他的天文台位于赫利奥波利斯和塞尔塞苏拉（Cercesura）之间，天文台有一个瞭望塔和参考资料，他注意到资料上有关天体的记录。在三百多年之后，这些天体仍然能够认出。[32]

关于欧多克索斯的故事，大部分都是幼稚的、简直是骗人的故事，而且根本没有必要编造这些故事。因为欧多克索斯本来就是一位伟人。现代学者称赞他的工作"标志着天文科学的开始。"[33]

这样一种信念的形成是不难理解的。欧多克索斯的《天象》原作已经佚失。但是，它的精华部分保存在阿拉托斯（Aratus）改写成诗的作品之中。[34] 这是保存至今的第一篇希腊语的天文学论文。不过，它的题目《天象》是从德谟克利特那里借用的。我们已经从迦勒底人那里知道了它的内容可能是什么。阿拉托斯作品中描绘的天体图，毫无疑问是依据欧多克索斯的著作而来。但是，这幅天体图本质上是德谟克利特从那波里曼尼及其同事那里借用来的。欧多克索斯不像德谟克利特，他没到过巴比伦，也没有证据表明他知道他的同时代人、巴比伦的西丹努斯所取得的任何进步。

毫无疑问，欧多克索斯获得这些荣誉要归功于他的独创性。但是，用来解释奇异的、清晰可见的太阳、月球、行星和恒星的 27 个同心球图表，实在是太复杂了。人们只要看一眼就可以明白，这个图表主要不是建立在他自己的观察基础之上，而是建立在数学逻辑的基础之上。那波里曼尼使用过的术语，通过德谟克利特的传

458

递，在这里都出现了：天球、轨道、食、倾斜度、天球赤道、极、圆周运转、静止点、逆行、月球最北和最南的纬度。由于那波里曼尼的学说而引起的许多问题，即天体的运动，被欧多克索斯用围绕不同倾斜角度旋转的各极紧密相联的，各种特有循环周期的眼花缭乱的数据解决了。我们可以用他的结果来判断这个体系。同时，这里也出现了新的困难，本轮互相堆积，到了中世纪的托勒密体系，又增加了各种各样的复杂问题。那波里曼尼体系就其本身而言，是准确的。因为它是第一次建立在测量、记录和长时间持续观察的基础之上，并且得到数学体系相当的帮助。但是，它在方法上与希腊人使用的方法有许多的不同。最终，那波里曼尼的继承者、波斯湾畔塞琉西亚城的塞琉古发现，一旦人们认识到地球是围着太阳旋转，所有的这些运行轨道和本轮都是不必要的。

459　　　但是，即使欧多克索斯不是像德谟克利特那样伟大的天文学家，他也可以因为自己是欧几里德的直接先驱而名声远扬。目前，埃及人和巴比伦期望他是什么人，还很难说得清楚。我们发现东方的数学家是最近的事情。对于他们所取得的成就，我们至今仍然处在惊奇的状态之中。东方数学家的历史，他们对希腊人的贡献也很少为人所知，今后必定会引起人们的兴趣。

　　　像他之前的德谟克利特一样，欧多克索斯知识广博。他尽其所能，几乎涉猎了所有的知识领域。他为古代杰出的科学天才——亚里士多德铺平了道路。他在自己的、还有其他学生的著作之中，总结了前人的全部知识。亚里士多德最伟大的贡献，就建筑在他为早期希腊化时代更伟大的发现所奠定的坚实基础之上。

原注

1　Aristoxenes, in Diog. Laert. ii. 19.

2　Aristophan. *Aves* 94 ff. ; Plato *Apol.* 18B-C；26D-E.

3　Xen. *Memorabil.* iv. 7.5-6；参见 Plato *Phaedo* 97B。

4　有关《论宇宙》最详尽的论述，还可以参见 *Leg.* vi. 756B; vii. 821C ff. ; *Rep.* x. 616。更具赞美性的评价，参见 T. L. Heath, *Aristarchus of Samos* (1913)，pp. 134 ff.

5　Strabo xvii. 1. 29；Plut. *Solon* 2. 4；Diod. Laert. iii. 6.

6　Plato *Tim.* 21E‑22B；参见上面 pp. 210,318 ff。

7　Plato *Phaedr.* 274D ff. ；参见 *Phileb.* 18B。

8　Plato *Tim.* 24.

9　Plato *Leg.* 656D‑E，657B.

10　Plato *Phaedo* 80C；*Tim.* 24；*Politic.* 264C；*Leg.* vii. 819A；xii. 953E；
　　v. 747C；*Phaedr.* 275B.

11　Plato *Leg.* iii. 685C.

12　Diog. Laert. iii. 6‑7.

13　Xen. *Cyropaedia.*

14　Plato I *Alcibiades* 120E，121C，121E‑122A ff.

15　Plato *Politicc.* 257B；*Leg.* v. 738C；*Phaedr.* 276B；*Crat.* 409D.

16　*Odys.* iv. 229 ff. .

17　Plato *Protag.* 311B‑C；*Phaedr.* 270C‑D；Aristot. *Polit.* vii. 4. 3.

18　W. S. H. Jones, *Hippocrates* (1923‑1931).

19　J. H. Breasted, *The Edwin Smith Surgical Papyrus* (1930).

20　例如,参见 Olmstead, *History of Assyria* (1923), p. 413。

21　Hippocrat. *De aerer* 16.

22　F. X. Kugler, *Sternkunde und Sterndienst in Babel*, I (1907),80 ff.

23　*Ibid.*, pp. 75 ff.

24　Strabo xvi. 1. 6；Plin. ii. 39；Vettius Valens ix. 11 (ed. Kroll, pp. 353‑
　　354)；Schol. *Ad Ptol Syntax.* (*Catalogus codicum astrologorum
　　Graecorum*, Vol. VIII, Part 2 [1911], pp. 125 ff.)

25　P. Schnabel, "Kidenas, Hipparch und die Entdeckung der Prazession,"
　　ZA, III (new ser, 1926), 1 ff. ；J. K. Fotheringham, *Quellen und
　　Studien*, B, II (1939),39；参见 Olmstead, *JAOS*, XLVI (1926),87。

26　参见 R. A. Parker and W. H. Dubberstein, *Babylonian Chronology*,
　　626B. C.‑A. D. 45 (1942), Table I。

27　F. X. Kugler, *Die babylonische Mondrechnung* (1900).

28　Geminus xv. 2.

29　J. Epping, *Astronomisches aus Babylon* (1889), pp. 93 ff.

30　参见 Fotheringham, *op. cit.*, pp. 38 ff.

31　Plut. *De gen. Socr.* 7.

32　Diog. Laert. viii. 86 ff. ；Strabo xiv. 2. 15；xvii. 1. 29‑30；Vitruv. ix.
　　6. 3；6. 1；Philostrat. *Vit. Phil. i.* 484.

33　Heath, *op. cit.*, p. 193.

34　Arat. 19‑732.

第卅二章 行将衰亡的和有生命力的宗教

宗教混合主义

在纯科学史上,那波里曼尼和西丹努斯是当之无愧的第一流科学家。但是,我们不应该把他们归于现代的"自然科学"之列,这样的态度只有在不可知论的希腊哲学家中才是可能的。即便如此,他们还是领先于他们的时代。保守的雅典人作出的反应是,封杀安那克萨哥拉教授的天文学。苏格拉底为了表示对他先前异端邪说的厌恶,宣称天文学知识是无用的,调查神不打算让人理解的内容是不敬神的,试图解释神的机制纯粹是精神错乱。[1]

巴比伦甚至更保守——事实上,这种保守从来没有意识到在科学和神学之间可能会出现冲突。那波里曼尼和西丹努斯首先是祭司,他们的一生献给了月神、太阳神或其他体现为天体的诸神。他们按照遥远的过去模糊规定的仪式来祭祀这些神祇。当他们转向比较实用的、"科学的"天文学问题时,他们至少是从来没有考虑到"不敬神"的问题;他们唯一的意图(苏格拉底曾经谴责过这种意图)就是解释诸神的机制本身,从而真正证明神的"道路"对人是合理的。

尽管科学进步很大,巴比伦宗教在表面上仍然没有变化。书信、行政法令和商业文件向我们表明,神庙一成不变地走着自己的道路。它遇到的麻烦只是政府对他们的财产日益加强的控制。神庙抄写员严格地按照字句抄写古代宗教文献。贝勒马尔都克保留了古代的荣耀，直到因为煽动巴比伦叛乱，埃萨吉拉被薛西斯毁坏为止；在一代人的时间之内，祭祀活动就恢复了，但是财力极为有限。安努和乌鲁克女神，拉尔萨和锡伯尔的沙马什，尼普尔的恩利尔和博尔西帕的那波，由于他们先前崇高地位，受到了尊重。在祈求神灵的保佑的时候，对同样的神祇使用同样的套话，即单调地重复这个大家族的许多名字。

尼罗河谷出现了同样的情况，只是由于埃及长期的政治独立和埃及统治者热衷于，并且有能力重建神庙，恢复祭祀活动，这种情况得到加强。由于首次出现在赛斯的仿古倾向继续发展，至今为止一直被忽略的赛斯诸神、如奈特恢复了他们荣耀的地位。这个庞大帝国其他地方出土的少数资料表明，其他民族的宗教情况也相似。有一种令人不安的思想坚持认为，这种表面上稳定的情况，仅仅是由于我们自己的无知所致。我们还没有认识到各种地下的新运动的暗示，它们很快就将出现，并且给未来的世界打上自己的标记。

个人的名字，也向我们讲述了关于宗教混合主义发展的故事。早在阿尔塔薛西斯一世在位时期，我们已经发现巴比伦的文献向我们展示了许多居民供奉外族的神祇。其中有波斯人的密特拉和巴加（Baga）、阿拉米人的谢梅什（Shemesh）、犹太人的雅赫维、埃及人的伊希斯和哈马齐斯（Harmachis）。在大多数情况下，这些神祇毫无疑问与他们的移民崇拜者在一起，但在其他情况下，可以想象出现了明确的宗教变化。当一位犹太商人用那波或马尔都克取代雅赫维，这可能就是真正的宗教混合主义，即把一位神等同于其他的神。当着这种情况反复地出现，或一位信奉哈马齐斯的埃及父亲用巴比伦的神给儿子取名，这就开始有点像改变宗教信仰了。而且，当父亲承认雅赫维，儿子承认巴比伦神祇，孙子取含糊的伊朗名字，这就足以清楚表明各民族的宗教是怎样混合在一起的。

到目前为止，没有迹象表明埃及的土著居民已经放弃了他们祖先的神。但是，他们的确有异族通婚和近亲通婚的习惯。比如，当阿肖尔（Ashor）娶了富裕的犹太女继承人米布塔希亚（Mibtahiah）

461

的时候,期望她会离开自己的族人,并且忠于自己的丈夫;后来,她的确与阿肖尔离了婚,回到了她的族人那里。这时,她把她继承的财富转交给了第二任丈夫,他是个犹太人。[2]

在尼罗河谷南北各地,我们发现了陶片、纸草文书和叙利亚商人的墓碑。希罗多德知道孟斐斯的赫菲斯托斯(他称为普塔)神庙附近有提尔人的营房。后来的文献提到阿舒尔许多地方(这是表示叙利亚的常用术语),如他们的海岛和行政区。[3]商人们自己的名字泄露了那个时期宗教混合主义的秘密。例如,哈达德埃泽(Hadad-ezer)仍然崇拜叙利亚的天气神,但霍里(Hori)现在崇拜的是埃及的何露斯,尽管父亲给他取了正统的波斯名字巴加巴加(Bagabaga);另一个人叫做巴加达特(Bagadat)。[4]这些阿拉米商人实际上已经改变了宗教信仰,这是可以通过他们的名字来证实的;虽然以利沙之子阿南(Anan, son of Elisha)是以闪族的神巴力的名字命名的叙利亚城镇市民,他却成了伊希斯的祭司。家在赛伊尼的希尔(Sheil)或扫罗(Saul)是巴比伦尼波神(Nebo)的祭司。赫雷姆谢扎布(Herem-shezeb)也是一位祭司——大概是以他的名字纪念的神。而且,我们还有其他表示纪念阿纳特神(Anat,叙利亚大女神)、阿什马(Ashima)、伯特利(Bethel),或巴比伦的马尔都克的名字。我们期望,有朝一日在尼罗河沿岸可以发现这些神祇的祭司和神庙。[5]

所有这些,最近在孟斐斯西南部一个阿拉米人的专用墓地被发现了,这些人埋葬在泥土之中,只有非常少的、模仿当地人使用的人形石棺或木棺。绝大多数尸体做成了木乃伊,但防腐剂技术很糟糕;内脏裹在一个包裹里(有时放在漆着传统送葬人员的木盒里),置于尸体旁边,并且用墨水写上或草草地刻上名字、世系和官衔。此后,石棺被掩埋掉或用砖为石棺砌个拱。[6]

比较富裕的阿拉米人埋葬在这里,或者在阿拜多斯的俄赛里斯墓附近竖立通常的墓碑,这充分证实了这些新的改宗者是按照俄赛里斯的礼仪安葬的。这种风格暴露了"蛮族"的不熟练,所附的象形文字也是如此。叙利亚的服饰通常被保留下来。但是,在所

附背景中描绘了俄赛里斯的仪式,并且明显地已经译成了阿拉米语。这真是俄赛里斯教义的陈酒,装进阿拉米诗歌的新瓶之中:

> 塔哈皮(Ta-hapi)之女塔巴(Taba)有福了,
>
> 俄赛里斯神忠实的崇拜者;
>
> 你没有作邪恶之事,
>
> 你没有中伤他人;
>
> 你在俄赛里斯面前有福了,
>
> 你得到了俄赛里斯的雨露。[7]

463

　　对于这些年代从公元前 4 世纪末到公元前 3 世纪初墓碑的精心研究,表明俄赛里斯的信仰已经被完全接受。一块年代为公元前 482 年的古代石碑是奇怪的。在一个没有常见圣蛇的有翼盘状物下,一个死去的男子和他的妻子站在俄赛里斯、伊希斯和内弗提斯(Nephtys)之前进行祈祷。在蹩脚的埃及文之中,我们读到了:"俄赛里斯,西方的第一人、伟大的神,阿拜多斯的君王,给予王室的布施。他赐予尊敬的艾赫托布(Akhtobu)女神在公墓好的葬礼,赐予她在地球上留下好名声。这名声与伟大的神、天堂的君王永存。"但是,死者夫妇戴着叙利亚的头巾,送葬的人也是如此。仪式中使用的罐子是叙利亚的,不是埃及的。祭司看上去也不是本地人。死人的棺床也是外国的,形状是翘尾巴的狮子;尾巴被一个站在中间的人抓住,他也是外国人。[8]我们开始怀疑,这种宗教混合主义不仅是神的混合,也是仪式的混合。

第一　神秘宗教

　　近来,由于释读工作的惊人成就,我们的怀疑多次被证明是正确的。至今为止,公元前 4 世纪通俗纸草文书的释读工作还仅仅是开头。虽然使用的字母是通俗文字字母,但大多数字母清楚地标上了限定符号和表意符号——这种笔迹表明它出自外国人之手。

这种隐藏的语言，原来就是我们所猜想的语言——帝国的通用语言阿拉米语。

由于在按照另一字母体系直译时，缺乏可以使用的通俗文字字母，由于使用了大量的其他符号，不论是真正的表意符号或其语音的等值符号，许多困难出现了。作为补充手段，我们必须依靠单词或词组划分法，依靠表明神、女性或外国的限定词，或者依靠表意符号附加的语音转位音程，以表明当它们读作阿拉米语时，应该如何结尾。因此，我们早已确定这种隐藏的语言就是古典阿拉米语。它正是公元前4世纪阿契美尼德王朝使用的语言。

464　　现在，我们可以使用近乎正确的发音，第一次读出这种古老的语言。有时，要加上辅音 y 和 w——如希伯来文《圣经》手稿一般精确——它表明元音 i、u 或 o 已经可以认出了；实际上，阿拉米语中经常出现的元音 a，一般认为是另一个符号。

在上下文中，许多翻译取得了意想不到的结果。有一份很长的摘录被保存下来了——共21行、足足超过2000多个单词——隐藏了一种秘密的祭祀仪式。大祭司为奇迹剧指明方向，接着各种各样的神秘事物出现了。理想化的结构（"成分的类似"和真正的韵律）可以觉察到；词汇和内容常常让人想起最近发掘出来的、类似的古代文学作品《沙姆拉角》（Ras Shamra），但是，这部文学作品是以楔形字母写成的。

在整个作品中，笼罩着一片送葬的悲哀气氛。但是，这种悲哀气氛仍然被对受祝福的来世生活的坚定信仰所冲淡。我们已经看到，尼罗河边有多少阿拉米流亡者放弃了闪族有关冥世阴暗而绝望的观念，接受了俄赛里斯受祝福的生活；它的重要意义在于，那位仪式的创始人已经把俄赛里斯常见的审判场面搬过去，使它转而为自己的阿纳特"女神"所用。

到处都出现了彻底的宗教混合主义。当这位阿纳特女神和巴力神成了有名的大英雄时，穆特（Mut）或死神就成了敌人。他对巴力神暂时的胜利，阿纳特使她的爱人恢复了旺盛的生命力，这就是奇迹剧的主题。另一个经常提到的神是叙利亚的巴力萨曼（Baal

Shamain)，他的名字翻译出来就是"天堂的君王"。三位一体的象征再次出现了：巴力萨丰（Baal Saphon）（北方的君王）和《拉什沙姆拉》文本中的帕德里（Padry）；巴比伦的贝勒神和兴加尔（Shingal）（埃萨吉拉）的女神；博尔西帕的（即巴尔萨普 Bar Sap）那波（Nabu）和埃安纳的（即 Aiaku）南纳（Nana）；每位神都加上了一句安慰的话："他（她）将保佑你。"

　　尽管与《拉什沙姆拉》的宗教仪式诗歌非常相近，但也有一点明显的不同。这是一种在异国土地之上的外来宗教，宗教仪式是神秘的。对于埃及或巴比伦的宗教仪式，任何受过充分良好拼写教育的人，都能理解；只有像为王室服务的占星术和肝脏占卜实用知识的秘密，因为具有非凡价值而被用重要的密码记录下来，并且加上特殊的警告，不得传播给无知的人。相反，我们的纸草文书由复杂的密码写成，无论是埃及抄写员或他的阿拉米同事要想毫无困难地释读出来，几乎是不可能的，除非他掌握了密码。此时，我们第一次见到了一个真正的"神秘宗教"的实例。[9]

犹太人宗教的演变

　　那时，在东方其他民族之中，我们也可以看见在平静的外表之下，出现了秘密的运动；但是，只有在三个民族之中——波斯人、希腊人、犹太人——我们才能明确地观察到宗教演变的过程。在以色列王国和犹大王国不稳定的独立期间，它们只是依靠使邻国埃及与亚述相斗，后来是使埃及与迦勒底相斗，才保存了某些自治的外表。在文化上，希伯来人是一个部分，而且在整体上是令人满意的部分，跟在尼罗河、底格里斯河和幼发拉底河，以及在这些大帝国边界上许多重要的国家一样，都是世界文明的一部分。只有在宗教问题上，希伯来人现在仍然趋向于走自己的路。

　　伊朗人的到来，初看起来影响很小。伊朗文化大体上建立在那些古代帝国文化的基础之上。伊朗人的宗教基本上是一神教。而且，他们必定对弱小民族信奉的一神教有所同情。这种做法不能

465

归之于政治考虑。我们发现许多说法认为波斯人的干涉,对犹太教正统派有利。单单就宗教信仰而言,波斯是宽容的,甚至超过了其前辈;没有对外侨宗教活动的迫害,除非他们与威胁到国家的民族叛乱有关。结果,自然是新的观念比较容易传入,即使在最正统的犹太人之中,也可以找到立足之地。

尽管波斯人仍然实行宗教宽容主义,宗教文化的日益统一受到了政治形势的推动。在阿契美尼德王朝统治之下,文明世界比以往任何时候和以后任何时候更接近于在一个政府组织机构的控制之下。就犹太人的情形而言,他们现在所散居的整个东方世界,都承认了一个共同的主人。在犹太人的宗教演变过程中,这个因素的重要性不能估计过高。

犹太人的大流散,在很久以前就已经开始了。我们可以从巴勒斯坦本身开始。半个国家被异族非利士人(Philistines)彻底占领,他们还将自己的名字给了巴勒斯坦。腓尼基人的海岸一直向南,延伸到先前以色列人的边远地区。阿拉米人从北向南推进,阿拉伯人从东,以东人从南。被亚述君主强制移民的殖民者占领了以色列诸王的首都。当然,他们崇拜"这地的神"和美索不达米亚的神祇,并且希望成为复兴的犹太社区一个得到承认的部分。由于受到先知撒迦利亚(Zechariah)的影响,他们遭到了拒绝,并且被尼希米(Nehemiah)断然赶走。因此,他们参加了其他反对犹太复国主义之敌的行列。

犹太人大多数是农民。他们被约西亚的"改革",特别是被一个要有合法圣所的主张所疏远。[10]由于流放,他们已经与本国的领导切断了联系。他们讨厌犹太复国主义者的主张,固守着其农民的习俗。他们常常祭祀类似异教徒邻居祭祀的、古代迦南的(Canaanite)神祇。他们发现返回的犹太复国主义者不太虔诚,毫无节制地趁机增加税收。而且,回归者轻蔑地把他们称为"污秽之民",因为他们大多数人多多少少成了公开的异教徒。

许多犹太人在埃及寻求庇护;在阿契美尼德王朝时期,他们心甘情愿为波斯充当雇佣军,因此难以赢得当地人的喜爱。当埃及人反对其波斯军需官的起义获得长期的成功之后,这些雇佣军的命运就不可能幸福。

耶路撒冷没有给予帮助,因为这些犹太人是非正统派。他们反对约西亚改革只能有一座圣殿的规定,在埃利潘蒂尼建立了一座对立的圣殿,并且祭祀其他的神祇而不是雅赫维。

另一方面,巴比伦之囚的犹太人比耶路撒冷的犹太人更"正统"得多。他们不时要受到像以斯拉和尼希米这种人催促,公开承认错误。虽然如此,也只有少数巴比伦犹太人是真正的正统派。在巴比伦也像埃及一样,最富裕的犹太人与异邦人通婚,用受人尊敬的外国的神给他们的儿子取名。在巴勒斯坦,在圣城的眼皮子底下,银行家毫不犹豫地洗劫他们的犹太人同胞。这种民族主义的理想,比所罗巴伯(Zerubbabel)存在的时间更长,它必定是以大祭司为中心。但是,大祭司在被当局接受之前,已经变得更加世俗了。他成了他的民族的唯一代表。同样世俗的,还有高级祭司集 467
团,他们满足于按照先前的套路举行仪式。

犹太教的这些成分已经控制了未来,犹太人的命运就跟其他民族一样了。幸运的是,由于波斯琐罗亚斯德教复兴和希腊人后来从东方输入的神秘祭祀仪式所产生的精神激励,在很大程度上,同样也在某些真正信教的犹太人之中出现了。在阿契美尼德王朝统治崩溃之后,犹太祭司和商人在政治和经济生活中发挥着他们的作用。但是,要不是新派别的形成,犹太人的历史就成了非犹太人的历史了。

我们可以看到,这些派别代表了三种非常不同的理想,它们在阿契美尼德王朝后期已经可以朦胧地感觉到。一派是"虔诚派",他们坚信宗教,对神庙事务忠诚。但内心更关注严格遵守由以斯拉引入的摩西律法;对他们来说,只有与那些不同意他们教义的人,不管是半心半意的祭司还是"污秽之民"彻底分离,才能实现救赎(因此,他们后来被称为"分离派",即法利赛人)。与非犹太人通婚要被革出教门。精通律法的书吏、如以斯拉,要给他们指明方向。他们的胜利,只有在第二圣殿被毁之后才能到来。

另一派代表了宽容派。按照他们自己的方式,这个派别的成员跟所谓的虔诚派一样虔诚。也许,他们对神庙、宗教仪式以及他们认为是真正的犹太教的所有事情,更加投入。与分离派形成鲜明对比的是,他们要使这些特权惠及整个世界。

然而,只要允许宗教自由,虔诚派一定是和平主义的,他们从来没有反对过外国的统治。同样明确的是,在哈该(Haggai)、撒迦利亚和玛拉基的身上,民族主义已经表现出来了。在撒迦利亚的著作中,犹太人的天启首次出现。但是,所罗巴伯消失了,玛拉基又没有继承人。波斯的税收,使所有思想都集中到如何维持生存的问题上去了。犹太人的民族主义和天启似乎已经灭亡了。但是,正如通常出现的情况那样,表面现象是靠不住的。[11]

希腊人的东方崇拜

在这些新的宗教运动在东方开始发展之前很久,以及在希腊各地反向的运动缓慢地向东方发展之前,东方的宗教思想就已经对希腊人产生了有力的影响。我们从赫西奥德(Hesiod)开始说起,他早就知道阿多尼斯(Adonis)是福尼克斯(Phoenix,即腓尼基人)之子。[12]在萨福(Sappho)的残篇之中,我们读到了:"哀哉,阿多尼斯!""灭亡吧,基西拉(Cythera),阿多尼斯是快乐的! 我们还能做什么呢? 姑娘们,拍打你们的胸脯,撕破你的外衣。""为阿多尼斯(在地狱里)逗留4个月举哀。"[13]罗德岛喜剧演员蒂莫克雷昂(Timocreon),是地米斯托克利(Themistocles)和西蒙尼德斯(Simonides)公开的对手,他告诉我们说,阿多尼斯在葬礼上受到阿弗洛狄忒的尊敬之后,塞浦路斯人继续把活着的鸽子扔进他的火堆,鸽子飞走了,后来掉入另一个火堆烧死了。[14]根据希西昂的普拉克西拉(Praxilla of Sicyon)的赞美诗,当下界的阴魂问阿多尼斯,他身后留下了什么最美好的东西时,他回答说:"我留下的最美好的东西是阳光;耀眼的星星和圆月;然后是成熟的黄瓜、苹果和梨子。"[15]安提马科斯(Antimachus)知道,阿多尼斯专门统治塞浦路斯。[16]

　　就在公元前5世纪末之前,腓尼基籍的客籍民已经将阿多尼斯的崇拜仪式介绍给了阿提卡。阿里斯托芬把埃莱夫西斯(Eleusis)的得墨忒耳、奥林匹亚的宙斯和阿多尼斯的秘密宗教仪式糅合在一起。他谈到了当萨巴齐乌斯(Sabazius)和阿多尼斯的仪式在屋顶上举行的时候,不幸的西西里远征军正要启航;后来,作者发现不祥的预兆,为阿多尼斯举行的葬礼,其肖像在嚎啕大哭的妇女蜂拥之下,通过比雷埃夫斯(Piraeus)游行。举行葬礼与雅典年轻人出发时间一致,这些年轻人很少有回来的。[17]

　　公元前4世纪期间,涉及阿多尼斯的材料堆积如山。即使为庆祝阿多尼斯的节日,克拉提诺斯(Cratinus)也不会主要训练合唱。[18]但是,锡拉库萨的僭主狄奥尼修斯以这位神的名义创作了一部悲剧。[19]弗雷克拉特斯(Pherecrates)写道:"我们将举行阿多尼斯的葬礼,并且哀悼阿多尼斯。"[20]安提法奈斯(Antiphanes)创作了《阿多尼斯》,并且在他的剧本《科林斯妇女》之中,描述了塞浦路斯用猪来供奉阿佛洛狄忒。[21]欧布洛斯(Eubulus)解释了为何莴苣是死者的食物,因为西普里斯(Cypris)把阿多尼斯安葬在莴苣之中。[22]然而,阿拉罗斯(Araros)的剧本《阿多尼斯》嘲讽了外国神祇,如"这位神正在把鼻子转向我们"。[23]菲莱泰罗斯(Philetaerus)创作了《阿多尼斯的女祭司》(Adoniazousae),这是一部有关献身阿多尼斯祭仪的女性成员的剧本,而腓力斯库斯庆祝了《阿多尼斯的婚礼》。[24]狄菲洛斯(Diphilus)在他的《画家》(Zographus)之中告诉我们,萨摩斯的妓女们在妓院里赞美阿多尼斯节。[25]喜剧作家柏拉图在他的《阿多尼斯》之中给西普里安国王西尼拉斯(Cinyras)一个神谕,大意是他的儿子将被阿弗洛狄忒和狄俄尼索斯消灭。[26]德莫斯特内斯本人提到了阿多尼斯。[27]对于东方其他的神祇,我们的确没有掌握如此丰富的资料。我们毫不惊讶地得知在公元前333年,来自基提翁的客籍民最终获准为他们的阿弗洛狄忒女神建立了一座神庙。[28]

　　接受阿提斯神(Attis)及其情妇——弗里吉亚众神之母西贝贝

469

（Cybebe）或西贝尔（Cybele）——同样很早。早在公元前 6 世纪，以弗所的希波纳克斯（Hipponax）以西贝利斯的名字提到她。[29] 在伟大的波斯战争之后不久，在雅典出现了全国性的母亲节，因为阿波罗神谕盼咐市民为平息母亲的愤怒，在市场附近建立了母神庙（Metroon）。市场内的雕像是菲迪亚斯的弟子阿哥拉克里图斯（Agoracritus）的作品，表现她带着狮子、拿着大鼓登上王位；她还出现在同时代的浮雕上。[30]

品达（Pindar）以她的名字丁戴美恩（Dindymene）献给她一个神龛；它的宝座和雕像以彭特利克的（Pentelic）大理石雕成，是底比斯的阿里斯托美德斯（Aristomedes）和苏格拉底所雕刻的。希腊旅行指南的作者保萨尼阿斯在品达故居遗址附近发现了她的神龛。[31] 欧里庇德斯把狂欢仪式与大母神西贝尔的纵欲联系在一起，这显然是跟随了雅典的第欧根尼（Diogenes）。在他的《赛墨勒》（Semele）之中，他提到了西贝尔、弗里吉亚、吕底亚、特穆卢斯（Tmolus）、哈利斯河（Halys）、巴克特里亚和波斯的法律。[32] 公元前 4 世纪初，奥林匹亚有一个母神庙。[33] 泰奥彭波斯在他的《卡佩利德斯》470 （Capelides）之中说道："我也珍爱着你的阿提斯神。"[34] 然而，当西贝尔的祭司要求施舍时，安提西尼（Antisthenes）回答说："我不供养众神之母，众神本身应该供养她！"当他的色雷斯之母遭到嘲弄时，还是这个安提西尼反驳道："甚至众神之母自伊达（Ida）山下来也是一样。"[35] 安提法奈斯（Antiphanes）在他的《梅特拉盖尔特斯》（Metragyrtes）之中，讨论了一位行乞的西贝尔祭司。通过他，某人从女神那里买到了药膏。[36]

与阿提斯神和西贝尔神同来的是萨巴齐乌斯（Sabazius）及其侍从。在《时时刻刻》之中，阿里斯托芬把弗里吉亚的笛子演奏者萨巴齐乌斯和其他外国神祇交付审讯，并且把他们从雅典驱逐出去。[37] 索西特乌斯（Sositheus）将其剧本《达佛尼斯》（Daphnis）或《利泰尔塞斯》（Lityerses）的场景选在凯莱奈（Celaenae），即古城米达斯（Midas）。[38] 萨福（Sappho）曾经唱过《利努斯》（Linus）和《阿多尼斯》。[39]

通过利比亚的希腊人，阿蒙（Ammon）多少成了一位迟到者。品达通过他在利比亚的保护人、阿蒙神的信徒赞扬这位神之后，把欧罗巴底比斯的一座神庙献给了阿蒙，还有卡拉米斯雕刻的塑像。[40]欧里庇德斯知道阿蒙干燥的住所渴望下雨。[41]这次，阿里斯托芬不再是冷嘲热讽，只是将阿蒙的神谕置于德尔斐神谕之下。[42]当雅典派遣一个官方代表团去阿蒙之处，[43]赫兰尼科斯（Hellanicus）写了一个前往神庙的旅行指南《远征记》时，[44]斯巴达的来山得照着做，并且访问了神谕所。[45]喜剧作家污蔑阿蒙的现象，显然没有了。

更为明显的是，喜剧作家肯定对从东方引进的祭祀仪式怀有敌意。阿里斯托芬指责妇女接受外国的祭祀仪式。他的剧本《特尔梅西人》嘲讽了迷信，因为这些迷信活动，其剧中的神谕贩子成了臭名昭著的人物。[46]公元前355年，伊索克拉底将在节日里庆祝外国神祇的豪华场面与对本国神祇的冷落作了对比。[47]

琐罗亚斯德教的淡化

大流士一世是在琐罗亚斯德的影响下成长的。在其墓志铭之 471
中，他似乎引用了《加太》，其他的著述则清楚地反映出了琐罗亚斯德思想和语言的痕迹。同样清楚的是，大流士未必遵循导师的教诲；很可能，他并不是真正地理解了它们。他与其继承者不仅使用外国神祇的名字举行祈祷——在这些神祇的祖国，这可能只是一个政治问题——而且，打算发给全国的官方铭文，甚至从来没有提到阿胡拉马兹达是唯一的神。恰恰相反，他是一位"最伟大的神"，他们在祈祷时，把"还有其他的神"和他放在一起。

虽然受到琐罗亚斯德的禁止，密特拉仍然得到人们的喜爱。在每一个朝代，在帝国绝大多数语言中，我们发现相当多的名字可以证明，有多少父亲将他们的儿子置于古代异教太阳神的保护之下。我们先前已经提到那些暗示密特拉崇拜的资料。阿尔塔薛西斯一世时，密特拉被正式置于仅次于阿胡拉马兹达的荣耀地位。创作于异教蒙昧时代的一首密特拉赞歌，被流传下来，并且重新流行起来了。但是,它不是先知所使用的那种方言。赞歌在帕提亚时代再次修订。后来,这首赞歌被保存下来,现在被印度拜火教徒仪式所采用。[48]

阿尔塔薛西斯二世特别崇拜"纯洁的"阿娜希塔,希腊人通常把她视为阿尔忒弥斯。[49]在波斯历代君主之中,他是第一个为阿娜希塔建立雕像的君主。巴比伦、苏萨、埃克巴坦那、波斯波利斯、巴克特拉、大马士革和萨迪斯竖立了她的雕像。[50]这些雕像显然出现在歌颂她的《亚什特》对女神形象的描绘之后。

在《亚什特》之中,至善的阿德维·苏拉·阿娜希塔(Ardvi Sura Anahiat)被她的信徒视作一位美丽的少女,非常健壮,非常丰满,身穿高紧身裙,高贵和出身名门。她头戴有飘带和八道光线的百星金冠,这是巴比伦伊什塔尔(Ishtar)之星。她耳戴正方形金耳环,美丽的脖子上戴着金项链。身上穿着绣金的长袍。但是,她的内衣是用300只柔软的海狸皮做成的,它们已产过4个幼仔(因为这时的毛皮质量最好)。她的腰部紧束着,使她的胸脯显得很好看。她手里拿着巴雷兹马(baresma),即神圣的嫩枝束,脚穿闪光的镶金鞋。

她在天空中听到阿胡拉马兹达的召唤:"阿德维·苏拉·阿娜希塔,从上面的天空下来,到神创造的大地上来吧;这里有强大的统治者,各地的君主及其子孙都将崇拜你。勇敢的、强大的人们恳求你赐予奔腾的骏马和无上的光荣;祭司们(Athravans)在吟诵诗文,祭司们乞求知识和智慧。尚未怀孕的少女乞求君主成为她强有力的丈夫,即将生育的妇女乞求顺利分娩。阿德维·苏拉·阿娜希塔,请你将所有这些赐予他们,因为这是你的权限。"

阿娜希塔应造物主的感召而降临。她白皙的手臂很美丽,厚实如同马的肩膀。她需要她所有的力量,因为阿胡拉马兹达已为她创造了4匹高大、敏捷、白色的骏马,这就是风、雨、云和冻雨。她勒住缰绳,驱车前进;她的马碾碎了那些仇恨信徒的人,不管是歹瓦还是人类,亚图(Yatu)还是佩里卡(Pairika)。

从高过百人的金色悬崖环绕的胡凯里亚山(Hukairya)顶峰,阿娜希塔跳跃下来。然后，她化作一条大河，在夏天和冬天将水送到天下七个地区（Karshvares）。她不分昼夜降下洪水，就如同整个大地上流动的水一样多。

阿娜希塔拥有 1000 个峡谷和 1000 条水道，每条都有一个人骑上好马奔跑 40 天时间那样长的距离。每条水道边有一座房子，100 扇窗户供其照明，1000 根圆柱使其美丽，10000 根梁使其坚固；每座房子都有一张铺设好的、发出香味的、有枕头的床铺。然后，她流入环绕着大地的沃鲁卡沙（Vourukasha）海；当她奔腾而下之时，整个海岸波涛汹涌。

阿娜希塔在大地上还有其他的职责。她创造了人类的种子和所有即将分娩妇女的子女。她使所有的妇女顺利生产，她在适当的时候将适量的乳汁放进她们的乳房。她赐予人类健康并增加他们的水道，增加他们的牧场和畜群，增加他们的财产和土地。阿娜希塔厌恶歹瓦——她过去的伙伴——并且听从阿胡拉神的告诫。[51]

被收入《阿维斯陀》圣书的其他著作，对宗教演变过程作出了完全不同的解释。特别是《哈普坦加提》（意为《亚斯纳七章书》），它像琐罗亚斯德真正的原话一样，是用《加太》的方言保存下来的。但是，它是散文的形式。在《亚斯纳七章书》之中，我们或许可以找到阿契美尼德帝国官方的宗教仪式；至少，这里没有直接提及这位伟大的伊朗先知。而且，这种教义无论如何与琐罗亚斯德的是不同的。在引言中，我们读到："我们崇拜神圣的阿胡拉马兹达，正义之主。我们崇拜七大天使（Amesha Spentas），他们的统治是正确的，他们的处理是正确的。根据仁慈的马兹达教（Mazdayasnian）祭祀仪式，我们崇拜正义所创造的整个精神和世俗的万物。"后面这个术语出现得早，因为公元前 410 年之前不久，埃利潘蒂尼犹太社区的首领耶多尼亚（Jedoniah）告诉他的通信者，安排在诺（No）行省或底比斯的官员是一位马兹达教徒。[52]

下面是《亚斯纳》的正文：

我们将选择的是，阿胡拉马兹达和善良的正义。这样，我

473

们可以思考和说话，做任何对两个世界最有益的行为。我们努力争取最有益行为的奖赏，为了保护母牛的安全和草料，无论我们是得到命令，还是没有得到命令，无论我们是统治者还是被统治者。最优秀的统治者就是王国，因为我们把王国归于阿胡拉马兹达和最高的正义。男人或女人都知道什么是正义，让他们热心于做正义之事，它能给他本人和其他任何人带来谅解。对于送给你、阿胡拉马兹达的荣誉或赞美，还有送给母牛的饲料，我们相信是最好的。我们为你而劳动，对其他人尽力谅解。在正义的伙伴关系之中，在正义的伙伴之中，对两个世界最有安慰作用的，可以说是每个具有谅解之心的人。阿胡拉马兹达，这些人启示了信息，还有对正义的深思熟虑；我们将高声赞扬。但是，我们服从你，因为你是他们的命令者和导师。根据正义、善思以及善的王国的愿望，无尽的赞美、无尽的箴言和无尽的祈祷都是献给你、阿胡拉的。[53]

琐罗亚斯德关于神的抽象表现形式，在这里被人格化了。六位最突出的神祇成为祆教的七大天使，他们各有自己真正的祭祀仪式。但是，其他的古代印度伊朗语支诸神作为次于阿胡拉马兹达的神祇，也已经恢复了地位。第一位就是火神阿塔尔，有一整篇祈祷文赞美他：

474　　　马兹达阿胡拉，由于火神的行动，我们得以最先接近你。由于你的圣灵对他是一种烦恼，因为你加重了他的烦恼。马兹达阿胡拉之火，你对我们来说是最高兴的人，你带来了最大的欢乐，你带来了经历过最严峻考验的最大的荣耀。因为你是马兹达阿胡拉喜欢的火，你是他喜欢的最神圣的灵魂；你的名字是最吉祥的，马兹达阿胡拉之火，我们将带着它走近你。我们将与善思、善良的正义、善行和善教的语言一起走近你。马兹达阿胡拉，我们尊敬你，我们感谢您。马兹达阿胡拉，我们将与所有的善思、所有的善言和所有的善行一起走近你。马兹达

阿胡拉，我们证明你是最美丽的人；不论是这闪光的，还是那
天空中最高的，都被称为太阳。[54]

大流士崇敬这位神，"他创造这大地，创造了那天堂，他创造了
人类，创造了人类的福祉"。我们的赞美诗作者崇拜阿胡拉马兹
达，因为他为了他的王权、伟大和慈善的行为，创造了母牛和正义、
水和善树、光明和大地，所有美好之物。这位赞美诗作者还将涉及
母牛的祈祷文集，源于阿胡拉的最神圣的名字，使马兹达高兴之
事，连同他自己的肉体与生命都献给了阿胡拉。

对于古代已故祖先的灵魂，琐罗亚斯德提出了一个更唯灵论的
自我观念作为替代；更加古老的弗拉法希灵（Fravashays）信仰又回
来了："我们崇拜信仰正义之人（不论是男人或女人）的弗拉法希
灵。"还有最高的正义本身，还有最美丽的袄教七大天使，善思和善
的王国，善的存在，善的报答，善的虔诚。[55]

古代的自然崇拜，更多的出现在下面的《亚斯纳》之中：

> 阿胡拉马兹达，我们崇拜生养我们的大地，还有你的妻子
> 们，由于正义，她们是如此优秀，热衷于信仰、她们的活动、她
> 们的独立、她们的虔诚和美好的祝福、美好的愿望、美好的结
> 果、美好的品质，丰饶。我们崇拜激流、即将到来的和已经流
> 出的水。这水源出自阿胡拉，属于阿胡拉的善事。你可以涉水
> 而过，可以游泳，可以洗濯。你是两个世界的奖赏。阿胡拉马
> 兹达赐给你的名字是善赐。他创造了你，我们和他们一起恳求
> 您的恩赐；我们和他们一起向你敬礼；我们和他们一起感谢
> 你。水啊，我们恳求你作为怀孕的人，作为母亲，作为乳牛，关
> 心穷人，赐予所有的人最好和最美的乳汁。[56]

475

琐罗亚斯德的严厉、唯我独尊的阿胡拉马兹达，已经变成了一
位东方的君主，拥有一个女神充盈的后宫。

公牛的圣灵不再是阿胡拉马兹达的下属，因为他也成为了崇拜

的对象："现在我们向母牛的圣灵献祭,向他被创造的物体献祭,我们也向适合生存的家畜的圣灵献祭。"这还没有结束:

> 我们崇拜这些被驯服的、筋疲力尽的家畜和野生植物的圣灵,我们崇拜圣者的灵魂,无论他们生在何处,无论他们是男是女。他们的良心正在与歹瓦作斗争。我们崇拜慷慨的不朽者,无论他们是男是女。这样,我们带着我们善良的男亲属,带着正义和有福的人们,带着繁荣精进的法律、虔诚和有准备的头脑一起走近你。[57]

> 阿胡拉马兹达,在这个决定命运的时刻,你牢记着并且实现了我们的恳求。你已经命令把这些东西作为我个人的奖赏。在此生和来生赐予这些东西,使我们能够永远获得你和正义的提携。你赐予勇士向往的正义,赐予牧人希望的持久伙伴关系,赐予他们充当我们的热心助手! 阿胡拉马兹达,这样,贵族、农民和祭司,我们和他们可以友好相处,我们大家作为正义和公正的信徒,要说服你赐予我们所希望的东西。[58]

> 我们把赞美、圣歌和崇拜献给阿胡拉马兹达和高尚的正义。我们将永远获得你善的王国和一位善良的国王。在两个世界,让我们每个男女都成为坚如磐石的、慈善的人。这就是我们、有用的亚扎德(Yazad),天生的虔诚信徒、他们的朋友和遵守宗教仪式的人。因此,你就是我们的生命,我们的精力。由于您的恩宠和意愿,我们得以长寿,我们得以强大。请给予我们帮助,使我们长寿和得到救赎。我们可以被称为你的赞扬者和曼特拉的发言人;因此,我们希望能够拥有这一切。你为了圣灵,为我们的功过制定了最适合的奖赏。赠与我们今世的生命和精神生命,这样,我们就可以永远在你和正义的保护之下。[59]

这确实是非常高尚。然而,琐罗亚斯德的教义已被冲淡。而且,有不少东西显然是异教的教义。在一些地区,还保存着比较纯洁的教义。正如我们从《三篇祈祷文》之中知道的一样。这三篇祈祷文是：《阿胡拉·韦里亚》（*Ahura Vairya*）、《阿社木·沃胡》（*Ashem Vohu*）和《艾里马·伊什约》（*Airyema Ishyo*）——它们可能是仅次于《加太》的最古老文献。在祈祷文之中，多次描绘了琐罗亚斯德："正如他（阿胡拉——作者注）是最渴望的主一样，他（琐罗亚斯德）也是正义的法官，马兹达的善思和阿胡拉的王国在人间活动的创造者。他们授权他为穷人的牧人。"[60]"正义是至善；根据我们的愿望它应该是，根据我们的愿望它应该属于我们，正义就是最大的幸福。"[61]"让渴望的祭司兄弟，支持受扎拉图什特拉（Zarathushtra）教导的男男女女，支持善思，凭借它，良心（本身——作者注）可以赢得珍贵的奖励。我为阿胡拉马兹达将赐予正义的珍贵奖励而祈祷。"[62]

在《七章书》之中，没有提到琐罗亚斯德。因为它们显然不是来自他的第一代信徒之中。当它们被加入到琐罗亚斯德的《加太》时，进行了必要的补充：

> 我们崇拜你，慷慨的不朽者，还有这部亚斯纳全集、七章书。我们向泉水、向河中的浅滩，向大路的岔口和道路的交叉口献祭。我们向有急流的山献祭，我们向保护者和造物者献祭，我们向扎拉图什特拉和主献祭（在这里，琐罗亚斯德最后被提到，不是作为预言家，而是作为值得与阿胡拉马兹达本人一起纪念的神而提到——作者注）。

> 我们向天地献祭，向马兹达创造的暴风献祭，向高高的哈赖提（Haraiti）顶峰献祭，向土地和所有美好之物献祭。我们崇拜善思和圣者的灵魂，我们向50鳍的鱼献祭，和向站立在沃鲁卡沙的圣兽献祭，向他站立的沃鲁卡沙海献祭，向长在山地的金色豪麻（Haoma）献祭，豪麻汁饮料可以使我们恢复元气，帮助这个世界进步。[63]我们向赶走死亡的豪麻献祭（这里奇怪地重复了琐罗亚斯德对"不洁的饮料"的谴责——作者注）。我们向洪水献祭，向大群飞鸟献祭。我们向返回的火祭司献祭，他

们从远处、从那些在各国追求正义的人那里回来。[64]

当这些教义被记录下来的时候,亚历山大已经昙花一现了。琐罗亚斯德教,甚至是这个宗教改头换面的形式,得到国家当局支持的、公认的部分正统教义,也都不再存在了。关于亚历山大本人毁坏导师圣典的传说,只是一个捏造的故事,目的是为了向后代解释这些著作为什么几乎都毁灭了。但是,琐罗亚斯德教现在仅仅是许多秘密教派之一。与之相对的是,希腊宗教极其微妙的吸引力。这个宗教得到宏伟的神庙、空洞豪华的宗教仪式以及希腊哲学破坏力量的支持,再加上异族马其顿诸王的希腊化势力支持。

因为琐罗亚斯德仅仅保留了《总忏悔文》的套话,这是一种已经脱离马兹达教的基本教义,希望能够抑制日益高涨的希腊化潮流。[65]但是,承认加太方言已经成为一种死亡的宗教语言和圣典已经僵化的时刻,终于到来了。[66]

希腊人对波斯宗教的认识

公元前 4 世纪的希腊人对波斯宗教的了解,已经比希罗多德多得多。[67]大约在公元前 390 年,柏拉图提到奥罗马斯德斯之子、琐罗亚斯德的《麻葛》(Mageia)。很显然,他那个时候的《麻葛》已经不再是波斯教士的宗教。自从这个术语被用之于琐罗亚斯德的《加太》,它已被编辑成了一种礼仪书。马兹达教必定已经成了官方的宗教。但是,有一件事情令人奇怪。即这位早期的伟大先知曾经被认为是阿胡拉马兹达真正的儿子。[68]有人在柏拉图的善恶王国相争之中,[69]甚至发现了琐罗亚斯德教二元论的痕迹。[70]

色诺芬的《居鲁士的教育》这本书,反映出人们对当时的波斯宗教有很好的了解。居鲁士听从麻葛的命令,首先向祖先赫斯提(Hestia)女神献祭,然后向神王宙斯献祭,最后向其他诸神献祭。[71]这样,我们就知道在公元前 4 世纪时,阿娜希塔甚至位居阿胡拉马兹达之前。在举行洁净的献祭时,必须附带进行向大地奠酒的仪式,以及向占领米底的英雄们、向弗拉法希灵献祭。[72]

根据麻葛的规定,公牛是献给宙斯和其他神祇的祭品,马是专门用于祭祀太阳的。有一辆献给宙斯的战车,由套着金轭和花环的白马拉着;在队列之中,接下来是一辆献给太阳的战车。第三辆战车有紫色的马饰。但色诺芬显然不知道它的用途。最后是许多男人举着火炬,点燃可以移动的大火坛。当行进队伍到达圣域之时,崇拜者们向宙斯献祭并举行公牛燔祭,他们还为太阳进行公牛燔祭(但也照麻葛的命令向大地献祭)。然后,是向本地的英雄献祭。[73]麻葛负责保管献给诸神的部分物品。[74]献祭的征兆、天象、鸟的飞行和不吉利的言语,都是波斯人行动的依据。当居鲁士觉察死神已近,他回到了波斯(原注为波斯波利斯,应当为帕萨迦达——译注),进行了最后的一次仪式,向在卫城之中的祖先宙斯、太阳和其他神祇献祭了牺牲。[75]

色诺芬知道发誓时使用密特拉的名字,[76]克特西亚斯(Ctesias)和大流士熟悉密特拉每年的节日。[77]戴农解释麻葛之所以在户外献祭,是因为他们相信只有火和水是这位神的象征。[78]他和柏拉图主义者赫莫多鲁斯(Hermodorus)一起,从希腊语中找出了琐罗亚斯德名字的含义,并且将其解释为"拜星者"。[79]

正如我们已经指出的,柏拉图认为琐罗亚斯德是阿胡拉马兹达本人的儿子。只有少数希腊学者从未忘记这位伟大先知是大流士父亲希斯塔斯普的同时代人。但是,波斯本国人已经把他编造成了一个半神。并且,这个问题的时间不可能太晚。现在流行的传说认为琐罗亚斯德生于史前时代。希腊人轻信东方的年代学,并且想法使它符合他们自己的年代学。不久以后,赫莫多鲁斯和赫尔米普斯(Hermippus)将它确定为特洛伊陷落之前5000年。被认为是《吕底亚历史》作者的桑索斯,确定其年代为薛西斯远征前6000年,并列举出了许多继任者(直到亚历山大毁灭波斯波利斯为止),如麻葛奥斯塔内斯(Ostanes),阿斯特拉姆普西科斯(Astrampsychus),戈布里亚斯和帕扎塔斯(Pazatas)。但是,他在年代方面所能做的,也只是重复欧多克索斯的说法。[80]

亚里士多德曾经写过《麻葛》(*the Magian*)的论文,现在已经失传。但是,他否认麻葛实施的仪式,早已成了众所周知的"魔术"。就像希罗多德和柏拉图一样,他大胆地接受埃及人对上古的说法。但是,他又同样的轻信,接受了麻葛的说法。相反,他把哲学真正的源头追溯到麻葛、巴比伦或亚述的"迦勒底人"那里。亚里士多德和赫尔米普斯,欧多克索斯和泰奥彭波斯一样,他宣称麻葛相信两个要素:善神,即宙斯或奥罗马斯德斯(Oromasdes);恶神,即哈德斯或阿里马尼厄斯(Ariemanius)。泰奥彭波斯和欧多克索斯进一步说明,麻葛的宗教相信人类来世生活,相信通过他们的祈祷,世界可以继续存在。最后,是泰奥彭波斯第一个向希腊人叙述了波斯末世学的人:在 3000 年之中,众神之中有一位神统治了其他诸神,在随后一个 3000 年之中,他们相互斗争。最后,哈德斯被击败,人类过着幸福的生活,无需食物,也没有忧愁。创造这些幸福的神也暂时休息了。[81]

波斯祭礼的影响

阿尔塔薛西斯二世在全国建立的阿娜希塔神庙,看来很快就被融入到其他丰产女神的祭礼之中。希腊化时期结束之时,麻葛的宗教已经被许多希腊思想家所了解。从那以后,要不是有某些因素的介入,波斯宗教很可能仅限于伊朗人的地区之内。

我们听说波斯人在亚美尼亚打败塞种之后,建立了一座有城墙的城市泽拉。这里建立了一座阿娜希塔神庙和两位神祇——奥马努斯(Omanus)和阿纳达图斯(Anadatus)——的神庙,他们共享她的祭坛;塞种每年庆祝阿娜希塔的节日,一直延续到基督的时代。这座城市很小,居民绝大多数是神庙农奴。[82]但是,波斯宗教从这里向西一直传播到卡帕多西亚,然后向南传到西利西亚。那里的海盗接受了密特拉的祭礼。几个世纪以后,太阳神支配了罗马的军队,并且成了基督在东方的对手。

在这几个世纪之中,琐罗亚斯德教的思想对世界宗教做出了最重要的贡献。闪族人来世生活的信条,受到了真正的不朽观念启发。控告者撒旦变成了魔鬼。埃及的启示传入耶路撒冷之后,变成了真正的末世论、四件最后之事的信条、复活和末日审判。通过犹太人,琐罗亚斯德教进入了基督教的神学理论系统。

原注

1　见前引书,pp. 446－449。

2　A. E. Cowley, *Aramaic Papyri of the Fifth Century B. C.* (1923), Nos. 15, 20, and 25.

3　Herod. ii. 112;地名见 Noel Aime-Giron, *Textes arameens d'Egypte* (1931), pp. 10－11;文献资料见 F. L. Griffith, *Catalogue of Demotic Papyri in the John Rylands Library*, III (1909)318;以及 W. Spiegelberg, *Kemi*, II (1929), 107 ff., "Nebankh, prophet of Amon in the Ashur settlement in the temple of Smendes" in the Ptolemaic period。

4　*CIS*, Vol. II, Nos. 124－125.

5　Aime-Giron, *op. cit.*, pp. 98－99,103,107,110 ff.

6　*Ibid.*, pp. 93 ff.; G. Jequier, *AS*, XXIX (1929),155 ff.; XXX (1930), 111 ff.

7　*CIS*, Vol. II, No. 141;参见 No. 142。

8　*Ibid.*, No. 142.

9　Raymond A. Bowman, "An Aramaic Religious Text in Cryptogram," *JNES*, III (1944),219 ff.

10　Olmstead, "The Reform of Josiah in Its Secular Aspects", *American Historical Review*, XX (1915),566 ff.

11　Olmstead, *History of Palestine and Syria* (1931), pp. 625 ff.

12　Hesiod. *Cat.* 21.

13　Sappho, Frags. 25,103,136 (Edmonds).

14　Timocr., Frag. 5 (Edmonds).

15　Praxilla, Frag. 1 (Edmonds).

16　Antimachus, Frag. 14 (Edmonds).

17　Aristophan. *Pax* 420; *Lysistrat.* 389－390; Plut. *Nic.* 13. 7; *Alcibiad.* 18. 3.

18　Cratin, *Bucoli*, Frag. 15 (in T. Kock ［ed.］, *Cimicorum Atticorum fragmenta*, Vol. I［1880］);参见 Frag. 376。

19　Dionys., Frag. 1 (Kock).

20　Pherecrat., Frags. 170,198 (Kock).

21 Antiphan. *Adonis*, Frags. 13 ff. ; *Corinthia*, Frag. 126 (Kock).

22 Eubul. *Astyti*, Frag. 14 (Kock).

23 Araros *Adonis*, Frag. 1 (Kock).

24 Kock, *op. cit.* , II (1884),230,443.

25 Diphil. , Frag. 43 (Kock).

26 Plat. *Comic.* , Frags. 1 ff. (Kock).

27 Demosthen. *Crit.* 259 - 260.

28 *IG*, Vol. II, No. 168.

29 Hipponax, Frag. 121.

30 *IG*, Vol. I, No. 4; Plin. xxxvi. 17; Arr. *Periplus* 11; Julian. *Orat.* V. 159B. ;参见 Ad. Michaelis, *Mittbeilungen des deutschen archaologischen Institutes in Athen*, II (1877), 1, n. 2; H. W. Roscher, *Lexikon*, II, 1663。

31 Paus. ix. 25. 3.

32 Eurip. *Baccb.* 78 ff. ; Diog. *Athen.* , Frag. 1 (Nauck).

33 F. Adler *et al.* , *Baudenkmaler von olympia* (1892), pp. 39 - 40.

34 Theopomp. , Frag. 27 (Kock).

35 Seneca De *constant*, 5; Elem. Alex. Strom. Vii. 64; Diog. Laert. Vi. 1.

36 Antiphan. *Metragyrt.* , Frag. 154 (Kock);参见 Aristophan, *Aves* 876。

37 Aristophan. *Lysistrat.* 388; *Aves* 872; *Vespae* 8 ff. ; *Horae*, Frags. 566 ff. (Kock); Cic. *Leg.* ii. 37.

38 Sositheus, Frag. 2 (Nauck).

39 Paus. ix. 29. 8.

40 *Ibid.* 16. 1.

41 Eurip. *Troiad.* 734 ff. ;参见 *Alcest.* 116。

42 Aristophan. *Aves* 619.

43 Plut. *Nic.* 13. 1.

44 Athen. xiv. 652*a*.

45 Plut. *Lysand.* 20. 4;25. 3; Ephor. , Frag. 126 (J).

46 Aristophan. *Lysistrat.* 387 ff. ; *Telmesseis* (Kock, I, 25 - 26).

47 Isocr. *Areop.* 29.

48 Yasht 10.

49 Plut. *Artox.* 23.

50 Berossus, Frag. 56 (S); called Hera, Plut. *Artox.* 23. 5; Anaitis of Echatana, *ibid.* 27. 3; Anaitis, Strabo xv. 3. 15; Paus. iii. 16; of Aena temple at Echatana, Polyb. X. 27. 12; Anea, Strabo xvi. 1. 4; Nanaea, II Macc. 1;13,15.

51 Yasht 5；Fritz Wolff，*Avesta* ...（1924），pp. 166 ff.；H. Lommel，*Die Yast's des Awesta*（1927）.

52 Cowley，*op. cit.*，No. 38.

53 Yasna 35.

54 Yasan 36.

55 Yasna 37；cf. Yasna 5.

56 Yasan 38.

57 Yasan 39.

58 Yasan 40.

59 Yasan 41.

60 Yasan 27：13.

61 Yasan 27：14.

62 Yasan 54：1.

63 早在459年，埃利潘蒂尼有一支由豪麻达塔（意为"豪麻创造的"）领导的队伍。参见 Cowley，*op. cit.*，Nos. 8：2 and 9：2。

64 Yasan 42.

65 Yasan 12；Wolff，op. cit.，pp. 40－41.

66 Yasan58；Wolff，op. cit.，pp. 58－59.

67 这些资料由 Carl Clemen 收集，见 Fontes historiae religionis Persicae（1920）；参见"Mazdaismus，" *PW*，Supplementband V（1931），cols. 679 ff.；E. Benveniste，*The Persian Religion according to the Chief Greek Texts*（1929）；G. Messina，*Der Ursprung der Magier und die Zarathustrische Religion*（1930）；H. S. Nyberg，*Die Religionen des alten Iran*（1938）。

68 Plato I *Alcibiades* 121；参见 Benveniste，*op. cit.*，pp. 16 ff。

69 Plato *Leg.* X. 89E.

70 R. Reitzenstein，*in Vortrage der Bibliothek Warburg 1924－1925*.

71 Xen. *Cyrop.* vii. 5.57；i. 6.1.

72 *Ibid.* iii. 3.21－22.

73 *Ibid.* viii. 3.10－11，24.

74 *Ibid.* iv. 5.14.

75 *Ibid.* viii. 7.1 ff.

76 *Ibid.* vii. 5.53.

77 Ctes. *Pers.*，Frag. 55；Duris *Hist.* vii，Frag. 5（J）.

78 Deinon，Frag. 9（Muller）；Clem. Alex. *Cohort.* V. 56.

79 Diog. Laert. I. 8.

80 *Ibid.* 2；Plin. xxx. 1.3－4.

81 Eudoxus *Periodos*, Frag. 38 – 39 (see F. Gisinger, *Die Erdbeschreibung des Eudoxuos von Knidos* [1921], p. 21); Deinon v (Frag. 5 [Muller]); Theopomp. *Philip.* viii. 6 (J); Hermippus Callimach. *De mag.*, Frag. 79 (Muller); Aristot. *Phiolsoph.* I. 6; Plut. *De isid.* 369 F ff.; Diog. Laert. I. 1. 8 – 9.

82 Strabo xi. 8. 4; xv. 3. 15.

第卅三章　西方的新风

阿拉米语的胜利

一股清新之风正在吹遍整个阿契美尼德帝国,这是来自希腊诸岛的清新之风。语言上的变化最为重要。用楔形文字书写官方波斯语言的尝试,已经证明是失败的。在大流士大帝之后,没有一位君主试图创作长篇大作,更不用说是自传了。薛西斯少得可怜的铭文所用语言,标志着这种语言衰退的开始。公元前 4 世纪少量的官方文书表明,语法结构几乎完全被忽略了。波斯楔形文字很少用来书写泥板文书,而且在大流士一世之后再也没有使用来书写泥板文书。

在居鲁士之前很久,对雅利安异教诸神的赞美诗是用另一种方言创作的。有一段时间,它们正式收入到了琐罗亚斯德的《加太》之中,用第三种方言吟诵。由于恢复古代诸神对王室有利,尽管其他虔诚的教徒不断以先知自己的方言对琐罗亚斯德的教义进行修正,但诸神的赞美诗现在仍然以散文的形式保存下来了。

公元前 5 世纪初,埃兰楔形文字仍然在使用,它不仅是书写王室铭文的三种官方语言之一,而且是本国商业文书和波斯波利斯档案的常用语言。公元前 4 世纪,三种书面语言中的埃兰语,已经成了衰落的波斯语原文几乎毫无意义的复制品。在西亚各民族之中,只有巴比伦人继续广泛使用楔形文字。但是到公元前 4 世纪中叶,许多的行政和商业文书几乎完全停止使用楔形文字。这意味着它的使用越来越局限于知识分子。由于埃及恢复了独立，象形文字、僧侣体和通俗体停止使用趋势被完全遏制了。

字母文字几乎取得了完全的胜利。几个世纪之后，过去只有在阿拉伯北部绿洲粗糙的涂鸦中才能看到的西奈字母，在半岛西南部农耕发达地区华丽的铭文中突然流行起来。另一体系的母系字母、腓尼基字母经常用于国内、塞浦路斯的铭文和钱币，并且在迦太基和其他西方殖民地之中焕发出了新的活力。在这个时期开始之时，犹太人仍然使用优美的希伯来文写作。到这个时期结束的时候，他们在日常生活中就不再使用希伯来文了。当人们努力把它改造成一种宗教语言之后，大量的阿拉米单词和惯用语就可以用来确定其作品的年代。

事实上，未来属于阿拉米人采用的腓尼基字母和阿拉米语本身。自居鲁士时代以降，波斯办公厅的官方法令和外交信件，一般都是用阿拉米语写成的。波斯波利斯数以百计用墨水写成的泥板文书，见证了帝国中心的档案馆使用阿拉米语。人们发现用笔写在泥板文书上的字母是巴比伦字母，作为更难读的楔形文字的易读符号。在叙利亚北部和西利西亚，阿拉米语铭文很常见。而在卡帕多西亚、帕夫拉戈尼亚、密细亚、吕底亚和潘菲利亚则很少见到。希腊雇佣军接受有阿拉米铭文的钱币。当伟大的王写信给希腊人时，他的信件必须译自正式的官方语言。有一段时间，阿拉米语曾经威胁到埃及语。但是，埃及民族主义的复兴，扭转了局势。随着楔形文字在波斯波利斯的消失，《加太》和圣歌倾向于写成文字，它使用的字母是阿拉米字母的变体。传说在亚历山大这位侵略者烧毁导师的手稿之前，早期的宗教书籍就已经被记录下来了。[1]

希腊语和东方艺术

阿拉米语从来就没有在小亚细亚处于支配地位。在那里正如在埃及一样，民族主义的感情维护了书写铭文使用的吕底亚、吕西

481

亚字母和语言。但是,使用希腊语的情况在这里日益增多,预示着希腊化世界即将到来。卡里亚语的消失,有利于希腊语的发展。吕西亚的墓碑不时加上简短的希腊文本。波斯总督为希腊雇佣军制造的钱币上,有时只有希腊铭文。

　　独立的埃及在其最后一个伟大王朝统治之下,没有任何受到希腊艺术影响的明显痕迹。巴勒斯坦也是如此。希腊雇佣军运进的、用于装葡萄酒和橄榄油的希腊陶罐碎片,[2]并没提供相反的证据。西顿的斯特拉托(Strato)是希腊之友。我们对发现人形石棺毫不惊讶。它们的头部肯定是不到 60 年的希腊原件复制品[3],但是,同时期的其他部分明显是埃及的复制品。[4]西亚的钱币毫无例外,几乎都受到了希腊制模工的影响。然而,我们感到惋惜的是,东方的铭文写错了。钱币的主调本质上毫无例外是纯粹的希腊风格,即使是东方的图案,也使用希腊的方式来进行处理。毫无疑问是起源于东方的神祇,在外表上也无法与希腊类似的神祇区别开来。至少,有一些东方的特征影响到了希腊的色调。例如,塔尔苏斯的巴力神除了出自安纳托利亚,拥有阿拉米语名字之外,初看起来就像是地道的希腊化神祇。提尔的麦勒卡特很快就变成了希腊的赫拉克勒斯。阿胡拉马兹达可以保留波斯波利斯的造形,但处理方式完全是希腊式的。

　　小亚细亚西部沿岸地区表面上被希腊化了。吕西亚艺术保留了本国石刻特色的一些象征。但是,希腊雕塑家或他们充满才气的弟子们的艺术品是如此精湛,以至于毫无疑问可以把它们作为希腊化艺术来接受。由当时世界上最著名的四位雕刻家装饰的、哈利卡纳苏斯的摩索拉斯陵墓,代表了前希腊化艺术的顶峰。对比之下,伊朗地区第一次显示出,真正的流行艺术有了重要的发展。

　　在最后的这些年里,小亚细亚西部沿岸地区仍然被认为是阿契美尼德帝国的一部分。我们的资料既提到波斯的总督和官员,也提到波斯的雇佣军首领和僭主。虽然资料也经常提到内部的困扰和外部的袭击。但是,这并不能误导我们。亚细亚的希腊城市在波斯的统治之下是繁荣的，这无疑是因为这种统治通常仅仅是名义上的。

我们需要神庙以外的更多证据。这个时期宏伟的建筑是以弗所的阿耳忒弥斯神庙。公元前 356 年，在它被希罗斯特拉图斯（Herostratus）故意放火烧毁之后，市民精打细算、以出卖旧的柱子以及女性装饰品所得，使重建的神庙更为宏伟。它的建筑师是德米特里（Demetrius）和帕奥尼亚斯（Paeonias）。整个祭坛充满了普拉克西特利斯（Praxiteles）雕刻的雕像和浮雕。斯拉松（Thrason）制作了赫卡忒的小礼拜堂以及佩内洛普（Penelope）和老妇人欧里克莱亚（Eurycleia）的蜡像。为多乳房女神服务的是被阉割过的祭司〔他们在波斯文中称为梅加比齐（Megabyzi）〕，还有他们的童男助手。[5]

米利都狄杜马的阿波罗神庙几乎同样出名。在爱奥尼亚人叛乱之后，它被大流士一世所毁。由于以弗所人帕奥尼亚斯和本地人达佛尼斯（Daphnis）的功劳，它又从灰烬中矗立起来了。[6]皮西亚斯（Pytheas）在普里恩建造了雅典娜大神庙。[7]这些仍然存在的神庙和类似的建筑，显示了希腊人在波斯统治末期的财富和高雅。

亚细亚的希腊人和希腊化的蛮族，都是优秀艺术的庇护人。我们已经认识了卡里亚的摩索拉斯以及装饰摩索拉斯陵墓的大雕塑家。据说斯科帕斯在卡里亚和爱奥尼亚雕刻了许多其他的雕像。[8]另外，我们还提到在克利斯（Chryse）的阿波罗·斯明塞乌斯（Smintheus）的一座雕像，在以弗所附近奥尔蒂贾丛林（grove of Ortygia）的勒托女神与其保姆的另一座雕像。[9]普拉克西特利斯为卡里亚一个未经确认的城市雕刻了一座阿弗洛狄忒像，后来，这座城市以拉特姆斯山（Latmus）的亚历山大城而闻名。[10]在帕塔拉（Patara），布里亚克西斯（Bryaxis）建立了一组宙斯、阿波罗和狮子雕像。[11]奥林索斯（Olynthus）的斯希恩尼斯（Sthennis）为锡诺普建造了其英雄缔造者奥托利库斯（Autolycus）的雕像。[12]所有这些人，都是曾经在亚细亚工作过的欧洲人。本土雕刻家有以弗所的法拉克斯（Pharax）和福西亚的米亚格鲁斯（Myagrus），他们擅长铸造运动员的青铜像。[13]

欧罗巴的雕刻家也被召去为欧罗巴各地作贡献。当米利都人在德尔斐建立伊德里乌斯和阿达的雕像时，他们就雇佣了帕罗斯的萨提鲁斯（Satyrus）。斯科帕斯一位不知名的弟子为泰耶阿（Tegea）上述统治者雕刻了许多浮雕。[14]根据一份复制的铭文，"波斯人罗多塔特斯（Rodotates）之子米特拉达特斯向缪斯神（Muses）供献西拉尼恩（Silanion）雕刻的柏拉图雕像"；这位父亲可能是总督奥龙托巴特斯（Orontobates），并且，供献是在西拉尼恩出生的城市雅典的雅典学园举行的。[15]

只有很少的艺术没有遭到被忽视的命运。因为伊朗各地出产极好的青铜花瓶，而贫穷的希腊人生产的大部分是粘土制品。但是，他们的艺术天才战胜了贫穷，并且使得每一个花瓶都成为值得保存的宝物。高雅的文学作品忽视了这些真正的、伟大的艺术家的名字，但他们的名字可以从有他们标记的产品中收集到。即使如此，仍然有许多优秀艺术家的名字不可查考。例如，有一片"芝加哥瓶画家"的碎片，就在巴勒斯坦被识别出来了。[16]

484

虽然这些花瓶大部分仍然局限在希腊本土使用，但它们有时也向外出口，并有助于确定外国遗址的年代。本世纪初有一组花瓶特别有趣。它通常被称作克赤（Kertsch）组，因为在克里米亚东部古代的潘提卡培翁（Panticapaeum）发现了许多这类东西，其风格独特的产品，在整个地中海都可以发现。因为有一个这样的花瓶写上了雅典人色诺芬图斯（Xenophontus）的标记，这个流派的总部被认为是雅典。鉴别出这组花瓶，表明波斯人对它们是多么感兴趣。代表大流士及其宫廷精致的花瓶，长期以来闻名于世。一般而言，公元前4世纪早期花瓶绘画艺术标志着衣褶开始使用于东方豪华的装饰之中。

瓶画家不是拥有大量黄金的西徐亚王公资助的唯一希腊艺术家。他们的许多花瓶和许多宝石体现了希腊特色。然而，它的基调几乎毫无例外都是伊朗风格。大部分产品很明显是西徐亚本国人制作，而且带有他们本族特色。整个帝国都发现了真正的伊朗珠宝。大量的实物来自埃及，来自塞浦路斯的也相当多。并且，还有来自其他国家的零散物品。然而，收集这个重要时期伊朗艺术品的工作，还有待完成。[17]

古代最伟大的画家据说是以弗所的阿佩莱斯（Apelles）。许多故事中都讲他如何折服了一位名叫迈加比佐斯的波斯高官。这位官员参观了他的画室，并且假充内行，试图谈论关于色调明暗的话题。阿佩莱斯指着正在磨颜料的男孩说，贵族的紫衣给男孩们印象很深。但是，现在他们正在嘲笑他，因为他试图谈论一个他不懂的话题。[18]几乎同样伟大的是帕塔西乌斯（Parthasius），他也是以弗所人。其他的画家还有宙克西斯（Zeuxis）的对手安德罗西德斯（Androcydes）、基齐库斯的波利克莱斯（Polycles）和马格内西亚的狄翁（Theon），后者画了《奥雷斯特斯的疯狂》（*Orestes*）。[19]

东方世界的希腊作家

485　　在历史学家之中，有库迈的埃奥利斯人埃福罗斯（Ephorus）和兰普萨库斯的阿那克西米尼（Anaximenes）。科洛丰的戴农（Deinon）和库迈的赫拉克利德斯（Heracleides）写过《波斯史》。桑索斯用希腊语写了《吕底亚史》。但是，他是一名本国的内地人。米利都的腓力斯库斯（Philiscus）是伊索克拉底的弟子，写下了有浪漫色彩的《米利都故事》。作为对伊索克拉底的答复，安菲克提奥尼库斯（Amphyctionicus）创作了《修辞艺术》。昔兰尼加享乐哲学的创立者阿里斯提卜（Aristippus），曾经在亚细亚居住过，有一段时间是总督阿尔塔弗雷尼斯的阶下囚。[20]欧几里德斯的弟子、米利都的欧布利德斯（Eubulides）据说曾经是德莫斯特内斯的教师和亚里士多德的对手；他享有可疑的荣誉，因为他介绍了许多辩证法的偏题，使后来的哲学变得枯燥无味。诸如《论说谎者》、《论伪装者》、《论厄勒克特拉》（*Electra*）、《论戴面纱者》、《论复合三段论》、《论戴绿头巾者》和《论秃头》。[21]

但是，希腊文学即将由野蛮人来书写。伊索克拉底的学生、亚里士多德的朋友、来自希腊边界珀希利斯的狄奥德克特斯,开始是一个演说讲稿的撰稿人,逐渐开始创作悲剧。他创作了五十多部悲剧。其中,《摩索拉斯》在这位卡里亚王公的葬礼上被吟诵。他还写了关于散文艺术和关于演讲的作品。[22]伊索克拉底的另一名学生、演说家克拉特斯(Crates)来自内陆的特拉莱斯(Tralleis)。[23]

这些从前著名作家的著作,现在都已经佚失了,所有的作品都只剩下片言只语。在我们听来,他们的名字意义不大。艺术家的绘画、浮雕和雕塑也已经消失了,只是由于后来模仿者的作品,它们才被重新发现和保存下来。但是,在神庙和公共建筑的遗址之中,发现了其他的雕像。现在保存下来的东西已经足以揭示在希腊化时期到来之前,阿契美尼德世界的这部分地区是多么的富裕和重要。

原注

1 A. V. Williams Jackson, *Zoroaster, the Prophet of Ancient Iran* (1889), pp. 97,224; *Persia Past and Present* (1906), pp. 306 - 307.

2 J. H. Iliffe, "Pre-Hellenistic Greek Pottery in Palestine," *Quarterly of the Department of Antiquities in Palestine*, II (1933),15 ff.

3 C. C. Torrey, "A Phoenician Necropolis at Sidon," *Annual of the American School of Oriental Research*, I (1920), 1 ff.

4 O. Hamdy Bey and T. Reinach, *Une necropole royale a Sidon* (1892).

5 Vitruv. iii. 12.7; vii *praef*. 12,16; x. 2.11 - 12; Strabo xiv. 1. 22 - 23; Plin. vii. 125; xxxvi. 95.

6 Viruv. vii *praef*. 16.

7 *Ibid*. 12.

8 Paus. viii. 45.4.

9 Strabo xiii. 1. 48; xiv. 1. 20.

10 Steph. Byz. *s. v.* "Alexandreia."

11 Clem. Alex. *Protrept*. iv. 47.

12 Strabo xii. 3. 11.

13 Vitruv. iii *praef*. 2; Plin. xxxiv. 91.

14 参见 p.436。

15 Favorinus *Memorabilia* I, in Diod. Laert. iii. 25.

16 Cleta Margaret Olmstead 也这么认为。

17 目前可参见 O. M. Dalton，*The Treasure of the Oxus*（2d ed. ，1926）。

18 Strabo xiv. I. 25；Plin. xxxv. 79；Plut. *Quomodo adulator* 15(58D - E)；
参见 472A；Herodas iv. 72 - 73；Athen. xii. 543C。

19 Vitruv. iii *Praef.* 2；Plin. xxxiv. 91；xxxv. 64. 144.

20 Diog. Laert. ii. 79.

21 *Ibid.* 108.

22 Dionys. Halicarnass. *Demosthen.* 48；Quintil. i. 4. 18；Plut. *Alex.* 17；
Paus. i. 37. 4；Athen. x. 451E；xiii. 566E；Suid. *s. v.*

23 Diog. Laert. iv. 23.

第卅四章　腓力，开始远征

波斯行政机构的无能

波斯重新征服腓尼基和埃及，使马其顿和亲马其顿的欧罗巴希腊人感到极端震惊。腓尼基和埃及的三列桨战船再次使波斯控制了大海，波斯外交家再次支配了它们巨大的财富，并且非常精通如何使用这些财富。显然，从外表上看来，这个帝国比它曾经经历过的整个世纪要更强大。

腓力从来没有认真对待过苏格拉底鼓吹的远征主张。现在，腓力把这种思想搁置在一边，急急忙忙命令特使前去与伟大的王谈判签订友好同盟条约。[1]正在起义的塞浦路斯诸王，连同依赖马其顿援助的阿索斯的赫尔美俄斯和其他叛乱者被彻底抛弃，听任国王的报复。

这样被抛弃，对塞浦路斯人来讲别无选择，不得不向势力突然增强的前主人投降。在重新征服埃及之后的一年之内，塞浦路斯所有城市都已经讲和——只有萨拉米斯的普尼塔哥拉斯仍然在坚持。但是，他也只是勉强地顶住了围攻。在卡里亚流亡的埃瓦戈拉斯二世被召回，并得到允诺在萨拉米斯被占领之后，他可以获得其父空缺的王位。不过，很快就有人向国王控告他，他因此失宠了。因此，普尼塔哥拉斯得以太平无事。[2]

门托因为在西顿投诚和帮助重新征服埃及中有功，获得了100塔兰特的礼物和有权指挥小亚细亚爱琴海沿岸的奖励。由于他的

影响,他的兄弟门农和内兄阿尔塔巴祖斯得到宽恕,从腓力宫廷的
避难所被召回,目前自诩与奥科斯友谊深厚。赫尔美俄斯因为以
前的阴谋理所当然地受到了控告。公元前 341 年,他被引诱去参
加一个会议时被捕,并被钉死在十字架上。亚里士多德逃走了。
他写了一首赞歌,并为赫尔美俄斯在德尔斐所建雕像撰写了一篇
铭文,用这种方式使其后来的主子流芳百世。[3]

门托拿着有赫尔美俄斯图章的伪造信件,使赫尔美俄斯的城市
保持了稳定。前任官员获准保留他们的职位,直到他们感到安全,
放松了警惕之后,他们说出了被隐藏的或送到其他地方去的东西。
这时,门托就逮捕了他们,夺走了一切。不久之后,门托去世,其弟
门农继位。门农的妻子就是阿尔塔班之女巴尔西恩(Barsine)。

门农占领了兰普萨库斯之后,才发现自己缺钱。他以典型的玩
世不恭的态度,强迫最富裕的市民缴纳重税,命令他们从不那么富
裕的人那里获得补偿。不富裕的人又得到许诺在将来某个不确定
的时间会得到赔偿。为了获得其他的税收,门农把岁入典当出去。
当这些岁入到手之后,这些典当残酷地变成了将来连本带息归还
的承诺。他甚至欺骗自己的雇佣军,采用 29 日一个月的"亏缺日"
不发军饷或给养的办法,节省了整整一个月的军饷。另一名雇佣
军首领、密细亚人的将军斯塔贝利乌斯(Stabelius)发现自己欠了士
兵的债务。他的欺骗方式是许诺军官,如果他们解散自己的士兵,
重新招募新兵,就可以得到军饷。但是,在这样做了之后,他把官
员们也赶走了。由于对臣民和雇佣军实施这种不断的、强制性的
财政欺骗措施,近东地区已经准备好接受任何能够实行稳定和有
效管理的侵略者。[4]

在伊德里乌斯去世之后,其妹和妻子阿达统治了哈利卡纳苏
斯,直到她被其弟皮克索达鲁斯(公元前 341—前 335)所驱逐。
我们有一份后者在桑索斯的双语法令,内容涉及桑索斯的居民特
罗斯、皮纳拉(Pinara)和坎戴达(Candayda)某种税收的十分
之一。[5]

与雅典结盟反对马其顿的腓力

公元前341年初,德莫斯特内斯就催促雅典人派使节去见奥科斯。他的对手指责他这样做就是背叛希腊人。但是,他们真的关心生活在亚细亚的希腊人的利益吗?每位雅典将军都在"捐助"的名义下,向亚细亚的希腊人强迫征收贡赋。但是,这些希腊人所交的税收,是否真正能确保他们的商业巨头在公海上免遭劫掠呢?[6]

色雷斯人是国王信任的,并被国王称为"恩人"。他们正在与腓力作战。腓力的代理人正在与赫尔美俄斯密谋时被俘了,国王因此知道了腓力的计划:听任使节前去催促奥科斯采取反对腓力的一致行动。奥科斯必定意识到,腓力在拿下雅典之后,再进攻国王困难就少多了。必须让他的听众们忘记"蛮族是所有希腊人的公敌"的蠢话,面对现实。他们声称,他们过去害怕那个在遥远的苏萨或埃克巴坦那的人,是因为他正在策划反对他们的阴谋。事实上,他曾恢复雅典的实力,而且现在主动表示愿意再这样做。如果雅典人投票决定不接受他的援助,那不是国王的过错。事实是,雅典人认为并不存在着令这位演说家感到担心的、来自腓力的危险。[7]

使节被派遣出去了,奥科斯受到鼓动,撕毁了友好条约,并向腓力宣战。[8]伟大的王正忙于镇压卡杜西亚的又一次起义。[9]阿西特斯(Arsites)从弗里吉亚派来了由雅典人阿波罗多罗斯(Apollodorus)指挥的雇佣军。这样,腓力就被赶出了佩林苏斯(Perinthus,340年)。[10]德莫斯特内斯的演讲证明是正确的。

腓力向雅典人抱怨。指责他们行动乖张。因为近来雅典通过法令,请求马其顿和其他希腊人团结起来,阻止奥科斯再次获得腓尼基和埃及。[11]德莫斯特内斯的回答是提醒听众,亚细亚的总督们已经派雇佣军将他们城市的敌人腓力赶出了佩林苏斯。如果在这之后,腓力要是征服拜占庭,他的朋友们这时就可能要求他们所有人中最富裕的奥科斯提供财政支持。而且,只要伟大的王和雅典

488

在一起。那时,他要打败这个马其顿人就轻而易举了。[12]

阿尔塔薛西斯三世的建筑

489   在密特拉的保护下,奥科斯在埃克巴坦那建立了阿帕丹的圆柱。[13]在苏萨,他完成了大流士宫殿的前后部分。它们的修复工作始于其父之时。[14]自从阿尔塔薛西斯一世以来,似乎没有一位阿契美尼德王朝的国王在波斯波利斯建立过精致的建筑。是否有哪位国王长期居住在古都这些老式的建筑之中,这也很难确定。我们用不着惊讶,这些散落在平台上的、无人居住的建筑对郁闷的奥科斯还有一定吸引力。因此,他似乎在平台的最高之处、可以俯瞰整个废墟的地方建立了一座自己的宫殿。[15]

阿尔塞斯即位,腓力入侵

正当腓力在喀罗尼亚(Charoneia)摧毁希腊的独立之时(公元前338年),宦官巴戈阿斯命令御医毒死了奥科斯。他显然被埋在其父陵墓的北面、波斯波利斯平台后面的悬崖上。在他的陵墓前面,是未经打磨的石料砌成的平台,以防粗鲁的牧人打扰已故君主,使他可以安眠在自己喜爱的废墟之上。

尽管奥科斯嗜血成性。但他仍是一个有能力的统治者。要说是谋杀他的巴戈阿斯毁了波斯帝国,此话一点也不为错。这个太监拥立奥科斯和阿托萨(Atossa)之子阿尔塞斯(Arses)登上王位。在钱币上,阿尔塞斯的形象是大鹰钩鼻、宽脸、长而尖的胡子。[16]

奥科斯被暗杀,改变了整个国际形势。它为远征思潮的复活,提供了一个机会,而腓力迅速抓住了这个好机会。公元前338年末,在科林斯组成了一个希腊联盟。腓力要求为援助佩林苏斯提供补偿。阿尔塞斯拒绝考虑他的要求,这就成了战争的起因。接近公元前337年末,腓力被选为现在受欢迎的远征总司令。同一年,赫拉克利亚的蒂莫特乌斯(公元前337—前305)被其兄弟狄

奥尼修斯(公元前 345—前 337)所驱逐。西乌斯的密特拉达特斯 490
(公元前 337—前 302)接替了阿里奥巴尔赞的职务(公元前 365—
前 337)。[17]

　　腓力马上开始进行远征。公元前 336 年初,在阿塔卢斯
(Attalus)和帕梅尼恩(Parmenion)领导下,1 万名马其顿人在一支
舰队的支持下,出现在亚细亚,并且宣布他们受命"解放"波斯人统
治之下的所有希腊城市。在基齐库斯,他们受到了热烈的欢迎。
在希罗菲特斯(Herophythes)统治的以弗所也是如此,那里的市场
上建立了一座腓力的雕像。皮克索达鲁斯认为侵略已经是既成事
实,为了自全,他提议把自己与卡帕多西亚人阿菲尼斯(Aphenis)所
生之女阿达嫁给腓力的私生子阿里戴乌斯(Arrhidaeus)。合法的
继承人亚历山大察觉到这个阴谋将会使他失宠,急忙派遣悲剧诗
人塞萨卢斯(Thessalus)前去暗示,他才是更好的女婿。这个卡里
亚人对这个更好的提议感到高兴。但是,腓力不打算因为与波斯
附庸不合时宜的联盟而损害远征,制止了这个阴谋,亚历山大失
宠了。[18]

大流士三世即位

　　阿尔塞斯反对这个宦官和拥立者所实施的残暴控制,并想毒死
他。但是,他自己在位不到 2 年之后(公元前 338 年 11 月—前 336
年 6 月),却成了毒药的牺牲品。他所有的子女也都被杀死了。巴
戈阿斯将空缺的王位给了 45 岁的大流士。大流士只不过是阿尔
塔薛西斯二世的兄弟奥斯塔内斯之子阿萨美斯的儿子,这表明王
室的嫡系已经被奥科斯和巴戈阿斯清除得多么干净。

　　新国王曾经在一对一的决斗中击败卡杜西亚人叛乱,早已显示
出自己的军事才能。因为这次武功,他得到的奖赏是获得了难弄
的亚美尼亚行省。在钱币上,他的形象是面部成熟而坚毅、鹰钩
鼻、短胡子。如果情况正常的话,他可以证明自己是个优秀的统治
者。无论如何,他很快就发现了显示勇气的机会,巴戈阿斯担心新

任国王难以驾驭,企图把他交给那些人毒死。但是,大流士迫使这个太监饮鸩自杀了。[19]

亚历山大的麻烦事

491   就在不久以后,公元前 336 年 7 月,腓力被杀。有人认为失宠的亚历山大或其暴躁的母后奥林匹娅斯(Olympias)难逃知情不报之罪。年轻的国王将暗杀归咎于大流士的代理人。在截获的许多信件之中,他们夸耀了这一行为[20]。不管这些夸耀的话是真是假,一些阴谋者的确寻求过波斯的庇护。

        20 岁的亚历山大发现自己无法马上开始东征,希腊正威胁着要发动叛乱,北方蛮族进攻的危险迫在眉睫。马其顿军队在亚细亚进展也不顺利,波斯海军舰队现任司令门农在靠近马格内西亚的一场激战中打败了他们。门农应寡头政治家之请进入以弗所,阿耳忒弥斯大神庙遭到劫掠,腓力的雕像被推倒。解放者希罗菲特斯在市场上的坟墓被挖掉了。帕梅尼恩曾经赢得过一次短暂的胜利,这就是占领皮塔内(Pitane)海湾对面的格里内乌姆,将其公民卖为奴隶。但是,当他企图围攻皮塔内本土时,门农迫使他撤退了。后来,帕梅尼恩被召回欧洲作战。门农伪装成帕梅尼恩的继承者卡拉斯,试图占领基齐库斯,但失败了。不过,他在特洛阿德打败了卡拉斯(Calas),迫使他撤退到罗伊提翁(Rhoetium)。皮克索达鲁斯坚信波斯将会胜利,以致他将曾经表示要嫁给阿里戴乌斯的阿达,嫁给了总督奥龙托巴特斯,以表示对波斯忠诚。[21]

波斯的失败和埃及的光复

        与此同时,巴戈阿斯谋杀奥科斯事件在埃及迅速引起了反应。正如佩托西里斯(Petosiris)告诉我们的,"南部一片混乱,北部在起义"。公元前 337 年末,某个名叫哈巴巴沙(Khababasha)的埃塞俄比亚人,在南部出现了。[22]他在位第一年阿赛尔(Athyr)月(开始于公元前 336

年 1 月 14 日），他与西部底比斯的凯尔奈克阿蒙神庙祭司泰奥斯签订了婚约。文献有许多证人作证，所有的人都有亲笔签名。[23] 在孟斐斯的阿普里斯（Apries）遗址发现的一个刻有哈巴巴沙名字的弹弓，[24] 暗示这位叛乱者以突袭方式夺取了古老的首都。孟斐斯受到善待。哈巴巴沙拥有充足的财力为阿匹斯牛犊制作了一个豪华的黑花岗岩抛光石棺。这头阿匹斯神牛在即位第二年，即公元前 335 年 1 月 12 日夭折了，埋葬在附近的塞拉比尤姆。[25]

哈巴巴沙到了三角洲，为使埃及能挡住亚细亚的舰队，他检查了尼罗河流入大海的每个支流。途中，他到了佩德普（Pe-Dep）、布陀（Buto）城的两个区和被称为"布陀之地"的沼泽地。然后，陛下对随从说："向我报告沼泽地的情况。"

现在，他们向陛下报告说，"在邪恶的克什里什（Khshrish）［实际上是阿尔塔薛西斯·奥科斯，而不是薛西斯——作者注］将它没收之前，被称为布陀之地的这块沼泽地，自古以来就属于佩德普诸神。他没有用沼泽地的出产向佩德普诸神献祭过。"这时，陛下说："将佩德普的祭司和大人们带来。"他们很快被带到他的面前，然后，陛下说："请告诉我，佩德普诸神因为他的恶行对这个邪恶的人会进行什么报复。看哪，他们讲邪恶的薛西斯对佩德普的恶行是拿走他的财产。"这时，他们在陛下面前说："我主在上！伊希斯和俄赛里斯之子何露斯、王公中的王公、上下埃及的王中王、他父亲的复仇者、佩的主人、与诸神共长久的神，没有一位国王可及的神，他已将邪恶的薛西斯和他的长子从宫殿中驱逐出去了。这一点务必众所周知，这个时代是属于奈特女神之城赛斯的，是属于母神的。"公元前 336 年春，阿尔塞斯继奥科斯之后被杀的消息传到三角洲地区，人们将巴戈阿斯的罪行归功于埃及神王的天罚！

但是，国王意识到他实际上并不是何露斯："哦，你的神是众神中强大的神，没有一个国王可及的神，引领我去见我为他而生的陛下哈伦多特斯（Harendotes）。"这时，佩德普的众祭司和大祭司说："愿陛下命令将被称为布陀之地的沼泽地，还有面包、饮料、公牛、鹅和所有好东西归还佩德普的诸神。"这位上下埃及之王、万世长存的哈巴巴沙，像特内恩

493 (Tenen)神一样,是普塔神的选民、拉神之子。他把沼泽地,还有国王的许多礼物奉献给了诸神、布陀的神灵。[26]

当亚历山大在平定北部边界的部落之时,当底比斯和雅典正在策划起义之时,大流士重新征服了埃及。哈巴巴沙设法保护三角洲不受亚细亚舰队攻击,但一切都徒劳无功。因为大流士在公元前334年1月14日之前已经被承认为埃及国王。一份世俗体文书以他的名字作为交换财产的公证。[27]哈巴巴沙从历史上彻底消失了。虽然托勒密一世承认他是合法的统治者,但托勒密二世时期的作家曼内托(Manetho)就拒绝将他的名字列入王表。希腊人也不大知道他。新任总督是萨巴塞斯(Sabaces),他发行了大量的行省钱币,以应付即将到来的马其顿入侵埃及。后来,他在伊苏斯为大流士阵亡了。[28]

大流士三世在波斯波利斯的建筑活动

大流士获得了一个喘息的时间,回到了波斯波利斯。在那里,他至少开始建造了自己的陵墓,显然还匆匆忙忙建立了一座宫殿。他把最后这座宫殿建立在平台上留下的、仅有的一块空地上。宫殿北面与大流士一世的宫殿相邻,东面与薛西斯的宫殿相邻,西面和南面与高高的平台的边缘相邻。按照平面设计图,他的宫殿模仿了薛西斯的宫殿,但有明显的变化。它更小,它的北面没有宏伟的双台阶,唯一的入口是西北角院墙外一段短而窄的阶梯。这个阶梯通向北面的柱廊,有点像薛西斯的台阶。但是,用宫墙代替双台阶,破坏了美丽的正视图。他的前任所建的、安排在中央的内景也没有了。还有,西面接见大厅有16根圆柱,无法与东面两间小

494 寝室对称,因为每间寝室只有4根圆柱。北面柱廊前面的宫墙,装饰着浮雕。它们和最西面庭院中的断垣残壁一起,证明了这个遗址中的新东西缺乏艺术完整性。因为,它们是从其他地方搬过来的。同样,在东面的拐角上,在连接着薛西斯宫殿正面的庭院、大流士一世和大流士三世宫殿之间庭院长长的阶梯之前,再次使用了曾经被雕刻过的石料。这些表面现象说明,由于大流士三世在

波斯波利斯的掠夺活动，我们失去了一种多么富有活力的艺术。至于他在南面陵墓上开始雕刻的浮雕，即使我们有意谅解它们仅仅是草样，它们也实在太粗陋了。这些浮雕标志着阿契美尼德非凡艺术成就的终结。

原注

1　Plut. *Alex. virt.* 342B；Arr. *Anab.* ii. 14. 2；Diod. xvi. 45. 7.

2　Diod. xvi. 46. 1 - 2.

3　*Ibid.* 52. 1 ff.；Theopomp.，Frags. 250,291（J）；Callisthenes *Hermeias*，Frags. 2 - 3（J）；Anaximens *Epist. Philip.* 7；Didym. vi. 61；［Plato］*Epist.* vi, to Hermeias；Apollodor.，in Diog. Laert. v. 4 ff.；Strabo xiii. 1. 57；［Demosthen.］*Philip.* iv. 32；Ovid *Ibis* 319 - 320.

4　［Aristot.］*Oeconom.* ii. 2. 28 - 29,40；Polyaen. vi. 48；Plut. *Alex.* 21. 4.

5　*TAM*，Vol. I，No. 45.

6　Demosthen. *Cherson.* 24 ff.；also in *Philip.* iii. 71。同年，在演说家本人编辑的后一版本中删除了！

7　Demosthen. *Philip.* iv. 31 ff. 为什么这个演说被德莫斯特内斯含糊地拒绝，因为它非常符合我们希望他为派出去的使节进行辩护时所说的话，这件事情难以理解。

8　Aeschin. *Ctes.* 238；Anaximenes *Epist. Philip.* 6 - 7.

9　Diod. xvii. 6. 1；Just. x. 3. 2 ff.；Arr. *Anab.* iii. 8. 5；11. 3；19. 3；Curt. iv. 12. 12.；4. 3.

10　Diod. xvi. 75. 1；Paus. i. 29. 10；Arr. *Anab.* ii. 14. 5.

11　Anaximenes *Epist. Philip.* 6 - 7. 由于阿那克西米尼是同时代人，其故事中的说法应该相当接近于事实。

12　Demosthen. *Ad Epist. Philip.* 5 - 6.

13　E. Herzfeld，*Archaologische Mittheilungen aus Iran*，IV（1932），85；*Altpersische Inschriften*（1938），No. 25.

14　V. Scheil，*Inscriptions des Achemenides a Suse*（"Mem.，"Vol. XXI［1929］），pp. 99 - 100；J. M. Unvala, in A. U. Pope（ed.），*Survey of Persian Art*，I，34 - 35.

15　施密特指出，在这个地点大量松散的碎片之下，已经发现有宫殿存在的线索。

16　Diod. xvii. 5. 3 - 4；Trog. x；Arr. *Anab.* ii. 14. 5；Aelian. *Var. hist.* iv. 8；Chron. Oxythync. 4；Babelon，*op. cit.*，p. 626.

17 *IG*（ed. minor），Vol. II，No. 236；Dittenberger，*Syl.*³，No. 260；Arr. *Anab.* ii. 15；Diod. xvi. 88. 5；89. 2 - 3；90. 2.

18 Diod. xvi. 91. 1 - 2；xvii. 7. 3；Just. ix. 5. 8；Trog. ix；Strabo xiv. 2. 17；Plut. *Alex.* 10；Arr. *Anab.* i. 17. 10 - 11；ii. 14. 2；iii. 2. 5；Curt. vii. 1. 3；Polyaen. v. 44. 45.

19 Diod. xvii. 5. 4 ff. ；6. 1 - 2；7. 1；Trog. x. ；Just. x. 3. 2 ff. ；Plut. *De Alex. fort*，326E，340B；Chron. Oxyrhync. 5；Arr. *Anab.* ii. 14. 5；Curt. vi. 3. 12；4. 10；Johan. Ant. ，Frags. 38 - 39；Babelon，*op. cit.* ，pp. 63 ff.

20 Arr. *Anab.* ii. 14. 5；参见 Curt. iv. 1. 12。

21 Polyaen. V. 44. 4 - 5；Diod. xvii. 7. 9 - 10；Arr. *Anab.* i. 17. 9 ff. ；23. 8；Strabo xiv. 2. 17；对于可能存在的钱币，参见 Babelon，*op. cit.* ，p. 123。

22 由于阿尔塞斯在公元前 337 年 4 月 19 日之前已经登基，哈巴巴沙按照波斯的做法，把自己在位元年定为自公元前 337 年 11 月 15 日起，是绝不可能的事情（又见 R. A. Parker，"Persian and Egyptian Chronology，" *AJSL*，LVIII［1941］，285 ff. ，esp. pp. 298 - 299）。

23 W. Spiegelberg，*Papyrus Libbey*（1907）.

24 W. M. F. Petrie，*Palace of Apries*（1909），pp. 11,16.

25 B. Gunn，*AS*，XXVI（1926），86 - 87.

26 Satrap Stele of Ptolemy I：H. Brugsch，*AZ*，IX（1871），I ff. ；J. P. Mahaffey，*History of Egypt under the Ptolemaic Dynasty*（1899），pp. 38 ff. ；U. Wilcken，*AZ*，XXXV（1897），81 ff. ；Sethe，*Urkunden des aegyptischen Altertums*，II（1904），38 ff. ；有关年代见 Spiegelberg，*op. cit.* ，pp. 2 - 3。

27 F. L. Griffith，*Catalogue of the Demotic Papyri in the John Rylands Library*，III（1909），32；参见 E. Revillout，*Notice des papyrus demotiques archaiques*（1896），pp. 480 ff. H. W. Fairman，in R. Mond and O. H. Myers，*The Bucheum*，II（1934），3，一头布奇斯神牛石碑的公布，这头神牛是在大流士三世时期出生，公元前 330—前 329 年亚历山大时期安葬的。

28 Arr. *Anab.* ii. 8；关于萨巴塞斯的钱币，见 J. P. Six，*Numismatic Chronicle*，VIII（3d ser. ，1888），132 ff. ；Edward T. Newell，*Numismatic Notes and Monographs*，No. 82. （1938），pp. 62 ff. ；参见 M. Rostovtzeff，*The Social and Economic History of the Hellenistic World*（1941），pp. 89 and 1326，n. 20，PI. XI，No. 7。

第卅五章　亚历山大，远征的继承人

远征的开始:格拉尼卡斯河(Granicus)战役

雅典要求伟大的王提供财政援助,以支持拟议中的反亚历山大起义。但是,大流士在收复埃及之后,非常自负地认为这个马其顿年轻人不可能造成危险。他答复说:"我不会给你们黄金,不要来求我,因为你们得不到的!"[1]亚历山大从北方凯旋,镇压了希腊人的起义。作为惩罚,底比斯被无情地夷为平地。不过,这个年轻的征服者还是得到联盟的重新委任,继续领导文明的希腊人远征波斯的蛮族。大流士终于清醒过来了,给希腊送去了 300 塔兰特。雅典公开拒绝了礼物。但德莫斯特内斯自己却拿走了 70 塔兰特,斯巴达很不愿意。这位大演说家还给在亚细亚的将军们写信,称亚历山大是个嘴上没毛的小傻瓜。卡里德莫斯(Charidemus)投奔了大流士。[2]

作为其父的继承人,亚历山大现在成了这次大远征的领袖。包括盟友和希腊雇佣军,他现在指挥着大约 35000 人的军队,其核心是马其顿方阵。最重要的一支力量是本国的骑兵。在远征之中,希腊文化同样得到很好的体现。私人秘书有卡迪亚的欧迈尼斯(Eumenes)和埃利色雷的狄奥多托斯(Diodotus),他们准备编纂起居注,逐日记载远征的进展。还有专业的历史学家,像亚里士多德的侄子卡利斯提尼斯（Callisthenes）和第欧根尼（Diogenes）的弟子奥内西克里图斯（Onesicritus），此人曾经写过一篇关于亚历山大教育的论文，他们也参加了远征，准备用当时历史编纂学所需的各种修辞技巧来美化前线枯燥无味的战争报道。测量路线的有测量员，他们是比顿（Baeton）、狄奥格内图斯（Diogenetus）、菲洛尼德斯（Philonides）和阿敏图斯（Amyntus），还有植物学家、地理学家和其他科学家扩大了参谋部的人员。[3]

公元前334年，在大流士重新征服埃及后不久，举行了远征的各种规定仪式。薛西斯曾经使他的远征清楚地表明，这次远征是第二次特洛伊战争的翻版。因此，现在轮到亚历山大把整个东方这次最著名进攻的细节，全部颠倒过来。薛西斯曾经通过赛斯托斯大桥。帕梅尼恩的运输船由150艘三列桨战船保护，受命把军队从赛斯托斯渡过赫勒斯滂，前往阿拜多斯。薛西斯曾在十字路口献祭，亚历山大向波塞冬（Poseidon）献祭了一头公牛，又用另一个碗给海神奠酒。仍然忠于波斯主子的兰普萨库斯阻挡了他的前进步伐，对于这种反希腊的行动，亚历山大威胁要彻底毁灭。但是，市民们派历史学家阿那克西米尼为使节，说服这位侵略者宽恕了他们。[4]

伊利乌姆，如今变成了一个纯粹的小村庄，只有一座破败的神庙，成了远征之中的第一站。薛西斯的麻葛曾经在这里向特洛伊英雄的灵魂（Fravashis）奠酒，围着传说中的、他们最伟大的阿喀琉斯的陵墓裸身奔跑。因此，亚历山大向希腊的英雄奠酒，并且再次向当地雅典娜献祭。在雅典娜神庙，亚历山大献出了自己的盔甲，交换据说是属于希腊胜利者的盔甲。但是，讨厌的牺牲品提供给普里阿摩司（Priam）的阴魂，祈祷他不要对涅俄普托勒摩斯（Neoptolemus）的后代发怒。他以这种方式向全世界通告，第二次特洛伊战争开始了。像第一次特洛伊战争一样，这是文明的欧罗巴希腊人远征亚细亚蛮族的战争。[5]

久经沙场的将军——阿萨美斯，里奥米特雷斯（Reomithres）、佩提尼斯（Petines）和尼法特斯（Niphates）——领导着波斯军队。

他们得到当地课税的支持，一些由吕底亚和爱奥尼亚总督斯皮斯里达特斯征收，还有的由前总督罗萨塞斯（Rosaces）的兄弟（他在兰普萨库斯和库迈制造钱币）征收，其他由赫勒斯滂海峡的弗里吉亚骑兵统帅阿西特斯征收。由于增加了 2 万名波斯骑兵和门农手下人数几乎相同的希腊雇佣军，这支庞大的军队集结在基齐库斯西南几英里的泽莱亚。

门农明智地建议撤退和烧毁城市和庄稼，但是，阿西特斯夸夸其谈，宣称他不允许他的行省哪怕有一座房子毁坏。怀疑门农是希腊人的波斯人，都支持阿西特斯的政策。然后，军队向西行军，直至格拉尼卡斯河，在高高河岸的后边驻扎下来。

马其顿战略家正希望立即发生战争。5 月，亚历山大前去迎击敌人。虽然波斯军队在数量上并没有太大优势，但第一次渡河的企图失败了。最终，当亚历山大本人涉水时，受到波斯贵族来自四面八方的攻击。他的盔甲被打碎，他在斯皮斯里达特斯手中幸免一死。然而，他的努力扭转了局势。波斯阵亡了很多人，如将军尼法特斯和佩提尼斯、总督斯皮斯里达特斯和密特罗巴赞尼斯（Mithrobarzanes）、贵族阿尔布帕莱斯（Arbupales）、密特里达特斯和法尔纳塞斯（分别是大流士的儿子、女婿和连襟），还有本国雇佣军首领奥马雷斯（Omares）。这表明波斯人为了自己的国王，可以怎样奋不顾身地牺牲。阿西特斯因为惨败受到应有的谴责，自杀身亡。[6]

追击当地人的骑兵毫不费力，投降的波斯人被遣送回国。相反，亚历山大整个的仇恨都倾泻在不幸的希腊雇佣军身上。对激动的远征者来说，他们是希腊化事业的叛徒。因为他们违背了希腊人反对蛮族的共同愿望，帮助蛮族与希腊人作战。尽管雇佣兵乞求宽恕，十分之九的人被杀死了。剩下的 2000 人在马其顿人的地产上作为奴隶来赎罪。他们的亲属回到希腊之后，无法忘记这样残暴的行径。领取波斯军饷的希腊雇佣军受到警告：他们胆敢反对亚历山大，就必须战斗到底。[7]

497

采用波斯的管理方式

但是,亚里士多德教给他的希腊思想的外表,正在逐渐消失。亚历山大早已意识到,他未来的臣民既包括东方人,也包括马其顿人和希腊人。在格拉尼卡斯河战役不久之后,他制定了一个政策,随着时间的流逝,该政策越来越明显了。尽管根据当时的思想,伊利乌姆与希腊不同,组成了复兴民主制的自由城市,波斯的贡赋被免除了,与其古代的光荣和现代的重要性相匹配的建筑,被下令建筑起来了。亚历山大亲自为雅典娜·波利亚斯(Polias)举行了献祭。[8]这是许多新建城市之中的第一个城市,意在向内陆的本地人推荐希腊城市制度和希腊文化。

在希腊化方面虽然做出了这种努力,但对于行省而言,总体上仍采用波斯的管理机构。卡拉斯被任命为总督,受命征收波斯人统治时期一样的税收。帕梅尼恩占领了被抛弃的省会城市达西利乌姆。泽莱亚的市民得到宽恕,因为他们对战争没有责任。这样的仁慈得到了回报,在行军的过程中,亚历山大受到萨迪斯卫城驻军司令密特里尼斯(Mithrines)和城中全体市民的迎接,他许诺允许吕底亚人遵守祖先习俗。作为回报,他们交出了储存在城堡里的珍宝。吕底亚王宫上空的一场雷暴雨,成了本地一位神的神庙复兴的征兆。这位本地的神现在被等同于奥林匹斯(Olympius)的宙斯。在城堡,他还发现了其他财富:国王的将军们和德莫斯特内斯之间的信件,它表明有多少钱送给了这位演说家。[9]

有了吕底亚的组织,亚历山大在学习波斯管理机构的过程中,又走出了下一步。马其顿人菲洛塔斯之子阿桑德斯(Philotas,Asandes)被任命为总督。他不像卡拉斯,不能征收税收、特别税和贡赋。这个任务给了希腊人尼西亚斯(Nicias)。他又效仿波斯的习惯做法,任命另一个马其顿人保萨尼阿斯(Pausanias)为萨迪斯城堡司令。这样,波斯行省的权力分给了三个不同的官员,每个人直接向国王负责的制度被保留下来了。它的创新之处就是由一个希腊人来负责行省的财政。[10]

长期荒废的士麦那（Smyrna），是亚历山大兴建的第二座城市。希腊雇佣军从以弗所逃跑了，逃亡者回来了，政府又回到了民主制。而且，反对亲波斯人的骚乱被镇压了。阿耳忒弥斯神庙奉命重建，经费是市民交给他们以前主人的税收。据说，亚历山大曾经表示，如果在神庙的墙上刻上一篇歌颂他宽宏大量的铭文，他愿意支付全部的费用。市民们以外交辞令回复说，一位神向其他的神捐献是不合礼仪的。此后，他把神庙的避难区扩大了一斯塔德，并亲自向阿耳忒弥斯献祭，率领军队在神道上行进。[11]

499

征服爱琴海

帕梅尼恩被派去接受迈安德河畔马格内西亚和特拉莱斯（Tralleis）的投降。利西马科斯（Lysimachus）到埃奥利斯（Aeolian）和爱奥尼亚诸城命令恢复民主制和古代的法律，但必须缴纳从前的税收。当尼卡诺尔带着160艘船只离开拉德之后，驻守米利都的雇佣军表示愿意投降。3天之后，一支由400艘船只组成的、强大的波斯舰队在米卡利抛锚，改变了形势。赫格西斯特拉图斯（Hegesistratus）已经以书信的形式宣布放弃了外城，但当波斯舰队到达之后，表示愿意提供援助的时候，他决定为内城而战。市民宣称他们打算保持中立。黎明时，亚历山大猛攻城墙，而他的舰队阻止了旁观的波斯人，更多的雇佣军再次遭到屠杀。但是，这一次他们一直战斗到了最后。一些人逃到海岛。在那里，他们被已经意识到自己错误的亚历山大招募了。就这样，远征的另一个理想不得不让位于严峻的需要。然后，亚历山大又遇到了解散自己舰队的严重风险，他的正当理由是，他没有足够的资金来维持一支昂贵的海军。他确信，一旦占领了门农舰队在海岸边的基地，危险就少多了。米利都现在已经投降了。作为报答，长期沉默的布兰奇代（Branchidae）阿波罗神谕所开始发挥作用了，普里恩被豁免了特别税，埃利色雷豁免了贡赋。[12]

皮克索达鲁斯已死,国王命令他的女婿奥龙托巴特斯接管哈利卡纳苏斯。他通过与皮克索达鲁斯之女阿达结婚而获得的权利,遭到伊德里乌斯的遗孀、另一个阿达的抵制。她坚守在阿拉班达(Alabanda)西南阿林达(Alinda)的一座卡里亚人坚固堡垒之中。亚历山大在进军的途中,她迎接了亚历山大,并把他认作自己的养子。

门农使哈利卡纳苏斯的防御固若金汤,城里到处是波斯人和雇佣军。在建议投降后,对门杜斯(Myndus)的一次进攻失败。亚历山大转而包围哈利卡纳苏斯,奥龙托巴特斯和门农烧毁该城,退入城堡。亚历山大毁灭了这个不幸的城市,留下3000雇佣军驻守卡里亚。他把卡里亚和王后的头衔赐予阿达不久之后,阿达使这座城堡投降了。[13]

这时,冬天已经来临,亚历山大已经作好准备征服好战的山地部落。首先,他拿下了希帕纳(Hyparna),再次接受了雇佣军的条件。泰勒梅苏斯、桑索斯、皮纳拉和帕塔拉投降了。至于投降的原因,我们也许可以在最后一份以本地吕西亚语写成的铭文之中找到。在铭文之中,埃普拉西达(Epraseda)之子埃科瓦(Ekowa)是米底著名的阿汤帕拉(Arttompara)的后代,然而,他是亚拉克山特拉(Alakhssantra)指挥的吕西亚军队的将领,我们认为这位亚拉克山特拉就是亚历山大!

米利亚斯被毁灭,打开了道路。它的领土虽然属于大弗里吉亚,但被包括在吕西亚之内。位于最内地的设防庇护所马尔马雷斯(Marmareis)被占领了。珀希利斯送给这位征服者一顶金王冠。亚历山大袭击了威胁吕底亚人的弗里吉亚前哨基地。[14]整个西部和西南部沿岸都投降了。看来,舍弃舰队是正确的。因为单凭陆战,亚历山大就已经占领了海军在陆地上的所有基地,波斯海军只好离开了爱琴海。

当阿敏塔斯投奔国王时,他带了埃罗普斯(Aeropus)之子亚历山大的一封信,他们兄弟曾经帮助谋杀了腓力。大流士命令西西尼斯去见弗里吉亚总督阿提齐斯(Atizyes),并且通过此人告诉这位亚历山大说，如果他能够暗杀比他更伟大的同名者，他将被立为马其顿的国王，并且得到1000塔兰特黄金作为礼物，然而，帕梅尼恩俘获了西西尼斯，知道了这个阴谋。后来，觊觎王位的人被逮捕了。[15]

弗里吉亚的内地

　　由于相信爱琴海安然无恙，亚历山大得以向佩尔吉（Perga）前进，凛冽的北风使军队沿着声名狼狈的"梯子"旁边前进，水深齐腰。一名阿斯彭杜斯的使节答应投降，但要求城市必须有驻军，这个要求得到了满足。作为回报，他们交纳了50塔兰特用以供养军队，还交出了为伟大的王饲养的马匹。在沿海各地，他向东一直前进到至锡德（Side），然后转向内地。在那里，他袭击了西利翁（Syllium），但白费力气。这时，他听到阿斯彭杜斯人已经决定战斗，他们已经放弃了这座下游的城市，聚集在一座陡峭的、可以俯瞰欧里墨东的小山上。但是，亚历山大回师之后，他们又表示愿意按照以前的条件投降。他们的建议遭到拒绝，并且发现他们现在必须付100塔兰特而不是50塔兰特赔款，必须答应服从总督，交纳正常的贡赋。而且，他们所拥有的土地权利，必须接受调查。因为邻居声称他们的土地是偷来的。[16]

　　亚历山大到达弗里吉亚之后，再次转向北方前进。泰勒梅苏斯人封锁了两座高地之间的一条道路，他们的城市在其中一座高地上。马其顿人搭帐篷时，大多数人离开岗位，轻装兵保卫着道路。一个由塞尔古人（Selgians）和其他敌视泰勒梅苏斯的皮西迪亚人组成的使团获得了友谊。泰勒梅苏斯被彻底放弃。当地人撤到最好战的皮西迪亚人控制的萨加拉苏斯（Sagalassus）。当他们的联军被打败之后，萨加拉苏斯和皮西迪亚人的其他城镇被占领了。亚历山大比其伊朗前辈更幸运的是，他已经暂时地制服了这些野蛮的山地居民。[17]

　　亚历山大经过盛产食盐的阿斯卡尼亚湖（Lake Ascania），来到了凯莱奈（Celaenae），它陡峭的卫城由弗里吉亚总督防守。城市被占领，但驻军已经退入城堡。他们答应，如果再过一些日子得不到救济就投降。为了监视波斯总督，腓力之子安提柯（Antigonus）被留下来作亚历山大自己的总督，还有1500名士兵。[18]

爱琴海岸的短暂挫折

与此同时，爱琴海再次出现战争的形势。由于亚历山大占领了陆上的基地，波斯舰队的表现确实很无能，而且，他本以为他的陆军足以保卫交通线。这种信心现在被证明是完全错误的。门农没有撤往塞浦路斯和腓尼基，而是用背信弃义的方式占领了希俄斯、莱斯沃斯所有地区——除了米蒂利尼之外，因为它正在遭受围攻。

502　许多其他的岛屿向他遣使通好。在欧罗巴，斯巴达人高高兴兴地接受了他的黄金。除了这些新的基地横亘在亚历山大回国的脆弱生命线之上，更大的危险是他的交通线正在被切断。因为他现在已经没有了舰队！

但是，亚历山大终生极端信赖的幸运女神，并没有忘记他。就在这个关键时刻，门农去世了。大流士也就失去了门农的战术技巧和能力。尽管这种损失并没有立刻显现出来。奥托弗拉达特斯和门农的外甥法尔纳巴佐斯继续围攻米蒂利尼。该城最后有条件地投降了。刻有与亚历山大条约的柱子必须移走。流亡者必须复位（这意味着亲波斯派再次当权），归还他们以前财产的一半。根据国王和约的条款，米蒂利尼人必须成为盟友，罗德岛的利科美德斯（Lycomedes）必须担任驻军的司令，流亡的第欧根尼成了僭主，富人必须交纳罚金，平民交纳一般的税收。

法尔纳巴佐斯将雇佣军运到吕西亚，以收复亚历山大征服的地方。奥托弗拉达特斯争取到了一些迄今继续忠于亚历山大的城市。当大流士铸成大错之时，远征正面临着即将灭亡的命运。他派遣门托之子赛蒙达斯（Thymondas）接替了法尔纳巴佐斯的雇佣军统帅权，让他们直接归国王指挥。尽管法尔纳巴佐斯是被正式任命接替门农职位的，但雇佣军的伤亡，严重地削弱了他切断亚历山大与马其顿和援军联系的机会。不过，他和奥托弗拉达特斯联合在一起，迫使离亚历山大基地很近的特内多斯（Tenedos）毁坏条约石柱，接受了国王的和约。达塔梅斯被派到基克拉泽斯（Cyclades），但普罗提亚斯（Proteas）夺取了他的大部分船只，并将他赶走了。当门农的指导思想不再起作用时，这位伟大战略家的计划就失败了。命运女神再一次眷顾了亚历山大。[19]

前往西利西亚途中

公元前 333 年春，没有意识到远征威胁的亚历山大，还在弗里吉亚最古老的省会戈尔迪乌姆。他在卫城宙斯神庙用剑画了一个圈，将弥达斯的马车圈了起来。因此，他根据传统的信念，已经用非正统的手段赢得了亚细亚的统治权。[20] 在安卡拉（Ancyra），一个帕夫拉戈尼亚的使团表示愿意投降，但要求他不带军队进入他们的土地。他们受命服从弗里吉亚总督卡拉斯，但不负担贡赋。卡帕多西亚也表示了象征性的归顺，并被置于总督萨比克图斯（Sabictus）的管理之下。这次没有提到阿里亚拉特斯（Ariarathes），他去年接替了阿卜杜·苏西姆（Abd Susim）任波斯总督。[21] 但是，在亚历山大走后，他又回去了。就在进入西利西亚之前，亚历山大接受了由马其顿来的 5000 名步兵和 800 名骑兵，回国的生命线仍在运转。西利西亚门被占领着，但马其顿人一到，防御者就逃跑了，几乎不能通过的峡谷打开了。据称，西利西亚总督阿萨美斯打算劫掠和放弃塔尔苏斯。骑兵和轻装兵冲在前面，阻止了严重的破坏。因为亚历山大忍不住在西德努斯冰冷的河水中洗澡，危险的、几乎致命的疾病使从塔尔苏斯继续前进被耽搁了。[22]

帕梅尼恩急速向东前进，占领了叙利亚门。亚历山大闲暇时参观了安基亚勒（Anchiale）的亚述人萨丹纳帕路斯（Sardanapallus）陵墓。亲波斯的索利被罚款 200 塔兰特，占领高地的西利西亚人被赶走了。哈利卡纳苏斯最终投降的消息传来了。亚历山大返回塔尔苏斯时，穿

503

过阿雷亚(Aleian)平原到达了皮拉姆斯(Pyramus)。他在马加尔苏斯(Magarsus)向当地的雅典娜献祭,在马卢斯(Mallus)向当地的英雄安菲罗库斯(Amphilochus)献祭。两个城市内部的冲突结束了,贡赋也被免除了。因为马卢斯是阿尔戈斯人的殖民地,而亚历山大声称是阿尔戈斯人赫拉克勒斯(Heraclidae)的后代。[23] 不久以后,尼卡诺尔之子巴拉克鲁斯(Balacrus)被任命为西利西亚总督,他赦免了人质,并且免除了强加给索利的 50 塔兰特罚款。

现在,亚历山大已经走遍小亚细亚。人们详细地描述了他走过的之字形路线,因为它提供了波斯帝国统治之下的这个地区最新的、详细的情况。对于即将到来的希腊化时代而言,这些情况同样是重要的。

伊苏斯战役

在马卢斯,亚历山大第一次听到大流士在巴比伦召集的一支庞大军队,现在正在离阿马努斯门两天路程的北叙利亚索契(Sochi)。正当大流士穿过这些门的时候,亚历山大紧随帕梅尼恩,在南面几英里之处穿过了叙利亚门,向着东方的索契前进。因此,当大流士本人到达阿马努斯门出口之时,他发现他已经笔直地切断了亚历山大撤退的路线,并且可以从后面打击他或者切断他和马其顿的联系。马其顿的投诚者、安条克(Antiochus)之子阿敏塔斯忠告大流士留在原地,观察事件的结果。

但是,亚历山大的命运女神仍然在保护他。并且,曾经毁灭薛西斯及其将军的同一颗灾星仍然笼罩在大流士头上。他听信了阿谀奉承的朝臣们的话。他们告诉他,亚历山大由于恐惧耽搁在西利西亚。同样的传闻也传到了雅典:大流士已经带领全军打到了海岸边,亚历山大已经被封锁在西利西亚,并且弹尽粮绝。所以,大流士从后面切断了亚历山大的道路,并夺取了伊苏斯,杀死杀伤留在营中的马其顿病员。波斯营地选定在皮纳鲁斯河(Pinarus)边。这是一个极好的地方,因为这个平原从海边到山脚有 1.75 英里宽;平原对面是皮纳鲁斯河,在它流出山坡之处,可以安全涉水

504

而过，在流出难以攀登的小山之后，就是河的上游了。

亚历山大通过叙利亚门，后撤了 12 英里——方阵走在最前面，然后是骑兵，最后是辎重。他在天亮时到达平原，部署方阵，第一队纵深为 32 列，第二队为 16 列，第三队为 8 列。大流士在皮纳鲁斯河边的营地排好了自己的战斗队形，作为防御措施。在海边，他部署了 30000 名骑兵，接着在河边部署了同样数量的希腊雇佣军，在山脚下部署了轻武装部队。

雇佣军首先遭到进攻。大流士犹豫不决，命令雇佣军从侧翼援助他。右翼的骑兵进攻马其顿骑兵，马其顿骑兵进行了反击。雇佣军一直抵抗到大流士逃跑，他抛弃了自己的母亲、妻子—妹妹、女儿斯塔泰拉和德赖佩提斯（Drypetis）、幼儿奥科斯，还有他的战车、弓箭、盾牌和斗篷。在阵亡者之中有阿萨美斯、里奥米特雷斯、阿提齐斯、布巴塞斯（Bubaces）和埃及总督萨巴塞斯。战斗的阵线完全被逆转，失败者的命运非常悲惨。大部分波斯人在逃往溪流纵横的峡谷时被杀死。[24]

原注

1　Aeschin. *Ctes.* 238-239.

2　*Ibid.* 156,173,209,239-240,257；Deinarch. *Demosthen.* 10,18；Plut. *Demosthen.* 14.2；20.4-5；23.2；*De Alex. fort.* 327D；848E；Arr. *Anab.* i.10.6；Aelian. *Var. hist.* iv.8. Justin（xi.2.7）把雅典和底比斯的陷落归咎于德莫斯特内斯的波斯黄金。

3　Fragments of Callisthenes in F. Jacoby, *Die Fragmente der griechischen Historiker*，II B（1927），631 ff.；参见 W. K. Prentice，"Callisthenes，the Original Historian of Alexander," *Transactions of the American Philological Association*，LIV（1923），74 ff.；关于起居注，见 Jacoby, *op. cit.*，II B，618 ff.；参见 C.A. Robinson，Jr.，*The Ephemerides of Alexander's Expedition*（1932）。路线测量员参见 Jacoby, *op. cit.*，II B622 ff.；参见 Arr. *Anab.* i.11.3；Diog. Laert. vi.84。

4　Diod. xvii.17；Arr. *Anab.* i.11.6-7；Paus. vi.18.3.

5　Diod. xvii.17.6-7；18.1；Just. xi.5.12；Plut. *Alex.* 15.4；Arr. *Anab.* i.11.7.

6　Arr. *Anab.* i.13 ff.；list of dead, i.16.3；Diod. xvii.19 ff.；Strabo xiii.

1. 11; Just. xi. 6. 10 ff. ; Plut. *De Alex. fort.* 326F; *Alex.* 16; Marmor Parium B, 3; Frag. Sabbaticum (Jacoby, *op. cit.* , II B, 819); Chron. Oxyrhync. 5 (*ibid.* , p. 1153); Pap. Oxyrhync. 1798 (*ibid.* , p. 816).

7 Arr. *Anab.* i. 16. 6; Plut. *Alex.* 16. 7.

8 Diod. xviii. 4. 5; Strabo xiii. 1. 26; Arr. *Anab.* i. 12. 1 - 5; Dittenberger, *Syl.* [3] , No. 277.

9 Callisthen. , Frag. 29 (J); Diod. xvii. 21. 7; Plut. *Alex.* 17. 1; *Demosthen.* 20. 5; Arr. *Anab.* i. 17. 2 ff.

10 Arr. *Anab.* i. 17. 7.

11 Strabo xiv. 1. 22 - 23; Arr. *Anab.* i. 17. 9 ff.

12 Callisthen. , Frag. 30 (J); Diod. xvii. 22; Strabo xiv. 1. 7; xvii. 1. 43; Arr. *Anab.* i. 18. 3 ff. C. T. Newton (ed.), *The Collection of Ancient Greek Inscriptions in the British Museum*, Part III, Sec. 1(1886), No. 400; C. Michel, *Recueil d'inscriptions grecques* (1900), No. 37. 22 - 23.

13 Diod. xvii. 24 ff. ; Strabo xiv. 2. 17; Plut. *Alex.* 22. 4; Arr. *Anab.* i. 23. 7 - 8.

14 *TAM*, Vol. I, No. 29; Strabo xiv. 3. 9; Diod. xviii. 28; Arr. *Anab.* i. 24. 4 ff.

15 Arr. *Anab.* i. 25. 3 ff.

16 Callisthen. , Frags. 31 - 32 (J); Strabo xiv. 3. 9; 4. 1; Joseph. *Ant.* ii. 348; Arr. *Anab.* i. 26 - 27; Frag. Sabbait. 2.

17 Strabo xii. 7. 3; Arr. *Anab.* i. 27. 5 ff. ; 28.

18 Curt. iii. 1 ff. ; Arr. *Anab.* i. 29. 1 ff.

19 Diod. xvii. 29; Plut. *Alex.* 18. 3; Arr. *Anab.* ii. 1 - 2; Curt. iii. 1. 19 ff. ; 3. 1 - 2.

20 Just. xi. 7. 3 ff. ; Plut. *Alex.* 18. 1 - 2; Arr. *Anab.* ii. 3; Curt. iii. 1. 12 ff.

21 Diod. xxxi. 19. 4.

22 Diod. xvii. 31. 4 ff. ; Just. xi. 8. 3 ff. ; Plut. *Alex.* 19. 1; Arr. *Anab.* ii. 4. 1 ff. ; Curt. iii. 1. 22 ff. ; 4 ff. ; Frag. Sabbait. 6.

23 Callisthen. , Frag. 34 (J); Diod. xvii. 32. 2; Strabo xiv. 5. 16; Arr. *Anab.* ii. 5; Curt. iii. 7. 2 ff.

24 Callisthen. , Frag. 35 (J); unfair criticism of his account, Polyb. xii. 17 ff. ; Chares of Mitylene, Frag. 6 (J); Cleitarch. , Frag. 8 (J); Diod. xvii. 32. 2 ff. ; 35 ff. ; Just. xi. 9; Plut. *Alex.* 20. 1 ff. ; Arr. *Anab.* ii. 6 ff. ; Curt. iii. 8. 12 ff. ; Marmor Parium B, 3; Chron. Oxyrhync. 6; Frag. Sabbait. 3 ff.

第卅六章　东方的神王

征服腓尼基

伊苏斯战役意味着帝国的西半部被占领。远征的下一步就是占领被抛弃的叙利亚和埃及。塞迪马斯（Cerdimmas）之子梅农被任命为科埃莱（Coele）——叙利亚总督。马其顿逃亡者阿敏塔斯逃到特里波利斯（Tripolis），然后从塞浦路斯到了孟斐斯。在那里，他被埃及新总督马扎塞斯判处死刑。阿瓦德国王格罗斯特拉图斯（Gerostratus）已与其他腓尼基人和塞浦路斯人一起为奥托弗拉达特斯率领的波斯舰队服务。由于他们断绝了联系，他的儿子斯特拉顿（Straton）拿着金冠欢迎亚历山大，并且将这座海岛城市以及大陆的城市马拉图斯（Marathus）、西冈（Sigon）和玛丽安娜（Mariamne）献给了亚历山大。[1]

在伟大而繁荣的马拉图斯城，亚历山大收到大流士的一封信。他回忆腓力和阿尔塔薛西斯三世是怎样忠于友谊和盟约的，但是，阿尔塞斯一成为国王，腓力就采取一个不友好的行动。当大流士登上王位时，亚历山大也没有派遣使节来恢复这种友谊和盟约。正是亚历山大侵略了他的国家，大流士只是采取防御性行动，他以国王对国王的平等身份，请求亚历山大归还其家眷，建立以前的友谊和同盟。

亚历山大追溯了更为久远的历史。国王的祖先曾经肆无忌惮地侵略希腊，作为全体希腊人的总司令，他准备通过新的远征复仇。直到现在，大流士本人还在支持佩林苏斯，制造麻烦。他已经伤害了腓力的感情，并且派遣他的军队进入了马其顿的色雷斯。腓力被大流士收买的阴谋家谋杀——在自己的信中，大流士还夸耀了这一点。他靠着巴戈阿斯的帮助，杀死了阿尔塞斯，不正当地篡夺了王位。他鼓动希腊人向亚历山大宣战，他还送给斯巴达人金钱。斯巴达人接受了金钱，而其他人却没有。从今以后，大流士就必须称呼他亚历山大为亚细亚的国王。[2]

506 　　大流士将他的金银财宝送往大马士革，交给阿尔塔之子科芬（Cophen）保管。但是，它们被帕梅尼恩夺走了，他给亚历山大的信中列举了战利品的清单。信中提到的金杯重（按巴比伦度量衡制）73塔兰特52明那或大约4500磅。其他镶着宝石的杯子重56塔兰特34明那，或大约3400磅。[3]底比斯、斯巴达和雅典派去见国王的使节作为战俘被逮捕了——它非常清楚地表明了在希腊本土，人们是如何来看待这次"希腊人的"征服的。[4]被俘虏的还有阿尔塔巴祖斯之女、门农的遗孀巴尔西恩，她的美丽和所受的希腊教育对年轻的国王有如此强烈的吸引力，据说，她后来成了国王的情妇，并且为他生了一个名叫赫拉克勒斯的儿子。[5]

　　亚历山大从马拉图斯向前推进，他接受了比布鲁斯（Byblus）的归顺和反波斯的西顿人的邀请。阿布达罗尼姆斯（Abdaloniums）取代了波斯任命的另一个斯特拉托（Strato），获得了王位。塞浦路斯诸王和提尔使节也答应投降；亚历山大不大相信提尔使节的诚实——因为提尔是在奥科斯摧毁西顿之后才繁荣起来的。——亚历山大宣称，他将参观他们的岛屿，并向赫拉克勒斯献祭。使节们答复说，在古提尔本土的巴力麦勒卡特神庙献祭更为合适。当他坚持一定要参观该岛时，他们就宣布他们既不允许波斯人，也不允许马其顿人进入他们的城市。[6]

　　亚历山大决定进行围攻，因为占领提尔就会切断波斯舰队与它在腓尼基最后的基地的联系。他开始建造海港。提尔人的火船烧毁了塔楼，而且还从对手西顿那里征集了新的船只。阿拉杜斯（Aradus）的格罗斯特拉图斯、比布鲁斯的恩尼卢斯（Enylus）通知说亚历山大已经占领了他们的城市之后,便丢下奥托弗拉达特斯回国去了。一听到伊苏斯的消息,塞浦路斯诸王便把他们的 120 艘战船献给了胜利者,只有萨拉米斯的普尼塔哥拉斯援助提尔。西顿的八十多艘船只,罗德岛、索利和吕西亚的 10 艘船只,也归亚历山大支配了。

当围攻正在加紧之时,亚历山大在前黎巴嫩山的阿拉比亚旅行,在那里,强壮的阿拉伯人受生活方式所迫,强行进入了农耕地区;这个地区自愿投降了,其他城镇被突袭占领了。但是,他只逗留了 10 天,阿拉伯人的威胁,今后依然存在。[7]围攻期间,大流士又派使者前来,表示愿意出 10000 塔兰特白银赎回他的家眷、割让帝国幼发拉底河以西的全部领土,出嫁自己的女儿,换取友谊和结盟。自然,亚历山大再次拒绝了。[8]

亚历山大现在凭借 210 艘船只,从海上封锁了提尔。提尔人无法突围。阿塞米尔库斯(Azemilchus)王逃到赫拉克勒斯神庙避难,并得到饶恕。但是,其余的 30000 名居民被卖为奴隶。最后,亚历山大在赫拉克勒斯长期没有遭受过侵略的海上家园向这位神进行了献祭。他使军队列队行进,并为神举行海军检阅式,在圣域举办了火炬接力赛跑和比赛,证明巴力麦勒卡特已被彻底希腊化了。亚历山大向破城的武器献祭,并把一艘被捕获的船只奉为神圣。被卖为奴隶的提尔人无法看出,亚历山大的希腊化,比蛮族奥科斯对待西顿的野蛮方法到底好在哪里。[9]

刚刚被任命为西顿国王的阿布达罗尼姆斯,现在又成了提尔国王。公元前 332 年征服提尔,被视为腓尼基进入了亚历山大的新时代。普尼塔哥拉斯被送回国,第二年夏天,萨拉米斯由他的继任者尼科克雷昂(Nicocreon,公元前 331—前 311)统治。[10]

除了加沙之外,巴勒斯坦的叙利亚已经投降[11],加沙由宦官巴提斯(Batis)驻守,并有阿拉伯雇佣军保卫。加沙现在是穿过纳巴泰人的佩特拉城(Nabataean Petra)、海上香料贸易的终点站。加沙恰好位于内地 2.5 英里,并被大漠所隔开;它是一座坚固的大城市,城墙沿着高土墩的边缘而建,土墩下掩埋着许多古代先辈的遗物。起初,亚历山大下令在城市南边筑垒对抗。在他受伤之后,他

507

508

修建了一个墙宽 0.25 英里、高 250 英尺的壁垒。用于防御的工具和隧道证明无济于事。最终，城墙被爬上去了，城门从里面打开了。驻军仍然继续战斗，全部战死在自己的岗位上。按照通常野蛮的做法，被俘的妇女和儿童被卖为奴隶。这个地方被交给附近的部落，但是，加沙本地无人居住。成百塔兰特的没药和乳香作为战利品被抢走，这对纳巴泰商人是个巨大的损失。[12]

小亚细亚的背叛

从伊苏斯逃走的波斯人趁隙向北撤退，收复了帕夫拉戈尼亚和本都的卡帕多西亚。他们的首领是前总督阿里瓦拉特（Ariwarat、即阿里亚拉特斯）。他早就把自己的阿拉米文名字刻在了钱币上，钱币图案则模仿前任阿卜杜·苏西姆（Abd Susim）用过的锡诺普仙女和鹰爪抓住海豚的雄鹰。在亚历山大死后，阿里瓦拉特再次使用东方的格里芬吞食希腊牡鹿的图案。他受到鼓励攻入托罗斯（Taurus）地区，把卡帕多西亚南部并入了他的王国。当马兹代（Mazdai）落入他的手中之后，他在塔尔苏斯发行了新的钱币。这些钱币的图案模仿希腊半裸体的宙斯像，作为加祖尔（Gazur、又名加济乌拉、Gaziura）的巴力神像[13]，在他以前的主子大流士死后，他已经把加祖尔定为卡帕多西亚王国的都城。[14]

阿里瓦拉特作为卡帕多西亚伊朗王朝诸王的第一位国王，在整个希腊化期间保持了国家的独立，因而是值得纪念的人物。[15] 在他们返回后，他与其他总督一起进攻了弗里吉亚的亚历山大部将安提柯（Antigonus）。他们被打败了，安提柯再次平息了利考尼亚（Lycaonia）。赫勒斯滂的弗里吉亚现任总督卡拉斯，暂时夺回了帕夫拉戈尼亚。但是，他又被另一个东方人、比希尼亚的安纳托利亚国王巴斯（Bas）赶走了。这则消息对于未来来说，又是一个不祥之兆。[16]

征 服 埃 及

亚历山大不顾后方的反叛,继续远征。沙漠入口的加沙,告别
了一派荒凉。在行军整整 7 天之后,他到了培琉喜阿姆。在那里,
他与腓尼基舰队汇合了。他在培琉喜阿姆留下驻军之后,取道赫
利奥波利斯到达了孟斐斯。在大流士收复埃及之后,仅仅过了 2
年时间,这点时间对于加强防御而言太短了。由于萨巴塞斯已经
在伊苏斯阵亡,他的继任者马扎塞斯只好欢迎亚历山大,献出了宫
殿和 800 塔兰特。希腊一直是埃及起义者的盟友,尽管他们提供
了帮助,并不总是能得到感激。在奥科斯亵渎宗教器皿,宰杀神圣
的动物,创立极其严厉的规定仅仅十年之后,波斯人受到了仇恨,
亚历山大受到了热情的欢迎,这事一点也不奇怪。本地人很快夸
耀新国王实际上是尼克坦内波的亲生儿子,他曾经以蛇的形式与
其母奥林匹娅斯交往。所以,亚历山大可以用古代所有的仪式在
孟斐斯加冕为法老。对本地人来讲,他是崇拜阿匹斯公牛和其他
神祇的。但是,他也举办文学和竞技比赛,这些比赛曾经产生了希
腊许多最著名的冠军。[17]

为取代被毁的提尔在东地中海大商业中心的地位,亚历山大
决定建立一个以自己的名字命名的新都市。古老的商业中心诺
克拉提斯,并不很符合这个目的。在尼罗河卡诺卜(Canopic)河
口略微往西,发现了一个更适合的位置。它从希腊的英雄时代
起,就是希腊世界海上贸易通常的入口。它的前身拉科提斯
(Racotis)是一个微不足道的地方,只是一个渔村或者防备希腊人
和腓尼基人,使难驾驭的牧人保持平静的哨所。它位于大海和马
雷奥提斯湖(Lake Mareotis)之间的石灰石山脉上,因此干燥而有
益健康;3 英里长的法罗斯岛挡住了飓风,提供了一个避风的良
港。一条不长的运河带来了饮用水,并使它可以与尼罗河直接交
通。同样重要的是,这个地方提供了从埃及前往希腊各地最短的
海路,不仅是亚细亚和希腊本土,而且还有那些极其繁荣的西方

的殖民地。

以弗所阿耳忒弥斯神庙的建筑师、罗德岛人戴罗克拉特斯（Deinocrates），曾经追随亚历山大，并受命设计这块狭长地区。他使用了米利都人希波达姆斯（Hippodamus）刚刚从东方进口的棋盘图案。他对东西方定位方面的改变，证明希腊人把整个系统归功于他是正确的。[18] 城墙的外形、市场的位置、希腊诸神以及伊希斯神庙的地点已经标明，庆祝奠基的日期就确定在公元前 331 年泰比月（Tybi）25 日（1 月 30 日）。[19] 赫格洛科斯（Hegelochus）带来了如下消息：特内多斯（Tenedos）已经投降，法尔纳巴佐斯在希俄斯被俘获，莱斯沃斯和科斯岛都成了马其顿人的地方。[20]

亚历山大在锡瓦
的阿蒙绿洲

在此之前的几个世纪，至少在外国人眼中，利比亚锡瓦（Siwah）绿洲阿蒙的神谕所已经取代了"百门之城底比斯"更古老的神庙。吕底亚的克罗伊斯是第一位知名的请求神谕的外国人。但是，希腊传说把珀修斯和赫拉克勒斯视为请求神谕的先驱。冈比西斯掠夺阿蒙绿洲失败了，但利比亚的希腊人发布他们自己的神谕。通过他们，阿蒙神为希腊本土所了解。品达在维奥蒂亚的底比斯向阿蒙奉献了一座神庙。公元 2 世纪，著名雕像家卡拉米斯（Calamis）仍然看到了这座雕像。品达还为利比亚的阿蒙信徒写了一首赞美诗。欧里庇德斯知道人们去阿蒙的"无雨之地"寻求神谕。而对昔兰尼公民来讲，阿蒙神就是"我们的神"。阿里斯托芬认为阿蒙的神谕仅次于德尔斐的神谕。在伯罗奔尼撒战争期间，雅典人曾经向这位神派遣了一个官方的使团，斯巴达人来山得针锋相对，自己亲自拜访了这座神庙。赫兰尼科斯（Hellanicus）编写了一本旅行指南，即穿过沙漠到达绿洲神殿的《远征记》。就在不久之前，雅典花钱造了一座新神庙，并且把一艘神圣的三列桨战船的名字加长为《萨拉米的阿蒙信徒》。我们有充足的理由认为，亚历山大之所以公开宣布他打算拜访他的祖先珀修斯和赫拉克勒斯曾经请教过的神殿，目的是他可以宣称自己是阿蒙的后代！[21]

亚历山大摆开整齐的队形，率领军队沿着光秃的海岸到达了帕雷托尼翁（Paraetonium）。后来，那里把他称为奠基者。然后，他从那里向南转，沿着昔兰尼人行走的沙漠小路到达了绿洲。不合时令的雨水，缓解了军队的干渴。两只乌鸦和两条富有表情的巨蛇，指引着军队前进——至少根据传说是如此。阿蒙绿洲最宽的地方只有 5 英里；它因为春天而存在。据说，它在春天的气温会随着每天的时辰而改变。绿洲唯一的出口产品是盐，用棕榈叶编成的篮子运到尼罗河地区出售，因为它比海盐更纯净。

在棕榈树和橄榄树之间，亚历山大看到面前有一座孤立的小山，山上有一座著名的神庙。在一个正方形的、面积为 50×58 平方码的院子里，他的侍从奉命更换外衣以示尊敬。他们站在院内和有柱廊的大厅中，他只身一人穿着普通的衣服进入圣域尽头的、面积仅 13×30 平方英尺的内殿之中。在装饰着奇怪的图像和更为奇怪的象形文字的巨大石屋顶之下，他隐约地看见祭坛上的金帆船，里面放着各种各样珍贵石头雕刻的神像。受到神的鼓舞，代言人使神像通过点头和手势作出了反应，并向亚历山大宣布，他就是阿蒙神之子。

阿蒙通过代言人，表示欢迎亚历山大，作为父亲承认了他的儿子。亚历山大误解了这种欢迎，他认为他父亲腓力正在说话，并询问暗杀他的凶手是否有人已经逃脱了惩罚。代言人警告他不得使用这样的语言；他的真正的父亲是个凡人，亚历山大必须改变询问的形式。人们引用后来他给母亲奥林匹娅斯的信，大意是这样：他收到的秘密答复，他一回来就将告诉她；这些信是否可靠，可能还值得怀疑。但毫无疑问的是，人们告诉他，他事实上是宙斯阿蒙真正的儿子。还有一种说法是，他曾经提出的问题之一是，他能否成为整个人类的君王和主人。这位神回答说，这一切都将赐给他。根据希腊人的说法，当地的"哲学家"普萨蒙（Psammon）教导说全人类都应当服从神的王权。他知道宙斯阿蒙统治着的这个世界，已经被神赐给了自己新发现的儿子。[22]

国 王 崇 拜

512　　亚历山大已经被承认为合法的法老。照此,他是上帝的肉身儿子。这位神的出生,描绘在神庙的墙上,可供所有参观者观看。法老本人经常被称为"善神"。在世俗的化身中,亚历山大被称为"南北之王、塞特普恩阿蒙梅里雷(Setep-en-Amon-meri-re)、太阳之子、新兴的君王、阿克山德雷斯(Arksandres)。"

　　虽然他从未亲临底比斯,底比斯的居民却很熟悉他的形象。在卢克索(Luxor)神庙,有 4 根圆柱被移走了,但阿蒙霍特普三世(Amenhotep III)的浮雕仍然留在墙上。在一块空旷的地方,建立了一座两端敞开的小神殿,里面放置了底比斯阿蒙的帆船,内部和外部到处是复制的亚历山大礼敬底比斯诸神的雕像。在凯尔奈克,以他的名义修复了第四座塔门的大门。在内殿的右边,图特摩斯三世所修的小神殿里,有几个雕像展现了国王正在献祭的场面;空白的墙上描绘着亚历山大主持祭祀的熟悉场面。因为第 30 王朝的艺术家仍然在发挥作用,制作非常精美,鲜艳的颜色一直很好地保存至今。孔苏神庙也进行了类似的修复。[23]毫无疑问,在孟斐斯和三角州地区,亚历山大本人也被展示在同样的浮雕中,但现在已经佚失。亚历山大认为,对于埃及本地人来讲,在位的君主被认为是神,这是理所当然的事。虽然他仍然是一个年轻人,但他的征服活动如此非凡,这就必须假定有神的帮助。所以对他来讲,充分认识到自己的神王地位是轻而易举的。王权崇拜就这样进入了希腊世界。[24]

原注

1　Arr. *Anab.* ii. 13. 7 - 8;Curt. iv. 1. 1 ff. , 27 ff.

2　Arr. *Anab.* ii. 14. 1 ff. ;Curt. iv. 1. 7 ff.

3　Athen. xi. 781F;xiii. 607F.

4 Plut. *Alex.* 24. 1；Arr. *Anab.* ii. 15. 1 ff.；11. 10；Curt. iii. 13；
Polyaen. iv. 5.

5 Just. xi. 10. 2 - 3；Plut. *Alex.* 21. 4.

6 Just. xi. 10. 8,11；Plut. *Alex.* 24. 2；Arr. *Anab.* ii. 15. 6 - 7；Curt. iv.
1. 15；2. 4；Marmor Parium B, 4.

7 Chares of Mitylene. , Frag. 7 (J), in Plut. *Alex.* 24. 6；Strabo xvi. 2. 23；
Arr. *Anab.* ii. 17；20. 1 ff.；Curt. iv. 2. 24；3. 1；Polyaen. iv. 3. 4.

8 时间是有争论的，见 Arr. *Anab.* ii. 25. 1 ff. and Curt. iv. 5. 1 ff。这时
使者的地位，见 Diod. xvii. 39. 1；54；xxxv, 4；Frag. Sabbait. 5,已经在
马 拉 图 斯；Just. xi. 12. 1 ff. and Plut. *Alex.* 29. 4；*Reg. imp.*
apophtheg. 180B,不在从埃及返回之后。

9 Diod. xvii. 40 ff.；Just. xi. 10. 12 ff.；Plut. *Alex.* 24. 3 ff.；Arr.
Anab. ii. 20 ff.；Curt. iv. 2 ff.；Polyaen. iv. 13；Chron. Oxyrhync. 7；
Frag. Sabbait. 7.

10 Chares of Mitylene. , Frag. 7 (J)；Duris vii, Frag. 4 (J)；Marmor Parium
B, 4；Diod. xvii. 46. 5；Athen. iv. 167C - D；J. Rouvier, *Revue des*
etudes grecques, XII (1899),362.

11 亚历山大参观耶路撒冷和敬重高级祭司贾杜阿的故事(Joseph. *Ant.* xi.
322 ff.)是不符合历史事实的。

12 Hegesias Magnes. , Frag. 5 (J)；Diod. xvii. 48. 7；Strabo xvi. 2. 30；
Plut. *Alex.* 25. 3 ff. ；*De Alex. fort.* 2；Arr. *Anab.* ii. 25. 4；26 - 27；
Curt. iv. 6. 7 ff.

13 Strabo xii. 3. 15；Dio Cass. xxxvi. 12.

14 E. Babelon, *Traite des monnaies*, II, Part II (1910),431 ff. , PI. CX,
Nos. 17 - 19；E. T. Newell, in *Numismatic Notes and Monographs*, No.
46 (1931), pp. 13 ff.

15 Strabo xii. 3. 15；Arr. *Anab.* ii. 12. 2.

16 Memnon xx. 2；Curt. iv. 1. 34 - 35.

17 Diod. xvii. 49. 2；Arr. *Anab.* iii. 1. 1 ff.；Curt. iv. 7. 1 ff.；Malal. vii.
189.

18 Aristot. *Polit.* ii. 5. 1；vii. 10. 4.

19 Diod. xvii. 52 (after the return from the Amon oasis)；Vitruv. ii. *praef.*
4；Strabo xvii. 1, 6；Arr. *Anab.* iii. 1. 5；Marmor Parium B, 5；Frag.
Sabbait. 11；Amm. xxii. 16. 7.

20 Arr. *Anab.* iii. 2. 3 ff.；Curt. iv. 5. 19 ff.

21 Herod. i. 46；ii. 32, 42, 55；iii. 25 - 26；iv. 181；Eurip. *Troiad.* 734
ff.；*Alcest.* 116；Aristophan. *Aves* 619；Ephor. , Frag. 127；Callisthen. ,

Frag. 15 (J); Plut. *Nic.* 13. 1; *Cimon.* 12. 5; *Lysandr.* 20. 4; Arr. *Anab.* iii. 3. 1 - 2; Paus. ix. 16. 1; Athen. xiv. 652A.

22　Callisthen. , Frag. 15 (J);克拉特罗斯的信件,见 Strabo xv. I. 35; Plut. *Alex.* 27. 3 ff. ; *Reg. imp. Apophtheg.* 180D;更简短的,见 Diod. xvii. 49 ff. ; Just. xi. 11;Arr. *Anab.* iii. 4. 5; Curt. iv. 7, 5 ff. ; Chron. Oxyrhync. 7; Frags. Sabbait. 9 - 10。关于这座神庙,见 M. Jomard and F. Cailliaud, *Voyage a O'oasis de Syouah* (1823); G. Steindorff, *Durch die Libysche Wuste zur Amonsoase* (1904); C. D. Belgrave, *Siwab* (1923); G. E. Simpson, *The Heart of Libya* (1929)。见 J. A. O. Larsen, "Alexander at the Oracle of Ammon," *Classical Philology*, XXVIII (1932),70 ff.

23　C. R. Lepsius, *Denkmaeler aus Aegypten und Aethiopien*, Abteilung III, Pls. 32,82 - 83; Abteilung IV, Pls. 3 - 5; Sethe, *op. cit.* , pp. 6 - 8.

24　Calvin W. McEwan, *The Oriental Origin of Hellenistic Kingship* (1934).

亚历山大的钱币，
发现于波斯波利斯宫
廷遗址

伊萨斯大战之中
的亚历山大与大流士
三世，庞贝城镶嵌画，
公元前2—前1世纪

亚历山大像

亚历山大石棺，约公元前310年。亚历山大遗体最初葬于埃及亚历山大城，有许多名人曾经拜访过其墓地。但在公元初期就已经难以说清其墓葬在何处。这个发现于西顿的石棺因其雕刻内容而被认为是亚历山大的石棺，但也有人持怀疑态度

第卅七章　波斯波利斯
——远征的结束

西亚的行省组织

亚历山大被欢呼为宙斯—阿蒙之子之后，直接穿过尼特里安（Nitrian）沙漠返回了孟斐斯。在那里举行的另一次竞技会和文学节，证明他仍然没有忘记希腊人的远征。但是，他并没有忽视尼罗河流域的实力、丰富的资源和与世隔绝的环境。他意识到，将这样实力雄厚的地方置于任何人的单独统治之下，都是不安全的。他把两位前省长多罗亚斯皮斯（Doloaspis）和佩提西斯（Petisis）提拔起来。在他们之间划分了民事管理权。其他的省长仍然留在他们各自的省城。土著希腊人、诺克拉提斯的克莱奥梅尼（Cleomenes）负责赫洛波利斯（Heroopolis）附近具有重要战略意义的阿拉比亚省。此外，他负责征收整个埃及各省的贡赋。卡里努斯（Charinus）之子阿波洛尼厄斯（Apollonius）受命监督利比亚。

尽管当地人在民事管理中占据了出人意料的重要比例。但是，庞大的军队坚持要求，总督的职务只能从马其顿人或希腊人之中挑选。塞拉门尼斯（Theramenes）之子波莱蒙（Polemon）指挥舰队，陆军指挥权由马卡拉图斯（Macaratus）之子普塞斯特斯（Peucetes）和阿敏图斯之子巴拉克鲁斯（Balacrus）分掌。彼得那（Pydna）的潘达利昂（Pantaleon）被任命为孟斐斯驻军司令，麦加克勒斯（Megacles）之子波莱蒙（Polemon）为培留喜阿姆驻军司令。阿卡迪亚人利西达斯（Lycidas）被指派管理希腊雇佣军。他们的书吏是色诺芬特斯（Xenophantes）之子欧诺斯图斯（Eugnostus），他们的监督是埃斯库罗斯和卡尔奇斯（Chalchis）的埃菲普斯（Ephippus）。[1]

正当亚历山大忙于为埃及分配官职的时候，撒马利亚人（Samaritans）活活烧死了叙利亚总督安德罗马库斯（Andromachus）。公元前330年春，亚历山大匆忙返回叙利亚惩罚叛乱者，并任命梅农接替安德罗马库斯。提尔又举办了一次运动会和文学比赛。[2]

为了征税，许多行省改组成了更大的单位，由马查塔斯（Machatas）之子哈帕卢斯（Harpalus）总监管。还有克莱奥梅尼在埃及、贝罗亚（Beroea）的科纳努斯（Coeranus）在腓尼基征税，菲罗克塞努斯（Philoxenus）在托罗斯以外的亚细亚征税。塞浦路斯诸王——特别是萨拉米斯的尼科克雷昂（Nicocreon）和索利的帕西克拉特斯（Pasicrates）——被委派正式的政治领袖职务。奈阿尔科斯（Nearchus）成为吕西亚及直到托罗斯地区的总督。米南德（Menander）成为吕底亚总督，欧尼库斯（Eunicus）之子阿斯克列皮奥多鲁斯（Asclepiodorus）取代梅农，被任命为叙利亚总督。梅农被指责在为计划中的东征筹备给养的时候行动迟缓。因此，亚历山大现在慢慢地感觉到，必须朝着更为有效地组织自己的帝国迈进。[3]

514

高加梅拉（Gau Gamela）

马扎乌斯率领3000名骑兵，正在阻挠塔布萨库斯（Thapsacus）两座横跨幼发拉底河的大桥竣工。亚历山大率领7000名骑兵和4万名步兵一到，马扎乌斯蹂躏了他眼前的地方，就撤退了。军队渡河之后，沿着亚美尼亚山区较低的山麓前进，因为这里比较凉爽，而且也比较容易获得粮草。有报告称大流士占领着远处的堤岸。但是，渡河时遇到的真正困难是水流太急。

由于某种奇怪的原因，大流士下决心不再争夺底格里斯河坚固的屏障。相反,他扎营在一条更小的河流、向东 4 天路程的布莫杜斯河(Bumodus)。他命令平整土地,以部署庞大的军队;很显然,他对战术一窍不通,并期望依靠单纯的数量优势来压倒马其顿人。

亚历山大的军队安全渡过无防备的河流,敬畏地注视着尼尼微(Nineveh)的高丘。他们知道这座城市是萨丹纳帕路斯所建,这有刻着迦勒底文字的圆柱可以为证;在它被攻占之后,毁于帝国创始人居鲁士之手。军队行进了 4 天,他们的左边是底格里斯河,右边是戈尔戴伊山脉(Gordyaean),穿过了阿图里亚(Aturia、即亚述),直到侦察员报告发现敌人。亚历山大下令全军休息 4 天,第五天黎明出发。那一天,军队行进在起伏不平的地区,有效地躲过了敌人的侦察,直到双方近在眼前。双方一旦接触,马其顿人受命进入营地,因此确保晚上可以好好休息,而大流士让他的士兵整夜拿着武器,守卫着为即将到来的战斗而准备的平原。这个平原本身被称为高加梅拉,意为"放牧骆驼之地"。在北边低矮的山脚下,可以认出曾经有一个小村庄,它毁坏的土丘称为泰勒戈迈勒(Tell Gomel),依然保存对这次战争的回忆。[4]

这场战争的情况非常清楚(公元前 331 年 10 月 1 日),这是因为胜利者缴获了帝国军队的花名册和各军团调动的命令。像薛西斯在位时的军队花名册一样,每个行省的军队由其总督指挥。最左翼是贝苏斯(Bessus)指挥的巴克特里亚骑兵,他也负责指挥印度人和粟特人。接下来是西徐亚的达希部落(Dahae)。然后是阿拉霍西亚人(Arachosians)和巴尔萨恩特斯(Barsaentes)指挥的山地印度人。波斯骑兵和方阵混合在一起,在他们之后的是苏西亚人(Susian)和卡杜西亚人的军队。显然,他与他们原来的指挥官分开了。

大流士本人处于中军位置,周围是王亲、波斯的不死军(他们的长矛上安着金苹果)、其他印度人、流亡的卡里亚人和马尔蒂人射手的军队。在国王旁边和波斯人两侧都是希腊雇佣军。在中军之后是预备队:他们有由阿布利特斯(Abulites)之子俄克喜亚特雷斯(Oxyathres)指挥的乌希人(Uxians)和苏西亚人;由布巴雷斯指挥（卡里亚人被分离）的巴比伦人和西塔塞人（Sittacenians）；还有由奥康多巴特斯（Ocondobates）、阿里奥巴尔赞和奥塔内斯指挥的波斯湾部落。

右翼的军队依次是阿尔巴尼亚人（Albanians）和塞种（Sacesinians，他们像卡杜西亚人一样，曾经由阿特罗帕特斯指挥）；帕赛伊乌斯（Partyaeus）指挥的塔普利安人（Tapurians）和希尔卡尼亚人；阿特罗帕特斯指挥的米底人，在希腊化时代早期，他以自己的名字命名了米底的阿特罗帕特纳（Atropatene）。因此，他的名字间接地指现代的阿多尔拜干（Adhorbaigan）、帕提亚人和塞种人。最后，马扎乌斯在撤退时，带走了从叙利亚河流地区以及叙利亚凹地的税收。

这是战争的主要线索。首先，战争打乱了由弗拉托弗尼斯（Phratophernes）指挥的骑兵纵深掩护部队。左边是盟友塞种人，马纳塞斯（Manaces）指挥的骑射手，其他的巴克特里亚人和100辆令人畏惧的滚刀战车。中间是更令人可怕的大象和50辆战车。右翼有另外50辆战车支持，还有密特劳斯特斯（Mithraustes）和奥龙特斯（一位同名的、更著名的总督之子）指挥的亚美尼亚人，阿里亚塞斯（Ariaces）像马扎乌斯一样，已经带领卡帕多西亚人撤退了。

许多总督都有受人尊敬的名字，出身于显赫的世家。没有证据表明他们不如自己的父辈那样勇敢。但是，他们对当时的战术一无所知。我们也许发现了试图废除陈旧的行省征兵制的一些证据。但是，光凭这一点还不足以赢得战争。

与我们对战局态势及其全面的叙述相比，我们对公元前331年10月1日战争本身的了解就很少了。就大流士而言，迂回包抄马其顿人的企图失败了。滚刀战车和大象也没能像期待的那样吓跑敌人。相反，亚历山大突破了正对面国王的阵线；大流士像在伊苏斯一样逃跑了。但是，他的下属作战非常勇敢，使马其顿人遇到很大的麻烦，因此需要亚历山大亲自扭转败局。他渡过利库斯河（Lycus），驻扎下来。帕梅尼恩横扫了波斯人的营地。午夜时分，亚历山大再次急忙带领骑兵前往75英里以外的埃尔比勒

516

（Arbela）；当他到达时，才发现大流士又逃跑了。就像在伊苏斯一样——他又一次丢下了他的战车和武器。大流士带领巴克特里亚骑兵、男亲属、不死军，越过高山逃往了埃克巴坦那。[5]

当时伺候大流士的埃及祭司、御医塞姆图特弗纳赫特（Semtutefnakhte）生动描述了战后仓皇出逃的情景。他感谢他的神哈萨菲斯（Harsaphes）："当你猛攻亚细亚人时，你在与希腊人的战争中保护了我。他们杀死我方许多人，但是没人对我下手。后来，我在梦里见到你。陛下对我说：'赶快到埃纳斯（Ehnas）去。看那，我与你在一起'。我孤身一人穿过异邦的土地，无所畏惧地到达大海。我到了埃纳斯，毫发无损。"在埃纳斯的神庙里，他为这位神建了一块石碑，并且希望将来的读者能够读出献祭者的名字。祈祷用塞姆图特弗纳赫特做梦都没想到的方式获得了应验：在一位早期罗马皇帝统治时期，石碑被运到意大利，并被用于证明庞培（Pompeii）城华而不实的伊希斯神庙具有威灵！[6]

517　　　　高加梅拉是一次真正的、决定性的战役。由于逃跑，大流士已经放弃了波斯王位的一切权利。可以肯定，在宣布他死亡的消息和安葬他的遗体之前——但不是安葬在波斯波利斯平台南部他自己修建的、未完工的陵墓里，而是在其先辈们悬崖上的陵墓之中——时间过去了好几个月。巴克特里亚总督贝苏斯为了巩固自己对阿尔塔薛西斯四世头衔的要求。还继续战斗了几个月。伊朗高原平定下来，还需要好几年。但是，这场大战已经结束了，亚历山大本人也将被大多数臣民承认为伟大的波斯君主。

远征的结束，需要最后的谢幕。埃尔比勒是进行这场决定性战役地区的首府。尽管它离战场有 75 英里之遥，但命名这场战役的荣誉一致同意给了它，因为高加梅拉只是一个不出名的村庄。埃尔比勒附近有一座山名叫尼卡托里翁（Nicatorium），意即"胜利之山"。从埃尔比勒——希腊人说它得名于其建立者阿特莫尼乌斯（Athmoneus）之子埃尔比卢斯（Arbelus）——军队转而向南前进。跨过卡普鲁斯河（Caprus）或者下扎卜河，在阿塔塞内（Artacene）可以见到石油的油苗（即今被争夺的摩苏尔油田）。直到现在，当地只要轻轻地挖土,还能冒出火苗来。接着,到了阿内亚(Anaea)或阿娜希塔神庙,桑德拉凯(Sandracae)有大流士一世的一座宫殿,西帕利森(Cyparisson)是通往巴比伦大路上的金德斯河(Gyndes)或迪亚拉河(Diyala)的渡口。[7]

巴比伦和苏萨投降

当他靠近这座被薛西斯毁灭之后又重新恢复繁荣的城市之时,征服者受到了祭司和贵族的欢迎。他们带着表示欢迎的礼物,答应交出巴比伦的国库。在这样表示之后,波斯总督马扎乌斯只好正式认可已经完成的投降。驻军司令巴勾法尼斯(Bagophanes)走出保护王库的城堡,下令街道布满鲜花,并且为新的伟大的王加冕。银祭坛上燃烧着乳香和其他昂贵的香料,麻葛唱着赞美诗,迦勒底人和巴比伦人也效仿他们的样子。使所有人感到高兴的是,亚历山大下令重建各个神庙,首先是重建自遭到薛西斯破坏之后就一直荒废的贝勒马尔都克神庙。[8]

遵循在埃及确立的、由两位本地人分享民事控制权的先例,亚历山大因马扎乌斯迅速投降,给他的奖赏是恢复他的总督职位,巴勾法尼斯继续监管王库。然而,军事控制权如同埃及一样,掌握在马其顿人——安菲波利斯(Amphipolis)的阿波罗多罗斯(Apollodorus)和培拉(Pella)的梅内塔斯(Menetas)手中。后者还是西至西利西亚各行省的总监督。阿伽同(Agathon)守卫城堡,斐洛之子阿斯克列皮奥多鲁斯(Asclepiodorus)负责征税。在萨迪斯献城投降的密特里尼斯(Mithrines)被任命为亚美尼亚总督,但他似乎从未有效地控制过亚美尼亚。[9]

亚历山大年迈的老师亚里士多德,反复要求他当上国王的学生把科学方面有趣的东西送回国给他。于是,卡利斯提尼斯(Callisthenes)把迦勒底人3.1万年的"观察"成果寄给了他舅舅;它们大概是西丹努斯或其学派成员的计算结果。无论如何,我们可以将这种3.1万年的观察结果与上古3.4万年的巴比伦王表相比较。人们认为这是自大洪水之后经历过的时期。和亚里士多德一起的卡利普斯（Callippus），利用"观察"的结果，扩大了年和朔望月长度的推定值；尽管有这个观察结果的帮助，其朔望月比 3 世纪之前沙罗周期计算出的结果更偏离真实的数据。[10]

巴比伦有一条便道穿过平原一直向东，几乎直接通往苏萨。在穿过西塔塞（Sittacene）的路上，亚历山大遇到了苏萨总督阿布莱特（Abuletes）之子，并且收到一直打前站的菲罗克塞努斯（Philoxenus）来信，报告说居民已经献出城市和国库。亚历山大离开巴比伦 20 天之后，亲自来到并且查明了大流士一世宫中的财富总计有 4 万塔兰特白银、9000 塔兰特金大里克硬币。[11] 这座宫殿后来被抛弃（正如考古发掘证明的那样）。但是，巴戈阿斯的宫殿交给帕梅尼恩作了官邸。阿布莱特继续留任总督，马扎鲁斯为驻军司令。但是，将军是狄奥多鲁斯（Theodorus）之子阿基劳斯；芝诺菲卢斯（Zenophilus）负责城堡，卡利克拉特斯（Callicrates）负责国库。就在这个时期，美尼斯（Menes）被委任为叙利亚、腓尼基和西利西亚联合行省的总督。献祭和体育比赛，包括火炬接力赛跑，向苏萨介绍了希腊化的习俗后，亚历山大准备继续前进了。[12]

波斯波利斯

渡过科普拉特河（Coprates）和帕西底格里斯河（Pasitigris）之后，居住在低洼地区、曾经是波斯臣民的乌希人很快就投降了。梅达特斯（Medates）统治的山民科赛伊（Cossaei）基于波斯国王允许的条件，拒绝他们通过。波斯国王每次从苏萨进入波斯都要付给他们大笔金钱。亚历山大认为这笔费用是敲诈勒索，有损他的尊严。于是，他用苏西亚人当向导，通过一条出其不意的小道，劫掠了科赛伊人的许多村庄，屠杀了许多科赛伊居民。然后，他夺取了通向波斯波利斯的道路。逃跑的敌人最终答应每年缴纳的贡赋为 100匹马、500 头驮畜和 3 万只羊。毫无疑问，他们希望亚历山大永远不要回来征收贡赋。[13]

帕梅尼恩奉命沿着主干道前往东方,亚历山大沿山路到达波斯。总督阿里奥巴尔赞用一道墙阻塞了波斯门。但是,在一位通晓希腊语和波斯语的吕西亚人的指引下,亚历山大迂回包抄,主力部队则进攻并打破了城墙。因此,波斯波利斯驻军把逃跑的阿里奥巴尔赞关在城外,其司令梯里达底(Tiridates)派人去见亚历山大,催促他在城市被毁灭之前火速前进。一座跨越阿拉斯河(Araxes)的桥梁迅速建成了,马其顿人在驻军还未来得及劫掠之前,跑步前进,占领了波斯波利斯。公元前 330 年 2 月 1 日,他们到达了首都。[14]

看来,这位征服者早已忘记了远征,处处摆出阿契美尼德君主合法继承人的架势。波斯的总督们——巴比伦的马扎乌斯和苏萨的阿布莱特——在过去的几个月都保留了原职。所以,当梯里达底催促亚历山大迅速占领城市和保全国库时,他有充足的理由期望他也能得到奖赏:像巴比伦的巴勾法尼斯一样监管国库,或像苏萨的马扎鲁斯一样,获准保留驻军司令的职务。520

他的合理期望变成了失望。在苏萨,亚历山大面对色彩华丽的宫殿时,他已经忘记了远征。就是在这个宫殿里,阿尔塔薛西斯二世口述了著名的国王和约。希腊的使节经常访问这个宫廷,以打听国王的心意,接受他的补助。另一方面,波斯波利斯在上个世纪几乎已经无人居住。它的名字与希腊历史上的许多重大事件无关,最狂热的远征者也许认为它是可耻的。在这个帝国的西部,它的名字实际上不为人所知。然而,正是在波斯波利斯,亚历山大正式结束了远征。

人们可以想象,亚历山大没收了价值 12 万塔兰特金银的巨额财富,[15]因为这已经有了先例。根据当时的习俗,同样合理的是,"国王的垫子"被抢走了。一个巨大的寝宫内国王的床头和"国王的脚凳"边堆满了 5000 塔兰特黄金。一个较小寝宫的墙脚下有 3000 塔兰特。金葡萄藤被抢走也是正常的。用昂贵的宝石做成的葡萄串,一直蔓延到床上。[16]但是,把建立在平台脚下的整个住宅区(除了王宫内院)交给士兵去洗劫,这事是需要辩解的。

他们抢到的东西多得无法计算。后来的报告宣称，波斯波利斯是天底下最富裕的城市；即使是私宅，在漫长岁月里也堆满了各种珍贵物品。所有人被毫不留情地杀死，借口是士兵们释放的成群的、可怕的希腊残废俘虏干的；妇女当然成了奴隶。马其顿人为了抢劫而相互争斗。即使波斯波利斯因为攻占而被洗劫，其驻军司令没有主动投降，它也不应该遭到如此恶劣的待遇。更使亚历山大声名狼藉的是，他在许多信件中甚至吹嘘，自己是如何下令屠杀波斯战俘的！[17]

521　　亚历山大在波斯波利斯逗留期间[18]，曾经前往帕萨迦达旅行。在那里，他当然又没收了其前辈居鲁士大帝积聚的财富，并且任命科巴雷斯（Cobares）为这个最古老的波斯居住地的总督。[19]

波斯波利斯的暴行之后，紧接着又出现了一个十足的肆意破坏行为——火烧平台上非凡的宫殿建筑。当亚历山大公开表示有意毁灭薛西斯在波斯波利斯的宏伟建筑，以报复后者毁灭雅典、火烧希腊神庙时，帕梅尼恩力劝这个年轻的征服者放过这些建筑。他坚持认为，亚历山大毁坏自己的财产是不对的。帕梅尼恩用他成熟的智慧阐明——如果他给人的印象仅是一次旅行，而不是希望保住对亚细亚的统治权——亚细亚人将不愿意再和他在一起。这个如此接近残酷事实的劝告，亚历山大甚至连听都不想听。[20]

后来的历史学家试图找借口来减轻这种罪行。有些人声称放火确实是预先计划的，但亚历山大很快就后悔了。而且，到他下令灭火的时候，已经无济于事了。[21]更为普遍的是，把罪责推到一个妇女、托勒密将军的情妇泰依斯（Thais）身上。据说，是她利用狂欢节的机会，鼓动亚历山大投出了毁灭性的火把。[22]

波斯波利斯当地的废墟，继续叙说着这个故事。被烧毁的房顶横梁，留在台阶和浮雕上的痕迹仍然存在。成堆的灰烬，都是雪松嵌板的遗迹。土砖由于屋顶被烧毁失去了保护，被雨水冲刷成许多低凹的院子。土砖砌成的三层城墙已经倒塌，只剩下建立在坚硬的岩石上的地基。四边的青铜门[23]全都已经无影无踪了。

搜刮战利品是如此彻底，以至于考古发掘人员只挖出少数的钱

币。黄金碎片的残余更稀少，这种贵金属就是对发掘人员劳动的
奖赏。几百个各种各样漂亮的石料做成的花瓶，被拿到院子里故
意打碎。一个制作年代在帕特农雕像之前的、非凡的、坐着的女性
大理石雕像，是从福西亚或附近某个城市运到波斯波利斯来的，时
间是在斯巴达人声称要"解放"亚细亚的远征遇到困难之时。直到
亚历山大占领之前，这尊雕像放在波斯波利斯国库的博物馆里一
直安然无恙。后来，它被马其顿士兵打坏，并且砍去了头部，躯干
被扔到附近的走廊上，剩下的一只断手表明了它原先放置的那个
房间。[24]亚历山大不应该这样彻底地显示出自己对希腊文化是如此
鄙薄。

　　对整个世界来讲，火烧波斯波利斯是一个象征，表明这次大远
征已经取得了预定的目的。不幸的是，无论是象征或远征，同样都
过去了。起初，他占领的地区是仿照波斯行省机构来组织的。在
埃及，他记住了自己是神之子，因此他是神王。他越来越受到东方
信仰的影响，不久，他采纳了波斯的盛大场面和仪式。最后，他梦
想把波斯和希腊两个民族和文化融合成一体，东方征服了这位凶
猛的征服者。

　　甚至在他夭折之前，自吹自擂的"亚历山大的幸运"，就已经不
再眷顾他了。由于马其顿人不断战争，他的继业者们毁灭了他从
末代大流士手中接收过来的、实际上完整无缺的帝国，甚至是罗马
人也无法恢复这个帝国。他融合各种文化的理想，只不过是对遥
远的将来的一种幻想。

　　但是，历史学家越来越强调后来迅速到来的希腊化时代的重要
性。回想起来，亚历山大的统治作为一个前奏，已经回归其真实的
地位。今天，我们对亚历山大更感兴趣的是他对新纪元的预言，而
不是其个人的品质。但是，亚历山大是一个承前启后式的人物；他
的统治既是前奏，也是尾声。随着波斯波利斯的烈火，一个独立
的、古老的东方帝国的时代已经结束了。

　　波斯波利斯再也无人居住，但是，它的灾难得到了补偿。亚历
山大的马其顿消失得几乎无影无踪。其古老的首都埃盖（Aegae）

522

523

是个疟疾肆虐之地,除此之外别无其他。当人们提到它的又一个名字埃泽萨(Edessa)时,我们马上就会想到美索不达米亚的那座大都市。马其顿历代统治者的陵墓(亚历山大曾经想把它们与其父辈的陵墓集中在一起),从未被发现。他自己的首都培拉,已经变成一堆不像样的废墟。他父亲的基地菲利皮(Philippi)在罗马统治下尽享最伟大的繁荣。但是,它后来也成了一堆废墟。最初的亚历山大城什么也没有留下;其继承人托勒密诸王时期的城市,从它现代的继承者那里还可以感觉得到,竭力保护一些孤立的纪念碑,只掩埋了计划中的废墟。

但是,波斯波利斯正是由于这场大火,一直屹立到现在,遗留给了子孙后代。大流士和薛西斯的宫殿仍然高高地耸立在平原之上,对路过的旅行者来说是个奇迹。他们的寝宫几乎完整地保存下来了,以致在日落时不难召回死者的亡灵。它们并没有彻底地毁坏。亚历山大蓄意的大屠杀,为我们保存了真正没有被破坏的壮丽浮雕,其精美程度至少可与希腊媲美。刻有薛西斯名字的破碎花瓶,已经被一位细心的考古学家修补完毕。他还收集了大量的小物件,以阐明日常的生活。如果说亚历山大放火烧毁了许多无价的羊皮纸文书(这些文书由于岁月的流逝,其中大多数无论如何也是会损坏的),但他无意之中也为我们做了一件难以估价的好事,那些写在易碎的、粗制粘土泥板上的文书,被火烧过之后得以保存至今。考古学家发现的石板文书,已经被语言学家破译,证明其内容为王室档案。大流士及其继承人,现在可以用他们自己的语言来讲述他们自己的故事了。

对整个帝国时期而言,考古学家和语言学家对历史学家是有帮助的。像波斯波利斯,苏萨已经被发掘出来。它们使用的埃兰文献也已经为人所知。但是,埃克巴坦那的土丘还有待发掘。巴比伦各个城市的土丘提供了波斯君主统治时期成千上万的商业文书,使我们第一次有可能概述帝国内部的经济生活。即使是最漫不经心的旅游者,也可以看到波斯国王在埃及建立的神庙,或者反波斯起义成功的本地统治者建立的更多神殿。象形文字铭文和通俗体文字或阿拉米文字的纸莎草已经被破译,丰富了我们的知识。关于波斯的故事,甚至它与西方的关系,我们可以不再完全依赖希腊"古典作家"的记载。希腊各地进行的新的考古发掘,使我们获得了许多有价值的铭文。它们向我们展示了在阿契美尼德统治末期,亚细亚是多么繁荣。至于犹太人的圣经故事,当人们在考察当时的背景的时候,它已经成了一部新的历史书。自亚历山大火烧波斯波利斯之后,将近23个世纪过去了。现在,由于考古学家、语言学家、历史学家的共同努力,阿契美尼德时期的波斯,终于起死回生了。

原注

1　Arr. *Anab*. iii. 5；Curt. iv. 8.5.

2　Arr. *Anab*. iii. 6.1；Curt. iv. 8.10.

3　Arr. *Anab*. iii. 6,4 ff.；Plut. *Alex*. 29；Diod. xvii. 6.26；Dittenberger, *Syl*.³, No. 302.

4　斯特拉波（xvi. 1.3)将"Gaugamela"译成"骆驼之家"。实际上, *gau* 本意为"放牧之地"。关于尼尼微的插曲,见 Amyntas *Stathmi* iii, Frag. 2（J)；Athen. xii. 529E. ff.

5　Callisthen. , Frags. 36－37（J)；Amyntas *Stathmi* iii, Frag. 2（J)；Eratosthenes, Frags. 29－30（J)；Diod. xvii. 55 ff. ；Strabo xvi. 1.3；Just. xi. 13－14；Plut. *Alex*. 31 ff. ；*De Alex. fort*. 329F；Arr. *Anab*. iii. 7 ff. ；Curt. iv. 9－10；v. 1 ff. ；Marmor Parium B, 5；Chron. Oxyrhync. 7.

6　A. Erman, *AZ*, XXXI（1893), 91 ff. ；H. Schafer, *Aegyptiaca：Festschrift fur Georg Ebers*（1937), pp. 92 ff. ；P. Tresson, *Bulletin de l'Institut Francais d'Archeologie Orientale*, XXX（1931),369 ff.

7　Strabo xvi. 1.3－4.

8　Arr. *Anab*. iii. 16.3；Curt. v. 1.19 ff. ；Marmor Parium B, 6.

9　Diod. xvii. 64.5－6；Plut. *Alex*. 39.6；Arr. *Anab*. iii. 16.4－5；Curt. v. 1.43－44.

10　Porphry, in Simplicius *Ad Aristot. De caelo ii*. 12（ed. Heiberg［1894], p. 506)；Hipparchus, in Theon(参见 Abbe Rome, *Annales de Societe Scientifique de Bruxelles*, XLVI［1926],9)；J. K. Fotheringham, *Quellen und Studien*, B, II, 40。

11 在 Diod. xvii. 66.1 – 2 之中如此记载；其他的估计，见 Just. xi. 14.9；
Plut. *Alex*. 36.1；Arr. *Anab*. iii. 16.6 ff.；Curt. v. 2.8 ff.

12 Plut. *Alex*. 39.6；Arr. *Anab*. iii. 16.9；Curt. v. 2.16 – 17.

13 Diod. xvii. 67；Strabo xv. 3.6；xi. 13.6；Curt. v. 3.1 ff.；Arr. *Anab*.
iii. 17.

14 Diod. xvii. 68 – 69；Strabo xv. 3.6；Arr. *Anab*. iii. 18.10；Curt. iv. 4.
1 ff；v. 5.2 – 3. 日期参见 C. A. Robinson，Jr.，*The Ephemerides of
Alexander's Expedition*（1932），p.81。

15 Diod. xvii. 71.1；Curt. v. 6.9.

16 Amyntas *Stathmi*, Frag. 6（J）；Chares of Mitylene. *Hist. Alex*. V，Frag.
2（J）；Athen. xii. 514E.

17 Diod. xvii. 70；Just. xi. 14.10 ff.；Plut. *Alex*. 37.2；Curt. v. 5.5 ff。
注意这一段令人作呕的插曲是怎样被阿里安省略的！

18 根据普鲁塔克所说是 4 个月，见 Plut. *Alex*. 37.3；但是，鲁宾逊证明停
留时间不超过一半，见 Robinson，*Ephemerides*，pp. 74 ff.。

19 在 Arr. *Anab*. iii. 18.10 和 Curt. v. 6.10 之中，把参观帕萨迦的时间放
在波斯波利斯被烧毁之前；关于科巴雷斯，见 Curt. v. 6.10；关于帕萨迦
达，见 Arr. *Anab*. iii. 18.10 和 Strabo xv. 3.7。

20 Strabo xv. 3.6；Arr. *Anab*. iii. 18.11 – 12.

21 Plut. *Alex*. 38.4.

22 Cleitarchus，Frag. 11（J）；Diod. xvii. 72；Plut. *Alex*. 38.1 ff.；Curt. v.
7.3 ff.；Athen. xiii. 576E.

23 Diod. xvii. 71.4 ff.

24 Erich F. Schmidt，*The Treasury of Persepolis and Other Discoveries in the
Homeland of the Achaemenians*（1939），pp. 65 ff.

附　　录

一、人名索引①

---

① 附录中各索引部分所标页码均指原书页码,即中译本的边页码。——出版者

663

二、地名索引

677

689

691

三、内容索引

四、古代两河流域、埃及和希腊计量
单位及钱币简表

（一）古代两河流域计量单位简表

1. 长度

古长度	1 贝鲁	1 阿什卢	1 加尔	1 阿马图姆（肘）
公制长度	约 10 km	59 m	5.9 m	49.5 cm

2. 面积

古面积	1 沙尔	1 伊库	1 布尔	1 布鲁
公制面积	35.28 m²	3528 m²	6.3 ha	63.5 ha

3. 重量

古重量	1 谢（谢乌姆）	1 谢克尔	1 卡沙	1 明那	1 塔兰特
公制重量	0.047 g	8.4 g	84 g	505 g	30.3 kg

4. 容量

古容量	1 卡特	1 卡（西拉）	1 苏特（潘）	1 马里什	1 巴尔	1 班（比）	1 伊梅尔	1 库鲁（库尔、古尔）	1 阿尔塔巴
公制容量	不明	0.84 l	5 或 8.4 l	10 l	10 l	30 或 50.5 l	84 l	150 l,公元前 2 千纪为 300 或 256.2 l。	66 l

（二）古代希腊计量单位简表

1. 长度

古长度	1 布列特隆	1 斯塔德	1 帕勒桑
公制长度	30 m	185 m	约 5636 m

2. 面积

古面积	1 布列特拉
公制面积	约 950(或 870)m²

3. 重量

古重量	1 奥波尔	1 德拉克马	1 明那	1 塔兰特	
公制重量	0.7 g	4.4 g	436 g	26 kg	重量为埃维亚制

（三）古代埃及计量单位简表

1. 长度

古长度	1 杰巴(指)	1 舍斯普(掌)	1 梅赫(肘)	1 哈特(竿)
公制长度	1.87 cm	7.47 cm	52.3 cm	5.029 m

2. 面积

古面积	1 辛(沙)	1 赫谢布	1 列门	1 谢恰特(阿鲁拉)	1 哈塔
公制面积	341 m²	683 m²	1367 m²	2735 m²	27350 m²

3. 容积

古容积	1 赫努	1 赫卡特、奥伊佩
公制容积	约 0.45 l	约 4.785 l

4. 重量

古重量	1 克杰特、基特（环）	1 德本
公制重量	9.1 g	91 g

（四）古代币制

1. 阿契美尼德王朝钱币

钱币名称	大里克（金币）	谢克尔（银币）	说　　明
重量	8.4 g	5.6 g	1. 明那、塔兰特也是货币，但没有发现钱币实物； 2. 附属小国发行货币重量与中央政府不一定相同。

2. 希腊钱币

钱币名称	1 德拉克马	1 斯泰特	1 明那	说　　明
重量	6 奥波尔（约 4.26 g）	20 德拉克马	5 斯泰特	1. 货币重量与钱币重量与埃维亚制相同； 2. 明那、塔兰特也是货币，但没有发现钱币实物

　　说明：1. 以上诸表大多取自李铁匠《古代伊朗史料选辑》附录。又根据苏联学者科洛斯托夫采夫等主编《古代东方史料选辑》等书补充埃及计量单位简表（见 M. A. Коростовцев, Хретоматияпо Истории Древневго Востка, Мосва, 1980）。这一部分内容，目前国内尚无任何著作有所介绍，各种计量单位的换算，各家说法不一，也无所参照，恐难免有误，请专家不吝指正。

　　2. 这里所提供的计量单位，仅根据《古代东方史料选辑》等书提供的资料，远远没有包括各种学术著作之中提到的计量单位。例如，我们知道在苏美尔时期两河流域还有一个更小的计量单位 gin（约 0.581 m²，见 F. Thureau-Dangin, *Recueil des tablettes chaldeennes*, Paris, 1900）。但是，它在古波斯时期是否还在继续使用，则不可而知。因此，也就没有将它收入。

　　3. 古代波斯、希腊钱币虽说有大致的标准重量，但根据各地考古发掘得到的实物判断，希腊各城邦、波斯各地方政权发行的钱币，重量不完全符合标准（见李铁生编著：《古波斯钱币》，北京出版社，2006）。这里提供的仅仅是标准数据，与各地出土实物不完全符合。

五、古埃及、巴比伦和波斯历法

(一) 古埃及历法

古埃及历为太阳历,每年为 12 个月,每月 30 日,月末再加 5 日,1 年长度为 365 日,比真正的天文年大致少 6 小时。埃及历每年分为 3 个季节,每个季节包括 4 个月,泛滥季(又称洪水季)大致相当于 7 月中旬—11 月中旬;芽季(又称冬季)大致相当于 11 月中旬—3 月中旬;旱季(收获季、又称夏季)大致相当于 3 月中旬—7 月中旬。每季的月数由 1 月到 4 月。《古波斯帝国史》提到了埃及两个月的名称,说明埃及历也是有月名的。但是,除了上述两个月的名称,其余月名都不知道。国内有关埃及史的中文著作,连这两个月名也没有介绍过。埃及国王纪年方法为先王去世之年剩余部分,加入新王在位之年。

此外,埃及祭司也使用太阴历来确定宗教节日。1 年长度为 354.36 日。每 3 年需要加上 1 个月,以校正时间误差。

(二) 古巴比伦、波斯历法

古月份	相当于今月份	巴比伦月名	波斯月名
1	3—4	尼桑(尼桑努)	阿杜卡尼什
2	4—5	阿亚尔(阿亚鲁)	图拉瓦哈拉
3	5—6	西曼(苏马努)	泰格拉奇什
4	6—7	杜兹(杜祖)	加尔马帕达
5	7—8	阿勃(阿布)	德尔纳巴奇什
6	8—9	乌卢尔(乌卢卢)	哈拉帕西亚
7	9—10	塔什里特(塔什里图)	巴加亚基什
8	10—11	阿拉赫萨姆(阿拉赫萨姆努)	弗拉卡江(瓦尔卡扎纳)

古月份	相当于今月份	巴比伦月名	波斯月名
9	11—12	基斯里姆（基斯里穆）	阿西亚提亚
10	12—1	捷贝特（捷贝图）	阿纳马卡
11	1—2	沙巴特（沙巴图）	特瓦亚赫瓦
12	2—3	阿达尔（阿达鲁）	维亚赫拉
备注	巴比伦历月末约当今23日	第12月后可置闰月，无月名	阿契美尼德王朝历同埃及历

说明：1. 埃及历法依据苏联《古代东方史料选辑》译出。我国与此说法不同。席中泽先生将埃及每年三季分别称为洪水季、冬季和夏季。现将两种说法一并介绍，以便读者全面了解。

2. 古代波斯历法繁杂，这里介绍的仅仅是阿契美尼德王朝时期的官方历法，不包括宗教历法在内。

译者后记

本书前言、序、目录、第1—19章以及附录中一、二、三部分等由李铁匠翻译，第20—37章由顾国梅翻译，由李铁匠反复修改、校对。按照专业术语译名标准化的要求，本书所涉及的人名、地名和各种专业术语，参照《中国大百科全书》、《简明不列颠百科全书》中文版译名译出。凡上述百科全书中没有的人名和地名，则参照辛华编，《英语译名手册》、世界姓名译名手册编译组编《世界姓名译名手册》、萧德荣编《世界地名译名手册》译出。《圣经》中的人物和地名，除参照《简明不列颠百科全书》已有译名之外，一律按照香港圣经公会发行的《圣经》中译本补充译出。

由于世界古代史专业术语极其冷僻，光靠上述工具书是不可能把本书所有专有名词译出的。因此，在翻译过程中还参考了许多有关的外国历史、文学著作和译本。如缪灵珠、罗念生、张竹明先生等有关希腊历史、剧本的译本，刘文鹏、周启迪等先生的埃及史著作。还有些名词则参考了陆谷孙主编的《英汉大词典》、王同亿主编的《英汉辞海》，还有《新英汉词典》等，以力求尽可能达到专业术语译名标准化的要求。

为了方便读者阅读世界古代史著作，本书正文之后附录有人名、地名和内容名专业术语索引。除此之外，还附有《古代两河流域、埃及、希腊和波斯计量单位和钱币简表》、《古埃及、巴比伦、波斯历法》。这些都是过去许多外国古代史著作和译著之中没有的。包括我们为大学本科学生准备的《世界通史资料选辑》古代史分册，也没有这些内容。译者特地将这些零散的资料收集起来，制成表格,希望对读者有用。

　　最后,译者要特地声明,第一,尽管我们从一开始就注意到译名的标准化问题。但是,由于世界古代史的特殊性,有些过于冷僻的人名、地名,是没有统一的、标准的译名的。在这种情况下,我们只能采用其他著作中已有的译名。还有些词汇在任何工具书之中都找不到译名,只能按照人名、地名译名手册的译音,尽量标准地译出。而且,就是像百科全书之类的权威工具书,同名异译和异名同译现象也不少。例如,Memphis,在《简明不列颠百科全书》就有两种译法,孟菲斯和孟斐斯。前者为美国的一座城市,后者为埃及古代名城。Pythian在该书之中也有两种译法,波锡奥斯和皮托。而且,在学术界还有一个更通常的译名皮提亚。犹太人约哈难则有两个不同的英文名字Jehohanan和Johanan。这些,我们都尽可能地按照择善而从的原则,予以采用。还有一些世界古代史学界非常熟悉的地名,如埃及古代著名神庙Karnak,我国世界古代史学界习称卡纳克神庙,现在也只好改从《中国大百科全书》的标准译法,把它译为凯尔奈克了。我们相信,只要大家都使用统一的译名,那些过去不熟悉的名字,终究会慢慢地变为熟悉。

　　第二,我们还要声明,本书所附古代两河流域、埃及、希腊、波斯的计量单位、钱币和历法简表,只是供读者对本书提到的一些计量单位、钱币和历法制度有所了解。它绝不能满足专业读者的需要。有志于世界古代史研究的读者,还需要在自己平时阅读外文书籍的过程中,不断地积累点滴的资料,才能满足自己研究的需要。

　　最后,译者要感谢在翻译过程中许多同行给予的帮助。

李铁匠

2008.10.20

图书在版编目（CIP）数据

波斯帝国史/（美）奥姆斯特德著；李铁匠，顾国梅译. —上海：
上海三联书店，2024.1重印
（三联精选）
ISBN 978 - 7 - 5426 - 5437 - 3

Ⅰ.①波… Ⅱ.①奥…②李…③顾… Ⅲ.①波斯帝国−古
代史 Ⅳ.①K124.4

中国版本图书馆 CIP 数据核字（2016）第 000063 号

波斯帝国史

著　　者 / 〔美〕A.T.奥姆斯特德
译　　者 / 李铁匠　顾国梅

责任编辑 / 黄　韬
装帧设计 / 柴昊洲
监　　制 / 姚　军
责任校对 / 张大伟

出版发行 / 上海三联书店
　　　　　（200030）中国上海市漕溪北路 331 号 A 座 6 楼
邮　　箱 / sdxsanlian@sina.com
邮购电话 / 021 - 22895540
印　　刷 / 上海展强印刷有限公司

版　　次 / 2017 年 1 月第 1 版
印　　次 / 2024 年 1 月第 5 次印刷
开　　本 / 640mm×960mm　1/16
字　　数 / 600 千字
印　　张 / 48.75
书　　号 / ISBN 978 - 7 - 5426 - 5437 - 3/K • 359
定　　价 / 138.00 元

敬启读者,如发现本书有印装质量问题,请与印刷厂联系 021 - 66366565